透视浙村

历史文化村落保护利用的浙江探索与实践

杨小军　丁继军　著

机械工业出版社
CHINA MACHINE PRESS

历史文化村落是人类聚居的一种重要类型，是中华农耕文明的见证者和活化石，是历史创造的不可再生的重要遗产。本书聚焦浙江，在充分的田野调研和翔实的数据梳理基础上，以理论研究为支撑，构建具有指导意义的历史文化村落保护利用机制、模式、路径及绩效评价体系，以40个具有代表性和示范性的村落为例，阐释浙江历史文化村落保护利用的探索实践。本书分为上、下两篇，上篇着重对浙江地域环境、历史文化村落特征及保护利用评价、保护利用规划设计研究等做了详细的阐述和理论建构；下篇以地域为单位阐述代表村落的特征概貌、规划设计、建设实绩及保护利用模式与路径。

本书适合乡村规划建设人员、村落保护研究从业人员、各级规划建设管理人员、关心热爱村落保护发展的社会人士，以及高等院校城乡规划等相关专业师生阅读。

图书在版编目（CIP）数据

透视浙村：历史文化村落保护利用的浙江探索与实践/杨小军，丁继军著.—北京：机械工业出版社，2023.12
ISBN 978-7-111-74764-2

Ⅰ.①透⋯　Ⅱ.①杨⋯②丁⋯　Ⅲ.①村落—保护—研究—浙江　Ⅳ.①K925.5

中国国家版本馆CIP数据核字（2023）第248180号

机械工业出版社（北京市百万庄大街22号　邮政编码100037）
策划编辑：宋晓磊　　　　　责任编辑：宋晓磊　张大勇
责任校对：郑　婕　陈　越　封面设计：鞠　杨
责任印制：张　博
北京利丰雅高长城印刷有限公司印刷
2023年12月第1版第1次印刷
184mm×260mm・35.75印张・833千字
标准书号：ISBN 978-7-111-74764-2
定价：258.00元

电话服务　　　　　　　　　网络服务
客服电话：010-88361066　　机　工　官　网：www.cmpbook.com
　　　　　010-88379833　　机　工　官　博：weibo.com/cmp1952
　　　　　010-68326294　　金　书　网：www.golden-book.com
封底无防伪标均为盗版　　　机工教育服务网：www.cmpedu.com

序 1

由浙江理工大学杨小军教授、丁继军教授所著的《透视浙村　历史文化村落保护利用的浙江探索与实践》(以下简称《透视浙村》)一书，是这两位中青年学人，带领研究团队聚焦历史文化村落保护利用十余年的最新研究成果，也是一部贯通了理论和实践，集调查、研究和实践于一体的宏论。作为研究的同道和他们曾经的老师，本人甚感欣慰。可以看到的是，建筑遗产保护研究不只是"热点"和"显学"，还有许多如《透视浙村》这样扎实的研究工作成果。

传统聚落是人类最早的集居形式，其建筑及其环境亦是今日传统乡村村落的前身。相对城市而言，乡村村落的发展历史更长。毋庸置疑，乡村村落是人类人居环境体系中的重要组成部分，值得研究。而延续至当代的传统村落，其价值更是弥足珍贵。浙江的传统村落具有独特的自然地理环境，临海、山区、平原三类地貌都有，在国内少见，造就了其村落群体多样的特征。同时，与江苏、安徽和江西相邻的地区，在传统建筑营造技艺上，亦存在着相互借鉴，造就了村落个体个性丰富的特征。故选择浙江的传统村落进行研究，具有一定的典型性，超越了一般意义上的地域经验。更为重要的是，全国"美丽乡村"建设最早发端于浙江省安吉县，杨小军教授、丁继军教授及其研究团队的研究工作，完全契合国家文化和经济发展的需求，服务于国家的乡村振兴战略。

《透视浙村》的写作，是在对浙江省390个历史文化村落保护利用重点村有了深入调研，以及得到省级政府部门的支持的情况下完成的，包括了对上述重点村建设绩效进行规划评审、现场调研、检查验收、专家评价和撰写报告在内的大量扎实工作，还有同期研究团队主持完成的国家社科基金项目《传统村落动态保护机制及活化路径研究》《城镇化进程中我国传统村落风貌保护规划的"生态协同"研究》等十余项国家级、省部级基金项目的相关研究的积累。

《透视浙村》，分上、下两篇，选择了40个具有代表性和示范性的浙江省历史文化村落保护利用重点村为研究对象。其中，上篇着重对浙江地域环境、历史文化村落特征、保护利用评价、保护利用研究等内容进行宏观的总结、探讨，构建了保护利用的理论及方法；下篇以地域为单元阐述各个村落的特征概貌、规划设计、建设实绩及保护利用模式，从微观层面解读了保护性设计的应用方法，呼应了分类指导的保护利用总目标。

综观《透视浙村》一书，其研究成果有着如下三个显著的特点：其一是，系统性和典型性兼具；其二是，历史文化传统村落保护利用链完整，"绩效评价"引领的研究特色十分鲜明；其三是，学术性和文献性兼具。

后生可畏，未来可期。愿杨小军教授、丁继军教授带领的研究团队，不断深耕，持续产出，早日成为中国传统村落保护利用的"浙江学派"。

过伟敏　江南大学设计学院教授、
　　　　　　　　博士生导师
癸卯年初夏

序 2

中华民族历史五千年，这五千年的大部分时光都在农耕文明里。历史文化村落作为农耕文明的一种重要类型与主要载体，承载着厚重的历史文化积淀，是中华民族的历史记忆和文化标志，是一种历史创造的不可再生的重要遗产。冯骥才先生认为，历史文化村落是区别于物质文化遗产和非物质文化遗产的第三类人类遗产。因而历史文化村落保护利用是一项功在当代、利在千秋的德政工程；是一项造福农民、美化乡村的民生工程；是一项等不起、慢不得的抢救性工程；也是一项资金整合、资源统筹的廉政工程。然而随着全面乡村振兴的开启，一些地方在历史文化村落保护利用过程中，逐渐暴露出一些问题。2019年，《瞭望》新闻周刊调查报道了传统村落存在重申报、轻保护，重营造、轻文化，重权力、轻责任，重项目、轻环保，重上级、轻民意，重眼前、轻长远，重资质、轻实质，"七重七轻"的乱打造现象。2019年9月16日，习近平总书记在河南新县考察调研时强调：发展乡村旅游不要搞大拆大建，要因地制宜、因势利导，把传统村落改造好、保护好。这为历史文化传统村落保护利用指明了方向，提供了遵循依据。

2003年，时任浙江省委书记的习近平同志亲自谋划、亲自部署、亲自推动"千村示范、万村整治"工程，揭开了美丽浙江建设的宏伟篇章。为更好地保护、传承和利用浙江省历史文化村落传统建筑风貌、人文环境和自然生态，彰显浙江省美丽乡村建设的地方特色，省委、省政府陆续印发了《关于加强历史文化村落保护利用的若干意见》（浙委办〔2012〕38号）、《关于加强传统村落保护发展的指导意见》（浙政办发〔2016〕84号）、《关于进一步加强历史文化（传统）村落保护利用工作的意见》（浙委办发〔2020〕66号）等重要文件。自2013年率先启动以来，已经开展10批2537个历史文化（传统）村落保护利用项目（其中，重点村432个，一般村2105个）。以"突出规划引领，形成系统推进新格局；梳理历史遗存，建立乡村档案数据库；强化建设管理，完善'规建管评'新机制；提升环境品质，塑造特色乡村新风貌；挖掘文化内涵，打造文化振兴引领地；发挥多重价值，创新活化利用新业态；激发多方活力，探索市场参与新途径"为主要任务，久久为功，推动历史文化（传统）村落成为新时代美丽乡村的"金名片"、美丽浙江大花园的"耀眼明珠"。截至2022年，在由住房和城乡建设部等部委联合公布的5批6819个中国传统村落中，浙江省有636个，约占全国总量的9.3%，数量位列华东地区第一；在住房和城乡建设部、国家文物局联合评选的487个中国历史文化名村中，浙江有44个，约占全国总量的9%，数量居全国前列。"世界丝绸之源"及世界乡村旅游大会永久会址湖州市潞村（2015）、联合国教科文组织"亚太区文化遗产保护荣誉奖"苍南县福德湾村（2016）、首个国际化未来乡村实验区"两进两回"典范余杭区青山村（2021）、富阳区东梓关"浙派民居"以及拯救老屋行动"松阳模式"等一大批具有广泛国际影响力的经典案例、闪光亮点推动历史文化村落成为新时代美丽乡村"金名片"、美丽浙江大花园的"重要窗口""耀眼明珠"，成为教学实践、学术研究和社会服务的"金山银山"。

在浙江省农办、省农业农村厅等部门的指导和支持下，浙江理工大学于2013年成立的美丽乡村研究中心的基础上，于2021年专门组建了中国美丽乡村研究院，著名文化学者、住房和城乡建设部中国传统村落保护发展专家委员会主任冯骥才先生专门题写院名。研究院希望依托浙江作为习近平生态文明思想的重要萌发地、"两山"理念诞生地、美丽乡村发源地和"三地一窗口"的领先优势，充分发挥浙江理工大学（1897年杭州知府林启创立的中国近代第一所农科院校）鲜明的"农学历史文化基因"特色和综合学科协调发展的优势。通过跨学科协同化的前沿设计理论研究，推动构建新时代美丽乡村建设与美好生活的新方法；通过政校地协同研究，推动构建城乡融合未来乡村的美好新场景；通过举办协同创新的国际学术交流活动，推动构建人与自然、人与人和合共生的美丽新世界。期望在新时代美丽乡村建设的过程中，在理论创新、政策咨询、设计服务、国际交流方面做出重要贡献。2013年至今，研究院受浙江省"千村示范、万村整治"工作协调小组办公室、浙江省农办、浙江省农业农村厅委托，主持浙江省历史文化传统村落保护利用重点村建设绩效专家评价，任验收评价组组长单位。截至2022年3月，已完成全省7批重点村评价，共验收村落304个，覆盖全省11个地市区。在此基础上，研究院建立了超过300个历史文化传统村落档案库，形成了"一村一档、一村一案、一村一评价、一村一报告、一村一对策"的研究特色；还总结了2013年至今，浙江省历史文化村落保护利用的做法和经验、困难和问题、对策和建议。2013—2022年，研究院每年向省农业农村厅提交重点村建设绩效评价报告，共300余万字，全部被采纳，成为政府决策的重要参考。相关研究成果得到中央农办、农业农村部、住建部、中国文联、浙江省委、浙江省政府主要领导的充分肯定。

"千万工程"，这项德政工程、民心工程，给浙江乡村带来了历史性变化。从发展阶段看，浙江乡村建设历经了2003—2010年的"千村示范、万村整治"阶段，2011—2020年的"千村精品、万村美丽"阶段；2021年，伴随中央交给浙江共同富裕示范区的历史新使命，正式迈入以"未来乡村"为建设重点的"千村未来、万村共富"新阶段。特别值得一提的是，全省两批378个未来乡村中，有136个为历史文化村落重点村，超过了总数的1/3，历史文化村落成为未来乡村的主要类型和重要代表。

浙江省第十五次党代会强调的"要以加强党的全面领导和全面从严治党守好'红色根脉'"等五大战略指引是指引浙江推进中国特色社会主义共同富裕先行和省域现代化先行的行动指南。《浙江高质量发展建设共同富裕示范区实施方案》要求，坚持以满足人民日益增长的美好生活需要为根本目的，到2025年推动高质量发展建设共同富裕示范区取得明显实质性进展，形成阶段性标志性成果，率先探索建设共同富裕美好社会。2022年是历史文化村落保护利用工程10周年，在推进"两个先行"探索未来乡村建设，迎接浙江"千村示范、万村整治"工程20周年之际，中国美丽乡村研究院组织设计学、文化遗产、建筑学、管理学等学科的专家学者，通过实地勘察、数据分析、案例收集、评估评价等形式，对全省历史文化村落保护利用开展了专题全面调查研究。非常值得一提的是，全省378个未来乡村中，超过1/3为我院验收评价成果（全省唯一）。希望研究院继续践行"把课桌摆在田野中"的实践理念，根据党的二十大确立的中心任务——"以中国式现代化全面推进中华民族伟大复兴"，结合2022年国家乡村振兴局"百校联百县兴千村"行动，从CICA（中国美丽乡村研究院）的调研评价成果，国家社科基金、国家艺术基金的研究成果中寻找浙江的"根和魂"；坚持"城乡融合"的研究理念，从吴良镛先生的"城市有机更新"（urban organic renewal）、陈志华先生的"生活圈"（living circle）、维克多·帕帕奈克的"为真实的世界设计"（Design for the real world）等前辈大家的学术思想中传承学术文脉。

杨小军、丁继军两位教授带领团队深耕乡村人居环境研究，尤其聚焦于乡村遗产评价与设计创新、传统村落保护利用的研究与实践，持续开展田野调查、科研实践与社会服务，连续多年对全省历史文化（传统）村落保护利用开展系统研究。通过实地勘察、数据分析、案例收集、评估评价等方式，收集掌握了大量的一手材料和基础数据，在综合调研基本情况，系统总结经验做法的基础上，完成了这部《透视浙村　历史文化村落保护利用的浙江探索与实践》。应该说这是他们扎根基层、关注现实的生动实践，也是作为高校科研工作者开展学术研究的成果总结。希望他们进一步践行"把论文写在大地上"的科研理念，持续深入探索，构建一个由理念、策略、规范等学理性联合、网络化支撑的，具有"浙理辨识度"的知识服务系统。在建设"两个先行"、共同富裕现代化基本单元建设、数字化改革的大背景下，不断突破理论与实践的边界，不断升华设计的创新理念，不断贡献集群的学术智慧，不断提升知识网络的创新价值和学术品牌的影响力。

吴锋民　浙江理工大学党委书记

二〇二二年十月

前言

村落，是人类聚居的家园。历史文化村落，更是中华农耕文明的源头、传统乡土文化的载体，是历史创造的、不可再生的重要遗产。浙江山川秀丽、人文荟萃、经济繁荣，地理环境多样、文化遗存丰富、文化体系独特，是中国古代文明的发祥地之一，是吴越文化、江南文化的发源地，也是宋韵文化的重要窗口。两晋、唐宋时期的人口南迁活动，促进了中原文化与浙江本土吴越文化的相融，孕育了大批历史文化村落，似一颗颗珍珠散布在浙江大地，有海岛渔村凭海临风的古拙，有山地聚居依山就势的灵动，也有水乡平原农耕风情的朴实。这些村落历史悠久、遗存丰富、类型多样、分布广泛、特色明显，具有较高的历史价值、文化价值、社会价值、美学价值和科学价值，承载着厚重的历史文化积淀。浙江省历史文化村落涵盖了省内被列入中国历史文化名村、中国传统村落、中国景观村落以及省级历史文化名村等名录的村落。截至2022年，在由住房和城乡建设部等部委联合公布的5批6819个中国传统村落中，浙江省有636个，约占全国总量的9.3%，数量位列全国第四、华东地区第一；在住房和城乡建设部、国家文物局联合评选的487个中国历史文化名村中，浙江有44个，约占全国总量的9%，数量居全国前列。

浙江是全国第一个在全省范围内部署开展历史文化村落保护利用工作的省份，先行先试，走在全国前列。2012年5月，在充分调研的基础上，浙江省委、省政府印发了《关于加强历史文化村落保护利用的若干意见》（浙委办〔2012〕38号），做出保护利用历史文化村落的战略决策，按照"保护为主、抢救第一、合理利用、加强管理"的方针，围绕"修复优雅传统建筑、弘扬悠久传统文化、打造优美人居环境、营造悠闲生活方式"的目标要求，以"千村示范、万村整治"工程建设为载体，把保护利用历史文化村落作为建设美丽乡村的重要内容，在充分发掘和保护古代历史遗迹、文化遗存的基础上,优化美化村庄人居环境,适度开发乡村休闲旅游业,把历史文化村落培育成为与现代文明有机结合的美丽乡村。2020年,浙江省委办公厅、省政府办公厅印发了《关于进一步加强历史文化(传统)村落保护利用工作的意见》(浙委办发〔2020〕66号),浙江正站在新的历史起点上,推动历史文化(传统)村落成为新时代美丽乡村的"金名片"、美丽浙江大花园的"耀眼明珠"。

为保护、传承和利用好历史文化村落的传统建筑风貌、人文环境和自然生态,彰显浙江省美丽乡村建设的地方特色,避免保护利用的同质化,浙江省委、省政府依据浙江实情,因地制宜地将历史文化村落分为古建筑村落、自然生态村落和民俗风情村落三种类型,根据村落的不同特点采取适合的保护利用方式。综合全省历史文化村落的规划定位、建设实效、村落资源、历史遗存、人文环境、区域助力等因素,将重点村划分为生态环境优美型、历史古建悠久型、民俗风情特色型、产业融合有效型和建设发展综合型,后续加以发展引导,实现历史文化村落保护利用的可持续发展、差异化发展。总体来说,浙江自实施"千村示范、万村整治"工程以来,一以贯之地开展农村人居环境整治和建设,着力挖掘乡土文化根脉,大力加强非物质文化遗产保护,深入推进历史文化村落保护利用工作,取得了瞩目的成果。一批濒危和毁坏严重的古村落重新焕发了生机活力,一批破损闲置的古建筑得到修复和利用,一批濒临失传的历史文化遗产得到保护与传承,有效保留了乡土文化根脉,留住了"乡愁"记忆,做出了杭州东梓关村的"浙派民居"、拯救老屋行动的"松阳模式"等经典案例。为了深入贯彻习近平新时代中国特色社会主义思想,贯彻落实习近平总书记关于浙江"千村示范、万村整治"工程的重要指示批示精神,我们要认真总结浙江省历史文化村落保护利用工作经验,持续推进历史文化村落的保护发展,这对深入实施乡村振兴战略、全面推进新时代美丽乡村建设具有十分重要的意义。

选择浙江省为研究区域,原因有三:其一是,浙江作为历史文化村落保有数量较多的省份之一,是全国第一个在全省范围内部署开展历史文化村落保护利用工作的省份。历史文化村落保护利用是全面推进乡村振兴战略、深入开展新时代美丽乡村建设的重要内容和抓手。浙江在实践中创造了丰富的"浙江经验",具有一定的典型意义,尤其是浙江自实施"千村示范、万村整治"工程以来取得的乡村建设成就（2018年浙江"千村示范、万村整治"工程获得联合国环境署颁发的"地球卫士奖"）使其成为全国推广学习的样板。其二是，省域是一个相对稳定的区域单位，具有相对完整的经济形态和环境特质，一个省域内的历史文化村落保护利用拥有相对的自主性和代表性。浙江历史文化村落分布广、体量大、种类多、价值高，具有较强的代表性和较高的示范性。其三是，前期研究基础扎实，成果丰厚。研究团队连续十年受浙江省农办、省农业农村厅委托，持续对浙江省11个地级市、82个县（市、区）的390个历史文化村落保护利用重点村开展建设绩效评价与实地调研工作，完成了7批共300余万字的调研报告并收集了3万余张数码照片，成为拥有浙江历史文化村落最全数据库的科研机构。因此，我们对全省历史文化村落的总体情况十分熟悉，也与地方基层干部群众建立了深厚的友谊，这为开展本课题研究带来了一定的条件和优势。

浙江理工大学中国美丽乡村研究院长期聚焦于乡村遗产评价与设计创新、历史文化村落保护利用的研究与实践，研究团队从设计学的角度，建立了历史文化村落价值认知方法及评价体系，为历史文化村落的保护利用、规划设计奠定了理论与技术基础，取得了重要的研究成果。研究团队先后主持立项国家社科基金项目《城镇化进程中我国传统村落风貌保护规划的"生态协同"研究》《传统村落动态保护机制及活化路经研究》，教育部人文社科基金项目《新型城镇化进程中乡村景观可持续发展与设计研究》《法国传统村落民居保护性设计的经验及借鉴研究》，浙江省哲学社会科学规划项目《基于肌理研究的历史文化村落保护与更新》等国家级、省部级科研项目。研究团队基于深入实地调研撰写的《浙江省历史文化村落保护利用重点村建设绩效调研报告》《构建历史文化村落保护利用"规建管评"协同机制与模式》《构建历史文化村落保护利用"五化"协同新路径》等研究报告，被浙江省农业农村厅、浙江省"千村示范、万村整治"工作协调小组办公室及多个市（县）政府部门吸收采纳，部分内容被写入相关文件中。同时，研究团队受20余个县（市、区）政府委托，编制了不同对象、不同层级的保护利用规划30余项，均通过省级评审，积累了丰富的规划设计实践经验。

本书受到国家社科基金项目《传统村落动态保护机制及活化路经研究》（18BGL277）的资助，以及浙江理工大学哲学社会科学繁荣计划学术著作出版资助项目（2021年度）

的资助。自 2018 年课题立项开展研究以来，课题组成员系统梳理相关理论研究文献，跟踪考察历史文化（传统）村落保护利用实践案例，积极参加相关学术交流活动，重点对浙江省历史文化（传统）村落进行全面的系统调研和数据资料采集，发表了多篇学术论文，开展相关规划设计实践项目数项。在持续深入的案头研究和田野调查的基础上，我们选择了浙江省 40 个具有代表性和示范性的历史文化（传统）村落保护利用重点村为对象，除了前期调研，还进行过多次深入的田野调研和数据梳理分析，最终整理成本书。本书分上下两篇，上篇着重对浙江地域环境、历史文化（传统）村落特征及保护利用评价、保护利用研究等做详细的阐述和理论建构；下篇以地域为单位阐述各个村落的特征概貌、规划设计、建设实绩及保护利用模式与路径。应该说，这本书既是笔者及其团队多年理论研究与项目实践的成果总结，又是对浙江经验的总结与示范推广。

杨小军　浙江理工大学
中国美丽乡村研究院／
艺术与设计学院　教授
二〇二二年十二月

目录

序 1
序 2
前言

绪论　　　　　　　　　　　　　　　　　　　　　　　　　　001

上篇　　理论研究篇

第一章　浙江自然和历史文化资源　　　　　　　　　　　　008
　　第一节　自然地理环境　　　　　　　　　　　　　　　　008
　　第二节　社会人文资源　　　　　　　　　　　　　　　　010

第二章　浙江历史文化村落生成发展及特征　　　　　　　　029
　　第一节　历史文化村落保护利用的相关概念　　　　　　　029
　　第二节　浙江历史文化村落形成与发展　　　　　　　　　033
　　第三节　浙江历史文化村落分布规律与特色　　　　　　　035

第三章　历史文化村落保护利用与发展研究　　　　　　　　041
　　第一节　浙江历史文化村落保护利用调查研究　　　　　　041
　　第二节　构建历史文化村落保护利用"规建管评"联动机制　052
　　第三节　构建历史文化村落保护利用的"五化"协同新路径　056
　　第四节　历史文化村落保护利用规划设计研究
　　　　　　——以天台县灵溪村为例　　　　　　　　　　　059

第四章　浙江历史文化村落保护利用绩效评价　087
　第一节　浙江历史文化村落保护利用绩效评价体系与指标　087
　第二节　浙江历史文化村落保护利用建设绩效评价及应用
　　　　　——全省前四批重点村　090
　第三节　对新时代持续推进历史文化村落保护利用的研判　106

下篇　案例实证篇

第五章　多派盛景孕育群英荟萃的浙南四村落　110
　第一节　文房四宝，耕读传家——温州永嘉县苍坡村　110
　第二节　千年瓷韵，醉美碗窑——温州苍南县碗窑村　119
　第三节　海防文化，诗礼东屏——台州三门县东屏村　129
　第四节　东海风情，魅力渔村——台州玉环市东沙村　141

第六章　多样业态促进活化利用的浙北十村落　150
　第一节　唐昌首镇，风韵河桥——杭州临安区河桥村　150
　第二节　隐逸深澳，醇厚时光——杭州桐庐县深澳村　159
　第三节　景韵茆坪，世外桃源——杭州桐庐县茆坪村　170
　第四节　文脉贵地，古今相融——杭州富阳区东梓关村　179
　第五节　昌硕故里，竹生鄣吴——湖州安吉县鄣吴村　190
　第六节　民国风情，漫居燎原——湖州德清县燎原村　202
　第七节　荻通四季，港汇天下——湖州南浔区荻港村　210
　第八节　田园春秋，浪漫蠡山——湖州德清县蠡山村　221

第九节 藏经吴市，溇港辰光——湖州吴兴区义皋村　　231
第十节 丝路浙皖，商韵古埠——湖州长兴县上泗安村　　242

第七章 血缘聚落奠定建筑脉络的浙中九村落　　250

第一节 八卦奇村，华夏一绝——金华兰溪市诸葛村　　250
第二节 堂街驿站，江南瑰宝——金华兰溪市芝堰村　　262
第三节 青创基地，江南乔院——金华浦江县新光村　　270
第四节 民居化石，理学名宗——金华东阳市李宅村　　278
第五节 国际研学，婺中故事——金华金东区琐园村　　289
第六节 禹裔古村，越国初都——绍兴柯桥区冢斜村　　296
第七节 耕读孝义，千柱祥居——绍兴诸暨市斯宅村　　307
第八节 天姥门户，古驿班竹——绍兴新昌县班竹村　　315
第九节 古韵醇风，追梦梅渚——绍兴新昌县梅渚村　　325

第八章 三省通衢推动古村待兴的浙西十二村落　　335

第一节 耕读传艺，博物典范——杭州建德市新叶村　　335
第二节 乐善方正，流芳人家——杭州建德市上吴方村　　343
第三节 产村融合，毓秀涧峰——衢州衢江区涧峰村　　351
第四节 响遏行云，书香大陈——衢州江山市大陈村　　358
第五节 千古毛氏，人文清漾——衢州江山市清漾村　　368
第六节 钱江源头，九溪龙门——衢州开化县龙门村　　376
第七节 世美传书，古韵金源——衢州常山县金源村　　383
第八节 生态度假，诗画欢庭——丽水莲都区下南山村　　393
第九节 廊桥瑰宝，更美月山——丽水庆元县月山村　　399
第十节 敬儒重礼，山林古驿——丽水松阳县界首村　　410

第十一节　千年古村，稀罕河阳——丽水缙云县河阳村　　419
第十二节　溪畔竹建，活态龙窑——丽水龙泉市溪头村　　432

第九章　临海之地展现风情美景的浙东五村落　　440

第一节　浙东五最，郑家深宅——宁波镇海区十七房村　　440
第二节　慈溪乌镇，国药鸣鹤——宁波慈溪市双湖村　　450
第三节　忠孝八训，吉地景村——宁波余姚市柿林村　　458
第四节　土墩遗址，千年马岙——舟山定海区马岙村　　467
第五节　百年灯塔，海上花鸟——舟山嵊泗县花鸟村　　475

附录

附录A　浙江省历史文化村落保护利用建设绩效评价表　　484
附录B　典型样本村落基础数据表　　488
附录C　典型样本村落重要建（构）筑物一览表　　499
附录D　典型样本村落非物质文化遗产一览表　　545
附录E　典型样本村落建设实绩统计表　　549

参考文献　　553

后记　　555

绪 论

一、研究意义

中国拥有悠久的农耕历史、宽广的地域疆土和丰富的人居文化，孕育了众多历史文化村落，因其地域差异明显、空间类型多样、传统资源独特、遗产价值深厚，具有稀缺性、独特性和不可再生性等特征，具有丰富的历史价值、艺术价值、科学价值、文化价值和社会价值。然而，一些历史文化村落遭受了不同程度的损毁和破坏，历史文化村落数量锐减、人居环境遭受破坏、文化遗产日渐式微等问题，已严重影响中华优秀传统文化的传承和乡土人居聚落的发展。面对多重挑战，开展历史文化村落保护利用课题研究与项目实践，可谓意义重大、需求迫切、适逢其时。历史文化村落是乡村人居系统和乡土文化遗产的重要类型和载体，其历史变迁、价值辨析、保护利用、活态传承等已成为世界各国在乡村建设和文化遗产保护发展中面临的共同问题。

本书聚焦历史文化村落有效保护与活化利用，参照当代城乡人居环境发展路向，推进充实中国人居环境的科学发展和理论建设，服务于未来乡村人居环境理论与方法的学术研究需求。同时，本书对于保护传承传统乡土文化、促进城乡融合发展和全面实施乡村振兴战略，具有积极的理论价值和社会意义。

二、研究内容及创新

1. 主要研究内容

在理论研究与实践调研的双轮驱动下，本书对省域、市域、县域、村域四个层级的历史文化村落进行纵深掘进、横向类比，以问题为导向进行"学理的提炼"，以实践为基础进行"思路的梳理"，力图建构理论实践交叉、全域个体交融的坐标系统。全维度、全方位探析浙江历史文化村落保护利用实践实情，解读浙江历史文化村落保护利用的经验与价值，构建历史文化村落保护利用"规建管评"协同模式、历史文化村落保护利用"五化"协同路径，完成历史文化村落保护利用建设绩效评价、历史文化村落保护利用差异化路径等研究，具体成果如下：

（1）构建了历史文化村落保护利用建设绩效评价体系及其标准　在梳理总结国内外历史文化村落保护利用理论与实践案例的基础上，拓宽了历史文化村落保护利用研究的系统维度，提高了研究的学理高度。采用量化研究和质性研究相结合的方法，通过设定评价目标、确定因子权重、调整模型运算，充分考量建设实绩、运维管理、规划编制、规划落实以及创新亮点等类目，构建了包括3级指标、4个大类、12大项、30子项的建设绩效评价体系，进一步促进历史文化村落保护利用的可持续发展。

（2）凝练了历史文化村落保护利用多元路径模式与对策建议　在调研评价浙江省历史文化村落保护利用重点村建设绩效的基础上，以学术理论为指引，构建了省域、市域、县域、村域多级一体的历史文化村落保护利用框架体系，总结了面向"重要窗口"的"7个三"浙江经验与样本，为历史文化村落保护利用提供了理论依据与技术支撑。"7个三"即：绘制风貌、风景、风情内涵扩展的"三风"全景图；编制成形、成品、成景时序递进的"三成"路线表；构筑生产、生活、生态环境融合的"三生"新格局；提升形态、神态、活态内外兼修的"三态"生命力；推进研究基地、研究项目、研究人员动能激活的"三研"新模式；营造学界、学者、学生进乡入村创意、创新、创业的"三学三创"新场景。同时，本书还总结经验与问题，在加强组织协调、注重规划引领、发挥资源优势、激活内生动力、对标一流先进、强化技术支撑等方面提出了具体对策和建议。

（3）建立了浙江省历史文化村落"5个一"全数据库　研究团队持续深入地调研了浙江省11个设区市的70余个县（市、区），累计完成300余个省级历史文化村落保护利用重点村的建设绩效评价工作，积累了300余万字的调研报告和5万余幅图片资料，建立了集文化遗产"一村一档"、规划设计"一村一案"、绩效评价"一村一报告"和经验模式"一村一对策"的"5个一"全数据库，为历史文化村落的历史沿革、历史遗存、人文典故、民俗风情等档案管理与宣传提供了样本。

（4）编制了历史文化村落保护利用规划与设计框架　将理论引导与实践论证相结合，在辨析历史文化村落保护与利用的关系的基础上，突出规划设计的引领性、指导性与实操性，形成以资源梳理与价值评估、特色凝练与规划定位、上位规划与背景解读为基础，以风貌格局、传统建筑、历史环境要素的保护控制、传统文化资源的挖掘传承、产业融合发展为主体，以项目实施要素保障、基础设施配套、人居环境提升为支撑的保护利用规划设计框架，进而引导和规范具体项目的实施。

（5）开创了历史文化村落保护利用"政学研用"结合模式　研究团队以课题为牵引，以问题为导向，注重"政学研用"协同融合，发挥平台优势和资源优势，支撑研究生的研究方向与选题，在此期间，学校累计培养了七届120余名历史文化村落保护利用研究领域的硕士研究生。同时，研究团队积极推进将科研成果转化为教研资源，发挥科研成果的引领作用和指引价值，结合学科建设和研究生人才培养模式改革，总结凝练了研究生教学案例《历史文化村落保护利用的绩效评价及规划设计》（2020年6月），获浙江省研究生教育学会授予的浙江省优秀研究生教学案例奖，成为创新科研成果反哺高层次人才培养的示范案例。

2. 主要观点

（1）历史文化村落保护与利用是全面实施乡村振兴的重要抓手　历史文化村落是人类文化遗产的重要组成部分，也是集物质与非物质文化要素的重要人居环境。历史文化村落是活态的乡村人居系统，具有历时性与共时性同存的属性，对其的保护与利用具有辩证关系，动态保护是活化利用的先决条件，而活化利用会促进传统村落的整体保护和可持续发展。浙江省是全国第一个在全省范围内部署开展历史文化村落保护利用工作的省份，经过近十年的项目实施，历史文化村落保护利用工作已成为浙江推进"千万工程"、实施乡村振兴战略的重要抓手，历史文化村落已成为新时代美丽乡村建设的"金名片"、美丽浙江大花园建设的"耀眼明珠"。

（2）示范引领是高品质实现历史文化村落保护利用的重要助力　研究团队参考国内外代表性理论和相关政策文件与规范标准，总结机制模式，构建了历史文化村落保护利用的全域化引领、标准化提升、品牌化经营、数字化融合和国际化对标"五化协同"路径，开创了历史文化村落保护利用的规划、建设、管理、评价"四位一体"的联动机制，确保浙江历史文化村落保护利用先行先试，继续走在全国前列，为其他地区及国家层面推进历史文化村落保护利用提供可复制、可推广的浙江经验与样本。

（3）分类分层是历史文化村落保护利用差异化路径的重要支撑　中国地域辽阔、文化多样，不同地域的历史文化村落在地域特征、天然资源、产业基础等条件上均存在一定的差异，因而探寻差异化保护利用路径成为必然。研究团队基于浙江历史文化村落实情，系统分析研判现况与问题，分别从省域、市域、县域、村域落实分类分层的保护利用模式，发挥优势拉长长板，加强谋划补齐短板，提出具有针对性的对策建议，引导历史文化村落的有效保护与活化利用。

（4）绩效评价是历史文化村落保护利用可持续推进的重要保障　浙江省历史文化村落保护利用工作引入建设绩效评价程序，受浙江省农办、省农业农村厅委托，浙江理工大学中国美丽乡村研究院组建技术团队作为第三方专业机构承担了历史文化村落保护利用重点村建设绩效评价调研工作，发挥学术引领、专业评价、政策传达和意见反馈等职能作用，有效推动和保障了历史文化村落保护利用项目的实施。项目实施立足于差异化、精准化、在地化的保护利用准则，研究团队制定了科学、客观的绩效评价标准，以此为依据，采用定量分析与定性评价相结合、文献研究与实地调研相结合、主观评价与客观分析相结合的方法，对受评村落的各项指标进行详细的统计和分析，进而分析问题与困难，总结经验与亮点，提出具体对策与建议，为历史文化村落保护利用的可持续发展提供指引与保障。

3. 创新之处

（1）研究体系的创新　本研究突破了以往以个体研究为架构的研究体系，力求涵盖较多层级和较广范围的研究体系，突出横向比较、纵向延伸的研究模式，突显历史文化村落保护利用的普遍性和差异性。

（2）研究视角的创新　本研究突破了以往单一学科、单一维度的研究视角，在探析区域历史文化村落基础现状、政策导向、建设实效的基础上，深入研究历史文化村落保护利用的综合维度，探究其可持续发展的模式与路径。

（3）研究方法的创新　本研究突破了以往以定性描述为主的研究方法，运用定量与定性相结合的方法，用图表统计的方式，对具体数量、指标、效益等进行系统、综合的分析和总结，力求创造历史文化村落研究新范式，为其他相关研究提供一定的参考和资料。

三、研究方法

1. 文献研究与田野调查相结合

本研究主要运用文献研究法、系列访谈法和田野调查法，聚焦浙江省历史文化村落开展实地调研，获取村志、族谱、图像、视频、文本、台账等资料，拍摄、放样村落实景，建立数据库；参阅代表性文献，从史料、现况中辨析真伪、探寻规律。

2. 定量测度与定性分析相结合

本研究将统计量化分析基础数据的结果作为归纳共性问题与个体特征的依据。定量测度与定性分析相结合的研究方法可以说是，既用"显微镜"，以微观的视角探析村落的价值与特征；又用"望远镜"，以宏观的视野辨析区域之间的同异与联系。

3. 理论研究与实验实践相结合

本研究在理论研究的基础上，选择典型案例开展具体的策划、规划及设计实践，进一步论证理论研究的逻辑与价值，增强项目研究体系的可靠性，形成指向多元的研究成果。

四、研究价值及效益

1. 学术价值

（1）拓宽了历史文化村落保护利用研究的广度　本研究建立了系统、全面、翔实的历史文化村落"5个一"省域全数据库，构建了"规建管评"联动机制和"五化"协同路径，归纳总结了不同地区、不同类型的历史文化村落保护利用的模式与经验，形成了具有示范性的省域、市域、县域、村域样本，开创性地拓宽了历史文化村落研究的层级与广度。

（2）挖掘了历史文化村落保护利用研究的深度　本研究深入分析了浙江省历史文化村落的历史发展、数量类型、空间分布及典型特征等，辨析了历史文化村落保护与利用的辩证关系，理论研究与实践实验联动，构建了具有实操性、指引性的历史文化村落保护利用机制与路径，进而推进历史文化村落保护利用的可持续发展。

（3）完善了历史文化村落保护利用的研究体系　本研究系统梳理了历史文化村落保护利用的关键维度和内容，研判了历史文化村落人居环境价值、历史文化价值和资源集聚配置等影响因子的权重，突出问题导向与目标指引，构建了历史文化村落保护利用建设绩效评价体系及其标准，编制了具有示范性和操作性的规划设计框架，促进了历史文化村落保护利用的规划、建设、管理、评价、经营的多维协同。

2. 应用价值

（1）成为政府文件和有关职能部门决策的参考依据　本研究着重总结凝练了历史文化村落保护利用的浙江经验与实践价值，提出具有针对性、示范性和引领性的创新思路与对策建议，为各级政府部门出台相关政策文件和决策意见提供有力参考。系列研究报告被浙江省农办编入上报省委、省政府的工作情况汇报材料，其中，研究报告《构建历史文化村落保护利用"规建管评"协同机制与模式》被浙江省农业农村厅采纳，还被写入《关于进一步加强历史文化（传统）村落保护利用工作的意见》文件中；《浙江省历史文化村落保护利用重点村建设绩效调研报告》被浙江省"千村示范、万村整治"工作协调小组办公室采纳；《构建历史文化村落保护利用"五化"协同新路径》研究报告被台州市农业农村局采纳应用；《诸暨市历史文化（传统）村落保护利用决策咨询和业务技术咨询》研究报告被诸暨市农业农村局采纳应用。

（2）为专业机构和基层项目实施提供操作指南　本研究提出的有关经验模式与实践方法，直接为桐庐县、天台县、常山县、黄岩区、诸暨市、椒江区、岱山县、泰顺县、柯城区等11个县（市、区）的乡（镇、街道）村开展历史文化村落保护利用提供了操作指南，为相关规划设计单位提供技术支持，完成了20余个村落的保护利用规划设计，全部获省级专家评审通过。在成果指引下，项目团队完成了百山祖国家公园周边村落集群提升发展规划、诸暨市历史文化村落保护利用绩效调研与技术咨询服务等工作。

（3）为其他地区的历史文化村落保护发展提供示范　本研究解析了浙江省历史文化村落保护利用的地域特征与发展脉络，助推历史文化村落保护利用与乡村人居环境建设、传承和弘扬优秀中华文化的有机融合，为新时代全面实施乡村振兴战略、推进美丽乡村建设工作及实现共同富裕提供助力，具有重要的现实意义。同时，项目研究弥补了国内外这方面研究的不足，形成较好的示范效应。

3. 社会效益

（1）发挥智库作用　近年来，浙江理工大学中国美丽乡村研究院聚焦历史文化村落保护利用理论研究与项目实践，已成为浙江省"千村示范、万村整治"工作领导小组办公室及多个县（市、区）政府部门的合作机构，发挥着重要的智库作用，在历史文化村落保护利用建设绩效评价、技术咨询服务、地方特色标准化研究与实践等方面发挥重要作用。

（2）获得业界肯定　本研究的阶段性成果《浙江省历史文化村落保护利用重点村建设绩效调研报告》《构建历史文化村落保护利用"规建管评"协同机制与模式》等在中央农办传统村落调研浙江专题座谈会、浙江历史文化村落保护利用工作现场会上宣讲，得到农业农村部、中国文联的多位省部级领导和知名专家的关注和肯定。

（3）业务技术普及　为充分发挥研究成果的示范指导作用和社会效益，团队成员多次受邀在国家艺术基金人才培养项目培训班、在地文化的价值创生国际会议、浙江省深化"千万工程"建设新时代美丽乡村现场会、浙江省未来乡村暨历史文化（传统）村落保护利用培训班、"古村落保护"（西塘）国际高峰论坛等会议、论坛和活动中，围绕研究成果作专题报告和业务培训，受到与会专家、领导、听众的好评。

上篇 理论研究篇

第一章 浙江自然和历史文化资源

第一节 自然地理环境

一、地理位置与地形地貌

浙江地处中国东南沿海长江三角洲南翼，东临大海，南接福建，西与江西、安徽两省相连，北与上海市、江苏省接壤，北半部属我国最富庶的长江三角洲平原，南部属丘陵地带，地跨北纬27°02′—31°11′，东经118°01′—123°10′。省域东西、南北的直线距离均约450公里，全省陆域面积10.55万平方公里，是中国面积较小的省份之一。全省陆域面积中，山地和丘陵占74.6%，平原和盆地占20.3%，河流和湖泊占5.1%，耕地面积现仅129.05万公顷，曾有"七山一水二分田"之称。浙江是中国海岛最多的省份，是名副其实的"陆域小省、海洋大省"。浙江海域面积约26万平方公里，沿海岛屿星罗棋布，面积在500平方米以上的岛屿有2878个，其中面积大于10平方公里的海岛有26个。浙江境域内大陆海岸线北起平湖金丝娘桥，南至苍南县虎头鼻，全长2200多公里。浙江区位优势明显，交通便捷，交通基础设施良好，是全国首个推进现代交通发展的省域示范区。随着多条高铁线路开通和一、二类通用机场的建成，浙江将迈入"1小时交通圈"时代。实现从四大主城市——杭州、温州、宁波、金华出发，无论是航空、高铁还是公路，都能在一小时左右到达乡村。

东海之滨，钱江之畔，山川灵秀，湖泊密布。浙江省内山岭盘曲，河流纵横，地貌复杂，前人曾有"千岩竞秀、万壑争流"之说。钱塘江、瓯江两大自然水系纵贯全省，还有曹娥江、灵江、甬江、鳌江、飞云江、楠溪江、东苕溪、西苕溪等多条名江大川，京杭大运河南部终段也在省内，还有杭州西湖、千岛湖、宁波东钱湖、嘉兴南湖、绍兴东湖等湖泊，雁荡山、普陀山、天目山、雪窦山、天台山等名山。浙江地形走势自西南向东北呈阶梯状倾斜，海拔跨度较大，最高海拔当属丽水龙泉的江浙第一高峰黄茅尖，海拔1929米；最低海拔位于湖州南浔，海拔2米。西南以山地为主，山地高峻、谷地幽深、风景神秀；中部以丘陵、盆地为主，错落分布于低山之间；东部海域广阔，海岸线绵长曲折，沿海岛屿星罗棋布；东北部是低平的杭嘉湖平原，地势低平、水网密布。总体来说，浙江地形地貌多样，大致可分为浙北平原、浙西中山丘陵、浙东丘陵、中部金衢盆地、浙南山地、东南沿海平原及滨海岛屿等地形区[一]，可谓山、河、湖、海、岛无所不有。

浙北平原主要为杭嘉湖平原和宁波的西北部。杭嘉湖平原是浙江最大的堆积平原，位于太

[一] 伽红凯. 中国传统村落记忆：浙江卷[M]. 北京：中国农业科学技术出版社，2018：5.

湖以南，钱塘江和杭州湾以北，天目山以东，包括嘉兴市全部、湖州市大部、杭州市东北部。东南高起，西北降低，是一个以太湖为中心的碟形洼地，平均海拔 3 米左右，有京杭大运河穿过。浙西中山丘陵以天目山等西北列山脉为骨架，大致包括苕溪—杭州西南部—浦阳江一线以西，金衢盆地以北的地区，包括湖州市西南部、杭州西部南部、衢州市北部及金华市西北角。浙东丘陵以天台山、四明山、会稽山等山脉为骨架，大致在浦阳江以东、宁绍平原以南、灵江以北的区域，主要包括宁波西部、绍兴南部、金华东部和台州西部。金衢盆地位于浙江中西部，是省内最大的盆地，是我国南方著名的红色盆地之一。金衢盆地因金华、衢州而得名，介于千里岗山脉、仙霞岭山脉、金华山脉和大盘山脉之间。浙南山地地区是指金衢盆地、椒江以南的广大山区，南北长约 175 公里，东西宽约 210 公里，主要由仙霞岭、洞宫山、大洋山、括苍山等组成，是浙江海拔最高的地区，尤以龙泉、庆元为甚，主要包括丽水全部、金华市南部、衢州市南部、温州市西部和台州市西南部。南北走向的洞宫山脉和东西走向的仙霞岭在此遭遇，构成了浙江最大、最高的山脉，周围簇拥着 20 多座海拔超过 1500 米的山峰。浙南山区地势由西南向东北倾斜，西南部以中山为主，间有低山、丘陵和山间谷地；东北部以低山为主，间有中山及河谷盆地。东南沿海平原及滨海岛屿区位于浙江省东部，覆盖了浙江省 80% 以上的海岸线，主要为地势低平向海缓倾的沿海地带及四面环水的岛屿，主要包括宁波市东部、舟山市全部、台州市东部、温州市东部。

二、气候条件与自然资源

浙江属于亚热带季风气候，季风显著，四季分明，气候适中，雨量充沛。年平均气温在 15 至 18℃之间，1 月、7 月分别为全年气温最低和最高的月份，5 月、6 月为集中降雨期。浙江地形以丘陵山地为主，地面起伏较大，主要山脉为东北-西南走向，对冬夏气流运行有一定影响，全省年降雨量分布特点为从西南往东北逐步减少。因受西风带和东风带天气系统的双重影响，浙江气象灾害繁多，是我国受台风、暴雨、干旱、寒潮、大风、冰雹、冻害、龙卷风等灾害影响较为严重的地区之一。

根据《保护世界文化和自然遗产公约》中对自然遗产的界定："从审美或科学角度看具有突出的普遍价值的由物质和生物结构或这类结构群组成的自然面貌；从科学或保护角度看具有突出的普遍价值的地质和自然地理结构以及明确划为受威胁的动物和植物生境区；从科学、保护或自然美角度看具有突出的普遍价值的天然名胜或明确划分的自然区域。"⊖浙江自然景观类型多样，内容丰富。据统计，浙江全省有重要地貌景观 800 多处、水域景观 200 多处、生物景观 100 多处、人文景观 100 多处。目前拥有不同级别的风景名胜区、自然保护区、森林公园、地质公园 100 多个，其中有钱江源-百山祖国家公园 1 个、22 个国家级风景名胜区、8 个国家级旅游度假区、11 个国家自然保护区、44 个国家级森林公园、13 个国家级湿地公园、5 个国家级城市湿地公园、30 个国家园林城市、20 个国家 5A

⊖ 联合国教科文组织世界遗产中心，国际古迹遗址理事会，国际文物保护与修复研究中心，等. 国际文化遗产保护文件选编 [M]. 北京：文物出版社，2007：71。

级旅游景区。国家级风景名胜区数量居全国首位，4A、5A级景区数量居全国第二位。江山市江郎山作为"中国丹霞"系列提名地区之一，2010年被联合国教科文组织列入世界自然遗产名录。优美的自然生态环境、丰富的自然遗产资源，是浙江重要的自然生态基底，也是历史文化村落保护利用的重要生态基底。

第二节 社会人文资源

一、社会经济水平

浙江省民政厅官网数据显示，截至2021年年末，浙江全省行政区域现设杭州、宁波、温州、嘉兴、湖州、绍兴、金华、衢州、丽水、台州、舟山11个地级市（图1-2-1），其中杭州、宁波为副省级城市；下设90个县（市、区），包括37个市辖区、20个县级市、33个县（其中1个民族自治县）；辖488个街道、618个镇、258个乡（其中14个民族乡），共有1364个乡（镇、街道）。据浙江省第七次人口

图1-2-1 浙江省地图

普查，截至 2020 年年末，全省常住人口 6456.8 万人，其中城镇人口为 4659.9 万人，农村常住人口为 1796.9 万人，城镇化率约为 72%。有汉族、畲族、苗族、回族、满族等民族，苗族是人口最多的少数民族，汉族人口占 96.57%。

古语云："苏湖熟，天下足""东南财赋地，江左人文薮"。浙江自古经济繁荣、人文荟萃，区域和人文优势突出，是中国经济最发达的省份之一，民营经济发达，在当代经济发展中形成了具有鲜明特色的"浙江经济"模式。根据年度统计调查结果，2020 年浙江全省居民人均可支配收入为 5.2397 万元，人均生活消费支出 3.1295 万元，居全国第 3 位、省区第 1 位。城镇常住居民人均可支配收入为 6.2699 万元，连续第 20 年位居全国省区首位；城镇常住居民人均生活消费支出 3.6197 万元；农村常住居民人均可支配收入为 3.193 万元，连续 36 年位居全国省区第一，增速连续 13 年快于城镇居民，所有县农村常住居民收入均超过全国平均水平；农村常住居民人均生活消费支出 2.1555 万元，连续 25 年位居全国省区第一；城乡居民收入比缩小到 1.96∶1，连续 8 年持续缩小。

二、浙江历史沿革

浙江历史悠久，是吴越文化、江南文化的发源地，也是中国古代文明的发祥地之一，素有"文化之邦"的美誉。早在四五千年前，浙江就有了人类的活动，在邱城、钱山漾、昆山一带形成了多处大型聚落。浙江已发现新石器时代遗址 100 多处，其中有目前长江下游地区最早的新石器时代遗址——上山遗址，距今约 10000 年。另有距今约 9000 年的小黄山遗址、距今约 8000 年的跨湖桥遗址、距今约 7000 年的河姆渡遗址、距今约 6000 年的马家浜遗址、崧泽遗址和距今约 5000 年的良渚遗址。上山遗址、跨湖桥遗址、河姆渡遗址、马家浜遗址和良渚遗址，是新石器时代人类定居、生产、生活的系列物化见证。余姚河姆渡遗址发现了大量稻谷和干栏式建筑遗址，良渚文化遗址也发现了人工栽培的稻谷和精美玉器，证明浙江在早期曾存在大规模犁耕稻作农业、大型营建工程及社会组织形态。浙江先民率先驯化了水稻，彻底改良了江南人的饮食结构与生活方式，也让长江中下游文明逐渐超越了黄河流域文明，成为鱼米之乡、天下粮仓。夏、商、周三代以后，浙江先民改造地区恶劣的自然条件，为浙江文明发展创造条件。东汉至三国时期，气候逐渐变冷，北方生态环境开始恶化，加上连年战乱，大量农田荒弃，致使魏晋南北朝时期，农业经济出现大衰退，大量北方人口开始南迁。不少南渡的高门大姓为了避免与江东士族起冲突，渡过钱塘江到了吴人势力较弱的会稽、东阳、临海、永嘉等地，使浙江地区人口持续增长㊀。唐代，国家政治文化中心虽在北方，但需要南方的粮食等物资供给。此时南方地区气温适宜，雨量充沛，有利于水稻等高产农作物的种植，在耕地面积不变的前提下可以养活更多的人口。京杭大运河成为沟通南北物资与文化的主要动脉，也为大唐盛世打下了基础。中国传统农业以精耕细作、土地利用率高和单位产量高为特征的生产模式，得到进一步的巩固和加强㊁。大量从中原地区南迁的移民带来了先进的文化与农垦技术，推动了浙江地区社会经济快速

㊀ 周膺，吴晶. 钱塘江物语 [M]. 杭州：浙江工商大学出版社，2019：9。
㊁ 胡彬彬. 中国村落史 [M]. 北京：中信出版社，2021：Ⅷ。

图 1-2-2　清王勋摹唐本钱镠像（常熟博物馆藏）

的发展，浙江的传统村落也开始生成与发展。五代十国虽是中国历史上大割裂时代，但吴越国王钱镠（852—932）建都于临安，励志图新，精心经营（图 1-2-2）。越地丰腴而润泽，水道纵横，平畴无际。北宋时期，北方虽保持着政治文化中心的地位，但经济重心已逐渐转移到南方，南方人口超过北方。南宋定都临安，大量北方人口的再一次南迁，促进了浙江地区的快速发展。浙江先民在这片物华天宝的土地上，聚族而居，群居而生，创造了丰富优越的物质文化和非物质文化成果。明清至民国时期，农业生产进一步发展，生产力的提高和人口的增长，使浙江发展成为丰饶富庶的"鱼米之乡""丝茶之府"，无可争议地成为中国的经济文化重镇。在漫长的历史长河中，秀丽的青山绿水，丰富的人文之胜，孕育了悠久璀璨、开放多元的浙江文明。那些如珍珠般散落在浙江山水间的历史文化村落，正是浙江悠久历史、深厚文化底蕴的结晶。

三、浙江文化遗产资源

1972 年 11 月，联合国教科文组织在巴黎总部举行的第 17 届大会上通过了《保护世界文化和自然遗产公约》，确立了世界遗产保护的基本准则。公约规定了世界遗产包括文化遗产、自然遗产、自然与文化双遗产三类，文化遗产又包括物质文化遗产、非物质文化遗产及文化景观。1985 年 12 月，中国正式加入《保护世界文化和自然遗产公约》，1999 年 10 月当选为世界遗产委员会成员。1986 年，中国开始向联合国教科文组织申报世界遗产项目。1987 年，长城、明清故宫、敦煌莫高窟、泰山、秦始皇陵及兵马俑坑、周口店北京人遗址成为中国首批世界遗产项目。1997 年，平遥古城、丽江古城成功申报成为世界文化遗产项目。2000 年，皖南古村落——西递、宏村成为世界文化遗产项目，这标志着中国的历史文化古城古村保护利用得到了国际社会的认可，也助推了中国历史文化村落保护利用研究的热潮。截至目前，中国共有 57 个项目入选世界遗产名录，其中世界文化遗产 39 项、世界自然遗产 14 项、世界自然与文化双遗产 4 项，成为拥有世界遗产类别最齐全的国家之一，也是世界自然遗产数量最多的国家。其中，浙江拥有杭州西湖文化景观、大运河（浙江段）、良渚古城遗址 3 项世界文化遗产。

浙江文化昌盛、民风细腻，拥有深厚的历史底蕴和优质的文化资源，造就了大批文化遗产资源。两晋、唐宋时期北方人口大量南迁，尤其是南宋定都临安后，浙江进入封建社会的繁荣时期，成为当时中国最富庶的地区之一。由此孕育出了众多特色鲜明、文化璀璨、内涵丰富的历史文化名城、名镇、名村、传统村落，留下了大量的古建筑、古遗址等文物古迹，传统民居等物质文化遗产和传统技艺、传统戏曲、民俗等非物质文化遗产。

1. 物质文化遗产

根据《保护世界文化和自然遗产公约》，物质文化遗产又称为"有形文化遗产"，主要包括历史文物古迹、历史建筑（群）和人类文化遗址[一]。《中华人民共和国文物保护法》第一章第三条提出："古文化遗址、古墓葬、古建筑、石窟寺、石刻、壁画、近代现代重要史迹和代表性建筑等不可移动文物，根据它们的历史、艺术、科学价值，可以分别确定为全国重点文物保护单位，省级文物保护单位，市、县级文物保护单位"。1961年3月，国务院公布了首批全国重点文物保护单位名单。截至2019年10月，国务院已公布8批全国重点文物保护单位共计5058处（表1-2-1）。在国家层面立法保护物质文化遗产的同时，各省（市、区）分批公布了省级文物保护单位，各市、县公布了市级、县级文物保护单位，从而构成了国家、省、市、县四级保护体系，有效促进了物质文化遗产的保护与管理。

表1-2-1　全国重点文物保护单位批次、数量一览表

批次	数量/处	公布时间
一	180	1961.3
二	62	1982.2
三	258	1988.1
四	250	1996.11
五	521	2001.6
六	1081	2006.5
七	1944	2013.5
八	762	2019.10
总计	5058	

浙江物质文化遗产资源可归纳为各级、各类历史文化名城、名镇、名村、传统村落及文物古迹等。截至2020年12月，浙江省共拥有杭州、绍兴、宁波、衢州、临海、金华、龙泉等10座国家级历史文化名城；拥有温州、余姚、湖州、舟山定海、东阳、嘉兴、兰溪、天台、松阳、瑞安、海宁11座省级历史文化名城，以及43处省级历史文化保护区；拥有国家级历史文化名镇27个、省级历史文化名镇83个；拥有国家级历史文化名村44个、省级历史文化名村200个；拥有国家级传统村落636个、省级传统村落636个（表1-2-2~表1-2-4）。拥有国家级传统村落数量最多的县域是松阳县，共有75个，其次为景宁畲族自治县（55个）、龙泉市（49个）、仙居县（35个）、遂昌县（24个）、兰溪市（20个）等（图1-2-3）。

[一] 联合国教科文组织世界遗产中心，国际古迹遗址理事会，国际文物保护与修复研究中心，等. 国际文化遗产保护文件选编[M]. 北京：文物出版社，2007：229.

表 1-2-2　浙江省国家级历史文化名镇、名村一览表

类别	地区	县（市、区）镇、村名（批次）	数量/个
名镇	杭州	富阳区龙门镇（4）	1
	嘉兴	嘉善县西塘镇（1）、桐乡市乌镇（1）、海宁市盐官镇（5）	3
	湖州	德清县新市镇（4）、南浔区南浔镇（2）、南浔区双林镇（7）、南浔区菱湖镇（7）	4
	绍兴	柯桥区安昌镇（2）、越城区东浦镇（3）、嵊州市崇仁镇（6）、诸暨市枫桥镇（7）	4
	宁波	江北区慈城镇（2）、象山县石浦镇（2）、宁海县前童镇（3）、慈溪市观海卫镇（7）	4
	金华	义乌市佛堂镇（3）、永康市芝英镇（6）	2
	衢州	江山市廿八都镇（3）	1
	台州	仙居县皤滩镇（4）、临海市桃渚镇（7）	2
	温州	永嘉县岩头镇（4）、平阳县顺溪镇（7）	2
	丽水	景宁畲族自治县鹤溪镇（5）、松阳县西屏镇（6）、龙泉市住龙镇（7）	3
	舟山	岱山县东沙镇（6）	1
	总计		27
名村	杭州	桐庐县江南镇深澳村（3）、桐庐县富春江镇芦茆村（7）、建德市大慈岩镇新叶村（5）、建德市大慈岩镇上吴方村（7）、建德市大慈岩镇李村村（7）、淳安县浪川镇芹川村（6）	6
	湖州	南浔区和孚镇荻港村（6）、安吉县鄣吴镇鄣吴村（6）	2
	绍兴	柯桥区稽东镇冢斜村（5）	1
	宁波	宁海县茶院乡许家山村（5）、宁海县深甽镇龙宫村（6）、慈溪市龙山镇方家河头村（7）、海曙区章水镇李家坑村（7）、鄞州区姜山镇走马塘村（7）、余姚市大岚镇柿林村（7）	6
	金华	武义县俞源乡俞源村（1）、武义县武阳镇郭洞村（1）、永康市前仓镇厚吴村（3）、金东区傅村镇山头下村（5）、婺城区汤溪镇寺平村（5）、浦江县白马镇嵩溪村（6）、磐安县盘峰乡榉溪村（6）、磐安县尖山镇管头村（7）、磐安县双峰乡梓誉村（7）、义乌市佛堂镇倍磊村（7）	10
	衢州	龙游县石佛乡三门源村（4）、龙游县溪口镇灵山村（7）、龙游县塔石镇泽随村（7）、江山市大陈乡大陈村（6）、江山市凤林镇南坞村（7）、江山市石门镇清漾村（7）、开化县马金镇霞山村（6）	7
	台州	仙居县白塔镇高迁村（5）、临海市东塍镇岭根村（7）、天台县平桥镇张思村（7）	3
	温州	永嘉县岩坦镇屿北村（5）、乐清市仙溪镇南阁村（5）、苍南县桥墩镇碗窑村（6）、苍南县矾山镇福德湾村（6）	4
	丽水	庆元县松源镇大济村（5）、缙云县新建镇河阳村（6）、龙泉市西街街道下樟村（6）、莲都区雅溪镇西溪村（6）、遂昌县焦滩乡独山村（6）	5
	总计		44

表 1-2-3　浙江省国家级传统村落数量分布一览表

分布区域	各批次的数量/个					总数/个	百分比
	一	二	三	四	五		
浙北（杭州、嘉兴、湖州）	4	5	9	23	20	61	9.6%
浙南（温州、台州）	7	12	6	60	19	104	16.4%
浙西（丽水、衢州）	11	16	59	99	126	311	48.9%
浙中（金华、绍兴）	14	10	4	38	63	129	20.3%
浙东（舟山、宁波）	7	4	8	5	7	31	4.8%
总计	43	47	86	225	235	636	100%

表 1-2-4　浙江省各县（市、区）国家级传统村落数量一览表　　（单位：个）

地区	县（市、区）	各批次数量					小计	合计
		一	二	三	四	五		
杭州	临安区				4	2	6	52
	萧山区				1		1	
	富阳区	1			1		2	
	桐庐县	1	4	4	4	2	15	
	淳安县		1	1		9	11	
	建德市	1		2	11	3	17	
宁波	鄞州区			3	1	1	5	28
	象山县	1				1	2	
	宁海县	1	3	3	1	1	9	
	慈溪市					1	1	
	余姚市	3					3	
	奉化区	1	1	2	2	2	8	
温州	瓯海区					1	1	29
	永嘉县	2	1		1	2	6	
	苍南县	2	1		1	2	6	
	泰顺县		1		5	3	9	
	平阳县				1		1	
	文成县				2		2	
	瑞安市			1	1		2	
	乐清市	1				1	2	
嘉兴	南湖区					1	1	3
	海宁市					1	1	
	桐乡市					1	1	
湖州	长兴县				1	1	2	6
	安吉县			1			1	
	南浔区	1			1		2	
	吴兴区			1			1	
绍兴	越城区					1	1	25
	柯桥区	1			1	1	3	
	上虞区				1	1	2	
	新昌县				1	5	6	
	诸暨市	1			3		4	
	嵊州市	1	1		3	4	9	

（续）

地区	县（市、区）	各批次数量					小计	合计
		一	二	三	四	五		
金华	婺城区	1				5	6	104
	金东区	1			1	8	10	
	武义县	3	1		8	7	19	
	磐安县	2	2		2	2	8	
	浦江县	3			6		9	
	兰溪市		6	2	2	10	20	
	义乌市				3	10	13	
	东阳市			2	6	6	14	
	永康市	1			1	3	5	
衢州	柯城区				1	7	8	54
	衢江区				4	3	7	
	常山县					7	7	
	开化县		1		3	3	7	
	龙游县	1	1	1	2	4	9	
	江山市	1	2	2	8	3	16	
舟山	普陀区					1	1	3
	定海区				1		1	
	岱山县	1					1	
台州	椒江区		1			1	2	75
	黄岩区		1	1		3	5	
	温岭市		1	1	1		3	
	临海市		2	2	14		18	
	玉环市		1			1	2	
	仙居县	2	1		28	4	35	
	天台县		1	1	6		8	
	三门县		1			1	2	
丽水	莲都区			1	8	4	13	257
	青田县		1		3		4	
	缙云县	1		1	7	4	13	
	遂昌县	1			6	17	24	
	松阳县		8	42	21	4	75	
	云和县			5	1	3	9	
	庆元县	1			6	8	15	
	景宁畲族自治县	1		1	6	47	55	
	龙泉市	5	3	6	23	12	49	
总计		43	47	86	225	235	636	636

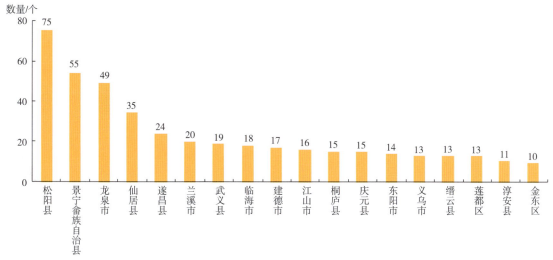

图 1-2-3 国家级传统村落个数排名靠前的县域

文物古迹主要包含古遗址、古墓葬、古建筑、石窟寺及石刻、近现代重要史迹及代表性建筑，以及历史上重要的生活实物、器具、文献、艺术品等可移动文物。其中，古建筑数量最多。根据第三次全国文物普查统计，浙江共登记不可移动文物73943处，其中新发现的有61728处，均为全国第一。浙江省内拥有杭州六和塔、岳飞墓、宁波保国寺、衢州南宗孔氏家庙等全国重点文物保护单位281处，其中：古遗址46处、古墓葬15处、古建筑147处、石窟寺及石刻20处、近现代重要史迹及代表性建筑49处、其他4处；坐落在历史文化村落中的全国重点文物保护单位共有40处，占总量的14.2%（表1-2-5、表1-2-6）。1961年4月，浙江省人民政府公布了第一批省级文物保护单位。截至2022年，浙江省共公布了7批869处省级文物保护单位，其中：古遗址100处、古墓葬37处、古建筑478处、石窟寺及石刻34处、近现代重要史迹及代表性建筑194处、其他26处；坐落在历史文化村落中的省级文物保护单位共有112处，占总量的12.9%。另外，浙江还拥有5000余处市级、县级文物保护单位和8000余处文物保护点。

表 1-2-5 浙江省全国重点文物保护单位数量一览表 （单位：处）

类别	批次								总计
	一	二	三	四	五	六	七	八	
古遗址		1	2	1	5	11	22	4	46
古墓葬	1			1	4	3	6		15
古建筑	2	1	7	6	26	28	52	25	147
石窟寺及石刻		1			3	3	8	5	20
近现代重要史迹及代表性建筑			4	1	7	13	11	13	49
其他							1	3	4
合计	3	3	13	9	45	58	100	50	281

表 1-2-6　浙江省全国重点文物保护单位名录一览表

类别	项目名称（批次）	总计/处
古遗址	河姆渡遗址（2）、上林湖越窑遗址（3）、大窑龙泉窑遗址（3）、良渚遗址（与德清共有）（4）、临安城遗址（5）、下菰城遗址（5）、罗家角遗址（5）、马家浜遗址（5）、铁店窑遗址（5）、跨湖桥遗址（6）、茅湾里窑址（6）、郊坛下和老虎洞窑遗址（6）、永丰库遗址（6）、钱山漾遗址（6）、安吉古城遗址和龙山越国贵族墓群（6）、谭家湾遗址（6）、南河浜遗址（6）、富盛窑址（6）、小仙坛窑址（6）、上山遗址（6）、乌龟洞遗址（7）、小古城遗址（7）、泗洲造纸作坊遗址（7）、天目窑遗址群（7）、田螺山遗址（7）、鲻山遗址（7）、塔山遗址（7）、花岙兵营遗址（7）、曹湾山遗址（7）、上马坎遗址（7）、七里亭遗址（7）、昆山遗址（7）、德清原始瓷窑址（7）、城山古城遗址（7）、庄桥坟遗址（7）、新地里遗址（7）、小黄山遗址（7）、凤凰山窑址群（7）、大溪东瓯古城遗址（7）、云和银矿遗址（7）、好川遗址（7）、小南海石室（7）、鲤鱼山—老虎岭水坝遗址（8）、坦头窑遗址（8）、嘉兴子城遗址（8）、沙埠窑遗址（8）	46
古墓葬	岳飞墓（1）、大禹陵（4）、吴越国王陵（5）、东钱湖墓葬群（5）、浙南石棚墓群（5）、印山越国王陵（5）、于谦墓（6）、高氏家族墓地（6）、东阳土墩墓群（6）、赵孟頫墓（7）、长安画像石墓（7）、吴镇墓（7）、绍兴越国贵族墓群（7）、宋六陵（7）、吕祖谦及家族墓（7）	15
古建筑	六和塔（1）、保国寺（1）、天一阁（2）、胡庆余堂（3）、闸口白塔（3）、它山堰（3）、飞英塔（3）、古纤道（3）、东阳卢宅（3）、天宁寺大殿（3）、镇海口海防遗址（4）、蒲壮所城（4）、玉海楼（4）、延福寺（4）、诸葛·长乐村民居（4）、孔氏南宗家庙（4）、凤凰寺（5）、文澜阁（5）、功臣塔及功臣寺遗址（5）、庆安会馆（5）、庙沟后·横省石牌坊（5）、刘基庙及墓（5）、南阁牌楼群（5）、永昌堡（5）、四连碓造纸作坊（5）、嘉业堂藏书楼及小莲庄（5）、盐官海塘及海神庙（5）、绮园（5）、绍兴古桥群（八字桥）（5）、吕府（5）、斯氏古民居建筑群（5）、古月桥（5）、黄山八面厅（5）、俞源村古建筑群（5）、郑义门古建筑群（5）、国清寺（5）、台州府城墙（5）、桃渚城（5）、处州廊桥（如龙桥）（5）、通济堰（5）、时思寺（5）、湖镇舍利塔（5）、宁波天宁寺（6）、阿育王寺（6）、白云庄和黄宗羲·万斯同·全祖望墓（6）、慈城古建筑群（6）、天童寺（6）、王守仁故居和墓（6）、宁海古戏台（6）、赤溪五洞桥（6）、芙蓉村古建筑群（6）、圣井山石殿（6）、泰顺廊桥（6）、仕水碇步（6）、顺溪古建筑群（6）、独松关和古驿道（6）、德清古桥群（寿昌桥）（6）、安城城墙（6）、莫氏庄园（6）、青藤书屋和徐渭墓（6）、崇仁村建筑群（6）、芝堰村建筑群（6）、玉山古茶场（6）、榉溪孔氏家庙（6）、新河闸桥群（6）、松阳延庆寺塔（6）、普陀山多宝塔（6）、法雨寺（6）、衢州城墙（6）、三卿口制瓷作坊（6）、灵隐寺石塔和经幢（7）、保俶塔（7）、普庆寺石塔（7）、西山桥（7）、新叶村乡土建筑（7）、二灵塔（7）、林宅（7）、观音寺石塔（7）、国安寺塔（7）、护法寺桥和塔（7）、乐清东塔（7）、八卦桥和河西桥（7）、栖真寺五佛塔（7）、真如寺石塔（7）、金昭牌坊和宪台牌楼（7）、楠溪江宗祠建筑群（7）、玉岩包氏宗祠（7）、雪溪胡氏大院（7）、泰顺土楼（7）、潘公桥及潘孝墓（7）、双林三桥（7）、陈阁老宅（7）、东化成寺塔（7）、狭乂茶湖塘（7）、华祖王氏宗祠（7）、兰亭（7）、舜王庙（7）、浙东运河（绍兴段）（7）、龙德寺塔（7）、七家厅（7）、西姜祠堂（7）、寺平村乡土建筑（7）、（兰溪）世德堂（7）、（兰溪）上族祠（7）、（兰溪）积庆堂（7）、（兰溪）余庆堂（7）、马上桥花厅（7）、巾山塔群（7）、南峰塔和福印山塔（7）、瑞隆感应塔（7）、河阳村乡土建筑（7）、西洋殿（7）、普陀山普济寺（7）、周宣灵王庙（7）、北二蓝氏宗祠（7）、吴氏宗祠（7）、南坞杨氏宗祠（7）、关西世家（7）、绍衣堂和横山塔（7）、龙游鸡鸣山民居苑（7）、三槐堂（7）、三门源叶氏民居（7）、杭州忠义桥（8）、梅城南峰塔和北峰塔（8）、南渡广济桥（8）、余姚通济桥（8）、安吉永安寺塔（8）、湖州潮音桥（8）、绍兴大善寺塔（8）、义乌大安寺塔（8）、紫微山民居（8）、石楠塘徐氏宗祠（8）、赤岸朱宅建筑群（8）、后吴村古建筑群（8）、下柏石陈大宗祠（8）、兰溪通洲桥（8）、雅端村古建筑群（8）、塘下方大宗祠（8）、东阳白坦民宅（8）、林应麒功德牌坊（8）、金清大桥（8）、椒江戚继光祠（8）、灵鹫寺石塔（8）、詹宝兄弟牌坊（8）、独山石牌坊（8）、吴文简祠（8）、江山文昌宫（8）	147
石窟寺及石刻	飞来峰造像（2）、宝成寺麻曷葛剌造像（5）、梵天寺经幢（5）、仙都摩崖题记（5）、顾渚贡茶院遗址及摩崖（6）、安国寺经幢（6）、法隆寺经幢（6）、龙兴寺经幢（6）、南山造像（7）、惠力寺经幢（7）、大佛寺石弥勒像和千佛岩造像（7）、柯岩造像及摩崖石刻（7）、仙居古越族岩画群（7）、南明山摩崖题刻（7）、石门洞摩崖题刻（7）、杭州孔庙碑林（8）、雁荡山龙鼻洞摩崖题记（8）、道场山祈年题记（8）、汉建初元年买地刻石（8）、仙岩洞摩崖题记（8）	20

(续)

类别	项目名称（批次）	总计/处
近现代重要史迹及代表性建筑	茅盾故居（3）、绍兴鲁迅故居（3）、秋瑾故居（3）、太平天国侍王府（3）、蒋氏故居（4）、西泠印社（5）、龙山虞氏旧宅建筑群（5）、南浔张氏旧宅建筑群（5）、新四军苏浙军区旧址（5）、嘉兴南湖中共"一大"会址（5）、蔡元培故居（5）、花鸟灯塔（5）、钱塘江大桥（6）、之江大学旧址（6）、笕桥中央航校旧址（6）、章太炎故居（6）、江北天主教堂（6）、钱业会馆（6）、浙东抗日根据地旧址（6）、利济医学堂旧址（6）、莫干山别墅群（6）、陈英士墓（6）、王国维故居（6）、大通学堂和徐锡麟故居（6）、马寅初故居（6）、仓前粮仓（7）、浙江兴业银行旧址（7）、锦堂学校旧址（7）、红十三军军部旧址（7）、尊德堂（7）、乍浦炮台（7）、嘉兴文生修道院与天主堂（7）、春晖中学旧址（7）、曹娥庙（7）、坎门验潮所（7）、浙江大学龙泉分校旧址（7）、求是书院旧址（8）、浙江图书馆旧址（8）、仁爱医院旧址（8）、第一届西湖博览会工业馆旧址（8）、五四宪法起草地旧址（8）、英国驻温州领事馆旧址（8）、沈钧儒故居（8）、王店粮仓群（8）、陈望道故居（8）、史家庄花厅（8）、恩泽医局旧址（8）、一江山岛战役遗址（8）、江厦潮汐试验电站（8）	49
其他	西湖十景（7）、矾山矾矿遗址（8）、太湖溇港（8）、钱塘江海塘海盐救海庙段和海宁段（8）	4

2. 非物质文化遗产

非物质文化遗产是特色民族文化和精神的重要载体，蕴含着丰富的价值观念、审美追求和情感记忆，是人民智慧和民族精神的生动体现。2003年10月17日，联合国教科文组织第32届会议正式通过的《保护非物质文化遗产公约》中，将非物质文化遗产界定为：被各社区、群体，有时是个人，视为其文化遗产组成部分的各种社会实践、观念表述、表现形式、知识、技能以及相关的工具、实物、手工艺品和文化场所。各个社区和群体随着其所处环境、与自然界的相互关系和历史条件的变化，不断使这种代代相传的非物质文化遗产得到创新，从而促进了文化多样性和人类的创造力。人类非物质文化遗产分为五大类：口头传说和表述，包括作为非物质文化遗产媒介的语言；表演艺术；社会风俗、礼仪、节庆；有关自然界和宇宙的知识和实践；传统的手工艺技能。[一]同时，会议明确提出和规定了《人类非物质文化遗产代表作名录》和《急需保护的非物质文化遗产名录》的认定基本原则。2008年11月，联合国教科文组织宣布正式设立《人类非物质文化遗产代表作名录》，将教科文组织于2001年、2003年和2005年宣布的90项"人类口头和非物质文化遗产代表作"收录其中。截至目前，共有492项"人类非物质文化遗产代表作"和67项"急需保护的非物质文化遗产"列入其中。我国有中国皮影戏、二十四节气等共34个项目被列入《人类非物质文化遗产代表作名录》，有中国活字印刷、中国木拱桥传统营造技艺等7个项目被列入《急需保护的非物质文化遗产名录》。浙江省有昆曲、古琴艺术、中国篆刻、龙泉青瓷烧制技艺等共14项入选（表1-2-7），占全国41项总量的34.1%，名列全国前列。

[一] 联合国教科文组织世界遗产中心，国际古迹遗址理事会，国际文物保护与修复研究中心，等. 国际文化遗产保护文件选编[M]. 北京：文物出版社，2007：93。

表 1-2-7　浙江省"人类非物质文化遗产代表作"和"急需保护的非物质文化遗产"名录一览表

人类非物质文化遗产代表作名录				
序号	项目	类型	地区	公布年份
1	昆曲	传统戏剧	永嘉县	2008
2	古琴艺术（浙派）	传统音乐	杭州市	2008
3	中国篆刻（西泠印社金石篆刻）	传统美术	杭州市	2009
4	中国剪纸（乐清细纹刻纸）	传统美术	乐清市	2009
5	中国传统蚕桑丝织技艺（杭罗织造技艺、余杭清水丝绵制作技艺、双林绫绢织造技艺）	传统技艺	浙江省	2009
6	龙泉青瓷烧制技艺	传统技艺	龙泉市	2009
7	中国皮影戏（海宁皮影戏）	传统戏剧	海宁市	2011
8	二十四节气（班春劝农）	民俗	遂昌县	2016
9	二十四节气（半山立夏习俗）	民俗	杭州市拱墅区	2016
10	二十四节气（九华立春祭）	民俗	衢州市柯城区	2016
11	二十四节气（三门祭冬）	民俗	三门县	2016
急需保护的非物质文化遗产名录				
序号	项目	类型	地区	公布年份
1	中国木拱桥传统营造技艺（庆元廊桥）	传统技艺	庆元县	2009
2	中国木拱桥传统营造技艺（泰顺廊桥）	传统技艺	泰顺县	2009
3	中国活字印刷术	传统技艺	瑞安市	2010

《中华人民共和国非物质文化遗产法》第一章第三条明确规定："国家对非物质文化遗产采取认定、记录、建档等措施予以保存，对体现中华民族优秀传统文化，具有历史、文学、艺术、科学价值的非物质文化遗产采取传承、传播等措施予以保护。"2005年，国务院办公厅颁布的《关于加强我国非物质文化遗产保护工作的意见》（国办发〔2005〕18号），将"非物质文化遗产"定义为"各族人民世代相承、与群众生活密切相关的各种传统文化表现形式和文化空间。"为了更好地解读"非物质文化遗产"，我国政府在非物质文化遗产保护实践中，将其分为民间文学、传统音乐、传统舞蹈、传统美术、传统技艺、传统戏剧、曲艺、传统体育游艺与杂技、传统医药和民俗十类[一]。这个分类法成为我国非物质文化遗产保护工作中公认的分类准则。2005年6月20日，文化部向全国下发《关于申报第一批国家级非物质文化遗产代表作的通知》，开启了我国国家级非物质文化遗产名录申报工作。2006年5月20日，国务院公布了"第一批国家级非物质文化遗产名录"，共计518项；其后，于2008年6月7日公布了"第二批国家级非物质文化遗产名录"，共计510项，以及"第一批国家

[一] 汪欣.中国非物质文化遗产保护十年：2003~2013年[M].北京：知识产权出版社，2015：3，180。

级非物质文化遗产扩展项目名录"①,共计147项;2011年5月23日公布了"第三批国家级非物质文化遗产名录",共计191项,以及"国家级非物质文化遗产扩展项目名录",共计164项;2014年11月11日公布了"第四批国家级非物质文化遗产名录",共计153项,以及"国家级非物质文化遗产扩展项目名录",共计153项,并将"国家级非物质文化遗产名录"更名为"国家级非物质文化遗产代表性项目名录"。2021年5月24日,国务院公布了"第五批国家级非物质文化遗产代表性项目名录",共计185项,以及"国家级非物质文化遗产代表性项目名录扩展项目名录",共计140项。截至目前,国务院已公布了5批1557项(扩展604项)国家级非物质文化遗产代表性项目(表1-2-8),按照申报地区或单位进行逐一统计,共计3610个子项。目前,我国已建立起具有中国特色的国家、省、市、县四级非物质文化遗产名录体系,共认定非物质文化遗产代表性项目10万余项,其中73%以上的非遗项目保存在乡村。

表1-2-8 国家级非物质文化遗产代表性项目数量一览表

批次	数量/项		公布时间
	项目数量	扩展项目数量	
一	518		2006.5
二	510	147	2008.6
三	191	164	2011.5
四	153	153	2014.11
五	185	140	2021.5
总计	1557	604	

同时,非物质文化遗产强调的是文化的"活态传承",其核心要素是人。因此,保护传承非物质文化遗产的核心是保护非遗传承人,使这些非物质文化遗产项目能够在传承人的传播下得以持续发展。2007年6月,文化部公布了"第一批国家级非物质文化遗产项目代表性传承人名录",共计226名,涉及民间文学、传统体育、传统美术、传统技艺和传统医药五大类项目,正式开启了非物质文化遗产项目代表性传承人认定制度②。2008年1月,文化部公布了"第二批国家级非物质文化遗产项目代表性传承人名录",共计551名,涉及传统音乐、传统舞蹈、传统戏剧、曲艺和民俗五大类项目;2009年5月,文化部公布了"第三批国家级非物质文化遗产项目代表性传承人名录",共计711名,涉及国家级非物质文化遗产项目的十大类;2012年12月,文化部公布了"第四批国家级非物质文化遗

---

① 为了对传承于不同区域或不同社区、群体持有的同一项非物质文化遗产项目进行确认和保护,从第二批国家级非物质文化遗产名录开始,设立了扩展项目名录。扩展项目与此前已列入国家级非物质文化遗产名录的同名项目共用一个项目编号,但项目特征、传承状况存在差异,保护单位也不同。

② 国家级非物质文化遗产代表性传承人制度是非物质文化遗产保护的基本制度,是非物质文化遗产保护体系的重要组成部分。2008年5月14日,文化部发布了《国家级非物质文化遗产项目代表性传承人认定与管理暂行办法》;2019年12月,文化和旅游部发布《国家级非物质文化遗产代表性传承人认定与管理办法》。中央财政给予国家级非物质文化遗产代表性传承人每人每年2万元的传承补助,支持国家级非物质文化遗产代表性传承人开展传习活动。

产项目代表性传承人名录",共计498名。2018年5月,文化和旅游部公布了"第五批国家级非物质文化遗产项目代表性传承人名录",共计1082名。迄今为止,我国共公布了5批国家级非物质文化遗产项目代表性传承人,共计3068名。

浙江省在非物质文化遗产保护传承方面启动早,成效明显,居于全国领先位置,形成了非遗保护传承的"浙江模式"。2003年,浙江全面启动非物质文化遗产保护工作,成为文化部确定的全国两个"非遗"保护综合试点省之一。2004年,浙江率先建立省、市、县三级非遗名录体系,率先开展全省非物质文化遗产普查。2005年,浙江公布了首批省级非物质文化遗产代表作名录。截至2022年,共公布了5批、10大类、886项省级"非遗"项目(表1-2-9)。自2006年国务院公布第一批国家级非物质文化遗产名录以来,浙江省连续五次入选项目数量位居全国第一,总计入选257项,占全国总量的11.9%,名列全国前列(表1-2-10、表1-2-11)。浙江拥有国家级非遗传承人196人,涉及国家级非物质文化遗产项目的十大类,拥有省级非遗传承人1103人。

浙江在历史文化村落保护利用过程中,涉及挖掘传承省级以上非物质文化遗产800余项,在非物质文化遗产保护传承、宣传组织方面,涌现了一批典型。如二十四节气文化、江山市大陈村的十月十迎佛节、遂昌县淤溪村的班春劝农、兰溪市诸葛村的祭祖大典、三门县东屏祭祖等。大陈村每年的农历十月初十都要举行盛大的迎神送佛和祭祀宴饮活动,俗称"十月十迎佛节",当日村民扶老携幼,共庆丰收,每家每户都要杵麻糍、吃麻糍、供麻糍,故当地又称"麻糍节"。案首前预订戏班子演戏两天,是日举行"迎老佛"仪式。诸葛村祭祖大典于2014年被列入国家级非物质文化遗产名录,据村民所述,每年四月十四和八月廿八是诸葛亮的生日和祭日,每年诸葛后裔都要举行祭祀仪式。祭祀仪式按照诸葛家族传统方式,由家族中有威望的长辈主持,需完成升炮、序立等15道仪式,迎会队伍由300多名诸葛后裔组成。

表1-2-9　浙江省省级"非遗"项目数量一览表

类别	各批次数量(含扩展项目)					总计/项
	一	二	三	四	五	
民间文学		23(1)	27	20	7	77(1)
传统音乐	7(2)	11(3)	7	7	3	35(5)
传统舞蹈	9(1)	28(4)	24	17	7	85(5)
传统戏剧	10(2)	23(5)	8	8	3	52(7)
曲艺	10(4)	17(1)	9	6	2	44(5)
传统体育、游艺与杂技		9(1)	25	17	8	59(1)
传统美术	4	28(2)	18	12	14	76(2)
传统技艺	19(1)	62(6)	70	60	34	245(7)
民俗	5(1)	36(1)	47	48	14	150(2)
传统医药		4	11	7	6	28
合计	64(11)	241(24)	246	202	98	851(35)

表 1-2-10　浙江省国家级非遗项目数量一览表

类别	各批次数量（含扩展项目）					总计/项
	一	二	三	四	五	
民间文学	6	8	7	3（1）		24（1）
传统音乐	2	8（5）	3（3）	1（1）	1（1）	15（10）
传统舞蹈	5	5（2）	4（4）	4（4）		18（10）
传统戏剧	10	8（2）	6（3）	1（1）		25（6）
曲艺	5	17（2）	4（2）	1	1	28（4）
传统体育、游艺与杂技		5（2）	4	1（1）	2	12（3）
传统美术	9	13（3）	3	3（3）	2	30（6）
传统技艺	7	20（1）	13（7）	5（3）	9（5）	54（16）
民俗	1	12（1）	13（11）	7（7）	6（4）	39（23）
传统医药	1	1	3（3）	4（4）	3（3）	12（10）
合计	46	97（18）	60（33）	30（25）	24（13）	257（89）

表 1-2-11　浙江省国家级非遗项目名录一览表

类别	项目名称（批次）	总计/项
民间文学	白蛇传传说（1）、梁祝传说（宁波）（1）、梁祝传说（杭州）（1）、梁祝传说（绍兴）（1）、西施传说（1）、济公传说（1）、西湖传说（2）、刘伯温传说（文成）（2）、刘伯温传说（青田）（2）、黄初平传说（2）、观音传说（2）、徐福东渡传说（象山）（2）、徐福东渡传说（慈溪）（2）、徐文长故事（2）、防风传说（3）、布袋和尚传说（3）、钱王传说（3）、苏东坡传说（3）、王羲之传说（3）、烂柯山传说（3）、海洋动物故事（3）、刘阮传说（4）、常山唱彩歌谣（4）、*绍兴童谣*（4）	24（1）
传统音乐	嵊州吹打（1）、舟山锣鼓（1）、嘉善田歌（2）、舟山渔民号子（2）、琵琶艺术（2）、畲族民歌（2）、浙派古琴艺术（2）、江南丝竹（2）、十番音乐（遂昌昆曲十番）（2）、十番音乐（楼塔细十番）（2）、畲族民歌（3）、象山渔民号子（3）、东岳观道教音乐（3）、道教音乐（苍南正一派科仪音乐）（4）、*嵊泗渔歌*（5）	15（10）
传统舞蹈	龙舞（长兴百叶龙）（1）、龙舞（浦江板凳龙）（1）、龙舞（奉化布龙）（1）、狮舞（黄沙狮子）（1）、余杭滚灯（1）、大奏鼓（2）、青田鱼灯舞（2）、十八蝴蝶（2）、龙舞（兰溪断头龙）（2）、海盐滚灯（2）、龙舞（碇步龙）（3）、龙舞（开化香火草龙）（3）、龙舞（坎门花龙）（3）、盾牌舞（3）、龙舞（鳌江划大龙）（4）、淳安竹马（4）、灯舞（上舍化龙灯）（4）、青田百鸟灯舞（4）	18（10）
传统戏剧	昆曲（1）、高腔（西安高腔）（1）、高腔（松阳高腔）（1）、新昌调腔（1）、宁海平调（1）、台州乱弹（1）、浦江乱弹（1）、越剧（1）、海宁皮影戏（1）、泰顺药发木偶戏（1）、瓯剧（2）、甬剧（2）、姚剧（2）、绍剧（2）、婺剧（金华）（2）、婺剧（江山）（2）、醒感戏（3）、湖剧（3）、淳安三角戏（3）、*平阳木偶戏*（2）、*单档布袋戏*（2）、诸暨西路乱弹（3）、*泰顺提线木偶戏*（3）、廿八都木偶戏（3）、绍兴目连戏（4）	25（6）
曲艺	温州鼓词（1）、绍兴平湖调（1）、兰溪摊簧（1）、绍兴莲花落（1）、小热昏（1）、杭州评词（2）、杭州评话（2）、绍兴词调（2）、临海词调（2）、四明南词（2）、平湖钹子书（2）、宁波走书（鄞州）（2）、宁波走书（奉化）（2）、独角戏（2）、金华道情（金华）（2）、金华道情（义乌）（2）、武林调（2）、绍兴宣卷（2）、温州莲花（鹿城）（2）、温州莲花（永嘉）（2）、永康鼓词（3）、唱新闻（3）、丽水鼓词（4）、湖州三跳（5）、*杭州摊簧*（2）、*绍兴摊簧*（2）、*苏州评弹*（3）、*温州鼓词*（3）	28（4）

第一章　浙江自然和历史文化资源

（续）

类别	项目名称（批次）	总计/项
传统体育、游艺与杂技	翻九楼（杭州）(2)、翻九楼（东阳）(2)、调吊(2)、十八般武艺(3)、迎罗汉(3)、掼牛(3)、高杆船技(3)、天台山易筋经(5)、迎大旗(5)、九狮图（永康）(2)、九狮图（仙居）(2)、线狮（草塔抖狮子）(4)	12（3）
传统美术	剪纸（乐清细纹刻纸）(1)、金石篆刻(1)、青田石雕(1)、宁波朱金漆木雕(1)、乐清黄杨木雕(1)、东阳木雕(1)、灯彩（仙居花灯）、灯彩（硖石灯彩）(1)、嵊州竹编(1)、鸡血石雕(2)、锡雕(2)、乐清龙档(2)、麦秆剪贴(2)、瓯绣(2)、瓯塑(2)、镶嵌（温州）(2)、镶嵌（温州瓯海）(2)、镶嵌（仙居）(2)、镶嵌（宁波）(2)、嘉兴灶头画(3)、宁波金银彩绣(3)、宁波泥金彩漆(3)、温州发绣(5)、象山竹根雕(5)、*剪纸（浦江剪纸）(2)、竹刻（黄岩翻簧竹雕）(2)、东阳竹编(2)、桐庐剪纸(4)、泰顺木偶头雕刻(4)、灯彩（乐清首饰龙）(4)*	30（6）
传统技艺	龙泉宝剑锻制技艺(1)、天台山干漆夹苎技艺(1)、绍兴黄酒酿制技艺(1)、竹纸制作技艺(1)、张小泉剪刀锻制技艺(1)、湖笔制作技艺(1)、龙泉青瓷烧制技艺(1)、余杭清水丝绵制作技艺(2)、杭罗织造技艺(2)、双林绫绢织造技艺(2)、铜雕技艺(2)、木活字印刷技术(2)、传统木船制造技艺(2)、西湖绸伞制作技艺(2)、金华酒传统酿造技艺(2)、西湖龙井茶制作技艺(2)、婺州举岩茶制作技艺(2)、海盐晒制技艺(2)、金华火腿腌制技艺(2)、木拱桥传统营造技艺（庆元）(2)、木拱桥传统营造技艺（泰顺）(2)、石桥营造技艺(2)、诸葛古村落营造技艺(2)、俞源村古建筑群营造技艺(2)、东阳卢宅营造技艺(2)、浦江郑义门营造技艺(2)、越窑青瓷烧制技艺（上虞）(3)、越窑青瓷烧制技艺（杭州）(3)、越窑青瓷烧制技艺（慈溪）(3)、蓝夹缬技艺(3)、中式服装制作技艺(3)、五芳斋粽子制作技艺(3)、义乌红糖制作技艺(4)、婺州窑陶瓷烧制技艺(4)、萧山花边制作技艺(5)、畲族彩带编织技艺(5)、永康铸铁技艺(5)、严关东五加皮酿酒技艺(5)、王星记制扇技艺(2)、*龙皮宣纸制作技艺(3)、杭州雕版印刷技艺(3)、杭州织锦技艺(3)、辑里湖丝手工制作技艺(3)、余姚土布制作技艺(3)、紫笋茶制作技艺(3)、安吉白茶制作技艺(3)、蓝印花布印染技艺(4)、泽雅屏纸制作技艺(4)、木版水印技艺(4)、天一阁古籍修复技艺(5)、邵永丰麻饼制作技艺(5)、缙云烧饼制作技艺(5)、红帮裁缝技艺(5)、婺州窑衢州白瓷烧制技艺(5)*	54（16）
民俗	大禹祭典(1)、渔民开洋谢洋节（象山）(2)、渔民开洋谢洋节（岱山）(2)、畲族三月三(2)、赶茶场庙会(2)、石浦—富岗如意信俗(2)、汤和信俗(2)、浦江迎会(2)、含山轧蚕花(2)、扫蚕花地(2)、宁海十里红妆婚俗(2)、水乡社戏(2)、网船会(3)、径山茶宴(3)、腊八节习俗(5)、炼火(5)、五常龙舟胜会(2)、*嘉兴端午习俗(3)、蒋村龙舟胜会(3)、石塘七夕习俗(3)、缙云轩辕祭典(3)、南孔祭典(3)、洞头妈祖祭典(3)、农历二十四节气（九华立春祭）(3)、农历二十四节气（班春劝农）(3)、庙会（张山寨七七会）(3)、庙会（方岩庙会）(3)、祭祖习俗（太公祭）(3)、农历二十四节气（三门祭冬）(4)、河上龙灯胜会(4)、前童元宵行会(4)、潮神祭祀(4)、孝子祭(4)、诸葛后裔祭祖(4)、畲族婚俗(4)、农历二十四节气（半山立夏习俗）(5)、农历二十四节气（送大暑船）(5)、农历二十四节气（梅源芒种开犁节）(5)、庙会（绍兴舜王庙会）(5)*	39（23）
传统医药	胡庆余堂中药文化(1)、畲族医药(2)、朱养心传统膏药制作技艺(3)、张氏骨伤疗法(3)、章氏骨伤疗法(3)、*董氏儿科医术(4)、武义寿仙谷中药炮制技艺(4)、方回春堂传统膏方制作技艺(4)、杨继洲针灸(4)、绍派伤寒(5)、桐君传统中药文化(5)、朱丹溪中医药文化(5)*	12（10）
合计	257（89）	

注：斜体字为扩展项目。

四、农业文化遗产与灌溉工程遗产

浙江的农耕文明出现得较早，在日月更替、劳作生产的历史变迁中，留下了一批农业文化遗产和灌溉工程遗产。

农业文化遗产中包含中华传统农耕方式的优秀代表，有的形成了生态循环利用的模式，发挥着重要的作用和意义。和现代农业系统相比，传统农业文化遗产是古人生存智慧的集中体现，应当加以保护、传承与利用。如浙北平原河网密布，水生资源丰富，先民开荒垦地、治水溉田、养鱼植桑，形成养鱼、种桑、育蚕等耕渔种养多种经营的桑基鱼塘系统，被联合国教科文组织认定为我国唯一保留完整的生态农业模式。2002年，联合国粮食及农业组织（FAO）组织启动全球重要农业文化遗产申报工作，旨在建立全球重要农业文化遗产及有关的景观、生物多样性、知识和文化保护体系，通过对遗产的动态保护和适应性管理，促进全球粮食安全、农业可持续发展和农业文化传承。截至2022年，我国已有18个项目入选全球重要农业文化遗产名录，数量居世界首位。其中，浙江省有浙江青田稻鱼共生系统、浙江绍兴会稽山古香榧群、浙江湖州桑基鱼塘系统3个项目入选，数量为全国第一。

2012年，农业部启动"中国重要农业文化遗产"项目评选工作，成为世界上第一个开展国家级农业文化遗产评选与保护的国家，建立了政府主导、多方参与、分级管理的农业文化遗产管理体制。截至2022年，全国共有6批139项被列入名录，其中浙江拥有14项。

另外，2014年，国际灌溉排水委员会（ICID）组织评选世界灌溉工程遗产，旨在更好地保护和利用在用的古代灌溉工程，挖掘和宣传灌溉工程发展史及其对世界文明进程的影响，学习古人可持续性灌溉的智慧，保护珍贵的历史文化遗产。截至2021年，中国共有26个项目被列入名录，其中浙江有丽水通济堰、诸暨桔槔井灌工程、宁波它山堰、湖州溇港、姜席堰、金华白沙溪三十六堰6个项目入选（表1-2-12）。

表1-2-12 浙江省拥有的各类重要农业文化遗产名录一览表

浙江的全球重要农业文化遗产项目名录			
序号	项目	地区	公布年份
1	浙江青田稻鱼共生系统	青田县	2005
2	浙江绍兴会稽山古香榧群	绍兴市	2013
3	浙江湖州桑基鱼塘系统	湖州市	2018
浙江的中国重要农业文化遗产项目名录			
序号	项目	地区	公布年份
1	浙江青田稻鱼共生系统	青田县	2013
2	浙江绍兴会稽山古香榧群	绍兴市	2013
3	浙江杭州西湖龙井茶文化系统	杭州市	2014
4	浙江湖州桑基鱼塘系统	湖州市	2014
5	浙江庆元香菇文化系统	庆元县	2014
6	浙江仙居杨梅栽培系统	仙居县	2015
7	浙江云和梯田农业系统	云和县	2015
8	浙江德清淡水珍珠传统养殖与利用系统	德清县	2017
9	浙江宁波黄古林蔺草-水稻轮作系统	宁波市	2020

(续)

浙江的中国重要农业文化遗产项目名录			
序号	项目	地区	公布年份
10	浙江安吉竹文化系统	安吉县	2020
11	浙江黄岩蜜橘筑墩栽培系统	黄岩区	2020
12	浙江开化山泉流水养鱼系统	开化县	2020
13	浙江缙云茭白—麻鸭共生系统	缙云县	2021
14	浙江桐乡蚕桑文化系统	桐乡市	2021

浙江的世界灌溉工程遗产项目名录			
序号	项目	地区	公布年份
1	丽水通济堰	丽水市	2014
2	诸暨桔槔井灌工程	诸暨市	2015
3	宁波它山堰	宁波市	2015
4	湖州溇港	湖州市	2016
5	姜席堰	龙游县	2018
6	金华白沙溪三十六堰	金华市	2020

五、浙江地域文化多样性与文化区域划分

1. 地域文化

文化的发展既有时代变迁的印迹，又有地域环境的差异。文化现象常伴随着地域的表现，是特定历史的产物。人类在适应现有地理环境的同时，不断对其进行改造，使其更符合人类的生产生活发展需求。在这个过程中，逐渐沉淀出一种理性的选择与植根于日常生活的精神世界，这就是地域文化。地域文化作为地域历史过程中人类生活生产方式的动态积淀，在一定程度上既反映了特定地域的宏观历史背景，又体现了这一区域的人们特有的文化传统、心理和性格⊖。千百年来，特有的地理环境、生产生活方式以及历史上多次人口迁移带来的文化交融，造就了兼具农耕文明和海洋文明特质的浙江文化。总体来讲，浙江地域文化是在历史发展过程中，在浙江本土吴越文化的基础上，吸收融合了中原文化，逐渐形成了农业文化、科技文化、商业文化、思想文化、艺术文化、民俗文化、旅游文化、教育文化、宗教文化、军事文化、饮食文化等雅俗共赏、兼容并蓄的独特文化类型，是具有柔慧智巧、开放兼容、重利事功、敢于冒险、开拓创新等特点和个性的地域文化⊜。浙江的地域文化资源可谓极其丰富，展现了浙江独特的精神气质和深厚的文化底蕴。

浙江文化艺术类型多样，发展繁荣。杭州是南宋王朝的都城，宋代是浙江历史文化的高峰。正如陈寅恪先生曾说："华夏民族之文化，历数千载之演进，造极于赵宋之世。"在文治立国和理学思

⊖ 黄源成. 历史赋能下的空间进化：多元文化交汇与村落形态演变 [M]. 厦门：厦门大学出版社，2020：3。
⊜ 罗昌智. 浙江文化教程 [M]. 杭州：浙江工商大学出版社，2009：1，5-9。

想影响下形成的文化雅致细微，琴棋书画、诗词歌赋、一草一木、一沟一壑，写尽吴越风情、魏晋风流和唐宋风华。尤其是宋韵文化，作为中华优秀传统文化的重要组成部分，它具有中国气派和浙江辨识度，是重要的文化标识。浙江是中国古老南戏的诞生地，拥有婺、绍、瓯、越、甬、姚、湖等多个剧种，其中越剧有第二国剧之称，被称为"流传最广的地方剧种"和"最大的地方戏曲剧种"。浙江书画艺术流派纷呈，在中国书画史上占有重要地位。历史上有王羲之、虞世南、褚遂良、赵孟頫、赵之谦、任伯年、吴昌硕等书画大家。现当代有黄宾虹、潘天寿、马一浮、陆维钊、沙孟海、诸乐三等书画名家。另外，浙江浓郁的乡土风情孕育了绚丽多彩的民间艺术，有龙舞、制瓷、青田石雕、剪纸、刺绣、瓯塑、铸剑、丝织等，技艺精湛、类型丰富，在中华文明史上居领先地位。

浙江自古重教，人文荟萃，名人辈出。浙江一直是人文渊薮，历史上涌现过一大批政治家、思想家、科学家、文学家、艺术家。如思想家王充、王阳明、黄宗羲、龚自珍，诗人贺知章、孟郊、陆游，科学家沈括，戏剧家李渔、洪昇等。近代以来，有鲁迅、茅盾、蔡元培、竺可桢、钱学森、李叔同、王国维、夏衍、艾青、徐志摩、陈望道、潘天寿、马寅初、金庸等一大批文学、艺术、哲学、历史、科学等领域的名家大师，声名显赫，数不胜数。据统计，《二十四史》列传中，浙江的人才在西汉时位居全国第12位，东汉、唐代时居第9位，北宋时居第8位，南宋、明代时居第1位，清代进士人数居第2位。从宋元到明清，浙江绵延千年的文脉结出了丰厚的果实，浙江籍状元有60多人，约占历代总状元数的十分之一，明清两代，仅浙江籍进士就有六千五百多个。学而优则仕，仕归园而富。士人商贾归隐回乡修园筑屋，他们的故居和村落因其丰富的历史信息、人文内涵和民族精神，成为宝贵的文化遗产，其中被列入全国重点文物保护单位和省级文物保护单位的名人故（旧）居多达40多处。

"一座天姥山，半部《全唐诗》"，唐诗宋词三百首，半数产自江浙。诗书文化是浙江的最大优势，自隋唐萌芽，到两宋大放异彩，至明清是鼎盛时期。浙江教育文化源远流长，书院教育非常普遍，明代浙江有书院290余所，清代增至560余所，其中较著名的有杭州万松书院、杭州崇文书院、紫阳书院、宁波月湖书院、余姚姚江书院等。吕祖谦、陈亮、叶适、王阳明、黄宗羲等都曾主持过书院或在书院讲学，阐发学术观点和见解，培养门生，由此形成了闻名全国的浙东学派⊖。南宋时期，浙东学派可以说是当时全国的学术思想中心。明末清初，王阳明与他的弟子们创立了阳明心学，浙江成为全国学术思想重地，天下文人墨客聚集江南。继王阳明之后，龚自珍、蔡元培、章太炎等也为新思潮的来临鸣锣开道。

2. 浙江文化区域

20世纪初，美国学者梅森（O.T.Mason）最早提出了"文化区"概念，指由相似的文化特质构成的地理区域，文化特质以此为中心不断向外传播。1922年，美国人类学家威斯勒（Clark Wissler）重新阐释了文化区的概念，指居住在同一地区中、不同人群之间相关联的文化特质，反映了文化是基于时间和空间的同构，以同构文化特质的空间分布来

⊖ 浙东学派由三部分组成：一是吕祖谦为代表的金华学派，二是叶适为代表的永嘉学派，三是陈亮为代表的永康学派。

重建文化历史顺序和不同人群之间关系①②。文化区划是了解区域特征的一种方式，将建筑和村落的特质进行区域性的比对与整理，进行区域性空间的分布研究，可以发现并阐释村落和建筑的差异与关系③。

浙江地理类型多样，具有山地、丘陵、平原、盆地、海岛等多重地貌，兼具江河湖海等水域资源，独特的地理环境、地形地貌、土地资源、气候条件等自然资源，以及历史上多次的文化交融，逐渐孕育形成了丰富的地域文化特征。明代王士性从地理角度将浙江分为三块：杭、嘉、湖平原水乡，是为泽国之民；金、衢、严处丘陵险阻，是为山谷之民；宁、绍、台、温连山大海，是为滨海之民。具体来看，浙江的文化区划可分为：浙北杭嘉湖平原，是鱼米之乡、丝茶之府，以水乡古镇名传四海；浙东南部温台地区，文人荟萃之地，有"人物满东瓯"之说，永嘉学派诞生之地；浙东海天佛国，文明之源，亦可览唐诗之踪；浙西三省通衢之地，集天地之灵气，聚山川之精华；浙南东临大海，北接括苍，以奇山异水著称海内；浙中八婺大地，东南邹鲁，钟灵毓秀，文化璀璨。同时，也有专家学者根据浙江文化和地理环境特征，将浙江分为浙北、浙东、浙南、浙西、浙中五个历史文化区域，对应浙江历史上的吴、越、东瓯、姑蔑四国和八婺之地。其中，浙北概指杭州、嘉兴、湖州三地，春秋战国时属吴；浙东概指绍兴、宁波、舟山全部及台州大部，春秋战国时属越；浙南概指温州地区、台州小部、丽水小部，春秋时属东瓯国；浙西概指衢州地区，建德（古称严州）和金华兰溪、松阳、遂昌；浙中概指金华大部和丽水东北部一带④。这些自然格局存在差异的文化区域，是浙江历史文化村落生成发展与地域文化建构的重要物质基础。

根据现有考古资料研究显示，浙江文化传播和分布特征形成与地形地貌分布结构呈正相关，历史文化村落与古建筑（群）的形成与发展有密切关联。整体分为钱塘江流域的吴越文化圈、瓯江流域的瓯越文化圈和东南沿海的闽越海洋文化圈三大圈层。钱塘江流域吴越文化圈的历史文化村落虽有血缘纽带的影响，但因交通、商贸文化发达，具有非常强的融合性和外向性。瓯江流域的瓯越文化圈历史文化村落大多形成自己独立的小型生活圈，宗族聚居，以血缘为纽带，崇尚牛角挂书的耕读传家文化，村落的核心建筑基本是宗祠或家庙。东南沿海一带闽越海洋文化圈则较为特殊，既是江河入海的尽端，又是海洋文化传播的前沿，这些村落是以妈祖信仰为主的海洋文化占主导，呈现外向型、多元化和广泛融合的文化特征，村落的核心建筑一般是妈祖庙、天后宫等⑤。

---

① 黄源成.历史赋能下的空间进化：多元文化交汇与村落形态演变[M].厦门：厦门大学出版社，2020：29。
② 郑度.地理区划与规划词典[M].北京：中国水利水电出版社，2012：205-206。
③ 蔡凌.建筑-村落-建筑文化区：中国传统民居研究的层次与架构探讨[J].新建筑，2005（4）：6-8。
④ 丁俊清，杨新平.浙江民居[M].北京：中国建筑工业出版社，2009：120。
⑤ 梁伟.浙江传统村落保护与发展研究[C]//中国城市规划学会.共享与品质——2018中国城市规划年会论文集.北京：中国建筑工业出版社，2018：704-712。

第二章　浙江历史文化村落生成发展及特征

第一节　历史文化村落保护利用的相关概念

一、聚落与村落

聚落是人类活动的中心，是人们生活、生产和进行各种社会活动的场所。《史记·五帝本纪》记载："一年而所居成聚，二年成邑，三年成都。"《汉书·沟洫志》记载贾让的奏疏说："（黄河）时至而去，则填淤肥美，民耕田之。或久无害，稍筑室宅，遂成聚落。"可见在古代，聚落的本义是指人类居住的场所。聚落的出现和形成是社会生产力的发展引起人类社会生存方式不断变化的结果[一]。人类社会第一次社会大分工后，农业生产进一步发展，尤其是与垦田结合起来的水利建设共同促进了农业生产的稳定。人类逐渐从以采集和渔猎为谋生手段的游弋生活，转变成以农业生产为特征的定居生活，从而形成聚落，其特征是以适应地缘展开生活方式和以家族血缘关系为纽带。在浙西建德发现的距今10万年的"建德人"所居住的洞穴，可被称为浙江最早的原始聚落遗址。随着社会生产力发展、生产资料积累和人口的增长，人类完成了第二次社会大分工，原始聚落的形态逐渐发生变化，分化成以农业为主的村落和以商业、手工业为主的城市。

村落是聚落的一种基本类型，是中国古代农耕社会的产物。关于"村落"最早的记载，正史是《三国志·魏书·郑浑传》所载"入魏郡界，村落齐整如一，民得财足用饶。"笔记野史中是《抱朴子·内篇》卷三《对俗》中的"村口"一词。唐代官方明文规定，城墙以外的聚居点皆为"村"[一]。另据明正德元年（1506年）王鏊撰《姑苏志》卷十八"乡都"中解释说"郊外民居所聚谓之村"，即城邑之外的广大乡村居民的聚居点就是村落[二]。从地理的概念上讲，人类分散的或集中的，长期在一个边界清楚的固定区域生活、生产、聚居、繁衍，这个区域就是农业社会的基本单元空间——村落。早期村落是建立在血缘和地缘基础上的"聚族而居"的小型社会单元，村落自身的范围与活动空间较小，具有封闭性、血缘性、地域性和活态性等特点[三]。中国拥有五千年农耕文明史，在悠远、广袤的历史时空中，孕育、生成和发展了大量村落，作为农业社会人类活动的基本聚居单元。

[一] 陈修颖，孙燕，许卫卫. 钱塘江流域人口迁移与城镇发展史 [M]. 北京：中国社会科学出版社，2009：26。
[二] 胡彬彬. 中国村落史 [M]. 北京：中信出版社，2021：23-29。
[三] 雷家宏. 中国古代的乡里生活 [M]. 北京：商务印书馆，2017：2。

村落除具有聚居功能外，还具有行政功能。通常，我国村落在行政区划上有行政村和自然村两个层次，一个行政村可能由几个自然村组成，也可能就是一个自然村。少数地区也有一个自然村下分几个行政村的情况，如天台县三合镇灵溪自然村就是由灵风、灵一、联合三个行政村组成。费孝通先生认为"村落是一个社区……是一个由各种形式的社会活动组成的群体，具有其特定的名称，而且是一个为人们所公认的事实上的社会单位。"⊖ 总体来说，村落是中国乡土社会的基本组织与细胞，是中国传统社会发展的主要载体与缩影，更是传统文化的展现空间，反映了农耕时代社会的生产、生活状态，承载着中华民族的历史记忆，维系着中华文明的乡土之根，寄托着中华儿女的乡愁情绪，体现了人和自然的和谐相处，是乡村人居的一种类型。

二、历史文化村落

历史和文化是紧密联系的，文化是经过历史锤炼而形成的。作为历史的投影，文化是基于特定的空间而发展形成的历史范畴，不存在超越时空的文化⊜。人类在长期活动中形成的习惯、意识、行为准则等形成了各种特色传统文化，而村落就是特色传统文化得以传承与发展的环境类型与空间载体。正如梁漱溟先生所说："原来中国社会是以乡村为基础，并以乡村为主体的；所有文化，多半是从乡村而来"。历史文化村落大多是经历了数百上千年的岁月沧桑，承载着厚重的历史文化积淀，是中华民族的历史记忆和文化标志，是一种历史创造的、不可再生的活态文化遗产。

本书研究对象——历史文化村落，是指村落营建历史悠久，具有一定历史文化底蕴和乡土特色的乡村自然村落。"营建历史悠久"是指村落建村年代在民国之前，具有一定的历史发展过程和印迹；"历史文化底蕴"是指村落在历史发展过程中积累了山水文化、宗族文化、建筑文化、民俗文化、非遗文化等特色历史文化类型；"乡土特色"是指村落的选址、空间格局和建（构）筑物风貌等能较好反映乡土景观特色；"自然村落"是指一体生成、自然连片、建筑相对集中、具有明确界线的村落，是乡村人居环境的一种类型。

三、保护与利用

历史文化村落保护利用是世界各国在乡村建设发展和人居环境遗产保护中共同面临的问题。"保护"和"利用"是国际上对文化遗产所使用的基本概念，区别于开发、发展等概念，是文化遗产领域重要的学理性概念。

"保护"一词与国际遗产保护中用的"conservation"对应，指积极地守护现有的东西，广义上理解有保存、利用、展示、管理等意义。保护是一项综合性活动，需要多学科、多专业共同参与。保护作为一项有形的手段，对人们的集体记忆、个人过往具有特殊的意义。18世纪，伴随着启蒙运动诞生了现代保护意识和活动⊜，最初局限于艺术品领域，之后逐渐发展到遗产领域。20世纪以来，常以"文化遗产"来描述保护的对象，涵盖了有形的物质文化遗产和无形的非物质文化遗产，"文化遗产"成为一个描述保护对象的通用词汇。

⊖ 费孝通. 江村经济[M]. 北京：北京大学出版社，2012：10。
⊜ 黄源成. 历史赋能下的空间进化——多元文化交汇与村落形态演变[M]. 厦门：厦门大学出版社，2020：3。
⊜ 陈曦. 建筑遗产保护思想的演变[M]. 上海：同济大学出版社，2016：2。

20世纪50年代，科学保护成为文化遗产保护领域的重要概念和保护方式，具有多种实践形式○。文化遗产保护的内涵演进以系列国际法规和宪章的形式体现，《关于历史性纪念物修复的雅典宪章》（1931）、《关于保护景观和遗址的风貌与特性的建议》（1962）、《威尼斯宪章》（1964）、《保护世界文化和自然遗产公约》（1972）、《关于历史性小城镇保护的国际研讨会的决议》（1975）、《内罗毕建议》（1976）、《巴拉宪章》（1979）、《关于小聚落再生的特拉斯卡宣言》（1982）、《华盛顿宪章》（1987）、《奈良真实性文件》（1994）、《关于乡土建筑遗产的宪章》（1999）、《保护非物质文化遗产公约》（2003）等多个国际组织公布的一系列文献，均提出了对历史文化遗产保护及管理方法的建议。其中，1931年第一届历史古迹建筑师及技师国际协会（ICOM）通过的《关于历史性纪念物修复的雅典宪章》，是第一份关于文化遗产保护的重要的国际文献。1964年第二届历史古迹建筑师及技师国际协会（ICOM）通过的《关于古迹遗址保护与修复的国际宪章（威尼斯宪章）》，将保护的范围扩大到城市或乡村的传统环境，提出古迹的保护包含着对一定规模环境的保护。1972年11月，联合国教科文组织（UNESCO）通过了《保护世界文化和自然遗产公约》，为集体保护具有突出的普遍价值的文化和自然遗产建立一个根据现代科学方法制定的有效制度，将自然遗产纳入遗产保护范围。联合国教科文组织（UNESCO）1976年通过的《关于历史地区的保护及其当代作用的建议（内罗毕建议）》中指出，"历史地区"系指包含考古和古生物遗址的任何建筑群、结构和空旷地，构成城乡环境中的人类居住地；"保护"系指对历史或传统地区及其环境的鉴定、保护、修复、修缮、维修和复原。1979年8月，国际古迹遗址理事会澳大利亚国家委员会通过的《巴拉宪章》提出"保护"是指"保护某一场所以保存其文化重要性的一切过程"，提倡全力保护并利用具有文化重要性的场所。保护是文化遗产管理的有机组成，是一项长期而持续的任务。1987年10月，国际古迹遗址理事会（ICOMOS）通过的《保护历史城镇与城区宪章（华盛顿宪章）》对保护的定义进行了延伸，把历史城镇的保护、保存、修复、发展以及和谐地适应现代生活所需的各种步骤，都纳入了保护范围，基本包括了所有的保护活动和过程。1994年11月的《奈良文件》将保护定义为"所有旨在了解一项遗产，掌握其历史和意义，确保其自然形态，并在必要时进行修复和增强的行为。"○1999年10月，国际古迹遗址理事会通过了《关于乡土建筑遗产的宪章》，提出传统建筑的保护必须在认识变化和发展的必然性和认识尊重社区已建立的文化特色的必要性时，借由多学科的专门知识来实行。2000年10月，国际古迹遗址理事会中国国家委员会通过的《中国文物古迹保护准则》提出对人类历史上创造或人类活动遗留的具有重要价值的不可移动的实物遗存，包括地面与地下的古文化遗址、古墓葬、古建筑、石窟寺、石刻、近现代史迹及纪念建筑、由国家公布应予保护的历史文化街区（村镇）以及其中原有的附属文物等文物古迹实行有效的保

○ 萨尔瓦多·穆尼奥斯·比尼亚斯. 当代保护理论 [M]. 张鹏，张怡欣，吴霄婧，译. 上海：同济大学出版社，2012：66.
○ 联合国教科文组织世界遗产中心，国际古迹遗址理事会，国际文物保护与修复研究中心，等. 国际文化遗产保护文件选编 [M]. 北京：文物出版社，2007：143.

护。"保护"是指为保存文物古迹实物遗存及其历史环境进行的全部活动。保护的目的是真实、全面地保存并延续其历史信息及全部价值。保护的任务是通过技术和管理措施，修缮自然和人为造成的损伤，制止新的破坏。所有保护措施都必须遵守不改变文物原状的原则。2003年10月，联合国教科文组织通过了《保护非物质文化遗产公约》，充实和补充了文化遗产和自然遗产保护的内容和范围，提出保护是采取确认、立档、研究、保存、保护、宣传、弘扬、承传和振兴等措施，确保非物质文化遗产的生命力。

"利用"，现代汉语词典释义为"使事物或人发挥效能"，即物尽其用。早在20世纪，国际法规和宪章就对"利用"做出了一系列阐述。如1979年8月，国际古迹遗址理事会澳大利亚国家委员会通过的《巴拉宪章》提出：延续性、调整性和修复性利用是合理且理想的保护方式，这些利用方式可能会改变主要构造，但应将改变降至最低。1982年12月，国际历史园林委员会起草、国际古迹遗址理事会登记的《佛罗伦萨宪章》是一份历史园林保护利用宪章，强调历史园林的利用必须限制在其容量所能承受的范围。1999年10月，国际古迹遗址理事会通过的《关于乡土建筑遗产的宪章》提出为了与可接受的生活水平相协调而改造和再利用乡土建筑时，应尊重建筑的结构、性格和形式的完整性。2000年10月，国际古迹遗址理事会中国国家委员会通过的《中国文物古迹保护准则》提出文物古迹应当得到合理的利用，利用必须坚持以社会效益为准则，不应当为了当前利用的需要而损害文物古迹的价值。2006年4月，中国传统村落保护国际论坛发布了《西塘宣言》，提出"古村落的保护、发展、开发、利用是一项十分复杂而繁难的经济社会文化的综合工程……要特别珍惜形态典型、文化独特的古村落，对它们要坚持真实性、完整性、多样性，合理开发，永续利用，在保护中求发展。要加强古村落保护的国际合作与交流"。2006年5月，第二届文化遗产保护与可持续发展国际会议通过了《绍兴宣言》，旨在进一步从机制角度认识并有效利用文化遗产管理的"手段"，探讨建立一套针对文化遗产资源和文化旅游业的管理体系，作为遗产保护的手段。

"保护"和"利用"不是两个对立的命题，保护是维护文化遗产特定历史属性的基础，而利用则是激发文化遗产的生存活力，促使其融入当代社会，满足生产、生活的现实需要，是保护的题中之意和延续。从"保护"到"利用"，将文化遗产转化为文化资源，是文化遗产保护的必然趋势和现实选择。在国际文化遗产保护理论和实践中，从单体文物到区域性整体保护、从静态到动态保护、从控制性保护到文化遗产的有机更新与再利用，是文化遗产保护利用的主流趋势。

根据国际宪章和相关理论研究，结合我国历史文化村落保护与利用实践，可对"保护"和"利用"作以下定义和解释。"保护"是对历史文化村落及其周围环境进行科学的调查、勘测、鉴定、评估、登录、修缮、维修、改善等活动，使之免受破坏和损害。包括对历史建筑、传统民居、历史环境要素等物质环境要素的修缮、维护以及对自然生态环境实行整治和改善，保持历史文化村落传统空间格局、建筑风貌的真实性、完整性及延续性。"利用"是对历史文化村落进行科学、合理、适度地使用，主要是对历史建筑、传统民居、历史环境要素等物质环境要素的适度使用，包括功能植入、业态引入等，使其充分发挥保护的作用和效能，增强历史文化村落的延续性和宜居性。同时，对历史文化村落历史演进中形成的传统技艺、民俗风情等非物质文化要素进行有效传承，包括文创活化、常态展示、活态体验及活动举办等。历史文化村落的利用是指其利用现状，探寻其发展变迁到如今已经存在的功能，是从"已发生"或"已存在"的状态来探讨的。历史文化村落的利用自其形成之时便开始了，从最初的择址建屋、聚落而居，到如今汇集文化、生态、生产等多方面的内容，体现了历史文化村落功能的多样性、文化的丰富性和历史的延续性。需要强调的是，历史文化村落的保护与利用是一对辩证统一的关系，保护是为了利用，利用可以促进保护，保护包含利用，利用是为了更好地保护。适度利用，保护的价值才能真正体现，利用的效益才能持久。保护与利用历史文化村落，是延续农村优秀传统文化、彰显美丽乡村地方特色、发展乡村特色旅游产业和提升农民生产生活水平的重要途径与手段㊀。

第二节　浙江历史文化村落形成与发展

一、历史演进

一个历史文化村落就是一段历史，一幢古建筑就是一段故事。浙江历史文化村落的形成和发展与人口迁移的历史背景密切相关。秦汉以前，北方强宗大族掌控国家，人口和村落主要分布在中原一带。魏晋南北朝时期，或因北方人口繁衍、土地兼并导致生存压力加剧，或因自然灾害、战乱动荡被迫避祸远遁，北方大量强宗大族避地江南。西晋末年黄河流域战乱，大批北方人再次南迁，促进了黄河流域文化和长江流域文化的大融合，造就了南朝时期江南文化的繁盛。唐代安史之乱之后，经济重心逐渐南移。北宋靖康之变后，赵宋王室定都临安，中原人口又一次随朝廷大规模避祸南迁，进一步促进了浙江乡村聚落人口的爆发性增长，南宋时期浙江出现了一个建村的高潮，形成一道"衣冠人物，萃于东南"的特殊人文景观㊁。

有了两晋、唐宋时期的北方人口南迁为基础，南宋定都临安后，浙江进入封建社会的繁荣时期，成为当时中国最富庶的地区之一。人口大规模迁移带来了大量劳动力和先进的生产技术，促进了南北文化大融合，孕育了一大批人文底蕴深厚、宗族印记鲜明、物质遗存丰富、建筑风格迥异的历史文化村落与传统民居建筑。如浙南楠溪江流域，村落星罗棋布，先人大多是唐末为避战乱自北方南迁而来，或是五代闽国内乱时从福建北迁而来。清乾隆《永嘉县志》记载："楠溪太平险要，扼绝江，绕郡城，东与海会，斗山错立，寇不能入。"楠溪江流域"寇不能入"是先人为避战乱而不得不远离故土、播迁异乡的重要缘由。

同时，历史文化村落的生成与发展实现了家庭个体和村落整体双重维度上的拓展。其中，在个

㊀ 李强.保护历史文化"活化石"，打造美丽乡村"金名片"[J].今日浙江，2012（10）：8-9。
㊁ 《乡愁与记忆——江苏村落遗产的特色与价值》编写组.江苏省历史文化村落特色与价值研究[J].中国名城，2018（10）：42-51。

体维度上，分家机制的调节作用使原生家族分化重组，衍生新的村落。由于五口之家是农业生产最有效的规模，故而家庭规模发展到一定程度，便会分家析产，各自成为小家庭。如此世代延续，逐渐衍生出新的村落。在整体维度上，村落受到社会纽带的维系作用，相继出现了血缘、地缘和业缘的基本性质差异。人类最初以血缘为纽带形成单姓聚居村落，随着生产力的发展和新制度的出现，以家庭为单位的个体逐渐打破家族组织的生活空间，开始脱离原生聚落而相互杂居，以地域为基础组织的地缘村落随之出现。随着手工业和商品交换的进一步发展，各种生产部门之间的分工日益明确起来，按职业聚居的业缘村落逐渐成为新的村落形式。

二、影响因素

历史文化村落的形成发展与特定的地理环境、生产模式、家族聚居以及历史变迁等条件有关，主要受区域社会条件、自然地理环境、地域文化特色、宗法制度等因素的影响。

1. 区域社会条件

从浙江历史文化村落的分布结果来看，区域社会条件是影响历史文化村落变迁的重要因素。如浙北杭嘉湖平原地区由于经济发展水平较高，城镇空间体系完善，历史文化村落受城镇化和工业化影响较大，现存历史文化村落数量相对较少；而浙西南地区由于受区位条件、交通限制和经济水平的影响，历史文化村落受外界的影响较小，基本保持着较好的原始格局与风貌，数量较多。另外，在交通便捷的中心镇周边，村落集聚的特点突出。中心镇通常具有良好的交通区位、公共服务、基础设施等资源优势，具有较高的经济发展水平和较好的交通通达性，对周边地区具有一定的辐射力和影响力，对历史文化村落的风貌格局改变有一定影响。

2. 自然地理环境

历史文化村落的空间选址、风貌格局、建筑形制以及生活生产方式等会受村落所处自然地理环境的影响。农业文明时期以农为本的经济属性和自给自足的生产模式，决定了历史文化村落的选址和分布特征。浙江独特的自然地理环境孕育出了类型多样、丰富多变的村落特征，它们或沿水系线性发展，或依地势组团布局，或跨山脊散落布置，或绕茂林点状聚居，或围田亩规则造屋，或择风水图形围筑，形成一个个风貌各异、特色明显的人居聚落景观。浙东地区大都属于丘陵和平原相间的地形，居民世代以农耕为主业，村落构建大多与水系有关系，村内布有科学的水利系统，街巷、建筑、水井、渠道因地制宜、布置有序。浙南村落大多依山傍水，规模相对较小，因受永嘉文化影响，村落构建简约而古朴，耕读文化气息浓郁。浙中西部地处要冲，历代兵患频繁，村落较为注重防卫功能，历来人才辈出，村落规模比较大[1]。浙江历史文化村落总体与山、水、林、田等自然资源有机融合，村落形态大多呈依山傍水、绕林环田之态，构成融合自然的村落格局与建筑风貌，体现了先民因地制宜的生活选择与智慧，渗透着生生不息的文化流脉，具有强烈的风水意识和文化内涵。另外，浙江历史文化村落的海拔高程主要集中在200米高程以下的区域内，随着海拔高程的上升，其数量虽有起伏但总体呈现减少趋势[2]。

---

[1] 杨新平. 浙江古建筑[M]. 北京：中国建筑工业出版社，2015。
[2] 李琳琳、吴一鸣、王欣. 浙江历史文化村落变迁与发展[M]. 北京：中国社会科学出版社，2020：3。

3. 地域文化特色

地域文化是影响历史文化村落形成与分布的重要原因。历史文化村落区别于一般村落的最大特质在于其历史文化、宗族文化深远，文化积淀悠久的区域，村落变迁传承的延续性和稳固性更强。浙江自古重教兴文，人才辈出，诗书礼仪、人文风气浓郁。考察浙江村落时发现，但凡科举仕宦辈出的历史文化村落，书院、功名牌坊、文昌阁、文峰塔等都是村落重要的标志性建筑，此类村落大多有"十景""八景"之类的人文景观资源。如建德市新叶村村口文昌阁、抟云塔并立，成为村落的重要景观和文化标志。北宋末年，北方强宗大族跟随赵宋王室南迁，促进了浙江本土文化与中原文化的交融，孕育了大量富有地方韵味的历史文化村落（群），如桐庐江南古村落群、建德大慈岩镇明清古村落群、兰溪诸葛长乐古村落群、楠溪江流域传统村落群等。明清以后，一批文人士族衣锦还乡，在乡间购田置地，广建屋宇，兴修了祠堂、宗庙、牌楼、戏台等，形成以宗族文化为纽带的村落格局。

4. 宗法制度影响

宗法制度是中国封建社会独特的社会结构与制度，它形成于西周，秦汉式微，唐宋以后得以重建，不断巩固强化，明清时期尤为突显。以家庭－家族－宗族－村落的生长方式，由血缘走向地缘，根深蒂固，宗法制度影响着中国村落的形成与发展。浙江历史文化村落大多是以宗族为基础发展形成的血缘村落，宗族伦理观念深刻地影响着村落布局和建筑形态。在宗族组织的控制下，村落布局和规划体系呈现出一种与之契合的对应关系。以宗祠为核心的村落布局是血缘村落的普遍形式，通常与宗族房派、支派的结构组织相对应，房派、支派成员的住宅以房祠、支祠和香火堂为中心组成团块，再以宗祠为核心形成整个村落。水口、街巷、广场、义仓、牌坊、庙宇等也都安排有序。如兰溪诸葛村是典型的血缘聚居村落，诸葛亮后裔自元代中叶迁居于此，繁衍生息。明初分为孟、仲、季三房，长房孟分按例围住在大公堂大宗祠（丞相祠堂）周边，房祠叫崇信堂；仲分聚居在村北部，房祠叫雍睦堂；季分则大多住在西南部，房祠叫尚礼堂。在相当长的时间里，三大房的团块有序布置，古街巷道整齐完整。而后，随着人口大增，格局逐渐被打破。再如浦江"江南第一家"郑氏家族合居共炊长达15世，历宋、元、明三代，共计330余年，以孝义、宗法持家，名冠天下，成为"人我共生"的典范。

第三节　浙江历史文化村落分布规律与特色

一、数量与类型

浙江历史悠久，文化底蕴深厚，地域类型丰富，乡村量大面广。不同地域的自然、人文条件差异较大，在漫长的历史演变过程中，孕育出众多空间类型多样、传统资源丰富、遗产价值深厚、地域特色明显的历史文化村落[一]。

浙江是我国历史文化（传统）村落保有量较多

[一] 杨小军，丁继军.传统村落保护利用的差异化路径[J].创意与设计，2020（3）：18-24。

的省份之一，浙江历史文化村落涵盖了省域内列入中国历史文化名村○、中国传统村落○、中国景观村落○ 以及省级历史文化名村、省级传统村落等名录的村落。为了更好地保护、传承和利用历史文化村落的传统建筑风貌、人文环境和自然生态，彰显浙江美丽乡村建设特色，2012年，浙江省委、省政府专门出台文件，做出保护利用历史文化村落的战略决策，启动了全省历史文化村落保护利用工作，系统开展全省范围的基础普查、项目申报、入库等工作。截至2020年，共有2559个历史文化村落列入项目库，已有8批347个重点村、1701个一般村开展了保护利用项目（图2-3-1、表2-3-1）。

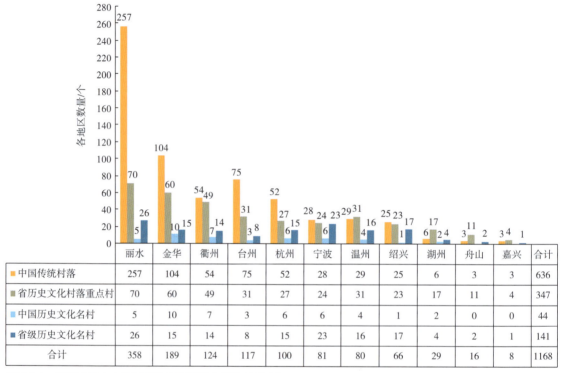

	丽水	金华	衢州	台州	杭州	宁波	温州	绍兴	湖州	舟山	嘉兴	合计
中国传统村落	257	104	54	75	52	28	29	25	6	3	3	636
省历史文化村落重点村	70	60	49	31	27	24	31	23	17	11	4	347
中国历史文化名村	5	10	7	3	6	6	4	1	2	0	0	44
省级历史文化名村	26	15	14	8	15	23	16	17	4	2	1	141
合计	358	189	124	117	100	81	80	66	29	16	8	1168

图 2-3-1　浙江省历史文化村落总体数量图（截至2020.1）

○ 中国历史文化名村是指从2003年起，由中华人民共和国建设部（现住建部）和国家文物局共同组织评选的，保存文物特别丰富，具有重大历史价值或纪念意义的，能较完整地反映一些历史时期传统风貌和地方民族特色的村落。截至2022年，共评选了7批487个，其中浙江入选44个，占全国总量的9%。

○ 中国传统村落是指从2012年起，由中华人民共和国住房和城乡建设部、财政部、国家文物局等部门联合组织评选的，"村落形成较早，拥有较丰富的传统资源，具有较高历史、文化、科学、艺术、社会、经济价值，应予以保护的村落。"较之中国历史文化名村其范围更广，数量更多，截至2022年，已公布了5批6819个。其中，浙江入选636个，占全国总量的9.3%，是保有数量较多的省份之一，位列全国第四。

○ 中国景观村落由联合国教科文组织支持，中国国土经济学会中国古村落保护与发展专业委员会主办评选，旨在在保护中寻求古村落的可持续发展，评选标准是：有优美的山水环境，有数百年的建村历史；村落具有一定存量的传统建筑和人文景观，体现了景观的独特性、文化的多样性、审美的艺术性；村落环境布局与山水自然浑然一体，不仅构筑了一个有利于子孙后代生存繁衍的生活空间，还营造了一个富有诗意和哲理的精神家园。2007~2018年共评选出九届109个，浙江入选16个，占全国总量的14.7%。

表 2-3-1　浙江省历史文化村落保护利用重点村地区分布一览表

分布区域	各批次数量/个								总数/个	占比
	一	二	三	四	五	六	七	八		
杭州	4	3	4	2	3	3	4	4	27	7.8%
宁波	3	3	3	3	3	3	3	3	24	6.9%
温州	2	4	3	3	5	3	5	6	31	8.9%
湖州		4	2	1	3	3	3	1	17	4.9%
嘉兴					2	1		1	4	1.2%
绍兴	4	5	3	2	2	3	3	1	23	6.6%
金华	8	8	8	9	5	7	8	7	60	17.3%
衢州	5	7	7	7	6	6	5	6	49	14.1%
舟山			2	2	2	1	2	2	11	3.2%
台州	6	2	2	2	6	4	5	4	31	8.9%
丽水	9	8	10	8	8	8	9	10	70	20.2%
总计	41	44	44	43	43	44	45	43	347	100%

历史文化村落是一个有机更新、不断生长、逐步演变的社会单位与空间载体，在漫长的历史长河中，村落的演变不是沿着某一种类型直线发展的，而是历经曲折复杂的过程，在不同时期表现不同的类型特征。总体来说，历史文化村落因社会结构、区域环境等差异，呈现出千差万别的特征和千姿百态的形态，根据不同的划分依据，可分为不同的类型。

基于浙江历史文化村落的基础条件和资源特色，大体可将历史文化村落分为历史古建型、自然生态型和民俗风情型三种类型[1]。

另外，依据自然地理环境特征，浙江历史文化村落可分为平原水乡型、山地丘陵型、山间盆地型和滨海渔村型四类[2]。平原水乡型村落主要分布于浙北杭嘉湖平原和宁绍地区，村落规模较大，特色明显，周边水系密布，交通便捷，建筑临水而建，村落布局与港漕河网、桑基鱼塘有机结合，形成小桥流水人家的江南水乡风貌，典型的如吴兴区义皋村、南浔区荻港村等。山地丘陵型村落依山就势，建筑随地形起伏布置，对外交通相对单一，街巷蜿蜒曲折，村落景观有致，如庆元县月山村、开化县龙门村等。山间盆地型村落主要分布于群山谷地之

---

[1] 参考《关于加强历史文化村落保护利用的若干意见》（浙委办〔2012〕38号），将浙江历史文化村落划分为三种类型：①古建筑村落是指现存古民宅、古祠堂、古戏台、古牌坊、古桥、古道、古渠、古堰坝、古井泉、古街巷、古会馆、古城堡等历史文化实物和非物质文化遗产比较丰富和集中，能较完整地反映某一历史时期的传统风貌和地方特色，具有较高历史文化价值的村落。②自然生态村落是指古代以天人合一理念为基础，村落选址、布局、空间走向与山川地形相附会，村落建筑与自然生态相和谐，农民生产生活与山水环境相互交融，自然生态环境、特种树木以及相应村落建筑保护较好的村落。③民俗风情村落是指根据特定民间传统，形成有系统的婚嫁、祭典、节庆、饮食、风物、戏曲、民间音乐舞蹈、工艺等非物质文化遗产，传统的民俗文化延续至今，为当地群众所创作、共享、传承，并有约定俗成的民俗活动的村落。虽然在现实中某一种类型的村落难以同时具有如此丰富的内涵，或者上述三种类型的内涵可能各有一些，但是这样的分类有助于加强历史文化村落保护利用工作的指向性。
[2] 李琳琳，吴一鸣，王欣. 浙江历史文化村落变迁与发展[M]. 北京：中国社会科学出版社，2020.9：3。

间，由于建筑与道路相对集中，村落布局通常规整紧凑，田园山水风光优美，如缙云县河阳村、浦江县新光村等。滨海渔村型村落主要分布在浙江沿海及海岛上，一般是沿海渔民聚居点，碧海金沙尽收眼底，山海港湾相连，建筑布局灵活分散，典型的如嵊泗县花鸟村、岱山县双合村等。

也可按照村落产生和发展的特征，将浙江历史文化村落分为血缘聚居型、交通枢纽型、传统产业型和军事要塞型四类①。血缘聚居型是历史文化村落的主要类型，即基于血缘关系聚族而居的单姓村落，如斯氏聚居的诸暨市斯宅村、诸葛亮后裔聚居而成的兰溪市诸葛村、包公后裔聚族而居的松阳县横樟村。交通枢纽型村落主要指过去于古道驿站、水路码头等交通要道上发展起来的村落，如严婺古道上的兰溪市芝堰村、唐诗之路上的新昌县班竹村。传统产业型村落是因从事各种传统手工业或农业生产而聚集形成的村落，如因矾山矾矿生产聚集的苍南县福德湾村、窑工烧窑聚集的苍南县碗窑村、海岛渔民渔业生产聚集的舟山定海区马岙村。军事要塞型村落往往位于某些特殊的位置、驿道、要冲，如永嘉县芙蓉村，苍南"蒲壮所城"内的金城村、龙门村等。

还可按照农业文化遗产分类，分为传统建筑型、农业景观型、农业特产型、工商贸易型和民俗文化型五种类型②。传统建筑型指村落拥有保存完好的整体格局和历史风貌，传统建筑数量较多，质量较好，此类数量较多。农业景观型村落具有独特的人文与自然结合的农业景观，包括农业文化遗产和灌溉工程遗产等，如吴兴区义皋村、南浔区荻港村、诸暨市泉畈村等。农业特产型指村落因长期历史传承拥有特色的农产品或农产品加工品，有独特的农业文化内涵和历史，如诸暨市榧王村、庆元县龙岩村；龙泉市下田村等。工商贸易型指以工商贸易为主要经济活动形式的村落，一般留存有比较完整的公共建筑、商贸设施等，如龙游县溪口村、新昌县梅渚村等。民俗文化型指村落拥有独特的，在长期生活、生产中所创造和传承的特色文化，包括生活习俗、信仰、节气、民俗等，如拥有两项国家级非遗项目的遂昌县淤溪村、拥有联合国人类非物质文化遗产二十四节气（九华立春祭）的柯城区妙源村。

按照村落姓氏结构，浙江历史文化村落可分为单姓村落、主姓村落（即以一二大姓为主，间以若干小姓的村落）、杂姓村落（即若干小姓杂处，而没有主姓的村落）三类。从浙江历史文化村落统计数据来看，总体以主姓村落为主，其数量远多于单姓村落和杂姓村落数量之和。

本书结合浙江省历史文化村落的自然条件、历史遗存、人文环境、区域助力以及保护利用特色等综合因素，提出历史文化村落可分为生态环境优美型、历史古建悠久型、民俗风情特色型、产业融合有效型、建设发展综合型五种类型。

二、分布与特征

结合浙江历史文化村落的数量、类型与分布区域进行分析会发现，村落数量大、类型多、分布广、质量好，承载着地区自然和历史人文风情。具体可以归纳出如下几点特征。

其一，从分布情况来看，浙江历史文化村落总体分布范围较广，基本涵盖了全省11个地级市、

---

① 张明晓.乡村振兴战略下钱塘江流域传统村落空间保护与更新研究[D].杭州：浙江工业大学，2019。
② 刘馨秋.中国传统村落记忆：江苏卷[M].北京：中国农业科学技术出版社，2018：13-14。

90个县（市、区）。主要集中在浙东、浙南和浙中西部三个区域，以浙南山地地区为最，浙西丘陵、浙中盆地地区其次，杭嘉湖平原、宁绍平原和海岛地区相对较少。其中，市域以丽水为最，丽水市是保存历史文化（传统）村落数量最多的地区，约占全省总量的40.4%。从县域层面看，以松阳为最，松阳是全国仅有的两个国家传统村落示范县之一，是华东地区传统村落数量最多、风格最完整的县域。少数县、区各级各类历史文化村落数量几乎为零。浙东历史文化村落主要分布在宁海、奉化、天台、临海、仙居等地，呈线性分布。其中以宁海前童、天台张思、仙居高迁、皤滩为代表。浙南山区是历史文化村落保有量最多的地区，主要分布在永嘉、泰顺、景宁、庆元、龙泉、松阳等地，以永嘉、泰顺和松阳为核心，呈块状分布，以永嘉芙蓉村、永嘉苍坡村、苍南碗窑村、庆元大济村、松阳石仓村、松阳官岭村最具特色。浙中西部的村落主要分布在兰溪、浦江、建德、武义、东阳、永康、江山、开化等地，以金华为中心，呈放射状分布，以武义郭洞村、武义俞源村、兰溪诸葛村、兰溪芝堰村、建德新叶村、开化霞山村、江山花桥村、东阳蔡宅村、永康厚吴村等为代表。浙北杭嘉湖平原由于经济、文化、交通较为发达，许多历史文化村落逐渐成长为繁华而具城镇功能的古镇⊖。

其二，从历史沿革来看，浙江历史文化村落普遍历史悠久，源远流长，村落历史发展脉络清晰，大多建有一定体量和规模的宗祠，修有完整的宗谱或家谱。村落始建年代自唐、宋、元、明、清的都有，大多经历了数百年、上千年甚至更长时间的岁月沧桑。根据地方志和相关姓氏的家谱文献，浙江现存的历史文化村落中，最早在新石器时代晚期就有人类居住的痕迹了，位于今舟山定海区马岙村，村内现存新石器时代遗址、西周遗址，村落历史绵延6000年，被誉为"海上河姆渡""海岛第一村"⊖。除此之外还有形成于唐和五代十国时期的磐安县管头村（唐武宗年间）、缙云县河阳村（建于后唐长兴三年）、诸暨市斯宅村（建于五代后汉乾祐二年）等。大多数村落可追溯至北宋末年的南渡时期，而现存最多、保存最好的是明、清两代的历史文化村落。这些村落或依山傍水谋篇布局，或民居建筑古色古香，或文化传承历经千年，或风俗传统纯厚质朴，大多建筑风格迥异、筑造工艺精湛、人与自然和谐，既有历史的风貌，又有历史的积淀，是形神合一的综合体，独一无二，不可复制。

其三，从建筑遗产来看，浙江历史文化村落内物质文化遗产保存较好，大多有成片的传统建（构）筑物，类型丰富，形式多样，等级较高。全省共有40处全国重点文物保护单位、111处省级文物保护单位坐落于历史文化村落中。大多数历史文化村落都以血缘聚居演化而来，人才辈出，村内有主要姓氏的祠堂，如大陈村汪氏祠堂、三门源村叶氏祠堂、山头下村沈氏祠堂、山下鲍村涂氏祠堂、西一村梅氏祠堂、金源村王氏祠堂、龙门村孙氏祠堂等。较具代表性的单体建筑（占地面积超1000平方米）有诸暨市斯宅村的斯盛居（千柱屋，6850平方米）、十四都村的谦吉堂（8707平方米）、武义县寺平村的崇厚堂（2000平方米）、兰溪市诸葛村的丞相祠堂（1400平方米）、江山市大陈村的汪氏宗

⊖ 杨新平. 浙江古建筑[M]. 北京：中国建筑工业出版社，2015：42-44。
⊖ 王景新，朱强，余国静，等. 浙江历史文化村落保护利用与持续发展 [J]. 西北农林科技大学学报（社会科学版），2016.9：77-86。

祠（1500平方米）、江山市南坞村的杨氏宗祠（外祠，2000平方米）等。古建筑保护修缮后能引入多样功能业态，结合乡村产业发展，整体活化利用较为充分，如桐庐县深澳村、浦江县新光村、缙云县河阳村等。

其四，从文化角度来看，浙江历史文化村落的选址与布局受"风水"理念影响较多，村落选址大多注重"负阴抱阳、背山面水、聚气藏风"的风水格局，因地制宜，因材而建。如武义县郭洞村三面山环如障，背面一片田畈，左右青山相拥，两条溪流在村南汇合。村民筑墙形成水口，修回龙桥聚气藏风，植树于村四周改善微环境，俨然一派安详之居。另外，浙江历史文化村落中民俗文化、宗族文化、非遗文化等传统文化形式丰富多样，有包括各式婚丧嫁娶、节日庙会、迎神赛会、祈年求雨等习俗的民俗文化；有以"宁静致远，淡泊明志"为家族修养的宗族文化；有易学、理学、书法、绘画、诗词等耕读文化；有传统技艺、传统戏剧、民俗等类型的非物质文化遗产，等等。如江山市廿八都镇的枫溪村和花桥村，位于浙、闽、赣三省交界，这里曾为三省交界最繁华的商埠，是名副其实的"方言王国"和"百姓古镇"，移民、商贸、屯兵带来了多样文化的交融，镇上有12种方言和130余个姓氏，建筑风格汇集了徽派、浙派、赣式、西式等特征，有钱庄、洋货店、米店等各种功能的建筑。

其五，从风貌格局来看，浙江曾有"七山一水两分田"的地理环境特征，历史文化村落大多分布在秀山丽水之间，生态环境优越，地理位置与空间格局良好。村落整体风貌及精神文化可用"因山采形、就水取势、随类赋彩、藏而不露、和而不同"二十个字概括之[一]。村落大多靠山、依水、面屏布置，以水为轴，呈"生长式"由里向外，循序渐进，建筑贴着地形生长发展。山地村落的民居基本为低层、斜屋顶、两面坡，形似山的延续，坡的再生；丘陵村落的民居呈散点式灵活布局，山、田、村、筑同构同生，由点状建筑分布形成村落群体；平原水乡村落的民居呈网式布局，建筑面水、临水、枕水，形成水街、水巷、路廊等街巷格局，建筑有庭有院，体量适宜。大部分村落整体格局保存完整，建筑质量保存完好，如建德市新叶村、兰溪市诸葛村、婺城区寺平村、缙云县河阳村等；部分历史文化村落虽规模较小、历史建筑等级不高，但整体风貌保存较好，单体建筑质量较好，较具特色，如磐安县横路村、江山市大陈村等；也有部分村落存在历史风貌不够完整，现代建筑与传统建筑并存，核心区传统风貌破坏较大，房屋闲置较多的情况。浙江各区域的村落民居的某一特征不单单只在某一区域中存在，往往是A中有B，B中有A。如杭州西部的临安、桐庐、建德等地还遗存着大量徽派民居，北面余杭的村落建筑融三地建筑风格为一体，而钱塘江南岸萧山地区的不少民居深受宁绍地区建筑风格影响。浙江西南山地村落的建筑风格深受闽北影响，多是由正屋、厢房、天井、院落围合成的四合院落。

[一] 丁俊清，杨新平. 浙江民居[M]. 北京：中国建筑工业出版社，2009：113。

第三章　历史文化村落保护利用与发展研究

第一节　浙江历史文化村落保护利用调查研究

为了科学指导历史文化村落保护利用工作，助推深化"千万工程"建设新时代美丽乡村，浙江省农办、省农业农村厅委托浙江理工大学中国美丽乡村研究院组建专业技术团队，通过实地勘察、数据分析、案例收集、评估评价等方式，对全省历史文化村落保护利用开展专题调查研究，系统调研基本情况，总结经验做法，查找问题短板，研判发展趋势，根据新时代、新使命、新要求，提出对策建议。

一、调研背景

历史文化村落作为乡村人居环境和乡土文化遗产的一种重要类型与载体，是世界各国美丽乡村建设和文化遗产保护的重要对象。中国的历史文化村落大多经历了成百上千年的岁月沧桑，承载着厚重的历史文化积淀，是中华民族的历史记忆和文化标志，是一种历史创造的、不可再生的重要遗产。冯骥才先生认为历史文化村落是区别于物质文化遗产和非物质文化遗产之外的另一类文化遗产，是一种活态遗产。他提出：传统村落的保护与发展要尊重历史，创造性地发展，不仅要有活态的保护，更要有活体的传承，一切的发展都要以保护为前提[一]。应该说，历史文化村落保护利用是一项功在当代、利在千秋的德政工程，是一项造福农民、美化乡村的民生工程，是一项等不起、慢不得的抢救性工程[二]，也是一项资金整合、资源统筹的廉政工程。

随着乡村振兴全面实施，新型城镇化快速推进，但一些地方在历史文化村落保护利用过程中，仍存在因引导不力出现自主自建性破坏，或误读误解政策、急功近利形成建设性破坏，或因商业利益驱动造成过度开发性破坏，或因保护法规缺位、标准缺失、经费缺乏导致的遗弃式破坏等问题和现象。2019年，《瞭望》新闻周刊调查报道了传统村落存在重申报、轻保护，重营造、轻文化，重权力、轻责任，重项目、轻环保，重上级、轻民意，重眼前、轻长远，重资质、轻实质的"七重七轻"乱打造现象。2019年9月16日，习近平总书记在河南新县考察调研时强调：发展乡村旅游不要搞大拆大建，要因地制宜、因势利导，把传统村落改造好、保护好。

2003年6月，浙江省启动"千村示范、万村整治"工程，着力改善农村人居环境。时任省委书记的习近平同志强调："要正确处理保护历史文化与村庄建设的关系。要对有价值的古村落、古民

[一] 冯骥才. 传统村落的困境与出路：兼谈传统村落是另一类文化遗产 [J]. 民间文化论坛，2013（1）：7-12。
[二] 李强. 保护历史文化"活化石" 打造美丽乡村"金名片" [J]. 今日浙江，2012（10）：8-9。

居和山水风光进行保护、整治和科学合理地开发利用,使传统文明与现代文明达到完美的结合。"2006年,浙江省委、省政府明确指出,在新农村建设过程中,要切实加强对优秀乡土建筑和历史文化环境的保护,努力实现人文与生态环境的有机融合。2012年5月,为认真贯彻党的十七届六中全会以及省委十二届十次全会精神,更好地保护、传承和利用好浙江历史文化村落的传统建筑风貌、人文环境和自然生态,彰显浙江省美丽乡村建设的地方特色,浙江省委、省政府出台了《关于加强历史文化村落保护利用的若干意见》(浙委办〔2012〕38号)。由此做出了保护利用历史文化村落的战略决策,提出按照"保护为主、抢救第一、合理利用、加强管理"的方针,围绕"修复优雅传统建筑、弘扬悠久传统文化、打造优美人居环境、营造悠闲生活方式"的目标要求,以"千村示范、万村整治"工程建设为载体,把保护利用历史文化村落作为建设美丽乡村的重要内容,在充分发掘和保护古代历史遗迹、文化遗存的基础上,优化美化村庄人居环境,适度开发乡村休闲旅游业,把历史文化村落培育成与现代文明有机结合的美丽乡村。2016年,浙江省人民政府办公厅印发了《关于加强传统村落保护发展的指导意见》(浙政办发〔2016〕84号),提出了"整体保护、活态传承,保护优先、合理利用,居敬行简、最少干预,因地制宜、分类推进,政府主导、村民自主"的保护原则,深化顶层设计,确立了浙江省历史文化(传统)村落的保护利用的工作格局。2019年11月,浙江省委、省政府办公厅发布《关于深化"千村示范、万村整治"工程高水平建设新时代美丽乡村的实施意见》(浙委办发〔2019〕60号),为"十四五"期间,持续深入推进历史文化(传统)村落保护利用工作,指明了方向、提供了遵循。2020年12月,浙江省委办公厅、省政府办公厅印发了《关于进一步加强历史文化(传统)村落保护利用工作的意见》(浙委办〔2020〕66号),对全省历史文化(传统)村落保护利用工作做出新的要求与部署,推动历史文化(传统)村落成为新时代美丽乡村的"金名片",美丽浙江大花园的"耀眼明珠"。

二、基本情况

浙江山川秀丽、人文荟萃、经济繁荣,地理环境多样、文化遗存丰富、文化体系独特,是吴越文化、江南文化的发源地,也是中国古代文明的发祥地之一。两晋、唐、宋时期的人口南迁活动,促进了北方中原文化与浙江本土吴越文化相生相融,进而孕育了大批历史文化村落。这些历史文化村落分布广泛、类型多样、特色明显、遗存丰富,具有较高的历史价值、文化价值、社会价值、美学价值和科学价值。风貌各异的历史文化村落似一颗颗珍珠散布在浙江大地,有山地聚居依山就势的灵动,有水乡平原农耕风情的朴实,也有海岛渔村凭海临风的古拙。总体来看,浙江历史文化村落数量分布呈南多北少、西多东少的不均衡分布状态,浙西丘陵地区村落分布较多,浙中盆地、浙南山地地区其次,浙北平原和浙东沿海地区较少。丽水市是历史文化村落数量最多的地区;从县域层面看,村落数量以松阳县为最;而少数县(市、区)的历史文化村落数量几乎为零。浙江历史文化村落拥有地区自然风情和历史人文风情。从历史沿革看,这些村落大多数建于明清以前,承载着千余年的历史变迁和文化积淀;从自然环境的角度看,这些村落大多分布在秀山丽水之间,生态环境优越,地理位置与空间格局良好;从文化角度看,这些村落中大多有成片的传统民居和祠堂、书院、牌坊等历史建（构）筑物，类型丰富，形式多样。大多数村落都是以血缘为纽带聚居，而且人才辈出，留下诸多文化遗产和建筑群落。

浙江是我国历史文化村落保有数量较多的省份之一，涵盖了省域内被列入中国历史文化名村、中国传统村落、中国景观村落、省级历史文化名村、省级传统村落及浙江省 3A 级景区村庄等名录的村落。截至 2022 年，在由住房和城乡建设部等部委联合公布的 5 批 6819 个中国传统村落中，浙江有 636 个，约占全国总量的 9.3%，位列全国第四；在住房和城乡建设部、国家文物局联合评选的 487 个中国历史文化名村中，浙江有 44 个，约占全国总量的 9%，数量居全国前列；2017~2018 年，在中国国土经济学会评选的 9 批 109 个中国景观村落中，浙江有 16 个，占全国总数的 14.7%。

浙江是全国第一个在全省范围内部署开展历史文化村落保护利用工作的省份。2013 年浙江启动历史文化村落保护利用工作，每年启动 43 个重点村和 217 个一般村的保护利用工作，给予重点村每村 500 万~700 万元资金补助、15 亩（1 公顷）建设用地指标支持，一般村给予 30 万~50 万元的资金补助。截至 2020 年，全省已开展了 8 批共 347 个重点村、1701 个一般村的历史文化村落保护利用项目，各级投入资金共达 160 余亿元。其中，重点村涉及中国传统村落 201 个、中国历史文化名村 37 个、中国景观村落 9 个、省级历史文化名村 114 个、省级传统村落 116 个、浙江省 3A 级景区村庄 203 个。总体来讲，全省通过汇聚整合各种资源，积极推进村落生态环境的综合保护、村落传统文化的发掘传承、村落特色产业的整合提升、村落建筑景观的适度修缮和村落人居环境的科学整治，效果明显、成果颇丰。应该说浙江省历史文化村落保护利用工作走在全国前列，浙江取得的成功经验可以成为全国的样板。

三、做法与成效

1. 注重顶层设计，加强部署，编制保护利用技术路线图

（1）注重顶层设计 通过出台专门文件，制定相关政策，部署实施浙江历史文化村落保护利用工作。围绕"建设有方向、实施有计划、政策有实招、推进有力度"的工作部署，按照"规划先行、一年成形、二年成品、三年成景、验收评估"的项目进度，落实各项条件，保障工作有序推进，把历史文化村落真正建成乡土文化遗产的博物馆、乡愁记忆的百科书、古今文明有机融合的美丽乡村。

（2）强化普查建库 自 2012 年起，根据国家和省委、省政府统一部署，浙江省农办联合省住房和城乡建设厅等部门组织开展了多轮历史文化村落基础普查和建档入库工作，按照全面、准确、真实的原则和"一村一档"的要求组织登记调查成果，编制村落档案，累计确定了 2559 个历史文化村落保护利用项目库，分批公布保护利用村落名单，建立了"国家—省—地方"三级历史文化村落保护体系。

（3）加强工作部署 浙江省委、省政府主要领导在"实施'千万工程'建设美丽乡村现场会"等重要会议上多次强调历史文化村落保护利用工作的重要性和紧迫性，亲自推动相关工作。分别于 2012 年、2013 年、2014 年、2016 年在江山市、兰溪市、建德市和黄岩区召开全省历史文化村落保护利用现场会，省委副书记、分管副省长亲自到会动员部署，明确项目推进的路线图、时间表、

目标值,有力推动了全省历史文化村落保护利用工作。

2. 坚持规划先行,分类实施,谋划保护利用发展新路径

(1)注重通盘规划 在浙江省历史文化村落保护利用工作中,坚持规划先行,加强规划编制。省农办、省农业农村厅、省住房和城乡建设厅等部门先后组织权威专家制定了《浙江省历史文化村落保护利用重点村规划设计参照要求》《浙江省传统村落保护发展规划编制导则》,对规划编制的技术规范和操作流程做出具体规定,有力地指导了各地历史文化村落保护利用规划编制。在理念上坚持保护为先,保护历史文化村落的地域特色、历史风貌、文脉传承,正确处理保护与发展的关系,强调因村因地制宜、科学合理适度,严禁大拆大建、过度开发。在深度上全面把握村落格局、结构肌理、建筑元素、民风民俗等特点,充分挖掘每个历史文化村落的文化遗存与特色资源,深入了解村民的需求,做到历史文化村落"见人、见物、见生活"。在手法上强调保护历史风貌的原真性、完整性、延续性和宜居性,传统建筑应保尽保,尽可能采用原来的材料和工艺修复。对影响整体风貌的现有建筑,按照与传统村落风貌相协调的原则进行合理改造,对新建建筑加强风貌管控,保持风貌的协调性。

(2)强化规划评审 加强规划编制的程序与质量管理,选择高资质规划设计团队完成规划编制,严控规划编制,在县级评审的基础上开展省级专家统一评审,通报规划编制评分排名和规划设计单位成效排名,形成竞争机制。重视规划编制指导与示范工作,通过规划评审、研讨与培训,邀请高等院校、科研院所的专家学者开展历史文化村落实地调研和技术指导,向业主和规划设计单位通报修改意见,确保规划更具严肃性、科学性、特色性和可操作性。

(3)注重分类实施 浙江省历史文化村落数量众多、类型多样、分布广泛。为避免历史文化村落保护利用的同质化,基于浙江省历史文化村落的实情,综合全省历史文化传统村落的规划定位、建设实效以及村落资源、历史遗存、人文环境、区域助力等因素,因地制宜、因村施策,将村落分为生态环境优美型、历史古建悠久型、民俗风情特色型、产业融合有效型、建设发展综合型等类型,根据类型采取适合的保护利用方式引导后续发展,实现历史文化村落保护利用的可持续、差异化保护发展。

3. 加强项目实施,绩效导向,绘制保护修缮建设实绩表

(1)有序开展历史文化村落保护利用 截至2020年,浙江省已经启动开展了8批共347个重点村、1701个一般村的历史文化村落保护利用项目,省内各级投入资金达160余亿元。其中,前五批215个重点村和1082个一般村已完成项目建设并通过省级验收,第六、七批89个重点村和402个一般村已全面开展保护建设施工,第八批43个重点村和217个一般村正在项目规划编制中。

(2)深入实施传统村落保护发展 自2012年以来,全省共有329个中国传统村落,获中央财政资金支持共计9.87亿元。浙江省稳步推进国保、省保集中成片地推进传统村落整体保护利用工作,其中建德市新叶村、永嘉县芙蓉村、诸暨市斯宅村3个传统村落被列入国家文物局首批传统村落保护利用实施项目名单,于2018年5月通过了国家文物局组织的现场绩效评估。

（3）着力推进传统建筑和历史环境要素保护修缮　浙江先后修缮了一大批具有较高价值的传统建筑和历史环境要素，使历史文脉得到有效保存。全省前五批重点村保护利用工作累计完成的古建筑修复项目有：5852幢建筑的顶瓦修补，面积137.23万平方米；3893幢建筑的墙体加固，面积87.64万平方米；4597幢建筑的立面改造，面积121.15万平方米；3933幢建筑的构件修复，共70679个；异地迁入古建筑60幢，面积4.95万平方米；村内古道修复与改造391.09公里，面积111.99万平方米。

（4）提升村庄人居环境质量　坚持历史文化村落保护与改善人居环境相结合，在保存原有村落风貌的基础上，有序推进村落人居环境综合提升工程，使村民的生产、生活条件得以改善。对与历史风貌有冲突的建（构）筑物进行整修改造，全省前五批重点村累计完成7432幢建筑的立面改造，面积190.59万平方米；284幢建筑的结构降层，面积5.5万平方米；整体拆除面积51.19万平方米；异地搬迁2085户；完成搬迁安置区190公顷安置用地的建造，共安置户数5467户，基本公建设施建设投资37346.08万元。因地制宜推进历史文化村落污水、垃圾、厕所"三大革命"，扎实推进公共配套基础设施和"三线"整治工作，切实改变了农村"脏乱差"面貌，农村生产、生活、生态环境得到全面改善。总体来说，经过几年的建设实践，一大批历史文化村落得到保护和修缮，一大批历史文化遗产得到传承和弘扬，一大批乡村特色产业得到培育与开发。农民收入和村均集体收入均达到开展保护利用工作前的1.9倍，创业人数达到2013年的3.1倍。历史文化村落保护利用已成为浙江深入推进"千万工程"、建设美丽乡村的重要内容与抓手，成为展现新时代美丽乡村建设成效的文化之窗、璀璨明珠、点睛之笔。以桐庐深澳村、建德新叶村、永嘉苍坡村等为代表的一大批历史文化村落，走出了各具特色的保护利用之路，成为与现代文明有机结合的美丽乡村，在全国形成了较大影响。

4. 注重要素整合，产业融合，催生活化利用经营新业态

（1）加强要素保障与资源整合　结合推进科技、资金进乡村，乡贤、青年回农村的"两进两回"长效机制，探索多元化要素集聚模式，激发乡村潜能与活力。探索土地要素保障制度，给予历史文化村落保护利用重点村每村15亩（1公顷）建设用地指标支持，解决历史文化村落宅基地指标紧缺问题。整合省住建厅、文化和旅游厅、文物局等部门在传统村落、历史文化名村、文物保护单位等方面的建设资源，引入社会、乡贤等多方资源，共同推进项目实施。把历史文化村落保护利用工作与美丽乡村建设、乡村休闲旅游开发、优秀传统文化传承等项目有机融合起来，确保资源集合聚能，资金集中投入，形成保护合力。

（2）探索活化经营模式　坚持理念兴业、引资创业的思路，通过政府引导、政府搭台，灵活处理政策，理顺民居产权关系，拓宽活化经营渠道。如村集体统一向村民租赁修缮后的古建民宅，通过整体打包引进工商资本和引驻特色产业；或组建由乡政府、村集体和企业三方入股的合股企业，以公司化运营模式，逐步从"政府输血"向"自身造血"转变，实现历史文化村落保护利用的可持续"双赢"。

（3）深挖村落特色资源　依托优美的生态环境和深厚的历史文化资源，充分挖掘历史文化村落的建筑文化、民俗文化、耕读文化、农事节庆等优秀传统文化价值，在全力做好保护工作的基础上，积极探索"以用促保、用保互进、居游并进",推动历史文化村落建设成果向经营成果转化,促进美丽村落向美丽经济转变,全面提升历史文化村落生命力。如松阳结合"传统民居改造利用"和"拯救老屋"行动,将闲置古建筑分类打造成精品民宿、艺术家工作坊等业态,既激活了乡村活力,又提高了松阳知名度和美誉度。

(4)发展乡村特色产业 结合浙江省万村景区化、大花园建设、未来乡村建设,将美丽乡村建设与历史文化村落保护利用有效结合,打好组合拳,培育新亮点,坚持以文促旅、以旅促业,大力开发生态观光游、自然山水游、风情体验游、文化研学游等旅游产品,促进乡村休闲旅游业的发展并与历史文化村落保护利用形成良性互动。

5. 坚持文化传承,品牌推介,筑牢特色文化自信新阵地

(1)注重文化遗产的挖掘传承 在浙江省历史文化村落保护利用工作中,始终牢记"农村是我国传统文明的发源地,乡土文化的根不能断,农村不能成为荒芜的农村、留守的农村、记忆中的故园",深入挖掘与弘扬优秀传统文化,既要注重有形的物质文化遗产的保护利用,又要重视无形的非物质文化遗产的活化传承。全省前五批重点村涉及保护各级各类文物保护单位400余处,挖掘传承非物质文化遗产700余项。开展畲族"三月三"、缙云"黄帝祭典"以及"三门祭冬""九华立春祭"等非遗传承、民俗文化活动,为地方经济社会发展起到了积极的推动作用。进一步开展"千村故事'五个一'行动计划",深度发掘雅俗共赏、兼容并蓄的乡土文化,盘点、记录村域基本概况、文化基因和历史元素,以历史文化村落为载体,以乡愁为情感基础,以生活化故事为依托,整理编撰了《千村故事》丛书,筛选260个古村落故事编撰成精编本作为G20国礼。

(2)推介浙江方案和智慧 浙江省历史文化村落保护利用工作受到联合国教科文组织、联合国人居署、中国传统村落保护发展研究中心等机构的高度评价。2019年5月27日,在肯尼亚首都内罗毕举行的首届联合国人居大会上,松阳县作为典型代表向来自全球100多个国家的3000多名代表讲述了"活态保护、有机发展"的松阳版传统村落保护发展故事。同年11月10日~14日,由联合国人居署主办的"第一届城乡联系国际论坛——乡村振兴:创新发展与价值提升"在浙江丽水松阳举办,浙江的历史文化村落再一次受到国际广泛关注。"浙江方案"和"浙江智慧"持续影响全国、影响世界。

6. 坚持建管结合,以评促建,构建规建管评协同新机制

(1)创新工作机制 全省各地建立"政府主导、部门协同、资源积聚、社会参与"的工作推进机制,明确县(市、区)、乡(镇)和村的各级职责,成立历史文化村落保护利用项目指挥部、项目部,层层分解任务,协同推进项目。形成专题会议部署、专门班子协调、专用政策扶持、专职机构编制规划设计、专业队伍参与建设、专项办法监督检查的"六专"保护体系和办法,构建规划、建设、管理、评价多维协同机制,确保历史文化村落保护利用工作有序推进。

(2)注重多方联动 形成联席会议工作制度,加强部门联动协调,省农办、省农业农村厅、省"千村示范、万村整治"工作协调小组办公室牵头抓总,省住建厅、文物局、财政厅、自然资源厅、文化和旅游厅等部门按照各自职责密切配合,形成既分工明确又合力协作的历史文化村落保护利用工作模式。

（3）形成过程监管常态。在浙江省历史文化村落保护利用项目实施过程中，注重项目过程监管、目标导向、结果审查，突出静态数据与动态评价相结合的监测机制，重视资金使用效率、项目工程质量安危、历史价值传承与发展的监测，突出"事前制度规范、事中工程监管、事后专业审查"实施规范。

（4）强化绩效评价与反馈　依据《关于加强历史文化村落保护利用的若干意见》（浙委办〔2012〕38号）、《关于进一步加强历史文化（传统）村落保护利用工作的意见》（浙委办发〔2020〕66号）、《浙江省"千村示范、万村整治"工程资金与项目管理办法》（浙财农〔2014〕52号）、《浙江省美丽乡村建设专项资金管理办法（试行）》（浙财农〔2015〕45号）等文件的精神，建立定性与定量结合、主观与客观结合的绩效评估指标体系，合理分配权重，细化评分标准，强化评估的逻辑性、科学性和可量化性。突出对规划编制、建设实绩、项目与资金管理、规划落实、建设经验亮点及后期运营管理等方面的绩效考核与反馈，形成对物质环境、非物质文化、建设机制等因素的综合评价体系。增强绩效评估引导意识，按照县（市、区）自验、市复验、中介机构评价、省核定的方法开展历史文化村落保护利用项目验收评价，对不符合验收标准的项目村实行限期整改或项目退出，确保整个工程项目规范化推进。

四、问题与短板

浙江省历史文化村落保护利用工作谋划早、行动快、力度大，经过几年的项目实施已取得了阶段性的成果，但在项目推进中依然存在一些问题和短板，主要体现在以下五个方面。

1. 理念认识组织方面的短板

（1）缺乏先进理念引领　目前，浙江省历史文化村落保护利用还未与国际重要理念和先进经验完美衔接，也还未建立具有中国特色的保护发展理念。

（2）思想观念仍需强化　一些地方和部门领导思想认识上还存在偏差，少数地方领导干部重视不够，认为保护利用项目既"烧钱"又增添工作负担。一些地方重视就近打造风景线上的精品村，忽视偏远地区的村落，导致偏远村落保护利用的要素保障不到位，整治修缮不及时。还有的地方简单效仿城市建设模式，贪新求洋，"旧村改造""拆旧建新"等现象仍有存在。群众保护意识还不强，存在"喜新厌旧""消极对待"等情绪意识，导致对传统建筑的保护积极性不够，造成古民居修复保护、风貌协调和建设管控实施难、维持难。

（3）组织实施还不顺畅　全省各县（市、区）虽成立有历史文化村落保护利用工作协调小组，但在实际工作运行中，仍存在牵头部门单打独斗，部门之间各自为政，政出多门，未形成合力等问题。部分县（市、区）级、乡（镇、街道）级还未成立历史文化村落保护利用工作项目组、指挥部等具体实施机构，缺乏工作统筹、项目实施的实体机构，部分乡镇的属地责任落实仍不到位。

2. 规建管评协同方面的短板

（1）规划编制不够系统　从全省历史文化村落保护利用重点村规划编制的省级评审情况来看，部分重点村规划编制还存在缺乏系统科学的意识和先进理念的引领，规划调研不实、定位不准、策略不清、举措不细等问题。同一个县（市、区）域的前后几批村落规划相互之间衔接度不够，存在"标准化""同质化"现象。

（2）项目建设管理不够扎实　历史文化村落保护利用涉及项目建设、制度保障、组织运维等多个层面，项目实施前、中、后各个环节的衔接尤为重要，部分重点村在项目建设管理中未能很好遵循"事前强化制度规范，事中强化工程监管，事后强化专业审查"的模式，部分重点村在项目实施中缺乏真正能使项目落地、接地气的规划设计团队、项目施工队伍和建设监理单位。

（3）村落普查认定不够系统　目前全省只有2559个村落被列入历史文化村落项目库，这与浙江约2万个行政村、636个国家级传统村落、636个省级历史文化名村的整体体量不吻合，还有不少历史积淀深厚、保护利用价值较高的村落未列入项目库。

3. 活化利用经营方面的短板

（1）特色创新模式不够　全省历史文化村落保护利用的特色模式还不够多，部分村落未能充分发挥文化底蕴和生态自然优势，村落活化利用经营意识还不足，特色机制模式的传播力、影响力、美誉度还需持续提升，乡村品牌宣传力度不够，"各美其美""百花齐放"的历史文化村落活化利用新形态尚未完全形成。

（2）村庄经营力度不强　历史文化村落大多坐落于偏远山区，区位条件、基础设施较为薄弱，大多是"老龄村""空心村"，除少数资源特别丰富的村落，大多数村落吸引社会资本的能力较弱，修缮保护后的活化利用工作没有发展起来。从目前来看，这些村落在培育新型业态、引领项目示范、构建推动机制方面还处于起步阶段，普遍存在资源碎片化、旅游要素不完备、主题特色不鲜明等问题，古建筑空置多、利用少，未形成规模效应，产业融合度不高。

4. 政策要素保障方面的短板

（1）法规制度建设不健全　目前，国家历史文化名村、中国传统村落等都有相关的立法保护，而省级历史文化村落保护利用缺少具体的法规、条例和制度等保障。

（2）资金保障不到位　资金短缺是历史文化村落保护利用工作中普遍存在的问题，由于古建筑大多是砖（土）木结构，年久失修，极易破损倒塌，修缮费用往往较大。一些村落古建筑修复体量大，材料、人工等成本又在不断增加，加上农户搬迁安置、项目建设政策处理及基础设施配套等，资金需求量大。各村之间古建筑体量、古建筑保存状况均存在较大差异，特别是部分政府财政投入压力较大，在现有定额补助政策下，部分古建筑群落集中、保存状况较差、修复工程量较大的重点村，易出现入不敷出的情况，后续管护利用资金更难以保障。

（3）用地指标瓶颈明显　历史文化村落保护利用重点村的建设配套有15亩（1公顷）搬迁安置土地指标，但是农村集体土地流转、置换难度大，也存在受"一户一宅"和异地搬迁制约、搬迁安置费用保障不到位等情况，用地指标无法有效落实，已成为绩效评价考核的主要失分点。

（4）技术力量较为薄弱　在历史文化村落保护利用工作中，不少令人惊叹的古人智慧和古法技艺或因人才凋零而失去传承，或因过于复杂而少有人懂，掌握传统技艺的工匠成为"稀缺资源"，即使在"建筑之乡"东阳、"百工之乡"永康等地，也难找到经验丰富的能工巧匠，修复人员的技术力量严重短缺。此外，部门领导、镇村干部的相关专业知识还比较欠缺，乡村基层专业技术人才又比较缺乏，难以对所有历史文化村落保护利用给予有效的指导、监督。

5. 学术理论引领方面的短板

目前，浙江省历史文化村落保护利用工作主要在政府"自上而下"的行政主导和基层"自我摸索"的操作层面上开展，缺少专业机构在理念、策略、规范等层面的支撑与引领。各县（市、区）级层面与科研院所、高等学校等专业机构的合作还不够，学术性的技术指导和支持机制还未建立，专家智库资源不足、技术力量薄弱。

五、对策建议

在坚持理念引领、举措有效的原则，总结梳理现有经验基础上，树立"拉长板、补短板"的理念与意识，充分发挥浙江生态、文化、经济、治理等方面的优势，深化内涵，形成长板效益。同时，找准问题和不足，总结经验教训，聚焦抓手途径，形成补齐短板机制。

1. 发挥工作组织和机制优势，拉长全省上下协调长板

（1）加强思想共识　在深刻认识历史文化村落保护利用重要性的基础上，大力发挥全省上下高度重视和组织领导的引领优势，发挥各部门、基层、专家、村民上下协同的合力优势，树立正确的政绩观，强化保护利用意识，提升历史文化村落保护利用工作的责任感、自觉性，提高村民主体的参与感、获得感。

（2）推进制度建设　建立各级历史文化村落保护利用工作联席会议制度，明确协调事项和工作机制。定期不定期召开联席会议，会议由党委政府分管领导部署，省农办、省农业农村厅牵头，"千村示范、万村整治"工作协调小组办公室协调，召集省住建厅、文物局、财政厅、自然资源厅、文化和旅游厅等相关部门分管领导和业务部门负责人参加，加强部门协调、职责配合，统筹推进历史文化村落保护利用工作。

2. 发挥文化遗产和人文优势，拉长特色资源牵引长板

（1）发挥文化遗产引领作用　依托浙江文化遗产资源丰富，有多个全球重要农业文化遗产的优势，持续放大历史文化资源在历史文化村落保护利用中的价值引领作用。进一步延续古法技艺和民间智慧，推动以国保、省保单位为代表的重要建（构）筑物和国家级、省级非物质文化遗产代表性项目的保护传承工作。

（2）发挥浙江乡贤、人才等优势　发挥"两进两回"长效机制的支撑作用，开发创新机制和出台人才政策，吸引乡贤返村投资，鼓励青年回乡创业，引导乡贤、人才深入参与历史文化村落保护利用工作，扩大乡村文化创意创新创业广度。

3. 发挥乡村生态和经济优势，拉长区域联动衔接长板

（1）打造保护利用新格局　发挥浙江乡村人居环境的生态优势，带动历史文化村落保护利用的可持续发展。围绕浙江"四条诗路"文化带、"五朵金花"组团，打造一村一品、串点成线、织线成网、资源统筹、区域联动的历史文化村落保护利用新格局。

（2）拓展保护利用新内涵　坚持规划引领、科学谋划、分类分层、因村施策的原则，促进历史文化村落保护利用内涵由"保护为先、适度利用"转向"保护利用并重并举"，再向"活化经营、产业发展促进整体有效保护"转变，进一步突出历史文化村落保护利用的当代价值，发挥浙江城乡融合、文化资源丰厚、诗路花园的建设优势，营造未来社区美好生活新场景、文化复兴新形象，以高水平、高标准、高质量建设历史文化村落。

4. 发挥工作实施的先发优势，拉长品牌经营效应长板

（1）注重品牌经营　浙江历史文化村落保护利用工作起步早，成效好，保护利用红利突显，先发优势明显。以历史文化村落品牌化经营实现保护与利用的良性发展，这一点尤为重要。当下，新时代美丽乡村建设已走到乡村经营和城乡融合发展的阶段。历史文化村落品牌化经营可以突显历史文化村落的自然、历史、文化资源，构建村落建设新生态、发展新模式，增强品牌识别度，使村落在城乡融合的发展中释放活力，增加竞争力和吸引力。历史文化村落品牌创建是一个从单个村落到村落群落，再到区域村落群的演进过程。浙江历史文化村落品牌化格局已基本形成，从村落分布地域来看，浙东、浙南、浙西、浙北、浙中都具有较强的区域性；从村落资源来看，历史古建型、文化特色型、生态环境型等村落类型具有较强的识别度；从村落经营发展来看，各种活化利用的典型样板具有独特的代表性。

（2）加强宣传力度　加快推进《历史文化（传统）村落保护利用经典案例集》的编撰与发行工作，让建设、运营、宣传与理念引领高度融合。进一步扩大和完善"千村档案"工作，将所有入库村落的历史沿革、建筑遗存、典型人物、史料典故、民俗风情等物质文化遗产和非物质文化遗产的数据资料统一建档，面向社会共享调阅。加大媒体宣传，突显特色，树立标杆，发挥网红效应，助推诸如富阳东梓关的"浙派民居"、拯救老屋行动的"松阳模式"、百村联盟的"安吉共识"等案例的品牌效应。

5. 对标国际先进一流水平，补齐理念方法短板

（1）对标先进一流　以国际标准来推进全省历史文化村落保护利用工作，项目策划、规划与设计要对标国际组织、国际宪章的先进理念，借鉴德、意、法、日等国家的先进经验与做法，融合中国文化思想与国际先进理念，探寻适合国情、省情、地情的"差异化"道路与方略。加强与国内外知名机构的合作与交流，常办历史文化村落保护利用国际论坛，强化国际化交流。借鉴世界遗产申报和监测体系的经验，科学建构历史文化村落保护利用的监测机制。

（2）明确发展方向　全省历史文化村落保护利用工作要以提升内涵为导向，要明确建设发展方向，由表及里，向纵深发展、向高标推进。以"第三类文化遗产"理念为指引，提高规划的科学性、系统性、连续性。突出通盘规划、多规合一，因村制宜、风貌协调，生态修复、尊重规律，柔性规划、刚性执行，形成具有地域特色、辨识度高的历史文化村落保护利用示范样板。

6. 科学制订项目实施计划，补齐机制创新短板

（1）组织项目建设　项目实施要分类定位、分层组织、分期实施，做"特色"点、做"精品"线、做"全域"面，形成内外兼修、形神兼备的历史文化村落保护利用新风貌。各县（市、区）、乡（镇、街道）要成立历史文化村落保护利用项目部、指挥部等专班机构，确保组织领导职责明确、责任到人、工作到位，把历史文化村落保护利用绩效考核作为美丽乡村示范县创建和评选的一项重要指标。

（2）创新机制建设　构建"规建管评"协同机制、项目实施联动机制，实施动态跟踪评价机制，开展历史文化村落保护利用的全域化引领、标准化提升、品牌化经营、数字化融合、国际化对标的"五化协同"路径。着力构建历史文化村落保护利用的规划、建设、监管、评价"四轮驱动"模式，不断提高历史文化村落保护利用的整体性、系统性、科学性，实现历史文化村落保护利用"规建管评经营"五位一体。

7. 加强顶层设计科学谋划，补齐要素保障短板

（1）注重规划定位　强化系统思维，整体谋划推进，在深入调研、科学研判的基础上，绘制保护利用技术路线图，县（市、区）层面要编制县域历史文化村落保护利用总体规划，做好顶层设计工作。

（2）做好普查扩容工作　进一步完善项目立项管理机制，扩大调研普查范围，扩充全省历史文化村落项目名录库，加强对历史文化村落的古风遗韵"古色"、生态自然"绿色"和人文乡韵"底色"的挖掘，拓宽历史文化村落入选标准，实现"十四五"期间保护利用的全覆盖。

（3）推动立法保护　历史文化村落是区别于物质文化遗产和非物质文化遗产的第三类文化遗产。对于物质文化遗产和非物质文化遗产国家、地方政府均已立法保护，因此需要对历史文化村落的保护进行立法、建档、立卡，推动村落保护利用的法律、政策的出台。结合全国文物普查结果，依法及时将历史文化村落中的具有一定保护价值的优秀传统建（构）筑物公布为文物保护单位或历史建筑。

（4）完善要素保障　加大资金、土地、技术等要素的保障力度，加大对历史文化村落保护利用项目的倾斜力度。资金投入是建设绩效评价调研时，基层反应非常强烈的问题之一，加强对县（市、区）层面资金投入力度的引导和考核，省补资金补助额度可依据各地申报总量按级支助，如重点村申报投资总额在2000万元以上的，资助700万，投资总额在2000万元以下的，资助500万。各地要积极引导乡贤等社会力量投入到保护利用工作中，积极鼓励引导社会资金参与历史文化村落保护利用工作，积极助推借智引力，吸引科技、资金、项目等资源要素，构建"上下互动、多元投入"的资金投入机制。土地指标支持是建设绩效评价调研时，基层反映最为迫切的问题之一，要协调各级自然资源部门，继续落实15亩（1公顷）搬迁安置区土地指标。

8. 加强专业技术力量引培，补齐智库助力短板

（1）强化智库建设　通过构建"政地学研"协作模式，加强与科研院所、高等院校的合作，共建专业性研究机构，发挥高端智库作用，以高水平研究成果作为理论支撑，丰富历史文化村落保护利用的学术研究和学术理论。

（2）完善专业咨询　完善全省历史文化村落保护利用的决策咨询和业务技术指导服务，引入专业机构和社会力量，发挥其在人才、知识等方面的优势和专业性、客观性、权威性的特质，深度参与规划设计导则、施工规范导则等规范性文件的编制工作，指导审核重点村入库与立项资格，开展历史文化村落保护利用建设绩效评价。建立历史文化村落保护利用发展指数与发布平台，定期发布绩效评估指数，分批出版系列经典案例汇编，大幅提升浙江省历史文化村落保护利用工作的示范性与影响力。

（3）未来村落建设　依托时代发展大势，补齐数字化转型短板。发挥"5G"技术的支撑作用，结合浙江未来乡村建设和共同富裕示范区建设,把未来乡村和历史文化村落文化场景建设、数字博物馆建设作为提升历史文化村落保护利用数字化融合的新抓手。

第二节 构建历史文化村落保护利用"规建管评"联动机制

党的十九大提出实施乡村振兴战略的重大历史任务,对新时代建设美丽乡村提出了新要求。历史文化村落保护利用是浙江全面实施乡村振兴战略,深入推进"千村示范、万村整治"工程,建设新时代美丽乡村的重要抓手和载体。2012年,浙江省委、省政府做出保护利用历史文化村落的战略决策,浙江成为全国第一个在全省范围内部署开展历史文化村落保护利用工作的省份。经过近几年的建设实践,一大批弥足珍贵的历史文化村落得到了有效保护与活化利用,全省历史文化村落保护利用的红利与效益已逐渐显现。但在项目推进中,还存在诸如思想认识仍需深化、资金投入需求较大、活化经营尚不充分、专业水平亟须提升等困难和问题。

历史文化村落保护利用是一个系统工程,涉及基础普查、立项策划、规划设计、项目建设、监督管理、绩效评估、后续运营及成果总结发布等多个环节,这些环节也是相互支撑、交叉进行的。为加快实施乡村振兴战略,全面提升新时代美丽乡村建设水平,确保浙江省历史文化村落保护利用工作继续走在全国前列,应根据新时代、新任务、新要求,结合全省历史文化村落保护利用实际情况,坚持保护与利用并重、活化经营与服务并重,着力构建规划、建设、管理、评价相结合的"四轮驱动"机制与模式,科学指导历史文化村落保护利用的可持续发展(图3-2-1)。

一、推进以系统谋划、特色引领为导向的规划设计模式

(1)理念引领 浙江省历史文化村落保护利用要在深挖地域基因、文化符号、历史要素等特色资

图3-2-1 "规建管评"协同模型图

源的基础上，瞄准村落"典型"特质，准确定位、主题鲜明、彰显特色。其中，主题凝练要突显准确性、唯一性和传播性；彰显特色要做足"色"字文章，突显历史文化村落的古色、本色、绿色、新色等"色"调。

（2）调研支撑　浙江省历史文化村落保护利用规划要注重基础调研和信息普查，通过调研古旧资料、普查登记、传统建筑实测建档、村里老人口述记录、家谱族谱抢救保护、村落文化记忆展陈等方式，深入详细地搜集、整理和挖掘村落史料。建立县域数据库，系统地采集、分析、融合、存储、传输历史文化村落文化遗产信息，完成建档立案工作，为档案提供可视化保护及管理。

（3）有效衔接　在深入调研和科学评价的基础上，开展历史文化村落保护利用县域总体规划。历史文化村落保护利用重点村规划要达到修建性详细规划的深度，要坚持规划与上位规划的有效衔接，坚持总体规划与分项规划并重，做好保护规划与发展规划的承接。规划设计单位要积极推进与主管部门、业主单位、有关机构的深入对接，做到谋事在先，胸有成竹。

（4）详细设计落地　详细设计方案要实施指导性强、效果还原度高、工程规范性全，营造空间环境的形、材、质、色、尺度应符合历史文化村落特质。

二、建构以通盘谋划、过程细分为导向的项目建设模式

（1）推进项目分类组织　浙江省历史文化村落数量众多、类型丰富、特色多样。为更好地保护、传承和利用全省历史文化村落的自然生态、人文环境和传统建筑风貌，彰显浙江省美丽乡村的地方特色，避免保护利用的同质化，需进一步细化各类型村落的标准与依据，依据浙江实情，加强现有数据库的分类分型。针对不同类型、特质的村落，采取诸如"博物馆"式保护、整村保护、单体保护利用等方式，实现历史文化村落的差异性、延续性、多样性保护利用。

（2）加强项目分项实施　坚持因地制宜、因村施策，依据浙江省历史文化村落保护利用项目建设中，古建古道修复、历史风貌协调、搬迁安置区公建设施建设、文化服务设施建设、基础设施建设、特色文化挖掘与传承、传统产业转型与融合等内容类别，分清主次、难易、先后、快慢与效应，协调项目实施程序，制定项目建设工作时序与项目衔接程序、标准及方法。

（3）注重项目任务分解　历史文化村落保护利用包括项目建设、制度建设、团队建设等多个层面，涉及产业、文化、环境、建筑等多个维度，应坚持过程规范、目标导向的原则，项目推进遵循"事前强化制度规范、事中强化工程监管、事后强化专业审查"的模式。强化制度规范，严格执行项目建设和资金规范管理文件，全面落实项目法人责任制、招标投标制、建设监理制和合同管理制等制度。强化工程监管，建立传统建筑施工规范流程，对文物保护单位的保护修缮，严格遵循先报批、后实施的规定。强化专业审查，充分发挥文物、建设等相关部门的技术力量，专业监理公司实时监管，借助第三方力量实现常态化监督，确保项目规范推进。

（4）强化项目运营分层　组织动员多部门全程介入，形成"省＋市＋县（市、区）＋乡（镇）＋村（社区）"纵向联动和"管理部门＋规划设计单位＋建设单位＋监理单位＋运营机构"横向协作机

制，构建主体明确、权责分明、各司其职、协作互动、资源互补的项目建设组织。

（5）强调建设体系分级　构建专业技术人才培养体系，加强对规划设计人才、建设施工人才、管理人才、宣传运营人才的等各类人才的培养，加强对农村传统建筑工匠队伍和乡土规划设计人才的培养。搭建专业的基地建设体系，联系省内外高等院所，设立专家工作站、人才培养实践基地，提前谋划历史文化村落保护利用的技术与人才储备。

三、建构以职权明确、优势互补为导向的项目管理模式

（1）建立工作联席会议制度　依据《中国共产党农村工作条例》相关精神，在浙江省"千村示范、万村整治"工作协调小组办公室的领导架构下，建立历史文化村落保护利用工作联席会议制度，明确协调事项和工作机制，定期或不定期召开会议。联席会议由省委、省政府分管领导部署，省农办、省农业农村厅、省"千万工程"工作协调小组办公室总牵头，省住建厅、文物局、财政厅、自然资源厅、文化和旅游厅等部门参加，按照各自职责密切配合，以加强全省历史文化村落保护利用工作的统筹协调能力。联席会议可由省农办、"千万"办主要领导作为总召集人，召集省级各相关部门分管领导和业务处室负责人参加。

（2）构建三级管理梯级　建立县（市、区）级主管、业主单位自管、监理机构监管三级联动管理梯级，有序管理项目建设与运营。要求建立县（市、区）级、乡（镇）级、村级历史文化村落保护利用项目指挥部、项目部，保障项目实施。各地建立"政府主导、部门协同、资源积聚、社会参与"的工作推进机制，明确部门、乡镇和村的职责，建立相关联络和沟通机制，协同推进项目管理。

（3）实行分项类目管理　浙江省历史文化村落保护利用的管理工作涉及规划编制评审管理、工程建设管理、档案资料管理、文物保护管理、旅游管理、宣传管理、三资（资金、资产、资源）管理等多个类目，应明确政府部门、社会机构、监理单位等各级各类部门在历史文化村落保护利用工作中的角色定位，明确各部门在资源供给、政策倾斜、技术支持等要素中的职责，设立包含项目申报与立项、资金监管、建设质量与进度监督等在内的高效管理制度。

（4）建立技术指导智库　各级政府部门需组建由知名专家、业界学者和专业人士等人员组成的历史文化村落保护利用专家委员会或高端智库，发挥专业技术和社会力量的作用，开展历史文化村落实地调研和技术指导，深度参与规划设计评审、政策规范宣讲、项目入库立项、施工指导管理等工作。

（5）统一项目名称与完善数据库　目前，在历史文化村落保护利用、传统村落保护发展和历史文化名村保护项目上，浙江省农办、省农业农村厅、省住建厅、省文化部门均依据国家和省相关条例开展项目保护利用工作。历史文化村落保护利用工作现存在项目名称表述不同、支持政策不一致、部门衔接有矛盾、政出多门的问题。建议在省内工作协同、项目建设中，统一为"历史文化（传统）村落保护利用"这种说法，各部门各自对上对外汇报对接工作上，可仍沿用各自名称，成果共建共享。同时，在各相关部门已有项目名录库的基础上，集成建立浙江省历史文化（传统）村落项目名录库，明确保护利用村落名单范围和项目储备。加快推进《历史文化（传统）村落保护利用经典案例集》的

编撰与发行工作，做好建设、包装、宣传与引领高度融合的工作。

四、建构以注重实绩、问题意识为导向的绩效评价体系

（1）形成过程评价常态 在浙江省历史文化村落保护利用项目建设中，要注重过程监管、目标导向、结果审查，强调资金使用效率、项目工程质量安危、历史文化价值传承与发展的过程评价。构建静态数据与动态评价相结合的监测机制，"事前"对项目规划设计进行乡（镇）自评、县（市、区）初评、省级终评，形成"三级"评审制度；"事中"对项目实施进度与方向进行阶段性评估（自评、省市级抽评）；"事后"对项目建设效果与效益进行专业审查与绩效评价，包括县自验、市复验、省中介机构评价三级核定。

（2）设立专业评价机构 加强与国内外高等院校、研究机构的合作，借鉴世界遗产申报和监测体系的经验，设立第三方专业评价机构，发挥其专业性、客观性、权威性的优势。通过定期发布历史文化村落保护利用评估指数，分批汇编出版系列经典案例，常设专业学术论坛，来提升历史文化村落保护利用工作的浙江示范性与影响力。

（3）设立规划编制评审制度 依据《关于加强历史文化村落保护利用的若干意见》（浙委办〔2012〕38号）、《关于进一步加强历史文化（传统）村落保护利用工作的意见》《浙江省历史文化村落保护利用重点村规划设计要求》《浙江省传统村落保护发展规划编制导则》等文件，制定规划设计编制导则，开展规划评审、研讨与培训，形成联评联审工作机制。规划设计编制在县级评审的基础上，还要由省级专家统一会审，对每一批重点村的规划设计进行逐村评审打分，然后向业主和设计单位通报具体修改意见和规划设计评分排名，确保规划编制更具规范性、科学性和可操作性。同时重视规划设计单位成效评价排名，以形成竞争机制。

（4）强化绩效评价与反馈 构建定性与定量结合、主观与客观结合的绩效评价指标体系，合理分配绩效权重，细化绩效评分标准。设置事前、事中、事后分阶段评价指导细则，突出对规划编制、建设实绩、项目与资金管理、规划落实、创新亮点及后期运营管理等方面的绩效考核与反馈，形成对物质环境、非物质文化、建设机制等因素综合评价的体系和标杆示范。增强绩效评价引导意识，按照县（市、区）自验、市复验、中介机构评价、省核定的方法开展历史文化村落保护利用项目验收评价，对不符合验收标准的项目村，令其限期整改或退出项目，确保整个工程项目规范化推进。

（5）建立价值评价与监测体系 价值评价是历史文化村落保护利用"立项-规划-建设-管理-评价-监测"的重要基础和依据，应围绕历史文化村落的经济、社会、艺术、文化、科学等多元价值进行评价，形成具有普遍性、差异化、真实性、完整性和多个维度的历史文化村落监测体系，用以科学地指导历史文化村落的保护利用规划、建设、管理。基于历史文化村落中历史建筑保护利用的持续性和普适性，综合考量不同村落在区位、环境、格局等方面的差异性，监测、拓展历史建筑保护修缮的时限和范围。例如，将保护民国以前的古建筑拓展到保护存在时间在50年以上的近现代建筑，将重点修缮保护范围从历史建筑拓展到古桥、古墓和可移动文物等其他特色历史要素。

五、探索"规建管评"联动机制建构的关键性要素保障

（1）健全多元化投融资机制　历史文化村落保护利用的资金需求较大，古建筑修缮的资金额度较一般建筑更高，基层呼声较高的也是资金投入问题。因而，建议提高省补专项资金标准，将重点村的资金标准由原先的每村 500 万~700 万元提高至 800 万~1000 万元，一般村的由每村 30 万~50 万元提高至 80 万~100 万元。同时要进一步发挥省补资金"四两拨千斤"的杠杆作用，探索多元的资金引入机制和渠道。积极推进各级财政资金配套投入，加大对各县（市、区）财政配套的量化考核。通过出台积极政策，招商引资、招贤引智，引入社会工商资本和乡贤资源。

（2）探索土地要素保障改革　有效衔接历史文化村落保护利用与农村宅基地改革，探索县域范围跨村安置历史文化村落核心保护区民的具体办法，解决历史文化村落村民宅基地指标紧缺问题。给予历史文化村落重点村每村至少 15 亩（1 公顷）建设用地指标，支持古民居内住户的搬迁安置工作，政策推及各级"传统村落""历史文化名村"共享。

（3）探索古建筑产权变更机制　历史文化村落中的古建筑产权归属通常有农户个体自有、多户或宗族共有、村集体所有和社会企业收购等几种类型，大多数古民居由产权人居住，这也是古建筑最普遍的利用方式；村内宗祠、厅堂、古庙等公共建筑主要用于纪念祭祀、文体活动、婚丧嫁娶等活动。各县级政府出台鼓励古民居产权流转的相关政策，适当提高产权转让和使用权租赁价格，理清复杂的产权关系，分类实施、整体推进。不同类型的古建筑要采取不同的活化利用模式，例如，对于部分私人产权的闲置古建筑，可由村集体租赁或置换后植入文化展馆、养老中心等公共服务功能的业态，也可委托社会企业统一改为民宿、客栈、商铺等旅游业态，从而提升古建筑活化利用效益。

（4）协调各利益主体的关系　历史文化村落保护利用既要发挥政府的引导作用，又要充分调动村民的积极性与参与性，更要处理好村集体、村民和外来资本的关系，逐步从"政府主导"向"自我造血"转变，实现历史文化村落保护利用的多方"共赢"。发挥村集体的中介作用，做好村民权益与政府、市场利益的衔接融合。积极探索以用促保、用保互促，形成"环境为基，文化搭台，产业融合，居游并进"的历史文化村落发展模式，全面增强历史文化村落的生命力。

第三节　构建历史文化村落保护利用的"五化"协同新路径

浙江省委、省政府历来高度重视以生态文明建设和优秀传统文化传承为核心的美丽乡村建设工作。历史文化村落保护利用工作是浙江新时代美丽乡村建设的重要内容和抓手，浙江在充分发掘和保护古代历史遗迹、文化遗存的基础上，优化、美化乡村人居环境，适度开发乡村休闲旅游，把历史文化村落培育成与现代文明有机结合的美丽乡村。应该说，历史文化村落已成为浙江深化"千万工程"

建设新时代美丽乡村的"金名片",美丽浙江大花园中的"耀眼明珠"。

在前期工作的基础上,进一步开展系统研究,总结经验与特色,辨析研判下一阶段发展走向,推动"十四五"期间浙江省历史文化村落保护利用的可持续发展,构建全域化引领、标准化提升、品牌化经营、数字化融合、国际化对标的"五化"协同新路径,以求科学有效地指导工作推进,形成具有地域特色的浙江经验和样板。

一、构建基于特色示范的全域化引领路径

(1)打造全域网络格局 加强历史文化村落古风遗韵"原色"、生态自然"绿色"和人文乡韵"底色"的保护与传承,结合浙江"四条诗路"文化带、"五朵金花"组团、大花园"耀眼明珠"建设,串珠成链、织线成网、连片成景,打造具有旅游、文化、研学、养生等功能集群的历史文化村落全域化网络格局。

(2)扩大保护利用范围 扩大全省历史文化村落普查调研范围,挖掘补充红色记忆遗址、名人故里、重要理论发源地等类型的历史文化村落,调整扩充全省历史文化村落项目名录库,实现"十四五"期间保护利用的全覆盖。进一步扩大和完善《千村故事》《千村档案》整理编撰工作。

(3)加强典型示范引领 加快推进《历史文化(传统)村落保护利用经典案例集》的编撰与发行工作,分类分级地做好典型村落的选树工作,选出一批可复制、可推广的保护利用模式范本。系统梳理历史文化村落中的物质文化遗产、非物质文化遗产、重要农业文化遗产等遗产信息,建立数据库,加强生态村落、人文村落、数字村落等特色村落的总结和示范引领作用。

二、构建基于绩效评估的标准化提升路径

(1)建立技术指导智库 邀请规划设计、建设运营、文化遗产、施工管理等领域的知名专家、学者和资深业内人士,组建各级各类历史文化村落保护利用专家委员会或高端智库,深度参与规划设计评审、规划设计与施工规范导则编制、历史文化村落保护利用政策解读、重点村入库与立项资格审核、项目建设实施管理等工作。

(2)加强学术理论引领 完善历史文化村落保护利用决策咨询和业务指导服务机制,加强与高等学校、科研院所、社会机构的深度合作,设立第三方专业评价机构,发挥第三方评价机构专业性、客观性、权威性的优势,开展历史文化村落实地调研、教育培训、技术指导和督导检查工作。建立历史文化村落保护利用绩效发布平台,定期发布绩效评价指数,分批汇编出版系列经典案例,提升浙江省历史文化村落保护利用工作的示范性与影响力。

(3)推进项目立法保护 历史文化村落是区别于物质文化遗产和非物质文化遗产之外的第三类文化遗产。国家和地方层面均已立法保护后两类遗产,因此也需要加强历史文化村落的立法、建档、立卡工作,推动历史文化村落保护利用获得法律、政策上的支持。

三、构建基于地域特质的品牌化经营路径

(1)建构品牌经营策略 新时代美丽乡村建设已进入乡村经营和城乡融合发展的阶段,历史文化村落品牌化经营应在新时代美丽乡村建设的基础

上，突显历史文化村落自然生态、历史文化等特色资源，立足现实、面向未来，发挥区域特色优势，瞄准发展趋势，着力打造乡村经营新生态、新模式，提升村落产业活力、竞争力和吸引力，形成"人无我有、人有我优、人优我特"的品牌识别度，建构具有差异性、在地性、宜居性特征的村落品牌化经营策略。

（2）创建区域村落品牌　历史文化村落品牌创建是一个从单个村落到村落群落，再到区域村落群的演进过程。浙江历史文化村落品牌创建的基础较好，从村落分布地域来看，浙东、浙南、浙西、浙北、浙中都具有较强的区域性；从村落资源来看，历史古建型、民俗风情型、自然生态型村落类型具有较强的识别度；从村落经营发展来看，各种活化利用的典型样板具有独特的代表性。因此，需要进一步研判浙江乡村特征与发展趋势，做好自然生态、人居环境的保护与更新，做好民俗风情、非遗文化的传承与展示，做好产业经济、社区治理的激活与激励，探索创建符合浙江地域特质的历史文化村落（群）品牌。

（3）加大媒体宣传推介　进一步挖掘基色，突显特色，扩大网红效应，做好建设、包装、宣传、推广等工作。助推诸如富阳东梓关的"浙派民居"、拯救老屋行动的"松阳模式"、百村联盟的"安吉共识"等案例的品牌效应。围绕浙江万村景区化和大花园建设，打造一批富有现代"富春山居图"意境的"浙山、浙水、浙乡愁"特色村落。

四、构建基于价值监测的数字化融合路径

（1）建立多维数据库　数字化融合是历史文化村落保护利用、传承发展的重要保障。运用无人机摄影、三维建模、360度全景技术，采集历史文化村落的风貌格局、自然环境、历史人文、传统建筑、历史环境要素、非遗文化、生产生活、村志族谱等数据，建立多元、立体、全方位的历史文化村落基础数据库，为历史文化村落保护利用提供数据和技术上的保障。依托省委、省政府把发展数字经济作为"一号发展工程"的政策机遇，结合数字乡村建设，推进历史文化村落保护利用的数字化融合和文化遗产资源的数字化管理与展现，建立"一村一档一案一对策"数据库。

（2）形成数字化监测　价值监测是历史文化村落保护利用从立项、规划、建设、管理、评价到经营的重要基础和依据。围绕历史文化村落的经济、社会、生态、艺术、文化、科学等多元价值进行评判，形成多维度的历史文化村落数字化监测体系与方法。指导编制科学合理的保护利用规划，确定具体可行的保护利用措施，引导有效的发展管理模式。基于历史文化村落中，历史建筑保护利用的持续性和普适性，综合考量不同村落在区位、环境、格局等方面的差异性，利用数字化技术与平台监测，指导历史建筑保护修缮的时限和范围。

五、构建基于他山之石的国际化对标路径

（1）对标先进一流　浙江是全国第一个在全省范围内部署开展历史文化村落保护利用工作的省份，浙江省历史文化村落保护利用以习近平新时代中国特色社会主义思想为指导，深入践行"绿水青山就是金山银山"理念，围绕"重要窗口"的新目标新定位，对标乡村振兴新要求，对标重要的国际宪章。借鉴德国、意大利、法国、北欧、日本等

典型国家先进经验，寻找适合国情、省情、地情的"差异化"道路与方略。

（2）加强交流合作　加强与国际知名组织、国内外专业团队的合作与交流，常办历史文化村落保护利用国际（内）论坛，充分利用国际组织、国际平台的资源，强化影响宣传，树立国际标杆。借鉴世界遗产申报和监测体系的经验，科学建构历史文化村落保护利用的国际"对话"机制，全面展示具有中国气派和浙江辨识度的历史文化村落保护利用效益。

第四节　历史文化村落保护利用规划设计研究——以天台县灵溪村为例

一、现状条件分析与评价

基础调查研究与现状条件分析是历史文化村落保护利用规划设计编制的首务，也是辨识和理解历史文化村落信息的主要途径，可为特色提炼与规划定位提供充分的依据。基础调研内容主要包括村落的区位条件、历史沿革、自然地理、民俗文化、建筑遗存、基础设施、产业基础等，通过对这些情况进行梳理与总结，提炼出村落的特色价值与典型问题。调研方法主要有数据收集、问卷调查、现场访谈和实地测绘等方式，对自然生态、物质环境、社会环境、经济环境、政府部门及村民意愿等信息，做出全面的核实、校正和评价。

（一）天台县灵溪村概况

1. 地理位置与社会经济

灵溪村地处台州市天台县三合镇西南部，距天台县城约15公里，与上三高速相邻，紧挨下岙村、下涧溪村、四新村。灵溪村由灵风、灵一、联合、灵东4个行政村组成，村域面积14.5平方公里。现有1300多户，4700余人。村民大多姓奚，为奚氏血缘聚居地。村庄产业以粮食种植为主，主要劳力大多外出务工，垂面加工是其传统特色手工业，大部分家庭以橡胶、汽车用品生产为主要收入来源。近年来，灵溪村在乡村旅游方面初显成效。灵溪村先后获得浙江省历史文化名村、浙江省传统村落、浙江省历史文化保护利用重点村及浙江省千年古村落地名文化遗产名录等多项荣誉。

2. 自然环境与风貌格局

灵溪村属丘陵地区山间盆地，南北两面为山地，东西为狭长盆地。山体植被茂盛，古木种类繁多，农田景观优美，自然资源丰富，具有优越的生态环境基底。村落依山傍水，村前有卧虎山，后有灵山盘踞，山溪穿村而过，村因溪而得名。村南有三王岭古道，是古时贯穿台州南北的重要官道。据《天台县志》记载：灵溪原为古驿通道，北接县城，南达台州府，是福建、温州、临海北上杭州的要道，曾设"灵溪驿"。唐代大诗人顾况游历天台时住宿过灵溪村，曾赋诗："灵溪宿处接灵山，窈窕高楼向月闲。夜半鹤声残梦里，犹疑琴曲洞房间。""此去灵溪不是遥，楼中望见赤城标。不知叠嶂重霞里，更有何人度石桥。"灵溪依地形而建，村落格局保存完好、布局奇特，屋舍错落有致，整个村落呈船形，寓意"风调雨顺、国泰民安"（图3-4-1）。

3. 历史沿革与文化资源

灵溪村是奚氏宗族血缘村落，奚氏源于黄帝之孙，颛帝受封于任国即下邳，赐诸子十四姓，奚氏居其一。公元前18世纪奚仲为夏朝车正，公元前16世纪奚仲十二世孙奚仲虺辅汤朝为左相，春秋时期奚子晳是孔子七十二贤士之一。延夏、商、周三朝，绵至一千五百余年，六十四世奚氏皆为华夏之重臣，原属地被封为薛国（山东枣庄）之诸侯，名冠列国列族之首，因战乱被楚国所灭。公元前180年至前157年，汉文帝时奚隆公为御史大夫，由亳州始迁卢城（今合肥）。后汉灵帝中平五年（188年），其十四世裔孙达公为润州（镇江）通判，继迁润州。唐贞观初，隆公至三十五世裔孙虔公官居朝议大夫，再迁宁国府。唐咸通三年（862年），其四十五世裔孙敬章公中进士，唐咸通十三年（872年），授台州刺史加封制置使，为灵溪之始祖（图3-4-2），唐乾宁二年（895年）公死于官邸。乾宁四年（897年），其子承芳公袭爵任台州刺史，赐紫金虎符以宜行事。唐天裕四年（907年）值朱梁革命，公审时度势，即弃爵隐居灵溪，为灵溪奚氏始迁祖。承芳公看重这块风水宝地，在此建家立业，繁衍生息至今。奚氏血脉以点滴沿嗣、生息，单传八世，其中三世叔祖巨铨公迁居大横塘下，其后无考。九世舜韶公下，十三世士化公迁居象山县，定山七里。十一世至十三世族始盛也，三房并茂，兰桂腾芳，繁衍不息。自唐代始迁祖至今已有四十余代，历经千余载，奚氏家族枝盛叶茂，耕读传家，世代崇尚读书，民风淳厚，子孙贤达。有进士九名，举人、贡生不胜枚举，翰林院检讨、御前侍卫、将军接连不断，是天台山的望族、巨族、右族。

灵溪村地灵人杰，人文底蕴深厚，孕育了灵溪奚家拳、状元游街、灵溪垂面、灵溪长狮子等多项省、市、县级非物质文化遗产，另有碧岩庙、辫髻岩、仙人眠床、前后门山等古老传奇的民间传说和神话故事。

（1）灵溪奚家拳　灵溪奚家拳由天台近代著名武术家奚诚甫创立。奚诚甫出生于1894年，是天台县灵溪村人，天台人称他"小荣根"，天台民

a）

b）

图3-4-1　灵溪村航拍图

间有许多关于"小荣根"武艺高强的传说。奚家拳是在融合了南北拳术优点的基础上，结合天台民间拳术整理总结而成。其拳术既有南拳的刚劲，又有北方拳术的大气，同时又有天台民间拳术的灵性，具有刚柔相济、以意催力、拳构紧凑、手法多变、短手连打、步法稳健的特点。奚家拳包括徒手拳与武械拳。徒手拳有十路潭脚、十二路猴拳、十八路罗汉拳、南罗汉拳、三角奉、练步举、奚式太极拳、狮子小开口等，以防御为主，攻击为辅，以守转攻，攻守兼顾。武械拳中的武器多由村民随手可操的竹竿、扁担、短柱、柴棒等生活用具演化而来，有凳花、武当剑、七星双刀、四路棍、十八路盘龙棍、通天棍等36种之多。奚诚甫去世后，他的儿子奚宝熙继承父业，成了奚家拳的传人。奚宝熙生于1945年，7岁随父习武，16岁进浙江国术馆，精于杨家选拳、三角拳、十二路猴拳、十二路弹腿、武松脱铐、练步拳、小洪拳及盘龙棍、二郎刀、关公大刀、通天棍、五虎乱枪、梅花刀、樊花剑等，曾作为台州地区武术界代表参加在湖州举行的老拳师武术表演赛。28岁开始传艺教学，30余年收授学生两千余人，弟子遍及天台、临海、三门、宁海、嵊州市等地。2008年，奚宝熙入编中国传统武术名人名家辞典。2012年6月，灵溪奚家拳被列入浙江省第四批非物质文化遗产名录（图3-4-3）。

（2）状元游街　"状元游街"曲谱曾为宫廷乐曲，相传清乾隆年间，有一位名叫奚际亨的灵溪人，官任兵部侍郎，为官清廉，文采横溢。某年元宵，正值乘告老还乡之际，皇帝召见要赏赐财物给他。奚大人却直言拒绝，而向皇上讨要了一曲"状元游街"带回家乡。此后每逢元宵之夜，灵溪村便举行这别致的"状元游街"活动，一直延续至今，成为灵溪奚氏族人祭祖的一项礼仪。每年正月十四晚子夜时分，状元游街的队伍先在宗祠祭拜完祖先后，几声响亮的爆竹声预示着"状元游街"即将开始。由灵溪狮子班的锣鼓队敲锣打鼓先行，距两百米后，有"状元游街"表演队从祠堂出发，锣鼓开道、肃静、回避牌额众列，旌旗招展，中军手持上封宝剑威武护前，文武状元骑着高头大马，武状元热烈奔放，文状元文雅含蓄，民间艺人演奏者二胡、三弦、笛子、箫、铃、琵琶、古筝等乐器紧随其后。古老的宫廷之音旋律典雅，时轻时重，雅如天籁一般。"状元游街"表演队从灵溪宗祠中门出，边走边演，环村而游，所到之处，村民及闻声赶

图 3-4-2　奚氏始祖

图 3-4-3　灵溪奚家拳

第三章　历史文化村落保护利用与发展研究　　061

来观看的人们无不争相观望，场面十分热闹。2008年，状元游街被列入台州市第二批非物质文化遗产名录（图3-4-4）。

（3）灵溪垂面 垂面是天台民众普遍喜爱的一种传统面食，宋代开始盛行，至今已有700余年的历史。灵溪垂面是一种手工拉制晾干的素面，晾晒在太阳底下似玉垂帘一样悬挂着，当地人称玉垂面。制作灵溪垂面时要用两个竹棒，一根挂面条，另一根在下面坠拉，最后细如丝，白如玉，入口滑糯，香味纯正。传统手工垂面制作讲究，只有每年秋季到次年暮春这半年能制作。一包垂面的出品需经过和面、划面、盘面、上面、醒面、拉面、出面、分面、落面，最后才能包装出售。垂面常作为民间祝贺寿诞的礼物，聚首时以面相请，离别时以面作礼。灵溪村里家家户户都会做垂面，是妇女勤劳致富的一门独特工艺。2013年，灵溪村成立了"灵溪垂面"合作社，已形成美食产业链，远销全国各地，特别在年末销量颇丰，往往供不应求。2014年，灵溪垂面被列入天台县非物质文化遗产名录（图3-4-5）。

（4）灵溪长狮子 灵溪崇文习武之风颇盛，灵溪"长狮子"由著名武术大师奚享海于乾隆年间所创建，至今已有200多年历史。灵溪长狮子与众不同，其体型瘦长，狮子皮长约三米，正面为蓝色面布，背面为红色面布，狮子头为大红真丝绒，有黄色流苏镶边。长狮子一般由二人扮演，狮头和狮尾表演翻腾、扑跌、跳跃、登高、礼拜、吞吐球等高难度动作，时伴有搔痒、抖毛、舔毛等表情动作，惟妙惟肖、逗人喜爱、赏心悦目。长狮子扮者需有矫健有力的体格和灵活轻巧的身材，多由精通武术之人扮演。伴奏锣鼓声铿锵有力，气势磅礴。狮子球表演犹如一条花龙绕着"长狮子"上下翻飞，左右盘绕，博人眼球。2018年，灵溪长狮子被列入天台县非物质文化遗产名录（图3-4-6）。

4. 传统建筑与历史环境要素

灵溪村内历史遗存丰富，古建筑规模体量较大，风格朴实淡雅，石板屋建筑极富地域特色，素有文物之邦和小邹鲁的美称。村内大部分建筑建造年代可考，从唐代至清代、民国时期建筑都有，清

a)

b)

图3-4-4 状元游街

晰地体现了各个历史时期的建筑风格和特色，对于挖掘和了解天台东乡乡村聚族而居的风俗习惯、思想观念和村落演化具有重要的参考价值。村内现存灵溪宗祠、东井堂、景聚楼、余庆楼、成武楼、松亭公祠等多处清代建筑，此外还有古桥、古庙宇、古井等大量历史环境要素遗存，灵水桥为天台县文物保护单位，松亭公祠、石庵公祠、楚珍公祠、景聚楼、灵济桥为"三普"登录点（图3-4-7~图3-4-13、表3-4-1）。

根据现场勘察统计，规划范围内现有建筑401幢，其中，传统建筑123幢，100年以上的建筑43幢。这些历史建筑大多为砖木结构、外墙斑驳，足见历史遗存的厚重感，呈现出独特的历史文化村落风貌特征。现状建筑主要包括居住建筑和公共建筑两类，传统民居建筑以一两层砖（石）木结构、坡屋顶为主，外墙面装饰主要为石板贴面，部分建筑质量较差；新建建筑以3层及以上的砖混结构建筑为主，部分为平屋顶，分布在道路两侧，整体风貌不统一；公共建筑以砖木结构建筑为主，包括宗祠、庙宇、村委会等，品质较好，屋顶平坡皆有。

图 3-4-5 灵溪垂面

图 3-4-6 灵溪长狮子

图 3-4-7 重要传统建筑与历史环境要素分布图

第三章 历史文化村落保护利用与发展研究　063

图 3-4-8

图 3-4-9

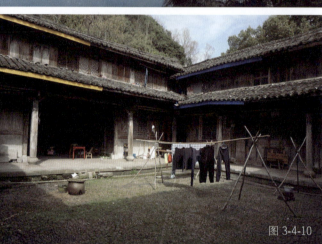
图 3-4-10

图 3-4-11

图 3-4-13

图 3-4-12

图 3-4-8　灵水桥
图 3-4-9　灵济桥
图 3-4-10　景聚楼
图 3-4-11　旭升楼
图 3-4-12　东井堂
图 3-4-13　望高楼

表 3-4-1　灵溪村重要建（构）筑物信息一览表

序号	名称	类别	概况
1	灵水桥	县保单位	古称盘寿桥，俗称下水门桥，始建于北宋淳化元年（990 年），后于清咸丰四年（1854 年）重修。桥长 26.8 米，宽 5.6 米，拱高 13 米，全用石砌，下无桥墩，是一座拱形大桥。桥身坚固且美观，两侧有石栏上刻有"灵水大桥"四个大字。站在桥上右观前门山鸟岩樵唱，左望后门山享山秋色。道旁立有碑，碑上刻有"灵水桥"，下署"天台县人民政府"。1984 年，被列为县级文物保护单位
2	松亭公祠	"三普"登录点	建于清光绪三十二年（1906 年），以第三十四世祖奚熙称为首，按丁筹资、富户复加捐助而建。松亭公祠由门厅和正厅组成，整座宗祠由一棵八人合抱的柏树建成，故又名一柏祠。大柏树的主干做梁柱，粗枝成各行料，细枝做椽。有能工巧匠雕刻飞禽走兽于梁枋之上，人物戏文于门窗之间
3	石庵公祠	"三普"登录点	为灵溪二房奚氏第十八世祖奚石庵分祠，建筑在清代曾几次迁建，现存建筑建于清光绪三十二年（1906 年），正堂为三开间，坐西朝东，称"世庆堂"，大门两侧粉墙分别画有"松鹤延年""春迎鹊梅"，吉祥喜庆
4	楚珍公祠	"三普"登录点	堂号睦亲堂，坐落在后街多道地，由奚氏灵溪宗第二十七世祖公琫于清雍正元年（1723 年）择吉地建造，四金木型栱斗式造型，雕梁画栋，柱础圆石，柱头升斗，龙凤板衬托，围墙由上砖下石内石砌成，天井石板铺地。第三十一世祖时旸设武馆于此，备有石礅石锁等习武之物，故俗称武祠堂
5	景聚楼	"三普"登录点	坐落于灵溪后街下段，由武举人奚际朔于清光绪二十九年（1903 年）建造，坐西朝东，共有正屋 20 间，设附屋 21 间，占地面积 1230 平方米，四合院布局。整体建筑为二层构造，屋顶结构统一简单、美观大方，台门主体为砖石结构，其台门口上方有"素位安贞"四字书法雕刻，设四扇大门。走廊四周均为石板铺地，廊下柱头都雕有吉祥图案，屋顶统一开砖墙垫再盖瓦片，道地用卵石编排鸟兽、蝙蝠等图案，四角设有四口消防大水缸，房屋四周外墙窗户用石板空雕花石窗，既美观又有防盗功能，整体建筑结构布局合理、构造讲究、工艺精美
6	灵济桥	"三普"登录点	始建于唐咸通十三年（872 年），年久毁损，重建于清乾隆年间。因灵溪村南有西岙坑流和高池庙前溪水双涧夹流，如龙一水，环流村前，有阻村路，出行不便。更因古时灵溪系主要南北通京官道，南来北往，行人众多，故而建此桥。桥两侧设素面石板和石望柱，有楷书"灵济桥"三字石刻，东端桥头有株古樟树，为灵溪一道风景
7	余庆楼	历史建筑	坐落于后街西面，由奚时勤先生于清同治间建成，坐西朝东，占地面积 710 平方米，有古屋 44 间，厢房、后厅、灶房、储室等浑然一体，目前保存基本完整。四周有走廊贯通，三院相通的三退九门堂构造，宅院宏大，布局方整，结构严谨，井然有序，留存天台县内独有一处惜纸亭，体现了崇文的村风
8	跃进楼	历史建筑	坐落灵溪西岙，由清同治年间原青州从事奚拥梯于清光绪二十年（1894 年）建造，占地 850 平方米，有房屋 14 间，附屋 3 间。坐西朝东，大门朝东临街，为了防贼防盗建有两重门，门档上方原有一块牌匾，雕有"亚魁"两字。有灵溪目前留下的唯一最完整的梁头柱础，雕有倒挂狮子、秋叶龙头
9	成武楼	历史建筑	坐落于村南灵山脚下，建于清代，坐西朝东，占地面积 850 平方米，二层楼，正房 24 间，左右厢房外各建 4 间附房，整个院落呈蝴蝶状。设正台门一个，左右厢房设不露天，弄堂通道至小天井，左右各有小台门，四周走廊宽敞，檐阶石铺设
10	旭升楼	历史建筑	坐落于后街南端的山坡上，为奚雍纯故居。奚雍纯，官名鸿文，字辅臣，清光绪乙丙科武解元，丙戌进士，饮点三品御前侍卫，兼銮仪卫事随銮。旭升楼为奚雍纯之父奚际快于清光绪十二年（1886 年）建成，坐西朝东，占地 1200 平方米，四合院格局，正堂二层三开间，大门前立有一堵照壁，石阶迎步而上，后靠高山绿树，映如屏风。正面大门建有三门并列，大厅之上有四园门档，据说此门档为官者功名之标志。道地有两个旗杆桩可插旗用，整个道地以卵石铺设花纹图案。原先中堂上挂有精雕圣旨木箱一只，专门用于存放皇帝圣旨。中堂前柱两侧雕有倒挂狮子张牙舞爪，大门内柱两例并雕梅花斑鹿，欲奔如生。左右厢房门窗有梅兰竹菊图案，两侧横堂门中雕帝皇将相，才子佳人。这些雕刻都毁于 1966 年，现在只可见所毁后残留的一些痕迹

(续)

序号	名称	类别	概况
11	东井堂	传统建筑	为民国时期天台第一将军奚骏声将军祖居。奚骏声,字仓圣,号警心,浙江武备学堂正则科(浙江炮工学兵营将校科)毕业。历官浙江讲武堂教官,浙江第一师工兵营中校营附(上校营长),暂编十五师中将师长,已列入国民政府忠烈祠。东井堂建于清乾隆三十五年(1770年),由台门、前厅、官厅、中堂组成,共有三个四合院,八个四合小院,厢房前后左右成对称摆布,为传统木结构二层楼民居,是浙江省三处宫廷式建筑之一。由于因年久失修,损毁严重,2014年由县党代表、县人大代表奚华发起进行维修。现辟为将军事迹展示馆、非遗展示馆
12	灵溪宗祠	传统建筑	上溯始祖敬章公大总祠,始建于清嘉庆二年(1797年),后因发大水被冲毁。清嘉庆九年(1804年)由族长牵头,按丁筹资,富户复加捐助修建。民国至1998年曾作为灵溪小学校舍,历经天灾人祸,数度被毁,几经扩建,于2002年最后一次修建,现有房屋36间,占地面积2400平方米,建筑面积3600平方米
13	望高楼	传统建筑	坐落于灵溪后街上段,背靠后门山,由民国浙江省第一届议员奚雍闹建于民国九年(1920年),坐西朝东,占地面积900平方米,有房屋12间,附屋7间。三层木楼建筑,最具特色的是楼上三面栏杆均由花窗式装饰,保存完好,为典型的中西合璧风格

5. 公共服务设施与基础设施

(1)道路交通现状 灵溪村街(巷)道路网曲折通幽,以前街、后街为主轴线贯穿整村,"判堂墙弄""八尺墙弄""红石头巷"三条传统巷弄与之相接,主要通过灵溪中路、前街和后街实现内外交通的连接。

(2)土地利用现状 灵溪村用地布局相对集中,主要包括居住用地、道路交通用地、农林用地、公用设施用地及基础设施配套用地等。其中,核心区居住用地占比最大,沿街两侧区域布置;公共设施用地主要包括公共厕所、卫生院等。

(3)公共服务设施现状 灵溪村公共服务设施相对较为完善,现存马道坦公园、苍南卫生院、便利店、棋牌室、电瓶车充电处等居民服务设施,基本能满足居民日常生活需要。

(4)基础设施现状 灵溪村雨水、污水管网覆盖率低,排水设施简陋,局部有雨污合流的排水管渠。古建筑集居区内,垃圾回收站点、公共厕所等配套设施较少,缺少公共停车位,三线未作梳理,对村落风貌环境造成一定的不良影响。

6. 旅游资源

灵溪村自然风光秀美,生态环境优越,两山盘踞、溪流穿村,村内古建筑类型丰富,保存完整,尤为突出的当属村落内的名人故居和宗祠。灵溪村拥有西湾飞瀑、古树名木、历史街巷以及古驿道等众多的自然景观和人文景观。村内古道四通八达,现存质量完好,经过千年风雨飘摇,被无数双鞋和马蹄踩得发亮的弹石路面依然较为完好地呈现在我们面前。一排排房屋整齐排列,建筑斑驳的墙面,留下一年又一年的印记。村里民俗文化风情浓厚,拥有多项省、市、县级非物质文化遗产。周边有省第五批历史文化村落保护利用重点村下峤村、红色旅游特色村文垚村,可形成历史文化村落精品旅游线。

(二)总体评价

1. SWOT分析

优势:①村落自然资源丰富,自然风光秀美,两山相护,山溪环绕,溪水穿流,三王岭古道依村而过,古树名木种类多样。②村落历史底蕴深厚、人文资源丰富，拥有独特的进士文化、耕读文化、商贸文化、宗族文化、民俗文化以及佛教文化等。③村内拥有灵水桥、灵溪宗祠、东井堂等多处古建筑资源，具有开发特色文化旅游的条件。

劣势：①村内部分古建筑破损严重且年久失修，部分传统业态逐渐消失，特色文化逐渐衰弱，历史遗迹逐渐没落。②村内部分现代建筑的风格、形制与历史文化村落整体风貌不协调，公共服务设施、基础设施配套不够完善。

挑战：①随着生活水平和意识的提高，村民对村落未来发展提出更高的要求，部分建筑需要整体改造更新，功能需要置换。②随着村落人口结构发生变化，老年人口的增加，村民对村落适老宜居提出更高要求。③传统的产业需要转型与升级，特色传统文化需要传承与发展。

机遇：①资金、政策的配套支持为项目实施提供了条件保障。②天台县三合镇总体规划对灵溪村发展有了明确的定位，下一步可融入全镇、全景、全域旅游的发展大局之中，以保护和利用并重、自然与人文协同、居住与旅游并举的方式，打造宜居、宜游、宜业的历史文化村落。

2. 价值评估

（1）**历史价值** 灵溪村历史悠久，留存有古街巷、古建筑、古桥、石碑等历史建（构）筑物和多项非物质文化遗产，深受当地社会、经济发展的影响，有着清晰的历史发展脉络，为研究中国封建制度下农业经济的发展提供了重要实物例证。

（2）**艺术价值** 灵溪村保存的古建筑极具天台东乡地域特色，古韵古色的石板墙、石窗，精工细雕的梁、枋、檩和檐口，以及装饰各种吉祥喜庆的图案，工艺精湛，造型优美。

（3）**科学价值** 灵溪村村落选址与格局顺应自然，布局合理，讲究"天人合一"的哲学理念，凝聚着灵溪先民在建筑与居住环境方面的营造智慧，是天台地区建筑演变和技术进步的实物例证。

（4）**文化价值** 灵溪村内保留着较为传统的生活生产方式、有着较为丰富的宗族文化、山水文化、耕读文化特征，保有民俗、传统技艺等非物质文化遗产，是天台地区历史文化村落的代表。

（5）**社会价值** 灵溪村是典型的血缘聚居村落，宗族的变迁是村落发展的重要动因，承载着深厚的历史文化，对弘扬民族文化和乡愁记忆具有重要的作用，具有开展特色文化村落建设的良好基础。

二、规划定位与总体规划

1. 规划体系与内容

分类分层是历史文化村落保护利用的重要支撑。基于历史文化村落的实情，系统分析研判现况，构建分类分层的保护利用规划设计框架体系，从而引导历史文化村落的有效保护与活化利用。历史文化村落保护利用规划设计总体应具有引领性、指导性和实操性，在背景解读、上位规划、特色提炼等基础上，形成总体规划，具体达到修建性详细规划深度，涉及定位与主题、保护规划、文化发展规划和旅游发展规划等，最后需提出要素配套、基础设施配套、设计导则等实施保障规划。同时，还要综合考虑近期古建筑保护修缮、中期风貌协调提升、远期村庄经营的规划落实（图3-4-14）。

历史文化村落保护利用规划包括规划主题定位、空间布局规划、风貌体系控制规划、历史建（构）筑与历史环境要素整治规划、古道修复与道路交通规划、公共服务设施规划、市政基础设施规划、文化发展规划、产业发展规划和要素保障等内容。规划设计遵循理念定向、文化定基、村落定点、规划定调、设计定彩"五定原则",以生态环境、建筑景观、文化资源、产业基础等为基础,提出以空间格局为基础的建筑保护和景观营造策略,以乡村特色资源为载体的文化传承和业态布局。

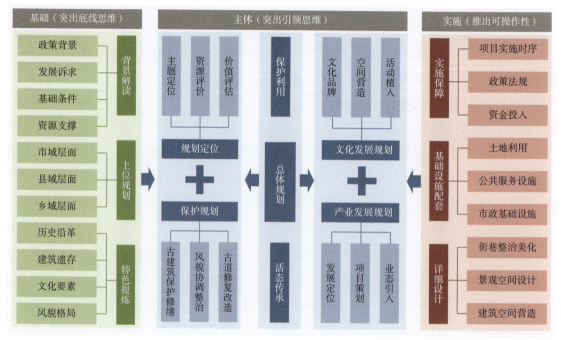

图 3-4-14　规划路径图

2. 规划原则

(1) 保护优先原则　坚持把历史文化村落"保存修护"作为首要前提,保持历史文化的真实性,突显风貌格局的完整性,呈现生活生产的延续性,展现人与自然的和谐,确保村落环境的宜居性。

(2) 整体规划原则　在保护优先的前提下,注重规划的全面性和整体性,统筹兼顾村落传统风貌格局与建筑单体的保护修复、村落自然生态环境的更新、文化遗产与风土人情的传承利用。

(3) 彰显特色原则　在建筑、环境与景观营造上应突出乡土特色、地域特色,尊重和延续村落肌理,挖掘宗族文化、非遗文化、农耕文化等特色文化资源,塑造村落品牌,打造具有识别度的特色风貌。

(4) 以人为本原则　有效处理历史文化村落保护利用与改善村民生活生产环境之间的关系,合理改善村民人居条件,提升村落公共基础设施和环境的品质,使历史文化村落中的村民同样能享受到规划的成果。

(5) 合理利用原则　在科学保护的基础上,按照"保护促利用、利用强保护"的要求,合理谋划乡村休闲旅游、民间工艺作坊、乡土文化体验、传统农事参与等历史文化休闲旅游项目,促进历史文化村落保护利用的可持续发展。

(6) 规划衔接原则　浙江省历史文化村落保护利用重点村规划应与县(市)域总体规划、土地利用总体规划、村庄建设规划以及交通、旅游、水利、环保、文化等相关规划有所衔接，根据自身的特点和相关法律法规政策的要求，制定与当地社会经济发展水平相适应的规划，做到一次规划，分步实施。

（7）经济高效原则　在修复优雅传统建筑、弘扬悠久传统文化、打造优美人居环境、营造悠闲生活方式的同时，做到规划编制和实施经济合理、高效、集约，避免不必要的浪费。

3. 规划理念

1）以维护自然环境为基础，提升村落环境宜居度。规划致力于维护优化村落自然生态环境与风貌格局，依托周边山体景观、自然环境等资源，构建"山、溪、村、筑、田"一体的生态格局，进一步完善公共服务设施、基础设施，提升村落人居环境品质。

2）以保护历史遗存为前提，增强村落文化吸引力。规划致力于保护现有的历史遗存，深入挖掘其文化内涵，规划设置、设计、营造具体的功能空间，植入相应的业态，彰显村落特色文化，真正达到保护历史遗存及活态传承的目的，进而提升村落文化价值。

3）以发展特色旅游为引领，打响村落品牌影响力。规划致力于提升乡村特色旅游的发展基础，发挥村落在生态环境、非遗文化、宗族文化、民俗文化等方面的资源优势，构建集古建民宿、民俗体验、文化展示、观光研学为一体的乡村旅游业态，打响村落发展个性品牌。

4）以深化产业转型为目标，提升村落发展竞争力。规划致力于传统产业的转型与升级，进一步体现"以人为本"的价值观，解决村民实际需求，提升对民生诉求的适应力和保障度，切实提高村民生活生产水平。

4. 规划定位与主题

规划以高效的项目建设为契机、以优越的自然环境为基底、以悠久的乡土文化为依托、以特色的产业发展为牵引，打造集"文化展示、休闲旅游、民俗体验、农旅结合"为一体的，具有"宜居、宜业、宜游"特质的灵溪村省级历史文化村落（图3-4-15）。

确定规划主题为"景孕晟秀，寻源灵溪"。

释义：村落位于卧虎山、灵山两山之间，灵溪穿村而过，道路临溪两岸，建筑依地势而建，拥有独特的村落格局。村外山木相融、树林荫翳，位于村口的两座石桥与村落周边历经风霜的古官道共同见证着村落的发展历程。从古至今，遥闻奚氏涌现出多位宏图大志、建功立业的才子，代代相传，声名鹊起。期望后生无论从事何种行业都能够秉承宗族的遗训、谨记先人的教诲，继往开来，开创新的时代篇章。

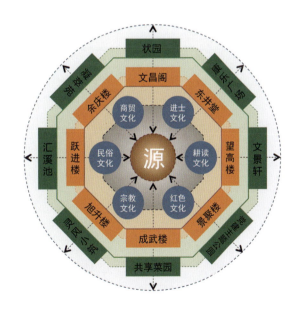

图3-4-15　规划定位图

5. 规划结构与功能布局

灵溪村整体规划结构为"一轴一带六区",一轴:后街;一带:前街;六区:旅游配套服务区、传统民居生活区、文化展示集聚区、主题民宿示范区、传统农耕体验区、生态观光游览区(图3-4-16、图3-4-17)。

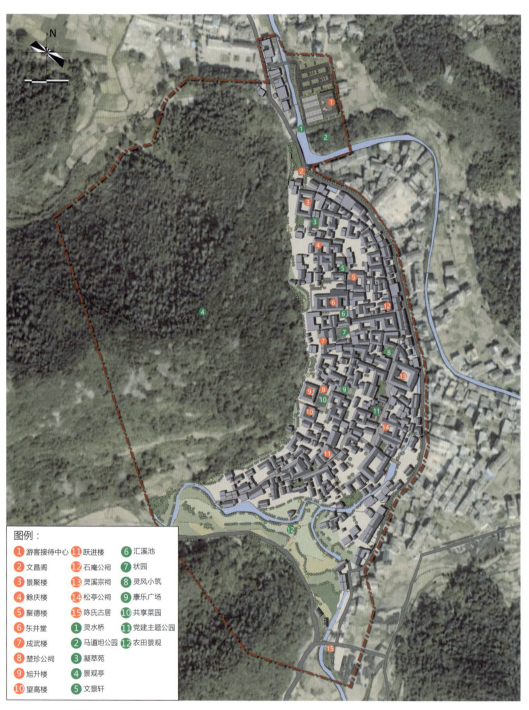

图 3-4-16　总平面图

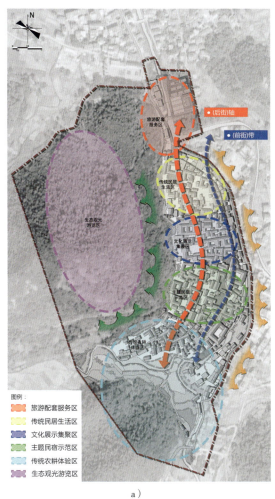

图 3-4-17　规划结构图

1）旅游配套服务区主要集中在规划区北部，以文昌阁为中心，包括灵水桥、游客接待中心、马道坦公园等空间，满足村落商贸、旅游服务等需求。通过改造周边环境，增加旅游配套服务设施，串联浏览路线，增加景观节点，满足乡村生态休闲旅游发展的需求。

2）传统民居生活区主要集中在规划区中北部，以余庆楼、景聚楼为中心，植入活动景园、农夫乐园等景观节点。通过修缮现有建筑和院落，充分利用原有场地，恢复垂面、当铺等部分民俗功能业态，增加场景体验感与互动感，展现村落传统风貌，强调村落生活氛围。

3）文化展示集聚区主要集中在规划区中部，以东井堂、成武楼为中心，主要包括石庵公祠、游戏水园、主题游园等节点。通过修缮、改造现有建筑和利用周边自然资源，布置学堂、展馆等场馆，展示进士文化、耕读文化、商贸文化等村落特色文化，为游客提供体验式景观节点。

4）主题民宿示范区主要集中在规划区中南部，以望高楼、旭升楼为中心，主要包括松亭公祠、共享菜园、养老颐园、党建公园等景观节点。通过修缮改造现有建筑，协调周边风貌，突出村落

第三章　历史文化村落保护利用与发展研究

建筑资源特色，植入精品民宿、客栈、茶室等休闲旅游功能，激活历史建筑新生命，丰富历史文化村落新业态。

5）传统农耕体验区主要集中在规划区南部，以跃进楼为中心，主要包括农耕非遗展示馆、农田景观等。通过非遗文化展示、传统农耕用具展示、农业种植体验等功能业态的植入，打造农业特色休闲体验氛围。

6）生态观光游览区主要集中在规划区西部区域，依托周围山体，以游步道来连接村落建筑与自然环境，根据现有资源完善旅游服务体系。

景观系统规划为"八建八景八点"，主要呈现乡风文明、乡土文化、乡村文创的"三乡"文景，构筑生活、生产、生态的"三生"生活态（图3-4-18）。

八建：对文昌阁、景聚楼、余庆楼、东井堂、成武楼、旭升楼、望高楼、跃进楼八处历史建筑进行修缮，主要用于文化展示，营造村落历史文化氛围。

八景：活动景园、农夫乐园、游戏水园、主题游园、养老颐园、共享菜园、党建公园、民居筑园八处特色景观节点，主要用于满足村落生活、生产需要，展示村落风貌，突显村庄的生活气息。

八点：游客接待中心、马道坦公园、灵水桥、石庵公祠、灵溪宗祠、松亭公祠、农田景观、景观亭八个节点，用来丰富村落功能与业态，完善村落公共服务设施。

三、保护规划与发展规划

（一）保护规划

1. 保护范围划定

根据《中国传统村落保护发展规划编制基本要求（试行）》和《浙江省历史文化村落保护利用规划设计参照要求》的相关规定，本规划将灵溪村的保护范围划分为三个层次：核心保护区、建设控制区、环境协调区（图3-4-19）。

（1）核心保护区 规划区内具有一定规模、空间结构完整、传统风貌完好、视觉景观连续、文物古迹集中且能体现村落历史文化价值的核心地段，主要为前街和后街历史建筑集中的片区，总面积5.6公顷。

（2）建设控制区 在较大区域内，为保护历史文化村落特色风貌，允许建设但需要进行建设控制的区域，位于核心保护区范围外。其目的在于控制建筑的性质、高度、体量、色彩及形制，以与核心保护区相协调，主要包括山田、古民居周边的一般

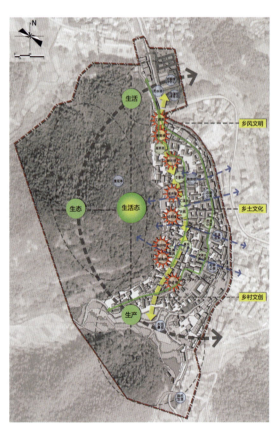

图3-4-18 景观系统规划图

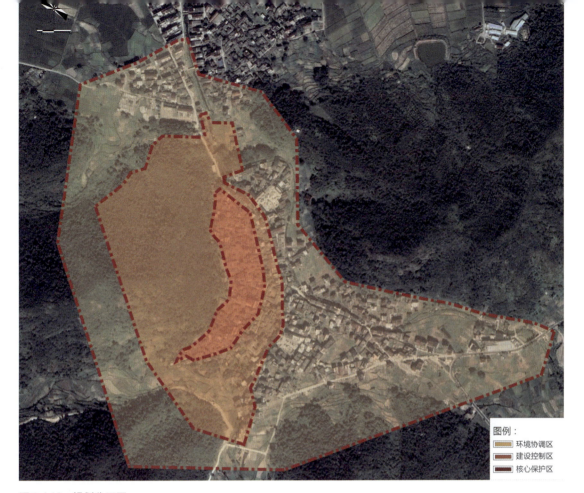

图 3-4-19　规划分区图

建筑，面积约 18.4 公顷。

（3）环境协调区　维护历史文化村落风貌和空间格局，协调灵溪村的历史风貌和景观特色，包括整个规划范围及红线外围 150 米以内。

2. 保护控制要求

（1）核心保护区　抢救性修缮损毁严重的历史建筑，制定保护修缮导则，做好详尽的修缮记录；强制性拆除或改造与历史建筑风貌不协调的现代建筑；严格管理核心保护区内新建建筑，如有新建，须经相关部门审批；完善配套设施建设，包括生活配套设施和旅游配套设施等。

（2）建设控制区　新建、改建建筑不得对核心保护区内建筑及景观产生不利影响；建筑高度、规范、功能、色彩、形制应与核心保护区相协调；与核心保护区不协调的建筑需要接受立面改造、结构降层等方式的改造；严格控制与核心保护区密切相关的建筑或景观。

（3）环境协调区　作为核心保护区的背景空间，其建筑及景观环境应与核心保护区相协调；可对区域内山水、农田、植被等自然景观进行改造设计，但禁止任何改变村落山水田园格局的建设；控制新建建筑的体量、形制、色彩、屋顶等。

3. 村落格局保护

（1）村落格局保护原则　一般民居、公共建筑及市政基础设施等其他永久性建（构）筑物只允许在建设控制区范围外建造。山体林地是灵溪村的地理环境背景，构筑了村落空间的生态屏障。应加强对山体林地的保护，除可行区域内可适度开发，其余空间禁止任何建设及开垦行为。规划区域内传统农耕景观区是历史文化村落的重要景观要素和产业基础，需要加强对区域内农田的保护规划，禁止村镇建设用地侵占农田保护范围。

（2）村落格局保护措施　规划确定灵溪村主要交通干道穿村而过，前街、后街、古道小径深入核心保护区，各层级道路系统串联不同功能区域的空间。制定分层分级保护措施，实施系统保护，从区域环境－村落结构－建筑组团－单体建筑－功能业态多个层次来完成村落格局的系统化保护。制定分级、分类的综合评价体系与建筑保护导则，落实保护范围与重点，制定相应的整治保护措施。制定重点地段详细方案，实施落地指导，在文昌阁、东井堂、余庆楼、跃进楼、旭升楼、望高楼等历史建筑重点地段制定详细的规划设计方案，实施立面改造、结构加固和环境优化，指导规划设计准确落地。

4. 建筑保护整治

（1）保护整治类型　保护规划依据村内建筑质量、风貌，将规划区内建筑整治措施分为修缮类、改造类、保留类、拆除类、复建类。①修缮类：对文物古迹和较为重要的历史建筑进行保护，包括日常保养、防护加固、现状修整、重点修复等；对历史建筑和历史环境要素进行不改变外观特征的修复整治，对内部空间进行布局调整及设施增设。②改造类：对与历史风貌有冲突的建（构）筑物和环境要素进行改建活动，可采取立面改造、墙体加固等改造措施，使其符合历史风貌要求。③保留类：针对保护区风貌协调影响较小的其他建筑，其建筑质量评定为"良好"以上的，可作为保留类建筑。④拆除类：针对违章搭建和临时性搭建的各类建（构）筑物，已经破损无法修复的各类民居建筑，以及无法通过整修使其符合历史风貌要求且影响保护建筑历史风貌的不协调建（构）筑物，对这类建筑予以拆除。⑤复建类：在保持村落格局与风貌的基础上，恢复历史建筑信息，规划按照原有建筑形制复建文昌阁、陈氏古居和聚德楼，植入相应功能业态（图3-4-20）。

（2）建筑整治策略　规划建筑整治策略应符合核心保护区、建设控制区、环境协调区的保护要求。①建筑形态：保护建筑保持原有建筑形态，历史建筑总体要保持原有建筑形态；核心保护区内历史建筑相对低矮，与地形环境紧密结合，而部分现代建筑体量与历史风貌不符，需要进行整治与局部拆除；建设控制区内建筑形态要与历史建筑相协调，修缮中要运用乡土材料与建筑符号；环境协调区内要严格控制新建建筑的建筑体量，使其与历史风貌相协调。②建筑色调：核心保护区内建筑色彩以自然环境色为主要基调，突出原有木石建筑特色，门窗、檐角、屋顶形式应符合传统民居形制；

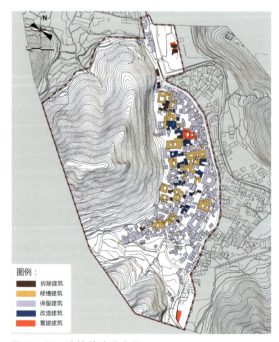

图3-4-20　建筑整治分类图

建设控制区内建筑色调应与核心保护区相协调;为保护协调历史文化村落总体风貌,需要对环境协调区内部分建筑进行调整,可采用整体粉刷或局部修饰的方法。③建筑层高:核心保护区内建筑高度一般不超过两层;建设控制区内建筑高度不超过三层;环境协调区内新建建筑高度一般不超过三层。

(3)建筑分类与整治方式　见表3-4-2、表3-4-3。

表3-4-2　重要建(构)筑物保护导则(一)

重要建(构)筑物保护导则(一)				保护措施
序号	5			①保留原有建筑的形制、结构与风貌; ②协调周边建筑的风貌,拆除周边与风貌冲突的建(构)筑物; ③对建筑做加固处理,外墙、屋顶按原貌修缮,修复建筑立面、门窗; ④对建筑内部进行修缮设计后,设置当铺展示商更业态
名称	景聚楼	实用功能	当铺、商贸文化体验	
建筑年代	清	建筑结构	砖木结构	
建筑质量	一般	建筑层数	2	
建筑面积	2200m²	用地面积	1230m²	
简介	景聚楼坐落于灵溪后街下段,中堂坐西朝东,共有正屋20间,设附屋21间,由武举人奚际朔于1903年建造。整体建筑结构布局合理、构造讲究、工艺精美,为四合院布局,台门主体为砖石结构,上方有"素位安贞"四字书法雕刻,设四扇大门。走廊四周均为石板铺地,廊下柱头都雕有吉祥图案,屋顶统一开砖铺垫再盖瓦片,地面用卵石编排鸟兽、蝙蝠等图案,四角设有四口消防大水缸,房屋四周外墙窗户用石板空雕花石窗,既美观,又有防盗功能			位置
现状照片				
范围位置				
保护范围	北面2米内的道路,南面13米内的道路与建筑,西面1.5米内的道路,西面14米内的道路与建筑			
建设控制范围	北面26米内的道路与建筑,南面31米内的道路与建筑,西面14米内的道路与建筑,东面81米内的道路与建筑			
建设控制措施	①整治周边建筑环境;②严格控制周边新建建筑;③沿街"三线"下地;④整治、梳理建筑前的空地			
备注	"三普"登录点			

表 3-4-3 重要建（构）筑物保护导则（十一）

重要建（构）筑物保护导则（十一）			保护措施	
序号	13			①保留建筑的形制、结构，注重与周边建筑旭升楼、跃进楼的风貌协调； ②提升建筑外围风貌，注重与环境进行协调； ③整修建筑内部环境并设置相关业态丰富村落文化生活
名称	望高楼	实用功能	民宿	
建筑年代	民国	建筑结构	砖木结构	
建筑质量	一般	建筑层数	2~3	
建筑面积	1500m²	用地面积	900m²	
简介	望高楼坐落在灵溪后街上段，背靠后门山，三层木楼建筑，有房屋12间，附屋7间，由民国时期的浙江省第一届议员奚雍闹于1920年建造，是典型的中西结合风格。中堂坐西朝东，三面均有柏树板装饰，保存完好。最具特色的是楼上三面样杆均有花卤式装饰			位置
现状照片				
范围位置				保护建筑 保护范围 控制地带
保护范围	北面2米内的道路，南面2米内的道路，西面2米内的道路，东面4米内的道路与建筑			
建设控制范围	北面6米内的道路与空地，南面13米内的道路与建筑，西面15米内的道路、建筑及山体，东面14米内的道路与建筑			
建设控制措施	①整治周边建筑环境；②严格控制周边新建建筑；③梳理"三线"下地；④整治、梳理建筑前空地环境			
备注				

（二）发展规划

1. 发展规划原则

（1）规划引领、科学谋篇　规划立足于前瞻性、引领性原则，遵循乡村旅游发展规律，充分挖掘村落生态自然、建筑景观、特色文化等资源，合理引入乡村旅游业态和开发乡村旅游产品，增强历史文化村落旅游品牌识别度。

（2）保持本色、突出特色　规划以人居环境提升、建筑遗存保护、基础设施提升为基础，保持村落乡土本色，突出村落建筑、文化特色，使村落街巷、历史建筑、风俗民情成为旅游特色的主要载体，提高历史文化村落旅游发展的竞争力。

（3）适宜保护、适度利用　发展规划充分结合保护规划，强调保护的适宜化、利用的适度化，注意生态资源和环境保护协调，注意资源开发与环境容量的控制，防止因旅游发展而造成环境污染和资源破坏，提升历史文化村落旅游发展的持续力。

2. 发展规划策略

（1）差异化发展定位　不同历史文化村落的地域特征、自然资源、产业基础等条件存在一定的差异，因而探寻差异化发展路径成为必然。历史文化村落保护利用的发展策略以村落自然生态资源、历史古建资源和民俗文化资源等物质与非物质要素为支撑，由此归纳总结出生态环境优美型、历史古建悠久型、产业融合有效型、民俗风情特色型、建设发展综合型五大发展类型，强调差异化发展定位，促成功能联动、要素集聚、发展互动的历史文化村落保护发展效应（图3-4-21）。

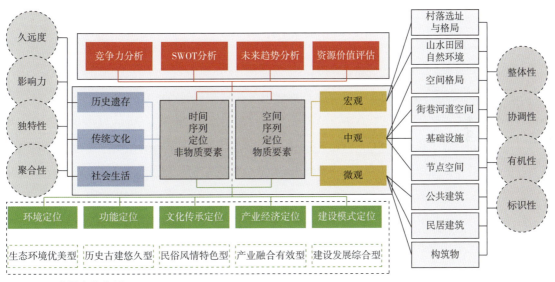

图 3-4-21　发展定位分析图

（2）精准化经营路径　历史文化村落保护利用活化经营的核心是营造集"衣、食、住、行、玩、用、赏、商"为一体的乡村生活态。确定适宜的主题定位，植入相应空间功能与项目业态，营造乡土气息与现代审美相融合的场景氛围，构建"人、事、物、场、境"协同的村落"生活态"，引导拓展村落发展经营路径。

3. 发展规划定位

灵溪村文化旅游发展可整合周边省历史文化村落保护利用重点村下岙村、红色旅游特色村文岙村等资源优势，实施"周边连接、上下联动"的一体式发展模式，共同打造历史文化村落主题观光线。规划承接上位规划理念，瞄准差异化市场定位，拓展多样化的发展视角，系统梳理现有产业优势与环境优势，建构特色的旅游发展主题，打造丰富的业态格局，建设传播载体，打造旅游品牌，为灵溪村提供更多的发展良机，为天台全域旅游盛景增添新生活力。

灵溪村文化旅游定位："逛千年古村、练奚家长拳、赏状元游街、品三尺垂面"。

4. 灵溪村文化旅游发展策略

乡土特色文化是历史文化村落保护利用的核心内容，是区别不同村落的基因与符号。规划强调对灵溪村进士文化、耕读文化、商贸文化、民俗文化、红色文化和宗教文化的挖掘、活化、展示、提升与传承。

（1）进士文化的挖掘与传承　灵溪村历史文化底蕴深厚，多处历史人文景观和自然景观都彰显着村落深厚的文化底蕴。家族进士辈出的历史史迹彰显了村落深厚的文化教养，代代杰出的灵溪儿女秉承着先祖"天生我材必有用、百花齐放争是春"的教育哲学。规划设置进士文化主题展示馆，展现村落历史悠久的进士文化，恢复学堂、武书院等业态，对内传承先祖诗书功名的优良传统，对外展示灵溪先祖丰功伟绩和教导培育后代的准则。

（2）耕读文化的展示与提升　灵溪人以吃苦耐劳的品质和坚忍顽强的毅力，留给后世宝贵的人生财富，创造了渊源广博的历史佳话。无论是从文的政界才子，还是从武的骁勇将相，或是从商的诚信商贾，都是村落传统耕读文化的继承发展与全面体现。规划设置一系列的农业休闲体验项目，植入相关体验活动，赋予古建筑新的活力与生命，满足游客近距离体验农耕生活的愿望。

（3）商贸文化的激活与发展　三王岭古道自古便是灵溪村走向外面世界的重要官道，其重要的地理位置促使了商贸文化的蓬勃发展，与村内具有厚重历史韵味的古建筑共同为村落增添了神秘色彩。规划恢复驿站、客栈、当铺等商贸业态来重现昔日盛大的商贸景象，展现和突出灵溪村的繁荣与重要地位。

（4）民俗文化的复活与体验　灵溪村拥有多项非物质文化遗产项目，其中有省级非遗"灵溪奚家拳"、市级非遗"状元游街"、县级非遗"灵溪垂面制作技艺""灵溪长狮子"，无不体现着村落深厚的文化底蕴和的活力特色。规划设置非遗展示馆展示村落特色的非遗文化，展示手工业器具和农耕农用器具等民俗器具，设置垂面手工业体验等业态，让游客近距离了解和体验村落的民俗文化特色。

（5）红色文化的互惠与联动　灵溪村历经几百年绵延不断，承载着宗族的荣耀和历史的色彩，进入新时代更需继往开来、创意出新，营造浓厚的红色文化氛围，为历史文化村落注入新内涵。规划结合游客服务中心、党建公园等空间，在环境上融入红色文化元素，开展群众性活动，使广大村民和游客在享受文化服务的过程中接受教育和启迪，形成良好的社会风尚和文化自觉。

（6）宗教文化的开发与共享　依据天台县域总体规划中"华东地区知名的宗教文化圣地与休闲养生度假胜地"的定位，结合村落自身发展需求，以古建活化利用为依托开展宗教文化的宣传。规划复建文昌阁，通过宗教文化的展示与体验，给予村民和游客不一样的精神感受。

四、空间设计

根据浙江省历史文化村落保护利用规划设计要求,规划编制要达到修建性详细规划深度。因此,对于重要建筑和景观空间要有具体的设计示范。

历史文化村落保护利用的空间设计是在总体规划引领下,集合设计美学、设计心理学、设计管理学、设计文化学等多学科理论知识,提出基于功能形式、文化格式、参与方式及发展模式的整合设计策略与方法。空间设计要以环境现状为基础,遵循因地制宜、随机应变、因材施工、显山露水、乡土痕迹的原则,合理运用具有乡土特征的形、材、质、色、技等要素,总体呈现建筑修旧如故、结构新旧并蓄、空间秩序持续稳定的空间设计效果(图3-4-22)。

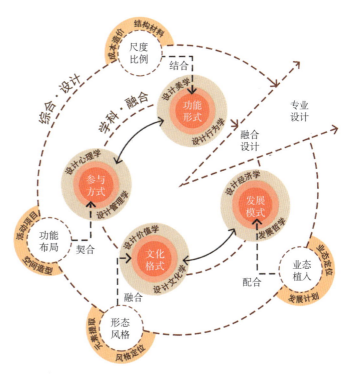

图 3-4-22　空间设计逻辑图

具体设计策略如下。

(1)街巷梳理　尊重传统,以梳理整治为手段。规划以尊重场地脉络与肌理为核心原则,以场地现状为基础,对规划区内后街、前街街巷空间进行梳理、改造与建设。梳理保护区内古街流线,以提升改造主要空间景观为手段,以线串点,系统修整古道街巷空间,用来展示村落六大文化,形成主要历史文化游览路线。提升前街、后街的景观形象,在环境整治建设的基础上,改造建筑立面,丰富空间业态功能,完成村落文化、商贸、生活的形象展示(图3-4-23、图3-4-24)。

(2)建筑修缮　活化利用,以业态引入为支撑。可以对灵溪村经产权流转后的传统建筑进行功能置换,用来展示村落的商贸经济和民俗风情,通过规划设置多个功能节点,形成特定的主题空间。对具有保护价值和需要进行风貌协调的部分建筑,提出具体的规划设计导则,指导后续建设。结合未来旅游发展规划,逐步恢复客栈、学堂、当铺等功能业态,满足以观光、体验、休闲为主题的旅游景点的需求(图3-4-25~图3-4-28)。

(3)山体景观　内外串联,以生态资源为载体。山体景观是灵溪村的重要生态资源,对村落内部建筑文化和外部的山体自然景观进行资源整合,规划设置游步道连接村落景观节点与山体自然景观,形成生态观光游览线。

(4)节点塑造　量体裁衣,以功能需求为依据。选取东井堂、旭升楼等传统建筑,赋予其文化展示、民宿等新的功能,设置景园、水园、游园等景观节点,形成特色景观主题空间,打造富有地域特色的旅游示范区(图3-4-29~图3-4-32)。

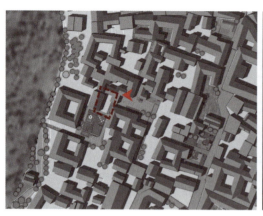

a) b)

c)

图 3-4-23 街巷整治示意图（一）

图 3-4-24 街巷整治示意图(二)

图 3-4-25 东井堂修缮前

第三章 历史文化村落保护利用与发展研究 081

a)　　　　　　　　　　　　　　　　　　b)

图 3-4-26　东井堂修缮后

a) 修缮前　　　　　　　　　　　　　　b) 修缮后

图 3-4-27　余庆楼修缮前后对比图

a) 修缮前　　　　　　　　　　　　　　b) 修缮后

图 3-4-28　松亭公祠修缮前后对比图

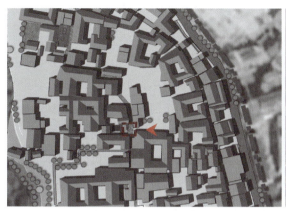
a)

b)

c)

图 3-4-29 文景轩

a)

b)

c)

图 3-4-30 状园

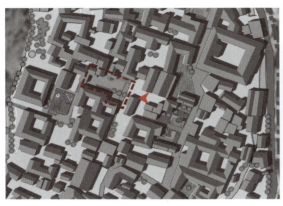
a)

b)

c)

图 3-4-31　康乐广场

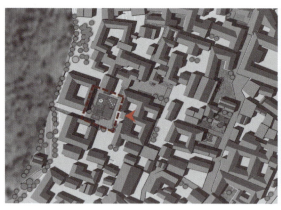
a)

b)

c)

图 3-4-32　共享菜园

第四章　浙江历史文化村落保护利用绩效评价

浙江省历史文化村落保护利用工作，坚持项目规划、建设、管理、评价、经营、服务等协同联动，强调"事前制度规范，事中工程监管，事后专业审查"的项目运维模式，创新开展项目建设绩效评价工作。在三年建设周期已满后，采取县自验、市复验、省中介机构评价的三级核定方法，分实地检查评价、综合审核评定、评价结果运用三个阶段，开展历史文化村落保护利用项目建设绩效评价。其中，重点村的建设绩效评价工作由省委托第三方专业机构负责实施。专业评价团队通过实地基础调研，全面检查各个重点村的项目总体实施情况，确保扶持资金规范使用、呈现效果符合要求，同时听取意见、发现问题、总结经验，提出对策建议。省农办、省农业农村厅综合考虑实地基础评价、县（市、区）日常工作水平等因素，最终确定历史文化村落保护利用重点村验收结果，验收结果报省委、省政府，在一定范围内予以公开，验收结果作为乡村振兴县级考核和美丽乡村建设资金分配考量的重要因素。对基础评价中发现的问题，按照国家、省内相关规定予以纠正和处理。对推进不力的地区以领导约谈等形式加以督促，对不符合验收标准的项目村实行限期整改和项目退出。

受浙江省农办、省农业农村厅委托，浙江理工大学中国美丽乡村研究院发挥学科专业优势，组建了集设计学、建筑学、城乡规划学、管理学、文化遗产学等学科专业背景于一体的技术团队，研究制定绩效评价体系与标准，连续五年深入实地开展全省历史文化村落保护利用重点村建设绩效调研与评价工作，总结了经验与做法、困难与问题、对策与建议，每年向省农办、省农业农村厅提交重点村建设绩效评价报告，共约300万字，均获得采纳，成为政府决策的重要参考。

第一节　浙江历史文化村落保护利用绩效评价体系与指标

一、构建绩效评价体系

绩效评价是历史文化村落保护利用可持续推进的重要保障，是历史文化村落保护利用"规建管评"协同机制的重要组成部分，构建层级清晰、指标明晰的评价体系是实施项目建设绩效评价的关键。绩效评价工作立足历史文化村落保护利用的差异化、精准化、在地化原则，突出问题导向、实效导向和发展经营的观念。依据《新时代美丽乡村建设规范》（DB33/T 912—2019）、《关于加强历史文化村落保护利用工作的若干意见》（浙委办〔2012〕38号）和《关于进一步加强历史文化（传统）村落保护利用工作的意见》（浙委办〔2020〕66号）等文件与规范标准，综合考量历史文化村落保护利用在传统建筑修复和人居环境提升方面的客观需求，以及项目管理、资金投入等相关因素，参考传统村落、历史文化名村等相关现行评价体系，研究构建浙江省历史文化村落保护利用建设绩效评价体系。

绩效评价体系主要由人居环境价值、历史文化价值和资源集聚配置三个维度组成。其中，人居环境价值主要由自然环境、风貌格局、建筑景观等内容构成；历史文化价值主要由村落历史沿革、历史建（构）筑物、文化资源等内容构成；资源集聚配置主要由产业基础、规划设计、建设实施等内容构成。

二、设置绩效评价指标

在梳理总结国内外历史文化村落保护利用理论与实践的基础上，拓宽历史文化村落保护利用研究的系统维度，提高研究的学理高度。用量化研究和质性研究相结合的方法，经过评价目标研究、因子权重确定、模型运算调整，设置了包括4个层级、4大类、10大项、30个子项的历史文化村落保护利用绩效评价指标。评价指标共4层，即总目标层A、准则层B、指标层C、指标细化层D（图4-1-1、表4-1-1）。其中，准则层4项指标分别为建设实绩、项目和资金管理、规划落实、创新亮点，指标权重比例为6∶1∶3∶1，绩效评价总分110分，具体村落按实际完成量分项打分，各项相加，最终确定村落建设绩效评分。该评价指标体系强调定性分析和定量测度有机结合，综合主观、客观因素，具有一定的客观性、普适性和可操作性。评价结果是经过现场座谈、台账查阅、数据采集、实地调研及信息咨询，综合各村规划文本和建设实情，以及项目与资金管理、规划落实及创新亮点等内容做出的系统、全面的分析与评价。

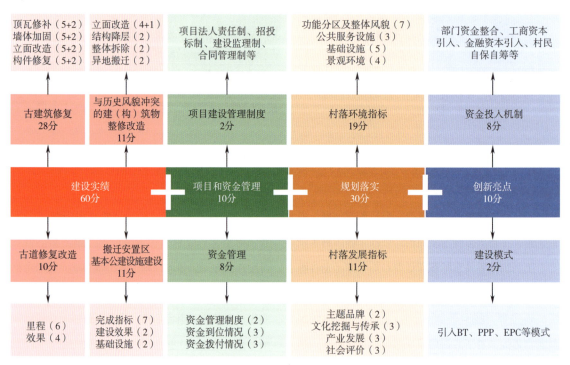

图4-1-1　绩效评价体系

表 4-1-1　历史文化村落保护利用绩效评价指标

总目标层 A	准则层 B	指标层 C	指标细化层 D
历史文化村落评价	B1 建设实绩	C1 古建筑修复	D1 顶瓦修补
			D2 墙体加固
			D3 立面改造
			D4 构件修复
		C2 与历史风貌冲突的建（构）筑物整修改造	D5 立面改造
			D6 结构降层
			D7 整体拆除
			D8 异地搬迁
		C3 古道修复改造	D9 里程
			D10 效果
		C4 搬迁安置区基本公建设施建设	D11 完成指标
			D12 建设效果
			D13 基础设施
	B2 项目和资金管理	C5 项目建设管理制度	D14 项目法人责任制、招投标制、建设监理制、合同管理制
		C6 资金管理	D15 资金管理制度
			D16 资金到位情况
			D17 资金拨付情况
	B3 规划落实	C7 村落环境指标	D18 功能分区及整体风貌
			D19 公共服务设施
			D20 基础设施
			D21 景观环境
		C8 村落发展指标	D22 主题品牌
			D23 文化挖掘与传承
			D24 产业发展
			D25 社会评价
	B4 创新亮点	C9 资金投入机制	D26 部门资金整合
			D27 工商资本引入
			D28 金融资本引入
			D29 村民自保自筹
		C10 建设模式	D30 引入 BT、EPC、PPP 等模式

三、绩效评价过程与方法

在实地检查评价过程中，专业评价团队发挥政策传达、专业评价、意见反馈、学术引领等职能，依据《关于加强历史文化村落保护利用的若干意见》(浙委办〔2012〕38 号)、《浙江省"千村示范、万村整治"工程资金与项目管理办法》(浙财农〔2014〕52 号)、《浙江省美丽乡村建设专项资金管理办法（试行）》(浙财农〔2015〕45 号)和《浙江省历史文化村落保护利用重点村规划设计参照要求》等文件的要求和绩效评价指标，结合浙江省历史文化村落保护利用重点村规划、浙江历史文化村落保护利用项目申报文本、浙江省历史文化村落保护利用建设项目表和相关项目建设台账材料，按照项目建设路线图、时间表、目标值，遵循定量测定与定性分析相结合，客观判定与主观评价相结合的评价方法，确保评价结果的准确性、科学性、系统性和客观性。同时，综合判断"规定动作"和"自选动作"实施情况，以建设实绩为导向，对各个重点村建设相关指标做出详细的统计与分析，总结经验模式，分析共性问题，提出可操作的实施建议，形成以评促建的正向反馈，进而为历史文化村落的可持续发展提供依据与保障。

评价团队开展实地基础评价的具体过程和方法如下。

1）在开展实地检查评价工作前，评价团队认真研读浙江省美丽乡村建设、"千村示范、万村整治"工程和浙江省历史文化村落保护利用工程的相关文件，制定评价手册、培训评价团队。

2）评价团队提前做好实地基础评价日程安排，以发函和电话的形式通知各县（市、区）农办、农业农村局相关分管部门，提前告知各地需在现场准备村庄规划文本、相关台账资料、标示出修缮建筑位置的规划设计总图、村落基本状况调查表和建设实绩检查表。

3）为提高实地基础评价工作的严肃性和规范性，在评价团队进行实地基础评估之前，在省农办、农业农村厅领导的带领下，选择典型村落开展"现场合署评价动员会"。要听取省农办、农业农村厅领导对评价工作的具体要求与指示，评价团队成员系统学习和领会领导对于评价工作中的"学好、听好、查好、看好和评好"的具体要求，明确评价报告撰写的总体要求和侧重点，确定评价过程的规范与标准。

4）评价团队对所评村落进行实地检查评价，按照评价要求对村落开展现场座谈、台账查阅、意见咨询、现场勘察等工作，核实建设数量，评估建设质量，随机访谈村民，梳理台账资料。

5）评价团队在实地检查评价完成后，认真分析数据，讨论评价报告框架，最终形成包括村落的现状定位、评估得分等级排名、建设思路与模式、存在困难及发展建议等内容的评价报告，将评价报告和每个村落的基础评价材料报送省农办、农业农村厅。

第二节　浙江历史文化村落保护利用建设绩效评价及应用
——全省前四批重点村[一]

一、建设实绩数据与评价等级分析

1. 村落分布情况

这160个重点村分布于浙江全省（除宁波地区）10个设区市的65个县（市、区），基本覆盖全省所有地形地貌。其中，杭州13个，温州12个，湖州7个，绍兴14个，金华33个，衢州26个，台州16个，舟山4个，丽水35个。县级层面中，丽水

[一] 本节内容曾发表于《创意与设计》2022年第1期，部分内容有修改。

庆元县、衢州江山市的村落数量最多，皆为6个；其次是杭州桐庐县、金华金东区、兰溪市、浦江县、武义县、衢州衢江区、开化县、丽水缙云县、松阳县、景宁畲族自治县，皆为5个（图4-2-1、图4-2-2、表4-2-1）。浙南丽水地区村落数量最多，其次是浙中金华地区，浙北湖州和浙东舟山地区数量最少，浙北嘉兴地区前四批数量为零。地区社会经济水平的高低与历史文化村落留存数量呈正相关；每批次都有村落入选的县（市、区）为桐庐县、余姚市、永嘉县、诸暨市、新昌县、金东区、兰溪市、永康市、浦江县、武义县、衢江区、江山市、常山县、开化县、黄岩区、龙泉市、庆元县、缙云县、遂昌县、松阳县、景宁县，反映出这些县域内历史文化村落资源相对丰富。

2. 建设实绩数据

评价团队依据基础评价表上的项目内容与指标，对全省前四批（不含宁波地区）160个历史文化村落保护利用重点村进行现场查看、台账查阅、数据核实及量化统计。绩效评价数据显示，重点村总体上能按时按量完成建设任务，建设实效明显。全省累计完成古建筑修复：5356幢建筑的顶瓦修补，面积126.19万平方米；3587幢建筑的墙体加固，面积81.11万平方米；4224幢建筑的立面改造，面积110.6万平方米；3588幢建筑的构件修

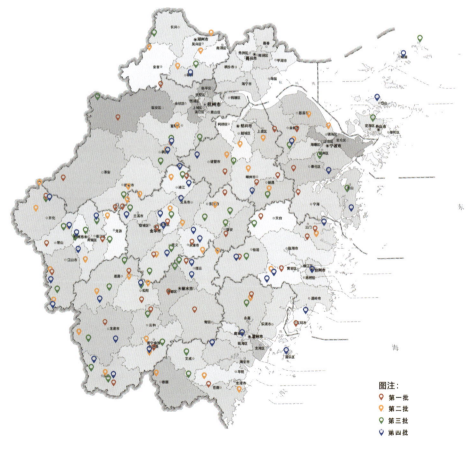

底图审核号：浙S（2022）34号

图 4-2-1　全省前四批重点村分布图

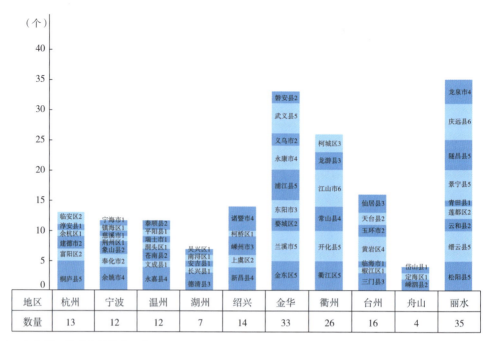

图 4-2-2　全省前四批重点村分布一览

表 4-2-1　全省第 1~4 批重点村分布一览表

第一批								
市			市			市		
县（市、区）		村名	县（市、区）		村名	县（市、区）		村名
杭州市			金华市			台州市		
桐庐县		深澳村	婺城区		雅畈村	玉环市		东沙社区
临安区		河桥村	金东区		蒲塘村	仙居县		高迁上屋村
淳安县		芹川村	兰溪市		长乐村	三门县		东屏村
余杭区		山沟沟村	东阳市		蔡宅村	天台县		张思村
宁波市			永康市		后吴村	临海市		岭根村
奉化区		岩头村	浦江县		嵩溪村	丽水市		
宁海县		箬岙村	武义县		陶村村	莲都区		下南山村
余姚市		金冠村	磐安县		大皿村	龙泉市		下樟村
温州市			衢州市			青田县		高市村
永嘉县		苍坡村	衢江区		楼山后村	云和县		桑岭村
苍南县		碗窑村	龙游县		志棠村	庆元县		月山村
绍兴市			江山市		永兴坞村	景宁畲族自治县		深垟村
诸暨市		斯宅村	常山县		彤弓山村	缙云县		河阳村
上虞区		通明村	开化县		霞山村	遂昌县		长濂村
嵊州市		华堂村	台州市			松阳县		大东坝镇七村
新昌县		梅渚村	黄岩区		潮济村	全省合计 41 个		

（续）

● 第二批

市		市		市	
县（市、区）	村名	县（市、区）	村名	县（市、区）	村名
杭州市		绍兴市		衢州市	
桐庐县	翔岗村	柯桥区	冢斜村	开化县	真子坑村
建德市	上吴方村	新昌县	班竹村	开化县	龙门村
富阳区	蒋家村	嵊州市	崇仁六村	龙游县	泽随村
宁波市		上虞区	东山村	江山市	枫溪村
镇海区	十七房村	诸暨市	赵家新村	江山市	勤俭村
余姚市	横坎头村	金华市		台州市	
慈溪市	双湖村	金东区	山头下村	黄岩区	乌岩头村
温州市		兰溪市	芝堰村	三门县	岩下村
永嘉县	芙蓉村	兰溪市	三泉村	丽水市	
平阳县	顺溪村	东阳市	李宅村	庆元县	大济村
泰顺县	村尾村	义乌市	尚阳村	缙云县	岩下村
苍南县	五一村	浦江县	新光村	遂昌县	独山村
湖州市		武义县	俞源村	龙泉市	溪头村
吴兴区	义皋村	永康市	舟山二村	松阳县	界首村
南浔区	荻港村	衢州市		松阳县	吴弄村
德清县	燎原村	衢江区	破石村	景宁畲族自治县	西一（西二）村
安吉县	鄣吴村	常山县	金源村	景宁畲族自治县	金坵村
				全省合计 44 个	

● 第三批

市		市		市	
县（市、区）	村名	县（市、区）	村名	县（市、区）	村名
杭州市		丽水市		衢州市	
桐庐县	茆坪村	缙云县	金竹村	衢江区	涧峰村
建德市	李村	松阳县	六村	衢江区	车塘村
富阳区	东梓关村	景宁畲族自治县	茗源村	龙游县	石角村
临安区	呼日村	莲都区	西溪村	江山市	枫石村
宁波市		龙泉市	源底村	常山县	芳村村
鄞州区	走马塘村	庆元县	杨楼村	开化县	下街村
余姚市	柿林村	庆元县	新窑村	舟山市	
象山县	溪里方村	云和县	石浦村	定海区	马岙村
温州市		遂昌县	蕉川村	嵊泗县	花鸟村
永嘉县	埭头村	遂昌县	淤溪村	湖州市	
泰顺县	和平村	衢州市		德清县	蠡山村
文成县	下石庄村	柯城区	墩头村	长兴县	上泗安村

(续)

第三批

市		市		市	
县(市、区)	村名	县(市、区)	村名	县(市、区)	村名
绍兴市		金华市		台州市	
诸暨市	次坞村	兰溪市	永昌村	天台县	街一村
新昌县	南山村	东阳市	上安恬村	仙居县	李宅村
嵊州市	竹溪村	磐安县	梓誉村		
金华市		浦江县	礼张村		
金东区	琐园村	武义县	丰产村		
婺城区	上阳村	武义县	郭下村	全省合计 44 个	

第四批

市		市		市	
县(市、区)	村名	县(市、区)	村名	县(市、区)	村名
杭州市		金华市		台州市	
桐庐县	梅蓉村	浦江县	古塘村	黄岩区	半山村
桐庐县	徐畈村	浦江县	潘周家村	黄岩区	直街村
宁波市		武义县	岭下汤村	椒江区	横河陈村
余姚市	中村村	义乌市	石明堂村	三门县	黄泥洞村
奉化区	马头村	永康市	芝英一村	仙居县	山下村
象山县	黄埠村	永康市	象珠一村	玉环市	山里村
温州市		兰溪市	潦溪桥村	丽水市	
洞头区	东岙村	衢州市		缙云县	笕川村
瑞安市	黄林村	江山市	花桥村	缙云县	桃花岭村
永嘉县	岩头村	江山市	南坞村	景宁畲族自治县	高演村
湖州市		常山县	大处村	龙泉市	官埔垟村
德清县	二都村	开化县	霞田村	庆元县	濛淤村
绍兴市		柯城区	余东村	庆元县	崔家田村
诸暨市	十四都村	柯城区	双溪村	松阳县	山下阳村
新昌县	西坑村	衢江区	杜一村	遂昌县	桥东村
金华市		舟山市			
金东区	仙桥村	岱山县	东沙村		
金东区	雅湖村	嵊泗县	峙岙村	全省合计 43 个	

复,共 65915 个。与历史风貌有冲突的建(构)筑物整修改造:6231 幢建筑的立面改造,面积 165.2 万平方米;261 幢建筑的结构降层,面积 5.24 万平方米;拆除面积 47.32 万平方米;异地搬迁 1910 户。村内古道修复改造:古道修复 338.16 公里,面积 94.38 万平方米。搬迁安置区基本公建设施建设:安置用地 11.32 公顷,安置户数 4679 户;投资 31611.88 万元用于基本公建设施建设(表 4-2-2)。保护利用资金投入持续增加,省补资金共计投入 10 亿元,各级财政资金配套投入共计 356640 万元,平均每村 2229 万元。其中,三年建设周期内保护利用建设投入最多的是德清县莫干山镇燎原村,达 7000 万元,创造了"德清速度"。

如表 4-2-2 所示,第一批重点村中,古建筑修

表 4-2-2　全省前四批历史文化村落保护利用重点村建设计划与完成情况表

批次	类别	1. 古建筑修复项目							2. 与历史风貌有冲突的建筑物整修改造项目									3. 搬迁安置区基本公建设施项目				4. 村内古道修复改造项目	
		顶瓦修补		墙体加固		立面改造		构件修复	立面改造		结构降层		整体拆除		异地搬迁	用地面积/万平方米	安置户数	基本公建设施投资额/万元	面积/万平方米	里程/公里
		幢数	面积/万平方米	幢数	面积/万平方米	幢数	面积/万平方米	个数	幢数	面积/万平方米	幢数	面积/万平方米	幢数	面积/万平方米	户数					
第一批	建设计划	1641	47.32	1309	34.22	1425	50.8	14702	1398	42.29	201	3.25	14.25	921	55.35	2390	11788	22.56	87.9
	完成数量	1912	49.21	1557	36.37	1896	53.18	26256	1731	49.85	119	2.44	16.51	762	76.18	1260	9214	27.36	87.1
	完成率	117%	104%	119%	106%	133%	105%	179%	124%	118%	59%	75%	116%	83%	138%	53%	78%	121%	99%
第二批	建设计划	1039	33.37	670	20.74	624	31.72	8641	933	30.21	98	3.21	10.41	457	37.16	1611	4296	20.44	69.91
	完成数量	1235	27.53	681	17.14	717	21.5	9608	933	32.17	78	1.95	10.75	440	41.8	1766	4162	21.78	70.4
	完成率	119%	82%	102%	83%	115%	68%	111%	100%	106%	80%	61%	103%	96%	112%	110%	97%	107%	101%
第三批	建设计划	812	23.33	550	12.67	574	20.18	6611	1563	35.57	44	0.64	9.52	402	44.33	1380	8356	20.60	68
	完成数量	1338	29.17	704	12.76	941	20.36	22881	2638	55.89	46	0.70	17.54	452	34.57	917	14576.88	22.28	90.72
	完成率	165%	125%	128%	101%	164%	101%	346%	169%	157%	105%	109%	184%	112%	78%	66%	174%	108%	133%
第四批	建设计划	670	16.85	542	13.56	572	14.28	6257	991	21.14	22	0.18	2.75	292	33.79	961	3720	18.65	77.22
	完成数量	871	20.28	645	14.84	670	15.56	7170	929	27.29	18	0.15	2.52	256	17.29	736	3659	22.96	89.93
	完成率	130%	120%	119%	109%	117%	109%	115%	94%	129%	82%	83%	92%	88%	51%	77%	98%	123%	116%
总计	建设计划	4162	120.9	3071	81.19	3195	117	36211	4885	129.21	365	7.28	36.93	2072	170.63	6342	28160	82.25	303.03
	完成数量	5356	126.2	3587	81.11	4224	110.6	65915	6231	165.2	261	5.24	47.32	1910	169.84	4679	31611.88	94.38	338.16
	完成率	129%	104%	117%	99%	132%	95%	182%	128%	128%	72%	72%	128%	92%	99%	73%	112%	115%	112%
村平均值	建设计划	26	0.76	19.19	0.51	19.97	0.73	226	30.53	0.81	2.28	0.05	0.23	12.95	1.07	39.64	176	0.51	1.89
	完成数量	33.48	0.79	22.42	0.51	26.4	0.69	412	38.94	1.03	1.63	0.03	0.3	11.94	1.06	29.24	197.57	0.59	2.11

复项目中"顶瓦修补"申报和完成的建筑数量最多，共申报了 1641 幢，面积 47.32 万平方米，实际完成 1912 幢，49.21 万平方米。与历史风貌有冲突的建（构）筑物整修改造项目中"立面改造"与"整体拆除"完成了相应的申报数量，"结构降层"与"异地搬迁"没有完成申报数量，"结构降层"完成率最低，仅为 75%。搬迁安置区基本公建设施项目中，用地面积完成率达 138%，但安置户数完成率仅为 53%，基本公建设施投资额完成度为 78%。村内古道修复改造项目基本完成申报数量。第一批重点村古建筑修复项目数量最多，与历史风貌有冲突的建筑物立面改造数量最少，反映出第一批村落的历史古建筑遗存较多，村落历史风貌较好。第一批村落的"结构降层""异地搬迁"和古道修复数均最多，反映出第一批重点村的工作力度相对较大。

第二批重点村的古建筑修复项目完成率总体偏低，其中"立面改造"完成率最低，仅为 68%。与历史风貌有冲突的建（构）筑物整修改造项目中，"立面改造"和"整体拆除"均完成了申报数量，"结构降层"和"异地搬迁"未完成计划。搬迁安置区基本公建设施项目中，"用地面积"和"安置户数"均已完成，而"基本公建设施投资额"未完成申报数量。村内古道修复改造项目均已完成。

第三批重点村各项目总体完成度较好，仅搬迁安置区基本公建设施项目中"用地面积"和"安置户数"未完成申报数量。

第四批重点村古建筑修复项目和村内古道修复改造项目均已完成，但与历史风貌有冲突的建（构）筑物整修改造项目、搬迁安置区基本公建设施建设项目均未完成申报数量，其中"用地面积"完成率最低，仅为 51%。

统计前四批历史文化村落保护利用重点村各项目平均每村的建设完成量。古建筑修复项目中，"顶瓦修补"完成数量约为 33 幢，0.79 万平方米；"墙体加固"完成数量约为 22 幢，0.51 万平方米；"立面改造"完成数量约为 26 幢，0.69 万平方米；"构件修复"数量约为 22 幢，412 个。可见古建筑修复是历史文化村落保护利用项目实施的重点，由于民间有"屋漏房塌"的说法，顶瓦修补成为古建筑修复的首要任务。在与历史风貌有冲突的建（构）筑物整修改造项目中，"立面改造"完成数量约为 38 幢，1.03 万平方米；"结构降层"仅约 1 幢，面积 0.03 万平方米；"整体拆除"面积为 0.3 万平方米；"异地搬迁"约 11 户。搬迁安置区基本公建设施项目完成"用地面积"约 1 公顷，"安置户数"29 户，"基本公建设施投资额"约 197 万元。村内古道修复改造项目完成面积约 0.59 万平方米，里程约 2.11 公里。

总体来看，全省前四批历史文化村落中，古建筑修复的顶瓦修补、墙体加固、立面改造、构件修复的申报数量，与历史风貌有冲突的建（构）筑物整修改造的结构降层、整体拆除、异地搬迁的申报数量，搬迁安置户数的申报数量，均呈现逐年减少的趋势。与历史风貌有冲突的建（构）筑物整修改造项目中，立面改造项目在第三、四批有所增加，反映了后两批村落的历史风貌破坏相对较大，村内新建建筑较多。整个四批与历史风貌有冲突的建（构）筑物整修改造项目中，结构降层、异地搬迁、搬迁安置户数的完成度较低，反映出村落违建（构）筑物的拆降难度相对较大，村民搬迁意愿不大。搬迁安置区基本公建设施项目中，第三、四批的用地面积完成度明显下降，这与各县（市、区）级政府土地空间资源及调配力度呈正相关（图 4-2-3～图 4-2-6）。

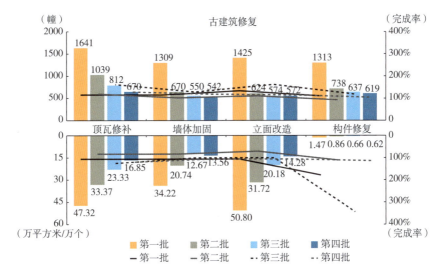

图 4-2-3 古建筑修复项目数量与完成率比较

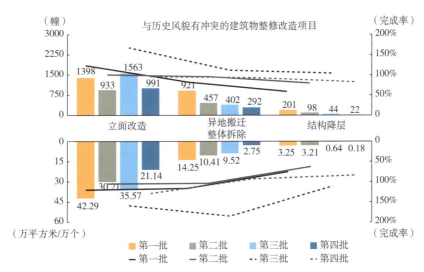

图 4-2-4 与历史风貌有冲突建筑物整修改造项目数量与完成率比较

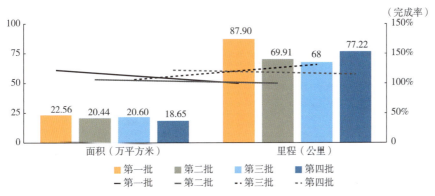

图 4-2-5 古道修复改造项目数量与完成率比较

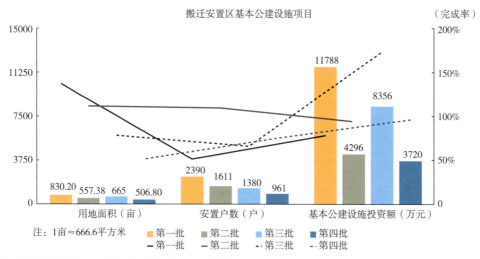

图 4-2-6 搬迁安置区基本公建设施项目数量与完成率比较

3. 评价等级分析

分别对全省前四批（不含宁波地区）160 个历史文化村落保护利用重点村进行实地检查评价，具体按优秀（90 分及以上）、良好（70~89 分）、合格（60~69 分）、不合格（60 分以下）四个档次进行定级与排序。优秀共计 86 个，良好 67 个，合格 4 个，不合格 3 个，优秀率为 53.8%（表 4-2-3、图 4-2-7、图 4-2-8）。最高分为杭州桐庐县茆坪村和富阳区东梓关村，皆为 102.5 分，最低分为衢州市衢江区破石村 29.5 分，整体平均分为 86 分。其中，丽水地区的优秀率最高，达 20 个，其次为台州地区，共 15 个；从县域层面来看，桐庐县、诸暨市、浦江县、缙云县和松阳县得到优秀的村落最多，分别有 4 个。总体来讲，全省前四批重点村总体优良率较高，反映出各地思想认识较高、工作组织投入、建设效果较好；优秀率呈逐年下降趋势，体现了历史文化村落的基础条件逐年降低，而建设难度逐年上升；第四批未有及格、不及格村，反映出各地对此项工作的认识有所提高。

表 4-2-3 全省前四批各地区重点村评价结果等级数量及占比

地区/等级	杭州	温州	湖州	绍兴	金华	衢州	舟山	台州	丽水	小计
优秀	8（5%）	4（2.5%）	6（3.75%）	8（5%）	12（7.5%）	10（6.25%）	3（1.875%）	15（9.375%）	20（12.5%）	86（53.75%）
良好	5（3.125%）	8（5%）	1（0.625%）	4（2.5%）	20（12%）	13（8.125%）	1（0.625%）	1（0.625%）	14（8.75%）	67（41.875%）
及格	0	0	0	2（1.25%）	1（0.625%）	0	0	0	1（0.625%）	4（2.5%）
不及格	0	0	0	0	0	3（1.875%）	0	0	0	3（1.875%）
小计	13	12	7	14	33	26	4	16	35	160
优秀率	61.54%	33.33%	85.71%	57.14%	36.36%	36.36%	75%	93.75%	57.14%	53.75%

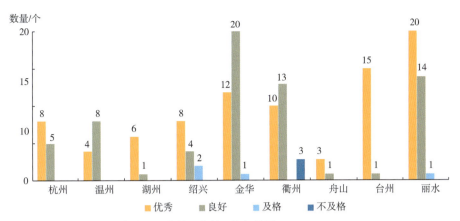

图 4-2-7 全省前四批各地区重点村评价结果等级数量

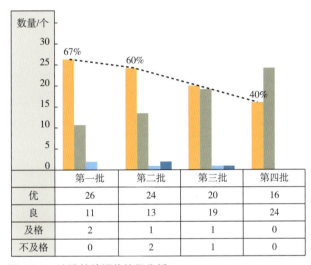

	第一批	第二批	第三批	第四批
优	26	24	20	16
良	11	13	19	24
及格	2	1	1	0
不及格	0	2	1	0

图 4-2-8 建设绩效评价等级分析

二、特色亮点

1. 因村制宜，引入与融合多种业态

全省前四批历史文化村落保护利用重点村在加强保护的基础上，因村制宜，发挥地域自然、历史、人文等资源优势，大力发展历史文化博览、生态农业体验、文化创意休闲、乡村休闲旅游、特色民俗观摩等新兴产业，前四批重点村大部分都有属于自己的业态。如台州市玉环山里村在历史文化村落保护利用建设中，明确以乡村休闲旅游产业带动村民创收致富的发展路径，通过招商引资，筑巢引凤，以文创小镇项目为载体，打造"来山里看海"品牌，先后引进花涧堂、裸心海、放牛班、光阴故事、高老庄等 13 个旅游业态，辐射带动村落产业发展。金华浦江县新光村强调整村保护特色发展，修缮历史建筑，引进新光廿九间里旅游创客基地，引导和激励农户发展电子商务、乡村民宿、主题书吧、小酒馆、农特产品超市等经营项目，以 71 家业态引进位居全省榜首。金华金东区琐园村强调对传统村落文化内涵的深入挖掘和宣传推广，以村集体为主体统一经营，修缮古建筑并赋予其不同主题，植入琐园文化苑、非遗展示馆、木版年画展览

馆、海外学子游琐园事迹物件陈列馆、传统女子文化馆等多个文化业态，不仅提高了古建筑活化利用的效益，极大地丰富了村落文化氛围，还打响了琐园"国际研学村"旅游品牌。

2. 创新路径，探索与实践经营模式

全省前四批历史文化村落保护利用重点村项目建设，坚持发挥政府主导作用、牵引市场运作、引导村民参与，创新历史文化村落保护利用的多元利益主体合作经营模式，通过政府整体租赁后招商发展利用、村集体回租外包发展利用、村民分散外租发展利用、村民自主经营和上述模式综合等经营模式，各显奇招，拓宽历史文化村落活化利用的路径。前四批重点村中，采用政府整体租赁后招商发展利用的有14个村，村集体回租外包发展利用的有23个村，村民分散外租发展利用的有4个村，村民自主经营的有19个村，上述模式两项以上综合发展利用的有66个村。如台州黄岩区乌岩头村积极推动"学院+基地""学院+产业"联动发展模式，依托高等院校、乡村振兴学院的培训实践活动，把古建、旅游、教育、文化等优质资源进行整合，推动"校地"合作共赢，打造历史文化村落保护利用的新亮点。金华浦江县嵩溪村围绕"村落搭台、产业相衬"互动发展模式，发挥村落特色，吸引乡贤青年返乡创业，实施文化项目落地，在修复后的古建筑中植入艺术工作室、手工作坊、特色民宿、文化展馆等功能业态，提升了建筑活化利用效益。衢州柯城区双溪村创新"公司+农户"共赢模式，引入社会资源，重点开发民宿、农家乐项目，目前共有54家农家乐，经济效益逐步显现，农民收入显著提高。

3. 建立机制，样板与示范效应突出

在全省前四批历史文化村落保护利用重点村项目建设中，建立长效建管机制，提高村民保护发展意识，多方面筹集资金，高效推进项目实施。如丽水庆元县月山村充分发挥组织领导优势，高效动员组织群众，一个月内完成拆除与历史风貌有冲突的建（构）筑物的工作，形成拆违整治的"月山速度"。湖州德清县燎原村围绕自身文化特色，打造莫干山民国风情，形成保护利用建设的"德清速度"。前四批重点村中，农民收入和村均集体收入均达到开展保护利用工作前的1.9倍，创业人数达到2013年的3.1倍。

三、典型问题

1. 部分地区规划设计指导不够

历史文化村落保护利用需坚持规划引领，有序推进，分步实施。从县域层面来看，部分县域还未开展县域历史文化村落保护利用总体规划，顶层设计指导不够，存在单个村落"自规自话"现象，未能形成联动发展之势。单个村落的规划存在基础调研不实、主题定位不准、规划评审不实以及设计方案与具体项目建设实施间存在偏差等问题，规划设计的科学性、专业性与可行性考虑不足，规划设计方案不能很好地指导工程有序、科学地开展。

2. 部分村落内生发展动力不足

全省前四批历史文化村落重点村中，大部分村落位于交通不便、布局分散且基础设施薄弱的偏远地区，人口流动一直呈流出态势，村内老龄化、空心化现象较为严重。部分村落虽已经过三年项目建设实施，但仍存在对历史文化村落保护与利用的辩证关系认识不够，对如何突出村落特色存在惯性思维的问题。部分村落还未能探索出有效的产业业态培育途径与方法，村落整体内生动力不足的现象明显。

3. 部分村落业态发展还不稳定

从全省前四批已经有业态发展的历史文化村落的情况来看，虽然部分村落在推进乡村生态休闲旅游、特色民俗体验、历史文化研学等方面取得了一定成效。但也面临着不同旅游时段差别明显、游客回头率低、"打卡"亮点不多等困境，村落业态发展还不稳定，业态常态化运营还未形成。

4. 资金整合与政策处理难度较大

部分历史文化村落在风貌协调、立面整治、古道修复等工程实施时与三线下埋、污水处理等工程衔接上存在一定的困难。多地历史文化村落保护利用建设资金需求额度大，县级财政压力较大，各地建设资金的筹措渠道和额度不甚理想。在拆迁安置、结构降层等项目实施过程中，在土地指标落实、土地征用工作、农户产权归属等方面容易出现问题。在具体项目实施中，存在因招投标项目操作周期长且不够灵活而耽搁项目实施的情况。另外，村民观念的转变也是一个需要长期攻坚的难题。

四、典型村落样本示范

浙江省历史文化村落保护利用工作先行先试，走在全国前列。为了更加直观呈现浙江省历史文化村落保护利用的效益，以期从中把握历史文化村落保护利用的发展脉络，探析其差异化的发展路径。研究团队在充分考虑地域、类型、特色等因素的基础上，从前三批历史文化保护利用重点村和国家级传统村落中选取了40个具有代表性和示范意义的典型样本村开展了二次回访调研，对其数据进行分析与梳理，得到了浙江省历史文化村落保护利用工作的阶段性总结与典型样本（图4-2-9、表4-2-4、表4-2-5）。

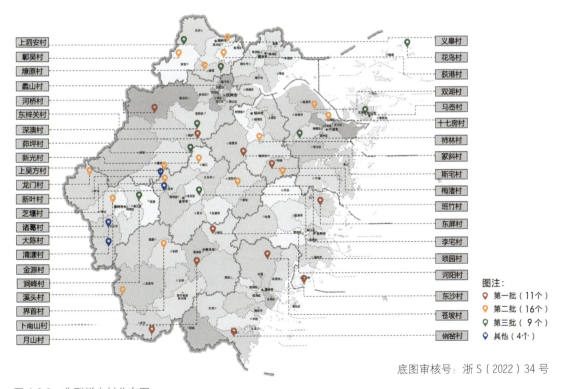

图 4-2-9 典型样本村分布图

表 4-2-4 典型样本村分布地区表

	地区				
	浙东	浙南	浙西	浙北	浙中
村名	镇海区十七房村 慈溪市双湖村 余姚市柿林村 定海区马岙村 嵊泗县花鸟村	永嘉县苍坡村 苍南县碗窑村 三门县东屏村 玉环市东沙村	建德市新叶村 建德市上吴方村 衢江区涧峰村 江山市大陈村 江山市清漾村 开化县龙门村 常山县金源村 莲都区下南山村 庆元县月山村 松阳县界首村 缙云县河阳村 龙泉市溪头村	临安区河桥村 桐庐县深澳村 桐庐县茆坪村 富阳区东梓关村 安吉县鄣吴村 德清县燎原村 德清县蠡山村 南浔区荻港村 吴兴区义皋村 长兴县上泗安村	兰溪市诸葛村 兰溪市芝堰村 浦江县新光村 东阳市李宅村 金东区琐园村 柯桥区冢斜村 诸暨市斯宅村 新昌县班竹村 新昌县梅渚村
数量	5	4	12	10	9

表 4-2-5 典型样本村入选名录一览表

序号	村名	入选名录（批次）				
		中国历史文化名村	中国传统村落	省级历史文化村落	省级历史文化名村	浙江省3A级景区村庄
1	永嘉县苍坡村		■（2）	■（1）	■（1）	■（1）
2	苍南县碗窑村	■（6）	■（1）	■（1）	■（3）	■（2）
3	三门县东屏村		■（2）	■（1）	■（6）	
4	玉环市东沙村			■（1）		■（2）
5	临安区河桥村			■（1）		■（2）
6	桐庐县深澳村	■（3）	■（1）	■（1）	■（3）	■（1）
7	桐庐县茆坪村	■（7）	■（3）	■（3）	■（5）	■（4）
8	富阳区东梓关村		■（4）	■（3）		■（1）
9	安吉县鄣吴村	■（6）	■（3）	■（2）	■（4）	
10	德清县燎原村			■（2）		■（2）
11	德清县蠡山村			■（3）		■（1）
12	南浔区荻港村	■（6）	■（1）	■（2）	■（4）	■（2）
13	吴兴区义皋村		■（3）	■（2）		■（2）
14	长兴县上泗安村		■（4）	■（3）	■（6）	■（1）
15	兰溪市诸葛村		■（2）		■（5）	
16	兰溪市芝堰村		■（3）	■（2）	■（5）	■（1）

(续)

序号	村名	中国历史文化名村	中国传统村落	省级历史文化村落	省级历史文化名村	浙江省3A级景区村庄
17	浦江县新光村		■(1)	■(2)	■(4)	■(1)
18	东阳市李宅村		■(4)	■(2)	■(5)	■(2)
19	金东区琐园村		■(5)	■(3)		
20	柯桥区冢斜村	■(5)	■(1)	■(2)	■(4)	■(1)
21	诸暨市斯宅村		■(1)	■(1)	■(2)	
22	新昌县班竹村		■(5)	■(2)		■(1)
23	新昌县梅渚村		■(5)	■(1)		
24	建德市新叶村	■(5)	■(1)		■(2)	■(1)
25	建德市上吴方村	■(7)	■(3)	■(2)	■(5)	■(3)
26	衢江区涧峰村			■(3)		■(2)
27	江山市大陈村	■(6)	■(1)		■(4)	■(1)
28	江山市清漾村	■(7)	■(2)		■(3)	
29	开化县龙门村		■(4)	■(2)	■(5)	
30	常山县金源村		■(5)	■(2)	■(6)	■(3)
31	莲都区下南山村			■(1)		
32	庆元县月山村			■(1)		■(1)
33	龙泉市溪头村			■(2)	■(5)	■(1)
34	松阳县界首村		■(2)		■(3)	■(2)
35	缙云县河阳村	■(6)	■(1)	■(1)	■(2)	
36	镇海区十七房村			■(2)	■(6)	
37	慈溪市双湖村			■(2)		■(2)
38	余姚市柿林村	■(7)	■(1)	■(3)	■(5)	■(1)
39	定海区马岙村			■(3)	■(6)	■(2)
40	嵊泗县花鸟村			■(3)		■(1)
合计（个数）		12	28	36	26	34

这40个典型样本村落历史悠久、类型多样、资源丰富、独具特色。浙西地区的数量最多，具有一定的代表性。样本村中，历史古建型的数量最多，反映了历史文化村落留存的基础条件是历史古建筑。许多村落始建年代较早，其中，唐代及以前的村落有6个，唐宋之间的村落有4个，宋代的村落有15个，元代的村落有3个，明代的村落有8个，清代的村落有4个。历史最久的是德清县蠡山村，春秋时期就已有人聚居活动，德清县燎原村和富阳区东梓关村在南北朝时期也开始初具规模。40个典型村落中，国保单位、省保单位、市保单位和县保单位（点）共计129处，其中国保单位9处，

占全省的 3.2%；省保单位 19 处，占全省的 2.2%；市保单位（点）11（5）处，县保单位（点）40（34）处。40 个典型村落共拥有国家级、省级、市级和县级非物质文化遗产 92 个，其中国家级非遗名录 7 个，占全省的 2.7%；省级非遗名录 20 个，占全省的 1.9%；市级非遗名录 31 个，县级非遗名录 34 个（图 4-2-10、表 4-2-6）。

根据浙江省历史文化村落的自然资源、历史遗存、人文环境、产业基础、发展潜力，以及建设规划定位、三年建设情况等综合因素，可将这 40 个典型样本村落按照生态环境优美型、历史古建悠久型、民俗风情特色型、产业融合有效型、建设发展综合型五种类型进行发展定位（表 4-2-7）。在村落后续建设发展中，抓住村落个性特征和特色优势，整合其他资源，实现历史文化村落保护利用的可持续发展。

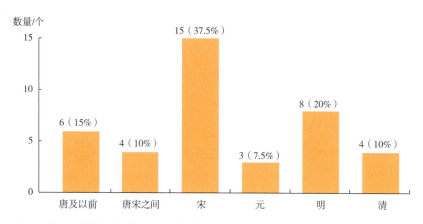

图 4-2-10　典型样本村建村年代分布图

表 4-2-6　典型样本村非遗项目名录数量一览表

类别	级别				总计
	国家级	省级	市级	县级	
民间文学		1	2	6	9
传统音乐		3		1	4
传统舞蹈	2	5	4	8	19
传统戏剧	2	1			3
曲艺			1		1
传统体育、游艺与杂技			1		1
传统美术		1	4	1	6
传统技艺	1	5	14	15	35
民俗	1	4	4	3	12
传统医药	1		1		2
合计	7	20	31	34	92

表 4-2-7　典型样本村发展定位表

序号	村名	类型				
		生态环境优美型	历史古建悠久型	民俗风情特色型	产业融合有效型	建设发展综合型
1	永嘉县苍坡村		■			
2	苍南县碗窑村	■				
3	三门县东屏村		■			
4	玉环市东沙村			■		
5	临安区河桥村	■				
6	桐庐县深澳村					■
7	桐庐县茆坪村				■	
8	富阳区东梓关村				■	
9	安吉县鄣吴村			■		
10	德清县燎原村					■
11	德清县蠡山村	■				
12	南浔区荻港村					■
13	吴兴区义皋村			■		
14	长兴县上泗安村	■				
15	兰溪市诸葛村					■
16	兰溪市芝堰村		■			
17	浦江县新光村					■
18	东阳市李宅村		■			
19	金东区琐园村			■		
20	柯桥区冢斜村	■				
21	诸暨市斯宅村		■			
22	新昌县班竹村	■				
23	新昌县梅渚村			■		
24	建德市新叶村					■
25	建德市上吴方村			■		
26	衢江区涧峰村				■	
27	江山市大陈村					■
28	江山市清漾村			■		
29	开化县龙门村				■	
30	常山县金源村			■		
31	莲都区下南山村				■	

（续）

序号	村名	类型				
		生态环境 优美型	历史古建 悠久型	民俗风情 特色型	产业融合 有效型	建设发展 综合型
32	庆元县月山村					■
33	松阳县界首村		■			
34	缙云县河阳村		■			
35	龙泉市溪头村			■		
36	镇海区十七房村					■
37	慈溪市双湖村					■
38	余姚市柿林村	■				
39	定海区马岙村			■		
40	嵊泗县花鸟村				■	
数量/个		7	7	10	6	10

第三节　对新时代持续推进历史文化村落保护利用的研判

浙江省历史文化村落保护利用工作至今已连续推进八年，前五批重点村建设取得了一定的经验与成果，保护利用的红利和效益也已突显。历史文化村落保护利用将环境效益、生态效益、文化效益和经济效益完美结合，对推进乡村振兴战略和新时代美丽乡村建设具有重要的意义。基于前五批的项目建设实情与绩效评价，对浙江省历史文化村落保护利用后续推进有以下几个基本判断。

（1）推进分类运维　历史文化村落因既有条件、发展潜力各有不同，发展思路与定位也必有差异。可以将村落分为提升发展型、适度发展型和暂缓利用型三类，根据浙江省历史文化村落保护利用建设的基础和区域条件，结合浙江美丽乡村全域发展格局，来谋划推进全省历史文化村落后续运维工作。如村落地理区位、自然条件、建筑景观、民俗文化、产业基础等条件较好，具备较成熟的保护利用思路，发展动力足、潜力大，受到历史文化村落保护限制的条件较少，村民的保护利用意识与热情以及村委班子的战斗力强，则可进一步加大资金投入，加强资源保障，打造精品历史文化村落。如村落总体风貌保存完整，村落规模较大，古建筑价值较高，具有一定的潜在开发价值，但目前投入的资金不能使村落进行全面的建设，需要持续注入资金方可见到成效，则可适当控制开发规模与力度，有效促进历史文化村落的可持续保护与发展。

（2）创新机制模式　进一步发挥政府资金（上）"四两拨千斤"的引导作用，带动社会资本（下）持续投入、保障开发，促进村落内生动力牵引和外部资源支撑有效融合，形成上下联动、内外联结、多维协同的历史文化村落保护利用可持续模式。进一步做好顶层设计，做好县域乃至市域层面的历史文化村落保护利用总体规划和村庄规划的指导与衔接。持续推进土地、资金、技术等要素保障投入，促进"引资"向"引智"转变，"美化"向"美丽"转变，"输血"向"造血"转变，提升历史文化村落保护利用新动能。

（3）建立全信息库　开展全面深入的全省历史文化村落调研工作，突出"千村故事、千村档案"特色，建立文化遗产"一村一档"和规划设计"一村一案"信息库；根据专家现场评价，突显实施成效，评价绩效"一村一报告"；分区分类精选案例，总结经验"一村一对策"。最后形成"一村一档一案一报告一对策"的全信息库，形成完整的历史文化村落保护利用学科链和生态圈。

（4）科学谋篇布局　进一步加强科学研判，凝练特色，发挥优势，多方合力，绘制风貌、风景、风情内涵扩展的历史文化村落"三风"全景图，编制成形、成品、成景时序递进的历史文化村落"三成"路线表，构筑生产、生活、生态环境相融合的历史文化村落"三生"新格局，增强形态、神态、活态内外兼修的历史文化村落"三态"生命力，推进研究基地、研究项目、研究人员激活动能的历史文化村落"三研"新模式，营造学界、学者、学生带来创意、创新、创业的历史文化村落"三学三创"新场景，形成新时代浙江"三风三成、三生三态、三研三学三创"的"7个三"整体布局。

（5）形成浙江模式　在"7个三"整体布局的基础上，建立"一村一档一案一报告一对策"的全信息保障，形成文化遗产保护传承的全位化引领，多学科专家联合的全过程评价，价值评价标准的全域化覆盖，规建管评协同的全动态监测，地方性知识平台推动的全设计引领的"6个全"浙江模式。

下篇 案例实证篇

第五章 多派盛景孕育群英荟萃的浙南四村落

第一节 文房四宝，耕读传家——温州永嘉县苍坡村

一、村落概况

1. 区域位置与社会经济

苍坡村地处温州市永嘉县岩头镇北部，位于国家级风景名胜区楠溪江主流大楠溪西岸。村落距永嘉县城约32公里，距温州市区约40公里。由上海、杭州、宁波等地至温州，可直接转车至苍坡村，永仙公路从村落东侧穿过，交通比较便捷。村域面积6平方公里，其中，丘陵山地1.6平方公里有余，农田0.4平方公里有余。全村现有1100户，3200余人，常住人口1600人，以李姓为主。村内以种植柑橘、西瓜、猕猴桃等为主要产业，近年来借楠溪江风景名胜区的旅游产业之势，积极推进苍坡历史文化村落特色文化旅游产业（图5-1-1）。1991年10月，苍坡村被列入第一批省级历史文化名村名录。2013年8月，苍坡村被列入第二批中国传统村落名录。2013年，苍坡村被列入浙江省第一批历史文化村落保护利用重点村名录。2017年，苍坡村被评为浙江省第一批3A级景区村庄。

2. 村落历史与风貌格局

苍坡村为李氏宗族聚居之地，自五代时期迁此建村至今，已有一千多年，是楠溪江流域最具代表性的历史文化村落之一。据《李氏族谱》记载，五代后周显德二年（955年）始迁祖李岑为避闽乱，从福建长溪徙居永嘉灵山，被周家招为女婿，后东迁约一公里，建宅今址。至五世祖时，人丁兴旺，分为东宅、西宅和麻溪三地段，各设祠堂，于村口建李氏大宗祠。南宋建炎二年（1128年），第七世祖兄弟分家立业，其兄李秋山迁往邻村霞坞东岗（今方巷村）另辟家业。第八世祖霞溪公悼其兄锦溪公战亡，因淡荣念，遂隐退苍坡。"卜筑林塘扁湖之西曰肖堂，湖之东曰水月堂，寄兴畅咏，以终老焉"。

苍坡原名苍墩，后改为苍坡。据《李氏宗谱》载"苍坡之地，始有夹岸桃花堤十六咏，亭台莲塘广数里，山明水秀，诗歌记序，汇成卷贴，人文之盛予地灵卜之至"，于是建立了村落。苍坡村整体坐北朝南，背山面水，地势西北高、东南低（图5-1-2、图5-1-3）。村落西部、北部各有一条溪流，自"苍山尖"山中流下，由西北部分别向南、东分流，形成"西溪""北溪"环绕，蜿蜒流至东南汇合，曲折萦环，然后向东南方经方巷村东去汇入大楠溪水系。

南宋淳熙五年（1178年），第九世祖李嵩邀请国师李时日依五行风水定位，以"文房四宝"意象规划设计村落格局。村落借西侧形似笔架的山峰

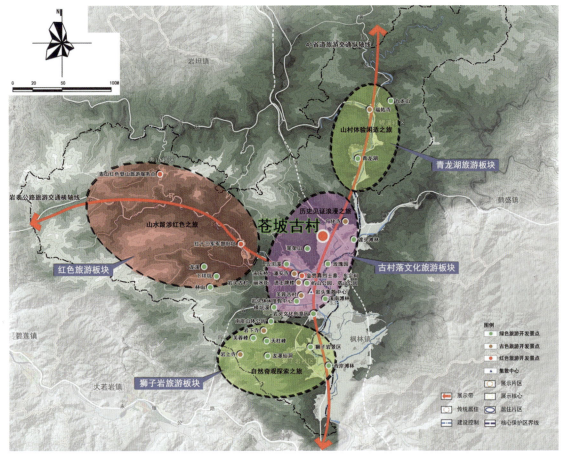

图 5-1-1 村落周边旅游资源分析图

图 5-1-2 苍坡村航拍图

图 5-1-3 苍坡村全景图

图 5-1-4　笔街

图 5-1-5　西池

图 5-1-6　东池

石、纸村、砚池，如同文房四宝，静居山水，典雅别致，构成了一幅颇具诗情画意的山水田园景象（图5-1-4）。现今，村落格局基本保持南宋时期的规划原状与建筑风貌，其古宅、亭榭、祠庙、寨墙、古道、古柏、水池等犹见当年风韵。古村主入口处矗立着车门，车门两侧是高高的石头围墙。跨进车门，笔直的石道串起了苍坡的历史书页，"书页"即左右两个池塘，左边一页是西池，记载着半耕半读的生活理想；右边一页是东池，记载着对高尚精神、美好品德的传颂和对神明的敬祀（图5-1-5、图5-1-6）。

3. 传统建筑与历史文化资源

"楠溪江畔多村落，最美村庄数苍坡"。苍坡村历史悠久、古韵悠远，保存着众多历史遗迹。村内现保留着古宅、亭榭、祠庙、寨墙等宋代建（构）筑物46幢，其中苍坡溪门、仁济庙为县级文物保护单位，另有李氏大宗祠、水月堂、官厅、望兄亭、丁香桥、东头水井6处县级文保点。

苍坡溪门建于南宋淳熙五年（1178年），整体由木料构筑而成，以大斗、小斗、托梁、挑檐建造，六层斗拱没有用一枚钉子，屋顶为重檐悬山式结构，端庄古朴。这道大门和日本"国宝级建筑"奈良东大寺的南大门略有相似之处，不过奈良东大寺大门的建造时间比苍坡溪门晚了12年。门楣上挂有"苍坡溪门"四个大字，为温州已故书法家蔡心谷先生所题。永嘉方言里"车"与"溪"同音，苍坡人以为自家风水好是前面的溪水好之故，便写成溪门了。门楼的下面便是"七级石阶"，据记载，第十一世祖李仲因居官清廉、政绩显著而受朝廷器重，官位连升七级，村人为纪念此事，特地修建了这七级石阶。上方门楼上有一副对联：溪山揽胜怀先哲；门第添辉望后昆。既

为笔架山；一条长300余米、宽2米的石板直街纵贯全村，通向笔架山，是为笔；石道中间过一桥，砚池和笔街之间的几块长长的条石，为墨；村落四周展开的平坦田地，为纸；整座村落占地面积最大的是石道两侧的莲池，为砚。笔架山、笔街、墨

描绘了此处风景优美,又说明了祖辈业绩辉煌,也寄望后辈发奋读书、光耀门楣。为表示敬重,凡是经过这里的人都要遵守过车门的规矩,古时文官要下轿,武官要下马。步过七级阶,里面是长约20米的"进士堤",上有三级条石砌成的"三试阶",取意县(府、院)试、乡试、会试,分别为考秀才、举人、进士的考试,是封建社会读书人入仕为官的必由之路,三试过关后才算是跻身进士之列。苍坡溪门现已被公布为县级文物保护单位(图5-1-7)。

图5-1-7 苍坡溪门

村东池、西池之间有一座仁济庙,由十世祖李伯钧于南宋淳熙七年(1180年)始建。建筑檐角微翘,屋檐面稍有弧度,屋脊线条平缓却充满张力,舒展大方,避免了一般庙宇建筑通常会有的肃穆感。庙前有3株3人合抱粗的800年古柏。仁济庙中供奉的既不是菩萨,也不是本族始祖,而是一个叫周处的人。据《世说新语》载,周处在年轻时横行乡里,为乡邻们切齿痛恨,视其为与猛虎蛟龙同论的"三害"之一,后来经人指点改邪归正,弃恶从善,为乡里除害,战死沙场。于是周处便成了人们教育青年改恶从善的楷模。仁济庙已被公布为县级文物保护单位,现已辟为永嘉昆曲馆(图5-1-8)。

图5-1-8 仁济庙

水月堂始建于北宋,重修于南宋嘉定十六年(1223年),现存水月堂系清咸丰三年(1853年)时重建的。北宋徽宗时,第八世祖李霞溪见胞兄李锦溪为国捐躯,重亲情悌爱的他归隐苍坡,在东池上建造了水月堂。每当月亮升起,他都孤寂地坐在堂中,望着池中明月的倒影,寄托着思兄之情。"寄兴殇咏,以终老焉"。水月堂四面环水,只在西侧有一长两米的小石板桥,建筑横向三开间,悬山顶,两侧有廊,上覆披檐,正面有一小院,镂空围墙。水月堂内现已改造为咖啡馆(图5-1-9)。

图5-1-9 水月堂

官厅建于明万历十年(1582年),坐北朝南,面阔五开间,由太学生李明光带头捐资建造而成,作为调解宗族矛盾纠纷的场所,其性质与衙门里的公堂类似,故被称为"官厅"。清代时称议事厅,民国时期改称"和事局"。官厅现已辟为农村改革展馆,展示着永嘉县作为中国包产到户第一县敢为人先的改革精神。

李氏大宗祠建于明宣德年间,是苍坡村的礼教中心,也是举办宗族聚会、重大族事庆典的地方(图5-1-10~图5-1-12)。李氏大宗祠自第一世祖李岑建村至今已传四十二世,直接从苍坡分迁出去的村落达一百一十几个,人口近二十万。从前,每到圆谱、祭祖时,那些分迁出去的人们会相聚在这里,场面非常壮观;平时人们也经常在这里决定族中重大事件,解决族人纠纷。古时候,凡是参加三试"金榜题名"的族人,均要披红戴花到此举行盛大的祭祖仪式,在司仪的唱引下,行三跪九叩大礼,祭拜列祖列宗。宗祠内的大戏台是村民日常的文化娱乐场所,每到祭祀先祖、重大节日之时,这里热闹非凡,经常连夜演戏,台下人头攒动。李氏大宗祠牌匾上面的"氏"字多了一点,有人质疑这是笔误。按村人的说法,是因为村中还有几个非李姓的人家,这一点表示接纳相容外姓人的意思,这多出来的一点是特地添写的。不管这"氏"字是否笔误,村人的说法反映出的民风是很值得赞赏的。

村东池立有修建于南宋建炎二年(1128年)的"望兄亭",站在亭子里往村外东南方向眺望,对面方巷村头有一座"接季阁",两座亭阁隔着阡陌纵横的田野遥遥相望,讲述着一对兄弟情深的佳话(图5-1-13)。当年李氏七世祖李秋山、李嘉木兄弟二人,晨耕夜读,形影不离,情谊至深。年长

图5-1-10 李氏大宗祠(一)

图5-1-11 李氏大宗祠(二)

图5-1-12 李氏大宗祠(三)

图5-1-13 望兄亭

成家后，兄长李秋山迁往邻村霞坞东岗，弟弟李嘉木常常一早就站在寨墙上向东南远望，等待哥哥来"会桃花之芳园，序天伦之乐事"。兄弟二人往来频繁，每每必促膝长谈至深夜，临别相送依依不舍。于是兄弟俩商定在两村口各建一座亭阁，弟弟李嘉木就在寨内建了"望兄亭"，而兄也在方巷建了"接季阁"。每当探望分手后，见到对方亭中灯笼点亮，便知对方已平安到家。从此，亭阁相对，相互迎送。望兄亭的精致在楠溪江沿岸的古亭中是少有的，特别是披檐，曲线弧度放足，十分轻柔。著名画家夏蕙瑛赴楠溪江写生，为美好故事所感，遂作《古村》诗"欲寻桃源路，携秋楠溪行。村同古柏古，人比清水清。弟望送弟阁，兄送望兄亭。谁又点灯去，远山明月生"。

楠溪江流域孕育了苍坡丰富的历史人文资源，村内拥有历史名贤、民间传说、传统工艺、民风习俗、传统风物特产等多个类型的文化资源，建有多个主题文化展示场馆，具有浓郁的文化气息和氛围。陈太保传说、望兄亭、李驸马传说被公布为永嘉县第八批非物质文化遗产代表性项目。

二、规划设计

1. 规划定位与总体布局

苍坡村在省历史文化村落保护利用重点村规划中，着力整体保护苍坡古村的历史风貌与空间格局特征，强化历史地段、文物古迹和历史建筑的保护与利用，注重有形历史文化遗存和无形历史文化遗产保护传承相结合，延续、弘扬苍坡历史文化特色。空间系统规划突出保护，强调以传统"笔、墨、纸、砚"规划的苍坡历史文化村落空间格局以及外部环境，以宗族祖屋为核心的组团布局结构以及传统建筑的庭院布局方式（图5-1-14）。

2. 规划保护范围

为有效保护和完善苍坡历史文化村落历史风貌体系，保护苍坡村整体空间格局、历史建筑（群）及景观节点，结合苍坡村落环境现状和未来发展需求，确定规划范围为东至苍坡村东寨墙外40~95米，南至南寨墙外55~85米，西至西寨墙外105~155米，北至村北溪南岸35~85米，总面积约29.12公顷。规划范围内划分核心保护区、建设控制区和风貌协调区三个层次。其中，核心保护区由

图 5-1-14　规划总平面图

图 5-1-15 用地结构规划图

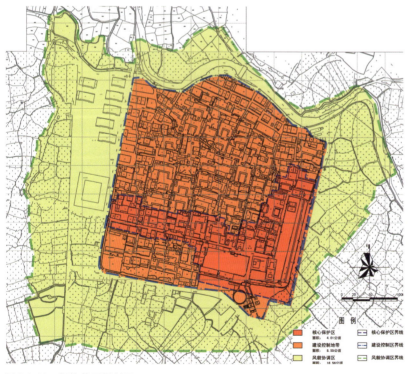

图 5-1-16 保护范围规划图

苍坡历史文化村落巷道、院落、民宅等组成（包括笔街、李氏大宗祠、仁济庙至水月堂区域），东至东寨墙边缘，西至笔街西端边界，南以苍坡溪门至望兄亭间的寨墙为界，北至水月堂北侧10米，总面积约4.01公顷。建设控制区为苍坡古村保护区内除上述"核心保护区"的巷道、院落、民宅以外的地域范围，总面积约8.55公顷。风貌协调区的范围即苍坡古村寨墙外与本次规划范围界线之间的地域范围，面积约16.56公顷（图5-1-15、图5-1-16）。

三、建设实绩

苍坡村自2013年被列为浙江省第一批历史文化村落保护利用重点村名单以来，一直按照"保护为主、抢救第一、合理利用、加强管理"的原则，对村内重要古建筑进行修缮，保护历史文化遗产，恢复村落历史风貌特色。

古建筑修复：苍坡村先后完成了李氏大宗祠、官厅、太阴宫、仁济庙、墨池前后2栋、苍坡溪门、"山水怡情"古民居等古建筑的修缮工作,累计完成了9幢古建筑的顶瓦修补工作,面积达12500平方米;9幢建筑的墙体加固,面积320平方米;1幢建筑的立面改造,面积350平方米;9幢建筑的构件修复,共600个(图5-1-17)。

与历史风貌有冲突的建(构)筑物整修改造:完成了14幢民居的立面改造,面积7000平方米;对李世松宅进行降层处理,面积240平方米;拆除违章、迁移建筑21间,总面积达980余平方米。

村内古道修复:修缮村内古道里程1.5公里,面积2250平方米。

文化设施建设:苍坡村两位在外创业的成功人士李大鹏、李永美捐资1200万元,建设了苍坡综合楼,总面积达1800平方米,主要用于文化展示、村民活动和村委会办公。

景观环境整治提升:累计投入480万元,主要用于改善苍坡村口景观、照壁、围墙及绿化等项目,对笔街"三线"进行地埋处理。累计投入90万元,治理东、西2个墨池和周边渠系,安装引水渠内截止阀,种植水生植物,净化池塘水体,优化水体生态景观(图5-1-18)。投资90万元新建3座

a)修缮前

b)修缮后

图5-1-17 古建筑修缮前后对比图

a)改造前

b)改造后

图5-1-18 墨池改造前后对比图

生态公厕。由旅发中心投资 1250 万元，对村内环线高压线、三线地埋和污水工程进行全面整治。

四、建设效益

1. 古建活化利用

苍坡村是历史文化村落保护利用中，历史古建悠久型的代表。苍坡村在做好保护历史文化村落和修缮古建筑的同时，深入挖掘、传承和发扬永嘉传统文化及民俗。县旅游投资集团通过流转村内闲置古民居、古祠堂，将修缮后的官厅打造成农村改革展馆；义学祠辟为苍坡历史文化学堂；李氏大宗祠辟为文化礼堂，展示民俗器具等；曹门老屋改造为林曦明书画馆；水月堂辟为咖啡馆；仁济庙布置为永嘉昆曲馆；蕙风轩布置成蕙风轩画馆，全面提升了苍坡村的文化品位，进而促进乡村休闲旅游的发展（图 5-1-19～图 5-1-22）。

2. 旅游产业运营

苍坡村依托楠溪江景区发展，形成由县旅游投资集团牵头运营，村民占股 20% 的模式，促进村民增收。同时，积极做好旅游服务设施建设，委

a）昆曲馆院内

b）昆曲馆室内

图 5-1-19　永嘉昆曲馆图

a）大门

b）室内

图 5-1-20　农村改革展馆

图 5-1-21 蕙风轩画馆

图 5-1-22 赵瑞椿美术作品展馆

托县旅游投资集团打造了"楠溪别院"特色示范民宿，引导村民发展民宿和农家乐，现村内民宿开发较好，共有 17 家民宿，其中 16 家为村民自营，1 家为工商资本引入。近年来，苍坡村先后获得中国景观村落、浙江省历史文化保护区、浙江省特色精品村、外国人眼中的最美乡村等荣誉称号，还成功举办了首届中国楠溪江山水文化旅游节开幕式，2013 年作为全省美丽乡村现场会参观点之一，受到社会各界的好评。

第二节　千年瓷韵，醉美碗窑——温州苍南县碗窑村

一、村落概况

1. 区域位置与社会经济

碗窑村隶属温州市苍南县桥墩镇，地处玉苍山脉南麓、玉龙湖河谷中上游，毗邻平阳、泰顺两县。村落隔着玉龙湖与大茶山相对，桥墩镇至莒溪镇的公路绕山腰经过村落。村落距桥墩镇 8.1 公里，距离观美互通高速收费站约 13.1 公里，距温州市区约 85 公里，通临桥南线、京福线、沈海高速，交通便捷。村域面积 8.62 平方公里，现有 309 户，1291 人，碗窑保护区内留有 35 户，59 人，主要有朱、陈、王、余、巫、洪、江等姓氏。村民常年外出打工的较多，在家的农户以种植业为主，来料加工为辅。近年来，随着交通设施的完善，乡村旅游发展势头迅猛。2002 年 10 月，碗窑古村落被评为苍南县历史文化保护区；2006 年 6 月，碗窑村被评为浙江省第三批历史文化名村；2012 年 12 月，被评为第一批中国传统村落；2013 年，被评为中国民族民间建筑魅力名村；2013 年被评为浙江省第一批历史文化村落保护利用重点村；2014 年 3 月，被评为第六批中国历史文化名村；2018 年，被评为浙江省第二批 3A 级景区村庄。

2. 村落历史与风貌格局

碗窑村旧称焦滩或蕉滩碗窑，是一座融民居、古陶瓷生产线、古庙、古戏台于一体的历史文化村落，是清代浙南地区烧制民用青花瓷的主要基地，

至今仍完整保留着商品经济萌芽时期以手工业工场为中心的村落格局,堪称人文景观之一绝,明代工商业萌芽的样本。

碗窑村始建于明洪武年间,发展于明万历年间至清初,鼎盛于清中期至民国。明末清初,福建连城县的巫氏等先民为避战乱,一路北迁至浙江苍南玉苍山麓南坡(原平阳县)蕉滩时,被当地的自然条件吸引,于是定居建村并重操原籍旧业,手工烧制陶瓷器皿,尤以青花陶瓷闻名。清康熙年间不断有夏、施等家族迁入上窑,逐渐形成规模。后又有朱氏、郑氏等在下窑安家,形成上窑、下窑两个聚落。后来赖氏、陈氏迁入半岭,碗窑村形成上窑、半岭、下窑三个片区。随后不断有家族从外迁入碗窑,民国时期已经形成了繁华的村落。1958年,因建造桥墩水库,下窑被淹没。碗窑为多姓聚落,据史料记载,最多时有40余姓聚居,人口多达5000余人,加之外来务工人员及商户,足以容纳万人之鼎盛。现有的各大姓虽是不同时期迁入且各自相对独立发展,但长期共生已经使他们成为密不可分的一个整体。鼎盛时期持续了百余年,此后渐渐走上了下坡路。清末民初,碗窑已从生产几百个的细瓷,转为制作单一民用的粗瓷了。岁月变迁,粗瓷逐渐被现代工业品取代,碗窑粗瓷业日渐衰落,只好一再减产,直至1984年停产。

碗窑村完整地保留了历史风貌与传统格局,是浙南一处珍贵的文化遗产(图5-2-1、图5-2-2)。古时的碗窑村除了有羊肠蛮石曲阶,还有穿梭迂回于泥寮作坊的青瓦挑檐。上下窑走门串户,雨而不湿。建筑依山而筑,层层叠叠,古民居和作坊、水碓房、泥寮错落有致。用杜牧《阿房宫赋》中的"五步一楼,十步一阁,廊腰缦回,檐牙高啄,各抱地势,钩心斗角,盘盘焉,囷囷焉……高低冥迷,不知西东。"来形容古时碗窑的景象也毫不夸张。

3. 传统建筑与历史环境要素

碗窑村历史悠久,传统建筑遗存较多,村内现存八角楼、三官庙、古戏台、朱氏祖宅、余氏祖宅、王氏祖宅、古龙窑等清代乡土建筑35幢,327间,其中民居244间,厂房作坊83间。2011年1月,碗窑乡土建筑群被浙江省人民政府评为第六批省级文物保护单位。古龙窑、水碓、传统手工作坊设施等保存完好,面积达5000多平方米,仍留有当年繁盛风貌的余迹,被誉为"明清时期手工业制碗的活博物馆"。

碗窑作为多氏族聚居的山地手工艺生产型村

图5-2-1　碗窑村航拍图

图5-2-2　碗窑村全景图

落，其建筑文化既有明清浙南山地瓦屋建筑之共性，又兼具"闽风客韵"和少许闽粤边缘的"吊脚楼"韵味。建筑布局突现独特风格之唯一性，不可复制。民居建筑或带厢房，或带台门，或带院落，或带栏杆围墙，或带地下室，造法各异，变化万千。大部分的建筑入口门楼都在主体建筑的东侧，这也是当地建筑依山而建的一大特色（图5-2-3）。

村里的八角楼始建于清代，位于村落中央拾阶旁，背坡面街而筑，占地面积约70平方米，为面阔二间木构建筑，上置阁楼，沿路伸延挑椽翘角，南侧阁楼置坡面，三层悬山顶，因八面设窗而得名。整座建筑未使用一枚钉子，结构严密，风格独特，独具匠心，保存完整，凝聚着清代浙南工匠的营造智慧和技术水平，是碗窑的标志性建筑之一（图5-2-4）。

古戏台始建于清同治年间，位于上窑片区，为歇山顶木构建筑。戏台面北，平面呈方形，台面高1.54米，通高7.26米，面阔4.28米，进深5.85米，四角立柱，顶为木构斗拱结构。斗拱与弓形横木用榫卯嵌合衔接，托座逐层挑出，共16旋，高3米，最大直径4米，旋形边上的四个角还各雕有4只翩翩起舞的蝴蝶。台上藻井雕饰精美，结构严密，绘有《红楼梦》《白蛇传》等199幅戏曲故事。另绘有12出当时盛行的戏曲，是研究"南戏"难得的实物资料。整座戏台典雅精巧，巧夺天工。戏台有后楼，后楼木构二层，面阔三间，建筑面积约200

a）

b）

图 5-2-3　碗窑民居

图 5-2-4　八角楼

平方米,为演戏人员休息、化妆的场所(图 5-2-5)。

三官庙建于清咸丰元年(1851 年),位于古戏台正对面,意谓演戏是为了祭祖娱神,以避嫌伤风化。三官大帝分别为天官唐尧、地官虞舜、水官大禹,道经称"天官赐福,地官赦罪,水官解厄"。整座庙宇建造工艺十分精良,由月台、天灯和正殿组成,悬山顶,庙顶置螺旋藻井,共 13 旋,旋旋紧扣,浑然天成。藻井上绘有人物、诗词、花草,绘有 12 支当时盛行的戏文。三官庙与古戏台对峙而立,通过厢房连接,是祭祀、祈福、节会和观戏的重要场所(图 5-2-6)。

朱氏祖宅始建于清代,占地面积 1500 平方米,二层建筑,悬山顶,正屋面阔十一间 40 米,进深 12 米,正厅置列祖画像,设祭台、刻碑记,以昭示后人;左右厢房各面阔四间 14 米。前有养鱼池,旁立旗杆夹石,为清代一门两贡生朱玉书、朱存诚立,至今保存完整。朱氏祖宅现辟为碗窑博物馆,馆名由中国书法家协会顾问谢云题写,馆内设 8 个展厅,有实物展览,在这里可了解到商品经济萌芽时期,古人的创业精神和文化水准及历史变迁(图 5-2-7)。

碗窑古村落陶瓷烧制手工作坊及传统工艺一直

a)

b)

图 5-2-5 古戏台

a)

b)

图 5-2-6 三官庙

保存、沿用至今，是碗窑历史文化村落遗产价值保护的重要内容。现存手工作坊 5 座、水碓房 3 座、古龙窑 1 座，还有诸多瓷土漂洗地、沉淀池等配套生产设施，总建筑面积达 5000 平方米。

古龙窑又称阶级窑，由窑炉、窑床、窑门、窑墙、窑顶、测火口、窑顶梁架等组成，始建于清康熙年间，后虽经重修，但原本结构基本不变，现状保持一般。古龙窑依坡而筑，层层叠叠，计 14 柱 13 间 12 层，通长 40 米，面阔 7 米，坡度约为 25 度，砖木结构。顶置梁架，两坡面铺小青瓦，瓦下为瓦椽，椽架于梁上，梁下做有人字形桁架。每件产品自舂土到出窑，要经过十几道工艺，全凭手工操作，几百年沿袭至今，十分不易。古龙窑于 1984 年熄火停产，近几年又重新点燃（图 5-2-8）。

手工作坊及设施的分布、保存较为集中，总建筑面积约 5000 平方米，主要由作坊、泥寮、水碓房、漂洗沉淀池、拌土坑等组成，大部分遗存一直沿用至今。碗窑作坊矮小，工具精巧，村民修山渠，导涧水，以水碓舂土，经筛选、漂洗、沉淀、加工后形成坯泥，再用木板制成的车盘手工拽引，拉坯成胎，胎体晾干后经着釉绘画入窑装烧。

4. 历史文化资源

碗窑村是一处集古建民居、民情风俗、陶瓷烧制及传统文化为一体的重要遗产，具有较高的历史文化价值，其丰厚的文化底蕴、淳朴的民风习俗和相承久远的传统产业，对探究浙南社会商品经济萌芽时期的政治、经济、文化特征具有重要意义。

碗窑村传承着较为独特的民俗活动，如每年农历正月十五、七月十五、十月十五，祭祀三官大帝，俗称做"福"。正月十五祭天官，以求赐福；七月十五祭地官，以求消灾；十月十五祭水官，以求解厄。每次祭祀活动均须筹办三牲（猪、牛、羊）

a)

b)

图 5-2-7 朱氏祖宅

图 5-2-8 古龙窑

福礼，主要由当地江、余、华、胡、巫五姓族人操办，沿袭已久。祭祀期间会邀请社戏班子在古戏台日夜演出，邻近的泰顺、文成、平阳等地的人们前来相拥观看，整个村落张灯结彩，锣鼓喧天，热闹非凡。温州各地区的戏班子,但凡稍稍出色的,都曾在碗窑献过艺。空前活跃的气氛,极大地刺激了来此演出的戏班子。曾有一个叫"天然舞台"的班子,演《大补缸》时甚至用上了真红缨枪。台上激烈打拼,最后一声怒喝,红缨刺去,刺下对方耳环!看得台下直擦冷汗。

二、规划设计

1. 规划定位与总体布局

碗窑村在省历史文化村落保护利用重点村规划中,深入挖掘碗窑优秀传统文化资源,科学整治人居环境,有序发展休闲旅游业,带动村集体和村民增收,着力把碗窑建成独具特色的历史文化村落,成为滨海玉苍山山水游线中展示明清时期手工业制瓷的"活态博物馆",进而提高了碗窑在省内外的市场吸引力和竞争力。

规划确定"百年窑村,天工瓷韵,山水格局,风水文化"的形象定位,在此基础上,规划呈"一轴四区"的空间总体布局结构(图5-2-9~图5-2-11)。

一轴:以村庄主干道、古道构成村庄发展主轴。

四区:分别为古村风貌区、南部玉龙湖慢生活区、西部山涧瀑布区和北部田园风光区。其中,古村风貌区集居住、旅游服务于一体,在保护展示建(构)筑物、手工作坊及设施等文物古迹的同时,植入陶瓷遗产展示、陶瓷文化研究、乡土建筑展示、旅游接待服务等功能业态,建立展示、体验、研究及传承碗窑陶瓷手工艺的实践基地,发展陶瓷特色文化旅游,体现碗窑作为明清时期手工业制瓷"活态博物馆"的特殊地位。玉龙湖慢生活

图5-2-9 规划总平面图

区以玉龙湖为载体，建立集休闲娱乐、水上运动于一体的慢生活区。沿湖加强景观绿化改造，建设可供游客骑行、漫步的小道。建设游船码头、水上广场，引入电动水上摩托、游艇以及人力船等无污染的水上交通工具，串联从玉龙湖下游至碗窑古村落的观光游线。山涧瀑布区利用山涧景观资源，进一步开发三折瀑，挖掘山涧旅游的潜力。田园风光区以玉苍山脉为背景，以梯田、石景为内容，以古道为纽带，发展田园观光，建立花卉、苗木、蔬菜、水果基地，建设旅游、休闲、体验、展示等多种业态功能。

2. 规划保护范围

规划范围包括总体规划范围和详细规划范围。总体规划范围：南至玉龙湖，西至三折瀑，东、北至玉苍山脉。详细规划范围包括核心保护区、建设控制地带两个层次。其中，核心保护区范围：东至江新造宅、南至朱友治宅、西至王氏宅、北至赵王稳宅，面积约2.64公顷；建设控制地带范围：东至溪沟、南至通村公路、西至天灯桥以东、北至水圳以北，面积约9.28公顷（图5-2-12）。

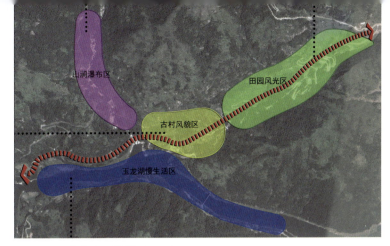

图 5-2-10　总体布局规划图

图 5-2-11　古村展示利用规划图

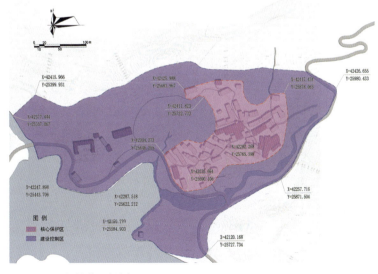

图 5-2-12　保护范围规划图

三、建设实绩

碗窑村自 2013 年被列为浙江省第一批历史文化村落保护利用重点村名单以来，共投入建设资金 4380.9 万元，完成了古建筑修复、古道修复、公共服务设施建设、搬迁安置区建设及基础设施建设等项目。

古建筑修复：实施古建筑修缮工程 23 个，完成 14000 平方米的木构建筑顶瓦修补工作；加固 14 幢濒危古建筑墙体，面积 2400 平方米；完成 3 幢古建筑的立面改造，面积 710 平方米；修复 29 幢古建筑的构件；完成 2 间房的结构降层改造；完成古龙窑的修缮工程，顶瓦面积约 150 平方米（图 5-2-13）。

村内古道修复：修复了村落至高岭土取土遗址和红军烈士墓的古道，维护了全村道路，修复里程 16 公里，面积达 32000 多平方米。

基础设施建设：完成了低压供电线路入地改造工程，实现了全村架空电网的地埋处理。建设了两个 180 立方米消防用蓄水池和消防供水管道等消

a）修缮前（一）

b）修缮后（一）

c）修缮前（二）

d）修缮后（二）

图 5-2-13　古建筑修缮前后对比图

防工程，对全村木构建筑实施室内供电线路套管。对村入口形象、三折瀑 1700 米栈道、碗窑拱桥等环境进行改善，在村入口设立了景观石、长廊、防护栏杆、停车场、公厕。对全村茅厕进行了整治修缮，提升村民卫生用厕质量。

公共服务设施建设：建设 200 平方米文化礼堂，20 米文化展示廊，180 平方米活动广场，32 平方米健身场所；改善便民服务中心、老年活动中心、村办公室等共 360 平方米区域的公共设施；建设游客接待中心 750 平方米；修复碗窑手工作坊并设置专业制窑人员展示碗窑制窑工艺。

搬迁安置区基本公建设施建设：为保护碗窑核心区的完整性，共完成村民搬迁 261 户，其中经济条件较好的自主搬迁有 242 户，镇政府安置的有 19 户，安置地点分别是云仙扶贫安置小区（民房式）、金山下山脱贫安置小区（民房式）、腾龙小区（套间式）。桥墩镇人民政府先后对 3 个安置小区投入建设资金 630 万元，完成了供水、供电、道路硬化等基础设施建设工程。

四、建设效益

1. 乡村旅游发展与特色文化挖掘

碗窑村是历史文化村落保护利用中，生态环境优美型的代表。在历史文化村落保护利用项目建设过程中，碗窑村依托独特的生态自然环境、国家 3A 级旅游景区、乡村振兴示范带、温州西部休闲产业建设等，深挖源远流长的古窑文化和制瓷产业资源，大力发展乡村生态和特色文化旅游，取得了较好的收益（图 5-2-14～图 5-2-16）。通过引入温州海西文化产业有限公司投资 400 万元，建设碗窑陶瓷艺术馆，用于展示制瓷工艺流程和展销成品。通过政策宣讲和组织动员，充分调动村民参与项目建设的积极性，通过村民自筹自建方式，总投资 147 万元建成碗窑古民瓷文化博物馆。通过定期举办开窑祭典仪式和举办瓷艺制作大赛，重现古时陶瓷工匠祭祀庆典活动，展现窑工祈祷产品制作进程顺利的美好心愿，使游客在动手创作中了解瓷器制作的工序，感受陶土质变的神奇。民间文化学者朱成腾老师编著了 20 余万字的著作《碗窑有约》，还开通了微信公众号，为宣传传承碗窑历史和风采提供了一大助力。乡村旅游的开发促进了村民经济收入的增长，扩大了当地劳动力的出路。

a)

b)

图 5-2-14 碗窑夜景

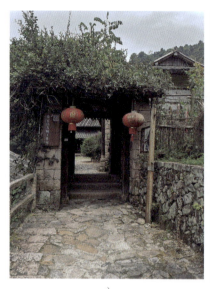

a)　　　　　　　　　　　　　　　　b)

图 5-2-15　艺术工作室

a)　　　　　　　　　　　　　　　　b)

图 5-2-16　作坊展示

2. 建设机制创新

苍南县成立了由县农业农村局、文化和广电旅游体育局、桥墩镇人民政府等单位组成的碗窑历史文化村落保护利用建设指挥部，通过整合资源、筹措资金和把控进度等，分工合作，有效地推进项目实施。指挥部办公室定期召开工作会议，商讨碗窑村古建筑修缮、搬迁安置以及管理制度等系列工作，将碗窑项目建设作为各单位年度工作计划和业绩考核内容。同时，指挥部还制定出台了《资金管理办法》和《项目建设管理制定》等基础性工作制度，针对碗窑村农户多而安置指标严重偏少，碗窑地处山区土地指标落地困难等问题，尊重村民意愿，通过分批、分期、分散搬迁安置，妥善合理地解决了村民搬迁安置工作。

第三节　海防文化，诗礼东屏——台州三门县东屏村

一、村落概况

1. 区域位置与社会经济

东屏村隶属台州市三门县横渡镇，位于湫水山腹地，濒临三门湾海口，背靠龙母山，前邻南溪，近接琴江。东屏村与坎下金村、木里湾村为邻，距离县城约14.5公里，距离横渡镇镇区约4公里。现下辖大岙坑、上角头、水坑3个自然村，村域面积0.86平方公里，共有884户，2762人，均为陈姓。2013年，东屏村被列入浙江省第一批历史文化村落保护利用重点村名录，第二批中国传统村落名录；2020年，被评为浙江省第六批历史文化名村；2021年，东屏村被评为浙江省第五批3A级景区村庄。

2. 村落历史与风貌格局

东屏村因村东的东坑山形似帷屏而得名。东屏村旧属宁海县宁和乡、南乡所辖。民国时期，先后隶属宁海县南乡、屏山乡、双溪乡。1940年三门建县后，又先后归双溪乡、双龙乡、东屏乡、桥头乡、桥头管理区、桥头人民公社、桥头乡管辖。1992年以来，属三门县横渡镇。元至正年间（1341~1368年），金华东阳艮（亘）溪人陈笏（揩庭公）任宁海县教谕，其子陈射斗（拱辰公），从父宦游，为宁海县庠学师，与父并有文名。拱辰公因公事抵东屏，爱其山水之胜，徘徊不忍离去。父逝之后，拱辰公遂迁居于此，是为东屏始迁祖。伐木为庐，劈山为田，子孙延绵，成为一方名门望族，至今已近700年，传至第三十二代，东屏村也已成为三门县陈氏聚居第一大村。

东屏发展至第十世祖陈廷武（宏阔公）时期，"丁男渐繁，子孙称盛，而书香正永。男奋迅者，负凌云之气；女聪慧者，抱咏雪之才，故择婚必选高明"。据考证，鼎盛时期的东屏村聚集约2万人。然自明代开始，东南沿海倭患丛生，给东屏人民带来巨大的灾难。朝廷实行海禁政策，海上交通贸易被封锁，沿海民生凋敝。东屏村也因长期与世隔绝，积贫积弱，逐渐衰落。据《东屏陈氏宗谱》载，明正德年间（1506~1521年），朝廷"籍民为军"。当时为了扩充兵源，沿袭明初的"垛集"军法，抑配民户为军。东屏人三分之一的人民成为军户，忙时耕种，闲时训练，和时为民，战时为军，成为护守海疆的主要力量，东屏村也因此被称为"军户村"。明末清初，清兵踏入浙东沿海，民众奋起抗击。一部分村民参加反清复明的斗争，一部分则逃避战乱，远徙他乡。直至清康熙二十二年（1683年）展界开禁，东屏人才陆续复迁故土。清嘉庆年间（1796~1820年），东屏陈邦泰、陈大雄等人率民众举全族之力，负行囊，忍饥渴，披荆斩棘，开山辟岭，历时两年，终于在崇山峻岭中开辟出一条蜿蜒数十里的白栲岭商道。这条北起大岙坑，南接窦岙岭脚陈村的商道成了新的渔盐古道，为东屏村的再次崛起奠定了基础。东屏为山陬海隅之地，依托"林矿之饶，渔盐之利"的自然环境，是"一年之耕，三年之食"的丰饶土地，在铁器业、榨油业的带动下，勤劳智慧的东屏人大量购买田地，兼并竹山，迅速积累了大量财富，重新发展成为三门湾的一方望族。抗日战争、解放战争时期，东屏村又遭到不同程度的损坏。新中国成立后，曾经红红火火的铸造作坊，因手工业社会主义改造而中断。改革开放以后，东屏村的经济快速发展，村民的生活水平有了很大的提高，村庄也开始沿古村外围无序地

扩张建设，对古村的整体风貌造成一定的破坏。

东坑山下的岙里溪，溪水潺潺，自东向西流，将东屏古村落群一分为二，小溪上有三座石拱桥，形似三座金水桥。村落核心区内街、巷、弄仍然保持着原有空间尺度关系，传统建筑群体组合基本保持明清传统空间格局。因其独特的海禁、海防遗址和厚墙、窄窗、狭巷的海防村落特点，被誉为"中国海禁海防第一村"（图5-3-1、图5-3-2）。

3. 传统建筑与历史环境要素

东屏陈氏慎终追远，敦宗睦族，凭借聪明才智和不屈不挠的毅力，迅速积累大量财富，大兴土木，建宅筑院，目前保存相对完整的明清古建筑有20余座，享有"浙东传统民居博物馆""中国画里的村庄"的美誉。2017年1月，上新屋道地（东屏陈氏亚魁第）被浙江省人民政府列为第七批省级文物保护单位。2011年以来，东屏陈氏宗祠、石滩道地、陈其山花坟先后被列为县级文物保护单位。

上新屋道地建于清代，坐北朝南，临街面溪，通面阔23.09米，进深37.35米，宅院占地面积1475平方米。前为独立的临街店铺，为二层二开间带一弄，东侧为三层三开间楼房，重檐歇山顶。后为二进院落，左右设厢房，硬山顶。院落台门开在西墙，砖石结构，上嵌石匾庚子科"亚魁"，因陈氏第二十三世孙陈式栋于清乾隆四十五年（1780年）科中式武举亚魁，故又名陈氏亚魁第。建筑有三级台阶通向第一天井和门厅，前有照壁；第二进正房七开间，中设堂前，明间梁架四柱七檩，次间为五柱七檩；二楼有隔间，以增加居住面积，明间设主上排位，硬山顶（图5-3-3）。

陈氏宗祠始建于明中期，由东屏陈氏第九世祖

图 5-3-1　东屏村航拍图

图 5-3-2　东屏村全景图

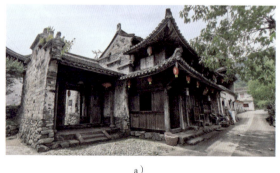

a）

b）

图 5-3-3　上新屋道地

陈仲立（世荫公）兴建。清顺治十八年（1661年），实施海禁后不幸"化为煨烬"。清乾隆十六年（1751年），东屏陈氏二十二世孙陈懋苾主持重修宗祠，后有所增修。建筑坐北朝南，前临岙里溪，占地面积642平方米，四合院格局，沿中轴线自南向北依次为门厅、戏台、正厅二进建筑，门厅与正厅间两侧分别设二层厢房。门厅二层五开间，明间后檐设戏台，戏台用四柱，施藻井，单檐歇山顶。第二进正厅三开间，明间梁架四柱七檩，五架抬梁带前轩廊后单步，次间梁架为五柱七檩，硬山顶。正厅明间设"敦厚堂"供奉祖宗牌位，堂前置花格木窗。戏台于1979年拆建，有所扩大。整座宗祠布局规整，飞檐翘角，雕栏画栋，气派非凡，保存尚好。护栏、木窗、斗拱等饰件雕刻古朴精美，具有一定的地方传统特色（图5-3-4）。

石滩道地建于清早期，坐西北朝东南，占地面积475平方米，为木构双层四合院。中轴线前为一层辅助用房，后为正厅，两侧厢房均为二层。正南是大石门，东边有二道门，三处出入口有回廊相连（图5-3-5）。建筑结构严谨，布局合理，因建于乱石滩上而得名，为陈友生、陈友朋兄弟所居。陈友生是近代以来东屏第一个投笔从戎、走向全国的人物，一生极富传奇色彩。因他曾经居住于此，石滩道地又称"陈友生故居"。建筑规制虽然较小，但结构严谨，布局合理，石板铺地，院落精美。曾因乡党间的纠纷，熊熊大火烧穿了门楼地板，楼上数百斤黄豆泥沙般倾泻，扑灭大火，院子侥幸逃过一劫，保存至今。但门楼上火烧火燎的痕迹，以及那个被烧穿的大洞，仍像一个难以愈合的伤疤，触目惊心。

4. 特色文化资源

（1）海防文化 明代倭寇肆虐，江浙沿海人民

a）

b）

图5-3-4 陈氏宗祠

图5-3-5 石滩道地

遭受了深重的灾难。三门湾一带居民受倭寇虐杀甚烈，为抵御倭寇骚扰，东屏人逐渐构建了四道抵御外敌的海防体系，即：

海防第一道——三门湾。东屏村地处漱水山腹地，港通三门湾。这种控山带海的特殊地域，有着易守难攻的特点。而三门湾又是三面环山的半封闭式海湾，湾内海岸曲长，海域辽阔，岛礁棋布，可作为锁海屏障。朝廷于湾内港口和险要关隘处设置城垣，以防倭患。

海防第二道——溪山环抱。东屏村依靠绵延不绝的漱水山，高高耸立的龙母山、屏山、金山，蹲踞村口的眠牛山、海螺山，以及蜿蜒曲折、水流湍急的南溪，构筑成东屏村天然的第二道防御体系。横亘的山脉是很好的伪装，环绕的溪流、狭隘的山口也是很好的防御屏障。

海防第三道——风水墙、樟木林。进入东屏村口，迎面是一道高2米、长200余米的风水墙。旧时，风水墙高约5米、厚约1米，墙体以坚固的大乱石砌筑，上设垛口，是东屏古村落群最大的防御工程。这道风水墙与村落南边的古樟木林带，北边的凤凰山，风水墙内的民居、宗祠等建筑，共同构成第三道防御体系，保卫着村落的核心区。

海防第四道——四合院、厚墙、窄窗、狭巷。东屏村内的四合院、窄街巷弄是第四道防线。四合院的构成有它的独特之处，四面房屋各自独立，又有游廊连接彼此，院落宽绰疏朗。封闭式的四合院具有很强的私密性，高厚的墙体，环面的窄窗，使得四合院能攻能守。纵横交错的窄街巷弄亦是很好的防御屏障，巷战历来就是战争的一道难题。

（2）宗族文化 东屏村曾有所谓"三房六署"与家规十则。自始迁祖徙居东屏后，陈氏历九代而至世辈，经数代椒衍瓜绵，子孙繁茂。为连通上下，敦里睦邻，各房中选派两位主事之人，组成村署，合议族中事务，称"三房六署"。在"三房六署"的主事下，东屏人立家规、建宗祠、造庙宇，内外和睦、和美、和谐，彰显了强劲的凝聚力。"三房六署"一直延续至清中后期。后因山林、田地、水源诸事，与邻村相争起事，由村中有声望者出面调停，"三房六署"这一方式才告解体，演变为有头脑的人主事。陈氏家族遵晴耕雨读，诗礼传家的传统美德，立家训，勒石于碑。另有《家规十则》对族内的体制、宗祠、庙宇、婚姻、尊师等十个方面作了规定。

东屏村自古文风鼎盛，人才辈出。据《东屏陈氏宗谱》载，自元至正年间（1341~1368年）至清光绪三十二年（1906年），东屏取得秀才以上功名者约50余人，其中举人1名。

（3）非遗文化 东屏村拥有3项非物质文化遗产代表性项目，分别为东屏麦虾制作技艺、东屏盐卤豆腐制作技艺和东屏芦苇小扫帚制作技艺。

东屏麦虾制作技艺：古时东屏，地处山陬海隅，兼有山海之利，物产富饶。东屏村民生活相对富庶，对生活品质的追求颇高，尤其对饮食较为讲究。东屏麦虾的主料为面条，面粉加入鸡蛋，掺入油和盐水，反复揉压均匀，极具弹性和韧劲。常伴香菇、笋丝等时令蔬菜和牛（猪）肉丝、鲜虾、鲞、蛏或蛤蜊小海鲜为配料。上碗时再加葱蒜、酱辣等佐料，其味鲜美，其香醇厚，其色纯正，撩人胃口，成为远近闻名的民间美食。"吃鱼吃肉，不如东屏望小玉"。吃麦虾面不得不提东屏小玉，相传小玉为当时宁海南乡的第一美女子，家住东屏双眼井（也叫鸳鸯井）边上。一天，阿牛哥路过东屏，饥肠辘辘，累困交加，恰逢佳人小玉正在烧麦虾面，邀阿牛哥进门吃碗麦虾。小玉的貌美和麦虾的鲜美深深地吸引了阿牛哥，从此邂逅了一段美丽的爱情。2018年，东屏麦虾获得浙江省"民间美食厨娘秀"最佳人气奖。2019年，东屏麦虾制作技艺被评为台州市非物质文化遗产代表性项目（图 5-3-6）。

东屏盐卤豆腐制作技艺：盐卤豆腐是东屏村的传统食品，也是素食菜肴的主要原料，味美而养生，制作技艺经过历代东屏先辈的不断改良，逐渐形成了鲜明的东屏特色。东屏盐卤豆腐的原料是黄豆，先把黄豆去壳洗净，然后放入水中浸泡适当时间，再加一定比例的水，磨成生豆浆过滤后倒入锅内煮沸，边煮边撇去上面漂浮的泡沫，再倒入事先准备好的盐卤以凝固。东屏盐卤豆腐因其选料严谨，操作精细，采用独特的"盐卤"点制工艺，凝固的豆腐花含水量较少，伴之矿物质含量极高的天然水，所制豆腐具有清香细嫩、味道鲜美、质地更韧、容易烹饪的特点，为其他豆腐所不及，成为三门湾畔著名的民间土特产。东屏盐卤豆腐含铁、镁、锌、钙、叶酸等，营养价值极高，为补益清热养生食品，常食可补中益气、清热润燥、止津止渴、清洁肠胃。2019 年，东屏盐卤豆腐制作技艺被评为三门县第七批非物质文化遗产代表性项目（图 5-3-7）。

东屏芦苇小扫帚制作技艺：扫帚，雅称"净君"，源于宋代陶谷《清异录》："商山馆中，窗颊上有八句诗云'净君扫浮尘，凉友招清风'"。东屏芦苇小扫帚的原材料为芦苇花，主要用于为桌子、椅子等生活家具去尘除灰。其中，当属上新屋道地年方八十的香女婆制作的小扫帚最为精美，她制作的芦苇小扫帚曾成为风靡一时的网红工艺品。东屏芦苇小扫帚具有样式精致、灵巧美观、便于携带的特点。2019 年，东屏芦苇小扫帚制作技艺被评为三门县第七批非物质文化遗产代表性项目（图 5-3-8）。

另外，东屏村至今仍保留着元宵节舞龙、十月半祭祖等节日庆典、申贵升游庵、婚礼歌谣、五

图 5-3-6　东屏麦虾

图 5-3-7　东屏盐卤豆腐

图 5-3-8　东屏芦苇小扫帚

更采花等山歌，东屏铁艺、麻车坊（榨油坊）等手工作坊，九大碗、白面馒头等东屏美食，尚武、重文、从商等传统。

二、规划设计

1. 规划定位与总体布局

东屏村在省历史文化村落保护利用重点村规划中，充分挖掘东屏宗族文化、海防文化、民俗文化等内涵，通过保护历史文化遗存、整治人居环境、拓展旅游产业，保持传统街巷格局与协调历史风貌，突出本土风情，将东屏村打造成集生活居住、文化体验、旅游服务为一体的历史文化村落。规划形成"一街三区两文化"的总体结构（图5-3-9）。

一街：纵贯东屏核心保护区内部的水口街，包括沿街的零星商业店铺、岙里溪、民居和石板铺地等要素。

三区：核心保护区、建设控制区和环境协调区。核心保护区是由众多古建院落构成的建筑群区块，有完整的街巷空间肌理和古建风貌；建设控制区零散分布了其他古建筑群，有相对完好的风貌和环境；环境协调为规划涉及范围内，除核心保护区和建设控制区外的区域，作为环境协调区域或缓冲过渡区域。

两文化：村内分布的历史遗存所蕴含的宗族文化和民俗文化。

在历史文化村落保护利用规划的基础上，推进东屏旅游开发，形成"一点一线六区"的空间结构。其中"一点"为旅游集散；"一线"为水口街游览观光线，"六区"分别为市肆水街游览区、传统工艺博览区、民俗民风体验区、宗族文化展示区、传统民居游憩区、山水田园观光区（图5-3-10）。

2. 规划保护范围

东屏村省历史文化村落保护利用重点村规划，根据村落历史文化遗存分布及其所在空间环境特征，确定规划范围北起上角头，沿里凤凰山（后门山）山脚一直到水坑，最南端到眼牛山北侧，东到东坑山山脚，西到外凤凰山，总面积为60.06公顷。划分有核心保护区、建设控制区和环境协调区三个层次。其中，核心保护区范围为北起里凤凰山（后门山）山脚、南至顺风桥沿岙里溪两侧区域，总面积为6.84公顷；建设控制区从核心保护区西南边界开始，向西南方向扇形扩展，区域内以控制和协调建筑风格、颜色、体量为重点，总面积为53.22公顷；环境协调区为建设控制区之外的一定范围，面积为26.77公顷，不在本次规划控制范围内，作为环境协调区域或缓冲过渡区域（图5-3-11）。

三、建设实绩

东屏村自2013年被列为省第一批历史文化村落保护利用重点村以来，整合多个部门资金，累计完成投资3000万元，主要完成以下建设项目。

古建筑修复：修缮4座历史建筑、2座展厅、2处沿街古民居；对圆道地、山脚道地的危墙进行加固；累计完成22幢建筑的顶瓦修补，面积2505平方米；25幢建筑的墙体加固，面积3559平方米；19幢建筑的立面改造，面积2505平方米；修复建筑构件78个（图5-3-12~图5-3-15）。

与历史风貌有冲突的建（构）筑物整修改造：整体拆除风水墙沿线、岙里溪右侧的附属房，面积达8227平方米；对顺风桥至水口街的环境进行整治，改造沿街立面1650平方米；异地搬迁岙里溪上、堂门口10户16间现代建筑；对19幢建筑进行结构降层处理，面积达623平方米；整治改善了岙里溪两侧环境（图5-3-16）。

村内古道修复：修复村内古巷弄、古驿道1.23

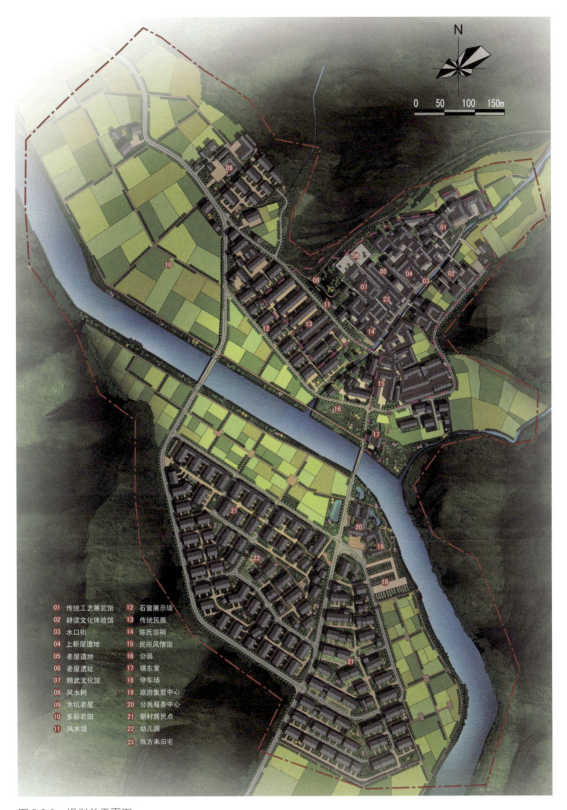

图 5-3-9 规划总平面图

图 5-3-10 空间结构规划图

图 5-3-11 保护范围规划图

a）修缮前　　　　　　　　　　　　b）修缮后

图 5-3-12　上新屋道地修缮前后对比图

a）修缮前　　　　　　　　　　　　b）修缮后

图 5-3-13　石滩道地修缮前后对比图

a）修缮前　　　　　　　　　　　　b）修缮后

图 5-3-14　下新屋道地修缮前后对比图

a）修缮前　　　　　　　　　　　　　　b）修缮后

图 5-3-15　老屋道地修缮前后对比图

a）修缮前　　　　　　　　　　　　　　b）修缮后

图 5-3-16　岙里溪修缮前后对比图

公里，面积 3860 平方米。

基础设施建设：完成农村饮用水工程、岙里溪河道整治工程、风水墙景观工程、核心区块弱电入地、排污管网建设和 300 多间古民居室内电线改造工程，新建 4 座景观式公共厕所，建设古村特色气象站和移动基站。

搬迁安置区基本公建设施建设：新村建设配套 60 亩（4 万平方米）土地全部到位，规划搬迁安置 168 户 284 间新房。目前，房屋主体全部完成施工并进入室内装饰阶段。与 50 家农户签订古民居使用权转让协议，与规划安置新村 300 家房户签订联建户决议书。基本公建设施建设投资 100 万元。

四、建设效益

东屏村是历史文化村落保护利用中，历史古建悠久型的代表。2013 年，东屏村被列为省第一批省级历史文化村落保护利用重点村，由此东屏村成立了历史文化村落保护利用工作指挥部，积极探索和实践"形神兼备"的保护利用模式，重点开展古建筑保护利用、文化挖掘传承、旅游宣传等工作。近年来，东屏村依托明清古建筑群和湫水大峡谷得天独厚的旅游资源，坚持因地制宜、就地取材，以古村文化为抓手，助力东屏乡村文化旅游发展，取得了良好的成效。

1. 古建活化利用

东屏村在保护修缮古建筑的基础上，充分活化利用古建筑资源，打造多个主题场馆。如将石滩道地辟为乡贤馆；将小道地修缮布置成以海防文化为主题的村史馆；将老屋道地修缮改造为以民俗文化为主题的东屏红妆博物馆（图 5-3-17、图 5-3-18）；与三门县消防大队共建了消防主题教育馆，宣传消防安全知识，提升村民和游客的安

a）

a）

b）

b）

c）

c）

图 5-3-17　村史馆

图 5-3-18　红妆博物馆

图 5-3-19　东屏风情

全意识；与浙江南迦提实业有限公司合作开发上道地、门前台门的高端民宿项目；将沿街古民居布置成乡土小店，出售地方特产。

2. 创新建设模式

东屏村在历史文化村落保护利用建设中，引入 PPP 建设模式，开发稻蓬山旅游休闲度假山庄项目，成功营造"十里红妆"民俗婚嫁文化博物馆，进一步扩大东屏村的知名度与美誉度。先后与杭州、三门的 10 余个艺术创作机构建立合作关系，成立三门县首个写生创作基地，以文创带动旅游，累计有 3 万余人入村进行写生创作。同时，通过招商引资，开展沿东屏溪流景观类、海防非物质文化遗产类、乡村休闲度假基地类、有机美食文化体验类等多个旅游项目的建设。上海、宁波、杭州等地旅游公司设有专门的东屏古村游线，游客接待量已提升至年均 30 万人次（图 5-3-19）。

3. 注重媒体宣传

近年来，东屏村注重媒体宣传推广，先后完成央视《正在消失的古村落》、浙江卫视《最美古村落》、浙江经视《光阴的故事：东屏》以及《东屏海防村宣传片》等专题片、宣传片的拍摄，筹办浙江省"古韵东屏"摄影大赛和书画展，委托浙江财经大学完成《东屏历史文化村落景点与乡贤文化挖掘研究》。同时，举办"乡土专家、草木才子，共话东屏古村保护"沙龙、组织开展"周末去哪儿：走进东屏古村""百名小记者：走进美丽乡村"等系列活动，中国文化报、台州一套、台州二套、台州晚报等多家媒体就东屏村保护利用工作做过相应报道。东屏村先后获评"2016 美丽浙江：外国人眼中的最美乡村""2019 中国最美村镇"、浙江省文化和旅游厅首批"浙江省美丽乡村美育村（社区）试点单位"等荣誉，获得社会广泛认可。

第四节　东海风情，魅力渔村——台州玉环市东沙村

一、村落概况

1. 区域位置与社会经济

东沙村位于台州玉环市坎门街道东南端，三面环海，北与鹰东社区接壤，东濒东海，与大鹿岛等岛屿隔海相望，南与南排山岛隔海相邻，远眺洞头岛，揽一湾碧海，望云海无边。距玉环市区约 7 公里，沿港公路建成通车，对外交通状况得到改善。

图 5-4-1 东沙村航拍图

图 5-4-2 东沙村全景图

东沙村面积为 0.22 平方公里，现有 252 户、910 人，主要有骆、庄、史、黄、陈等姓。社区产业以海洋渔业捕捞为主，是典型的沿海渔村，拥有良好的生态环境和自然风光。2013 年，东沙村被列为浙江省第一批历史文化村落保护利用重点村；2018 年，被评为浙江省第二批 3A 级景区村庄。

2. 村落风貌格局与传统建筑

清康熙二十二年（1683 年），浙江东南沿海解禁，福建崇武、温州一代渔民陆续迁居于此，逐渐成为以海洋渔捕为主的渔业村。因有人以鹰捕鱼，故称鹰捕岙。又因地理位置处玉环本岛东南海角，故称东山，后据其怀揽沙滩而改名为东沙。

东沙属沿海丘陵地形，地形起伏明显，高差较大，东南侧有陡峭的山崖，内部交通以步行为主。当地渔民祖先大多是在清康熙初年从福建迁移而来。其独特的地理位置和人文条件造就了东沙富有特色的空间格局与建筑风貌。为抵御台风侵袭，东沙民居以石材为主要建筑材料，敦厚的墙壁既能阻挡台风也达到了夏季隔热、冬季保温的效果。这里保存有数处清代石墙木构架"走马楼"和四合院，屹立百年而不倒，至今仍作为民房所使用。建筑整体依山而筑，因地制宜，错落有致，建筑风格不仅涵盖浙南沿海风格与闽南风格，还具有东南亚一带山海建筑的异国情调（图 5-4-1、图 5-4-2）。

东沙村现共有各类建筑物 189 处，其中有县级文物保护单位 1 处。

普安灯塔修建于民国十四年（1925 年），又名东沙灯楼，位于东沙社区东沙头由北向南延伸到大海的小山冈上，东、南、西三面濒临海域，位置突出，视野宽广，西南方与南排山岛隔海相望。普安灯塔造型古朴典雅，端庄协调，灯塔为水泥砖石结构，塔高 5.55 米，由上下两部分组成，下部为高 2.6 米的锥形塔座，底面近似正方形（3.46 米 × 3.36 米）；上部由四层六边锥形体组成高 2.95 米的塔身，塔灯安装在最顶端。建成初期，夜间点煤气灯显示信号，雾天就敲击大钟。1958 年，普安灯塔经过重修，扩建塔身，改用干电池，加强灯光。后来，又安装了太阳能装置。2004 年 1 月，普安灯塔被评为县级文物保护单位（图 5-4-3）。

东沙三官堂始建于清乾隆六年（1741 年），依地形而建，建筑材料为石木，历经改建。初建时三官堂只供奉吴王爷，至清道光十一年（1831 年），村民为保当地平安，扩建庙宇，拜请三官大帝，天官赐福、地官赦罪、水官解厄，渔民每次出海捕鱼前都会入堂拜香，祈求出海平安归来（图5-4-4）。

花粉宫位于东沙头，供奉的是花粉娘娘。东沙村居民求子或生子之前都会拜求花粉娘娘（图5-4-5）。

走马楼始建于清末，为两层石墙木架结构，入口二层有木走廊，现在仍然作为民房使用。"走马楼"为福建方言，特指楼房上的走廊，这也充分说明东沙建筑风格的融合性、多样性（图5-4-6）。另外，建于清代的清古屋也较具海岛建筑特色（图5-4-7）。

3. 非遗文化资源

东沙村由于其独特的地理位置和多为外来人口的特点，形成了特有的东沙文化，拥有丰富多样的非物质文化遗产和渔民文化，体现出海纳百川、兼收并蓄的特性。2011年5月，坎门花龙被评为第三批国家级非物质文化遗产代表性项目。另外，东沙村还拥有延绳钓捕捞技艺、玉环渔民号子、坎门鳌龙鱼灯舞3项浙江省级非物质文化遗产代表性项目，玉环鱼面小吃制作技艺、船模、马粽制作技艺、渔民画、妈祖信仰习俗、道士调、坎门鱼龙灯、贝雕8项台州市级非物质文化遗产代表性项目，可谓非遗文化异彩纷呈（图5-4-8~图5-4-11）。

坎门渔民画线条粗犷，色彩鲜艳，构图奇特，风格强烈，充分展现了坎门渔民的豪迈气概与宽阔胸襟。

图5-4-3　普安灯塔

图5-4-4　三官堂

图5-4-5　花粉宫

图5-4-6　走马楼

图 5-4-7 清古屋

图 5-4-8 坎门花龙

图 5-4-10 渔民画

图 5-4-9 坎门鱼龙灯　　　　　　　　　　　　图 5-4-11 船模

二、规划设计

1. 规划定位与总体布局

东沙村在省历史文化村落保护利用重点村规划中，充分挖掘海岛渔村得天独厚的自然风光和深厚丰富的非物质文化遗产资源，通过提炼典型特征、延续历史文化、引入艺术活动等措施，打造体现传统渔村风情、展示非遗文化特色、承载公共艺术活动的浙东南历史文化村落。规划形成"二轴双核、两带四区"的总体布局（图 5-4-12、图 5-4-13）。

图 5-4-12 规划总平面图

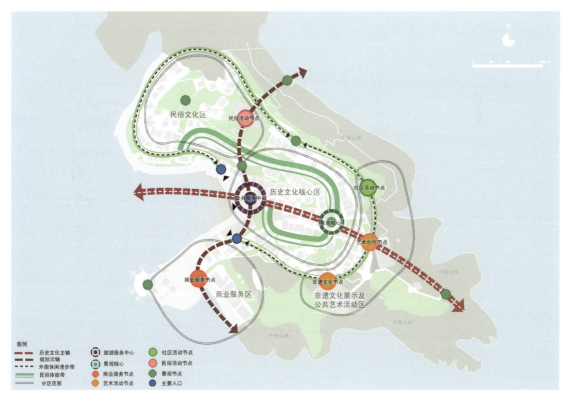

图 5-4-13 空间布局规划图

第五章 多派盛景孕育群英荟萃的浙南四村落 145

二轴：沿东西向主要道路形成的历史文化轴，位于社区西部的配套服务轴。

双核：以公共服务中心和周边区域为功能核心，以古井广场为景观核心。

两带：沿社区内部行进的居民体验活力带，沿社区外部行进的滨海观光休闲带。

四区：民俗文化区、非遗文化展示及公共艺术活动区、商业服务区、历史文化核心区。结合社区云步道设计，串联村落核心区内主要节点，两侧为民俗风情浓郁的居住界面，贯穿东沙村中心，该区域的内容以东沙村历史文化体验为主；非遗文化展示及公共艺术活动区位于东沙村东南部，设计云馆、云坛和云台，结合普安灯塔，以艺术家活动为主；商业服务区结合现有石构建筑物、构筑物，设计滨海景观界面，以滨水公共空间、艺术活动为主；民俗文化区位于半岛地势顶点，周边遍布自然植被，设计以展示民俗活动和公共艺术作品为主的云塔广场，结合外海码头空间，形成山海贯通的民俗风情区。

2. 规划保护范围

东沙村省历史文化村落保护利用重点村规划，根据村落历史文化遗存分布及其所在空间环境特征，确定规划范围北至东沙村山体，东、南、西三面均至海岸线，规划总用地面积约13.09公顷。根据规范要求，划定核心保护区、建设控制区和环境协调区三个层次。其中，围绕三官堂、古井公园等形成核心保护区，外加花粉宫和普安灯塔，总面积约1.36公顷；建设控制区为社区中除核心保护区外，其余的现状民居所在的范围，总面积约4.45公顷；环境协调区为规划范围内除了核心保护区和建设控制区之外的其余用地（图5-4-14）。

图5-4-14　保护范围规划图

三、建设实绩

东沙村自2013年被列为省第一批历史文化村落保护利用重点村名单以来,以规划为引领,投资1500万元进行古建筑修复、与历史风貌有冲突的建(构)筑物整修改造、古道修复、完善搬迁安置区基本公建设施建设。2017年再借小城镇环境综合整治项目,完成鹰东隧道景区改造工程,以"诗画庭院美丽乡村"为主题,大力推进景区沿线房屋立面改造,建成景区内外两个停车场。

古建筑修复:完成3幢古建筑的顶瓦修补,面积500平方米;5幢建筑的墙体加固,面积800平方米;37幢建筑的立面改造,面积3700平方米;1幢建筑的构件修复,共15个(图5-4-15)。

与历史风貌有冲突的建(构)筑物整修改造:完成58幢建筑的立面改造,面积6700平方米;整体拆除600平方米;异地搬迁2户(图5-4-16)。

古道修复:完成古道修复1公里,面积2000平方米(图5-4-17、图5-4-18)。

搬迁安置区基本公建设施建设:完成搬迁安置区土地指标2亩(约1333.3平方米),安置户数5户,基本公建设施建设投资50万元。

a)修缮前

b)修缮后

图5-4-15 古建筑修缮前后对比图

a)修缮前

b)修缮后

图5-4-16 风貌协调前后对比图

a）改造前　　　　　　　　　　　　b）改造后

图 5-4-17　炮台沿线改造前后对比图

a）改造前　　　　　　　　　　　　b）改造后

图 5-4-18　游步道改造前后对比图

四、建设效益

东沙村是历史文化村落保护利用中,民俗风情特色型的代表。在省历史文化村落保护利用建设中,东沙村紧紧围绕"东海魅力渔村、海上布达拉宫"主题,依托大桥经济,提升渔村颜值,打造以海岛观光、休闲度假、渔业体验为游玩特色,"蓝色渔海文化""红色海防文化""古色非遗文化"为"三色"海洋文化特色的海岛旅游村庄。已建成渔民艺术创作室、非物质文化遗产展示馆、渔海民俗馆、海防历史展示馆、古炮台遗址等景点,以海岛观光、休闲度假和文化体验为特色的旅游模式基本形成(图 5-4-19~图 5-4-21)。

图 5-4-19 东沙风情

图 5-4-20 东沙文化礼堂

图 5-4-21 美丽庭院

第六章 多样业态促进活化利用的浙北十村落

第一节 唐昌首镇，风韵河桥——杭州临安区河桥村

一、村落概况

1. 区域位置与社会经济

河桥镇位于杭州市临安区西南部，东与太阳镇相连，南与潜川镇、湍口镇接壤，西、北与清凉峰镇、龙岗镇、昌化镇毗邻，东距临安市区约48公里，距杭州直线距离约100公里，距黄山直线距离约100公里，地处徽杭高速、河白公路、昌文公路沿线，交通便捷。河桥镇是由原河桥乡、石瑞乡调整撤并而成的新建制镇，镇政府驻地河桥曙光村，全镇地域面积190.8平方公里，辖11个行政村，1.8万多人口，为国家4A级景区镇。2000年1月，河桥镇被评为浙江省第二批历史文化名镇；2011年，被列入杭州市首批13个历史名村型风情小镇名录。

河桥村是河桥古镇集镇所在地，是河桥镇规模最大、人口最多的行政村。河桥村东与泥骆村相连，西与秀溪村相邻，南与中鑫村接壤，北与云浪村相连。现由曹家村（曹家、金牛坞、九江坞、石室寺）、白下村（上白下、下白下、刘家、双溪口）、誉光村（上街、荷村）、曙光村（上村、曙光、乌珠山）4个自然村组成，村域面积16.95平方公里，其中山林面积13.75平方公里，桑园面积约1平方公里，竹笋园面积约0.67平方公里，耕地面积0.82平方公里。共有1105户，3209人，以周姓为主。村内以农业生产为主，蚕桑为其支柱产业，其次是毛竹和山核桃。2013年，河桥村被列入浙江省第一批历史文化村落保护利用重点村名单；2018年，被评为浙江省第二批3A级景区村庄。

2. 村落演变与风貌格局

河桥距今已有1300多年的历史，自古闻名遐迩，地处三江交汇之处，货船竞发，帆影如云，水路交通独冠全县，居古邑之首，史称"唐昌首镇"。河桥因河而兴、因商发达，据《昌化县志》记载："河桥，县南十五里，旧系木桥，上加沙灰，俗名石灰桥。"昔日河桥水路通航，"河桥一带，几里许，烟火不下千家"。名闻遐迩的红顶商人胡雪岩也常借道河桥，中转其药材买卖，河桥之盛，可见一斑，有"小小昌化县，大大河桥镇"之誉。民国时期，河桥为昌南直街，有的老房至今还留有当年门牌。抗战时期，河桥因偏安一隅，达官贵人、名伶雅士为避战事而汇集河桥，一时花船穿梭，轻歌逐浪，为河桥赢得"小上海"和"浙西秦淮"的美誉。

河桥生态环境优美，白云山、玉屏山，南北夹持，柳溪、蒲溪、茄溪，三水汇流，总体呈"二山夹持、三江汇流、倚山面水、村镇相望"的空间格

局。阡陌交通，山、水、村、镇等历史环境要素，构成了河桥古镇的整体风貌（图6-1-1、图6-1-2）。

3. 传统建筑与历史环境要素

河桥村是一处历史形成过程清晰、空间格局较为完整、传统街巷肌理明确、历史建筑特色明显的山水古村，是浙西保存较为完整的村落之一，有着较高的历史文化保护价值。河桥村整体呈船形，东西向稍往北翘，依蒲溪而建。村内老街贯穿全村，东起曙光280号，有一座双坡顶门楼，西到唐昌首镇门楼，全长约840米，分上街和下街两段，街面用鹅卵石和青石板铺筑。老街上的石板底下有一条水渠，名为太平沟，沟渠平均宽1米，深2米，露在上面的石条与路面平齐，榫卯结构。水渠每隔一段距离留一处明沟，砌石阶，供居民取水、洗涤、消防之用，沟内山涧清泉静静地流淌着，诉说着岁月的印记。河桥村地处浙江西北部，为天目山、昱岭和黄山余脉交汇的丘陵地带，曾有昌化古县最大的水路码头，是商贸集散中心，受"徽派文化"影响较大，故古建筑兼具徽派民居风格和江南民居风格。据统计，河桥现存古建筑52处，分别为保护建筑38处和历史建筑14处，其中清代的3处，清末民初的2处，民国时期的2处。沿街店铺还保留着清末民初的"前店后坊"风貌，"许益隆""震丰""惠元堂""积善堂""汪益茂"等老字号店铺林立。2000年1月，河桥老街被浙江省人民政府评为浙江省历史文化保护区（图6-1-3）。

4. 民俗文化资源

河桥因商而聚，因商而散，它是中国最早的移民古镇，盛集三朝八代，人聚东南西北，自古就是"百姓、百行、百店、百匠"汇聚之地，呈亦镇亦乡、亦山亦水、亦农亦商、亦土亦洋的自然人文格局。河桥老街上有柴志振杂货店、同福茶馆、许

图6-1-1　河桥村航拍图

图6-1-2　河桥村全景图

益隆南北货、丰同裕染坊、卢永兴铁铺等众多老字号，留下了丰富的民俗、百业、庙会、文体等历史人文资源，在漫长的岁月里成为河桥人心目中重要的精神寄托。老街墙头上残留着"野营训练是一种好方法""农业的根本出路在机械化"等大量时代标语，成为老街丰富的时代印记和特色景观。

河桥地形酷似"飞鱼"，鱼灯、龙灯则是最好的表现形式。河桥灯会古朴、久远，其中老街灯会是临安区唯一传承至今的民俗灯会。每年腊月，凡有传统灯彩的村庄都要组织人马进行扎灯。正月十五，各色灯彩纷纷登场，汇聚河桥，踏街祈福巡演，其中以河桥鱼灯、泥骆蚕龙、中鑫马灯、罗山

a)　　　　　　　　　　　　　　　　b)

c)　　　　　　　　　　　　　　　　d)

图 6-1-3　河桥老街

青狮、七都跳三星最为出色。中鑫马灯现为杭州市级非物质文化遗产代表性项目，河桥鱼灯、蒲村马灯、学川马灯、罗山青狮、七都龙凤船为临安区级非物质文化遗产代表性项目。

另外，河桥有笋干、茶叶、山核桃传统三宝，还有青果、冻米糖、刀切面、麻糍、盐卤豆腐等传统小吃。

二、规划设计

1. 规划定位与总体布局

河桥村在省历史文化村落保护利用重点村规划中，围绕"古道商埠、浙西一街"形象定位，规划保护河桥历史文化村落的风貌格局、历史遗存和非物质文化遗产，突显河桥地区独特的商埠聚居模式、建筑形体、空间格局以及浓郁的地方文化特色。规划打造商埠文化体现之所、传统手工艺传承之地、地方民俗文化沿袭之处、独特格局安居祥和之村，重点突出"浙西一街"，使其成为浙徽黄金旅游线上的亮点和重要节点。

空间布局规划根据村落历史与文化资源分布状况和游览主题定位，从景源特征、资源利用、保护要求、自然空间和用地条件入手，注重河桥古村落历史脉络的延续，在维持旧有格局的基础上，对村落进行布局梳理和要素重构、人居环境整治，加入旅游功能，展示古村落风貌。规划为"一轴、两翼、一心、一片区"的总体空间布局（图6-1-4、图6-1-5）。

一轴：指以河桥老街为主体的船型轴。

两翼：指老街以北以农家乐休闲为主的北翼推动区，老街以南以蒲溪为主体发展亲水娱乐的南翼推动区。北翼推动区包括了老街以北的民居建筑、后殿山以及沿昌文公路的一条商业街。规划依据老街的风貌特色进行整体风貌整治，理清肌理，做好交通建设，服务老街旅游功能。适当开发后殿山，打造山道和观景平台，使其成为老街古风景观的补充和观赏老街全貌的绝好视点。南翼推动区主要包括蒲溪和白下自然村两块，依托自然水系资源，打造水上娱乐和亲水娱乐活动休闲区域。对白下自然村内的道路进行梳理，依托道路修建给水排水、电力、通信等市政设施。推进滨水乱石沙滩整治、滨河埠头修缮及建设、建筑风貌整治及基础设施建设等。

一心：指河桥老街东侧入口旅游服务中心。位于老街东边与柳溪江大道交接处，是一片新开发利用的区块，目前已经建有多个展馆和一些配套服务设施，是未来整个河桥老街旅游的服务中心区。根据用地情况和规划定位，规划该区不建设大体量建筑，以展馆、历史建筑复建等为主要内

图6-1-4 规划总平面图

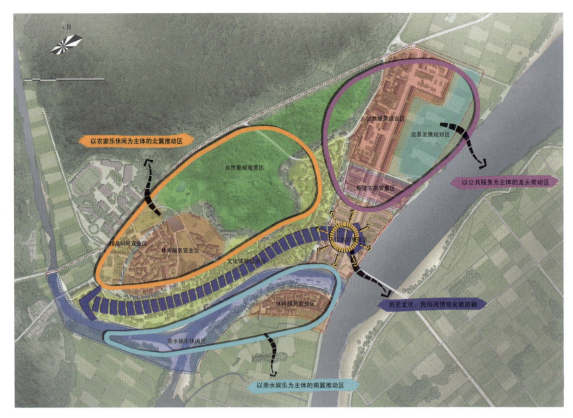

图 6-1-5 空间结构规划图

容,做好配套服务设施建设,保持与老街风貌协调一致。

一片区:指河桥新街(柳溪江大道)两侧以公共服务为主的新兴带动片区,也包括河桥村搬迁安置新村。通过完善公共服务设施,提升整体形象风貌,进行道路建设、慢行绿道选线与建设、安置新村选址与建设、基础设施配套建设,引入并发展新兴服务产业。

2. 规划保护范围

河桥村在省历史文化村落保护利用规划中,确定规划范围为东至柳溪江、南至白云山、北至玉屏山、西至昌文线,含曙光、誉光、白下三个自然村的部分区域,总规划面积64.76公顷。按照"总体控制、分级保护"的原则,将规划保护范围分为核心保护区、建设控制区、环境协调区三个层次。其中,核心保护区西至"唐昌首镇"台门,东至原柯老相公庙,南北以河桥古镇老街为中心,以两侧历史建筑的外边线进行界定,总面积3.56公顷。建设控制区南至蒲溪北岸,西至昌文线,东至后殿山东麓,北至基本农田边界,总面积10.92公顷。环境协调区北以昌文公路为界,东以柳溪江为界,西到蒲溪西岸,南包括白下村及蒲溪南侧部分农田,总面积50.29公顷(图6-1-6)。

三、建设实绩

河桥村自2013年被列为浙江省第一批历史文化村落保护利用重点村名单以来,以保护为基础、项目为支撑、文化为内涵,编制专项规划,指导

图 6-1-6　保护范围规划图

项目建设。根据河桥古村落资源分布、客源市场需求、建设资金筹集等情况，科学策划项目，遵循"边建设、边开发"的原则，采取集中力量、分期建设、滚动发展的模式实施项目落地建设。累计投入各类建设资金 3177 万余元，完成以下项目。

古建筑修复：完成了基督教堂、上街 209 号、上街 151 号建筑、曙光 225-228 号、曙光 230 号、曙光 89 号、上街 71 号、上街 73 号、曙光 175-176 号房屋、曙光 111 号房屋的维修工程。其中，顶瓦修复面积达到 3115 平方米；墙体重建、加固的面积共 2155 平方米；立面改造 3050 平方米；构件修复 85 个；完成钱庄、抗战文化馆、浙西民俗馆、农博馆及 4 幢异地迁入房屋，面积共 3650 平方米（图 6-1-7）。

与历史风貌有冲突的建（构）筑物整修改造：对河桥老街 82 余处民居的外立面进行了改造，累计改造面积 51500 余平方米；拆除房屋 2 幢，面积 650 余平方米；结构降层 1 处，面积 215 平方米（图 6-1-8、图 6-1-9）。

搬迁安置区基本公建设施建设：落实 1 公顷搬迁安置区土地指标，安置农户 22 户；投资 127 万余元，对搬迁安置区的道路、绿化、污水、安置房基进行建设。

村内古道修复：完成了 1055 余米古道的改建，铺设石板面积 18000 余平方米；新建人行道 200 余米；新增绿化面积 600 余平方米。

其他项目建设：建设了停车场、游客接待中心、村民休闲广场，还有入城口改造等项目。另

　　　　　　a）整治前　　　　　　　　　　　　　　　　b）整治后

图 6-1-7　老街整治前后对比图

　　　　　　a）改造前　　　　　　　　　　　　　　　　b）改造后

图 6-1-8　老街入口改造前后对比图

　　　　　　a）改造前　　　　　　　　　　　　　　　　b）改造后

图 6-1-9　建筑立面改造前后对比图

外，为了更好地保护老街历史建筑，维护历史风貌，镇政府统一完成了对老街区块两侧和沿街河道对面民居的收购，共 35 幢，涉及农户 47 户，投入收购资金 651.9 万元。

四、建设效益

1. 工作模式创新

在省历史文化村落保护利用重点村项目建设中，河桥村积极探索工作机制，做好"五篇"文章，即"谋划"古韵，"整治"环境，"拆除"违建，"建设"项目，"管理"跟进。经过三年项目建设，河桥村焕然一新。通过对河桥老街历史建筑和立面进行修复改造，大大改善了街道两侧建筑风格，重现了徽派建筑风貌。对进村古道、村民休闲广场和污水处理等项目的建设，提升了村落人居环境品质，方便了村民和游客的日常活动。影剧院和文化礼堂的修建，丰富了群众的文化生活内容。游客接待中心和停车场的建成，提升了古镇旅游硬件设施水平（图 6-1-10、图 6-1-11）。

图 6-1-10　蒲溪沿岸景观

图 6-1-11　美丽庭院

2. 旅游发展布局

河桥村是历史文化村落保护利用中，生态环境优美型的代表。在省历史文化村落保护利用重点村建设的基础上，河桥镇提出建设"古韵风情小镇、旅游休闲胜地、和谐生态家园"的战略目标，把旅游发展作为河桥发展的主引擎。以河桥老街为核心，辐射云浪村、泥骆村等周边区域，打造四大板块：一是古镇文化板块，依托老街 1300 多年的历史文化底蕴和历史环境风貌，积极发展人文旅游项目；二是泥骆板块，包括云浪村部分区域在内，依托丰富的森林资源和特色农产品，发展生态养生、户外运动、水上乐园等体验项目；三是云浪生态休闲农业板块，包括柳溪江两岸地势平坦的农田片区在内，发展现代观光农业、生态农庄等项目；四是白云山以西板块，包括白云山、石室寺、和尚坪等，发展佛教文化产业，开发高山运动项目。2014年以来，河桥旅游发展成效显著，村内民宿和农家乐游客数量明显增多。特别是 2015 年国庆期间，来自省内外的自驾游游客数量有了较大的增加，河桥历史文化村落保护利用项目的实施达到了保护、利用、开发、受益的目的，最终实现了"文、游、居、业"共同发展（图 6-1-12、图 6-1-13）。

图 6-1-12　景区入口

a)　　　　　　　　　　　　　　　　b)

c)　　　　　　　　　　　　　　　　d)

图 6-1-13　业态引入

3. 古建活化利用

河桥依托丰富的历史建筑和文化资源，通过保护修缮古建筑，更新建筑功能，活化建筑业态，打造与恢复浙西抗战纪念馆（章家大院昼锦堂）、河桥名人馆、河桥农耕民俗馆、青楼文化馆（梦春楼）、河桥钱庄、十里红妆馆、柯相公庙、基督教堂等众多文化场馆，极大地丰富了河桥文化氛围（图 6-1-14～图 6-1-16）。

图 6-1-14　河桥民俗馆

图 6-1-15　柯相公庙

图 6-1-16　梦春楼

第二节　隐逸深澳，醇厚时光——杭州桐庐县深澳村

一、村落概况

1. 区域位置与社会经济

深澳村位于杭州市桐庐县江南镇东部，地处富春江南岸天子岗北麓，东靠富阳区，南至凤川镇凤源村，西部临山，北抵富春江。距桐庐县城约 20 公里，距杭州约 65 公里。地处长三角地区 1 小时经济圈内，位于"三江两湖"黄金旅游线上，交通便捷，320 国道、杭千高速穿境而过，深澳村设有高速出入口。深澳村村域面积 5.19 平方公里。深澳村曾是深澳乡人民政府驻地，现由原来的黄程与深澳 2 个自然村合并而成，下设 27 个村民小组，全村共有 1176 户，4262 人，大多为复姓申屠，另有徐、朱、周等 30 余个姓氏。近年来，深澳村通过对古建筑群落的修缮和保护，发展出了特色旅游产业，走出一条古建筑保护与美丽乡村建设完美结合的发展之路。2006 年，深澳村被评为浙江省第三批历史文化名村；2007 年，被评为第三批中国历史文化名村；2012 年，被评为第一批中国传统村落；2013 年，被评为浙江省第一批历史文化村落保护利用重点村；2017 年，被评为浙江省第一批 3A 级景区村庄。

2. 村落演变与风貌格局

深澳村历史可追溯到东汉，距今已有千年历史，是申屠家族世系的血缘村落。西汉末年，汉

图 6-2-1　深澳村航拍图

图 6-2-2　深澳村全景图

丞相申屠嘉七世孙申屠刚为避王莽之乱，遁迹于富春之南，结庐其地，地以人胜，境曰屠山。北宋崇宁三年（1104 年），申屠后裔申屠理，从富春屠山赘居范家园（今荻浦），后支派繁衍，被尊为桐南申屠氏始祖。据南宋《咸淳临安志》记载："屠山，在县（富阳）之西南五十余里，世传有姓申屠结庐以居，乃以名其山……有寺号大雄。""申屠刚违新室之祸，申屠蟠晦党锢之名，避地结庐，于今千载，子孙家焉支派分衍至百余室。"太府寺丞陈刚中作大雄寺记略云："富贵之江，浙河之派，导园石以底东梓，屹然两岸皆山也。路出瓜桥，西望紫微，得支径为委曲崎岖，涉溪逾岭六七里，峰峦重复，端若拱揖，湍流怪石，千巧万状，中有平田，如设万席，挺然僧宇，出于林表，佳木修竹，左右交翠，此申屠志其地，寺僧伏脉，取足申屠之家"南宋绍兴二十三年（1153 年），申屠氏族人迁入同里（今深澳），之后繁衍生息，成为望族。明清时期，深澳村进入快速发展期，当时申屠氏族中出现了一大批文人。据《民国桐庐县志》载，明清两代深澳申屠氏贡生、列贡者有 38 人。清中后期，深澳出现一批贩卖草纸致富的商人，带动了这一区域的草纸作坊的兴盛，深澳现存古建筑多为这一时期所建。

深澳村地处丘陵，南高北低，村落前迎璇山，后拥狮岩，应家溪和洋婆溪东西分流，横屏公路村中通过。村中广布池塘，植之莲藕，养之鱼虾，民居倚塘而建，前门临巷，后门临水，房宇比肩接踵，高墙之下，小巷幽静。村中老街，南北走向，长约 500 米，宽约 3 米，卵石铺面。街道两侧各有 3 条弄堂，形如"非"字。20 世纪 80 年代，北端公路两旁建成新街，与老街衔接形成"韭"字形。

深澳古村因水系而得名，古村濒应家溪而建，申屠氏先人在规划村落时，先造水系后建村，整个村落以水为脉，水系格局是深澳古村有别于其他村落的一大特色。深澳村落水系形成于明代，由溪流、暗渠、明沟、坎井和水塘构成一个立体交叉、各自独立、相互联系的供水排水系统，充分调控地面和地下水资源，将饮用水、生活用水和污水分开处理，使水始终处于流动状态，至今仍在使用。地下暗渠的构造尤为巧妙，深入地下约 4 米，宽 1.5 米，高 2 米，用卵石砌壁拱顶，人可自由进入疏浚，每隔一定距离开口建一水埠，当地人将这种深入地下的埠称"澳"。由于它较深，故又称"深澳"，村落也以此得名。深澳，一座青墙黛瓦的古韵小镇，一份恬淡自如的安逸潇洒，一种源远流长的文化底蕴，在岁月的流淌中演绎着中国江南最动人的村落风景（图 6-2-1、图 6-2-2）。

3. 历史建筑资源

深澳村地处浙西北丘陵地区，与徽州的地形地貌相似，因此受"徽派文化"影响较大，古建筑兼具徽派建筑和浙西民居建筑的特征。同氏、同族、同宗聚居，以"厅""堂"为核心组合院落，呈团块状的聚落形态，既体现了严密的宗族血缘体系，又颇具人本意识。深澳村现保存完好的古建筑有百余幢，建筑面积大约4万平方米，大多建于清中期、清晚期以及民国时期。这些古建筑多数为民居，少数为宗祠、分祠、厅房等，以三合院和四合院居多，院落组合多样，外拙内秀，普遍讲究内部雕刻装饰并且具有不同的主题。这些不同时期的古建筑，时代特征演变清晰，反映了深澳村不同时期的人文特点，具有很高的历史价值和文化价值。2017年1月，深澳建筑群被评为浙江省文物保护单位。

申屠氏宗祠始建于南宋咸淳九年（1273年），堂号"裕后堂"，取"仰承祖宗垂裕后昆"之意，由申屠理六世孙文诚公率族众创建而成，先后经历了三次重建。元末宗祠毁于兵火。明正统六年（1441年），十一世孙畅公、融公追远思本，处心筹划经营，与子侄京公、广公及孙辈德阜公聚族众重建宗祠，历时十余年建成，冠名"攸叙堂"。攸叙二字引自《尚书》"彝伦攸叙"句，攸，引"悠久不已，永言孝思"之意，祈望祖宗永享香火。明末清初战乱不断，申屠宗祠又毁于兵火。直至康乾盛世，社会进入繁荣时期，申屠氏族人不忍祖宗先灵栖息无所，打算重建祠堂。清康熙年间重建，清乾隆十三年（1748年）重修，清道光十八年（1838年）再修。其后设置祠产，以为日后祠事所需之备。订立祠规，以正族人道德风尚。之后宗祠又经历多次修缮，保持着古貌新韵。宗祠坐东朝西，占地面积920平方米，砖木结构，五间三进，观音兜屏风墙，双坡硬山顶。二进面阔16.6米，明间九檩四柱，金柱为圆形石柱，前后步柱为方形石柱。稍间不设边柱。三进天井以石板铺筑，两侧建有二层过廊。三进高于二进1米，明间九檩四柱，前后双步内五架，均用方形石柱，石柱上原刻有清代书法家董浩的题字楹联，后来被毁。2011年宗祠再次重修（图6-2-3）。

恭思堂建于民国五年（1916年），为深澳村现存规模最大的古建筑，位于州牧古井之北，原大圆堂废址上，占地面积1147平方米，砖石木混合结构，由中轴线上五进八厢的恭思堂主楼和北侧三座抱屋组成。主楼三间二弄，面阔15米，进深五进50米。一进四柱六檩，二进明间四柱七檩。二

a）

b）

图6-2-3 申屠氏宗祠

图 6-2-4　恭思堂

进与三进间置砖墙，两侧各开边门，墙后为三进前天井，两侧设厢楼。三进三柱五檩，天井四周雕刻精美，是接宾待客之所。四进五柱九檩，进深 8.6 米，扁作梁厚实。五进五柱九檩，原为家眷楼。西头抱屋已改造。中抱屋为三间二弄两厢的三合式楼房，带有一个小花园。北头抱屋楼房，内有小天井（图 6-2-4）。

积善堂建于清道光二十年（1840 年），由申屠发孝所建，坐东北朝西南，占地面积 333 平方米。卵石墙，双坡硬山顶，三间二弄二进楼房。一进五檩三柱，明间置回堂，明间、次间均用条石做地槛，此间长窗雕刻精美。天井用青石条铺筑，两侧厢房均为双坡硬山顶，五檩二柱。二进地面高于一进 0.3 米，重檐，置前檐廊。抱屋依附主建筑西北墙而建，同期而建（图 6-2-5）。

凤林堂建于清同治七年（1868 年），坐西朝东，占地 470 平方米。石木结构，五间二弄二进楼房（图 6-2-6）。双坡硬山顶，置马头墙。石库大门门额上刻有"榘范玉和"四字。一进明间三柱七檩，

图 6-2-5　积善堂

a）

b）

图 6-2-6　凤林堂

一进天井两侧厢房,三柱五檩。二进前檐廊两侧各开有边门,明间前后五柱七檩。东南墙外建有抱屋,占地84平方米,二开间楼房。

4. 特色文化资源

深澳村拥有浓郁的民俗风情、独特的水系资源、庞大的古建筑群和深厚的宗族文化,是一个物质文化遗产和非物质文化遗产皆备的综合体,是著名的江南名村。

(1) 宗族文化 申屠复姓在中国并不多见,而如今申屠氏人大多源于深澳,血脉延续的宗族文化是深澳村的一大特色。申屠姓氏源流:申伯,周宣王之元舅也,其先尧时姜姓,为四伯,掌四岳之祭,述诸侯之职。《诗经·大雅·荡之什》中的《崧高》一诗中曰:"维岳降神,生甫及申。维申及甫,维周之翰。……申伯之功,召伯是营。……申伯之德,柔惠且直。"《资治通鉴》中有云:"骨肉大臣有申伯之忠者"。村志中有载:申伯先封于申,宣王使绍封于谢。申地在南阳宛县属雉邑之南。谢城在南阳棘阳县东北百里,与申地相近。此得姓之所自来也。继而沐食采於京兆屠原,遂以地为姓,故赐复姓申屠氏焉。

先祖申屠嘉,梁州人。公元前206年,秦二世被农民起义推翻,项羽刘邦楚汉相争,申屠嘉助汉高祖刘邦东征西战,从蹶张士(强弩手)升为队率、都尉。西汉王朝建立后,历任淮阳郡守、御史大夫、丞相,封故安侯。经历西汉王祖、惠帝、高后、文帝、景帝五朝,堪称五朝元老,为朝廷尽忠五十余年,为人廉直,刚毅守节。嘉公力大无穷,个性耿直,为官清廉,刚正不阿,史称良吏。汉景帝二年(公元前155年),嘉故,谥号节候,功勋传留后世。

申屠刚,嘉公七世孙,扶风茂陵人,汉光武帝时任侍御史、尚书令、太中大夫。汉建武七年(公元31年),赴任侍御史、尚书令,为官正直。

申屠理,桐南申屠氏始祖,宋代名儒,字元道,号松筠,虽博学多才却不愿从政为官,酷爱打猎、游历交友。自富春屠山赘居范家园(今荻浦),与范家小姐共结连理,子孙繁茂。

(2) 非遗文化 历史上,深澳村以耕、读、樵、商为传统,农时耕田种桑,闲时烧炭、洗草做纸。村民乐居乡间,久而久之形成了丰富的地方传统习俗与非物质文化,如舞狮、时节、贺岁拜年、元宵灯会等。

深澳高空狮子(九狮图):由申屠达三传入深澳,后由大房申屠海坤、应喜初等传承表演。高空狮子表演中的狮子是雌雄一对,各长1.5米左右,通体金毛,腿部绘有神火,下巴能上下自由开启。高空横竿长5米左右,两头固定在两个人字叉架上,竿上挂有一直径60厘米的金色彩球。表演时,横竿下一人拉动彩球,一人拉狮子,一先一后使双狮随彩珠上下同步追彩球,直到抓住为止,表演者配合默契,鼓乐相伴,气氛热烈。2009年6月,深澳高空狮子被评为浙江省第三批非物质文化遗产代表性项目,申屠振兴、申屠永清被浙江省文化厅确定为代表性传承人。

江南时节:相传源于宋末元初,具有悠久的历史和独特、浓郁的地方人文特色。时节在江南农村一带广为盛行,社会影响大。古时,老百姓特别崇敬历史上的清官、良将,各村建立众多庙宇供奉他们,祈求保佑百姓世代平安幸福。每个庙宇都定有一个节日用来举行隆重的纪念活动,从农历八月初一到十一月二十,历时近四个月,家家办酒,户户接客,热热闹闹过时节,逐渐形成地方民俗传统。深澳过时节的日子在十月二十一。2017年12月,江南时节被评为浙江省第五批非物质文化遗产代表性项目。

桐庐传统建筑群营造技艺：江南古村落的选址很有讲究，村落处于长长的山谷口，村后是龙门山余脉，东西两山对峙，间有两溪流经。山环水绕，龙门高耸，藏风聚气，负阴抱阳，形成"两山两溪夹一村"的外部形态，充分体现了天人合一的思想。2012年6月，桐庐传统建筑群营造技艺被评为浙江省第四批非物质文化遗产代表性项目。

深澳灯彩制作技艺：古时候，春节、庙会时兴舞龙灯、踩高跷、闹花灯等活动，灯彩制作在当时较为盛行。申屠堂妹、申屠飞东对花灯进行了艺术创新，把传统的工艺和现代科技紧密结合，将电子、机械、遥控、光导纤维等新技术、新工艺，与灯彩的形、色、声、动相结合，形成全新的深澳灯彩艺术。他们制作的《双狮戏球》曾获得中国乡村文化旅游节（婺源）暨全国"山花奖"民间灯彩大赛金奖。深澳灯彩制作技艺被评为杭州市第五批非物质文化遗产代表性项目。

二、规划设计

1. 规划定位与总体布局

根据村落历史文化资源状况与发展定位，从景源特征、资源利用、保护要求、自然空间和用地条件入手，注重深澳古村落历史脉络的延续，在维持原有格局的基础上，对空间进行布局梳理和要素重构，改善人居环境，巧妙构思增添旅游功能，展示历史文化村落风貌。规划围绕江南镇古村落群开展整体保护与联动发展，形成"一心四村，一脉相承"的空间布局（图6-2-7、图6-2-8）。

一心：旅游服务中心。

四村：深澳、荻浦、徐畈、环溪。深澳村——古建筑群风貌保护和历史遗存最为丰富的地区，也是古村落核心游览区。通过对古街进行风貌修缮、业态恢复及水系整治，展示历史文化村落风貌，提升未来旅游开发的主动力；荻浦村——古村落风情展示区，规划重点为道路街巷的梳理和建筑的整治改造，为发展特色饮食打下基础；徐畈村——古村落风情体验区，以民俗风情体验为主；环溪村——自然田园风光体验区，深度挖掘"莲"

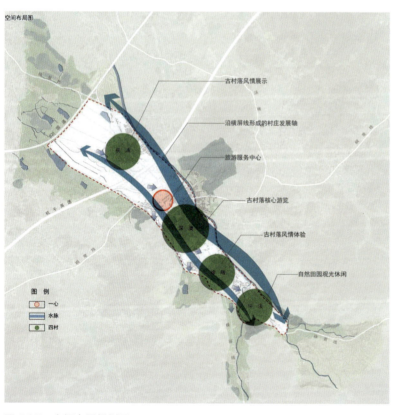

图6-2-7 空间布局规划图

文化，助推"风情小镇"建设。

一脉：指水脉。以应家溪为主要脉络，联通四个村庄。后溪和各村内的水系构成支脉，形成生生不息的村落肌理。

2. 规划保护范围

桐庐江南镇古村落群由荻浦、深澳、徐畈、环溪四个沿应家溪西岸一字排列的村落组成。在省历史文化村落保护利用重点村规划中，以深澳村为主，还辐射了另外三个村。将深澳历史文化村落的保护范围划分为核心保护区、建设控制区和环境协调区三个层次。其中，核心保护区为历史文化遗存比较集中，能较完整反映深澳古村特定历史时期传统风貌和地方特色的区域，该区域整体风貌环境具有较高的历史文化价值，文物古迹和历史建筑占地面积占总建筑占地面积的80%以上。核心保护区的范围为东至界界驳坎，南至深澳小学，西至大塘西侧40米，北至深澳老村墙，面积约为13.05公顷。建设控制区是核心保护范围界限以外，反映历史风貌的建筑、环境等要素保存有一定比例的过渡区域，面积约为28.67公顷。环境协调区主要是指建设控制地带以外，以保护自然地形地貌、水体为主要功能的区域，面积约为773公顷。

三、建设实绩

深澳村自2013年被列为浙江省第一批历史文化村落保护利用重点村名单以来，加快推进项目建设，主要完成以下项目。

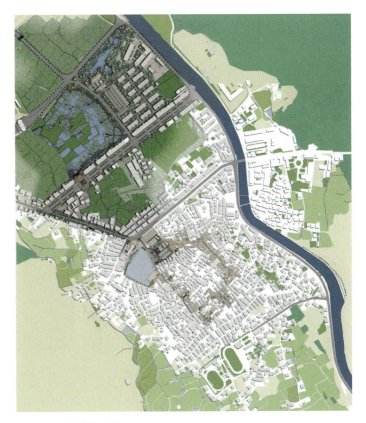

图 6-2-8 规划总平面图

古建筑修复：完成28幢古建筑顶瓦修补工作，面积6580平方米；加固4幢建筑的墙体，面积1450平方米；对7幢建筑进行立面改造，面积2260平方米；构件修复65个（图6-2-9、图6-2-10）。

与历史风貌有冲突的建（构）筑物整修改造：完成10幢建筑的立面改造，面积4500平方米；整体拆除1680平方米；异地搬迁农户35户。系统整治大水塘沿线环境、深澳老街两侧建筑，完善提升了吃水塘、卖柴道地等景观节点的环境质量（图6-2-11~图6-2-14）。

搬迁安置区基本公建设施建设：完成搬迁安置区土地指标20亩（1.33公顷），安置农户35户，投资1020万元建设安置区基本公建设施。

村内古道修复：完成村内古道修复1.2公里，

a）整治前　　　　　　　　　　　　　　　b）整治后

图 6-2-9　凤林堂整治前后对比图

a）整治前　　　　　　　　　　　　　　　b）整治后

图 6-2-10　深澳州牧第整治前后对比图

a）整治前

b）整治后

图 6-2-11　深澳村大水塘整治前后对比图

a）整治前　　　　　　　　　　　　　　　b）整治后

图 6-2-12　深澳老街整治前后对比图

a）整治前　　　　　　　　　　　　　　　b）整治后

图 6-2-13　吃水塘整治前后对比图

a）整治前　　　　　　　　　　　　　　　b）整治后

图 6-2-14　卖柴道地整治前后对比图

面积 3800 平方米。

四、建设效益

深澳村是历史文化村落保护利用中，建设发展综合型的代表。自 2013 年深澳村被列入浙江省第一批历史文化村落保护利用重点村名单以来，江南镇把历史文化村落保护利用作为深入推进"千村示范、万村整治"工程的总抓手，结合保护与开发，对整个历史文化保护区进行了全方位、立体型谋划，成效明显。

1. 古建活化利用

经过三年项目建设，深澳村历史建筑得到妥善修复，完成了相关功能业态的植入，真正做到建筑保护与活化利用的有机结合。对建于清嘉庆年间的申屠园林的宅第荆善堂进行保护改造，建设成集餐饮、咖啡、住宿一体的"三生一宅"精品民宿，吸引了众多游客，成为网红打卡地。对深澳老街店铺进行修缮改造，引入民国记忆咖啡吧、SH 江南、澳里探蜜、南宋抹茶等业态，打造适应现代时尚生活的产业特色街。对景松堂进行保护改造，发挥明星建筑师效应，将景松堂打造成集餐饮、图书、住宿为一体的网红民宿——云夕深澳里。培育与古村气质相符的旅游业态，吸引大学生创客驻村创业，建有木龙香坊。利用闲置农房和有特色的古民居，发展乡村民宿产业，以民间投资为主体，已建成 5 家民宿、8 家农家乐（图 6-2-15~ 图 6-2-19）。

2. 立体联动开发

深澳村依托浙江省历史文化村落保护利用重点村建设，提出以推进"大旅游"为主线，挖掘资源潜力，强化内生动力，扩大品牌效应，带动和激发江南镇全域旅游发展活力。在保护利用建设过程中，始终坚持连片开发、人文结合、生态休闲、市场运作的"四大"理念，充分发挥荻浦、深澳、徐畈、环溪四村的"规模效应"，打造"古风民俗风情带"，形成历史文化村落集群式发展，推进乡村休闲旅游发展，打造 3A 级景区村庄（图 6-2-20）。

3. 村风民情改善

历史文化村落保护利用的建设实效不仅体现在人居环境的改善上，还在于村情人心的改变。项目建设引领了形式多样的村民业余文化活动的发展，宣传了正能量。项目实施从最初的"村里的工作"转变成"全民的工作"，从最初的村民不支持不配

a)

b)

图 6-2-15　三生一宅精品民宿

图 6-2-16　民国记忆咖啡吧

图 6-2-17　澳里探蜜和 SH 江南

图 6-2-18　文创商店

图 6-2-19　木龙香坊

图 6-2-20　深澳风情

第六章　多样业态促进活化利用的浙北十村落　169

合转变成人人参与，最后形成"人人以建设为重、人人以家乡为荣"的良好风气。

4. 历史文化传承

深澳村在历史文化村落保护利用项目建设中，深入挖掘文化资源，彰显深澳区域文化特质，以"孝义""爱莲"文化为重点载体，围绕申屠开基替父吮毒，孝感动天的孝子故事制作剧目。同时，根据从南宋传承至今的江南非物质文化遗产，推出十六回切宴席。

5. 美丽经济显现

深澳村坚持树立"经营乡村"的理念，充分发挥历史文化村落保护利用成果优势，大力发展传统农业产业，发展乡村旅游业。由政府牵头成立旅游开发工作领导小组，下设旅游开发办公室，成立旅游公司，实行村民股份制，统一建设、统一开发、统一运营。积极推进土地流转工作，推进以"莲"为主的农业产业化，形成具有生态休闲游览、古树盆景观光等多种功能的生态休闲区。近年来充分利用村落历史建筑和人文资源，成功招商保护利用项目10余个，引入社会资本投入近亿元。先后获得"省级历史文化保护村""省非物质文化遗产旅游景区（民俗文化旅游村）""省级档案示范村""杭州市科普文明示范村"等荣誉。

"钱塘江尽到桐庐，水碧山青画不如"。深澳保留有江南地区唯一的一脉"坎儿井"水系，滋养出了一户户温婉醇厚的江南好人家。澳旁浣纱的姑娘，老街玩耍的顽童，温婉的古风民韵，淳朴的深澳村民，阡陌交通，鸡犬相闻，正可谓"江南好人家，有空来坐坐——深澳"。

第三节 景韵茆坪，世外桃源——杭州桐庐县茆坪村

一、村落概况

1. 区域位置与社会经济

茆坪村位于杭州桐庐县富春江镇东南部，村临芦茨溪中段沿岸，是富春江镇最偏远的山区村落之一。村落东与石舍村相邻，南与石舍村相交，西邻芦茨村，北临芦茨村青龙坞。茆坪村距杭州市区约90公里，距桐庐县城约18公里，距富春江镇约8公里。210省道穿村而过，村落经杭新景高速公路和320国道与外界相通，出入便捷。全村村域面积29.1平方公里，其中，山林面积23.94平方公里。村落辖邵家、百步街、荷花塘3个自然村，10个村民小组，现有436户，1272人，以胡姓为主。村庄主导产业为农业、林业，除种植水稻、油菜等水田作物外，还有经济林；第二产业较少，现有制笔、罐头等小型加工业。近年来，依托优美的自然环境和丰富的山林资源，村庄大力发展乡村旅游产业，民宿、农家乐发展态势良好。2014年，茆坪村被列入第三批中国传统村落名录；2015年，被评为浙江省第三批历史文化村落保护利用重点村；2016年，茆坪村被评为浙江省第五批历史文化名村；2018年，被评为第七批中国历史文化名村；2020年，被评为浙江省第四批3A级景区村庄。

2. 村落历史与风貌格局

茆坪古时为荒芜之地，名曰茅草坪。茆坪村始建于宋元之际，至今有700余年历史。自古以来，

深居大山的茆坪先民靠山吃山，以烧炭、卖炭为主业。村民就地取材制作竹筏，以芦茨溪为水路，与外界沟通。马岭古道穿村而过，是沟通桐庐与浦江的商贸通道。久而久之，茆坪村逐渐成为过往客商进出、运输货物的必经之地和重要驿站。明末清初，茆坪发展成为浙西地区较为兴旺发达的村落之一。新中国成立后，当地成立了广丰高级社，1958年改为茆坪片生产队，1961年又改为茆坪大队，1984年成立芦茨乡茆坪村，2004年区划调整后并入富春江镇。

茆坪村山清水秀，层林叠峦，古树林立，景色迷人，宛如世外桃源。茆坪独特的意境恰似五柳先生在《桃花源记》中描绘的世外桃花源。村落背靠群山，面向芦茨溪，在风水学中将这样的格局称为"攻位于汭"，是非常利于生存繁衍的自然风水样貌。茆坪村是一座典型的山地村落，坐北朝南，呈南北走向，村前巽峰山，村后来龙山，清澈见底的芦茨溪由东向西沿村庄南侧缓缓流过，整个村落平面图形如大船。村内建筑布局错落有致，粉墙黛瓦，色调淡雅。道路纵横交错、蜿蜒曲折，连起两端的香樟广场和文安广场。村道屋旁散落着成串的泉水小池，通过地下墙沟互相连通，随着村道自东向西缓缓下倾，泉水顺势成为一条地下流水，兼具日常生活洗涑、农田庄稼灌溉和防火灭火等功能（图6-3-1、图6-3-2）。

3. 传统建筑与历史环境要素

茆坪村的古建筑无论是总体布局还是单体结构，都体现了传统儒家文化中阴阳相生、尊卑有序的思想观念，也体现了江南古典建筑的自然美和人文美。村内现存明清时期的古建筑27幢，其中保存完好的有胡氏宗祠、文安楼、东山书院等县级文物保护单位，还有知青楼、文昌阁等传统建筑。另

图 6-3-1　茆坪村航拍图

图 6-3-2　茆坪村全景图

外，村入口还保留有五朝门、万福桥、仁寿桥、马岭古道等一批历史古迹，保持着历史文化村落的古韵。

胡氏宗祠建于清乾隆三十七年（1772年），坐落在村西入口，背山面水，坐北朝南，占地面积达1800平方米。整体平面呈规整的长方形，三进三开间，粉墙黛瓦封火墙。第一进为可拆卸的戏台，作为村民室内娱乐活动的场所；第二进在看戏时也可作为观众席，悬挂着清代皇帝钦赐平寇有功的胡绍康的"平寇"圣旨匾（原件已毁），以缅怀功臣；第三进是祭祖仪式的主要场所，上悬"振德堂"匾额，表达胡氏宗族以德处世的愿望。正对大门外，砌有一道高3米、宽20余米的照壁墙。2011年，

胡氏宗祠被列为县级文物保护单位。2013年，祠堂被辟为杭州民生文化博物馆（图6-3-3）。

文安楼建于民国十一年（1922年），占地520平方米，由经商致富的胡儒艺兴建。大门上方题有"居贞吉"与"派衍文安"二匾。前者取自《易经》中"居贞吉祥"之意，后者意在不忘祖出文安。建筑继承传统模式，结合西洋手法。梁柱门窗均为晚清时期的徽派风格，梁枋、牛腿、花窗的雕刻精巧细致，花鸟鱼虫、故事人物栩栩如生。东南二楼有破墙而出的望月台，天人呼应，情景交融。房屋采光和排水系统的设计非常科学，大大提高了传统建筑的居住舒适度。传说近代名士康有为曾在此地休养，一代美术宗师叶浅予赞誉文安楼为"江南第一农居"。谢晋导演拍摄的《珍珠衫》《无国界战争》《周恩来》等电影均曾在此取景。2003年，文安楼被评为县级文物保护单位（图6-3-4）。

东山书院始建于北宋天圣年间（1023~1032年），坐落于村落东端，由晚唐著名诗人、隐士方干第八世孙、芦茨"十八进士"之一的方楷创建命名。东山书院是桐庐建县以后的第一家书院，开创了桐庐办学之先河。东山书院是一处回廊式的传统建筑，院内有轩廊、水池、小径，开敞且幽静，正是读书讲学的好地方。2011年，东山书院被评为县级文物保护单位（图6-3-5）。

五朝门建于清初，位于村口文昌阁对面。传说宋代胡氏宗族有位才学渊博的先生给皇太子当御

a）

b）

图6-3-3 胡氏宗祠

图6-3-4 文安楼

图6-3-5 东山书院

师,太子继位后,见先生执意告老还乡,遂下圣旨,准许在其家族宗祠前建造"五朝门"。清初,当胡氏家族建造五朝门时,有人告发设置阻力。胡氏族人得知禁军将来抄毁的消息后,便速从寿昌宗房借来礼部天官(胡国瑞)的画像挂至祠堂正厅。禁军见状,便不敢轻举妄动,此事不了了之。后道光皇帝得悉此事,派钦差补送了圣旨。茆坪五朝门历经沧桑,在历代族人的呵护下,至今仍保留完整(图6-3-6)。

文昌阁始建于清乾隆三十七年(1772年),选址于村口,运用五行八卦、风水数学说精心建造而成,为茆坪古八景之一。文昌阁、魁星楼、文昌楼等是中国古代传统祭祀建筑,为祭祀掌管文运功名之神,保一方文风昌盛而建。茆坪文昌阁周围绿水萦回,古木参天,象征文武奎星,形成"奎楼望月"景观。阁内祀有关公像与魁星神,风格别致。在胡氏宗祠、五朝门的衬托下,人们走过文昌阁院落时,会有一种超越尘嚣、跨越时空之感(图6-3-7)。

万福桥位于茆坪村东南150余米的芦茨溪上,是马岭古道上主要桥梁之一,距今已有700多年历史。万福桥为单孔石拱桥,长27.7米,宽3.85米,高11米,净跨19米。桥墩砌在溪流两岸的岩石上,桥拱用青石打制成石条分节并列叠砌,南北向横跨在溪上,整座桥挺拔秀气。据《桐庐桥韵》载,万福桥建于宋代,南宋谢翱曾到此题下了"石桥千载何成败,转觉行人路不迷"的精彩诗句。万福桥数百年来历经无数次的山洪冲击,至今岿然不动。20世纪60年代,随着省道及新桥梁的开通,万福桥逐渐被弃用进而荒废。2011年,万福桥被评为县级文物保护单位。

马岭古道建于元代中后期,距今700余年。茆坪乐善好施的富商胡仲仁不忍村民受山路磨难,独自出资,历时五年,在富春江畔芦茨村至桐庐、浦江交界的马岭山修建了一条古道,全程20公里,宽2~3米,道路就地取材,采用河卵石铺筑,彰显出古代能工巧匠的智慧。古道经芦茨溪域的芦茨、盘山岭、五云岭、蟹坑口、百步街、邵家、茆坪、石舍、巽岭、枫岭、西坑口、毛洲、梓洲、炉峰、马岭等山岭溪涧,逢山凿五岭,遇水筑六桥,历经五载艰,山涧通官道。这不仅方便了百姓的行走,更重要的是极大地促进了当地的物资交流。

古树名木是茆坪村另一种充满生机的历史见证。村内共有古树11株,分别为:位于五朝门、马岭古道一侧的3株黄连木与2株古樟,位于村委

图6-3-6 五朝门

图6-3-7 文昌阁

会门口的 1 株香樟，位于胡氏宗祠北侧的 1 株苦楮、1 株香樟，宗祠南侧的 1 株黄连木，以及位于村落南侧的 2 株"浙东第一"的姐妹柏。这两株比建村历史还要久远的千年古柏，历经风霜洗礼，在形如大船的村落，就像船上高高的桅杆。自西面入村，沿主村道不足百米处，两三人合抱的大樟树犹如侍卫一样左右拱卫着茆坪村。

4. 特色文化资源

南宋绍兴二年（1132 年），朝廷追封胡国瑞为文安郡开国男。而后文安郡成为胡氏安定郡的一个分支衍脉。茆坪胡氏先祖胡国瑞（1080—1132），字彦嘉，宋严州寿昌人，是迁自安徽徽州、徙自浙江睦州寿昌（今建德）高塘村的胡氏第七世孙，郡属安定。胡公自幼聪颖好学，北宋崇宁二年（1103 年）进士及第，授亳州司法参军。北宋大观三年（1109 年），修《九域志》，书成，除知鄢陵县，戢盗治田，公正交易，威而惠民。郑居中荐除秘书省校书郎，寻迁著作佐郎。北宋重和元年（1118 年），撰修《崇宁日录》，明著事实，刚正不阿，馆职七年不迁。居中为言于上，迁吏部四封郎中。北宋宣和二年（1120 年），方腊事起，胡公条陈对策，以钱粮向导官从军。班师，功封朝议大夫，职除吏部郎中。汰冗滥，抑权贵，任贤能。非相府立奉司之设，为朝中权贵不容。建炎初，外放知舒州军，除暴安良。因操劳成疾，请旨提举杭州洞霄宫，越年提举江州太平观。靖康元年（1126 年），钦宗登极，诰授中大夫、尚书省吏部左侍郎。南宋绍兴二年（1132 年），上表致仕，功成名就，告老还乡，舍家财，兴义学。同年卒。上思其功，封为文安郡开国男，食邑一千三百户，上封父母，下荫子孙。

相传茆坪胡氏先祖胡国瑞被追封为胡氏文安郡开国公后，茆坪村民为缅怀先祖业绩、传承先祖义风，通过舞龙灯等活动形式，表达对先祖的崇敬与纪念。此后，每年正月元宵节，都要舞龙灯兴办年龙大典。舞龙灯还和茆坪传统过时节的习俗结合起来，即在每年农历九月十五至十七，村里都要抬陈老相公、请剧团演出、热舞板龙灯。到了 20 世纪三四十年代，茆坪艺人胡海根等人在原有的基础上，将龙灯加以改进，推陈出新，使茆坪龙灯更上一层楼。新中国成立后，舞龙灯曾因故一度消沉。新中国成立 50 周年时，村里自筹资金，重新恢复了舞龙灯的传统。茆坪板龙有 78 节，每节的背上都装饰有一幅花灯，有鱼虫鸟兽、锦鸡凤凰、十二生肖等，也有亭台楼阁、历史名人、历史故事等。整支队伍由 160 余人组成，能舞出梅花阵、连环阵、铁锁阵等十多种阵法。值得一提的是，茆坪女子板龙打破了旧传统、旧思想，表达出了女性特有的柔和之美，成为茆坪一绝。2001 年，女子板龙队代表桐庐县参加杭州西湖博览会闭幕式表演，曾获得 2004 年杭州西湖狂欢节表演金奖及杭州民间艺术桂花银奖。茆坪板龙被评为桐庐县第七批非物质文化遗产代表性项目（图 6-3-8）。

图 6-3-8 茆坪板龙

二、规划设计

1. 规划定位与总体布局

茆坪村在省历史文化村落保护利用重点村规划中，突出历史文化村落的内涵与特色，确定"延承马岭古道遗韵、展示茆坪特色风情"的主题定位，在此基础上，规划"两心两轴三区"的总体布局（图6-3-9、图6-3-10）。

两心：以文安广场为主体的生活中心，由村委及社区服务中心组成的公共中心。

两轴：形成"T"字形轴线，横向是以茆坪老街为特色的发展轴，纵向是廊桥至村内文安广场街巷的空间轴。

三区：分别为古韵寻踪核心体验区、新村农家乐休闲区、山水诗画沿河观景区。

2. 规划保护范围

根据茆坪村村落整体格局与发展定位，合理划定核心保护区、建设控制区以及环境协调区的范围。核心保护区主要集中在茆坪老街两侧，北至万生厅北侧院墙，南至文安楼南侧院墙，东至东山书院院墙，西至五朝门西侧大桥，另有灵古寺、万福桥及周边区域也划定其内，面积共1.8公顷。核心保护区以外，对建（构）筑物性质、体量、色彩、层高及形式有严格控制的区域为建设控制区，面积为2.47公顷。确定环境协调区为整个规划范围，以山体、省道为边界，将芦茨溪等环境要素纳入其中，面积为22.19公顷（图6-3-11）。

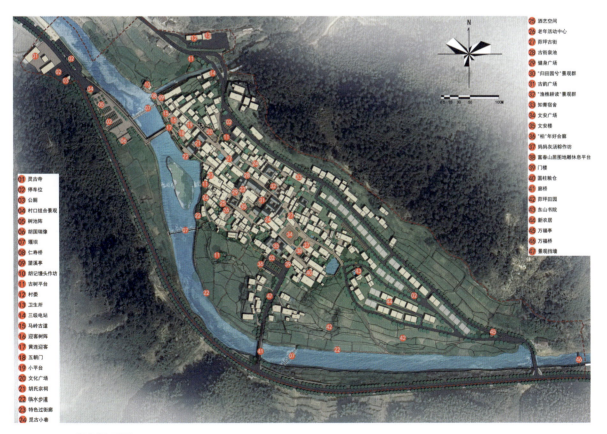

图6-3-9 规划总平面图

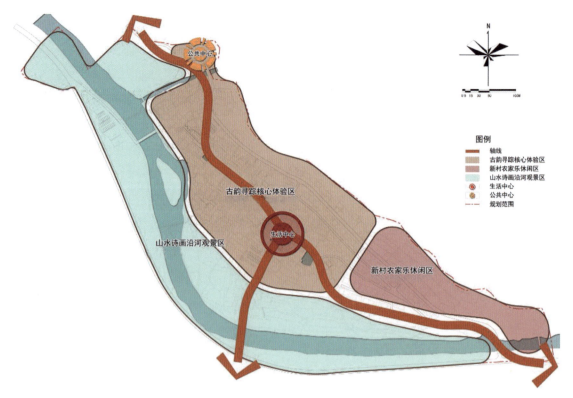

图 6-3-10　空间结构规划图

图 6-3-11　保护范围规划图

三、建设实绩

茆坪村自 2015 年被列为浙江省第三批历史文化村落保护利用重点村以来,整合多方资金,加快推进项目建设,主要完成以下项目。

古建筑修复:完成 10 幢古建筑的顶瓦修补,面积 4900 平方米;5 幢建筑的墙体加固,面积 1500 平方米;2 幢建筑的立面改造,面积 600 平方米;构件修复 15 个;1 幢异地迁入的房屋,面积 2100 平方米。

与历史风貌有冲突的建(构)筑物整修改造:完成 7 幢建筑的立面改造,面积 13600 平方米;整体拆除 2100 平方米;异地搬迁农户 7 户。

村内古道修复:完成马岭古道修复 1.2 公里,村内道路改造 0.8 公里(图 6-3-12、图 6-3-13)。

搬迁安置区基本公建设施建设:完成搬迁安置区土地指标 0.53 公顷,安置户数 24 户,投资 600 万元建设安置区基本公建设施。

四、建设效益

茆坪村是历史文化村落保护利用中,产业融合有效型的代表。富春江(芦茨)慢生活体验区是经浙江省政府批准的浙江首个乡村慢生活体验试点区,位于桐庐县富春江镇东南部美丽的富春江畔,总面积为 62 平方公里。体验区以原生态、原生活、原生产等乡村元素为主要特色,茆坪村被列入其中,成为区域内一个重要节点。为积极推进富春江(芦茨)慢生活体验区建设,茆坪村加大了对体验区人文自然景观、村落建筑资源的保护利用力度,不断提升体验区的文化品位,丰富产业内涵,打响慢生活体验区的品牌知名度和美誉度(图 6-3-14~图 6-3-17)。

a)整治前　　　　　b)整治后　　　　　　a)修复前　　　　　b)修复后

图 6-3-12　马岭古道整治前后对比图　　　图 6-3-13　村道修复前后对比图

图 6-3-14　公共活动空间　　　　　　　　图 6-3-15　美丽庭院

图 6-3-16　古桥风韵

图 6-3-17　村落街巷

近年来，茆坪村依托省历史文化村落保护利用重点村建设，以"山水古韵茆坪"画家村为发展目标，修缮活化利用了一批历史建筑。胡氏宗祠现已辟为民生文化博物馆，文昌阁改为书吧，还建设了艺术写生创作基地。同时，依托良好的区位优势与生态资源，大力发展乡村生态旅游产业，将其与新村建设相结合，全村现有民宿 34 家。其中，天空之城高端民宿获浙江省十佳民宿银奖（图 6-3-18）。茆坪村先后获得国家级美丽宜居示范村、浙江省第三批民俗文化村、桐庐县级文明村、桐庐县信用村、桐庐县最清洁村、桐庐县文化特色体育村等荣誉（图 6-3-19）。

a）

b）

c）

图 6-3-18　天空之城高端民宿

a）

b）

图 6-3-19　茆坪风情

第四节 文脉贵地，古今相融——杭州富阳区东梓关村

一、村落概况

1. 区域位置与社会经济

东梓关村位于杭州富阳区场口镇西部，地理位置独特，北临富春江，南依小山群，西有桐洲岛，是两府、两县、两镇的中心点。距富阳县、桐庐县20多公里，离场口镇、江南镇5~8公里，水陆交通十分便捷，居住环境较为优越。东梓关村由东梓关和屠家2个自然村组成，下辖12个村民小组，共有640户，1818人，主要姓氏有许、朱、王、申屠。全村村域面积为2.77平方公里，全村主要从事农业，部分外出打工。2015年，东梓关村被评为浙江省第三批历史文化村落保护利用重点村；2016年，被评为第四批中国传统村落；2017年，被评为浙江省第一批3A级景区村庄。

2. 村落历史与风貌格局

东梓关村是一个有着悠久历史渊源和深厚文化底蕴的历史文化村落，因郁达夫㊀同名小说而著名。东梓关，曾名青草浦、东梓浦、东梓关（东梓塞）。青草浦，浦源出桐庐县青源村，北行西折自赵家村入富春江，浦西为桐庐界，浦东为富阳界，村以浦名。而现今的"东梓"两字，历来众说纷纭。相传，吴越王行军到此，见此处江面狭窄，对面有桐洲沙，往东北两公里是洋涨沙，形成一处天然关隘，是为兵家重地，于是就设置了一处关口，往来行旅都要通关。因这里是过富春下钱塘必经之地，行人到此无不东望指关，故而得名"东指关"。也有相传说东指关种满了梓树，有一年出现了一件奇事，全村的梓树梢头一夜之间全部伸向东方，后人便把东指关改叫"东梓关"。于传说之外比较正统的记载来自南宋潜说友的《咸淳临安志》："东梓浦，在县西南五十一里，东入浙江，旧名青草浦。南朝宋国将军孙瑶葬于此，坟上梓木皆东靡，故以名"。这个说法在东梓关《许氏家谱》里也出现数次。又有清光绪三十二年出版的《富阳县志》记载：明洪武十九年（1386年），朝廷在东梓浦设立巡检司并派有军队驻守，为东梓塞，因而改名"东梓关"。根据《许氏宗谱》中《许氏源流记》载，许氏家族来自河南许昌，后迁叶县和白羽。到始祖许明时，弃仕途，隐居屠山。传至许明以下第四世许彧（954—1019）时，迁址东梓关定居，由此判断东梓关已有一千多年的历史了。许氏族人繁衍生息，欣欣向荣，现村内70%的村民都是许氏之后。朱姓先祖乾德公，南宋咸淳年间迁入。申屠姓先祖申屠链，明末由屠山赤阁田迁入。王姓先祖，于清康熙年间迁入。

东梓关是富春江南古埠名镇，自古以来就是一方水陆交通枢纽。历史上，富阳县东图、新桐、常安、壶源及桐庐县深澳、凤鸣乃至浦江、诸暨等地的商人往来，交通常常要靠水路，东梓关因此成为富春江上一个重要的商贸集散地。民国初年，东梓关集市繁华，从长塘至江边越石庙的东梓关老街，茶馆、米行、药店、铁铺、南北货等各类店铺鳞次栉比。改革开放后，随着公路交通的迅猛发展，水

㊀ 郁达夫（1896.12.7—1945.9.17），原名郁文，字达夫，幼名阿凤，中国现代著名的小说家、散文家、诗人。1932年在母亲的要求下，郁达夫坐船来到东梓关找名医许善元治肺病，在许家大院住了一个多月，根据这些经历，他在当年11月发表了小说《东梓关》。

图 6-4-1　东梓关村航拍图

图 6-4-2　东梓关村全景图

图 6-4-3　许家大院

上运输逐渐减少，东梓关码头集市一度沉寂。东梓关村周边有富春江、壶源溪、瓜桥江等多条大小江河，水系发达，水网密布。因地处沿江地带，地形地貌以冲积平原和浅丘地貌为主，地势西南高，东北低，地形起伏较小。整个村落沿富春江水岸呈带状分布，自然风光秀美，人文气息浓厚。村内池塘遍布，水系贯通（图 6-4-1、图 6-4-2）。

3. 传统建筑与历史环境要素

东梓关村现存清末民初建筑百余幢，大多数是名门望族许家所有，如许家大院、安雅堂、许春和大药房，还有许家二房、四房、五房、六八房等，另有越石庙、朱家三堂楼和长塘厅等，均是保存较为完整的古建筑，其中越石庙、安雅堂、许家大院被评为杭州市级文物保护单位。

许家大院建于清道光二十年（1840 年），扩建于清光绪四年（1878 年），原为许氏三房所有。建筑临水，前屋设过道檐廊，院子两侧为厢房，门房前檐墙正中有石库墙门，建筑面阔七间，由前屋、过道、檐廊、院子、厢房、门房、天井、正房组成，占地面积约 678 平方米。该院曾为东梓关名中医许善元旧宅，郁达夫以此为场所创作了小说《东梓关》。2019 年 3 月，东梓许家大院被评为杭州市级文物保护单位（图 6-4-3）。

越石庙建于清嘉庆十八年（1813 年）秋，为纪念越国"石将军"（镇守东梓边关牺牲），由以许之芳为代表的族人和邻近乡民主动集资，大兴土木，在今庙凸头上建造而成。清道光六年（1826 年），在东梓乡绅"许十房"之父许廷询等人的筹划下，庙宇得以拼建扩大，在原有基础上又增添了许多菩萨塑像。清道光十七年（1837 年），庙内增设戏台和看台等空间，在许廷谨、许秉瓒和王兆汶等人的资助下，庙宇得以有较大规模的修缮和整改。整座建筑坐东北朝西南，砖木结构，由前殿、戏台、厢楼、天井、正殿组成，占地面积 339 平方米。前殿面阔三间,五架梁,明间设戏台。天井为正方形,两侧厢楼牛腿雕有人物图案。正殿面阔三间,五架梁。庙内雕梁画栋,工艺精湛。庙外山墙嵌有清嘉庆、道光年间石碑四通,记叙建庙捐资。旧时,东梓越石庙闻名远近,香火旺盛。一旦有庙会,烧香拜佛者络绎不绝。相传,越石庙土地菩萨相当灵验,能保一方平安。传说越石庙江边有人不小心滚了下去,却毫发无损,这实在令人称奇。据东梓关老一辈的人说,越石庙建成后,周边的越剧"嘀嗒班"都会来东梓演戏。特别到民国以后,著名越剧演员姚水娟、竺素娥及王笑笑等,常带班来东梓演出。通常早晨在越石庙前晨练,晚上在越石庙里演出,一待就是半旬一月,一班接一班的演出。2019年3月,越石庙被评为杭州市级文物保护单位(图6-4-4)。

东梓关村现存官船埠、古驿道、古塘、古树等众多历史环境要素。东梓关村内的长塘有着数百年的历史,贯穿大半个村落,现存最宽处有21米,其余还有七八处水塘,如欧家塘、冬瓜塘等都是古村历史的缩影,各处水塘历史上均有沟渠连通。村内现有古井1口,位于欧家塘东侧。村内还有百年以上的古树3棵,树龄最大的一棵古樟有810年树龄,位置均位于富春江边,是历史的见证者、主要景点之一。

4. 特色文化资源

东梓关具有浓厚的文化底蕴和人文气息。古往今来,关隘、商埠、宗族、名医,在此地精妙糅合,留下传统手工艺、戏曲艺术、饮食文化、关隘文化、名人文化、中医文化等众多文化遗产,尤其以名人文化和中医文化最为突出。

(1)名人文化 东梓关名门望族"许十房",即清末民国时期的许氏十兄弟。清嘉庆十年(1805年),东梓关人许廷洵出生,他娶三妻生十子,后人称之为"许十房"。许氏十房名讳:秉常、秉坚、秉石、秉守、秉分、秉玉、秉弟、秉甘、秉禄、秉中。这十房又生了三十一子,从清嘉庆到民国初的近一百年间,许家人才辈出,逐渐成为方圆百里的名门望族。"许十房"家族曾有孝廉方正1名、举人1名、拔贡2名、秀才18人。《富阳县志》称许十房"家门之盛,为邑中首屈一指"。许十房重视教育、乐善好施、热心公益。十兄弟中最有名的当属排行第三、第六、第九的三兄弟。

老三许秉石开创了"许春和"元号药房(即许春和大药房)和"复大昌"糕饼厂南货店两个老

a)

b)

图6-4-4 越石庙

字号,药房有数家分店,以医术高超、价格公道广为人知。而"复大昌"名声更响亮,当时上海、杭州的一些大户人家,都会特地赶到东梓关购买该店的糕点。许秉石还是富阳有名的大善人,清光绪年间,他带头捐款,带领村民承担许氏宗祠的全面修缮工作。他慷慨解囊,出资修建了赵家至柱山埠溪上的一座石桥,将从场口到窄溪共三十华里的泥路改成石板路。

老六许秉玉为贡生,人称"六阿太"。曾任民国时期富阳县教育会会长,为人刚直不阿,面对"三年清知府,十万雪花银"的贪赃枉法行为,他极为痛恨。曾为民请命惩治贪官,一路告状至京城。《许氏宗谱》赞其"增国家收入更倍,故一邑皆颂许六先生之德勿衰"。但因得罪各级官吏,"不能居故里,在江苏避地十年……"。更值得称颂的是,他还十分重视教育,于清光绪三十二年(1906年)创立了"东梓小学",为富阳近代私人办学之始。许秉玉潜心于教育工作,功不可没。在他的教育下,东梓关出现了许多才华横溢之辈,尤为突出的要数许正始、许正衡、许正绅、许正笏、王生赓等。这几个人不仅在文学上有很深的造诣,还都精通医道。

老九许秉禄虽为晚清贡生,但善于接受新鲜事物,他自制车床并建造了一艘轮船行驶在富春江中,成为当时美谈。

许正始,字善元,清光绪年间秀才,曾就读于杭州崇文书院。民国初被选为县参议员。其间能体察民心,宣达民隐,兴利除弊,多有建树,好吟咏,著有《寄生诗抄》。后因患湿热病,不能行走,于是笃志学医,成为方圆百里闻名的良医。著有《怪病备查》《治虚选要》等著述传世。他坐堂问诊于"许春和堂"或是自家大院,医术高超,好多疑难之症,经他诊治便可妙手回春。至今村中还流传着这样一句话"请到许善元,死了也情愿",足见其影响之大。他的医德更为高尚,对穷困病人一概不收诊金,连贵重药品都"临诊取给不计值入"。

许正衡,字谷元,清光绪年间秀才,因拔贡朝考一等被擢为七品小京官,任职于北京邮传部。辛亥革命后回富阳,任县教育科长,后任印花税局局长。善诗能文,著有《谷元诗抄》。郁曼陀先生在北京任职时,两人关系甚密,经常有诗作唱和。由于郁家祖上是名医,许正衡有机会学到了许多医学知识,掌握了许多疑难病症的医治方法。至今,东梓关一村民家中还收藏着许正衡赠送给他祖上的药书一套。许正衡还是个非常了得的书法家,据传原许氏宗祠修缮时,好多石柱上的字都是由他书写的。东梓关越石庙,戏台两旁台柱上的字也出自他之手,现保存完好。他和好友郁曼陀先生同一年谢世,享年66岁。

许正绅,字伦元,号端甫,幼年读书,善为文章,以县试第一人的身份进入群庠学所,后任东梓小学校长之职长达二十年之久。许正绅视学生为爱子,教育循循善诱,凡受其熏陶者,皆奋发上进,成材甚多。许正绅秉性善良,德高望重,待人接物一本忠厚,乡邻之人无不亲之敬之。晚年还乐善好施,给人免费修理钟表、焊补脸盆。

王生赓,生于清光绪十五年(1889年),年轻时在东梓小学教书多年。任职期间,严于律己,对学生也非常严格。其所教内容,翌日早晨要求学生必须会背诵默写。后弃教从医,师从许谷元、许伦元,加之勤奋好学,后来竟成一名医,坐诊于许春和大药房。王生赓对伤寒病症颇有研究,场口、新桐一带慕名前来求医的甚多。据传,村中有一老妇得了重病,生命垂危,王医生一服猛药下去,妇人转危为安。他对妇科亦很有研究,有的妇女经常流产,服用了他开的药,胎儿安然无恙。晚年,他和许伦元成为知交,经常在一起喝酒、聊天,或谈论医学方面的话题。

东梓关的名人文化又可称为"孝子文化"。据史料记载,东梓关许家出过两个孝子。其一为孝子许彧,字茂叔,后周时人,性格仁善,家贫好读书,少年丧父,父亲过世时他悲痛号哭直至昏厥。许彧事母至孝,传说,他餐餐做鲜鱼供母亲食用。一年冬天,许彧因身体疲乏没有抓鱼,母亲因数日不食鲜鱼而病,时逢隆冬久雪,许彧遍求鲜鱼不得,悲从中来,对着江水号啕大哭。忽然有两条鱼跃出江面,许彧带回这两条鱼,母亲吃了之后病就好了,大家都说是他的孝顺感动了上天。许彧江边求鱼的记载类同二十四孝里"卧冰求鲤"的故事,事件真实性不可考,但许彧在北宋雍熙三年(986年)得到表彰,立孝子牌坊却是真事。另一位孝子许嘉贤,字心寰,因"孝"出名,清顺治十五年(1658年)受顺治皇帝嘉封。清康熙十八年(1679年)朝廷为心寰公建的孝子坊五座,分别建在北京卢沟桥、山东花鼓山、杭州猫儿桥、富阳东门渡、东梓关村中。每座牌坊上都刻有"圣旨"两字和许心寰的事迹。富阳县城和东梓关村路南的牌坊至今仍屹立如故。因许心寰长寿,建于村内的孝子坊还有百岁孝子坊之说。虽历经数百年,但他的故事及许多优美的传说还在村中流传。

(2)中医文化 闻名浙北大地的富阳东梓关张氏骨伤科已有170多年的历史,其中最有名的要属"正骨术",其在诊伤(重全身,察局部,详查病情)、手法(重手法,求灵巧,以巧取胜)、固定(超关节,小夹板,固定灵便)和用药(审部位,辨虚实,注重胃气)方面都独具特色。张氏骨伤疗法创立于清道光年间,创始人为张永积,传至第四代传人张绍富时已形成"整体辨证、手法整复、杉皮固定、内外兼治、筋骨并重、动静结合、功能锻炼"的综合治疗骨伤理论。第五代传人张玉柱继承和发扬其父张绍富的治伤接骨技术,走出一条"大专科、小综合"的路子,解决了四肢骨折、脊椎损伤、脑挫伤后遗症等治疗中的诸多难题。2011年5月,张氏骨伤疗法被列入第三批国家级非物质文化遗产代表性项目名录,张玉柱被评为第四批国家级非物质文化遗产代表性传承人。

许秉石创立的"许春和"元号药房,位于村内长塘西端,建筑面积和经营规模在当时都是首屈一指。临街大楼为交易处,北面大楼为中成药制药房,旁设养鹿场。后来在其西首增开了"许春和"亨号,还在窄溪、桐庐、汤家埠等地开辟"春和堂"分号。由于"许春和"名气大,经营时童叟无欺,故享有"真不二价"的美誉。春和堂内好多中成药都是自己加工制造的,如"全鹿丸""十全大补丸"和"许春和药膏",其功效相当灵验,不管大人还是小孩,只要头上、身上大暑天生了"热疖头",小膏药一贴就会慢慢消退,非常神奇。

(3)家训 《许氏家训》:"孝顺父母,尊敬长上,和睦乡里,教训子孙,各安生理,毋作非为。"——录自明万历三十三年(1605年)《富春许氏宗谱》

《朱氏家训十则》:"孝父母,敦名分,和里党,谨闺阁,课弟子,保阴基,重信义,笃宗盟,惩愚顽,敬尊长。"——录自民国二年(1913年)《富春朱氏宗谱》

《王氏家训》:"父母当孝,尊长当敬,兄弟当和,宗族当睦,祠墓当展,祭祀当诚,道德当尊,节义当崇,家教当严,闺门当肃,职业当勤,节俭

当尚。"——录自民国六年（1917年）《桐富琅琊王氏宗谱》

《申屠氏宗规六则》："谨塾教，严内外，治生业，睦宗族，保坟墓，禁乱葬。"——录自《富春申屠氏宗谱》

二、规划设计

1. 规划定位与总体布局

东梓关村在省历史文化村落保护利用重点村规划中，系统梳理村落肌理、历史建筑、空间布局、街道尺度等环境要素，提出在更新发展中延续村落历史文化环境、强化历史风貌特征、完善区域功能、提升村落整体品质等目标。通过保护古建、弘扬文化、修复环境、整治村庄、拓展旅游等综合措施，全面保护村落的建筑形制、整体风貌、民俗文化以及自然环境，打造富春江经典山水线路的重要组成部分及唯一的文化节点，使村落成为以清末民初建筑特色为主要传统风貌的历史文化村落，规划"一轴一带两心三片区"的总体布局（图6-4-5、图6-4-6）。

一轴：以沿江公路为基础，是连接东梓关新村、老村中心的纽带，村落保护、展示利用的主轴线。

一带：东连孙权文化公园，西接梓桐洲的富春

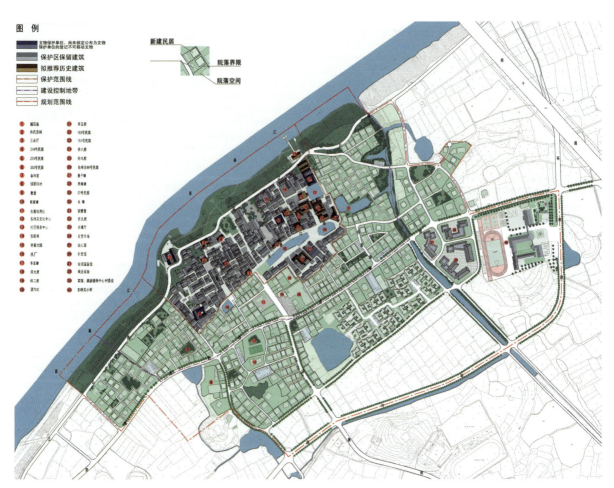

图 6-4-5 规划总平面图

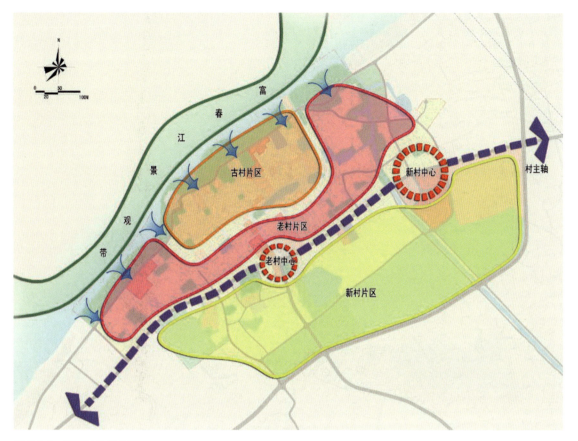

图 6-4-6 空间结构规划图

江景观带。

两心：以东梓关原村委为核心的老村中心，承接东梓关未来发展的新村中心。

三片区：记录东梓关村千年发展的古村片区，满足核心区保护需求、承载村落未来发展的新村片区，以及连接二者的老村片区。

2. 规划保护范围

根据东梓关村现有基础条件和整体规划定位，规划将保护内容的历史完整性、视觉景观要求及现状实际情况结合起来，划出满足保护要求、反映环境特点、界限清楚、便于实施和管理的范围，合理划定核心保护范围、建设控制范围以及环境协调范围。其中，核心保护区东至许家大院，南至安雅堂，西至越石庙，北至富春江，这一区域能真实完整地反映古村落历史风貌，面积约为 8.7 公顷。建设控制区东至沿河路，南至汤横线、东舒线，西至梓树楼酒家，北至富春江，面积约为 9.57 公顷。环境协调区为建设控制地带以外的建设区，面积约为 96.71 公顷（图 6-4-7）。

三、建设实绩

东梓关村自 2015 年被列为浙江省第三批历史文化村落保护利用重点村以来，以规划为引领，创新组团攻坚机制，推进项目建设。

古建筑修复：先后完成许家大院、安雅堂、越石庙、许家六八房、长塘厅、老邮局、西洋

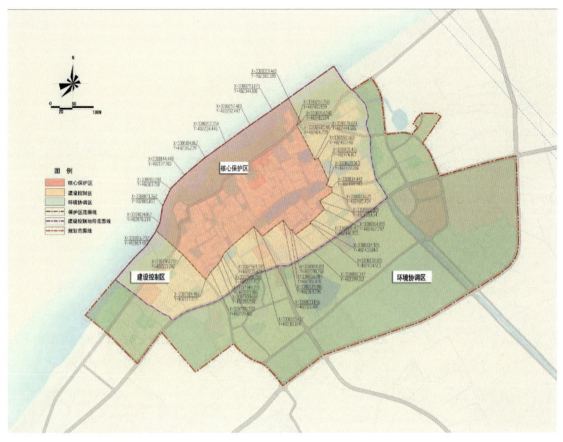

图 6-4-7　保护范围规划图

楼、许氏七房（东梓村 37 号古民居）、积善堂以及许春和大药房等古建筑修缮工作（图 6-4-8、图 6-4-9）。其中，包括 20 幢建筑的顶瓦修补工作，总面积约 8750 平方米；11 幢建筑的墙体加固工作，面积 3300 平方米；18 幢建筑的立面改造工作，面积 15250 平方米；构件修复 725 个。

与历史风貌有冲突的建（构）筑物整修改造：先后完成长塘周边 73 幢农户房屋的立面整治，面积 25289 平方米；整体拆除 12000 平方米；异地搬迁农户 19 户（图 6-4-10~图 6-4-12）。

搬迁安置区基本公建设施建设：完成搬迁安置区土地指标 2 公顷，安置户数 52 户，投资 2150 万元建设安置区基本公建设施，打造"杭派民居"，被称为"最美回迁房"。

村内古道修复：完成古道修复 2.95 公里，面积 11650 平方米。

文化设施工程建设：完成越石庙佛教文化馆展陈工程、咖啡馆装修布展工程等。

基础设施建设：完成老码头及周边环境改造、农贸市场改造、垃圾分类处理站等项目；完成农村生活污水处理、自来水改造等民生工程。极大程度上改善了村容面貌，诠释了古村韵味，美化了居住环境。

a）修缮前　　　　　　　　　　　　　　　　b）修缮后

图 6-4-8　许家六八房修缮前后对比图

a）修缮前　　　　　　　　　　　　　　　　b）修缮后

图 6-4-9　许家七房修缮前后对比图

a）改造前　　　　　　　　　　　　　　　　b）改造后

图 6-4-10　西洋楼改造前后对比图

a）协调前　　　　　　　　　　　　　　b）协调后

图 6-4-11　风貌协调前后对比图

a）整治前　　　　　　　　　　　　　　b）整治后

图 6-4-12　长塘北整治前后对比图

四、建设效益

东梓关村是历史文化村落保护利用中，产业融合有效型的代表。自 2015 年开展省历史文化村落保护利用重点村建设以来，东梓关村成立了由区、镇、村三级联动的保护利用工作小组，创新机制建设，大力推进"三融合"模式，描绘"美丽乡村"新版图，实现历史文化村落保护利用的可持续发展。

1. 古建修复与文化传承融合

东梓关村坚持古建筑修复"忠于历史、以旧复旧"的原则，先后修缮古建筑十余幢，改善了村落核心区的景观风貌。对修缮后的古建筑加以活化利用，结合村落特色民俗文化与非遗文化，设置了村史馆、张绍富医德馆、宗教文化馆、红心驿站、酒作坊等有文化传承的功能业态，还吸引了浙江绿城建筑设计有限公司、杭州市城市规划设计研究院等 3 家设计院入驻设立乡村设计实践基地，打造东梓关"设计小镇"（图 6-4-13~ 图 6-4-15）。

2. 项目建设与产业发展融合

东梓关村以历史文化村落保护利用项目为牵引，积极吸引社会资本参与村落发展，以美丽乡村

a）　　　　　　　　　　　　　　　　b）

图 6-4-13　张绍富医德馆

a）　　　　　　　　　　　　　　　　b）

图 6-4-14　富春江江鲜展示馆

a）　　　　　　　　　　　　　　　　b）

图 6-4-15　绿城乡村实践基地

图 6-4-16　杭派民居

建设带动美丽产业发展，培育发展旅游观光、休闲度假、民宿餐饮、文化创意、健康养生等新型业态。东梓关村依富春江而立，江鲜资源丰富，可谓"未能抛得富春去，一半勾留是江鲜"。2018年国庆期间，首届富春江江鲜大会在东梓关村举办，活动期间场面火爆，好评如潮，共吸引游客37万人次，旅游收入超过1000万元，创造了乡村旅游的一大奇迹，其后东梓关村成为富春江江鲜大会永久举办地。目前，全村已建成民宿20家，培育以江鲜为主打的农家餐馆11家，传统小吃摊位20余家，乡村游产业悄然兴起。

3. 古村保护与新村建设融合

东梓关村依托杭州市政府建设"杭派民居"示范村项目，在村民腾退古宅搬迁的过程中，合理布局老村与新村，有效协调传统老宅和现代居所的联系，委托浙江绿城建筑设计团队新建了46幢新民居，用现代设计理念诠释传统江南民居的神韵和意境，塑造符合当今生活方式与审美趣味的乡村人居场所，打造"最美回迁房"，吸引大量人群进村打卡，一时成为"网红村"（图6-4-16）。

第五节　昌硕故里，竹生鄣吴——湖州安吉县鄣吴村

一、村落概况

1. 区域位置与社会经济

鄣吴村位于湖州安吉县鄣吴镇东北部，村西与安徽省广德市毗邻，北面、东南面连天子湖镇，西南靠近玉华村。距安吉县城约26公里，距湖州市区约65公里，距杭州市约100公里，距杭长高速公路出口约20公里，距04省道（杭长高速安吉北站）约10公里。随着申苏浙皖高速、申嘉湖高速、杭长高速、鄣北线等公路的贯通，鄣吴村的交通变得极为便捷。现在的鄣吴村是在2017年11月，由原龙山村和鄣吴村合并而成的，是鄣吴镇政府驻地。全村辖39个村民小组，现有1045户，3608人，以吴姓为主。村域面积约11.9平方公里，其中山林面积约8平方公里，耕地面积约2平方公里。村内主要产业是土特产加工、制扇业等。2012年，鄣吴村被评为浙江省第四批历史文化名村；2014年，被评为第六批中国历史文化名村；2014年，被评为第三批中国传统村落；2014年，被评为浙江省第二批历史文化村落保护利用重点村。

2. 村落历史与风貌格局

鄣吴村是近代艺术大师吴昌硕先生的故里，历史传承悠久，文化氛围浓厚，历史文化资源与生态环境资源丰富。秦统一六国后推行郡县制，置天下为三十六郡，安吉为鄣郡所在，因鄣吴地处鄣郡之南，故亦称鄣南。南宋初年，为避战祸，江苏淮

安望族吴瑾携家人随宋高宗南渡，迁居于此。其后繁衍生息，吴姓成为村落大户，故称郭南吴家村，俗称郭吴村。吴氏族人近千年艰苦卓绝的精心经营，使村落规模和风貌得以不断拓展和美化，郭吴村最终成为一个具有典型的明清风貌的历史文化村落。郭吴村基本保留了明清以来的整体格局，村内街巷纵横交错，呈自发性不规则分布，街巷宽度较窄，民居院墙构成街巷的边界。村内建筑密度较高，门楼高大雄伟，牌坊溪边林立，亭台楼阁鳞次栉比。清末民初流传的"小小孝丰城，大大郭吴村"便是当时的写照。村内有众多白墙黑瓦的徽派古建筑，4条曲折穿行的古道小巷，全长2000余米的小溪穿村入户，总体形成八府九弄十二巷的街巷格局，其中八府的具体位置已不详，九弄十二巷基本保持着原有的格局（图6-5-1、图6-5-2、表6-5-1）。村内归仁里老街呈前店后院格局，形成"生产、生活、销售"一体化模式。

图 6-5-1　郭吴村航拍图

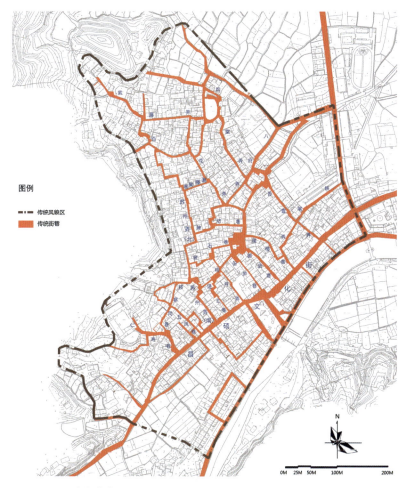

图 6-5-2　历史街巷布局图

表 6-5-1　鄣吴八府九弄十二巷一览表

八府	袁州府、南丰府、海澄府、溧水府、新安府、建昌府、淳化府、海阳府
九弄（长度/米）	祠堂弄（258）、八府弄（76）、金石弄（53）、明月弄（87）、香雪弄（56）、紫藤弄（356）、百花弄（43）、苏州弄（86）、铁笔弄（58）
十二巷（长度/米）	凤麟巷（263）、葛藤窠巷（37）、仁寿巷（87）、牌楼巷（96）、牌坊巷、进士巷（103）、御史巷（78）、按察司巷（107）、布政使巷（96）、天官池巷（163）、五凤巷（106）、缶庐巷（98）

鄣吴村东南、西北两侧峰峦起伏，呈狭长状，中部呈山谷平原地形，村域中心和鄣吴镇区基于此逐渐向东侧延伸发展，属半山区。总体来看，山地与平原交错的地形，不但使鄣吴村周边环境优美，还便于塑造宜耕、宜居的村镇。鄣吴的山脉属天目山北（西）支，古称"鄣山"，山峰绵延，植被繁茂，竹林成山遍野。千年前，苏轼曾写下"宁可食无肉，不可居无竹"的名句，诗中描绘的生活意境令无数人向往。整个村落青山环抱，绿水川流，恰似诗中所言。鄣吴先人怡然自乐，过着日出而作，日落而息，行到水穷处、坐看云起时的悠闲生活。

3. 传统建筑与历史环境要素

鄣吴村内的历史建筑以徽派建筑为主，白墙黑瓦，色调淡雅。现存吴昌硕故居、吴氏修谱大屋、金氏大屋、双进士故宅、余氏门楼、胡氏门楼和狮子台门楼等多处明清建筑，与吴昌硕故居一巷之隔处还有五幢民国建筑。其中，吴昌硕故居（含吴氏修谱大屋、余氏门楼）为省级文物保护单位，胡氏门楼、吴麟夫妇墓为县级文物保护单位，另有县级文物保护点7处。吴昌硕故居、吴氏修谱大屋、鄣吴章氏衣冠冢等重要文物古迹均与吴昌硕有关，由此形成了集中展示吴昌硕生平及其相关历史文化的传统建筑群。另外，金氏民居、胡氏民居、鄣吴大队大会堂等历史建筑也分别展示了明清时期、新中国成立初期等不同历史阶段，鄣吴村所经历的历史面貌，是人们重要的历史记忆，具有较强的代表性。现存的部分门楼如吴氏修谱大屋门楼、金氏民居门楼、胡氏门楼、余氏门楼等均保留着精美的雕刻，代表着明清时代鄣吴村建筑高超的艺术水准和极高的工艺水平。

吴昌硕故居始建于明嘉靖年间，坐北朝南，三进两厢房格局，门前照壁。建筑历经太平天国战争、抗日战争等历史阶段，屡次受到破坏，原有建筑大部分被毁。20世纪80年代，经政府及社会各界人士的共同努力，吴昌硕故居恢复了当年的风貌。现故居范围包括吴昌硕诞生老屋、金石馆、游客接待中心、艺术碑廊、内庭院及后花园，占地3000平方米。主建筑现辟为吴昌硕故居博物馆，内部展示吴氏家族的历史源流与文化传承，以及吴昌硕跌宕起伏的艺术人生。2011年1月，吴昌硕故居被浙江省人民政府评为第六批省级文物保护单位。故居门前的三孔石拱桥俗称"状元桥"，横跨在半月形荷花池上，雕刻精美。20世纪50年代，这里被填埋，1997年考古挖掘时按原样修复。吴昌硕的诞生老屋建于清代，为二层砖木结构，占地232平方米。清道光二十四年（1844年），近代艺术大师吴昌硕先生诞生于此，在此度过了他的青少年时代。建筑分前后两进，前进为辅屋，后进为主楼。主楼明间为客厅，北间为吴昌硕父母卧室，南间为昌硕及其兄弟的房间，楼上为其书房及章氏夫人临时卧室。同治四年（1865年），吴昌硕随父迁居安吉县城东桃花渡，老屋由族人居住。1987年收归村集体（图6-5-3）。

吴氏修谱大屋建于清光绪年间，位于鄣吴村苏州巷，占地约 1500 平方米，为村中鲁姓人家所建，后为客寓上海的吴昌硕购置，作为其晚年归里省亲时的休闲之所。现存大屋一座、门楼一座。大屋为木结构建筑，门楼为砖石结构。门楼高 6 米，面阔 1.6 米，门高 2.85 米，两侧突出砌有八字形扇墙，四周饰以各种花草图案，保存情况较好。2011 年 1 月，吴氏修谱大屋与吴昌硕故居一起被浙江省人民政府评为省级文物保护单位（图 6-5-4）。

余氏门楼为明代遗构，位于鄣吴村横街 78 号，门楼为木质结构，现存有斗拱、横梁等。2011 年 1 月，余氏门楼与吴昌硕故居一起被浙江省人民政府评为省级文物保护单位。

鄣吴大队大会堂建于 20 世纪 60 年代，位于鄣吴村横街，面阔 28 米，进深 17 米，占地面积 476 平方米，距吴昌硕故居约 42 米。建筑坐南朝北，有朝北门厅一间，面阔 9 米，内部屋架抬梁式木结构，现已辟为扇文化博物馆，被列为县级文物保护点（图 6-5-5）。

胡氏门楼建于明代，位于鄣吴村横街 72 号，为砖石结构，面阔 3.7 米，高 5 米，进深 1.3 米，门框高 2.5 米，顶部侵蚀受损较为严重，现为县级文物保护点。

金家大屋建于清末，位于鄣吴村后街 25 号，现存主屋一间，另存有砖石结构门楼一座，均损坏得较为严重，是县级文物保护点。

狮子台门楼为明中期建筑，位于鄣吴村横街 39 号，门楼有两座，为砖石结构，西侧门楼，通高 4.5 米，面阔 3.5 米，门框高 3.1 米，宽 1.7 米，保存较好。东侧门楼损毁严重，现仅剩石质门框，是县级文物保护点。

鄣吴章氏衣冠冢位于鄣吴村鄣吴自然村，为清代遗构，后经修复，现保存良好（图 6-5-6）。

a）

b）

c）

图 6-5-3 吴昌硕故居

图 6-5-4 吴氏修谱大屋

图 6-5-5 鄣吴大队大会堂

图 6-5-6 吴昌硕衣冠冢

吴氏墓群位于鄣吴村鄣吴自然村内,为明代遗构,是县级文物保护单位。

鲤鱼河,即鄣吴村内穿村小溪,开凿于明代,总长约 2000 米,平均宽度约 2 米,深约 1.5 米,两侧大多以石块和卵石砌筑。水流引自绕村而过的金鸡岭水,自西南向东北曲折蜿蜒,穿门入户,贯流于村中,隐没于村外的农田。大部分溪水地表可见,部分溪水上方覆盖有民房。小溪旁有多处洗衣用的台阶伸入溪流,形成若干较大的公共空间。小溪至今仍发挥着不可替代的作用,是村民用水、防洪、防火和灌溉的重要资源,也是县级文物保护点。

鄣吴月亮塘形成于明代,位于鄣吴自然村中心,是县级文保点。月亮塘水面较大,周边有民居环绕。此外,村内现尚有古井 3 处,一为张钜锦家水井,二为张法林家水井,三为陈宝有家水井,三处水井基本已不使用,保留有石质的井沿,但不完整。

4. 特色文化资源

(1)宗族名人　鄣吴村人文气息浓厚,彰吴吴氏一直恪守"耕读家风"祖训,书香继世,名人辈出,尽显风流。明清两代吴氏宗族科举连年报捷,跻身于仕林者络绎不绝。特别是明嘉靖年间,吴氏一门两代四人相继考中进士,成为朝廷命官,史称"吴氏父子四进士"。据《吴氏宗谱》载,自明以来,鄣吴村共出过 193 位有正式功名的读书人,其中进士 6 人,县丞以上官吏 40 余人。如明中期安吉县著名的教育家、慈善家吴松;明嘉靖朝中进士,被誉为"江南江北治行第一"的山东提刑按察司副使吴麟;明嘉靖朝中进士,以清廉著称的福建右参政吴龙;明嘉靖朝中进士,以军功诗名显于当朝的右佥都御史、贵州巡抚吴维岳。清代有清顺治年间进士吴洪,清乾隆年间进士、以藏书闻名的吴五凤,"苦吟诗人"吴应奎等,都是当时名播四方、富有成果的文学家。至清末民初,诞生于鄣吴村的近代艺术大师吴昌硕更是以其"四绝"(诗书画印)的杰出成就闻名于中外。

吴松(1459—1552),邑庠生,"双进士"吴麟、吴龙之父。薄有田产,好义,嗜读书。他在鄣吴村建族塾"溪南静室",使族人子弟无论贫富皆能进学,此风一直传承至清末,嘉惠无数族中清贫子弟。明嘉靖十三年（1534年），吴松捐巨资迁建孝丰县学，又捐资建安吉县城北川桥，扶贫济危，在所不辞。

吴维岳（1514—1569），字峻伯，号霁寰，吴麟长子，明嘉靖十七年（1538年）中进士，由县令历官至右佥都御史。吴维岳通法律、精军事，在平定西南地区少数民族内乱时"功尤伟焉"，又擅诗文、好书法，曾与文坛大家王世贞、李攀龙等倡结诗社，为明嘉靖朝著名的"广五子"之一。他慧眼识人，曾提拔过张居正等十位年轻人，后者均为国家股肱之臣，其作品集《天目山斋岁编》为清代的《四库全书》所存目。

吴稼竳（1549—1606），吴维岳之子，以例除南京光禄典簿，迁云南通判，与吴梦旸、臧懋循、茅维并称"吴兴四子"。在明后期"竞为新声"的风气下，他因"独循前矩"，坚持传统风格，受到文坛大家王世贞的赞誉："吾师（王世贞考进士时，吴维岳为主考官。）有子，师不死矣！"著有《玄盖副草》《南谐集》《北征前后录》等诗文集。

吴应奎（1758—1800），号蘅皋，字文伯，吴昌硕的叔祖。家境清贫，常无隔宿之粮。他虽博览群书，却先后十次赴乡试不售，然仍抱着"至性坚骨"，将自己的满腹才情泄之于诗文，为时人所重，著有《读书楼诗稿》。浙江学使阮元赞其"苦吟绮思，绝似长吉乐府，歌行尤得汉魏之遗"，还将其诗作选入《两浙輶轩录》。

（2）非遗文化　近年来，鄣吴村一直在加强非物质文化遗产的保护与传承工作，村内文化活动十分活跃。村集体组建了舞龙队、腰鼓队、排舞队，不定期开展"送文化下乡"等活动。其中以鄣吴金龙最为著名，其自明嘉靖朝发展至今，已有500年的历史，多次受邀参加省内外各类大型活动。2011年5月，鄣吴金龙被评为浙江省第四批非物质文化遗产代表性项目（图6-5-7）。

在吴昌硕大师的艺术熏陶下，鄣吴村涌现了一批传承发扬扇文化加书画文化的新型农民，以手工制扇、绘制扇面画为主业，其中制扇艺人陈爱兴先后荣获浙江省工艺美术大师、南太湖工匠、安吉县两山工匠等荣誉称号。鄣吴竹扇制作技艺、鄣吴竹编制作技艺被评为湖州市第七批非物质文化遗产代表性项目（图6-5-8）。

a)

b)

图6-5-7　鄣吴金龙

a) b)

图 6-5-8　鄣吴纸扇

二、规划设计

1. 规划定位与总体布局

鄣吴村在省历史文化村落保护利用重点村规划中，系统梳理村落与镇区的关系，根据鄣吴村中心区域包含在鄣吴镇镇区所在地这样的特殊性，以及《鄣吴镇总体规划》中的相关条例，确定鄣吴村主要承接的职能为以人文旅游和文化产品加工为核心的城镇型村庄职能，规划"一心、一轴、六片区"的空间结构。为了使鄣吴村历史文化村落的功能更加完善协调，在传统风貌区范围内，规划确定"一街、一带、一环、多片"的空间布局（图 6-5-9、图 6-5-10）。

一街：指昌硕文化街，昌硕文化街是鄣吴村内最重要的交通道路，与村内多条街巷相交，同时也是村落商业、文化活动的中心，吴昌硕故居、胡氏民居、扇子博物馆等重要的文物保护建筑和历史建筑

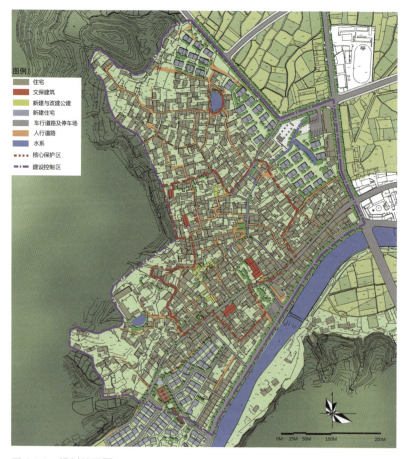

图 6-5-9　规划总平面图

分布在街道两侧。将昌硕文化街打造成特色鲜明、风格统一、环境优美的商业文化街,对于鄣吴村的保护与发展至关重要。

一带:指穿村小溪和其旁边道路组成的穿过鄣吴村的滨水带,水系与街巷交融形成独特的公共空间,既是鄣吴村特有的人文景观,也是展现鄣吴村传统文化生活和村民日常交往的重要场所。

一环:指以吴昌硕故居为中心向外扩展的一条环状交通系统,有效串联村内多个节点,与"一街""一带"相交,能有效组织和引导空间动线。具体由铁笔弄西段、牌楼巷、百花弄东段、葛藤窠巷、苏州弄北段、按察司巷东段、五凤巷及昌硕文化街相交组成,串联起余氏门楼、胡氏门楼、竹园、金氏民居、吴氏修谱大屋、鄣吴余氏衣冠冢、扇子博物馆等景点。

多片:指被"一街""一带""一环"划分后形成的多个片区。其中"一环"以内及昌硕文化街北侧部分区域为外放型居住组团,游客活动及各种公共文化设施主要分布在这些组团内。其他部分为内向型居住组团,旅游活动相对较少,以保证居民的正常生活不被过度打扰。

2. 规划保护范围

根据相关规范要求,结合鄣吴村自身情况及周围环境,划定保护范围及保护层次,将规划保护范围划分为核心保护区、建设控制区和环境协调区三个层次。核心保护区指传统风貌区中,历史街区和文物建筑保留较好的区域,面积为 6.26 公顷。

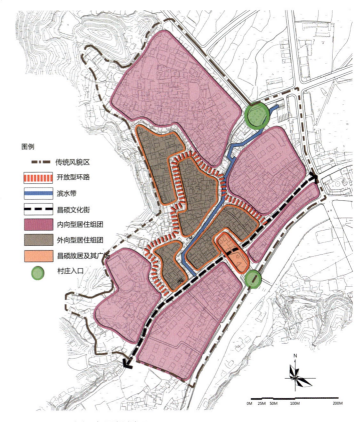

图 6-5-10 空间布局规划图

建设控制区为传统风貌区,面积约为 18.09 公顷。环境协调区范围为整个镇区,面积约为 58.08 公顷(图 6-5-11)。

三、建设实绩

鄣吴村自 2014 年被列为浙江省第二批历史文化村落保护利用重点村以来,不断推进村落保护利用河项目建设,共完成以下项目。

古建筑修复:完成对吴昌硕故居、吴氏修谱大屋、余氏门楼等古建筑的修复,其中包含建筑的顶瓦修补 6 处,面积 2995 平方米;6 幢建筑的墙体加固,面积 2500 平方米;6 幢建筑的立面改造,面积 2550 平方米;构件修复 96 个(图 6-5-12)。

与历史风貌有冲突的建(构)筑物整修改造:

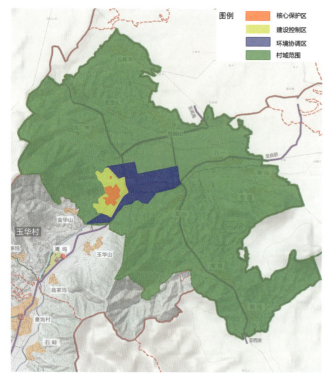

图 6-5-11　保护范围规划图

对归仁里老街路面和沿街 68 幢商铺进行整体立面改造，面积达 17000 平方米；对穿村小溪沿线立面进行改造和清淤亮化；对核心保护区内吴氏修谱大屋、金家大屋、狮子台门楼、胡氏门楼等进行古建筑整修时，协调搬迁 26 户农户；整体拆除 9500 平方米（图 6-5-13、图 6-5-14）。

村内道路修复：对村内生活道路及其他路面进行整改、维修、边沟恢复，对非古道地段及周边无古建筑分布的区域进行了路基改造，将部分路段恢复成古道，累计修复 1.23 公里，面积 6170 平方米。

搬迁安置区基本公建设施建设：完成搬迁安置区土地指标 3.07 公顷，安置户数 66 户，投资 2905 万元建设基本公建设施。

基础设施建设：完成归仁里老街"五线"下地工程，统一沿街商铺标识。对村内木结构建筑进行白蚁防治，对 1.2 公里沿穿村小溪的强电、弱点电网进行了梳理，对村落内木结构建筑内部电线进行了整改。将核心区 400 余户村民的生活污水统一集中纳管，接入镇污水处理站。重要木结构建筑内部配备灭火器、沙袋、太平缸等消防设施。村内实施垃圾分类处理。

公共服务设施与景观提升：建成扇子文化展示馆和浓缩"吴门四进士"衣锦还乡场景的八府广场；对明代木门楼前节点进行改造；新建三星级生态公厕一座；提升了 10 个洗衣埠头的环境质量，铺设了老石板，使其恢复了原先的面貌。

a）修缮前

b）修缮后

图 6-5-12　吴氏修谱大屋修缮前后对比图

a）改造前　　　　　　　　　　　　　b）改造后

图 6-5-13　归仁里老街改造前后对比图

a）改造前　　　　　　　　　　　　　b）改造后

图 6-5-14　八府广场节点改造前后对比图

四、建设效益

鄣吴村是历史文化村落保护利用中，民俗风情特色型的代表。近年来，鄣吴村以省历史文化村落保护利用重点村建设为契机，依托自身独特的村落资源和优美的生态环境，深度挖掘吴昌硕故里的传统文化资源，引进新型业态，发展特色制扇产业，实现社会经济与文化自然协调发展的良好态势。三年建设工作可概括为"四个一"，即一个人（吴昌硕）、一条街（归仁里老街）、一条溪（鲤鱼河）、一条龙（鄣吴金龙）。

1. 环境风貌品质提升

鄣吴村通过历史文化村落保护利用项目建设，切实有效地维护了历史文化村落风貌，通过对吴昌硕故居周边民房和村委会加以改造，实现古建筑、修复建筑、新建建筑的有机结合，提升了村落整体的风貌品质。对归仁里老街路面、沿街商铺立面进行统一改造，引入竹木展示馆、老街茶馆、归仁里主题餐厅、鄣吴印章馆等业态，将这里打造成文化创意街区（图 6-5-15）。

2. 项目引进成效显著

鄣吴村创新保护利用模式，以招商引资、强推项目为抓手，积极推进与社会企业的合作。将村内扇子博物馆、电影海报馆、林梓醉秋书画馆以及旅游集散中心一起交由海派文化旅游公司统一包装、统一经营。自项目实施以来，山屿海度假、璞峰精

a）　　　　　　　　　　　　　　　　　　b）

c）　　　　　　　　　　　　　　　　　　d）

图 6-5-15　归仁里老街业态

品酒店、安吉游戏、海派文旅、君硕农业等一批文化教育、休闲旅游、养老度假、有机农业项目先后落户鄣吴村，已建成吴昌硕故里游和美丽乡村游两条主题线路，线路上分布着吴昌硕故居、吴氏修谱大屋、双进士门楼、衣冠冢等名胜古迹，还有溪南静室、天官墓、金銮殿等与吴昌硕有关的古建筑遗址。工商资本的引进与专业运作，不仅可以规范化管理和运作旅游产业，还能带动旅游产业发展和提高村集体、村民的经济收入。村民人均收入已从2.5 万元提升到 3.5 万元，村集体经济年收入也从当初的 58 万元增长到现在的 276 万元（图 6-5-16~图 6-5-19）。

3. 文旅项目提升品级

鄣吴村依托昌硕文化扩大资源优势，大力弘扬昌硕文化、书画文化与竹扇文化，发展乡村休闲产业，文创旅游初具规模，形成包括吴昌硕故居、吴氏修谱大屋、扇子博物馆、金石文化馆、电影海报馆、知青陈列馆、林梓醉秋书画馆、书画长廊、乐寿亭、鲤鱼河等在内的书画文化景观风景线。2016年 9 月，吴昌硕故居遗址修复项目成功获评联合国教科文组织亚太地区文化遗产保护奖荣誉奖，成为安吉县继联合国人居奖后获得的第二个联合国重大奖项，打响了"昌硕文化"品牌。鄣吴村充分发挥文化资源优势，将其转化经济效益，以弘扬昌硕文化为主线，结合历史文化村落特有的文化资源，不断挖掘地方特色文化。鄣吴村通过举办"鄣吴民俗文化旅游节""昌硕旅游节""年货嘉年华"等传统文化节，吴昌硕诞辰 170 周年及

a)　　　　　　　　　　　　　　　b)

图 6-5-16　扇子博物馆

a)　　　　　　　　　　　　　　　b)

图 6-5-17　林梓醉秋书画馆

图 6-5-18　昌硕画苑　　　　　　　图 6-5-19　电影海报馆

文化基金运作系列活动，大大提升了鄣吴的知名度与美誉度，2018年度实现全年营业收入5000万元。

4. 打造特色产业品牌

鄣吴之美在于竹，在于艺。鄣吴村依托丰富的毛竹资源、悠久的制扇历史和独特的书画优势，做足竹文章、扇文化，使文化与经济融合的制扇产业迅猛发展，成为鄣吴村经济特色产业。目前村内有各类制扇企业40余家，年产量达300万把，产值1亿多元，产品远销日本、韩国、新加坡等国及港澳台等地，国内三分之一的扇子都产自鄣吴。苏吉制扇厂投资250万元，在老街创办了匠易文化发展有限公司，集竹扇制作、销售、展示于一体，全面展示、传播鄣吴扇文化。2011年，苍石制扇公司的"昌硕"扇品牌被认定为第三批"浙江老字号"，鄣吴"扇子之乡"的美名享誉四海。近年来，鄣吴村先后荣获中国美丽乡村精品示范村、国家3A级旅游景区、省级小康示范村、省级文化示范村、省级文明村、省级卫生村、浙江省非物质文化遗产旅游景区、浙江省十大生态旅游景区、浙江省第一批文化创意街区（归仁里老街）、浙江省电商专业村、安吉县经营示范村等诸多荣誉称号。

第六节　民国风情，漫居燎原——湖州德清县燎原村

一、村落概况

1. 区域位置与社会经济

燎原村地处湖州德清县西部国家级风景名胜区莫干山脚下，距离德清县城约10公里，距离湖州市区约45公里，距离杭州市区约40公里。燎原村东邻高峰村，南接劳岭村，西靠莫干山风景区，北临吴兴区方山村，为莫干山镇政府所在地。全村村域面积约9平方公里（其中镇区面积约2平方公里），拥有水田0.73平方公里，林地5.87平方公里、竹林1.2平方公里。燎原村由莫皋坞、汪家、中村、干家村、南路、前村、后村7个自然村组成，下设20个村民小组，共有550户，1863人，有钱、盛、汪等姓。村内农业以种植杨梅、茶叶、桃为主。自2016年起，乡村度假旅游已成为其主导产业，服务业增加值达6.9亿元，同比增长12.5%，居民收入不断提高，人均纯收入达27323元，同比增长10%。2014年，燎原村被评为浙江省第二批历史文化村落保护利用重点村；2018年，被评为浙江省第二批3A级景区村庄。

2. 村落历史与风貌格局

燎原村原名庾村，南朝梁大宝元年（550年），文学家庾肩吾受封为武康县侯，次年病逝，其子庾信（五代十国时期文学家）袭父职，后人为纪念庾氏父子，一直延称庾村。

莫干山镇域是典型的山区地形，是天目山北支余脉，森林覆盖率达到90%以上，自然风光优美，是夏季避暑纳凉之圣地。2016年燎原村入选中国第一批特色风情小镇。燎原村紧靠莫干山，四面环山，丘壑连绵，整个村庄镶嵌在群山翠绿之中，阜溪穿流而过，别有山村之美，是人文资源与自然资源并存的宜居宜游村庄（图6-6-1）。燎原村在民国时期曾一度繁华，作为通往莫干山的重要中转站，当时国内叱咤风云的人物及外国传教士纷至沓来，留下了一批具有时代特色的传统建筑，大多沿路、沿溪而建。莫皋坞、汪家自然村位于北部山谷地区，农居多沿溪呈带状分布。中村、干家村的农居等多沿黄郛东路、庾信北路等道路分布。建筑建造年代主要为民国时期、新中国成立初期以及改革开

放初期，其中以民国建筑居多，反映出民国时期居住、行政办公、教学、农业生产、文化休闲等建筑的结构和功能形式。以突显农业生产的农村改进会蚕种场为例，其鱼鳞瓦屋顶、工字形平面布局、砖木结构，皆为"蚕室建筑"的典型特点。

3. 传统建筑与历史环境要素

"一座莫干山，半部民国史"。燎原村拥有浓郁的民国风情，许多民国建筑保存完好，现仍存有莫干山公所旧址、王家花厅、原私立莫干小学旧址（教师宿舍）、蚕种场、文治藏书楼等。黄郛故居、黄郛墓、白云池水库等历史遗迹保存良好，为富有古韵的村庄增添了人文色彩。村内名树古木随处可见，民国初年种植的法国梧桐林立道路两侧。

莫干山老车站建于民国十八年（1929年），俗称庚村车站，位于燎原村（集镇区域）西端，坐南朝北，为单层五开间建筑，占地面积180平方米，是20世纪30年代原武康县三大车站之一。建筑内隔为两大间，东为候车室，西为售票处和管理用房。墙基由大块石水泥拼缝叠砌至1.2米高，上为小青砖错缝平砌，间以木框玻璃窗，顶覆瓦片，门前原有停车棚，现已被毁。20世纪90年代，车站停用。车站现改造为莫干山交通历史馆，建筑外立面使用青砖、青瓦等材料重塑民国风貌，内部空间布置有沙盘模型、图片、雕塑等，重现了当时的交通场景、沿岸景观与挑夫文化。

文治藏书楼建于民国二十二年（1933年），由黄郛为纪念其父文治公而创建，位于燎原村毛庵山南坡，由门房、主楼、羽毛球场、花园等组成，占地面积约600平方米。主楼为藏书楼，是由青砖砌成的四层西式建筑，是当年庚村建筑物中唯一请工程师设计的建筑。章太炎撰《文治藏书楼记》，吴

图 6-6-1 燎原村航拍图

稚晖题匾，文治藏书楼是民国时期极少见的重要藏书建筑，曾收藏古籍和《万有文库》等书籍万余册，供当地师生阅读。文治藏书楼现辟为陆放版画馆。2017年1月，文治藏书楼被浙江省人民政府评为第七批省级文物保护单位。

蚕种场旧址建于民国时期，坐北朝南，长43.7米，宽19.5米，占地面积750平方米，为现代砖石木构建筑。1933年，黄郛创办"莫干农村改进会"以改善当地农村经济，他改良蚕种，指导饲育，成立蚕桑合作社（即莫干蚕种场），出售"天竺牌"蚕种，低价供应蚕农，反响良好，蚕种大量增产。农村改进会还创办了阅览室，以提高农村居民文化水平。蚕种场对面的阅览室坐东北朝西南，占地面积170平方米，也为砖石木结构建筑，主屋加东西耳房长26.4米，宽7.7米，四周置1.2米高的石质裙墙，上为实砌砖墙，歇山屋面。蚕种场旧址现已整体改造为文创园。

私立莫干小学旧址建于民国二十一年（1932年），位于燎原村西北的莫干中学内，南侧为阜溪，北侧为燎原村至莫干山上的公路。原私立莫干小学内有门厅、教学楼、学生宿舍楼、礼堂、食

堂、操场和苗圃等设施，后基本拆除，残存礼堂、奠基石、铁秋千等遗迹，现存建筑面积约170平方米。礼堂为平房，砖木结构，面阔五间，长14.5米，宽10米，檐高3.4米，人字屋面，南辟大门，北置舞台，可容纳400余人。礼堂前竖有奠基石和铁秋千。奠基石宽0.38米，高0.8米，厚0.18米，上镌"莫干小学""民国廿一年六月一日"等字样。私立莫干小学是由黄郛于1932年创办的一所以教育为主、劳教结合、设施先进、管理科学的私立学校，其"勤俭忠慎"之校训和"耕不废读，读不废耕"之校旨在当时乃至现在都有较大的影响。私立莫干小学现辟为民国图书馆，内部设有展示园艺、木工、竹编等民间技艺的展示区和游客体验区，留住村落的"教育故事"。2002年，私立莫干小学被评为县级文物保护单位。

二、规划设计

1. 规划定位与总体布局

燎原村在省历史文化村落保护利用重点村规划中，发挥区域环境和特色文化优势，深入挖掘"民国海派文化"，讲述"庚村故事"，重点保护传统建筑与历史环境要素，兼顾集镇综合服务与文化休闲旅游功能，改善街市景观、滨水景观，打造精致、特色的海派风情小镇，使自身成为莫干山的门面。合理规划功能分区布局，注入旅游、商业、管理等功能，使其既满足村民生活所需，又有旅游休闲产业配套的服务功能，各组团保持联动互补。整个规划区呈"一轴、一带、四区"的布局（图6-6-2、图6-6-3）。

一轴：即沿黄郛东路的城镇发展轴，贯穿整个

图6-6-2 规划总平面图

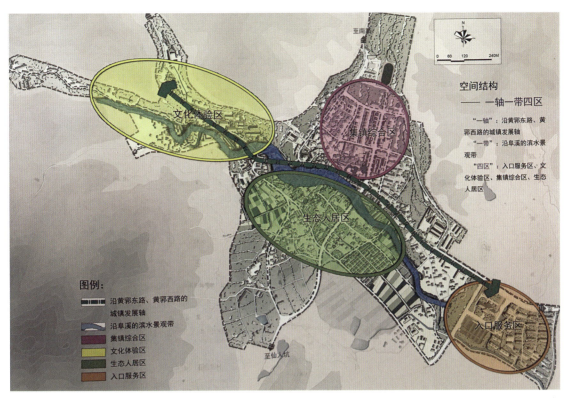

图 6-6-3　空间结构规划图

规划区，总长3公里，也是规划区的交通轴线、核心商业景观轴线、城镇发展轴线，轴线上重点打造民国风情一条街。

一带：即沿阜溪的滨水景观带，穿过整个规划区，总长约3公里，通过整治河道、建设景观、引入休闲功能，打造滨水休闲景观带。

四区：即入口服务区、文化体验区、集镇综合区、生态人居区。入口服务区位于集镇的东侧，后村、前村入口区块，主要包括入口景观和旅游集散中心，是游客前往莫干山景区途经的第一景点，是莫干山旅游的门户形象。文化体验区位于蚕种场以东区域，主要包括庾村市集和莫皋坞、汪家等自然村，庾村文化市集是集文化旅游和创意产业为一体的复合功能板块，莫皋坞和汪家等自然村有许多民居改造成的特色乡村民宿。集镇综合区位于黄郛东路以北，竹源路和庾信北街之间的区域，作为集

镇的综合服务区，具有行政、商贸、居住等功能。生态人居区主要位于集镇区域以南，以改善居住条件、提高居住水平为目标，逐步加强公共服务设施配套建设，改善道路交通状况，适当增加公共绿地和停车空间。新区建设与旧村更新相结合，注重打造和谐的居住环境。

2. 规划保护范围

根据相关规范要求，结合燎原村自身情况及周围环境特征，划定规划范围为燎原村村落及周边区域（莫干山镇集镇），总面积约2平方公里。将规划范围划分为核心保护区、建设控制区和环境协调区三个层次。其中，核心保护区为传统风貌区，是以古建筑为核心的区域；建设控制区是核心保护区外围区域；环境协调区主要指建设控制区以外，以保护自然地形、地貌、水体为主要目的的村庄周边区域（图6-6-4）。

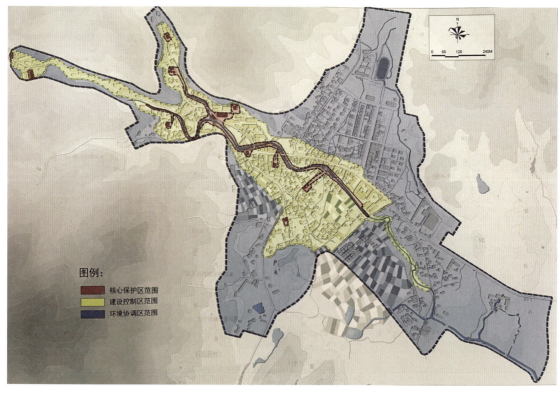

图 6-6-4　保护范围规划图

三、建设实绩

燎原村自2014年被列为浙江省第二批历史文化村落保护利用重点村以来,莫干山镇党委政府把该项目作为改善旅游景区门户形象、激活庚村集镇经济的一号工程来抓,历时三年,总投入约3456万元,完成以下项目。

古建筑修复:完成对莫干山老车站、钱万春旧宅、蚕种场、老粮站、老照相馆、老药店、文治藏书楼、私立莫干小学旧址、老布鞋店等民国时期古建筑的修缮工作,其中包含22幢建筑的顶瓦修补,面积7200平方米;6幢建筑的墙体加固,面积4400平方米;22幢建筑的立面改造,面积8800平方米;构件修复108个(图6-6-5、图6-6-6)。

a)改造前

b)改造后

图 6-6-5　莫干山老车站改造前后对比图

a）改造前　　　　　　　　　　　　　　　　b）改造后

图 6-6-6　民宅改造前后对比图

与历史风貌有冲突的建（构）筑物整修改造：完成对庾信北街、黄郛东路、育才路沿线与历史风貌冲突的 58 幢建筑的立面改造，面积 18900 平方米；拆除违章建筑 5000 余平方米；三改面积达 23100 平方米（图 6-6-7、图 6-6-8）。

村内道路修复：完成萤石矿至莫干山 3 公里古道及民国风情景观道路 1 公里的修复与提升，面积共 16700 平方米。

a）改造前　　　　　　　　　　　　　　　　b）改造后

图 6-6-7　庾信北街整体风貌改造前后对比图

a）改造前　　　　　　　　　　　　　　　　b）改造后

图 6-6-8　黄郛东路风貌改造前后对比图

搬迁安置区基本公建设施建设：完成搬迁安置区土地指标1公顷，安置户数35户，投资245万元建设基本公建设施。

公共文化服务设施建设：建成文化馆群9个，引入新兴业态40多家。

基础设施提升：以高标准完成了竹源路、别墅路景观改造工程与庾信北街管线地埋、污水纳管等市政环境改善工程，全面提升了基础设施综合服务的能力，促进了集镇建设的可持续发展。

四、建设效益

1. 挖掘文化内涵

燎原村是历史文化村落保护利用中，建设发展综合型的代表。燎原村在省历史文化村落保护利用建设中，以本土化、个性化、特色化、差异化和高端化为目标，围绕"民国风情、海派文化"的总体定位，做好"一座山、一杯茶、一个人、一条溪、一条街"的"五个一"文章，讲好"庾村故事"。充分利用闲置资源，政府牵头与引入社会资源相结合，成功打造莫干农村交通历史馆、黄郛莫干农村改良展示馆、莫干山民国图书馆、陆放版画馆、美丽乡村VR馆、意大利慢生活馆等莫干山国际文化馆群，融合了中西文化，延伸了文化产业链，丰富了集镇文化内涵，打造具有鲜明特色的"民国风情"小镇（图6-6-9~图6-6-16）。

2. 培育新兴业态

燎原村坚持把新兴业态的培育作为历史文化村落保护利用的核心，以黄郛路为民国文化主线，打造民国风情街，引进旅游商品、传统手工艺、文化创意类业态入驻，形成特色商业区。引入清境·莫干山文化创业园项目，将蚕种场以东区域打造成庾村文化创意集市，形成多个文化创意空间。引入上海大学美术学院、川力企划、上海文旅集团等工商资本，建立长期合作关系，积极开发燎原村的乡村休闲旅游产业。同时，还加速推进竹隐舍得、DISCOVERY（探索）极限基地、翠域木竹坞，裸心|堡度假村、久祺国际骑行营、莫干山旅游集散中心等项目竣工并对外营业，进一步丰富燎原村的旅游项目。与哈佛大学著名设计师建立合作关

图6-6-9　入口景观

图6-6-10　庾村广场

图6-6-11　民国风情街

a)　　　　　　　　　　　　　　　b)

图 6-6-12　莫干山交通历史馆

a)　　　　　　　　　　　　　　　b)

图 6-6-13　黄郛莫干农村改良展示馆

图 6-6-14　莫干山民国图书馆　　　图 6-6-15　白云美术馆　　　　图 6-6-16　文化展示馆

系，打造人才公寓，形成众创空间，为梦想创业的年轻人创造一个创新创业的平台，实现乡村人才引进。设立民宿学院，传授民宿经营经验，支持学员毕业后的在地创业项目。2014年至今，燎原村引入工商资本总计5000万元，商业氛围逐步起色，有效辐射带动了周边村落的民宿产业（图6-6-17~图6-6-20）。

3. 牵引项目效益

近年来，燎原村依托莫干山景区，以打造莫干山国际休闲旅游度假区的旅游集散中心和商贸服务中心为目标，激活了莫干山镇整个区块的经济发展，实现了将历史文化村落保护成果转化为推动区

图 6-6-17　庚村文创园

图 6-6-18　云鹤山房

图 6-6-19　法国山居·庚村别院

图 6-6-20　旅行者咖啡清吧

域经济文化发展的重要资源。燎原村也因此荣获浙江省级美丽乡村示范村的荣誉，先后成为全国小城镇环境综合整治现场会、浙江省美丽乡村现场会、国际乡村旅游大会、全国平原绿化现场会等大型会议的参观点。

第七节　荻通四季，港汇天下——湖州南浔区荻港村

一、村落概况

1. 区域位置与社会经济

荻港村位于湖州南浔区和孚镇南部，紧依和孚漾，古运河支线穿村而过，历史上这里是太湖水运、大运河水系的重要节点。荻港村距湖州市区约12公里，距杭州市区仅70多公里。全村村域面积6.3平方公里，中心村面积1.3平方公里，设有41个村民小组，共有1146户，4126人，有章、朱、吴等姓。全村农业产业以渔业、蚕业为主，个私企业以纺织、板制、化工为主，第三产业以荻港渔庄为龙头，发展乡村旅游业、服务业。2012年，荻港村被评为浙江省第四批历史文化名村；2012年，被评为第一批中国传统村落；2014年，被评为第六批

中国历史文化名村；2014 年，被评为浙江省第二批历史文化村落保护利用重点村；2018 年，被评为浙江省第二批 3A 级景区村庄。

2. 村落历史与风貌格局

荻港村历史悠久，历史上因溪岸芦苇丛生、河港纵横而称荻港，又名荻溪、荻冈。荻港自北宋年间形成村落形态，明清时期规模不断扩大，水系遍布全村，逐步形成因水而兴、因水而旺的特点，是一个集传统民居、连廊街巷、古寺名木、石桥河埠、地方民俗与历史名人于一体的历史文化村落。荻港素有"苕溪渔隐"之称，清《湖州府志》记载：荻冈镇在府城南二十七里一作荻港统上、下堡。宋元时期聚市上堡，袤五里广二里。明嘉靖间倭寇肆焚，居民北徙就下堡里、外巷埭。清代属归安县松亭乡荻镇，下设自然村东双村、朱家村、史家村、寺东村、三官寺村等共 10 个村。清末至民国初年，荻港行政编制为里。新中国成立后，荻港镇隶属于吴兴区菱湖区，在 1949 年 10 月至 1956 年期间，为中共菱湖区委所在地。1961 年 5 月至今为荻港村。

荻港村是杭嘉湖平原里典型的江南水乡村落，也是湖州南郊风景区中保存较好的东部历史文化村落，生态环境优越，四面环水，河港纵横，绿桑成荫，鱼塘遍布。村北为和孚漾，村南为典型的水乡平原，村落西侧为进村主要道路，村东则为桑基鱼塘[一]保护区，大小不一的水塘在大地上呈现出一幅珠落玉盘的生动景象。村落保存着内外两种河系，将村落核心区划分为五个片区，与运河、小市

图 6-7-1 荻港村航拍图

河下的风雨廊共同构成了"两河两廊"的整体格局（图 6-7-1）。村内街巷格局为路水相依，路由石板铺砌，纵横交错。建于清代的外巷埭，东靠京杭大运河之西线官河，南北走向，全长 500 余米，沿河而建廊下街，各类店铺、商行保留完整。里巷埭是荻港最古老的街市，东西走向，长约 1000 余米，与钞田弄、陈家弄、沈介弄、牛弄等巷弄贯通，两边分布着众多店铺业态，形成"江南小桥流水人家"的美景（图 6-7-2、图 6-7-3）。"倚港结村落，荻苇满溪生"是对荻港古时秀美景色和建筑风格的真实写照。

3. 传统建筑与历史环境要素

荻港村历史古迹众多，集古宅、古巷、古桥、古树、古寺、古堤岸、古河埠头于一体，有章家三瑞堂、吴家礼耕堂、朱家鸿远堂等明清建筑 36 幢，有秀水桥、余庆桥、隆兴桥、三官桥等 23 座

[一] 据史料记载，浙江湖州桑基鱼塘系统起源于 2500 年前的春秋战国时期。千百年来，劳动人民修筑"纵浦横塘"水利排灌工程，将地势低下、常年积水的洼地挖深变成鱼塘，把挖出的塘泥堆放在水塘的四周作为塘基，世代更替，逐步演变成为"塘基上种桑、桑叶喂鱼、蚕沙养鱼、鱼粪肥塘、塘泥壅桑"的桑基鱼塘生态循环农业模式。目前保护区内仍保留约 4000 公顷桑地和 10000 公顷鱼塘，是中国最集中、面积最大、保留最完整的传统桑基鱼塘区域。2017 年 11 月，湖州桑基鱼塘系统被联合国粮农组织认定为第二批全球重要农业文化遗产项目，荻港村是桑基鱼塘系统核心保护区。

　　　　　　a)　　　　　　　　　　　　　　　　b)

图 6-7-2　外巷埭

　　　　　　a)　　　　　　　　　　　　　　　　b)

图 6-7-3　里巷埭

明清古桥，村内共有市级文保单位 3 处，市级文保点 4 个。

　　三瑞堂建于清乾隆年间，由章氏八世祖章珊所建，为章鸿钊故居，建筑坐北朝南，占地 6000 多平方米。原有建筑有 3 条轴线，中轴线为主体建筑，三开间四进；东轴线由轿厅与书厅组成；西轴线现存偏房三开间槛楼及砖雕门楼，一进三开间带厢房。三瑞堂为村内最大的古建筑群，也是章氏家族保存最完整的一个建筑群。2003 年 1 月，章鸿钊故居被评为湖州市第六批文物保护单位（图 6-7-4）。

　　礼耕堂建于清乾隆年间，为吴氏家族吴元晋所建，占地 2000 平方米，坐北朝南，三开四进，砖木结构，由轿厅、大厅、楼厅和偏房构成。正厅有楼楹、厢房，楼上开石库门与后厅楼道贯通。礼耕堂是吴氏家族在荻港保存的面积最大、最完整的建筑，现为荻港对外展示的重要场所。2011 年 2 月，礼耕堂被评为湖州市第六批文物保护单位（图 6-7-5）。

　　南苕胜境原为元代庞石舟在荻港隐居的"溪隐堂"，后毁于兵燹。清乾隆三十四年（1769 年），荻港人朱南屏重建并易名"南苕胜境"，为当地重要的道教寺观。南苕胜境原是一座建筑群，不仅有

a) b)

图 6-7-4 三瑞堂

a) b)

图 6-7-5 礼耕堂

亭台楼阁、水池津梁，还有云怡堂、积川书塾等。今仅存清乾隆年间建造的八角形放生池、嘉庆皇帝御赐"玉清赞化"碑、五孔石梁桥、四面厅台基、吕纯阳像石碑及古树两棵。四面厅始建于清乾隆年间，原有建筑为"闻鹤轩"，二层建筑，四周轩廊，东西各设台阶，台基中有八卦图。清咸丰朝焚毁，光绪年间重建，20 世纪 70 年代又遭灾毁，现仅存台基，东西长 13.2 米，南北宽 14.95 米。2014 年台基上敬立孔子石像，定为每年新生入学拜孔启蒙的教育场所。"玉清赞化"是嘉庆皇帝御笔，其碑高 3.38 米，宽 0.85 米，厚 0.29 米，太湖石石质。"赞化者，赞天地之化，即以赞也。德以成人开万物祖，诚能立极作百世师，即以化也。"清嘉庆五年（1800 年）建立御碑亭，开启了南苕胜境的鼎盛时期。2003 年 1 月，南苕胜境被评为湖州市第六批文物保护单位（图 6-7-6）。

积川书塾原为荻港章氏私家书塾，荻港章姓是村里的名门望族，章氏第六世霞桴公弟兄三人，因科举考试为读书人跻身仕途的唯一途径，事关个人荣华富贵和家庭荣宗耀祖，故而重视教育、培植子弟，代代相传（图 6-7-7）。族中的章咸文曾亲自执教，将其子乃焊送入仕途，死后因儿子的关系诰封为朝议大夫。书塾迁入祖师堂后，取名为积川书塾，"积川"二字取自"土积成山，水积成川"，意为希望培养出许许多多熟谙诗书的读书人。乾隆年间，吏部右侍郎朱珪督学浙江游历至此，不禁感叹："于斯治心讲学，可以挹山川之秀左右逢源矣"，游后撰《积川书塾记》。

云怡堂分前后两进，前为文昌阁（图6-7-8），后为纯阳楼，供纯阳祖师。其为楼井式结构，楼中不铺板，围以木栏，可扶栏绕行，上楼可临窗远眺，隐约苕云，俯视则苍松、老梅尽收眼底，美不胜收。云怡堂是道教设坛的所在地，堂内曾保存有全部《道藏经》，分十座樟木书橱存放，有石碑记载昔年其得书经过，后为市博物馆收藏。其后，由章氏第九世章通翰等人发起捐地助资，对云怡堂进行扩建，改纯阳楼为吕祖殿，新建积川书塾、读书处、涵养居，筑放生池，上架石梁桥，大门悬"南苕胜境"额。改建后的吕祖殿颇具规模，清嘉庆五年（1800年）4月，当地的湖州知府善庆，以获港吕祖庙"祷雨祈晴，历著灵验"为由，请浙江巡抚上书奏请嘉庆帝钦赐加封。时年8月12日，得嘉庆帝为吕祖庙御书"玉清赞化"匾额和钦赐"警化孚佑帝君吕纯阳祖师祠"额，为当时当地一大盛事。

演教寺始建于五代后周显德二年（955年），初名"兴福院"，北宋建隆元年（960年）重建，北宋治平二年（1065年）定名"演教寺"。演教寺占地面积3000多平方米，建有山门（问津亭）、天王殿和大雄宝殿等。大雄宝殿匾额原系严嵩亲笔。大殿上塑立"八仙"神像，佛道一家，这在宋代为首

图 6-7-6　南苕胜境

图 6-7-7　积川书塾

图 6-7-8　文昌阁

创。门前屹立"明崇祯""清康熙"二块治安禁示碑（图6-7-9）。

总管堂建于清嘉庆年间，为荻港吴氏望族首富吴元菊斥资所建，占地2000多平方米。内建有大殿、戏台和看楼等。大殿内塑立三座神像，均为宋代金国押粮官，因赈军粮救灾民的善举，受帝王加封都天安乐王，为民众感戴千秋。每年正月初四这里都会举行庙会，每月初一和月半敬香祭恩。大门前屹立着一对宋代瘦狮，据传，宋代时期有一对石狮在夜里去上堡偷吃面条，返回途中被演教寺主持撞见，主持一呪言，那对石狮被定于门前，东面那贪吃的雄狮来不及将面条吞下，那面条就永远留在了嘴边（图6-7-10、图6-7-11）。

秀水桥建于清康熙年间，为单孔石拱桥，南北走向，全长11.8米，宽3米。桥孔拱券为分节并列式砌筑，上压券睑石，金刚墙错缝平砌，上系梁雕刻龙首纹饰，下系梁为素面。桥额刻有"秀水桥"三字，两边有石镌楹联。桥栏置望柱8根，望柱顶为坐狮及覆莲，石栏两端置抱鼓石。2003年，秀水桥被评为湖州市级文物保护点（图6-7-12）。

隆兴桥建于清康熙年间，为三孔石梁桥，东西走向，桥墩上窄下宽，为花岗岩条石错缝平砌，桥堍设石级，金刚墙与桥墩砌筑方式一致，西南侧金刚墙内嵌村民捐赠建造隆兴桥的碑记，碑文字迹较模糊。隆兴桥桥墩别具一格，湖州水乡少见。2003年，隆兴桥被评为湖州市级文物保护点（图6-7-13）。

三官桥约建于明代，为单孔石梁桥，南北走向，全长14.25米，高3.75米。两侧桥堍各有石阶11级，桥面为板梁结构，石栏板间置望柱8根，均为素面，栏板尽头置抱鼓石，桥墩和金刚墙用条石平砌。2003年，三官桥被评为湖州市级文物保护点（图6-7-14）。

图6-7-9 演教寺

图6-7-10 总管堂

a） b）

图6-7-11 千年石狮

余庆桥又名草田桥，建于清乾隆十六年（1751年），为三孔石梁桥，全长18.8米，高4米，宽2.9米。置间壁石加柏木梁承桥面，桥堍金刚墙用花岗岩条石错缝平砌，与桥墩联为一体，南北各有石阶

10级，桥栏采用望柱石板构，柱头作方形束腰施皮条线雕叶脉纹或呈圆形束腰雕仰莲，石栏尽头均置抱鼓石，作如意状。桥面与栏板均呈弧形。年款为"乾隆辛未谷旦里人众姓重建"。2003年，余庆桥被评为湖州市级文物保护点（图6-7-15）。

庙前桥始建于南宋，因建于庙前，故称庙前桥。该桥紧傍运河，南北走向，为三孔石质架梁桥。清同治年间，状元陆润庠重建庙前桥，南北各设台阶五步，其形状酷似八字桥。古时士农工商、读书做官都要走一走八字形的台阶，寓意财运官运四通八达（图6-7-16）。

积善桥建于清乾隆元年（1736年），为单孔石梁桥，南北走向，桥额镌刻"積善橋"三字，北起阶五步。桥跨里巷埭市河，两边集市商店林立，曾有"买鱼买肉上石桥"之说，可见古时荻港市场的繁荣（图6-7-17）。

图 6-7-12　秀水桥

图 6-7-13　隆兴桥

图 6-7-14　三官桥

图 6-7-15　余庆桥

图 6-7-16　庙前桥

图 6-7-17　积善桥

舍西桥建于明代，为单孔架梁桥，东西走向，横跨在吴家港上。据《湖州府志》记载，舍西桥为《西游记》作者吴承恩所建。吴承恩，江苏淮安人，明嘉靖年间任长兴县丞，在任时与荻港族亲状元沈坤交往深厚，情同手足。时值荻港吴氏连年中科榜，在吴家港西边建吴氏宗祠。为了方便舍上吴家与港西吴家宗祠相通，遂在吴家港上建了舍西桥（图6-7-18）。

4. 特色文化资源

荻港，是老舍之子舒乙笔下"最好的江南小镇"，自古文化底蕴深厚，文风鼎盛，汇聚了名人文化、非遗文化、宗教文化、民俗文化等多种特色文化。

（1）名人文化　荻港村人杰地灵，历代名人辈出。章、朱、吴是荻港三大望族，在鼎盛时期曾走出状元2名，进士57名，太学生、贡生200多名，诗人110多名。

朱昌颐，字吉求，号正甫，又号朵山，祖籍海盐，荻港紫阳朱本支人，是荻港章氏丛桂堂乾隆贡生朝议大夫章蒸的女婿。少时求学于荻港积川书塾，清嘉庆十八年（1813年）拔贡生。清道光六年（1826年）科会试殿试拔置一甲一名，钦点状元。次日，为道光帝书写扇面，得赐纱缎荷包，授翰林院编修，历官户部主事及员外郎、云南同考官、山西道监察御史、吏部给事中。著有《鹤天琼海焚余稿》六卷、《小珊公行略》一卷、《燕游日记》等。

吴应棻（1695—1740），原名应正，字小眉，号眉庵，归安荻港人，清康熙五十四年（1715年）二甲第三名进士。授翰林院编修，任河南省乡试副考官。清雍正七年（1729年）任正考官，提督河南学政。后调顺天学政。清雍正十三年（1735年）任湖北巡抚，后以兵部右侍郎兼巡抚得雍正帝嘉奖。

图6-7-18　舍西桥

因明断麻城百姓涂如松被诬杀妻冤案，赢得"龙图再世"称誉。清乾隆元年（1736年）奉命勘察河南疑狱、广东参案。官终兵部侍郎，著有《青瑶草堂诗集》。

章有大（1698—1769），名允明，字容谷，号祐庵，又号临门，荻港凤藻堂章氏八世祖。清雍正七年（1729年）科中式举人，雍正八年科中式贡生，赐进士出身，福建即用知县，升用主事，历官工部都水司、虞衡司郎中山东道御史兼贵州道御史、转礼科给事中加一级。历任福建、广东、四川三省主考，两窑监督纂修《大清会典》工部则例。著有《息昀诗文集》《列郡志》。

近现代名人中有近代民族资本家章荣初、我国近代地质学奠基人章鸿钊、擅长毛笔丹青的贡生章绥衔、上海钱业公会首任会长朱五楼、知名诗人朱谓深、著名书画家吴藻雪等，瑞典王子罗伯特·章也是章氏鸿仪堂的后裔。

（2）非遗文化　荻港村的民俗活动丰富，村内有青年舞龙队、少年武术队、老年扇子舞队、京剧表演团等民俗文艺团队十余个。2017年1月，荻港民间丝竹被评为浙江省第五批非物质文化遗产代表性项目，杨火红被浙江省文化厅确定为代表性传承人。另外，荻港船拳、陈家菜烹饪技术也被评为湖州市级非物质文化遗产代表性项目。获港村拥有千百年的养鱼传统，催生了获港"渔乐文化"，最具代表性的是近年走红一方并登上央视荧幕的"渔家乐"打击乐表演。渔家乐是获港人用智慧从千百年养鱼、卖鱼的吆喝声中培育出的特色民俗文化，现已被评为南浔区级非物质文化遗产代表性项目。

二、规划设计

1. 规划定位与总体布局

获港村在省历史文化村落保护利用重点村规划中，全面深入调查村落历史文化遗产，分析研判村落文化内涵、价值和特色，结合国家4A级景区发展与村落实情，提出"桑基鱼塘、获港渔庄，谱写苕溪渔隐；三十六堂、二十三桥，铸就村落骨架；云怡演教、积川书塾，哺育天下人才；外巷水廊、里巷河街，展示古今繁华"的规划定位，形成"两带四区"的总体布局结构（图6-7-19、图6-7-20）。

两带：即烟雨廊桥和江南水道两条观光游憩带。主要通过打造滨水空间，提升整个景区的环境品质，创造宜人幽静的亲水空间，同时利用水上游览线路，串联各个景点，是景区的空间联系纽带。

四区：即游览入口区、三教胜迹区、古韵民居区、环境协调区。游览入口区为景区综合服务配套区；三教胜迹区以演教寺、南苕胜境为主要节点，形成"一古一绿"的格局，打造宗教文化旅游集聚区；古韵民居区以三瑞堂、礼耕堂、章宗祥故居等名人故居为主题，打造历史人文主题区；风貌协调区主要通过提升滨水景观和村落人居环境的品质，改善历史文化村落的风貌。

2. 规划保护范围

根据相关规范要求，结合获港村古村环境格局，将规划范围划分为核心保护区、建设控制区和环境协调区三个层次。其中，核心保护区为运河西

图6-7-19 规划总平面图

图6-7-20 总体布局规划图

侧与水市河南北侧历史建筑较为集中的区域，总面积为5.3公顷；建设控制区为核心保护区外围，以古村内部主要水系、道路为界，总面积约为13.2公顷区域；环境协调区为规划范围内除去核心保护区和建设控制区之外的区域，总面积为19.8公顷（图6-7-21）。

三、建设实绩

荻港村自2014年被列为浙江省第二批历史文化村落保护利用重点村以来，突出工作目标，科学规划引导，强化项目实施，三年总投入约2000万元，先后完成以下项目。

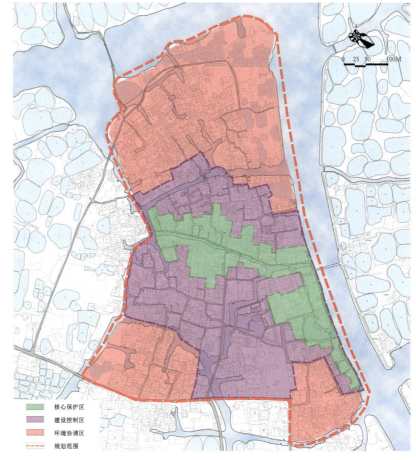

图6-7-21 保护范围规划图

古建筑修复：完成朱五楼故居鸿远堂、章鸿钊故居三瑞堂、桂花林老宅、里巷埭房屋、外巷埭房屋、秀水桥南边老房子等79幢建筑的顶瓦修补，面积9097平方米；墙体加固面积23387平方米；构件修复350个；完成古树坛老房子、总管堂东侧老房子共4幢建筑的立面改造，面积1065平方米（图6-7-22）。

与历史风貌有冲突的建（构）筑物整修改造：完成进村道路、中心街面、姜介洋西侧、农贸市场北侧、总管堂古戏台等26幢建筑的立面改造，面积8580平方米；整体拆除与历史风貌有冲突的荻港旧医院、厨具厂、帽子厂等，总计拆除面积1770平方米；异地搬迁14户（图6-7-23）。

搬迁安置区基本公建设施建设：搬迁安置区位于三官桥港南圩，占地面积8.07公顷，安置户数41户，其中多层24户，联排17户，居住人口135人，基本公建设施投资额225万。

村内古道修复与改造：完成幸福大舞台——景区入口停车场、里巷埭、秀水桥南——四本堂、南苕胜境——总管堂、外巷埭、施介乔全线老石板路的修复及古堤岸的修复，全程约9.3公里，面积共21035平方米。

a）修缮前　　　　　　　　　　　　　　　　b）修缮后

图 6-7-22　三瑞堂修缮前后对比图

a）修缮前　　　　　　　　　　　　　　　　b）修缮后

图 6-7-23　外巷埭修缮前后对比图

四、建设效益

1. 旅游富民

荻港村是历史文化村落保护利用中，建设发展综合型的代表。荻港村在历史文化村落保护开发的同时，注重旅游富民，形成"吃在农家、住在农家、娱在农家"的发展格局。鼓励村民参与民宿、餐饮等就业体系，使村民在旅游发展中获益。扶持本地手打年糕、手工木桶、手拉丝绵等独具特色的旅游商品的开发和销售，不断丰富景区业态。2017年4月，本地与上海思纳斯密斯公司签署合作协议，成立了浙江湖州丝绸小镇投资管理有限公司，同年国庆正式开园运营，有效解决了村内劳动力就业问题（图 6-7-24）。

2. 景区运营

荻港之兴，在于荻港景区与古村的融合。荻港之美，在于古村与活水的情愫。荻港村的历史文化村落保护利用重点村建设，注重挖掘村落深厚的人文底蕴，加强村落景区品牌化运营，结合4A级旅游景区建设、丝绸小镇创建、美丽乡村建设和桑基鱼塘系统全球重要农业文化遗产保护传承，推进水上游览、古村夜游项目。荻港村先后获得全国文明村、中国最美休闲乡村、全国特色景观旅游名村、国家4A级景区、浙江省特色旅游村等诸多荣誉称号（图 6-7-25）。

a)

b)

c)

图 6-7-24　传统业态

a)

b)

图 6-7-25　荻港景区

第八节　田园春秋，浪漫蠡山——湖州德清县蠡山村

一、村落概况

1. 区域位置与社会经济

蠡山村位于湖州德清县钟管镇西南部，东邻茅山村，南接乾元镇明星村，西靠塍头村，北交葛山村。距离钟管镇区约 12 公里，距德清县城约 15 公里。全村村域面积 5.57 平方公里，其中水田 2.19 平方公里、桑地 0.49 平方公里、鱼塘 0.53 平方公里、林地 0.12 平方公里。蠡山村由大小桥、三仙桥、西施斗、蠡山、马家埭、施家埭等自然村组成，下设 24 个村民小组，共有 743 户，2832 人，以沈姓为主。村落经济收入来源主要依靠种植业和养殖业，农业作物以水稻、蚕桑为主，水产养殖以青虾、白鱼、罗鱼、甲鱼以及河蚌育珠为主。2015 年，蠡山村被评为浙江省第三批历史文化村落保护利用重点村；2017 年，被评为浙江省第一批 3A 级景区村庄。

2. 村落历史与风貌格局

蠡山村历史悠久，人文底蕴深厚，相传春秋时越国大夫范蠡㊀辅助越王勾践"亡吴霸越"后功成

㊀ 范蠡（公元前536—公元前448），字少伯，春秋时期楚国宛地三户（今河南南阳）人，春秋末期著名的政治家、军事家、经济学家和道家学者，著有《计然篇》《陶朱公生意经》。

身退，携西施隐居于此地，故名蠡山。明《成化湖州府志》卷六载：蠡山在县东北一十五里，相传范蠡之故居在焉。据清康熙《德清县志》载：昔范蠡扁舟五湖，寓居此地，属三致千金之一。蠡山村在唐代属德清县千秋乡，清代属永和乡十八都三村，乾隆后为十八西一庄，民国元年属域区九庄，民国三十三年为余不镇蠡山乡，民国三十六年为曲园乡；1950 年 5 月，属原德清县干山乡，1958 年 10 月为现德清县干山人民公社蠡山生产队，1961 年分为刘桥、杨湾和滕头三个队，2001 年 9 月刘桥与漾湾合并为蠡山村。

蠡山村地处德清东部的平原地区，除了南部的蠡山海拔 56 米外，村域内大部分地区地势平坦，河网交织，鱼塘棋布，桑园遍地，特别是蠡山下的范蠡湖碧波荡漾，风景优美（图 6-8-1）。"睢阳有蠡台，回道如蠡"。今此地有巨漾，山峙其中，犹蠡之浮于水面。每至雨余水涨，狂波荡漾，群山皆浮动，山水相涵，酿成空青缥碧之色。游者不必坐笋舆，只一叶之舟延缘而往。浮岚暖翠，扑人衣袂，真如身至蔚蓝天也。蠡山虽无崇山峻岭，却有清流急湍，别有一番风味。据清康熙《德清县志》记载，蠡山环山左右有八景：陶朱古井、西施画桥、石池剑跃、碧山凤鸢、翠岭马回、柳浪珠浮、竹林之屋、松桥天梯。蠡山之景，景景相连，景外有景，久负盛名的蠡山八景沉淀着深刻的春秋吴越文化。

a）

b）

图 6-8-1　蠡山村航拍图

3. 传统建筑与历史环境要素

范蠡祠，俗称蠡山庙，是蠡山后人为纪念范蠡所建（图 6-8-2）。范蠡祠位于蠡山上，依山而筑，坐北朝南，形似扁舟，为院落式结构。总面积约 1000 平方米，由戏台、功德殿、三圣殿及部分附属用房组成，前后共三进。第一进为蠡山戏台，始建于清初，光绪年间进行了重修，砖木结构，歇山屋面，面阔三间。戏台面积约 40 平方米，南为外台，北是内台，内外两台相连，可两面演戏，俗称两面台。东西两侧有化妆室、道具室。西台前有一块平地，为观众看戏的场地，时有社戏演出，在当地颇具影响。第二进为功德殿，为近年重建。第三进是三圣殿，是一幢面阔五间的单檐硬山平房，殿前有人工凿成的东西向台阶，顺台阶而上可登入三圣殿内。原台阶两旁有茂盛的松树，故有"松峤天梯"之称。殿内西侧有"陶朱古井"，是一口天然岩石形成的不规则小井，其水清澈甘甜。祠内塑有陶朱公范蠡、西施和文种像。后人对文财神的范蠡和美女西施尊养有加，常年供奉，香火不绝。1982 年，蠡山戏台被评为县级文物保护单位。

蠡山遗址位于蠡山村大小桥自然村与三仙桥自然村交界的桑地中，是一处新石器时代至马桥文化时期的山前台地聚落遗址。遗址东南方向是小河，北靠蠡山南坡，东西长约 1000 米，南北宽约 40 米，面积约为 40000 平方米。1996 年发现遗址时，采集到良渚文化时期的鼎足、印纹陶和原始瓷等残片。在遗址西南角的断面上，还发现厚约 0.6 米的文化层，文化层地层清晰，内涵丰富，保存较好。蠡山遗址对于研究当地历史和环太湖流域的早期聚落遗址，具有重要的意义。2006 年，蠡山遗址被评为县级文物保护单位。

图 6-8-2　范蠡祠

蠡山村地处平原水乡，村内古桥众多（图 6-8-3）。

普济桥，三孔弧形石梁桥，横跨在大小桥自然村的小河上。桥长 16.7 米，面宽 2.3 米。全桥用武康石砌筑，石质紫红。桥面为两条面弧外带睑边的石梁平铺，中间并列横盖小块石，上有圆形水涡纹桥心石，两边置须弥座栏板，栏板间以莲瓣望柱、两端抱鼓石支撑。中孔桥墩为薄墩型，四石柱纵向并列，上压长系石，长系石上有托木槽口，两端刻有花卉，桥台两侧金刚墙用条石错缝平砌。桥额为阴文楷书"普济"二字，旁有"乾隆三十年九月重建"款识。据清康熙《德清县志》载：普济桥，在蠡山村，俗呼夏家桥，亦名四仙桥。现桥上的莲瓣望柱与绍兴宋代八字桥望柱相似，其外弧形桥面明显具备德清县宋元时期的古桥特点，故此推断，普济桥始建年代至少在宋元时期，后经多次修缮，至清乾隆三十年（1765 年）重建时，整体风格如旧，原桥构件保留较多，故应属县内仅存不多的宋元古桥之一，具有重要的历史、艺术和科学价值。普济桥现已被列入德清古桥群，2013 年 3 月，普济桥被国务院批准列入全国重点文物保护单位。

安济桥，三孔石梁桥，是用武康石和花岗岩建造的，桥长 19.9 米，面宽 1.82 米。桥面用三条两侧带睑边的石梁铺设，桥心石镌圆形风叶图案，两边置方形条石栏杆，栏杆两端用抱鼓石紧固，南北

a）普济桥　　　　　　　　　　　　　　　　b）安济桥

c）绍隆桥　　　　　　　　　　　　　　　　d）安富桥

e）卯山桥　　　　　　　　　　　　　　　　f）西施画桥

g）花秀桥　　　　　　　　　　　　　　　　h）天顺桥

i）长生桥　　　　　　　　　　　　图 6-8-3　蠡山村古桥

落坡各置 5 级台阶。中孔桥墩属薄墩型，为四石柱纵向并列，上压系梁石，系梁上有托木槽口，桥墩石柱上有字堂题记，内容为建桥捐助等事宜，桥台两侧金刚墙用条石错缝平砌。桥额刻有楷书"安济桥"，旁有"民国壬戌年重建立敬助"款识。据民国《德清县新志》记载：安济桥，俗呼干村大桥。安济桥虽为民国重建，但造型和用材上都与德清县宋元时期的桥梁相似。安济桥始建年代悠远，历史信息丰富。2006 年，安济桥被评为县级文物保护单位。

绍隆桥，俗称三仙桥，建于清代中晚期，为三孔石梁桥，东西向横跨于三仙桥自然村的小河上，原属蠡山八景之一的"柳浪浮珠"。桥长 22.35 米，面宽 1.87 米。桥面为二石梁平铺中间并列横盖小石板，桥心石为圆形暗八仙图案，桥面两边置条石栏板，栏板间置方头束腰状素面望柱，两端置抱鼓石支撑，抱鼓石镌有花卉图案。中孔桥墩为薄墩型，三石柱纵向并列，上压系梁，桥台两侧金刚墙用条石错缝平砌。桥墩为阳文楷书"绍隆桥"，旁不见年款。2002 年，绍隆桥被列为县级文物保护点。

安富桥，俗称观音桥，现存的为民国时期重建的桥梁，东西向三孔石梁桥，主材为武康石和花岗岩，桥长 16.83 米，面宽 1.8 米。桥面用二石梁平铺，桥墩属薄墩型，二石柱纵向并列，上压系梁石，系梁石上置托木槽口 4 个，桥台两侧金刚墙用条石错缝平砌。桥额已被水泥覆盖，据当地村民反映，桥梁曾刻有"安富桥"桥名。2002 年，安富桥被列为县级文物保护点。

峁山桥，位于三仙桥自然村，原为东西向，跨于茅山村西运河支流上，2003 年因杭湖航道拓宽改造，整体原貌被搬移至此。峁山桥为单孔石拱桥，主材是花岗岩，桥长 34.2 米，宽 3.3 米，单孔净跨 12.3 米。桥券用条石纵联分节并列砌置，金刚墙用条石错缝平砌，桥面用条石板平铺，内有定心石，上刻"平生三级"图案，旁有石制"吴王靠"。东西落坡平面呈喇叭状，各设 38 级台阶，台阶边置垂带石和素面矩形栏板，间以狮首和方形望柱，两端置抱鼓石支撑，抱鼓石上有浮雕如意纹和钱纹。桥额为阳文楷书"峁山桥"，旁刻有"民国三年里人重建"款识。桥体南北两侧有间壁石 8 块，上镌阳文隶书楹联，南侧楹联为："冈峦西峙访陶朱故址千载下犹胜剑池""溪水南来攽余不残编九里中此作砥柱""斜阳映古树画桥西畔范蠡祠""皓月偃中流碧云南渡茅氏宅"；北侧楹联曰："东西是城镇通衢兵燹几经遂使徒行赀一韦""南北实杭湖要道规模重焕于人利济足千秋""宸宇通霄汉天人乘舆渡麟台""峦冈接溪流仙翁策杖探龙穴"。据清康熙《德清县志》载：峁山桥，在县东十五里。峁山桥是德清县单孔跨度最大的石拱桥，形制宏伟，虽为民国重建，且已迁址，但具有重要的历史和保护价值，对研究德清历史、交通和桥梁建筑具有重要意义。2002 年，峁山桥被列为县级文物保护点。

西施画桥，东西向横跨于西施斗自然村小河上，建于清光绪八年（1882 年），相传为范蠡携西施到蠡山归田隐居，落脚西施斗后，范蠡亲自凿石造的一座小桥，西施梳妆时坐在桥上借水面反光当镜子照，故名西施画桥。西施画桥系单孔石梁桥，桥长 7.2 米，宽 1.44 米。桥面用二石梁平铺中间并列横盖小石板，桥面东侧有三角形凹印一处，传说是西施在此梳头，向南望故里时所留的脚印。桥墩为二石柱纵向并列，上压长系石，旁以金刚墙支撑，金刚墙为条石错缝平砌。桥面南侧石梁上镌刻"西施画履"四个大字，旁不见年款。西施画桥为蠡山八景之一，伴有美丽传说，对研究当地历史和非物质文化遗产具有积极的意义。2002年，西施画桥被列为县级文物保护点。

4. 历史文化资源

蠡山因传说而兴，因传说而美。四千年前先民在此聚居繁衍，让此地拥有了深厚的文化底蕴，蠡山不仅是传说中见证了范蠡西施的爱情的地方，更有范蠡养鱼、西施蚕桑的传说（图6-8-4、图6-8-5）。应该说，农商兼营是蠡山村历史文化底蕴的重要基础。范蠡不仅是春秋末期著名的政治家、军事家、经济学家和道学家，还是儒商的鼻祖，被称为"商圣"。范蠡深谋远虑，胸怀经纬之才，善于经营农商。他曾对勾践说："天生万物，以养天下……春生夏长，秋收冬藏，不失其常……地生长五谷，持养万物，功盈德博，是所施而不德，劳而不矜其功者矣"。范蠡发明了养鱼的"鱼箔"，著有中国农业史上第一部《养鱼经》，教会蠡山人养鱼。传说西施养蚕丝织的技艺非常高超，给蠡山人传授养蚕、缫丝、织纱的技艺，被尊奉为"蚕花娘娘"。范蠡在蠡山劝农桑、务积谷，农商兼营，著有《陶朱公商训》，使蠡山成为中国"商圣"文化的发祥地，也成为浙商文化的精神摇篮。蠡山的商圣文化历来为浙商巨贾所推崇，清代红顶商人胡雪岩曾多次到范蠡祠朝谒，称蠡山为"儒商摇篮、大商智埠"。据清康熙《德清县志》载：昔范蠡扁舟五湖，寓居此地，属三致千金之一。范蠡在蠡山运筹了从商之谋，置得第一桶千金，入齐后得第二桶千金，由齐入陶得第三桶千金，富可敌国，故有范蠡"三置千金"的故事。范蠡自强不息、勇往直前、营商有德、积德行善、厚德载物、富不忘本、富不忘民的德行，值得后世学习，具有重要的现实意义。

现今，蠡山村民仍传承着与范蠡西施有关的风俗文化，村内每年还会举办蚕花宴（蚕花娘娘节）、

图 6-8-4　范蠡西施雕像

图 6-8-5　捕鱼养蚕工具

沉鱼宴、蠡山庙会、商圣文化节等活动。

二、规划设计

1. 规划定位与总体布局

蠡山村在省历史文化村落保护利用重点村规划中，充分利用蠡山村典型的江南水乡田园风光，延续以"范蠡西施"民间故事为核心的历史文脉，从古建筑修缮与道路修复、景观环境提升、配套设施完善、休闲旅游产业发展等方面入手，打造江南水乡田园风光与历史文化相融合的美丽乡村，使其成为浙北地区知名的乡村休闲旅游区。

规划提出"田园春秋、浪漫蠡山"的主题定位。"田园春秋"体现了蠡山悠久的历史文化，江南隐逸山水和田园风光的特色，与现代人回归乡土、归隐田园的愿望相契合；"浪漫蠡山"的"浪漫"是范蠡西施的爱情故事赋予蠡山的特有的气质，范蠡隐退的故事具有典型的中国士大夫的浪漫主义色彩。"浪漫蠡山"也代表了传统婚庆主题游、江南田园水乡观光游等旅游产品的开发方向。规划"一带四区"的总体布局结构（图6-8-6、图6-8-7）。

图6-8-6 规划总平面图

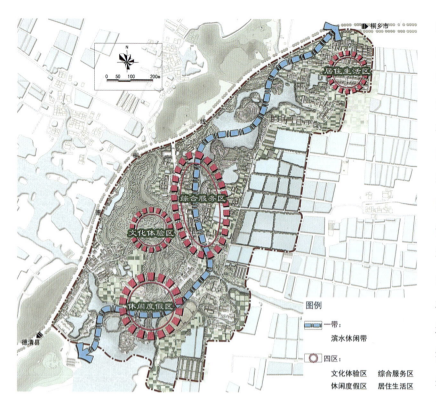

图 6-8-7　空间布局规划图

整个蠡山村村民和游客服务的综合服务区。休闲度假区主要为蠡山南面的三仙桥自然村以及周边的桑林、农田、小岛、漾荡等区域，保护现有岇山桥、绍隆桥等古桥，开发"田园蠡山"主题民宿、江南传统婚俗文化园、田园牧场、蚕桑文化园、蠡山水乡度假区等项目，改善桑林、田园、滨水景观环境，打造未来蠡山休闲旅游产品集中开发区。居住生活区为施家埭、马家埭自然村及周边区域，通过改造建筑、美化景观、完善基础设施等方法改善人居环境，同时结合配套的1公顷新建居住区，打造生态环境优美、基础设施完善的居住生活区。

2. 规划保护范围

根据相关规范要求，结合蠡山村村落环境现状和未来发展需求，确定规划范围为蠡山村村域范围，总面积约5.57平方公里。将规划范围划分为核心保护区、建设控制区和环境协调区三个层次。核心保护区为蠡山山体以及周边的蠡山、三仙桥、马家埭、施家埭等自然村，总面积约0.92平方公里。其中，核心保护区是以古建（构）筑物为核心的传统风貌区域，包括蠡山山体、主要河道；建设控制区为核心保护范围外围区域，包括蠡山周边的民居以及主要河道的周边区域；环境协调区主要指建设控制地带以外，以保护自然地形地貌、水体为主要

一带：滨水休闲带。连接三仙桥、大小桥、蠡山、马家埭、施家埭等自然村落的漾荡与河道贯穿整个核心规划区，利用"漾荡渔歌""普济怀古""花田小岛"等景观节点和滨水游步道、栈道、河埠头等交通节点，将其打造成具有典型江南水乡风情的滨水休闲带。

四区：文化体验区、综合服务区、休闲度假区、居住生活区。文化体验区的主体为蠡山山体，充分利用蠡山的自然山林资源和范蠡祠的文化资源，通过保护修缮范蠡祠，整治上山游步道和沿线景观环境，建设"碧山凤霭""翠岭马回"等景观节点，打造以生态观光、文化体验为主要功能的区块。综合服务区位于蠡山自然村，通过改善现有蠡山广场、停车场等基础设施，建设游客中心、滨水休闲公园、"田园水街"等旅游服务设施，打造为

目的的村庄周边区域（图6-8-8）。

三、建设实绩

蠡山村自 2015 年被列为浙江省第三批历史文化村落保护利用重点村以来，深挖"范蠡西施"历史文化资源，依托蠡山得天独厚的江南水乡田园风光，科学规划、精准实施，得到项目投资 5150 余万元，其中镇村投入 2740 万元，社会民间投入 2410 万元。

古建筑修复：完成范蠡祠、老会堂等 5 幢古建筑的顶瓦修补（面积 2310 平方米）、墙体加固（面积 2595 平方米）、立面改造（面积 1142 平方米）、构件修复。修复杨家桥、安富桥、安济桥、天顺桥、绍隆桥、西施画桥等古桥。

与历史风貌有冲突的建（构）筑物整修改造：完成对 49 幢与历史风貌有冲突的建筑的整修改造工作，面积 23856 平方米；整体拆除违章建（构）筑物 13680 平方米，复垦 15899 平方米，复绿 5438 平方米；异地搬迁房屋 5 户。

村内古道修复：完成 4 条古道修复，全程 2.2 公里，面积 3524 平方米。

搬迁安置区基本公建设施建设：完成搬迁安置区土地指标 0.93 公顷，安置农户 28 户，投资 400 万元用于基本公建设施建设。

基础设施建设：新建约 4000 平方米停车场，

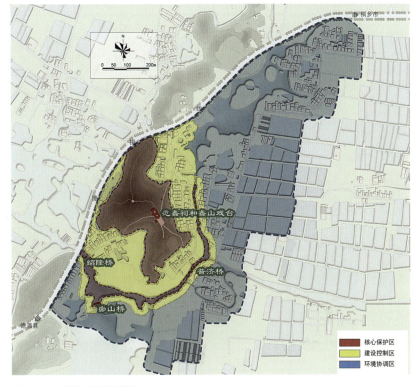

图 6-8-8　保护范围规划图

新建生态公厕 2 座，新建垃圾收集点 3 座，建设垃圾资源化利用站 1 座，建设垃圾兑换超市 1 家。拆除违法建设，完成滨水休闲带景观建设。项目投入总计 1500 多万元，完成西施河的河道清淤、生态护岸、河岸绿化、滨水游步道铺设及生态河埠头等项目。

四、建设效益

蠡山村是历史文化村落保护利用中，生态环境优美型的代表。依托历史文化村落保护利用项目，结合蠡山古八景与现代田园风光，打造新蠡山十景。与文物保护单位做好衔接，在保护修缮村内古桥的基础上，异地搬迁了 6 座古桥，打造古桥一条河，建设田园水街（图 6-8-9）。

蠡山村依托自身产业特色，开展广泛合作，

壮大集体经济，为此成立了蠡山旅游开发公司，以"公司+合作社+村民"的形式，引进社会工商资本。引进旅游项目投资5.8亿元，异地搬迁13幢风格迥异的古民居，打造"花样年华"精品酒店项目（图6-8-10）。改建蠡山传统文化馆，引入民间资本建成"石"主题的百藏良馆（图6-8-11）。建设蠡山民俗图书馆和"在蠡山"文化展示馆（图6-8-12）。拍摄《在蠡山》宣传片和《如果爱，上蠡山》微电影，很好地宣传了蠡山形象。与浙江中医药大学建立产学研合作，开展中草药种植项目，一期40亩（2.67公顷）的林下白芨，壮大了集体经济400万元。

a）

b）

图6-8-9　田园风光

图6-8-10　花样年华精品酒店

图6-8-11　百藏良馆

图6-8-12　民俗图书馆

第九节 藏经吴市，溇港辰光——湖州吴兴区义皋村

一、村落概况

1. 区域位置与社会经济

义皋村位于湖州市吴兴区织里镇东北部，北靠太湖，东为伍浦村，西为杨溇村，南为庙兜村，距离织里镇约6公里。村域面积2.25平方公里，耕地面积1.23平方公里，其中水田0.73平方公里、旱地0.28平方公里、桑地0.22平方公里，水域面积0.02平方公里，鱼塘51个共0.51平方公里。义皋村辖8个自然村，下设14个村民小组，现有499户，1781人，有朱、吴、张等姓。2014年，义皋村被列入第三批中国传统村落名录，同年被列入国家级水利风景区核心区块，浙江省第二批历史文化村落保护利用重点村。2018年，义皋村被评为浙江省第二批3A级景区村庄。

2. 村落历史与风貌格局

义皋村历史久远、文化底蕴深厚，早在五代时期就有关于义皋的文字记载。"皋"之名源于"皋塘"。据清同治《湖州府志》记载：汉元始二年，吴人皋伯通筑塘以障太湖。东吴的皋伯通被称为义士、高人，义皋一直"民有淳风"，遂以"义皋"为名。宋代尚称之为"义高"，宋嘉泰《吴兴志》有"兴善院在县东北二十七里湖上义高村，钱氏建，号善庆院"的记载，其历史可以追溯到宋以前。旧时太湖溇港就有部队管理，百姓不会因水灾而流离失所，义皋溇边因而形成了村落。义皋在明以前属乌程县震泽乡，清代最为繁荣，成为太湖南岸的一个繁华小集镇，仍归乌程县管辖。民国前有记载称其为"义皋里"，此后也曾为"义皋镇"。新中国成立后，义皋镇为太湖公社所在地，后并入织里镇成为义皋村。义皋作为一个有着千年历史的古村落，不仅历史悠久，还是沿太湖七十二溇港古代水利工程中的重要节点，被誉为"曼妙溇港文化带里的明珠"。

义皋村地处太湖南岸，曾是太湖南岸最为主要的水运通衢，是湖州原生态古村落建筑保存数量较多的村落，是太湖溇港市集村落"夹河为市，沿河聚镇"聚落形态的典型。"依溇傍水有人家"，沿水而建是义皋村的主要村落特征（图6-9-1、图6-9-2）。这里曾经"舟市""水市"兴旺，村中

图6-9-1 义皋村航拍图

图 6-9-2 义皋村全景图

a)

b)

图 6-9-3 范家大厅

百年老街、古桥保存完好,老街街道百米长、两米余宽,街石排列规整,东西走向,以尚义桥为中心,桥东西两侧有鱼行、茶馆、布店、杂货店、理发店等店肆林立,是旧时水路通商的重要节点。义

皋溇和陈溇两条溇流经本村。义皋溇是溇区通向太湖的南北向重要河道之一,南朝时期开挖,全长1.52 公里,河底宽 2 米,义皋溇一直往北,临近太湖有闸控制,其下有涵洞沟通太湖,至今仍发挥着水利作用。此外,北运粮河和南运粮河也分别流经义皋村。

3. 传统建筑与历史环境要素

义皋村内古建筑和历史环境要素保存较好,桥、埠众多,是典型的江南水乡特色。现存有范家大厅、周家老宅、义皋茧站、朱家老宅、李家老宅、尚义桥、太平桥等历史建(构)筑物 20 余处。其中,范家大厅、义皋茧站和太湖溇港古桥群(尚义桥)被列为湖州市级文物保护单位。

范家大厅建于清嘉庆年间,位于尚义桥东北侧,傍义皋溇东岸而筑,建筑坐北朝南,面阔三间,由砖雕仪门、天井、大厅和两进楼屋组成。第一进为大厅,面宽 3 间,梁架结构为抬梁式,雕梁画栋,步梁、月梁、雀替等构件上雕有精美的花卉、瑞兽,其大柱都用金漆。大厅前有砖雕门楼,前额是"慎俢思永",后额是"型仁讲让",周围还刻有仙鹤等吉祥物。第二、三进都是楼厅,楼厅间原有厢房相连。范家大厅建筑体量较大,木构雕刻精美,为太湖溇港古村落中规格较高的厅堂建筑,也是义皋村原生态古村落的明证之一,具有一定的历史研究价值。2015 年 11 月,范家大厅被湖州市人民政府评为市级文物保护单位(图 6-9-3)。

义皋茧站位于义皋村村口,占地 4000 平方米,建造于 20 世纪 50 年代,在 80 年代规模达到顶峰。江南水乡以水稻生产为农家的主业,种桑养蚕曾是他们的主要副业。义皋茧站曾经的辉煌,见证了义皋村蚕桑业的发达。当年周围几十个乡镇的数百个村子的蚕茧都是送到这里交易的。随着历史的变迁，2007年义皋茧站被弃用了，2016年改建为溇港文化展示馆。走进茧站，一眼就能看到墙上"坚决消灭踏瘪茧，随手拾起落地茧"的标语，让人仿佛一下子回到了20世纪五六十年代。茧站里两排八扇的烘茧室还能让人感受到当年义皋茧站的辉煌。改建后的溇港文化展示馆通过"太湖之滨菰草弥望""千载存续水利巨构""因溇而兴利运活流""天堂中央亲水乐活"四个单元，展示了太湖溇港的自然环境、发展历史、创新成果、重大贡献、溇港区域民风民俗等内容，是义皋文化展示与发展的一张"金名片"。2015年11月，义皋茧站被湖州市人民政府评为市级文物保护单位（图6-9-4）。

图6-9-4　义皋茧站

义皋村北部的朱家庙自然村位于义皋溇的北段两侧，建筑沿运粮河走向自然分布，因北运粮河与义皋溇交叉而形成了东西两个区块。西区块保留着太湖石砌筑的古驳岸、花岗岩砌筑的河埠及朱家九开间老宅、小弄等。其中朱家老宅有九开间平屋，东边六间平厅为清中后期建造，后两进平厅为清晚期所建，梁架及堆灰图案保存完好。东区块保存着朱家庙、古朴树和众多朱姓家族古民居。朱姓家族古民居中保存较好的有38号、39号、41号、52号、60号等。这些民居虽不华丽，但原真、朴素，反映了太湖边老百姓恬静朴素的生活状态（图6-9-5）。

图6-9-5　朱家老宅

义皋村的埠头特色极为鲜明，几乎每栋建筑都和埠头相连，极为罕见。沿河共保存有六个河埠，驳岸系太湖石错缝平砌。传统桥梁多为石材砌成，技术高超，结构精致，村内至今仍保留着跨溇、塘桥100多处（图6-9-6）。

义皋村的古桥以尚义桥为代表。尚义桥建于清乾隆年间，为单孔石拱桥，长约13.1米，宽3.2米，拱高约5米。拱券结构为纵联分节砌置法，两

图6-9-6　义皋埠头

侧有栏板，栏板间嵌望柱8支，桥形古朴，是目前太湖溇港上保存较好的清代单孔石拱桥之一。桥南北两侧有楹联二副，对仗工整，读之回味无尽。南侧桥联："流分沙漾庆安澜；民有淳风庆义里"。北侧桥联："大泽南来，万里康庄同利涉；春波北至，千秋浩淼永安澜"。尚义桥与村内的陈溇塘桥、常

图 6-9-7 尚义桥

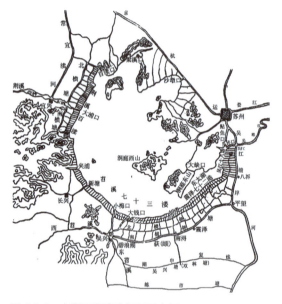

图 6-9-8 太湖环湖溇港圩田示意图

胜塘桥、太平桥三座古桥合称"义皋四桥"。2015年11月，尚义桥作为太湖溇港古桥被湖州市人民政府评为市级文物保护单位（图6-9-7）。

陈溇塘桥位于尚义桥东，系单孔石拱桥，长约10米，高约5米，桥型精致玲珑。拱券结构为纵联分节砌置法，两侧有栏板，栏板间有望柱8支。两侧均有桥联，撰联人文化功底深厚，内容气势大度。南侧桥联："村苕竹泽，虹影卧波；塘跨苏湖，鱼梁压渡"。北侧桥联："北达苏常帆影远；南来苕雪水光清"。落款为镇长李三寿题。民国二十

年（1931年），吴兴县设置义皋镇，镇长李三寿，此桥应是这一年重建。明代府志、县志记载为"陈溇桥"。陈溇塘桥至今保护完好，静静地卧在窄窄的溇港上面，是游览太湖溇港时不可错过的一道景色。

4. 世界灌溉工程遗产

太湖溇港圩田系统是古代吴兴先民筑堤修塘，筑圩围垦，变涂泥为沃土的一项独特创造，在中国水利史上别具一格。其自春秋时萌生雏形，历经两千多年的发展，逐步形成由运河荻塘、太湖堤防、70多条溇港、数条横塘及万顷圩田组成的成熟水利系统，其规模宏大、设计科学，是世界水利工程的一大文化遗产。2016年11月，太湖溇港被列为世界灌溉工程遗产。

太湖溇港主要分布在太湖西南侧（图6-9-8），以大钱港为界，其东均名为溇，主要承担杭嘉湖平原的涝水；其西则称为港，主要负责宣泄东、西苕溪入湖洪水（图6-9-9）。溇港的名称，历史上似乎因姓氏而得名的较多，口口相传，但缺乏确凿的证据。如谢溇，为谢安后裔、明洪武初年的都指挥使谢贵世居之地。胡溇与兴办"安定书院"的北宋教育家胡瑗居住此地有关。义皋溇则因西汉元始二年吴人皋伯通筑塘而得名。大钱港以东原有溇29条，现可以查核的有25条，依次为计（纪）家港（常丰溇）、褚溇（常登溇）、沈溇（常稔溇）、安溇（常熟溇）、新泾溇（常安溇）、潘溇（常乐溇）、幻溇（常瑞溇）、西金溇（常庆溇）、东金溇（常福溇）、许溇（常禧溇）、杨溇（常和溇）、谢溇（常阜溇）、义皋港（常裕溇）、陈溇（常通溇）、濮溇（常惠溇）、伍浦溇（常泽溇）、蒋溇（常吉溇）、钱溇（常利溇）、新浦溇（常泰溇）、石桥铺溇（常兴溇）、汤溇（常富溇）、晟溇（常足溇）、宋溇（常固溇）、

图 6-9-9 吴兴太湖溇港分布图

乔溇（常益溇）、胡溇（常济溇）。大钱港以西原有港 10 条，分别是寺前港、泥桥港、杨渎港、宿渎港、宣家港、尚沙港、张婆港、管渎港、顾家港、西山港，其中寺前港淤废后重开为 2 条，即南门港、北门港。大钱港以东、以西的原有溇港加上大钱港、小梅港，合计有 41 条。清同治《湖州府志》卷四十三有载：吴兴沿塘泄水之口，即北入太湖凡四十有奇。

义皋溇是太湖众多溇港中出现最早也是最中间的溇港之一。溇港文化不是单一的水利和农业文化，而是区域历史发展脉络的见证。义皋村的溇港文化已经深深融入其古村生产与生活之中，具有极为多元化的发展方向。

二、规划设计

1. 规划定位与总体布局

义皋村在省历史文化村落保护利用重点村规划中，通过古建保护、空间塑造、风貌整治、文化挖掘、产业优化、旅游拓展，展现义皋村乡土特色的风情韵味，实现生景、生情、生财的"三生"目标，

使之成为"宜居、宜业、宜文、宜游"的历史文化村落。

"尚义牌楼范家厅，朱家祠堂三缙绅。"义皋近埠而商、因商而兴、崇儒兴学、学优而仕、反哺故里，形成良性循环，是太湖吴兴地区的传家之道。区域唯一的寺院（兴善寺）、唯一的书院（五湖书院）是溇港人文的源头，与范、陈、朱、周等世家古宅、宗祠、家庙一起构成"藏经吴市"人文画卷。南北两条运粮河故道是旧时区域水上交通要道，保存着皋塘之上旧时舟楫往来、商贸繁荣的历史记忆，连年有"鱼"的"溇港辰光"是当地人心中最引以为豪的印象。由此，规划确定了"藏经吴市，溇港辰光"的主题定位，总体采用"两带、六轴、六片、多点"式布局。义皋古村为六片之一，是体现太湖溇港文化的典型空间，是浓缩水乡风貌与滨湖特色的空间载体，具体规划是"一心三轴，三带六区"的布局结构（图 6-9-10、图 6-9-11）。

一心：为溇港塘路古市核心区。

三轴：为义皋港溇港文化主轴、南运粮河塘路商号风貌轴、北运粮河滨湖人居风貌轴。

图 6-9-10　规划总平面图

三带：为太湖湿地带、圩田农耕带、文化生活带。

六区：为驿站学馆区、佛艺禅房区、民间技艺区、家宴食府区、文化民宿区、氏族纪念区。

2. 规划保护范围

根据相关规范要求，结合义皋村落环境现状和未来发展需求，确定规划范围东至东塘甸，南至寺前港与王家港，西至西塘甸，北至环太湖公路，总面积为5.9公顷。将规划范围划分为核心保护区、建设控制区和环境协调区三个层次。其中，核心保护区是较能体现"溇港古市"意象的历史文化集聚空间，东至丁家老宅，南至湖薛公路，西至义皋老街西端，北至范家民居北墙，总面积为1.6公顷。建设控制区是较能体现"义皋古村"整体意象的历史文化集聚空间，东至东塘甸，南至寺前港与王家港，西至西塘甸，北至环太湖公路，总面积为5.9公顷。环境协调区为义皋村村域，总面积为225公顷（图6-9-12）。

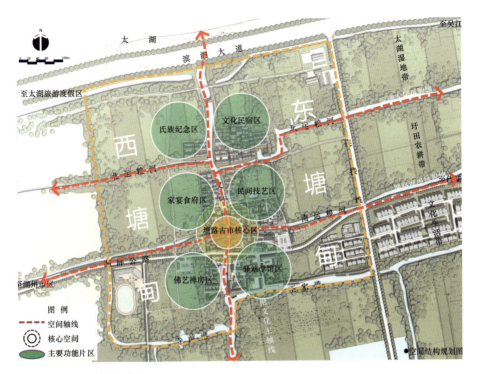

图 6-9-11 空间结构规划图

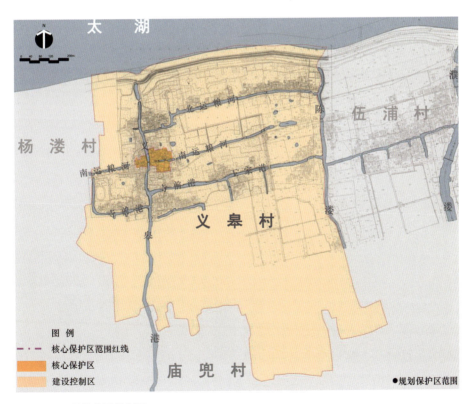

图 6-9-12 保护范围规划图

三、建设实绩

义皋村自 2014 年被列为浙江省第二批历史文化村落保护利用重点村以来，在充分保护与恢复古代历史遗迹、文化遗存的基础上，适度发展乡村休闲旅游产业，按照"保护一批、培育一批、提升一批"的总体思路，实施历史文化村落保护利用工程。

古建筑修复：完成义皋古街、范家东路建筑、周家老宅、朱家老宅、朱姓家族民居、丁家老宅等古建筑修复工程（图 6-9-13、图 6-9-14）。包括 10 幢建筑的顶瓦修补（面积 4438 平方米）、墙体加固（面积 4652 平方米）、立面改造（面积 7236 平方米）、构件修复（176 个）。

与历史风貌有冲突的建（构）筑物整修改造：完成 40 幢建筑的立面改造，面积 27886 平方米；2 幢建筑的结构降层，面积 284 平方米；整体拆除 10877 平方米（图 6-9-15）。

搬迁安置区基本公建设施建设：完成搬迁安置区建设，用地 3.93 公顷，安置农户 319 户，投资 228 万元用于公建设施建设。

村内古道修复：完成古道修复 2.445 公里，面积 10180 平方米。

a）修缮前　　　　　　　　　　　　　　b）修缮后

图 6-9-13　范家大厅修缮前后对比图

a）修缮前　　　　　　　　　　　　　　b）修缮后

图 6-9-14　尚义桥西侧古建修缮前后对比图

人居环境整治：以农村清洁工程为抓手，结合"三改一拆"工作，对影响古村风貌的违章建筑物进行整治和清理；结合"四边三化"工作，对全村进行绿化、美化、洁化（图6-9-16）；结合"五水共治"工作，对全村7038米长、总清淤方量46040立方米的河道进行整治清淤。启动给水、排水、雨水工程，电力、电信、防灾工程管线铺设，配套设施建设等市政配套设施建设工程。

a）整治前（一）

b）整治后（一）

c）整治前（二）

d）整治后（二）

图6-9-15　义皋港两侧环境整治前后对比图

a）提升前

b）提升后

图6-9-16　景观环境提升前后对比图

四、建设效益

1. 呈现多元文化

义皋村是历史文化村落保护利用中,民俗风情特色型的代表。通过改造原有的义皋茧站,建设溇港文化展示馆,将其作为对外宣传溇港文化的主要窗口,对外展示与文化交流的中心,义皋文化展示与发展的一张"金名片"。溇港文化展示馆共有四大篇章、六个版块,以溇港文化发展为轴线,展示了义皋茧站、太湖风光、水利农耕、文化传承等多个内容,展示方式极为丰富。展厅设计引入科技手段,通过展示屏立体播放的方式,直观地呈现出太湖溇港、桑基鱼塘等文化信息。除视觉展示外,溇港文化展示还与饮食文化相结合,在整体展览路线的一头一尾设置有美食品尝的环节,加深观展人的印象,形成多元化的文化呈现方式(图6-9-17)。同时,为更加完整地呈现溇港文化,义皋村恢复村落南面的区域的农业灌溉行为,通过真实的农田、芦苇与灌溉景象,生动地展示了当地的传统水利和农耕文明,拓宽了文化挖掘与展示的新思路。另外,依托旧有贸易形式,塑造现代水街集市,通过重现茶坊、杂货店、面馆等商肆,传承木艺、酱菜等民间技艺,展示溇港小巧精致的生活氛围。村中常有村民自发组织的文化活动,会定期举办义皋溇港集市节,全方位展现义皋历史文化村落的独特魅力(图6-9-18~图6-9-21)。

2. 构建产业体系

义皋村在省历史文化村落保护利用重点村建设中,利用区位优势和周边资源,深入挖掘溇港文化,以义皋古村为中心,大力发展文化体验、生态农业、产品工坊三大产业,打造溇港文化实景地、中国农耕文化智慧地、江南乡村旅游目的地,使其成为南太湖溇港文化精品旅游带中的重要节点。义皋村成立了湖州太湖溇港文化旅游发展有限公司,着力打造村落文化发产业体系。委托第三方产业规划公司——驴妈妈,就义皋村的产业进行详细规划。一方面保障古村业态与古村文化相契合,另一方面减少因缺乏规划指导而产生的建设浪费。创新EPC公私合作建设模式,保障项目建设的快速推进。2017年,浙江省省直同人集团里疗休养基地及

a)

b)

c)

图 6-9-17　溇港文化展示馆

a）

b）

c）

d）

图 6-9-18　村落风光

图 6-9-19　非遗传承展示馆

图 6-9-20　茶坊杂货

图 6-9-21　状元及第美术馆

淳风里民宿已经成功落地义皋，众多投资项目正在深入洽谈。

3. 村落品牌宣传

2016 年，在泰国清迈召开的第二届世界灌溉论坛暨 67 届国际执行理事会上，以义皋村为主要节点的太湖溇港水利灌溉工程申遗成功，正式成为世界灌溉工程遗产。2017 年，义皋村成功创建国家 3A 级景区村庄、市级美丽乡村精品村。2018 年 11 月，义皋村通过国家级美丽宜居示范村验收，现在正在创建国家 4A 级景区。近年来，义皋村先后被中央电视台、新华网、农民日报、浙江日报、浙江在线、浙江水利网、湖州电视台等多家媒体报道，成功举办了第四届中国菰城文化旅游节、第三届世界乡村旅游大会等大型活动，使义皋村在国内乃至国际的知名度大幅提升。

第十节 丝路浙皖，商韵古埠——湖州长兴县上泗安村

一、村落概况

1. 区域位置与社会经济

上泗安村位于湖州市长兴县泗安镇西部，地处浙皖交界处，毗邻国家级湿地公园仙山湖景区，属平原地区。村落东邻中泗安，西毗仙山湖，南连仙山村，北靠太平、初康二村。新老318国道贯穿辖区，12省道与村主要道路相连，距泗安镇中心约2公里，距素有"小九华山"之称的仙山约2.5公里，距离长兴县城约25公里，距离杭州约90公里，距离上海约150公里，距离南京约200公里，地理位置优越。全村村域面积1.74平方公里，拥有耕地1.07平方公里，下辖3个自然村，9个村民小组，共有506户，1750人，有杨、刘、王等姓。全村拥有个体户69家（户），以水泥制品、电气设备、餐饮服务、服装加工为支柱产业，农业以花卉、苗木种植和养殖业为主，近年来上泗安村在大力发展乡村旅游业。2016年，上泗安村被列为第四批中国传统村落；2015年，被列为浙江省第三批历史文化村落保护利用重点村；2017年，被评为浙江省第一批3A级景区村庄。

2. 村落历史与风貌格局

泗安建于西晋泰始六年（271年），隋大业三年（607年）为鹰扬府治地，辖长兴、安吉、广德、宜兴四郡。筑有城，置长安、吉安、广安、宜安四门，故称四安。四安曾分设长安、吉安、广安三镇，再经合并，所以在"四"旁加"三"，变成泗安。泗安东西狭长，分上、中、下三段，西段为上泗安。泗安塘从安徽广德出发，经朱湾岭，穿上泗安村而过，最终注入太湖。古时，上泗安水路通达湖、嘉、苏、杭等地，一直是安徽广德一带粮食山货下运中转码头。上泗安居泗安塘上端，山货粮秣下运中转最便捷，商贾云集，店肆林立，贸易繁荣，尤以广安桥码头两侧，货栈招牌鳞次栉比，独轮推车穿梭往来，蔚为大观。曾有"推不完的广德，填不完的泗安"的说法，正是形容旧时水运商贸的繁华景象。村庄曾经改名为"新联村"。2014年，由于村庄发展需要，重拾村庄文化底蕴，村庄重更名为"上泗安村"。

上泗安村自然条件优越，村庄森林覆盖率达50%，绿化率高达80%，村西部仙山植被葱郁，远山如黛。仙山湖下游水域与太湖源头（泗安港）交汇于此，常年河水川流不息，水质清澈见底，两岸绿树成荫。泗安塘与村庄内大小池塘串联呈环，恰似一串"佛手钏"将上泗安村环抱于内。村庄总体呈带状，一条老石板路蜿蜒迂回，错落别致的徽派老屋建筑分布在街道两侧，一汪活水绕村而徊，水岸栽种荷花，古时曾有"十里荷花古板道"之称。一方村庄、一条古道、一弯泗安塘勾勒出上泗安村落总体格局（图6-10-1）。

图6-10-1 上泗安村航拍图

3. 传统建筑与历史环境要素

上泗安村历史文化悠久，村内至今仍保留着古石板桥、古运码头、航运驿站以及古石板道等历史遗存，彰显了泗安古时之繁华。上泗安村内的泗安塘有一条东西长约150米，宽30米，面积约4500平方米的古码头遗址。码头由石板铺就，坚固实用。码头两侧河埠、堤岸、碑刻以及石板桥等均为唐至民国时期的古迹，至今仍在发挥作用。古时陆路交通不便，上泗安码头的水路航运在清末和民国年间十分发达，源于安徽宁国、广德一带的山货等物品必须用独轮车运至浙江泗安塘再船运出去。古时曾用"推不完的广德，填不满的泗安"来形容当时泗安码头繁华的商贸景象。另外，值得一提的是，建成千年的长湖申航道是浙北内河水运的重要组成部分，湖州航区80%的货流量要靠它进出，该航道也是湖州接轨大上海、融入长三角的水上大动脉，有着"中国小莱茵河"的美誉。而上泗安码头就是长湖申航道的第一个码头。2015年7月，上泗安码头遗址被列为县级文物保护单位（图6-10-2）。

泗安塘上建有广安桥、太平高桥和寿星桥三座古桥，见证了上泗安繁荣的商贸历史。2015年7月，三座古桥与上泗安码头遗址一起作为上泗安古桥群被列为长兴县县级文物保护单位。

广安桥始建于明洪武十九年（1386年），清光绪二十一年（1895年）重建，是古时安徽广德一带通往泗安商贸的必经之桥。因桥身陋隘，洪水常淹桥面，民间俗称塌水桥。古时有"高，高不过天平桥；低，低不过塌水桥"之说。广安桥南北向跨泗安塘，为二墩三孔花岗岩石梁桥。桥面平直，全长14.4米，宽2.6米，净跨11.6米。抗战时期，日机轰炸泗安，全镇一片狼藉，经战火炙焚的广安桥只剩下南端的一块石板。战后，广安桥得到简单修

图 6-10-2　上泗安码头遗址

图 6-10-3　太平高桥

复，至今仍在使用。

太平高桥始建于清末民初，桥梁南北向跨泗安塘，为二墩三孔石梁桥。桥长15米，宽2.2米，高3.3米，中孔跨径4.8米。泗安塘上游广安桥桥身较低，洪水来时常被水淹没，给过往商客和百姓带来不便，商贸繁华时交通也十分拥挤。于是当地一金姓大户人家慷慨解囊，出资建造了该桥，后来成为当地的交通要道（图6-10-3）。

寿星桥始建于明代，又名"一里桥"，是上泗安村通往安徽广德与江苏宜兴的交通要道。原桥曾毁，现桥重建于清光绪二十一年（1895年），为二墩三孔石梁桥。桥长10.2米，宽1.68米，高1.6米，中孔径跨3.6米，南侧桥块东有一记事碑文（图6-10-4）。

止步桥建于明代，位于上泗安村杨家村自然村，二墩单孔桥，桥墩为用整块条石砌成的叠石墩，桥长6.6米，宽1.7米。曾有"文官下轿，武官下马"的说法，因此得名"止步桥"（图6-10-5）。

上泗安老街两侧还保存有一些传统建筑。如方升泰古宅，建于清末，坐北朝南，面阔11.2米，进深5.5米，店面四开间二层楼，硬山顶，阴阳合瓦，后面三开间带二厢一天井，为抬梁穿斗混合式建筑（图6-10-6）。"方升泰"老字号始于明代，为古时上泗安街知名的店铺，一直以来，该店主营杂货，现经营上泗安当地特色食品——干挑面。华家老宅建于清末民初，坐北朝南，面阔10米，进深6.6米，三开间一层楼，硬山顶，阴阳合瓦，为抬梁穿斗混合式建筑（图6-10-7）。华家老宅现辟为徽商会馆，陈列着大量古时当地村民的耕作农具、生活用具和体现商贸文化的物品。这些古建、古物见证了古时社会精神文明和物质文明的历史变迁（图6-10-8）。头天门庙宇为清末建筑样式，坐北朝南，面阔11.48米，进深8.38米，三开间，明间抬梁式带前后单步，梁上有祥云雕刻图案。该庙1995年大修，现屋内为水泥铺地，梁架、柱子、墙上白灰均为后期维修。庙宇天井内留有清光绪时期的石柱础、道光和咸丰时期的香炉，另有光绪、乾隆年间的两通碑刻。庙宇原两进，第一进院落在20世纪80年代被烧毁。如今庙宇香火旺盛，为湖州地区香客烧香拜佛的重要庙宇之一。

4. 历史文化资源

"小小泗安镇，一镇镇三省"。地处浙皖边界的古泗安历来都是兵家必争之地，自古便有游兵散将和外乡移民在此安家落户。随着战乱的平息，上泗安村优美的环境和繁华的商贸活动也吸引了四面八方的人们在此定居，从而具备了多样的民俗文化，

图6-10-4　寿星桥

图6-10-5　止步桥

图6-10-6　方升泰古宅

图6-10-7　华家老宅

图6-10-8　王家门楼

逐渐形成上泗安村独特的地方文化。

泗安出会是集祭神求安、民俗表演、商贾交易、休闲游乐为一体的地方民间集会。源自明清，盛于民国初年，有明确的出会的路线、时间、范围。泗安出会的行游线路绕泗安十里长街，一个来回有 15 华里（7.5 公里），一般持续三天时间。出会时，周边百姓身着盛装汇集至泗安古街。街上商铺敞开，各类民间杂耍、地方小吃汇集，热闹非凡。

上泗安村还有"扮台阁"表演，由八个壮士抬着约 4 平方米大小的两层台阁，台阁上有童男童女装扮成传统戏剧里的人物。另外还有外乡来的高跷和舞狮队参与其中，很是热闹。队伍经过头天门时，会抬出"东岳大帝"神像加入行游。

泗安仙山湖一带，在太平天国战争后成为河南等地的移民的主要迁居地，他们带来了始于汉代的中原民间习俗"旱船"表演，经过百余年的发展，形成了简洁明快、朴实生动的地方特色，称为"泗安旱船"（图 6-10-9）。2008 年 11 月，泗安旱船被评为湖州市第二批非物质文化遗产代表性项目。2015 年 8 月，上泗安青龙被评为湖州市第六批非物质文化遗产代表性项目（图 6-10-10）。

二、规划设计

1. 规划定位与总体布局

上泗安村在省历史文化村落保护利用重点村规划中，重点保护上泗安村自然、历史、人文景观，保护古村风貌格局与传统民居，保护传统生活生产习俗与多样化的民间信仰，希望打造一个以浙皖古丝路商埠文化为主要特色的江南历史文化村落。规划确定了"浙皖丝路古埠，江南商韵村落"的主题定位，构建了"一心、一轴、三区"的总体布局

图 6-10-9　泗安旱船

图 6-10-10　上泗安青龙

（图 6-10-11、图 6-10-12）。

一心：为公共服务中心，包括村委办公楼、文化礼堂、卫生院等公共建筑。

一轴：为村庄发展轴，即泗安老街。

三区：即核心居住区、农园休闲区和景观引导区。

2. 规划保护范围

根据相关规范要求，结合上泗安村村落环境现状和未来发展需求，确定规划范围为整个村域范围。将规划范围划分为核心保护区、建设控制区和环境协调区三个层次。其中，核心保护区东至古货

图 6-10-11　规划总平面图

图 6-10-12　空间布局规划图

运码头，西至泗安老街 178 号建筑，南北两侧至老街沿路建筑，总面积约为 1.4 公顷。建设控制区东至村庄入口自然村，南至景观道路以南，西至 318 国道，北至泗安塘以北所有建筑，总面积约为 51 公顷。环境协调区为建设控制区外的一定范围，面积约为 201.09 公顷，作为环境协调区域或缓冲过渡区域（图 6-10-13）。

三、建设实绩

上泗安村自 2015 年被列为浙江省第三批历史文化村落保护利用重点村以来，结合省级小康示范村、省级美丽宜居示范村、中国传统村落等项目，

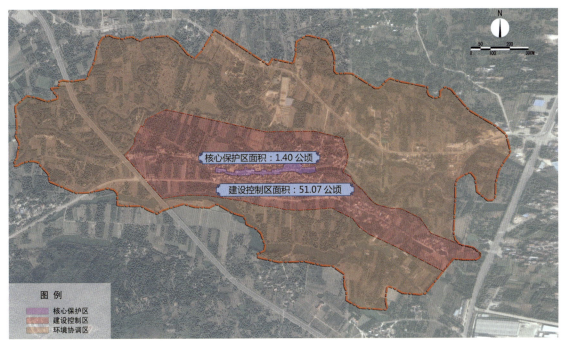

图 6-10-13 保护范围规划图

积极推进项目建设。

古建筑修复：重点对上泗安老街两侧的古建筑进行了修缮，完成30幢古建筑的顶瓦修补，面积达1500平方米；6幢建筑的墙体加固，面积达1100平方米；8幢建筑的立面改造，面积达1600平方米；3幢建筑的构件修复，共50个。

与历史风貌有冲突的建（构）筑物整修改造：完成34幢建筑的立面改造，面积达6138平方米；整体拆除300平方米。

搬迁安置区基本公建设施建设：用地面积1公顷，安置户数27户，投资25万元用于基本公建设施。

古道修复与改造项目：全程0.7公里，面积达2780平方米。

景观环境与公共服务设施建设：对原有的古石桥、古石板路、古码头等遗迹进行修复和完善，对塌水桥景点的建设重点加强，同时新建了古码头陈列馆、广安亭、牌坊、文化礼堂等，迁建了村委会办公大楼，配套了农民公园、健身广场等公共场地。

基础设施建设：开展"五水共治""三改一拆"等工作，进一步完善农村基础设施配套，建设一座9000平方米的生态停车场，实施了上泗安古街700米长五线下埋工程，实现生活污水处理全覆盖，全面完成改水改厕、危房改造等工程，实现了道路硬化5000米、路灯亮化3000米、河塘净化、环境美化。全村实现了电力、通信、广播电视全覆盖。建立健全的卫生保洁、设施养护等长效管理机制。农村农户垃圾全部中转处理，设有垃圾中转站，具有生活垃圾处理和再利用功能的垃圾处理站也已建设完工投入使用。

四、建设效益

1. 产业融合发展

上泗安村是历史文化村落保护利用中,生态环境优美型的代表。在省历史文化村落保护利用重点村建设中,依托上泗安优美的生态环境和便捷的交通条件,积极促进农业转型,发展乡村旅游。2016年3月,引进浙江隐居集团开发民宿产业,总投资约700万元(村占股49%)打造了上泗安宗族人文乡宿,乡宿沿河排布,由6幢民房组合而成,包含18间客房、茶咖书吧及早餐厅等功能空间。空间设计参考当地特色文化,以现代禅意手法探寻中国乡村古码头商贸、移民文化的表达新方式,开创现代乡村度假新模式(图6-10-14、图6-10-15)。

a)　　　　　　　　　　　　b)

图6-10-14　上泗安宗族人文乡宿

图6-10-15　云栖星缦

2017年9月，村集体与上海豪动体育发展有限公司签约开发老街商业、民宿发展和泗安漂流等项目。泗安漂流利用省级生态河道——泗安塘（上泗安段），全长3公里，以慢漂为特色，乘一叶竹筏，在50分钟里经过红庙、葫芦园、寿星桥、龙潭、白水庄、古窑址、广安桥、古码头西岸，不仅可欣赏沿途河清岸绿、白鹭于飞的自然风光，还可感受上泗安村的历史文化。近年来，上泗安村接待的旅游人数逐年增多，村集体经济收入由2015年的20余万元提高到2018年的200余万元。

2. 乡风文明建设

上泗安村风景优美、民风淳朴，乡风文明建设卓有成效。依托文化礼堂、乡村大舞台、"春泥"活动室等阵地，"周周演""排舞大赛""村晚""春泥计划"等各类文体活动相继上演，"送戏下乡""文化走亲""双万结对"等文化惠民举措层出不穷（图6-10-16、图6-10-17）。2015年8月，上泗安村承办了全国精神文明现场交流会。2017年1月27日，央视4套（中文国际频道）《传奇中国节》全球直播了上泗安村村民过大年（水舞青龙、吃团圆饭）的盛景。2017年8月23日，上泗安村成为全省基层党建工作交流会参观点。近年来，上泗安村还获得浙江省3A级景区村庄、全国民主法治示范村、绿色村庄、浙江省美丽宜居示范村、湖州市市级文明村、浙江省人口和计划生育基层群众自治示范村、浙江省全面建设小康示范村、浙江省文化示范村、浙江省民主法治村、浙江省森林村庄、浙江

图6-10-16　年货节

图6-10-17　文化项目

省卫生村、浙江省休闲旅游示范村、湖州市先锋示范村党组织、湖州市农村文化八有保障工程示范村、湖州市社会主义新农村实验示范村、湖州市"十佳魅力村庄"、湖州市美丽乡村、湖州市健康教育示范村、湖州市村务公开民主管理示范村等荣誉称号。

第七章 血缘聚落奠定建筑脉络的浙中九村落

第一节 八卦奇村，华夏一绝——金华兰溪市诸葛村

一、村落概况

1. 区域位置与社会经济

诸葛村位于金华兰溪市，地处兰江以西，衢江以北，新安江以南的千里岗山脉南缘，金衢盆地北缘上，由建德天池山发源的石岭溪从长乐村西北流过，经过村东，最后注入兰江。村南、西、北有山冈环绕，村东南方向有大片良田，是村民生活生产的重要保证。诸葛村为兰溪、龙游、建德三县（市）的交通咽喉，为诸葛镇政府所在地，距兰溪市区约17.5公里，330国道和21省道两线交叉从村边穿过，交通十分便利。诸葛村由诸葛、新桥头2个自然村组成，村域面积2平方公里，其中，耕地0.79平方公里，山林面积0.11平方公里。全村现有村民960户，3000余人，是诸葛氏血缘聚落，为全国最大的诸葛亮后裔聚居地。村民主要从事旅游业、农业生产或外出打工。2013年，诸葛村被评为第二批中国传统村落；2016年，被评为浙江省第五批历史文化名村。

2. 村落历史与风貌格局

诸葛村是一处典型的以血缘为纽带，传统农业与商业和谐并存的村落，至今已有700多年历史。早在唐代就有王、章、祝等姓的居民在此居住生活，旧有新坞、王坞、下宅等名称。唐末五代时，三国蜀相诸葛亮十四世孙诸葛浰南迁入浙江为寿昌县令。至元代中后期（1350年前后），第二十七世孙宁五公诸葛大狮觅得地形独特的高隆（今诸葛村所在地），携子孙十二人迁居于此。其后，人丁兴旺，历代出仕者颇多，又有善于经商行医者，家族发展甚快，诸葛姓氏逐渐吞并了周围异姓村落，约于明代改以地缘命名的"高隆村"为姓氏命名的"诸葛村"。

村落总体结构布局受封建宗法制度、风水观念和农耕文化等影响。诸葛大狮擅长阴阳堪舆之学，按先祖的"九宫八卦"来营建布局村落。整个村落以钟池为核心，八条小巷向外辐射形成内八卦，村外八座小山环抱整个村落形成天然的外八卦。村内地形跌宕起伏，古建筑群鳞次栉比，连绵起伏，布局合理。村中遍布池塘，波光粼粼，竹木茂盛，巷道纵横，错落有致。村落景观多样而优美，是一个变化丰富又相对统一的整体（图7-1-1）。

石岭溪自建德蜿蜒流向兰溪，是村落外围的自然水系，水塘、水井、水圳这些人工水系在村民生活和村落防灾上起到了举足轻重的作用，是村落重要的组成部分。诸葛村有上塘、下塘、聚禄塘、钟池等池塘及星罗棋布的水井，这些人工水系形成了

较为完善的给水排水系统，也是村落特色所在。

3. 传统建筑与历史环境要素

诸葛村旧为寿昌至浙西的重要隘口，地势险要，历来为兵家必争之地。明清两代，村民大量外出经营药材生意，兴旺发达于一时。大批祠堂、民居建造起来，村内逐渐形成以大公堂为中心的血缘中心和以上塘商业街为中心的商业中心。村内民居建筑围绕祠堂而建，团块式分布，同一个房派的成员的住宅簇拥在这个房派的宗祠或者"祖屋"的周围，由这些团块再组成村落，充分体现了血缘村落的组织关系。诸葛村是浙江省明清时期传统村落的典型（图 7-1-2）。"十八厅堂显门第，十八塘伴十八井"，村内现有保存完整的元、明、清古建筑 200 多座，其中古厅堂 14 幢，民居、店铺、作坊、轿行、学塾、警察局、枯童塔、照壁等建（构）筑物 194 处，古道、古巷、古街、古塘、古树依在，村落古风浓厚，古貌依然。1996 年 11 月，诸葛、长乐村民居被国务院评为第四批全国重点文物保护单位，成为全国首例以整体村落为保护对象的国保单位。

诸葛村的历史建筑类型丰富多样，工艺水平普遍较高，其"青砖灰瓦马头墙，肥梁胖柱小闺房"

图 7-1-1 诸葛村航拍图

的建筑风格，被专家学者誉为浙中古村落、古民居中的典范。村内大公堂是江南唯一的武侯公纪念堂，始建于元代，历经修葺，规模亦有所扩大。大公堂建筑面积达 700 平方米，是全村规格最高的建筑。诸葛家族每年农历四月十四（诸葛亮诞辰）的春祭和族里的重大活动都在此举行，这里也是高隆诸葛氏族议事的场所。建筑格局为五进三开间，大门牌楼式，中央歇山式屋顶，四个翼角高翘，几乎与屋脊齐平。正门上有"圣旨"匾额一块，横匾为"敕旌尚义之门"。据《诸葛氏宗谱》记载，明正统四年（1439 年），第三十二世嫡孙诸葛彦祥捐谷

图 7-1-2 诸葛村建筑群

1121石用以赈济灾民，英宗皇帝为褒奖他的义举，御赐了这两块匾，在当时是极高的荣誉。大门两边两个大字分别为"忠""武"，武侯公生前被刘禅封为"武乡侯"，逝世后被刘禅谥封为"忠武侯"，因此大公堂就是武侯公的纪念堂（图7-1-3）。

丞相祠堂始建于明万历年间，坐西朝东，占地面积1400平方米，由门庭、庑廊、享堂和中亭组成，是高隆诸葛氏族的总祠堂，是全族举办重大活动和祭祀先祖的场所（图7-1-4）。

大经堂建于明代后期，是高隆诸葛氏族仲份房系属下的私己厅，三进二明堂结构。为继承和弘扬诸葛家族传统的中医中药文化，现辟为中药业馆（图7-1-5）。

雍睦堂建于明正德年间，由诸葛亮第三十二世孙宗良公所建，原为高隆诸葛氏族仲份房系厅堂，乃诸葛村十八厅堂之一。清嘉庆年间，进士梦岩公倡首，大加修葺。苏式砖雕的门面精美壮观，雍睦堂现为蜡像馆（图7-1-6）。

三荣堂始建于明代，1954年倒毁，2004年在原址上重建，三进二明堂，占地面积800平方米，厅堂和门楼是家族为褒扬诸葛亮第三十五世孙诸葛岘而建。三荣堂现辟为介绍诸葛亮生平事迹及其后裔事迹的陈列馆（图7-1-7）。

4. 宗族文化与非遗文化资源

诸葛村是诸葛后裔以血缘为纽带建立的聚居村落。诸葛亮父亲诸葛珪为第一世祖，诸葛珪生三子，长子诸葛瑾在吴国辅佐孙权，官拜大将军宛陵侯；次子诸葛亮为蜀汉丞相；三子诸葛均为蜀汉长水校尉。诸葛亮46岁得子诸葛瞻，瞻生二子，长子诸葛尚与父同时战死沙场，次子诸葛京一脉幸

a)

b)

图7-1-3 大公堂

a)

b)

c)

图7-1-4 丞相祠堂

图 7-1-5　大经堂

图 7-1-6　雍睦堂

图 7-1-7　三荣堂

存。据村中保存的国内唯一完整的《诸葛氏宗谱》记载："诸葛氏为汉初诸县侯葛婴之后，而光大于三国两晋之际。三国时，瑾亮昆仲佐吴相蜀，割据寰宇，开济两朝。而亮之卓才远识，尤并世无二。亮子瞻，瞻子尚，继遗志，与魏战，城破殉节。瞻子京仕晋，官至广州刺史，有祖父风烈，吏民称之；子冲廷尉，孙铨零陵太守，曾孙颖正议大夫。五传至爽，仕唐，为司空，河南节度使，子仲芳袭之，并有贤声；孙浰，五代唐时，宦游山阴，以寿昌县令终，遂家焉。其子青，则迁兰之始祖也。"诸葛亮第十四世孙诸葛浰在五代后周广顺二年（952年），因避中原战乱，与弟深携眷属渡江深入闽，浰入浙，宦游山阴（绍兴）而后任寿昌县令，卒于寿昌，是为浙江诸葛氏之始祖。诸葛浰生一子青，原任寿昌教谕，于北宋天禧二年（1018年）迁居兰溪西乡之砚山下。诸葛青娶徐氏，无出，再娶叶氏十娘，生六子，是为浙江诸葛氏六大支脉。长子承荫，传八世于南宋淳祐二年（1242年）迁建德泉麓村定居。次子承佑，传五世徙居寿昌石鼓坂脚，另一支居兰溪水亭乡午塘桥村。三子承载，传十世大狮公于元代中后期迁高隆定居。承载一脉人丁最为兴旺，又因善于经营中药业，发展迅速。到元明之际，各支系分居兰溪之萧宅、前宅、下宅、下田塍，建德之寿昌城北、白下诸坞，淳安之富德及金华之白竹等处。迁居温州、处州（今丽水市）、台州和衢州所属各县者也不少。四子承奕之子志庆迁龙游龙华而定居。五子承咏原居砚山下，历六世无考。六子承遂出赘绍兴甲子巷工家，历四世与诸葛氏失去联系。六大支系中，仅有四支可考，其中尤以三子承载脉下最为兴盛。

图 7-1-8　诸葛古村落营造技艺

明清两代,诸葛村经济发达,人文璀璨,逐渐成为诸葛氏后裔联络的枢纽,原地名"高隆"逐渐被姓氏称谓所替代,成为今天的诸葛村。据《高隆诸葛氏宗谱》记载,高隆诸葛氏行辈用字"仍兴宁祥瑞,安原富贵昌。忠肃严恭懿,宣和德裕彰。聪明通睿智,文理敬容庄。孝友敦信睦,仁慈正伦常。威恒开鼎晋,纯粹美贤良。俭让崇宽厚,谦尊茂泰方。亨贞嘉敏行,钦慎发荣康。恺惠成蕃秀,英华永庆襄。"目前在诸葛村内居住着的诸葛后裔从四十七世至五十五世均有,为"明通睿智文理敬容庄"字辈,可谓"九世同堂"。诸葛村为全国诸葛亮后裔最大聚居地。几百年来,诸葛后裔以《诫子书》为家训,继承了诸葛亮"乐躬耕于陇亩兮,吾爱吾庐"的耕读传家精神,淡泊明志、宁静致远、静以修身、俭以养德,在岁月的变迁中,孕育出了乡土耕读文化,这是浙江古文化的三大标志之一。诸葛村不仅是诸葛氏家族文化曾经辉煌的物证,更是中国江南农村由血缘聚居村落向业缘聚居村落发展转型的典型实例。明清两代,诸葛村计有进士7名,举人11名,各类正途贡生43名。在《光绪兰溪县志》上有列传的有39人,受到各种褒奖的有200多人。诸葛后裔谨遵先祖"不为良相,便为良医"的族训,识草用药,学医用药者甚众。明清以来,在大江南北开设中药店行200多家,中医中药称雄江南数百年之久。

诸葛后人传承并发展了"诸葛村古村落营造技艺""诸葛后裔祭祖""孔明锁制作技艺""诸葛中医药文化"等8项非物质文化遗产代表性项目。

诸葛村古村落营造技艺是一项集环境设计师、木匠、雕花匠、泥水匠、石匠、砖瓦匠等工匠的技艺为一体的一种传统手工技艺。其核心技术是根据地形,依托多工匠密切配合,营造出一个个结构模式不同的建筑团块。诸葛村建筑厅堂宏大,住宅多制式,房靠房,弄接弄,十家八家同一聚,同出同门同一处。花门楼、马头墙,肥梁胖柱小围房,内有天井小洞窗,画栋又雕梁,形成一个景致变化丰富的整体。该技艺丰富了建筑类型,也在家族聚居繁衍方面起到了作用,是中国传统木结构建筑营造技艺的重要组成部分。2008年6月,诸葛村古村落营造技艺被评为第二批国家级非物质文化遗产代表性项目(图7-1-8)。

诸葛后裔祭祖是特定家族文化和地域文化的产物,充满了乡土气息和原生态要素,具有文化价值、艺术价值和社会价值。据《高隆诸葛氏宗谱》记载,明嘉靖年间的"敕赐忠武侯庙规祭文祭品檄文碑"上刻有"春祭用次丁日,秋祭用八月二十八日"之规定,是为两祭。诸葛村从明代开始就以此祭礼来祭祀先祖诸葛亮。旧时,诸葛后裔的祭祖活动主要在诸葛村及周边有诸葛后裔聚居的村落中有举办,现在已影响到省内外多个地方。诸葛亮为高尚人格之楷模,民族精神之典范,对于凝聚民族向心力、培养高尚人格的作用巨大,同时祭祀活动也是一种综合艺术,包含史学、文学、美术、音乐、舞蹈、服装、食品制作等多重艺术元素，具有很强的艺术感染力和很高的文化价值。2014年11月，诸葛后裔祭祖被评为第四批国家级非物质文化遗产代表性项目（图7-1-9）。

相传，孔明锁是先祖诸葛亮在行军打仗时为消除士兵的疲劳，根据八卦玄理学的原理而发明的一种玩具。20世纪90年代初，诸葛第四十八世孙诸葛高铭擅做木工，偶得先祖流传下来的孔明锁，试着用樟木块制作了几十个。其后便把它作为旅游产品推上市场，备受欢迎。2016年12月，孔明锁制作技艺被评为浙江省第五批非物质文化遗产代表性项目（图7-1-10）。

诸葛村从明代中叶就开始涉足中药业，诸葛族人在大江南北开设有中医药店200多家，从业人数达2000余人。悠久的中医药历史、广阔的药业区域、庞大的药业队伍，形成了特有的行规习俗，后来发展成包括行规传统、加工炮制技艺、药业语言和文字、药谜、药联、药诗、药祭文等在内的中医药文化。2015年，诸葛中医药文化被评为金华市第六批非物质文化遗产代表性项目（图7-1-11）。

另外，诸葛村还有杆秤制作技艺、传统打铁技艺、兰溪竹编、葱棍糖制作技艺4项市级非物质文化遗产代表性项目，灯会、抬阁、舞狮、剪纸等特色文化习俗，它们彰显了诸葛村的精神内涵和道德传统，千百年来薪火相传，生生不息（图7-1-12、图7-1-13）。

二、规划设计

1. 规划定位

诸葛村是较早进行历史文化村落整体保护规划的村落，开展了政府主导、村民参与的民居文物保护工作。规划立足指导优秀历史文化遗产长久保存

图7-1-9　诸葛后裔祭祖仪式

图7-1-10　孔明锁制作工作室

图7-1-11　诸葛中医药文化

图7-1-12　元宵灯会

图7-1-13　元宵舞狮

和合理利用，力争使诸葛建筑群成为保存状况优良、利用方向合理、社会效益显著、经济效益稳固的全国重点文物保护单位，促进社会、经济、环境综合效益的提高。规划构建以"全面保护、精心修缮""适度利用、永续发展""加强管理、整合经验"和"合理区划、提升品质"为纲领的保护框架，制定相应的保护要求和保护措施。规划重点加强文物古迹保护力度，从村镇层次和两村（诸葛、长乐）历史联系角度保护文物存在的历史环境和传统村落风貌；控制旅游开发强度，提升诸葛、长乐村民居展示效果；理顺文物管理模式，延续有效管理经验；缓解文物保护单位建设压力，尊重文物所有人与使用者，协调好文物保护、村镇发展和居民需求之间的关系（图7-1-14）。

2. 保护范围界限

诸葛村民居保护范围按照文物本体分布情况和明清老村范围划定，东至太公山山脚，南至桃源山山脚，西至诸葛镇小学东侧，北至尚丰路与大同路交叉口，面积约25.26公顷。按照古村重要历史环境和完整视觉空间划定一类建设控制地带界限，东至太公山山脊，南至北漏塘南侧大堤，西至石阜岩东侧山脚，北至高隆岗寺山山脊，面积约50.37公顷（图7-1-15）。按照历史文化资源分布和历史环境完整性划定二类建设控制地带界限，分为东西两片，面积约208.13公顷。东片东至新桥头村北，南至上南塘村之北，西至杨柳坞村东，北至长乐村通往荷叶塘村村道，面积约184.77公顷。西片西至砚山山脊，南至杨柳坞村之北，东至砚山山脚，北至21省道，面积约23.36公顷。按照历史环境、村界及村镇建设可能对历史环境造成较大破坏的范围，划定三类建设控制地带界限，分为南、东北、西三片，面积约215.15公顷。南片主要包括新桥头村，面积约12.17公顷；东北片主要包括王溪滩村、荷叶塘村、泉井头村、童山脚村，面积约128.48公顷；西片主要包括砚山和杨柳坞村，面积约74.50公顷。

3. 规划布局与结构

根据保护内容和规划内容，结合诸葛村特殊的地理环境、自然资源和文化内涵确定规划的总体结构（图7-1-16）。

一溪蜿蜒、驿道相连——石岭溪是村落选址在此的重要因素之一，也是村民连接生活、生产的一大纽带。另一纽带则是连接建德和兰溪的古驿道，驿道从诸葛村经过，为村落带来交通便利，也形成了一种历史人文上的联系。

三区分立、一横三纵——诸葛村的空间结构脉络顺着岗阜延伸，呈组团式布置，住宅区主要有三大片，一个是环钟池一带，一个是雍睦路和夏塘路一带，还有高隆东侧一带。这些民居围绕祠堂和池塘而建，是村落的主要组成部分。

祠堂为尊、民居环绕——诸葛村内文物建筑类型众多，有祠堂、住宅、商铺、作坊、学堂、警察局等。而祠堂作为全村的礼制中心，众多民居围绕宗祠而建，是村落建筑群的重要特点，在村民的精神生活中占有重要地位。如丞相祠堂、大公堂、崇信堂、尚礼堂、雍睦堂等祠堂，规模宏大，装饰精美，具有鲜明的建筑衍化序列。

三、建设实绩

诸葛村自被列为浙江省历史文化村落保护利用重点村以来，诸葛村投入大量资金用于历史文化村落保护和整治工作，包括古建筑修缮和旅游基础设施建设，累计投入资金1.1亿元。

古建筑修复：先后修缮厅堂11座，民居100多幢。完成140幢古建筑的顶瓦修补，面积23000

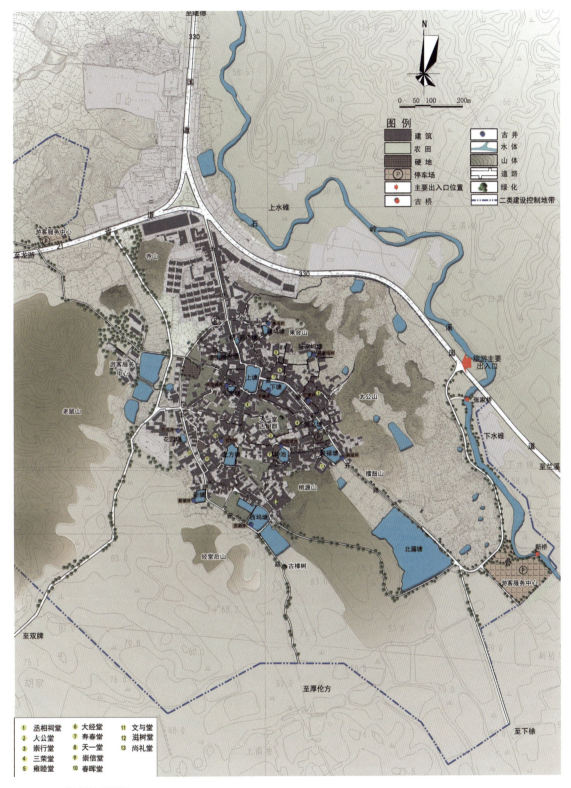

图 7-1-14 规划总平面图

第七章 血缘聚落奠定建筑脉络的浙中九村落 257

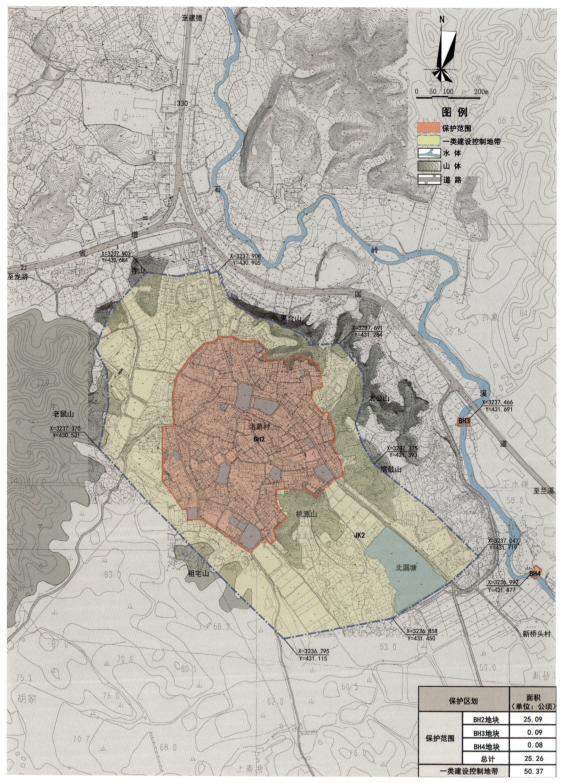

图 7-1-15 保护范围规划图

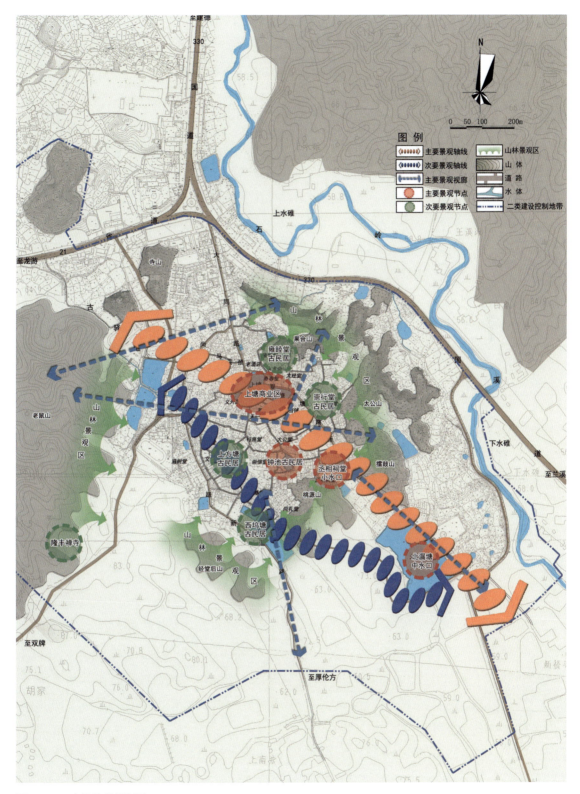

图 7-1-16　空间结构规划图

平方米；60 幢建筑的墙体加固，面积 12000 平方米；40 幢建筑的立面改造，面积 15000 平方米；构件修复 500 余个。

与历史风貌有冲突的建（构）筑物整修改造：完成 21 幢建筑的立面改造，面积 10000 平方米；3 幢建筑的结构降层，面积 800 平方米；拆除村内部分新建建筑的部分结构，面积达 20000 平方米；异地搬迁 270 户。

村内古道修复：对村中的水泥路和各条古巷的路面进行了改造，收集大量旧城改造废弃的旧砖、旧石板和红砂岩条石用于仿古铺砌，恢复了古巷的历史原貌；对村中古巷弄的环境也进行了全面整修，累计完成 7 公里，面积 21000 平方米。

搬迁安置区建设：统一规划了诸葛村新区，疏散部分村民，解决了村民住房困难的问题，既保护了古建民居，又完善了空间结构布局。落实搬迁安置区土地指标 6.67 公顷，安置农户 270 户。

人居环境整治：对村落进行综合整治，清理村内所有水塘污泥，引活水进村，改造供水管网；重挖了上塘，整修了周围的大批古建筑，恢复了古商业街的古旧风貌。

四、建设效益

1. 创新保护利用模式

诸葛村是历史文化村落保护利用中，建设发展综合型的代表。诸葛村经过多年的探索与实践，始终坚持"保护为主，抢救第一，合理开发，有序利用"的文物保护原则，推进政府主导、村集体为主体、村民参与的多方协同共建模式，构建了"文保所＋村委会＋旅游公司＋村民"的合作机制，走出了一条村民、村企、村景相互协调、融合的历史文化村落保护利用创新之路。2006 年 6 月 10 日，时任浙江省委书记的习近平在调研浙江文化遗产保护工作时说："有的新农村恰恰是要保持历史原貌的古村落，如兰溪的八卦村等，就是要保护它的原貌，体现它的历史美。"

2. 古建活化利用与文化传承

诸葛村在保护修缮古建筑的基础上，注重对其适当的活化利用，植入文化展示等功能业态。如大公堂、丞相祠堂、三荣堂、大经堂、雍睦堂辟为展示宗族文化与诸葛亮文化的展示场馆，寿春堂与天一堂辟为诸葛村中医药文化展示馆，原来的当铺与学塾辟为农坊馆与乡土文化馆。部分原本房派下的厅堂仍作为公共空间供村民使用，如作为殡葬停灵场所办理丧事、储存与加工木材的木工厂等。沿街的商业建筑则大多已被租用开设商店、饭店，一部分村民也利用自家一楼的空间开门做生意。另外，村中入驻了昱栈、义生昌、木舍、澹明轩、农坊馆等精品民宿，其中昱栈民宿是诸葛村民宿的代表，由地处上塘古街的一间有四百多年历史的商业大宅改建而成，获得了省级"白金宿"的称号。白金级民宿相当于"酒店行业的五星级宾馆"，首批白金级民宿全省仅六家，昱栈民宿是金华唯一的一家。

3. 景区化运营

诸葛村历史文化积淀深厚，自然景色宜人，村内古建筑保存完整、规模较大，渠井并存、池塘罗列（图 7-1-17~ 图 7-1-19）。诸葛村拥有以九宫八卦、传统理景为理念的乡土村落布局，以药业经营、商铺林立为内容的古代商贸集市，以家族繁衍、宗族聚居为脉络的血缘文化特色，以气候温润、环境优美为内涵的山水田园风光，现在诸葛村已成为浙江旅游线上一颗耀眼的明珠，以其丰富的古建筑资源和诸葛家族文化底蕴深深地吸引着无数海内外游客。2004 年，诸葛村被国家旅游局评为国家 4A 级旅游景区，之后陆续获得"国家非物质文化遗产保护地""全国首批中小学研学实践教育基地""全国首批乡村旅游重点村""全国文明村""全国生态文化村""全国民主法治示范村""浙江省特色旅游村"等众多国家级、省级荣誉。现年接待游客量已超50万人次，已成为黄山－千岛湖－诸葛八卦村－横店影视城黄金旅游线上的一颗明珠。

图 7-1-17　上塘夜色

图 7-1-18　钟池

a）

b）

d）

图 7-1-19　诸葛村风韵

第二节 堂街驿站，江南瑰宝——金华兰溪市芝堰村

一、村落概况

1. 区域位置与社会经济

芝堰村位于金华兰溪市西北部三峰尖脚下的黄店镇，地处金华（婺州）与建德（严州）交界的古驿道上，与建德市交界，紧邻新叶村。距兰溪市区约18公里，距镇政府驻地约8.9公里，距建德市新叶村约3.4公里。全村村域面积12.44平方公里，其中森林面积约0.6平方公里，耕地面积0.32平方公里。辖芝堰、花墩2个自然村，11个村民小组，共有460户，1450人，以陈姓为主。村内林业生产有杉木、松木、毛竹、油桐籽、茶叶等，粮食作物以水稻、大麦、小麦为主，经济作物有高山冷水茭白、杭白菊、代代花等。2014年，芝堰村被评为第三批中国传统村落，浙江省第二批历史文化村落保护利用重点村；2016年，芝堰村被评为浙江省第五批历史文化名村；2017年，被评为浙江省第一批3A级景区村庄。

2. 村落历史与风貌格局

芝堰村始建于南宋淳熙年间，迄今已有近850年的历史，因陈氏家族聚居发展而成。据《芝溪陈氏家谱》记载，芝堰村始祖睦伯大经公，宋高宗时扈跸南渡，侨居安吉江渚。南宋绍兴间，因守睦郡，遂徙汾阳柏江（今桐庐分水）。娶何氏，生子二：长湛，次滴。其后，携次子滴徙兰邑徐源，后人（五世）遂家建邑山口（今兰溪芝堰）。

芝堰，旧名芝溪，因溪涧山峦盛产灵芝而得名。发源于建德的马目溪，汇流入甘溪，溪上有九潭十堰，慢慢地人们就将此地叫成了芝堰。自唐以来，芝堰一直属于严州府管辖范围。南宋淳熙年间，芝堰隶属建德县建德乡马目里，元明时期属寿昌，清康熙十年（1671年）属建德乡十二都，清雍正六年（1728年）属建德县南区殿后庄1-6保。民国二十四年（1935年）属建德县，整编保甲置殿后乡，驻地源心，民国三十七年（1948年）属建德县大洋区殿后乡。1950年隶属寿昌县殿后乡，1951年隶属寿昌县芝堰乡，1956年隶属寿昌县新叶乡。1958年9月22日芝堰划归兰溪市管辖，为女埠公社芝堰管理区，1961年调整为芝堰公社，后改为芝堰乡，2004年撤乡并入黄店镇。

芝堰村坐落在长长的山谷之口，东、西、北为低山环抱，四周崇山峻岭，地势险要，以其独特的地理位置，成为交通要冲。芝溪自村落西侧流过，距村落北部0.5公里的芝溪上游建有芝堰水库，为兰溪市重要的饮用水源。村落坐北朝南，青山环抱，绿水碧波，地势平整（图7-2-1、图7-2-2）。村落东首有桃峰耸峙，芝山起伏，如一条青龙腾跃而来；村落西南青峰壁立，山峦逶迤，有形神兼备的狮、虎两山雄踞村西；北面的陈陀山背倚千峰万峦，像一把"金交椅"，把整座村落环抱其中，再

图7-2-1 芝堰村航拍图

加上南面村落象征"朱雀"的半月塘，整体形成了一个以"左青龙、右白虎、前朱雀、后玄武"为格局的典型风水生态环境。

3. 传统建筑与历史环境要素

自陈氏先祖定居于此后，芝堰村在族人的经营下不断发展，越发繁荣，出现了大量的宗祠、民居和公共建筑，至民国初年达到鼎盛。村内现存古建筑数量较多，且年代久远、结构精美、保存完整，至今尚有70余幢规模较大的元、明、清、民国时代的建筑和一条古街，形成了"九堂一街"的格局，被誉为"四朝建筑瑰宝村"。代表性建筑有孝思堂、衍德堂、承显堂、济美堂、光裕堂、世泽堂、世德堂、成志堂、善述堂九个堂，宛如九颗璀璨的珍珠撒落在古驿道的两侧，述说着芝堰悠久的历史和文化，彰显了芝堰先辈的智慧和勤劳。古街两侧的建筑群开合有度，马头墙高低错落，保存完整，构成一处内容丰富的建筑景观。芝堰村古建筑群特色鲜明，文化积淀深厚，文物价值较高。1997年，芝堰村建筑群被浙江省人民政府评为省级文物保护单位；2006年5月，芝堰村建筑群被国务院评为第六批全国重点文物保护单位。

衍德堂建于元末天历二年（1329年），是"九堂"中年代最久远的一座祠堂，也是兰溪市现存最完整的元代建筑，平面布局为三开三进一穿堂，占地面积455平方米，坐北朝南，古时是族长商议村中要事的场所。据《光绪兰溪县志》记载，元至正十八年（1358年），朱元璋下兰溪攻金华经过古驿道，驻兵芝堰时，与刘基、宋濂、章溢、叶琛四位才子会聚于此，故衍德堂又称聚才厅。衍德堂现已辟为农耕文化馆（图7-2-3）。

孝思堂为陈氏宗祠，是芝堰村最大的厅堂，始建于明洪武三年（1370年），门厅、廊庑和孝堂组

图7-2-2　芝堰村全景图

成一个"回"字形，占地面积1300平方米，内外三进，门庭两侧有厢房，门庭和中庭中间的天井有两棵桂花树，据说是当年朱元璋和马氏夫人所植。祠堂的中进为中庭，后堂为孝堂。祠堂内至今仍悬挂着先祖大经公和其夫人的画像，每年正月初一，村民都会自发前来拜祭，平时这里也是村中老人的聚会之地（图7-2-4）。

承显堂始建于明嘉靖年间，民国十九年（1930年）全部拆除重建，整个厅堂格局为三开三进两明堂，占地面积450平方米。前厅有戏台，是村民娱乐看戏的地方，精美的牛腿木雕显示着芝堰人的智慧和勤劳（图7-2-5）。

半月塘是村口的一个水塘，形似一轮明月，故称为"半月塘"。南宋建村时人工所挖，是芝堰水系的重点。古时，水象征着财富，所以半月塘也有了"聚财（才）"的喻义，意为把村里的人才和财富双双聚来。半月塘弦长近40米，面积约为1500平方米，水深约1米，有一个出水口可以控制水位，引水至下游水渠。这一池清澈如镜的碧水，将蓝天白云、碧峰粉墙倒映其中，活化了周围居住环境，调节了村落小气候，是村中最重要的景观之一

(图7-2-6)。

半月塘旁的进村石阶小路名叫月亮街,是建德梅城(古时严州)通往兰溪、金华(古时婺州)的必经之道严婺古驿道的重要区段(图7-2-7)。自元代起,芝堰村就是严婺古驿道上的重要驿站,也是商旅、侠客、贩夫、官差、走卒歇脚住宿之处。古街渠路相成,蜿蜒曲折,卵石、石板铺路。曾经街道两侧客栈、酒店、药店、当铺、茶馆、澡堂一应俱全,现南北街头两棵600多年的古樟树见证了曾经的喧嚣与热闹。古街旁的水渠穿村而过,长约2000多米,与村口半月塘相通,形成全村的人工水渠,水渠与路平行,或明或暗,或隐或现,水流千家,千家流水。

芝堰村内现存7棵古树。其中,半月塘边有1

图7-2-3 衍德堂

图7-2-4 孝思堂

图7-2-5 承显堂

图7-2-6 半月塘

图7-2-7 村内街巷

棵古柏，为一级保护古树名木。严婺古道南北入口有 3 棵古香樟，1 棵植于南边土地庙旁，另 2 棵在北入口处。孝思堂内现有 1 棵古桂花树。原芝堰小学内存有古柏和古香樟各 1 棵。所有古树名木均已统一编号，挂牌保护。

4. 非遗文化资源

芝堰村历史上是古婺州与严州的重要驿站，有着悠久的商贸文化传统和深厚的历史文化内涵，还有许多民间传说故事，保留着特色民间生产工艺和技术，延续着独特的乡间礼仪习俗。自古以来，芝堰村人民就崇尚文化、重视教育，历史上人才辈出。芝堰村非物质文化遗存主要包括民俗风情、民间文学、地方曲艺、麦秆编织技术、竹编技术等。其中，銮驾被评为金华市第一批非物质文化遗产代表性项目。

二、规划设计

1. 规划布局与结构

芝堰村在省历史文化村落保护利用重点村规划中，根据村落发展目标和定位，规划了"一带三区"的结构布局（图 7-2-8、图 7-2-9）。

一带：指古驿道景观带，即由古村驿道和村落核心景点组成的村落景观主轴。

三区：分别指传统村落保护区、搬迁安置区及环境风貌保持区。传统村落保护区是指核心保护区内整体风貌保存最好、建筑保护等级最高、传统建筑相对集中的区域，形成以文化功能为主的村落历史文化中心。搬迁安置区即在已有旧区及新村发展规划的基础上，结合已编制的兰溪市芝堰新农村修建性详细规划，规划搬迁安置区，三年新增规划面积 1 公顷，安置 32 户。环境风貌保持区即以公共绿化及水域为主的传统生态观光区。

2. 规划保护范围

结合芝堰村及周围环境特征，确定规划范围为西起龙门山山体 75 米等高线，东至芝山山体 70 米等高线，北起兰溪芝堰水库管理处北围墙墙界，南至现芝堰新村与原芝堰小学南围墙的连线，总面积 38.2 公顷。芝堰村内文物建筑、重要传统建筑及历史环境要素相对集中，《芝堰村建筑群保护规划》所划定的保护范围基本已将其全涵盖，本规划在此基础上确定了核心保护区和建设控制区。核心保护区与文保单位的保护范围界线相同，建设控制区应芝堰历史文化村落建设发展要求做了相应调整。其中，核心保护区以 61 处全国重点文物保护单位文物建筑本体山墙外扩 10 至 20 米为界，包括村落主要道路、池塘、水渠及其两侧 20 米范围，占地面积约为 3.12 公顷。建设控制区西起芝溪路，东至芝水南干渠，北至空中渡槽向北外扩 55 米，南到芝溪路沿线及村口建筑，由此组成的围合区域，除核心保护区以外的用地为建设控制区，面积 5.88 公顷（图 7-2-10）。

三、建设实绩

芝堰村自 2014 年被列为浙江省第二批历史文化村落保护利用重点村以来，积极谋划、组织实施，累计投资 3836 万元用于开展项目建设。

古建筑修复：共完成孝思堂、承显堂、衍德堂等 55 幢古建筑的顶瓦修补工作，面积 7400 平方米；51 幢建筑的墙体加固，面积 7458 平方米；40 幢建筑的立面改造，面积 21147 平方米；61 幢建筑的构件修复，个数为 232 个。

与历史风貌有冲突的建（构）筑物整修改造：完成 30 幢建筑的立面改造，面积 13738 平方米；整体拆迁 16 幢，面积 1030.5 平方米。

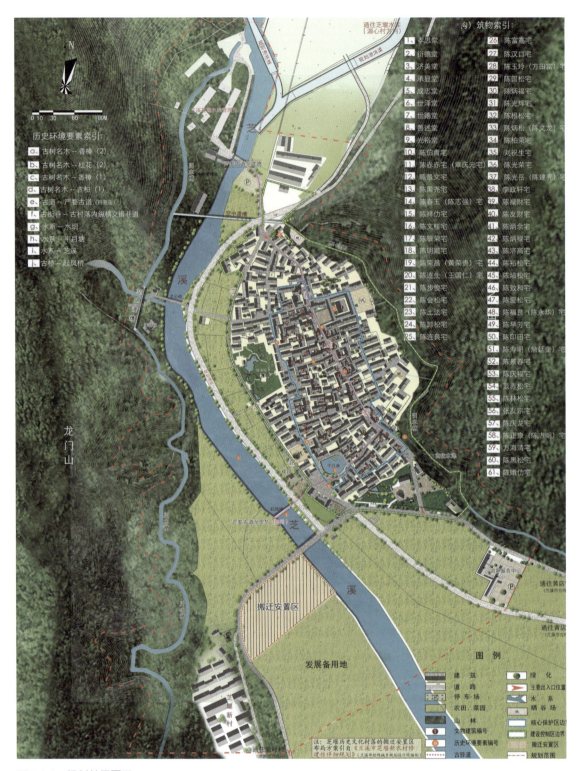

图 7-2-8　规划总平面图

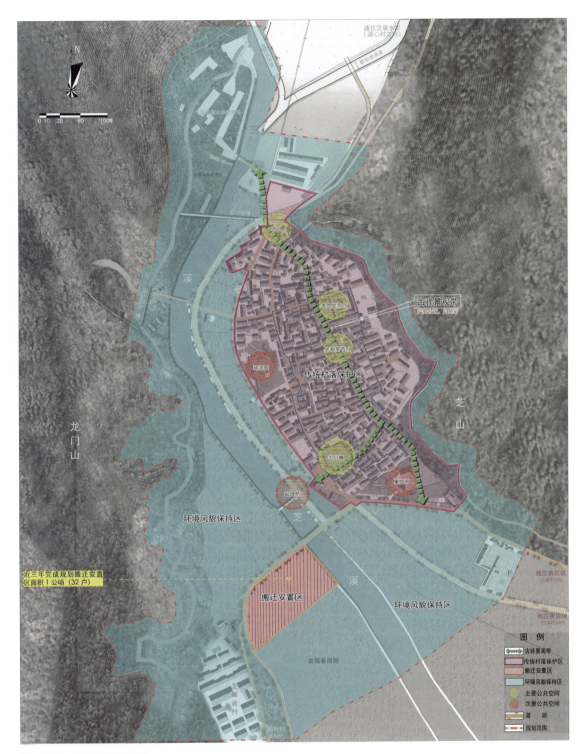

图 7-2-9 空间布局规划图

图 7-2-10 保护范围规划图

村内古道修复与改造：完成 1.6 公里，面积 6130 平方米。

搬迁安置区基本公建设施建设：完成新区安置用地征用面积 1 公顷，已安置户数 12 户，43 户已签订建房协议，安置区水路、电路等配套设施齐全，安置房整体效果协调良好。

环境整治提升：整合有关部门补助配套资金及其他途径资金，完成芝堰村饮用水工程、停车场一期工程、环境整治及亮化工程、塘坝整治工程、旅游公厕工程、芝堰游客服务中心工程、土地征用项目等工作。

四、建设效益

1. 强化资源整合

芝堰村是历史文化村落保护利用中，历史古建悠久型的代表。在项目建设中，芝堰村强化资源整合，争取政策支持，形成部门合力。具体资金来源主要有三处：一是省农办、金华市和兰溪市的财政补助；二是有关部门整合资金；三是其他途径整合资金。其中，省历史文化村落项目补助资金 700 万元，金华市财政补助 300 万元，兰溪市财政补助 800 万元，有关部门整合资金 539 万元，其他途径整合资金 1497 万元。

2. 开展节庆活动

芝堰村以项目建设为依托，积极开展多种形式的节庆品牌活动，打响芝堰知名度。一是利用芝堰得天独厚的自然资源和人文资源，举办油菜花节、乡村马拉松赛、清凉节等；二是与金华市外事办合作，开展"海外名校学子走进古村"一系列活动，打造国际研学村；三是与杭州村游网络科技有限公司合作，开展具有芝堰特色的活动，对"九堂一街"的文化内涵进行深度挖掘，赋予不同建筑不同功能和布局，进一步拓宽文化业态。在旅游、文化等部门的支持下，引入兰溪非遗传承人，建设兰溪非物质文化遗产传承基地（图 7-2-11）。

3. 拓展新型业态

芝堰村大力发展乡村旅游，让古村游带领其他业态融合发展，强化旅游经济的带动效应，大力发展"美丽经济"，增加村集体与村民的收入。引导村民积极参与到乡村旅游开发工作中，村民依靠自筹和上级补助开办有民宿 18 家，床位达到 300 个；农家乐饭店 2 家。此举盘活了村民空闲房屋，还引进了外资开办高端餐饮主题酒店。

a）

b）

图 7-2-11　芝堰风情

第三节 青创基地，江南乔院——金华浦江县新光村

一、村落概况

1. 区域位置与社会经济

新光村位于金华市浦江县西北山区虞宅乡，是仙华山至马岭景区的必经之处，直通建德、桐庐、富阳至杭州，是浦江的西大门，距县城约15公里，S210省道（浦江至杭州的主要通道之一）沿村而过，交通便捷。2018年12月，原来的新光、下湾2个村庄合并成如今的新光村，全村村域面积为2.7平方公里。全村共有350户，1045人，以朱姓为主。全村产业以农业为主，近年来在发展乡村旅游业。2012年，新光村被评为浙江省第四批历史文化名村、第一批中国传统村落；2013年，被列为浙江省第一批历史文化村落保护利用重点村；2017年，被评为浙江省第一批3A级景区村庄。

2. 村落历史与风貌格局

新光村是一个血缘聚居形成的小型村落，俗称廿五都朱宅新屋，被誉为"江南乔家大院"，距今已有将近300年的历史。朱氏迁浦始祖朱照为婺州通判，归隐后定居浦阳。明洪武二年（1369年），第十三世祖均五公朱胜入赘茜溪瞿家（现智丰村，俗称朱宅旧屋），为茜溪朱宅始祖。第二十二世祖朱应试生五子，朱可宾（灵岩公）居三。朱可宾经商有道，富甲一方，号称"朱百万"，曾拥有三十六庄、七十二埠及马岭至芦茨的山林。朱可宾一家十来口人，原居住在朱宅旧屋的五间旧房中，发迹后为拓展家业，于清乾隆三年（1738年）选择在茜溪南岸应家畈建造新宅，与原住地朱宅旧屋合称朱宅。新光村清代属政内乡廿五都，后属朱宅乡，1950年成立互助组，1953年成立新光和曙光两个初级社，1956年并入智丰农林牧高级生产合作社，1958年建立新光大队，1983年后改称新光村。

新光村位于两山夹峙的谷地之中，北为青龙山、高坞，南为中华山、笔架山、元宝山和瞿岩古道，西为马岭景区和著名奇石美女峰，东为浦江绝景之一的朱宅水口（狮象蹲守），茜溪沿村北流淌。茜溪，俗称朱宅源、朱宅溪，是壶源江的主要支流之一。茜溪在朱宅处出现了个"S"形的转折，使朱宅成为一块难得的风水宝地。新光古建筑格局是典型的"昭穆"之制，主体建筑群呈"井"字形布局，街巷沿建筑之间的院墙铺设，路面中间为石板，两侧为鹅卵石。整个村落保留有较为完好的聚落形态、街巷格局和古建筑风貌，具有清晰的发展脉络和独特的村落形态，为研究中国封建制度下封建家族的发展脉络提供了重要实物例证（图7-3-1、图7-3-2）。

3. 传统建筑与历史环境要素

新光村历史悠久、文化遗存丰富，至今仍保存

图 7-3-1 新光村航拍图

着相对完整的传统聚落格局，留存有清至民国时期的建（构）筑物 22 处，规制完整、类型多样、布局合理、体现了很高的规划水平、建设水平和鲜明的地域特色，是研究浙中地区建筑演变和建筑技术进步的实物例证。2017 年 2 月，新光古建筑群被浙江省人民政府评为第七批省级文物保护单位。

灵岩古庄园坐落于村落核心位置，是一组集花园、住宅、水体、绿化和道路等为一体的主体建筑群，由灵岩公朱可宾（1696—1763）创建。建筑始建于清乾隆三年（1738 年），部分建筑为清嘉庆年间由于家族发展而加建，占地面积约 2 公顷，原有古建筑 25 幢（图 7-3-3）。建筑群包括核心建筑和辅助建筑两部分，核心建筑以诒穀堂为中心，东西两侧是灵岩公宅第（呈南北向）。宅第两侧是四个儿子的住房（呈东西向），大房为润德堂、二房为敦睦堂（图 7-3-4）（包括儒丰居、儒林园）、三房为光裕堂（包括明哲园）、四房为敦厚堂（包括百草园）。辅助建筑为崑山书房、桂芳轩、启明居、墨居、佣人房等分列其旁。庄园建筑规制完整、主从有序，受封建礼制影响明显。建筑用材考究，装饰精良，造型优美，石雕、砖雕、木雕工艺精湛，壁画壁书碑刻内涵丰富。庄园整体设计兼顾风水布局。诒穀堂为家族的祠堂，面朝瞿岩，在诒穀堂前设大明堂，意为纸；大明堂前设长方形的砚池，意为砚；砚池东南侧设墨居，意为墨；砚池西南侧是大花园，园中原栽有一株杭州松，意为笔。可谓"文房四宝"齐全，冬季太阳照射时，便形成了"笔墨影砚池"的景观。花园由于后期建房被拆，"墨""纸""砚"均保存完整。灵岩古庄园历史上经历了两次大兵灾，第一次为太平天国时期，三合房、钱库房、练功房等建筑被烧毁；第二次为民国时期，部分

图 7-3-2　新光村全景图

图 7-3-3　灵岩古庄园

图 7-3-4　敦睦堂

图 7-3-5　诒榖堂

建筑也被烧毁。

诒榖堂坐北朝南，以正厅中轴线为基，由四进厅堂和六幢厢房组成，巷弄两横两纵呈"井"字形布局，寓意地大田多，五谷丰登，丰衣足食。诒榖堂门厅设有砖雕门楼，采用磨砖雕刻技艺，镌有

"南极呈祥"和鹿衔仙草、喜鹊登梅、麟凤献瑞、狮子戏球等图案（图 7-3-5）。

润德堂为灵岩公长子静斋公住房，共计 29 间房子，俗称廿九间里，南北各十间，东、中、西各三间，设有五个大小台门，体现了金、木、水、火、土"五行"理念，寓意五福临门。内有六个天井，寓意六六大顺。楼上楼下都设有回廊，犹如迷宫一般。整栋房子设有八道防火墙，可及时有效控制火情蔓延，现已辟为乡村旅游青年创客示范基地。古庄园的街巷横平竖直，呈丁字或十字交叉，路宽 1.8 米至 4 米不等，其中，儒丰路最为奇特，作斜线走向，意为庄园风水不外流。

朱氏宗祠建于清乾隆年间，位于村落东侧，坐东北朝西南，原有三进，20 世纪 60 年代门厅改建，现存二进。正厅五开间，明间、次间五架抬梁带前后双步，四柱落地，用石柱、梢间山墙承重。正厅与后厅明间有穿厅连接，穿厅抬梁式结构，二柱落地。两侧各设耳房，耳房作土地庙使用。后厅五开间，明间、次间为抬梁式结构，三柱落地。20 世纪 50 年代为村学校，两侧墙体保存有道光年间的两块石碑。

镇东桥建于清乾隆四十五年（1780 年），单孔石拱桥，东西向横跨于村外茜溪上，桥长 23 米，桥面宽 3.2 米，拱高 6.6 米，由条石横联错缝砌筑，桥面由青石条铺砌。南侧桥梁上刻有"镇东桥乾隆庚子年诒榖堂建"字样。2010 年，镇东桥被评为县级文物保护单位。

4. 民俗文化资源

朱氏先祖及后裔诗书耕读、亦农亦商，留下了大量物质文化遗产，还留下了有板凳龙、浦江乱弹、年早饭、朱守公传说故事等非物质文化遗产项目。2006 年 6 月，浦江板凳龙被评为第一批国家级非物质文化遗产代表性项目。浦江板凳龙俗称长灯，是具有广泛群众基础、历史悠久、道具众多的民俗文化活动，主要用于庆发财、庆丰收，祝来年风调雨顺、国泰民安，接送观音菩萨等场景。旧时，板凳龙从正月十二开始，至正月十六结束，还在农历二月十九日接祭观音菩萨（图7-3-6）。

独具特色的朱氏民俗——年早饭至今仍流传着，每年年三十凌晨，村内都会敲起三遍锣，一轮催起、二轮出贡品、三轮祭祖，这个过程才是朱氏真正过年的程序。

二、规划设计

1. 规划定位与总体布局

新光村省历史文化村落保护利用重点村规划，依据村落以血缘为纽带而形成小型聚落的特点，在考量村落格局、建筑价值的基础上，研判文保单位、历史建筑保护与利用的关系，规划出"一带、两轴、两区、多点"的布局结构（图7-3-7、图7-3-8）。

一带：茜溪景观带。

两轴：景观主轴、景观次轴。

两区：灵岩庄园区、农业观光区。

多点：多处历史建筑体验点。

2. 规划保护范围

结合新光村及周围环境特征，确定规划范围为北起白栗山山脚线与智丰村南侧村道北边线的连线，南至210省道与茜溪南岸线的连线，面积为18.45公顷。同时，根据保护的必要性、管理的有效性和实施的可操作性，划定核心保护区、建设控

a）

b）

c）

图7-3-6 浦江板凳龙

图 7-3-7　规划总平面图

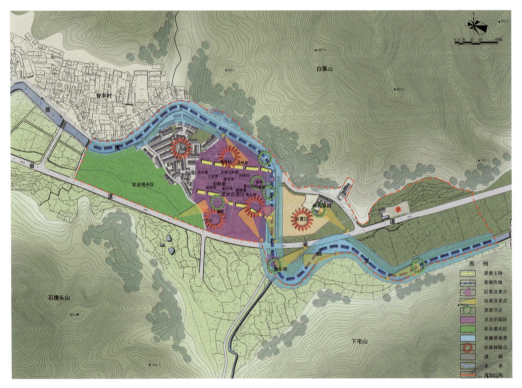

图 7-3-8　景观空间规划图

制区和环境协调区三个层次。其中，核心保护区以诒穀堂为中心，西起原光裕堂西边界，东至村道西边线，北起桂芳轩后边界，南至大会堂后边界，另有朱氏宗祠，两者合计占地面积2.39公顷。建设控制区在核心保护区外，划定范围为西起村西道路外35米，东至朱氏宗祠东侧道路和省道交叉口，北起白栗山脚，南至210省道北边线的围合区域内（除保护区用地），面积5.64公顷。环境协调区为规划范围内除核心保护区和建设控制区外的省道北侧用地区域，面积5.25公顷（图7-3-9）。

三、建设实绩

新光村自2014年被列为浙江省第二批历史文化村落保护利用重点村以来，立足保护，着眼长远，坚持规划引领，围绕"治、修、拆、改、建"五个字，整旧如故，以存其真。

古建筑修复：完成了诒穀堂、润德堂（廿九间里）、双井房等主要古建筑的修缮工作。包括14幢古建筑的顶瓦修补，面积7372平方米；14幢建筑的墙体加固，面积7193平方米；17幢建筑的立面改造，面积6592平方米；14幢建筑的构件修复，共344个（图7-3-10）。

与历史风貌有冲突的建（构）筑物整修改造：对不符合历史文化风貌的部分现代设施，按古建筑的风格统一进行改造，完成63幢建筑的立面改造，面积10550平方米；2幢建筑的结构降层，面积300平方米；整体拆除核心区16间不协调建筑，面积2160平方米；异地搬迁18户（图7-3-11）。

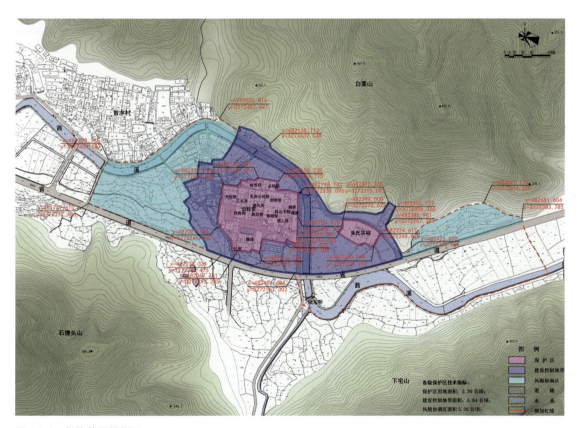

图7-3-9　保护范围规划图

a）修缮前

b）修缮后

图 7-3-10　廿九间里修缮前后对比图

a）建设前

b）建设后

图 7-3-11　痴泉广场建设前后对比图

村内古道修复：总计完成 1.9 公里，面积 4520 平方米。

搬迁安置区基本公建设施建设：完成搬迁安置用地指标 1 公顷，安置户数 31 户，投资 300 万元用于基本公建设施建设。

环境整治提升：以"五水共治"为契机，彻底整治新光村原有水晶产业，取缔、搬离 316 家水晶加工户。投入 20 余万元引入活水，使全村沟渠水循环。开展村庄人居环境卫生整治工作，对全村沟渠进行地毯式清理、清淤，清除村内积水、涝水现象，恢复干净整洁的村容村貌。推进创建美丽庭院、垃圾分类处置工作，投入 20 余万元建设污水管道，建设农户化粪池 57 个，建设人工湿地进行水质净化。完成核心区三线入地工作。

四、建设效益

1. 保护与挖掘相结合，留住了乡愁记忆

新光村是历史文化村落保护利用中，建设发展综合型的代表。在项目实施过程中，充分挖掘新光村厚重的文化内涵，宣扬灵岩公家族几百年间济贫赈灾、捐资助学等仁德义举，拍摄了以灵岩古庄园主人灵岩公故事改编的微电影《茜溪灵岩公》，编撰了反映朱宅及茜溪全线人文历史的书籍《茜溪文脉》。在诒穀堂设立灵岩公生平事迹裱画、朱氏家规家训展板，弘扬传统美德，传承文明风尚。向各家各户收集旧农具、旧家具，建立农耕文明陈

列馆，既保护了文化遗产，又留住了农耕时代的记忆。新光村已成为茜溪游学谷的重要基地，已有上万名中小学生前来学习体验非遗文化、古建艺术、传统游戏等内容。

新光村先后举办了浦江县第三届农民赛诗会、"浦江之春·茜溪之韵"诗会，多次举办农民文化艺术节、书画写生等活动，深入传承正月迎灯、八月初一试水龙等习俗，组建新光村什锦班，丰富了群众的文化生活。凭借优美的自然风光和深厚的人文历史，以及卓有成效的历史文化村落保护利用工作，新光村成为浙江卫视《佰草集——出发吧爱情》第三期的取景拍摄地之一。2015 年，新光村成为全市美丽乡村和农村精神文明建设现场会主会场之一。2017 年，新光村被中国生态文化协会授予"全国生态文化村"称号。

2. 保护与利用相结合，富裕了村民群众

虞宅乡政府通过统一规划、统一招商、统一营销、统一管理的模式，成功引进浦江青年创客联盟，打造"线上线下体验化"的创业平台，成功创办了新光廿九间里旅游创客基地和双井房文创园。其中，廿九间里旅游创客基地荣获国家旅游局发布的 2017 年度"中国乡村旅游创客示范基地"称号（图 7-3-12）。近两年，经过积极的招商引资，新光村成功完成了自驾游基地的签约。由杭州畅途旅行社有限公司、浙江马岭生态农业开发有限公司、新光村村委会三方共同投资 2200 万元，打造吃、住、行、娱功能完善的全省自驾游样板基地，串联省内后续将投入建设的 50 个自驾游基地，形成环浙江自驾游产业带，服务全国各地休闲游爱好者。另外，招商引资为新光村带来了笔架山体育拓展基地、房车花园民宿和墨居宴特色餐厅等产业，丰富了旅游产业内容，使新光古村落的面貌焕然一新。

a)

b)

c)

图 7-3-12　廿九间里创客基地

如今，新光村渐渐成为备受游客青睐的乡村旅游目的地，先后被评为国家级美丽宜居示范村、浙江特色旅游村（图 7-3-13）。

新光村率先探索"家+农家菜"经营模式，经

a)

b)

c)

d)

图 7-3-13 旅游业态

过村民报名、组织审查（食品卫生、屋内环境）、体验培训、挂牌经营、考核管理等程序，确定了首批 20 户示范农户。村两委统一分配游客、统一农家菜标准、统一农家菜价格、统一考核评比，打响了"家+农家菜"品牌，仅一个月就接待游客就餐1.2 万人次，平均每户收入 1.8 万元，提升了村民在家收入。另外，新光村组建了乡政府、村集体和企业三方入股的灵岩古庄园旅游发展有限公司，通过公司化运营，开设农副产品展示中心和网上销售平台，为村民在地创业提供平台，组织村民加工米粉面、手工面、番薯粉面、火糕、萝卜干、豆角干等农副产品，营业额一天最多能达到几千元，促使更多村民尝到美丽经济的甜头。

第四节 民居化石，理学名宗——金华东阳市李宅村

一、村落概况

1. 区域位置与社会经济

李宅村位于金华东阳市城东街道，距东阳城区约 10 公里，距横店影视城约 15 公里，是东阳城区的东大门。村东接歌山镇，南屏青台山，西邻城区，北濒东阳江。原 37 省道（东嵊公路）从村北部通过，交通区位条件优越。李宅村是东阳市东郊

第一大村，村域面积 6 平方公里，其中山林 1.16 平方公里，耕地 1.5 平方公里。李宅村由原西联、新合、利群、复兴、大屋、徐宅、和庄 7 个行政村组成，现有 1887 户，4909 人，李姓人口占 95%。李宅村经济来源以农业为主，集体经济年收入 50 万元，村民人均年收入 15021 元。2014 年，李宅村被列为浙江省第二批历史文化村落保护利用重点村；2016 年，被评为浙江省第五批历史文化名村、第四批中国传统村落；2018 年，被评为浙江省第二批 3A 级景区村庄。

2. 村落历史与风貌格局

李宅为东阳望族李姓聚居地（图 7-4-1）。李氏源出唐宪宗李纯之裔，李氏桂坡始祖宋宣义郎李舍，五代时由河南陈留南迁浙江睦州（严州）。南宋绍兴元年（1131 年），复由睦州迁入东阳南门积庆坊里仁里。明宣德二年（1427 年），十四世祖李毅庵处士偶憩蟾程槐树下，梦神授锁，遂卜居于此，子孙繁衍，蔚为大族，至今已有约 600 年历史。李宅原名蟾程，源于村中有口蟾塘。蟾塘又称月塘，系古人以"秋蟾"代称月亮雅化得来。此后李氏家族兴旺壮大，东阳一带流行以"宅"作为地名，当"名门望族集聚地"之解，故易名"李宅"（图 7-4-2）。李宅村旧属孝德乡八都，民国十七年（1928 年）始，李宅为全县第二区，辖斯孝、孝德两乡。1931 年设为李宅镇，现为城东街道李宅社区，辖七个行政村。

李宅为自然形胜之地，周边山清水秀，景色优美。蟹溪绕其东，西溪流其西，龙山、笔架山、马鞍山矗立于南。村落南面的九宫潭风景区山势挺拔、重峦叠嶂、林木葱茏，终年云雾缭绕，其间飞瀑跌宕，有"白象点水""石猴观瀑""金鱼望月""金蟾出水"和"虎啸岩"等自然景观，让人流连忘

图 7-4-1 李宅村航拍图

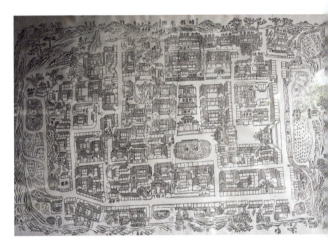

图 7-4-2 蟾程宅图

返。李宅古村基本保持着明代的建筑规划格局，主要以李氏宗祠、集庆堂、尚书坊为中轴线由南向北布局。村内道路及建筑以月塘为中心向四周扩散，月塘是村落的核心。村落东、西、南三个村口各设一座门，三座门和尚书坊前各有一口水塘。现东门（花台门）门前，原有的水塘"东湖"还留有一部分，此门为进出村落的主要通道，西门毁于太平天国时期；南门（狮子台门）略向西移，门前的水塘叫中心塘（图 7-4-3）。

图 7-4-3 李宅村全景图

3. 传统建筑与历史环境要素

李宅村落历史悠久,古建资源丰富,历史遗存众多,至今还较完整地保存着明、清两代和民国时期兴建的宗祠、厅堂、民居、台门、文昌阁等大量古建筑,鳞次栉比,星罗棋布,蔚为大观。李宅村内的古民居建筑群主要集聚于月塘四周,整个建筑群落五步一楼十步一阁,堪称一绝,是东阳传统民居的典型代表,由此赢得了"卢宅的厅堂,李宅的祠堂"的赞美之辞,也是观察封建时代宗族制度和文化的极佳去处。2005 年 3 月,李宅古建筑群被浙江省人民政府评为第五批省级文物保护单位(含花台门、文昌阁、世尚书房、集庆堂等 7 处)。另外,村内还有 2 处县级文物保护单位和 3 处县级文保点。

集庆堂始建于明嘉靖初年,原本两侧各设重厢五幢,房院形制相同、整齐划一、两两对称,俗称"十台"。集庆堂由李枢、李斡合建,分属于李枢、李斡的儿子们。枢有五子,即瑰、珂、珑、璨、瑶。斡有五子,分别叫玻、瑾、璪、琛、璘。在这一辈的第十个儿子李璘降生后,家族为了庆贺新生命的诞生,决定大兴土木。十个儿子是莫大的吉庆,故命名中间的大厅为"集庆堂"。为彰显"十全十美"的内在含义,建造了十幢院落式建筑以示庆贺。大厅以西 5 幢,抗日战争时被火毁。大厅以东 5 幢,现存 3 幢,在 1950 年后曾划属国家粮库,现辟为李宅历史民俗陈列馆,是了解李宅历史和民俗文化的一扇窗口。整座建筑用材硕大,装饰考究,整体感突出,风格大气典雅,证明宗族实力非常雄厚,是东阳最为典型的厅堂、宗祠加偏院院落的格局(图 7-4-4)。

李氏宗祠建于清嘉庆三年(1798 年),堂号怡怡堂,占地面积 1530 平方米,为东阳规模最大的宗祠,整体造型别致、风格典雅、气势雄伟、建造

a)

b)

图 7-4-4 集庆堂

考究。现存门楼、前厅、后堂、穿堂及两侧厢房。门楼七开间，悬有"南渡名宗"牌匾；前厅与后堂均为五开间，八架椽屋，石柱立架；穿堂三间；厢房左右各十四间，含两个偏堂。中厅内有62根高大青石圆柱，穿堂与后寝为抹角方石柱和方形柱础，寓意"外圆内方"的修身之道。李氏宗祠体现了"古村旺祠"的悠远文化，具有很重要的历史价值（图7-4-5）。

李宅村的明清古建筑还有花台门、尚书坊、狮子台门等多处台门，规制宏敞，用料讲究，技艺精巧，具有很高的历史价值和艺术价值。花台门坐落在村东入口，始建于明宣德二年（1427年），清同治三年（1864年）重修，占地面积60平方米，东向三开间，明间分心造，中辟大门。四架椽屋用三柱构架，前半间为船篷轩，有木雕和彩绘装饰，后半间设井字格天花。次间重檐，门窗封护。山墙两侧设撇山影壁，水磨砖砌筑。两侧立抱鼓、旗杆，形制罕见，具有较高的历史价值。花台门是省内独具一格的门楼式建筑，曾入选《浙江建筑画册》中（图7-4-6）。

尚书坊建于明嘉靖三十七年（1558年），清光绪二十一年（1895年）重修。形制属青砖硬山式八字形门坊，三开间四柱三楼，配有须弥式基座，砖雕梁枋，花拱出挑，鸱脊压顶。额书"世尚书"三字，保存完整。透过这座精致的门坊，可以领略李宅村丰厚的宗族文化家底（图7-4-7）。

a） b）

图 7-4-5 李氏宗祠

图 7-4-6 花台门　　　　　　　　图 7-4-7 尚书坊

狮子台门建于清晚期，旧时为李宅村的南入口，台门为三开间，硬山单檐，穿斗式构架，明间开敞为通道，两侧各有一座石狮。

文昌阁，又名庚楼、聚星楼，建于清嘉庆年间，平面为方形，占地面积 52 平方米。底层三开间，重檐歇山顶。楼上设帐，塑文曲星，楼顶四面装格窗。飞檐翘角，鲤鱼鸱脊。瓦上塑双龙拱日造型，红日下塑福禄寿星，两旁塑喜鹊登梅、松鹿同春。正面岔脊塑两将军。立柱十六，镂空刻有人物牛腿，雕刻精美，艺术价值颇高（图 7-4-8）。

华萼堂俗称"新祠堂"，是一座专为女性（太婆周氏）而建的祭祀祠堂，也称"女祠"，在江南地区较为罕见。华萼堂建于清道光三年（1823 年），占地面积 497 平方米，共三进，现剩门楼、中厅及穿堂。中厅五开间，八架椽屋用四柱，前为船篷轩，后为双步廊。前檐施牛腿承托琴枋，雕花拱承托挑檐檩。李宅太公李枢有两位夫人，侧室周氏，"十台"大房五子中的李璨（智房之祖）、李瑶（信房之祖）系其所生。李氏后裔挂像，往往将大夫人挂在地位高的大手位，而将周氏挂在地位低的小手位。周氏后裔出了好几位大官，地位显赫，自然欲为周氏正名。按照古代"母以子贵"的规矩，智、信二房子孙在建成集庆堂和"十台"后，在李氏宗祠边专门建了一个祠堂以供奉祭祀周氏，以显子荣母贵。该祠堂建筑体现了女祠这一独特的建筑主题，在女性地位低下的封建社会犹显珍贵，具有独特的学术研究意义和美学价值（图 7-4-9）。华萼堂现辟为李宅武馆。

革命志士李谷香故居建于清末民初，又名近思弄廿间头，为四合院堂屋楼层式砖木结构，坐北朝南，占地面积约 600 平方米，包括前堂、后屋，总共 30 余间。分前后二进院落，前进四面楼，楼下四周为卧房，楼上作仓库，堆放粮食、稻草、农具等。前后堂有过道。庭院中间为鹅卵石，用竹筒精选鹅卵石，铺筑多种图案。砌花坛种植花卉。前后院分工明确，等级分明。李谷香曾住堂屋右侧一间，这幢青砖灰瓦、颇重装饰的旧居伴随他度过了美好的童年时光。李谷香，村人习惯叫他"谷山伯"，生于清同治十四年（1875 年），青年随父迁居杭州，经营商业，家颇殷实。

4. 特色文化资源

李宅人崇尚礼教，耕读传家，农商并重，富甲一方，文化昌明，文风绵延，辈出名人。李姓氏族早在南宋中后期就已成为东阳望族，是当时东阳城内"东李、西乔、南俞、北杜"四大名家之一。

图 7-4-8 文昌阁

图 7-4-9 华萼堂

（1）名人文化　南宋时期，李宅出过两名尚书，故有李氏"一门两尚书"之誉。六世祖李大同系南宋嘉定癸未科进士，曾担任工部尚书、宝谟阁学士。十二世祖李希明，以春秋举孝廉，官至左参政、刑部尚书。尚书坊额书"世尚书"三字，就是族人建立门坊以示纪念的明证。南宋至清代，李宅人崇礼尚学，英才辈出。据《李宅宗谱》载，受荫封的，宋代有李大璞等8人，元代有李相，明代有李灿、李时儿，清代有李正洪、李衍、李卜一。科贡入仕的，宋代有进士李大有、李大同、李诚之等28人，元代有李裕、李益亨、李贯道等14人，明代有刑部尚书李希明、监察御史李叙、北京西域兵马使指挥李琛等63人，清代有亚魁李秀会、李为芝等23人。李大有于南宋庆元二年（1196年）中进士，在通州通判任上，开渠引水，开发通州商业，使通州百姓很快富裕起来。李大同曾被选拔为国子监博士，与宋宁宗论对治国之策，后升为工部尚书。李大璞由宋宁宗封为翰林学士，宋宁宗还亲自书写、御赐了李家"怡怡堂"匾额，这块匾挂于李氏宗祠。抗金义士李诚之受学吕祖谦，乡试、太学舍选都名列第一，以饶州教授入仕，勤于政事，双袖清风。他任郢州、蕲州知府期间，加强防备，增高加厚城墙，疏通护城河，修筑军事瞭望高台和军马墙，增修粮库，还训练乡禁民兵。南宋嘉定十四年（1221年）二月，金兵侵入蕲州、黄州，李诚之率领军民数次把金兵打败。后因增援的帅府副将徐挥畏怯不战，诚之率兵与敌进行激烈的巷战，因寡不敌众，士卒奋力战死，李诚之拔剑自刎，终年七十岁。天子感念诚之忠诚，特追赠朝散大夫，秘阁修撰。蕲州和东阳两地均有为其立庙祭祀。

近有革命志士李谷香，民国陆军中将李之藻等。今有微生物学博士、中国科学院微生物研究所研究员李禄先，数学博士、中国科技大学数学系主任李晋先，地质学专家、西安地质学院院长李永升，华东空军地勤处处长、中将李世照以及弘扬雷锋精神的模范人物的虞仁昌等。一大串优秀人才名单，证实李宅为名不虚传的理学名宗地，人才荟萃乡。

（2）非遗文化　李宅村民风淳朴，民俗活动丰富多彩。农历每月的一日、四日、七日为李宅集市，九月十二日有传统古茅墩庙会，是金华市级非物质文化遗产代表性项目。李宅的元宵节荷花灯会极具特色，轰动全省，荷花灯制作技艺也已被列为金华市第六批非物质文化遗产代表性项目。另外，李宅传统小吃如拍拍饼、豆腐夹烧饼、火灶饼、油素、切年糖等也是名闻遐迩，其中拍拍饼已被列为县级非物质文化遗产代表性项目。

荷花灯是李宅村特有的灯彩，传说系明嘉靖年间由銮公夫人程氏首创，至今已有400多年的历史。最初的荷花灯只是在萝卜上插上简单的花瓣和蜡烛，固定在一块木板上，放到花台门内的月塘里。随后后人不断从造型、工艺上融入时代特色，激发了李宅周边村镇群众的观灯热情。每年元宵节当天，李宅村都要举行荷花灯会，数十盏耗费大量心血的灯艺之作展现在池塘之中，七彩纷呈，灯影摇曳。改革开放后，李宅荷花灯制作向着大型化、多样化、机械化、电气化和趣味化的方向迈进。1983年元宵节荷花灯展时，著名诗人田间、叶晓山，著名作家张抗抗都慕名赶来观灯，观后吟诗著文，盛赞造型之精湛和做工之精细。1984年国庆，李宅荷化灯应邀参加了杭州西湖万盏灯会和中日青年联欢。李宅荷花灯的代表作有《巨龙吐水灯》《荷花仙子灯》《童子拜观音灯》《河蚌仙子灯》《孔雀灯》

图 7-4-10　李宅荷花灯

《村姑推磨》《农家乐》《龙舟迎客》《金鱼》《宝塔》等，其中不少灯艺作品能转会动，十分灵活，让人百看不厌。有的根据日常生活片断改编而来，体现农家生活情趣；有的以体形硕大、用工耗资可观著称，具有很强的吸睛效果（图 7-4-10）。2015 年元宵灯会，荷花灯吸引了 10 万观众涌入李宅，真是万人空巷，摩肩接踵，以至于公安部门动用大量警力维持安保。

李宅村不但水上有花灯可赏，陆上也有花灯迎舞。这种花灯以龙灯形式出现，各节板凳上是以彩纸裱糊、以竹条为骨、以动物人物为造型的工艺

灯，种类有十二生肖、花篮、鲤鱼、狮子滚球、蝙蝠、孙悟空等。每年正月十四至十六日迎花灯，花灯从花台门进，经庚楼、月塘北，进世尚书门坊、集庆堂，绕过每个柱子，进入李宅宗祠又绕屋柱，东边进，西边出，又绕集庆堂，出尚书坊，绕月塘西、南、东，再出庚楼、花台门，回到湖田绕成很多圈。李宅花灯祭丁祭灶时最多，每户李姓人家按男丁人口加上灶台的数量确定迎灯节数，2014 年花灯曾达 201 桥。

二、规划设计

1. 规划布局与结构

李宅村在省历史文化村落保护利用重点村规划中，发挥东阳宗祠最大、民居最古、建筑类型最丰富的资源优势，进一步挖掘李宅历史文化，突现村落特色，合理引导谋划乡村休闲旅游业持续发展。根据李宅村现状布局、村落形态、发展态势以及核心保护区内古民居分布、街巷空间关系，规划"一带一环，四区多点"的空间结构（图 7-4-11、图 7-4-12）。

一带：蟹溪景观带。

一环：景观旅游环线。

四区：入口形象展示区、古建核心区、传统民居区和枫树园景观区。

多点：由李氏宗祠、集庆堂、花台门、文昌阁等众多古建筑作为景观节点。

2. 规划保护范围

李宅村省历史文化村落保护利用重点村的规范范围包括李宅村核心保护范围及周边区域，总面积为 69.7 公顷。同时，将李宅村的保护范围划分为核心保护区、建设控制区和环境协调区三个层次。其中，核心保护范围东至桂坡街，南至神坛街，西

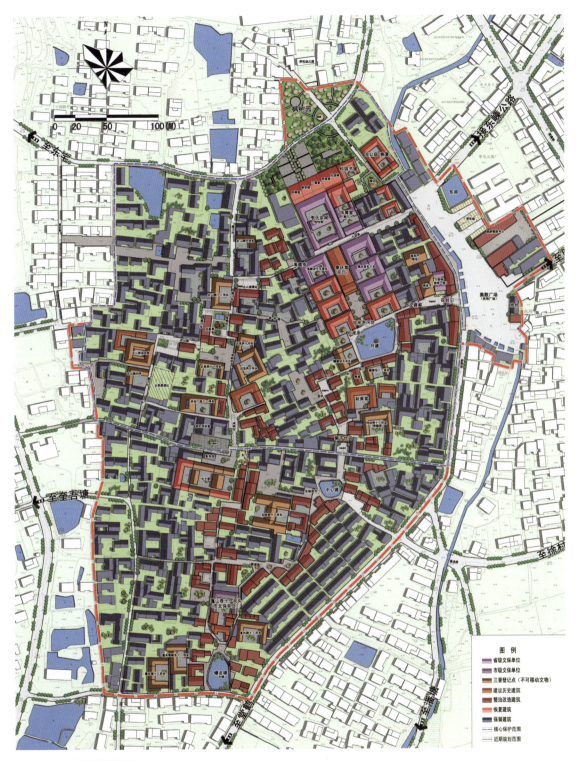

图 7-4-11 规划总平面图

图 7-4-12 功能结构规划图

至村道,北至荷花路,规划面积为9.1公顷。建设控制区东至东嵊公路,南至李宅初级中学,西至民居,北至李宅技校,规划面积为60.6公顷(不包括核心保护范围)。环境协调区以协调保护李宅村周边的山水环境为目的,区域范围原则上与李宅村域范围相一致。

三、建设实绩

李宅村自2014年被列为浙江省第二批历史文化村落保护利用重点村以来,为更好地保护和提升古建筑整体品位,拓展、延伸文化名村魅力,立足旅游古民居的开发,取得了一定的成果。

古建筑修复:完成李氏宗祠、狮子台门等修建工程,其中,完成81幢古建筑的顶瓦修复,面积23330平方米;9幢建筑的墙体加固,面积2856平方米;30幢建筑的立面改造,面积5120平方米(图7-4-13)。

与历史风貌有冲突的建(构)筑物整修改造:完成古民居核心区域立面改造、桂坡街沿街降层立面改造,其中包括55幢建筑的立面改造,面积20182平方米;40幢建筑的结构降层,面积4120平方米;整体拆除面积4665平方米;异地搬迁异地搬迁16户,共4658平方米(图7-4-14)。

搬迁安置区基本公建设施建设:完成搬迁安置区土地指标1公顷,安置农户40户,投资77万元用于基本公建设施建设。

村内古道修复与改造:完成古民居核心区故

a)修缮前

b)修缮后

图 7-4-13 李氏宗祠修缮前后对比图

道路修复工程、迎宾路白加黑工程，古道修复里程1.5公里，面积7200平方米（图7-4-15）。

公共服务设施建设：修缮了湖田老戏台，新建游客接待中心，建设仿古公交车站。

基础设施建设：完成37省道沿线人行道提升及绿化工程，新建街、前山路人行横道的绿化提升工程以及路面白改黑工程，建筑庭院景观工程（图7-4-16），古民居管线预埋工程，古建筑群污水管网铺设，引水工程（月塘等水系整治工程）。

a）改造前

b）改造后

图7-4-14　月塘周边改造前后对比图

a）修缮前

b）修缮后

图7-4-15　尚书路修缮前后对比图

a）整治前　　　　　　　　　　　　　　b）整治后

图 7-4-16　景观环境整治前后对比图

四、建设效益

1. 古建活化利用

李宅村是历史文化村落保护利用中，历史古建悠久型的代表。李宅村坚持古建筑修缮"修旧如旧"原则，科学把握古民居保护与利用、继承与发展的关系，积极活化利用修缮后的古建筑，引入手工艺、文化展示等相关业态。现已建成陶艺馆（大台门里1号）、嘉元艺术馆（大台门里2号）、国学馆（大台门里3号）、酒坊（大台门里7-8号）、餐馆（聚庆堂）、李宅武馆（新祠堂）、老年活动中心（小宗祠）以及文化展示空间（花台门、更楼、世尚书房），文化氛围浓郁，业态多样丰富（图7-4-17～图7-4-19）。

2. 旅游产业发展

李宅村经过前期项目建设，已基本形成历史文化村落旅游格局，成为东阳卢宅——李宅——蔡宅"一线三宅"旅游线的重要节点。李宅通过编撰导游解说词，系统梳理了村落历史发展与建筑特色。

图 7-4-17　陶艺馆

图 7-4-18　嘉元艺术馆　　　　　　　　图 7-4-19　李宅武馆

2017年，李宅被列为东阳市产业植入精品村，成立了李宅荷花灯文化艺术传播公司，公司化运营打造花灯小镇，年产值达2000万元，结合周边田园采摘项目，持续推进乡村旅游发展。

第五节　国际研学，婺中故事——金华金东区琐园村

一、村落概况

1. 区域位置与社会经济

琐园村位于金华市金东区澧浦镇北部，北靠义乌江，与湖北村相邻，西面与江滩村接壤，东面与泉塘村交界，南面与毛里村相邻。金华、义乌、东阳（简称金义南线）快速公路穿村而过，是村庄与外界联系的最主要道路，距镇政府约1公里，距金华城区约10公里，交通便捷，区位优势明显。全村村域面积为1.4平方公里，其中耕地面积0.6平方公里，水域面积0.13平方公里，山林面积1平方公里。现有16个村民小组，共有480户，1280人，以严姓为主。村中产业以苗木种植、手工艺和养殖业为主，村集体经济年收入100余万元，全村人均纯收入25300元。2015年，琐园村被列为浙江省第三批历史文化村落保护利用重点村；2019年6月，被列为第五批中国传统村落。

2. 村落历史与风貌格局

琐园村为汉代名士严子陵后裔聚居地。明万历年间，严氏六十一世孙严守仁自孝顺镇严店村迁入居住，后发族形成村落，距今已有400多年的历史。《清湖严氏宗谱》载，孝顺镇严店村严氏系水患由睦州（建德）严家滩迁徙而来，为严子陵第三十四世孙，直至今日以发展到第七十三代。村落地处"龙背"，极似一把吉祥金锁，由此得名"锁园"。数百年后，后人觉得"锁"有封闭保守之意，而"琐"字主要指玉之声或官之门，加上古时"琐"与"锁"又可通用，为图吉利，于是就改为"琐园"，一直沿用至今（图7-5-1、图7-5-2）。

琐园村西南为东山脉系的低山丘陵，村西侧为平原，发源于天虎山的西溪水犹如玉带过境琐园注

图7-5-1　琐园村航拍图

图7-5-2　琐园村全景图

入北面的义乌江。整体地势东南高、西北低，中间高、东西两头低。琐园村自古便有"七星拱月"星象的地形，由琐园周围分布的七座小山及靠北有一湖构成，然而随着周边微地形的人为改造和破坏，现在已很难知晓七座山包和湖泊的具体方位和名称了。现代部分学者将"七星拱月"理解为村内的七口池塘。琐园村内水系结构特色鲜明，主要由沟渠和池塘构成，后姆塘、六斗塘、八斗塘、五石塘、前塘、月里塘等多个池塘呈七星布局。水渠分东、中、西三路，分别由南向北，形成"川"字形结构，流入义乌江。西路水渠宽而直，是直接承接东溪，负责西片农田灌溉的重要水源；中路水渠沿村落主干道一侧缓缓流淌，至后姆塘，是村落生活用水和消防用水的重要水源；东侧水渠连接前塘，是东侧村民的重要生活水源。

3. 传统建筑与历史环境要素

琐园村是金华市规模最大的古建筑群之一，严氏先祖经过多年艰苦创业，相继建造了宗祠、庙宇和民居等。据《严氏家谱》记载，严子陵第五十一世孙严必胜率兵平定两广匪乱有功，皇帝诏允为官，先后建起18座雕梁画栋的厅堂。村内现保存有严氏宗祠（敦伦堂）、永思堂（小祠堂）、崇德堂、集义堂（方厅）、继述堂、忠恕堂、怀德堂、务本堂等明清古建筑24座，这些厅堂建筑结构、艺术风格各不相同，极具江南古民居的典型特色。2011年，琐园村乡土建筑被浙江省人民政府评为第六批省级文物保护单位。

严氏宗祠建于清乾隆二十五年（1760年），堂号敦伦堂，位于村落西北角，占地1336平方米，是村内规模最大的古建筑，坐北朝南偏东向，前后共四进，每进建筑两侧都用层层叠叠的五花山墙围合，纵深感和韵律感极强（图7-5-3）。第一进门厅面阔三明四暗共七间，进深八檩，穿斗式结构，明间外设八字墙门，左右置抱鼓石，彩绘顶棚，匾额"山高水长"四个大字。门厅与第二进之间有开阔的天井，石板铺地，左右院墙用花脊连接。第二进面阔五间，进深八檩，正三间辟屏门，前廊的顶棚、月梁、牛腿、琴枋、雀替、斗拱等处雕刻有花卉、亭楼、狮子、麒麟等图案，明间两缝用抬梁式结构，其余为穿斗式。第二进、第三进之间有天井，左右是进深五檩的厢廊各三间。第三进面阔五间，进深九檩，明间、次间用直梁造的抬梁结构，五架梁带前后双步梁，用四柱梢间全穿斗式，该进建筑的金柱都是砍凿粗糙的圆形石柱，后檐原有屏门，现无存。第三进、第四进之间也有天井，左右是进深五檩的厢廊各两间。第四进地势高于天井三级台阶，用条石踏道，其面阔也是五开间，进深八檩，间明、次间抬梁式，五架梁带前单步后双单步，用五柱，梢间穿斗式。严氏宗祠现已打造成文化礼堂（琐园文化苑），内部展陈内容丰富，成为琐园文化展示与传承的"金名片"。一进厢房为金华市村干部优良作风陈列馆；二进厢房为工作场景馆和劳动场景馆，设有青少年活动场所。三进厢房为公共文化服务区，其中一侧为村邮站、农家书

图7-5-3　严氏宗祠

屋、电子阅览室、琐园村村志编委会、同乐园志愿者服务驿站,另一侧为爱国主义教育基地馆、非遗展示馆、地方名人馆、乡土建筑馆。三进的大厅设置为"积道讲堂""道情书场",每周一、周日晚特邀澧浦镇国家级非物质文化遗产项目金华道情传承人朱顺根老先生坐镇演唱,丰富村民文化娱乐活动。四进正厅设置为严子陵"高风亮节"展示区和文化活动舞台,两侧厢房为演员换装间,天井两侧为农耕文化展示区。

崇德堂建于明代,是村中历史最悠久的厅堂,严氏迁入琐园前以陈姓为主,这里就是陈氏祖屋。建筑前后三进,每进三开间,左右有厢房,除了中厅为单层露明造外均为楼屋。门厅明间设正门,门楣上有砖雕"华萼相辉",两厢山墙也辟边门。建筑形式较为简单,并未出现明显的装饰艺术,是明代建筑崇尚简约的体现。

怀德堂建于清乾隆年间,为琐园严氏第六世孙严元良所建,占地面积884平方米,二层四合院厅堂建筑。建筑布局两进三间,左右各为弄道和五间厢房。一进三间楼屋供起居之用,二进底层三间厅堂是待客及活动的场所。厅内梁背用多攒搁架科支托楼栅,天井三面的槛墙用清水磨砖,造作讲究,其上有多种图案的木构槛窗,极具地方特色。堂号出自《论语·里仁》中"君子怀德,小人怀土"。匾额"怀德堂"三字为乾隆岁次庚子年间朝廷一位二品官所书,匾额下方挂有严子陵画像。

继述堂、忠恕堂建于清乾隆年间,是用屏门分隔开的两个对称四合院,俗称两面厅,其中从正面出入的叫继述堂,从背面出入的叫忠恕堂。继述堂的两厢山墙设大门,砖雕凤凰麒麟、仙鹤松柏、喜鹊梅花、宝瓶花卉等吉祥图案,地栿门枕石雕刻梅花鹿、麒麟、凤凰等鸟兽,窗棂腰板上雕刻的

楼台古刹、山水风景更是精湛。门厅和正厅为重檐楼屋,檐下有牛腿,雕饰图案以博古纹、花卉为主。忠恕堂之后的堂楼为门厅,也在两厢山墙设大门。两面厅底层穿弄之间可以用隔扇封闭,也可敞开贯通,楼上的过道同样可开可闭。两面厅的雕刻极为细致,是古建筑雕刻作品中的上乘之作(图7-5-4)。

集义堂建于清嘉庆初年,布局是典型的两进一天井,左右厢楼通穿弄的合院式样,前有青石板小巷穿过,两头有车门。其正厅檐柱用抹角方石柱,内柱为方木柱,露明梁处为方梁、方形雀替,门厅和天井两侧置方形花窗,槛墙用磨水方砖组合铺砌,所以又有方厅之说。方厅最别具一格的是把牛腿与拱牵巧妙地设计成一条腾飞的龙,效果惟妙惟肖。

a)继述堂

b)忠恕堂

图 7-5-4 两面厅—继述堂、忠恕堂

尊三堂，俗称俞姓十八间，建于清宣统元年（1909年），占地面积445平方米，砖木结构，是一座二层重檐四合院住宅建筑。总体平面为两进三间，天井较小，呈横长方形，左右各有弄道和六间厢房。第一进是面宽三间的楼屋；第二进三间，底层的明间为客厅，左右是上房，供长辈居住，反映了旧时的伦理观念，该堂不辟正门，开边门。

旌节石牌坊建于清乾隆五十二年（1787年），位于严氏宗祠西侧，四柱五楼式，歇山顶，顶楼下设蟠龙竖匾，正反面刻有"圣旨""荣恩"字样，大小额枋刻有"旌节""清标彤管""为故民严锡佩妻黄氏建"，两边还有诸多官职、姓名和年代落款等。牌坊石雕技艺精湛，夹柱石上的龙吐团云，额枋上的凤凰、仙鹤、鲤鱼、夔龙等图案惟妙惟肖，六只圆雕小狮子更是画龙点睛之作。旌节石牌坊是金东区现存最完好的一座石牌坊（图7-5-5）。

另外，琐园村内共有三口古井，分别位于月里塘南侧、亨会堂西侧和前塘内，还有两棵古树名木，分别是古香樟和古梧桐树，都见证着琐园的历史印记。

图7-5-5　旌节石牌坊

4. 非遗文化资源

自明万历年间建村至今，严氏宗族崇尚先祖严子陵礼让为先、以德服人的处事智慧，承继高风亮节、持家有道、训子有方的家规家训。琐园村保留有"铜钱八卦""少年同乐堂板凳龙""剪纸""红妆展示""婺剧""金华道情"等多个民俗文化项目，代代相传、生生不息，是琐园的历史文化精粹。

铜钱八卦亦称"绸缎八卦"，是吉利和辟邪的一种象征物，旧时挂于新婚夫妻花床前面的正上方或门顶。铜钱八卦的形制为大约一市尺（约33.3厘米）见方有硬物支撑的八角形红绸面，正中绣有阴阳八卦图案，四周是由三条长横和短横组成的八种图式，讲究的还绣上男女的生辰八字，周边由大小两圈穿着红色流苏的铜钱围聚。现在，由于铜钱逐渐难找，便用绸缎八卦取代铜钱八卦，其制作方式相似，只是原先用铜钱围聚的两个圈以刺绣的花草或麒麟瑞兽来替代了。铜钱八卦制作技艺已被评为金华市第八批非物质文化遗产代表性项目，严素茶被评定为代表性传承人。

少年同乐堂板凳龙源于清代的一个民俗。古时为祈求来年风调雨顺，每年农历正月十三琐园村民都会举行迎板凳龙活动。当时严氏家族有大小两个灯头，其中小灯头由十六岁以下的未成年人来迎，规定严氏以外的村民是不能直接参与其中的，只能作为观众旁观。然而邻村胆子大的孩子会从要好的严姓小伙伴手中接过板凳龙迎着，较真的监灯是不允许这种情况发生的。有一次监灯失手将一外姓孩子踢倒在地，致其磕掉了门牙。外姓家长与其理论，扭打起来，本来一场高兴的活动不欢而散。严氏主事的太公为了琐园的和谐发展，便召集族人创建了"少年同乐堂"，置办的"灯头费"由严氏出三分之二，外姓出三分之一。所谓"灯头费"是指把地出租给别人耕种，由灯会收取租谷，用于迎灯的开支。活动组织以三年为一轮，严姓两年，客姓一年。每年的迎灯活动从正月十三开始，到元宵节夜结束，全村各姓少年共同参与。新中国成立后，由于各种原因，该习俗曾一度被搁置。改革开放后，村民生活条件逐步得到改善，对文化娱乐活动的呼声也日益高涨。经过多年的努力经营，"少年同乐堂板凳龙"现已被评为金东区第七批非物质文化遗产代表性项目。

此外，传承已久的石磨豆腐、打年糕、木版年画、草编技艺等也让人得以感受到历代琐园人的生产生活方式。

二、规划设计

1. 规划布局与结构

琐园村在省历史文化村落保护利用重点村规划中，依托交通区位优势和产业景观资源，突出琐园优秀的历史文化遗产保护，使其成为清代至民国的历史见证，展示与传承传统建筑、传统文化、民风民俗的村落样本，规划"两轴双心，四区多点"的空间结构（图7-5-6、图7-5-7）。

两轴：观光体验发展轴、生态宜居发展轴。观光体验发展轴以琐园历史文化展示为主题，是一条集餐饮、购物、体验、休闲、娱乐、教育为一体的发展轴。生态宜居发展轴以琐园村民现代生活为主，同时承担琐园与外部联系的功能。

双心：旅游文化服务中心、旅游商业服务中心。旅游文化服务中心包括严氏宗祠、村民服务中心、广场、休闲游园等，承担旅游接待综合服务、琐园文化展示、古建筑展示等多种功能。旅游商业服务中心包括游客接待中心、苗圃科普展览馆、琐园特产购物中心、琐园特色餐厅以及停车场等，主

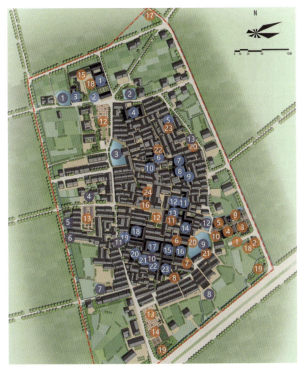

图7-5-6　规划总平面图

图7-5-7　空间结构规划图

要承担接待、餐饮、购物、体验等功能。

四区：一个观光游览区、三个生态宜居区。观光游览区以琐园文化展示为核心，通过有机更新、业态植入等手段，扩展琐园文化旅游职能，形成琐园特色文化体验区。生态宜居区以村落的有机更新和生活品质提升为重点，适当拓展部分旅游服务职能，形成以乐活宜居为发展重点的特色居住片区。

多点：多个文保建筑节点、三个休闲广场节点、两处入口景观节点。

2. 规划保护范围

根据琐园村历史文化遗存分布及其所在空间环境特征，确定琐园村历史文化村落保护范围以老村片区为主，具体范围北至村庄外围道路边界及污水处理点，西、东以村庄外围道路为界，南邻金义南线，总面积约12.29公顷。在此基础上，划分核心保护区、建设控制区和环境协调区三个层次。其中，核心保护区主要为村内历史建筑集中成片、风貌较好的核心区域，主要包括严氏宗祠、永思堂、崇德堂、集义堂、继述堂、忠恕堂、怀德堂、务本堂等24处省级文物保护单位和重要历史建筑，面积约5.84公顷。建设控制区为核心保护区周边需要特别管制的建成区，区域范围原则上与规划范围相一致。环境协调区是除核心保护区和建设控制区外的区域，区域范围原则上与琐园村域范围相一致。

三、建设实绩

琐园村自2015年被列为浙江省第三批历史文化村落保护利用重点村以来，整合部门资金3000余万元，大力推进项目建设。

古建筑修复：着重对永思堂、怀德堂、务本堂、继述堂、忠恕堂等厅堂进行修复，累计完成5幢建筑的顶瓦修补，面积6000平方米；3幢建筑的墙体加固，面积2000平方米；3幢建筑的立面改造，面积374平方米；5幢建筑的构件修复，共100个。

与历史风貌有冲突的建（构）筑物整修改造：对30户农户房屋进行立面改造，修缮马头墙、绘制墙绘，共计面积3000平方米；异地搬迁30户；整体拆除房屋4处，共计150平方米，拆后在原址修建3A级游客接待中心。

搬迁安置区基本公建设施建设：投资80万元用于0.8公顷搬迁安置区基础设施建设，安置农户32户。

古道修复与改造：修缮长街弄、青锁街、后姆街共2公里，面积4000平方米。

基础设施建设：完成生活污水治理、垃圾分类、"三线下地"、水系疏通等基础设施建设项目，进一步提升农村人居环境质量；完成了文化礼堂、居家养老服务中心、社区服务中心等民生实事项目的建设，丰富村民业余文化生活。

四、建设效益

1. 古建活化与文化传承

琐园村是历史文化村落保护利用中，民俗风情特色型的代表。琐园村物质文化遗产和非物质文化遗产项目丰富，为加强文化遗产的保护、利用、传承与展示，琐园村以村集体为主体统一运营，向众多厅堂中植入主题文化功能业态。如严氏宗祠辟为文化礼堂，打造集多种功能于一体的琐园文化苑，不定期举办"金华道情""小锣书""戏剧票友演唱""国学诵读""少年同乐堂板凳龙"等非遗活动。两面厅作为非遗展览馆，其内布置"铜钱八卦""剪纸""红妆展示""砂罐茶壶""非遗小吃""草鞋编织""婺剧展示小舞台"等展示体验内容。怀德堂辟为木板年画非遗展览馆，务本堂辟为海外学子游琐园事迹物件陈列馆，永思堂辟为传统女子文化馆，地亨会堂植入"石磨豆腐"体验项目，崇德堂和俞家福民居植入"打年糕"体验项目等。各类陈列馆和体验区的设立，提高了古建筑活化利用效益，极大程度上强化了琐园村的文化氛围，是琐园文化旅游发展的重要载体（图7-5-8~图7-5-13）。

2. 品牌活动持续开展

琐园村通过传统特色文化的传承与展示，持续开展特色活动，发展文化旅游业，带动产业融合发展。2016年9月28日，琐园-国际研学村作为金华首个国际研学村正式开园迎客（图7-5-14），先后举办了"琐园非洲文化风情节""乡村旅游文化节"系列活动、"清华大学高层次海外留学生金义研学之旅"、在华留学生"金华七天行、感受中国年"活动、浙江师范大学东盟留学生"感知浙江——中国传统文化体验活动"等高规格国际研学活动20多场次，琐园村已然成为世界学子的第二课堂。琐园村通过打响"琐园-国际研学村"旅游品牌，扩大在省内外乃至全球的知名度。进一步探索研学项目，推陈出新，提档升级，加强与高等院校的合作，建设各类研学小景点吸引周边县市中小学来村开展研学活动。通过AR和互联网技术，将古建

图7-5-8　严氏宗祠（琐园文化苑）

图7-5-9　怀德堂（木版年画展示）

图7-5-10　永思堂（传统女子文化馆）

图7-5-11　务本堂（海外学子展示馆）

图7-5-12　忠恕堂（非遗展示馆）

a)

b)

c)

d)

图 7-5-13　各类新业态

筑、历史文化更为直观地展现在游人眼前，给予游客更为丰富的体验。琐园村在五一、国庆等黄金小长假期间，接待游客 50 万余人，实现门票收入 200 万元，带动本村和周边村民增收 500 余万元。近年来，琐园村还获得浙江省级美丽宜居示范村、省级基层组织建设示范村、金东区"物质富裕、精神富有"示范村和金东区电商示范村等荣誉称号。

图 7-5-14　国际研学村

第六节　禹裔古村，越国初都——绍兴柯桥区冢斜村

一、村落概况

1. 区域位置与社会经济

冢斜村位于绍兴市柯桥区南部山区小舜江上游的稽东镇东部，北靠大龙山，南接轰溪山，小舜江北溪在村前蜿蜒而过，32 省道（绍甘线）与车竹线穿村而过，距绍兴市区约 32 公里。全村村域面积 3.82 平方公里，其中耕地约 0.28 平方公里，茶园

0.28 平方公里，竹园 0.33 平方公里。全村共有 6 个村民小组，共有 256 户，746 人，以余姓为主，另有李、张等姓。村内经济作物主要有茶叶、板栗竹（竹笋）等，2018 年村集体经济可支配收入 156.19 万元，人均收入 12972 元。2010 年，冢斜村被评为第五批中国历史文化名村，成为绍兴市唯一一个中国历史文化名村。2012 年，冢斜村被列入浙江省第四批历史文化名村名单、第一批中国传统村落名单。2014 年，冢斜村被列为浙江省第二批历史文化村落保护利用重点村；2017 年，被评为浙江省第一批 3A 级景区村庄。

2. 村落历史与风貌格局

相传，大禹妃涂山氏葬在村子的斜对面，又据《绍兴府志》云："冢斜在会稽平水上三十余里，接嵊界，相传越国宫人多葬于此"。"冢"即坟墓，按冢者大也，"斜"，宫人之坟也，冢斜村名由此而来（图 7-6-1）。据说冢斜还是越国古都——嶕岘大城所在地。著名地理历史学家陈桥驿先生考察了冢斜的地理历史和风水走向，根据《水经注》记载的"（秦望）山南有嶕岘，岘里有大城，越王无余之旧都也。"，结合《吴越春秋》中勾践召范蠡曰，先君无余，国在南山之阳。由此论定古时越国最早古都、史学界长期争论不休的嶕岘大城就在冢斜（此论断详见陈桥驿先生为《冢斜古村》所作的《序》）。

冢斜村历史悠久，是大禹后裔余氏聚居村落，其中 80% 的人为余氏。据唐代国子监博士余钦给唐肃宗的《奏章》、宋代范仲淹《余氏族谱序》以及《冢斜余氏宗谱》记载，余氏系大禹后裔，大禹生三子，长子叫"启"，继承父姓"姒"；二子称"况"，赐姓为顾氏；三子为"罕"，赐姓为余氏。大禹赐第三子为余氏，有纪念其妻涂山氏之意（涂字去掉左偏旁为余）。明建文三年（1401 年），冢

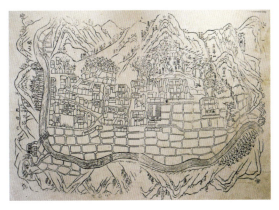

图 7-6-1　清中期冢斜村图

斜余氏始迁祖第九十六世余子陵由山阴县潘彭坞迁至会稽县廿七都冢斜村后，经过 600 多年的繁衍生息，现已达二十二世。

冢斜在明清之前，村庄的范围比现在大得多，传说有山林 72 厂（场），称会稽县廿七都二图，村域接近嵊界。民国期间为乡建制，1932 年国民政府为加强治安管理，分上堡、中堡、下堡，称绍兴县第五区冢斜乡，乡驻地在冢斜，成立治安保卫队。民国后期，改称为绍兴县仁里乡第九保。中华人民共和国成立后，改称为冢斜村，隶属于车头乡。1956 年成立人民公社高级社时，改称为友谊大队，隶属于稽江乡人民公社。2003 年 5 月，绍兴县进行扩村工作，冢斜、车头、大山三村合并，成立车头村，冢斜由行政村变为自然村。2012 年冢斜村由车头村下属的自然村恢复为行政村。

冢斜村四周环山，北有秦望山南的大龙山，西有象鼻山，南有銮溪山。小舜江北溪从村北来，环绕村东而去，溪上有古永济桥。余氏先祖人工建造的古官道环绕村落南侧，形成了老村的自然村界。村前有水田数十亩（1 亩 ≈ 666.67 平方米），山绿水清，风景幽雅。村内街道、小巷相互交织，有东西向的冢斜南大路和南北向的牛过弄堂、上大院路等

图 7-6-2　冢斜村航拍图

图 7-6-3　冢斜村全景图

巷道。村内古建筑集中成片，以余氏宗祠为中心，逐步向四周扩散。大部分建筑的朝向为坐北朝南。整个村子可分为南北两大部分，南部古村落形态保存完整，而北部和西侧已插入了较多的新建建筑（图 7-6-2、图 7-6-3）。

3. 传统建筑与历史环境要素

冢斜古村空间格局保存相对完整，聚落形态完美，其中相当一部分建筑质量较高，具有丰富的文化内涵，是宝贵的历史文化遗产。古建筑有始建于唐代的永兴公祠，还有建于明、清时期的余氏宗祠、余氏老台门、高新屋、下新屋、上大院台门、上道地轿屋、朝南台门、下大院台门等，另有建于20 世纪 70 年代的大会堂和知青屋，绝大部分建筑属砖木结构建筑，白墙灰瓦，连绵成片。民居建筑平面布局以"三合型"和"四合型"为主要模式，通常以此两模式为"基型"进行扩展或重复组合，具有鲜明的地域性。

永兴公祠始建于唐贞元九年（793 年），为纪念唐代书法家虞世南而建。唐太宗授虞世南为南镇永兴神天子，祠名永兴公祠。现存建筑为清代重建，东首埂上原有 5 棵古树（豫章树）。祠堂坐北朝南，前后二进，左右为侧厢，占地面积 1040 平方米。一进大殿前建有门斗，大殿面阔三间，明间五架抬梁式，前施卷棚，次间穿斗式，用八檩五柱带双步梁。前檐四架卷棚月梁等构件雕刻繁复、工艺精湛。后殿面阔三间，东西侧厢面阔均八间，其中前三间为二层楼房。大殿梁柱始终洁净、无尘、无蛛丝、无鸟雀起栖。永兴公祠是当地一处较有影响力的纪念性建筑，文化内涵丰富，构造较具时代特征和地域风格。2010 年，永兴公祠被列为县级文物保护单位（图 7-6-4）。

余氏宗祠始建于清乾隆二十五年（1760 年），现存建筑为晚清重建。宗祠坐北朝南，由前后二进和东西侧厢（看楼）组成四合院式，天井置戏台，占地面积 560 平方米。一进门厅面阔五间，明间及东西次间前檐施卷棚，装饰讲究，明间后檐为戏台。戏台歇山屋面，圆形藻井，牛腿等细部雕刻精细。二进是香火堂，面阔五间。前檐开敞式，构架采用石柱木屋面，明间与东西次间用五架抬梁，前施卷棚后带双步九檩用四柱。山面穿斗式。香火堂内保存"节孝遗风"等多块匾额。侧厢（看楼）面阔三间，前檐楼地面外挑，左右对称。余氏宗祠保存完整，文化内涵较丰富，对研究宗祠建筑具有一定的参考价值，现辟为冢斜村文化礼堂。2009 年 7 月，余氏宗祠被列为县级文物保护单位（图 7-6-5）。

余氏老台门始建于明崇祯年间，是冢斜最早

的以台门格局造就的民居建筑群，占地约 886 平方米，坐北朝南，前后三进。基础台门逐渐抬高，呈"步步高"之势，各进之间天井两边建侧厢，整

a)

b)

图 7-6-4　永兴公祠

a)

b)

c) d)

图 7-6-5　余氏宗祠

个台门每个单体均为二层楼房硬山式。主体建筑自前至后依次为门厅、大厅和座楼,面阔皆五间,所有侧厢面阔皆二间,梁架结构分抬梁与穿斗二种形式。2008年6月,余氏老台门被列为县级文物保护点。

八老爷台门始建于清乾隆年间,由余炳焘建造,曾为其故宅。余炳焘官至河南布政使,族人称其"八老爷"。台门坐北朝南,前后三进,各进之间两侧纵深用廊屋连接,廊屋外侧东西各连厢房二列,整个建筑占地约2178平方米。外观封闭,内观门户重重,每个单体建筑通过廊屋和过道连接互为贯通,整体为砖木结构,青瓦屋面硬山式。一进门厅二层楼房,面阔三间带二弄,前檐共设进门三道,明间辟石库大门,东西弄间各设一门与后檐廊屋直线贯通。第二进大厅,面阔三间,明间五架抬式梁,次间七檩五柱穿斗式。第三进座楼面阔三间带二弄,前重檐立面,梁架为穿斗式,山面无梁架。东西各侧厢除西面外侧厢面阔七间外,其余均面阔十间,前后山墙与门厅前檐墙和座楼后檐墙齐平,形成封闭的外围圈。2008年6月,八老爷台门被列为县级文物保护点(图7-6-6)。

高新屋台门始建于清乾隆五十年(1785年),占地约985平方米,坐北朝南,前后二进,东西侧厢,其中东侧厢外还有外侧厢一列。总体平面呈方形,整个院落的每个单体建筑均为二层楼房,青瓦屋面硬山式。一进门厅面阔五间带二弄间,梁架为穿斗式,分心前后双步外带单步,七檩用五柱,楼层前檐设"旱街",后檐楼地面外挑。座楼面阔与门厅一致,五间二弄,前重檐立面,梁架均为穿斗式,分心前后双步外带单步,七檩用五柱。重檐廊步四架卷棚。东西侧厢面阔三间,前(朝天井方向)重檐,牛腿承托重檐屋面。外侧厢面阔九间,前檐楼地面也外挑,南北尽间前檐设过楼。高新屋地域特色明显,构筑讲究,保存完整,2008年6月被列为县级文物保护点。

上大院台门建于清道光年间,占地约2167平方米,坐北朝南,前后三进,左右侧厢。现一进门厅已坍废。保留下来的各建筑单体均为二层楼房,硬山式。大厅面阔三间,前重檐,梁架为穿斗式,其中明间不设楼地面。座楼面阔三间带二弄间,重檐立面,梁架为穿斗式,分心前后双步前带单步,八檩用五柱。东侧厢现状为保留有十一开间,西侧厢留存有十间带一弄间。据调查,整个上大院由几户人家合建而成,因而在总体布局上不做对称处理。院内保存的画桌(家具)上也刻有"余承恩、寿庭合置。道光二十二年腊月吉日"字样,侧面印证了上大院为合建的真实性。建筑保存基本完整,整组建筑虽为台门院落,但建造时间不一,风格也有区别。

歪摆台门建于民国时期,东邻余氏宗祠,占地面积400平方米。由于该台门位于余氏宗祠旁,台门不能朝南正面开门,只能朝东外开,故称为歪摆台门。建筑布局规整,坐北朝南,仅有一进楼房,东西侧厢,平面呈"凹"字形。主体建筑座楼面阔五间带二弄间,重檐正(南)立面,梁架为穿斗式,

图7-6-6 八老爷台门

分心前后双步外带单步，七檩用五柱，重檐廊步施双步。东西侧厢面阔二间，二层楼房，前（朝天井方向）重檐。屋面上下重檐檐口与座楼重檐檐口高度一致。建筑保存较为完好，局部有破损和后期改造的痕迹。

朝西台门建于清康熙年间，坐东北朝西南，占地463平方米，建筑前后二进，左右侧厢，四合院落。每个单体建筑均为二层楼房，呈"吊脚楼"状，硬山式青瓦屋面。一进门厅面阔五间，出入大门设于东次间，梁架均为穿斗式。后檐底层辟廊步，座楼面阔亦五间，穿斗式梁架，分心前后双步外带单步，七檩用五柱。底层明次间前檐下金檩之间立门窗。侧厢面阔二间，左右对称。朝西台门布局规整，外观封闭，内部相对开敞，保存基本完整（图7-6-7）。

上道地轿屋建于明末，因形如古代轿子而得名，为历代受皇帝派遣的大臣前来冢斜祭拜舜妃、禹妃墓地与永兴公祠所建，至今仍保留着当时大臣居住过的轿屋、马夫居所及关马的马厩等建筑。

永济桥建于清代，位于村南舜江支流北溪上，系五孔石梁桥，全长60米，面宽2米。中孔跨径4.9米，桥面距水面高2.4米。桥墩用条石错缝叠砌，迎水呈棱形，用以减少水流阻力。桥面用三块石梁并列铺筑而成，中孔石梁侧面镌有桥名"永济桥"。永济桥是旧时的交通要道，途经大小西岭的人流和物流都必须经过这里。永济桥南侧的古道边有桥亭，是行人休憩避雨之所，建于明末清初，据村内老人回忆，桥亭前后两进，前面三开间，后面五开间，面朝古村。

大小西岭古道修建于明代，位于古村南面，岭路宽为0.5~1米，均用鹅卵石铺筑。从永济古桥到包公殿的一段叫小西岭，从包公殿到板溪大岭下村口的一段为大西岭，全长约2.5公里。大小西岭古道是古时绍兴南部及近绍兴县区界的嵊县、诸暨山民到平水镇、绍兴城的交通要道，亦是绍兴南部山区一条重要的古邮路。古道石阶蜿蜒曲折，青山翠岗林茂竹秀，山林叠翠竹海幽深，岭峻谷深溪曲水潺。沿线有路廊、公殿、冷泉、茶亭、石桥等景点，空山砺石、老鼠岩档、石狮岗瀑布及大坪鸡笼顶都在周边。如今，山里都通了公路，翻大小西岭出行的人已不多，但它秀丽的山色、独特的风景和丰富的内容，却是人们休闲观光、爬山锻炼的好去处。

4. 特色文化资源

冢斜村的祭祀活动已成为一种独特的民俗文化。自从少康封其子无余于会稽以"奉守禹祀"以来，冢斜便有祭祀之风。相传，大禹妃和舜王大帝之妃都葬于村旁大龙山麓的铜勺柄，历代朝廷均要派遣大臣来冢斜祭祀。《冢斜余氏宗谱》记载："清明时节，旧葬宫车，云山环境……"这种"好淫祀"的民风习俗，逐渐衍变成对神灵的无限敬畏和祈求福祉的强烈欲望。现在每年两次的祭祖和每年一次的祭禹习俗仍有保留。特别近年来，随着余氏大禹后裔得到社会认可，大禹陵的守陵村姒氏与冢斜余氏像胞兄胞弟一样来往。冢斜余氏作为大禹后裔曾

图7-6-7 朝西台门

派出代表，参加 2011 年在大禹陵举行的全国祭禹盛典。

"人以地传，地以人传。"冢斜自古以来崇尚书香，耕读传家之风相沿成习，可谓人杰地灵，历史上名人荟萃。自余氏罕祖始，到目前的 120 多世里，出过许多历史名人。如春秋战国时期，第三十七世由余协助秦穆公为统一中国做出了重大贡献，被封于昌国，食邑下邳。第六十九世唐代国子监博士余钦，对恢复余姓、免坠祭祀大禹做出贡献，唐肃宗赐"永宗"。第一百世明代天启年间乙丑科状元余煌，历任吏部、礼部和兵部尚书，在回乡期间，为重修绍兴三江闸和避免绍兴城遭屠城之祸做出了重大贡献，朝廷追谥忠节。第一百〇八世河南布政司余炳焘，为保卫国家完整，率部与太平军和捻军作战，积劳成疾，病逝于任内，清王朝授予资政大夫，晋授荣禄大夫，赏戴花翎，夫人王氏被封为一品夫。据初步统计，历史上冢斜余氏在朝廷任职过伯侯、司寇、国王、公卿等 48 个级别的官职。近现代以来，冢斜也名人辈出，第一百一十二世余晋龢，留学日本，历任青岛市、北平市公安局局长、福建省厦门市和北平市市长，出任华北政务委员会常委、经济督办、治理黄河委员会主任，为治理黄河做出贡献。总之，新中国成立后，冢斜余氏后裔也出了不少专家学者，有测绘、生物医学、微电子工程、建筑工程、文史等方面的专家，也有著名企业家，他们在各自的领域，为祖国和家乡增添了新的光彩。

另外，冢斜村还保存有编织、自制香糕、米酒、豆腐、龙井茶、珠茶等传统手工技术，保留了越剧、莲花落、编宗谱、讲故事等民间文学和传统医药。这些特色文化遗产，有着较高的历史价值和艺术创造力。

二、规划设计

1. 规划布局与结构

冢斜村在省历史文化村落保护利用重点村规划中，根据村落历史与文化资源分布状况与游览主题定位，从资源特征、资源利用和保护要求以及自然空间和用地条件入手，注重冢斜古村历史脉络的延续，在维持旧有格局的基础上进行布局梳理和要素重构，大力推进环境整治，巧妙构思注入旅游功能，展示古村风貌。规划"一溪两轴，一心两片"的空间结构（图 7-6-8、图 7-6-9）。

一溪：小舜江北溪为冢斜村的风水河，绕村南而过，直接影响着村庄发展。

两轴：沿 32 省道的风貌展示轴线和沿老绍甘线的商业发展轴。沿 32 省道的风貌展示轴线主要展示两侧山水风景和古村落的线形空间，其弧线走向为游客提供了丰富的观景角度。沿老绍甘线的商业发展轴线两侧为错落有致的商业建筑，是商业功能延伸线，同时又联系着南北两大功能片区。

一心：指游客服务中心，由原大会堂改造，是集餐饮、住宿、旅游服务等功能为一体，古村服务最集中的地方，同时也是一个旅游集散点。

两片：指老绍甘线南面的"冢斜古村落"和老绍甘线北面的"美丽乡村"。老绍甘线南面的"冢斜古村落"保存着主要的文保单位（点）和传统建筑，是古建筑群的"活化石"，同时还保留古道和大片田地，是冢斜耕读文化的直接体现。老绍甘线北面的美丽乡村多为 20 世纪 80 年代之后建设的民居，周边为茶园，是休闲度假、登山游乐，品茶静思的绝佳地。

在总体空间构架下，冢斜古村又可以细分为 5 个功能片区，分别为古村精华区、田园风光区、旅游服务区、休闲居住区、禹文化展示区。

2. 规划保护范围

冢斜村省历史文化村落保护利用重点村规划，将历史文化遗存比较集中，能较完整反映冢斜古村特定历史时期传统风貌和地方特色的区域，以及整体风貌环境较好且具有较高的历史文化价值的区域划定为核心保护区。具体范围西至32省道，东至八老爷台门西侧农田，北至老绍甘公路，南至余氏宗祠前水塘，总面积为2.2公顷。反映了历史风貌、历史建筑、历史环境等要素保存有一定比例的过渡地区为建设控制区，西跨32省道至舜江，南围农田至舜江，东以农田和山脚为界，北靠大龙山山脚，面积为26.2公顷，区域内注重控制和协调建筑的风格、颜色、体量（图7-6-10）。

图 7-6-8　规划总平面图

图 7-6-9 功能结构规划图

图 7-6-10 保护范围规划图

三、建设实绩

冢斜村自 2014 年被列为浙江省第二批历史文化村落保护利用重点村以来，镇、村中心工作着重于古村保护，累计投入 1508.21 万元，完成以下项目建设。

古建筑修复：完成对八老爷台门前大厅、上大院东侧厢、下大院东、西侧厢、高新屋东侧厢、朝西台门等古民居的修缮。其中包括 6 幢古建筑的顶瓦修补，面积 2000 平方米；6 幢建筑的墙体加固，面积 2000 平方米；10 幢建筑的立面改造，面积 3450 平方米；6 幢建筑的构件修复，共 60 个（图 7-6-11）。

与历史风貌有冲突的建（构）筑物整修改造：完成 10 幢建筑的立面改造，面积 8000 平方米（图 7-6-12）。

搬迁安置区基本公建设施建设：投资 80 万元用于 1 公顷搬迁安置区基础设施建设，安置农户 45 户。

村内古道修复与改造：完成永兴大道路面硬化和绿化工程、大小西岭古道修复工程等；古道修复 2.4 公里，面积 4700 平方米（图 7-6-13）。

a）修缮前　　　　　　　　　　　　b）修缮后

图 7-6-11　朝南台门歪摆台门修缮前后对比图

a）改造前　　　　　　　　　　　　b）改造后

图 7-6-12　村史陈列馆改造前后对比图

a）修复前　　　　　　　　　　　　b）修复后

图 7-6-13　古道修复前后对比图

环境整治提升：完成冢斜古村主入口景观工程、牌楼建设工程、小西岭墩包公殿修复工程、冢斜古村主入口一期工程、老绍甘线综合改造工程、公共卫生设施综合治理工程、新环线路综合整治工程、古照壁工程等（图7-6-14）。

四、建设效益

冢斜村是历史文化村落保护利用中，生态环境优美型的代表。冢斜村以"党建引领、政府搭台、示范领路、共同合作"的战略思想，以集体和公司经营为平台，示范领路，鼓励农户参与合作，实现双赢。

1. 选择一条道路

冢斜村地理位置优势明显，自然环境优美，人文历史悠久，文化积淀浓厚。选择一条因地制宜、优势互补的冢斜古村保护利用道路，既顺应了党和国家对历史文化村落保护的要求，又突出彰显了美丽乡村建设牵引美丽经济。在冢斜村成立之初，村集体经济几乎为零，目前村集体经济已是过去的40倍之多。

2. 构建一套机制

冢斜村历史文化村落保护利用历程可总结为三个发展阶段，即早期民间自发保护、初期政府投入支持保护、近期政府重点投入建设保护。保护工作从抢救性保护到规划性保护，从古建筑群体保护到新建基础配套设施，最终形成保护利用相互促进发展的成果。早在2012年，冢斜村就成立了"冢斜古村保护利用领导小组"，下设办公室，设置"一委四科"，村委会主要抓村级日常工作，完成镇级下达的各项任务；保护科主要抓好古民居的修缮、整治和利用工作；开发科主要抓好古村基础设施建设、旅游配套设施建设等工作；综合科主要抓好资金的管理、文件的起草、文书等工作；文化科主要抓好古村文化研究、编辑书籍、收集资料、旅游开发等工作。同时，冢斜村商议确定古建筑保护修缮工作的四条措施：其一，古民居修缮必须坚持"修旧如旧"；其二，民居修缮必须要由经验丰富、从事修缮工作十年以上的老木匠操刀维修；其三，资金按农户30%、村集体70%的比例分担；其四，每户民房必须先由两三个老木匠按照房屋破损结构情况给出预算，再平均价格，抓阄确定具体由哪个老木匠来修，材料由村统一采购。举措的创新与落实，不仅有效推进了工作，还节省了不少资金，老百姓满意了，工作也圆满完成了。

a）建设前　　　　　　　　　　b）建设后

图 7-6-14　停车场公厕建设前后对比图

3. 营造一股清风

民风正则民心齐，村风正则基层稳。冢斜村近年严抓村风、民风治理工作，由于制度规范、公开透明，现在村民之间能够做到互相理解、互相信任、互相帮助，村民的整体文明素质有较大的提高。村级班子、党员队伍、村民代表队伍、顾问组、乡贤组五套班子建设稳固助力，合力建村，村风、民风明显好转，文明和谐的美丽乡村逐步形成。近年来，冢斜村历史文化村落保护利用结合绍兴市"五星3A"达标创建村等一系列建设工作，收获了众多荣誉。2017年冢斜村被评为"美丽宜居、浙江样板"双百村，2018年又成为"国家百个最美古村落"之一，被评为绍兴市"五星"达标村、绍兴市"AAA"示范村、"浙江省休闲旅游示范村"（图7-6-15~图7-6-17）。

图 7-6-15　田间水车

图 7-6-16　冢斜村古牌楼

a）

b）

图 7-6-17　村史陈列馆

第七节　耕读孝义，千柱祥居——绍兴诸暨市斯宅村

一、村落概况

1. 区域位置与社会经济

斯宅村位于绍兴诸暨市东白湖镇东南部，地处会稽山脉西麓东白湖饮用水保护区陈蔡水库上游，东接嵊州市，东南毗邻东阳市，西南邻陈宅镇，西北与陈蔡相连，东北与西岩接壤。村落距镇区约10公里，距诸暨市中心约26公里。斯宅村由斯宅、

螽斯畈和上泉3个自然村组成，村域面积10.46平方公里，现有1002户，2750人，以斯姓为主。村内以高山茶、板栗、香榧为主要经济收入来源。近年来，乡村旅游产业日益发展。2018年村集体年收入443.63万元，村民人均年收入28597元。2000年，斯宅村被评为浙江省第二批历史文化名村；2012年，被列为第一批中国传统村落；2013年，被列为浙江省第一批历史文化村落保护利用重点村；2017年，被评为浙江省第一批3A级景区村庄。

2. 村落历史与风貌格局

斯宅村历史悠久，建制之设，屡有分合。其地古称上林，因五代后汉乾祐二年（949年）在五指山麓所建之上林院（后改称清凉寺）而得名。《宋书·列传·卷九十一》记载："元嘉三年，母亡，居丧过礼。未葬，为邻火所逼，恩及妻桓氏号哭奔救，邻近赴助，棺椁得免。恩及桓俱见烧死。有司奏改其里为孝义里，蠲租布三世。追赠天水部显亲县左尉。"因孝子贾恩而得名孝义乡。斯宅村从宋代至清代均属孝义乡，清以前有领都四，斯宅分属四十二都和四十三都。民国初期设上林乡以及至道乡，1947年合称斯宅乡。1951~1955年，分为上林乡、斯宅乡、小东乡。1956~1958年，上林乡与小东乡先后并入斯宅乡，改称东方红公社。1981年10月又分拆为斯宅、小东两公社，又于1983年间重新改公社为乡。1992年5月斯宅、小东两乡重新合为斯宅乡。2005年斯宅乡与陈蔡镇合并组成东白湖镇。

斯宅，即"斯姓宅第"，是一个以"斯姓宅第建筑"命名的村落。孙权深感史伟之子史敦、史从其孝，赐姓斯氏，故斯伟（史伟）为斯氏开宗始祖。唐末，第二十五世斯德遂从东阳梵德村迁诸暨上林，为上林三斯开宗始祖。上林三斯即上斯、中斯、下斯，今仍有中斯畈名，后人作螽斯者，谐"螽斯衍庆"之意。自后，暨阳上林三斯，烟火万家，人才蔚起，颇为名邦钦仰。斯宅村是全国最大的斯姓聚居地。斯姓自唐至今已60余世，历1100余年，可谓源远流长。

六曲清溪穿上林，斯氏家族潜会稽。斯宅村落建于两山之间，地势东高西低，群山环抱，层峦叠嶂，上林溪由东向西蜿蜒，穿村而过，呈狮象把门格局。村落整体布局呈带状，浬斯线与上林溪贯穿村落各个建筑，建筑坐山面水，随山形水势分布，形成了不少自然景观廊道。上林溪是斯宅村特色空间的骨架，构筑了斯宅的山水格局和建筑景观特色（图7-7-1、图7-7-2）。

图7-7-1　斯宅村航拍图

图7-7-2　斯宅村全景图

3. 传统建筑与历史环境要素

元儒千柱驻古村，书香孝义留斯宅。斯宅村历史遗存丰富，古民居建筑数目较多、规模宏大、等级较高，其中木雕、石雕、砖雕"三雕"装饰工艺具有浓厚的地域文化特色，是研究我国江南地区清代民居建筑的珍贵实物资料。村内保存完整的清代古民居有14处。2000年2月，斯宅被浙江省人民政府评为第二批浙江省历史文化保护区。2001年6月，千柱屋、发祥居、华国公别墅等组成的斯氏古民居建筑群被国务院评为第五批全国重点文物保护单位。2005年3月，新谭家民居、上新居被浙江省人民政府评为第五批省级文物保护单位。另外，村内还保留有下门前畈台门、斯民小学、摩崖石刻、百马图等6处县级文物保护单位。

斯盛居又称千柱屋，建于清嘉庆三年（1798年），为当地巨富斯元儒（1753—1822年）所建，位于螽斯畈自然村东首，建筑东西面宽108.56米，南北进深63.10米，占地面积6850平方米，坐南朝北，共三进，沿中轴线依次为门楼、大厅、座楼。以中轴线为中心，东西侧各分设辅轴线两条，共计有8个四合院，内含10个大天井，36个小天井，前后楼屋，左右厢楼。院落之间有廊檐相连，四通八达，使整个建筑浑然一体。斯盛居造作讲究，工艺精湛，是斯氏古民居建筑群中气势最恢宏的台门，共有柱子近千根，故名为千柱屋。巨宅大门五扇，正中大门上方青石浮雕大篆"于斯为盛"，为米元章手迹。其余四门均饰以砖雕，雕工精细，层次分明，内容多为历史故事。环宅数十窗户，窗棂均用青石透雕，花鸟虫鱼，栩栩如生，宅内门、窗、柱、梁、牛腿等雕饰十分华丽，都出自民间建筑工匠之手，使斯盛居成为民间建筑雕刻艺术的瑰宝。位于正屋天井照墙的"百马图"由21块方砖组成，总长7.2米。其中所雕马匹神形毕肖，人物形态各异，所描山水林木细致入微，自然得体，或枯或荣，或简或繁，虚实相同，结构严谨，是罕见的砖雕艺术珍品（图7-7-3）。

图7-7-3 斯盛居

发祥居又称下新屋，建于清嘉庆七年（1802年），是斯元儒胞兄斯元仁的住宅，是斯氏古民居建筑群中保存最完好的台门。建筑东西面宽59.4米，南北进深54.8米，占地面积3255平方米，平面布局近似正方形，坐北朝南，共三进，沿中轴线依次为门屋、大厅、座楼。三进之间各有天井相隔，中轴线左右两侧配置内厢房（大厅前两侧与座楼前两侧），外端左右两侧各筑东西廊屋（外厢房）九间三弄，廊屋通过弄分别与门屋、大厅、座楼相连，形成相对封闭的格局。发祥居因门额篆刻"长发其祥"而得名，出自《诗经·长发》，寓意久发、吉祥。建筑的装饰以历史典故、人物山水、吉祥如意、明暗八仙、梅兰竹菊等37种传统图案为主，雕刻精美绝伦，技艺精湛（图7-7-4）。

华国公别墅又称新祠堂，建于清道光二十年（1840年），是华国公儿子斯志浦和孙子斯源清为纪念斯华国而建的，学塾与家庙兼容的混合建筑，位于斯宅村南首的南瓜山南麓。建筑依山而建，坐北

图 7-7-4　发祥居

图 7-7-5　华国公别墅

图 7-7-6　上新居

朝南，占地面积为 2806 平方米。共三进，沿中轴线依次为门厅、大厅、后厅，左右两侧配置厢楼及附房（图 7-7-5）。第一进门厅三开间，前檐砌包墙，明间居中辟石库门，门额镌"华国公别墅"楷书大字。屋檐饰"暗八仙"，为砖雕线砖。后檐置轩廊，施彩绘，雕饰华丽。厅后两侧建厢房三间一弄。第二进中厅三开间，名"思诚堂"，为学塾讲堂，明

间五架抬梁带前后双步，四柱九檩，梁作月梁形，呈鸥鱼喷水状。前后檐柱均施雕花牛腿，上叠雕花琴枋、坐斗承托挑檐枋。明间后金柱设退堂屏门六扇，两次间穿枋上留有学塾弟子科举中试的"捷报"十余张。中厅两旁设耳房各三间一弄。第三进后厅三开间，即家庙，为春秋享堂之所，作开敞三明式厅，穿斗结构，前槽船篷轩，雕饰华丽。厅两旁向外延展筑座楼各三间，左为"琢玉轩"，右为"漱芳居"。厅前道路外侧有一半月形池塘，名曰泮池。在清规戒律很严的清代，能建造泮池是社会地位的象征。

上新居建于清乾隆十五年（1750 年），也是斯元儒所建，与斯盛居隔溪而立，坐北朝南，东西面宽 80 米，南北进深 49.7 米，占地面积 3360 平方米。青石门额上和斯盛居一样刻有"于斯为盛"四个九叠篆大字，取自孔子《论语》，寓意斯氏由此而兴盛。上新居共三进，沿中轴线依次为门楼、大厅、座楼，各有天井相隔，两侧设厢房，东西对称。上新居的木雕、石雕、砖雕"三雕"装饰工艺精湛，门、窗、梁、壁、马头墙、鱼池石栏上满是雕刻（图 7-7-6）。

新谭家民居建于清嘉庆年间，坐南朝北，东西面宽 80 米，南北进深 49.7 米，共三进，中轴线依次为门楼、大厅、座楼，各有天井相隔，两侧设厢房，东西对称。

笔峰书院位于斯盛居南侧，为斯元儒子孙读书之处，因书院背靠笔架山而得名（图 7-7-7）。上山石路旁古树名木林立，树龄都有二三百年。书院门口植有龙爪槐。书院为三层木构楼房，原院前屋后广栽奇花异草，四季飘香，其中房前有荷花池一座，只开红花不开白花。书院入口处为洪门，原为龙门，取望子成龙之意，后因避皇帝名讳而改。书

院内古时无楼梯，现有楼梯是后来建的。原斯元儒子孙在此读书时，早上大人用木梯子送小孩入二层楼读书，中午仆人用梯子将茶饭送入小楼，晚上又用梯子将小孩接下楼，其间不许小孩下楼，这也是诸暨人重视教育的例证。书院东侧小院为祠堂，院内天井地上用鹅卵石镶有"八卦图"。

斯民小学前身为斯民家塾，由斯源清创办，清光绪三十一年（1905年）春改办新式小学堂，慕名入学者络绎不绝。时任校长的斯兰馨发动斯姓全族办学，校名改称为"斯民小学堂"。在众人的支持和赞助下，1919年新校舍落成，规模之大为全县小学之冠。1915~1929年，学堂共有106名毕业生，其中3人后毕业于黄埔军校，40余人在各地大学毕业。百年来，斯民小学人才辈出，载入《中华名人大词典》的中国古生物奠基人斯行健、著名儿童教育家斯霞、国际焊接专家斯重遥、史学家斯维至等，都先后在象山民塾、斯民小学读过书。斯民校友遍布海内外，其中有巴西石油巨富斯子林、台北浙江同乡会名誉理事斯孝坤先生、私营企业家斯国勋先生等商界成功人士，有季英、斯梦飞、斯公才、斯杭生、斯张梅等学术界的精英，浙江武警政治部主任张建中等都为斯民校友。2006年，斯民小学被评为浙江省百年名校（图7-7-8）。

4. 特色文化资源

（1）孝义文化　斯姓因孝而得名，孝义文化源远流长。三国时期，累官至廷尉的史伟博士因不及请示，擅自赦免了好些罪犯，令孙权震怒而要治史伟死罪。史伟的两个儿子"陈情"吴主，要求以身代父。"子愿代父，孝也；兄弟争代，义也。斯孝子也。"孙权深感其孝，赐姓斯氏，复斯伟原职。孝义在斯氏家族中一直扮演着至关重要的作用，在斯宅可以看到很多带"孝"的牌匾，如立于清咸丰十年（1860年）的"节孝"，年月湮灭的"孝廉"等。

（2）耕读文化　斯宅历来就有耕读传家、崇文重教的传统。笔峰书院、华国公别墅、斯民小学等建筑遗存，详尽地展现了教育形式从私塾到公塾的嬗变。这种重视教育之风，使斯宅人才辈出。尤其在民国时期，从斯宅走出去的少将级别的人物就有十几人，黄埔军校从1期到21期，几乎每期都有斯宅人士。斯民小学自1905年建校至今，培养出的正高级职称以上的知识分子超过130名。

（3）古越文化　自古诸暨文风蔚然，人文荟萃，能工巧匠代有其人。村内裕昌号民间艺术馆收藏了大量明清家具、牌匾字画、越秀银器、竹艺锡器及各种木砖石雕等工艺品，充分展现了古越大地"十里红妆"之盛景，展现了优秀的文化遗产之绚

图7-7-7　笔峰书院

图7-7-8　斯民小学

丽精致。2012年6月，"十里红妆"被评为浙江省第四批非物质文化遗产代表性项目。另外，斯氏古民居建筑营造技艺、越红工夫茶制作技艺也被评为绍兴市非物质文化遗产代表性项目。

（4）民俗文化　斯宅村至今仍保留有春节板龙巡游的习俗，龙身由每块长6尺（2米）左右的灯板连接而成，每条灯板四周装有雕花木板，上面装饰着亭台楼阁、花草鱼虫、人物禽兽。舞龙队出行时，龙后有"扬扬马"压阵。"扬扬马"的马足装有滑轮，高大魁梧。马中安有蜡烛，出行时在人群中穿梭，为夜色增添许多光彩。

二、规划设计

1. 规划布局与结构

斯宅村在省历史文化村落保护利用重点村规划中，深入挖掘优秀传统文化资源，科学整治人居环境，实现对文保单位和历史建筑的有效保护，维护村落整体风貌与格局，提升村落品牌吸引力和竞争力。根据斯宅村落发展需要，综合自然景观和人文景观特色，为满足旅游观光、休闲度假需要，规划了"一轴四区"的布局结构（图 7-7-9、图 7-7-10）。

一轴：上林溪纵向空间骨架主轴。严格保护上林溪蜿蜒而上的水流趋势，保护与整治溪流两岸的建筑景观特色，改善溪流两岸绿化情况，整治溪上景观环境，增设亲水步道及小品景观。

四区：综合服务区、民俗文化体验区、家族文化展示区、传统街肆服务区。综合服务区北至下门前畈，南至华国公别墅，以原斯宅乡政府办事处区域为旅游接待与服务点，严格保持华国公别墅周边田园景色，将斯宅导游中心设置于此。民俗文化区是下门前畈至上前门畈区域及新谭家至茶厂及周边区域，包括小洋房、新谭家、裕昌号等。家族文化展示区为斯盛居与发祥居周边大、中型民居集中的区域。传统街肆服务区为棋盘街区域。

2. 规划保护范围

斯宅村省历史文化村落保护利用重点村规划，以保护斯宅村风貌、风土、风光、风俗、风物为主要内容，注重村落情境、意境的营造。确定规划范

图 7-7-9　规划总平面图

围包括螽斯畈、斯宅2个自然村及上泉村安置区，螽斯畈、斯宅2个自然村落东至斯盛居、南至笔峰书院，沿上林溪延伸至樟畈南侧溪，面积约43.39公顷；上泉村安置区位于上林溪北岸，用地面积约2公顷。将保护范围划分为核心保护区、建设控制区、环境协调区三个层次。其中，核心保护区分为东部、中部和西部三个片区。东部片区东至斯盛居，南至笔峰书院，西至发祥居，北至牌轩里门，面积约9.72公顷；中部片区东至新谭家，南至华国公别墅，西至上林溪西岸，北至斯民小学，面积约15.76公顷；西部片区东南至上泉村古村沿线，西北至上林溪西岸，面积约9.05公顷。建设控制区范围自螽斯畈村东北菟岭开始，沿上林溪延伸至上泉村，包含螽斯畈、斯宅、上泉村3个自然村，总面积约111.54公顷。环境协调区主要指整个斯宅村以内，建设控制区以外的区域，范围至周边山体山脊线（图7-7-11）。

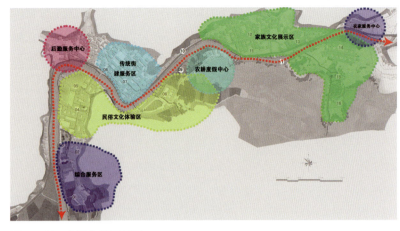

图7-7-10 空间布局规划图

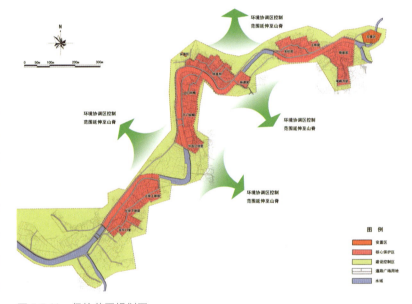

图7-7-11 保护范围规划图

三、建设实绩

斯宅村自2013年被列为浙江省第一批历史文化村落保护利用重点村以来，一直在加强历史文化村落保护，加快推进项目建设。

古建筑修复：先后修复斯盛居、发祥居、小洋楼、华国公别墅和下门前畈屋等明清古建筑。其中，完成38幢建筑的顶瓦修补，面积7680平方米；38幢建筑的墙体加固，面积8500平方米；38幢建筑的立面改造，面积15300平方米；16幢建筑的构件修复，共63个（图7-7-12）。

与历史风貌有冲突的建（构）筑物整修改造：

完成 19 幢建筑的立面改造，面积 11200 平方米；整体拆除 800 平方米。

搬迁安置区基本公建设施建设：完成搬迁安置区用地指标 4 公顷，安置农户 170 户，投资 350 万元用于基本公建设施建设。

村内古道改造：投资 130 余万元新建一条从斯民桥至千柱屋的 2 公里长的游步道，面积达 3800 平方米。

四、建设效益

斯宅村是历史文化村落保护利用中，历史古建悠久型的代表。斯宅村依托东白湖饮用水保护区的生态优势，发挥建筑资源特色，以"乡村旅游"为切入点，引入多种文化业态，现已建成笔峰书画院（华国公别墅）、民国史迹陈列馆（小洋房）、私塾展示馆、斯霞纪念馆等文化展馆。引进社会资本，打造十里红妆主题展示、主题民宿与餐饮为一体的裕昌号民间艺术馆。村内千柱屋景区、裕昌号民间艺术馆两家单位先后被评为省级 3A 级旅游风景区。近年来，斯宅村先后获得第三批全国特色景观旅游名镇村、浙江省生态文化基地、浙江省十大最美乡村、全国生态文化村落等荣誉称号（图 7-7-13~图 7-7-16）。

a）修缮前（一）

b）修缮后（一）

c）修缮前（二）

d）修缮后（二）

图 7-7-12　古建筑修缮前后对比图

图 7-7-13 笔峰书画院

图 7-7-14 私塾展示馆

a）

b）

c）

图 7-7-15 裕昌号民间艺术馆

a）

b）

图 7-7-16 村落公共空间

第八节　天姥门户，古驿班竹——绍兴新昌县班竹村

一、村落概况

1. 区域位置与社会经济

班竹村位于绍兴市新昌县城东南部，西依 104 国道，东靠天姥山，地处国家级风景名胜区天姥山核心班竹山西山麓，属于半山区，距离新昌县城约 15 公里，地理位置优越（图 7-8-1、图 7-8-2）。全村村域面积不到 4 平方公里，山林面积 3.09 平方公

图 7-8-1　班竹村航拍图

图 7-8-2　班竹村全景图

里，耕地面积仅有 0.29 平方公里，其中茶叶园面积 0.04 平方公里。全村由班竹、施家坑、九间廊、官坑 4 个自然村组成，下设 5 个村民小组，现有 229 户，606 人，以章、盛、张三姓居多。村内产业以茶叶、蔬菜等种植业为主，林业和副业为补充。近年来，乡村旅游业逐步发展。2018 年，村民人均可支配收入 26777 元，村集体经济收入 34.88 万元。2014 年，班竹村被列为浙江省第二批历史文化村落保护利用重点村；2017 年，被评为浙江省第一批 3A 级景区村庄；2019 年，被列为第五批中国传统村落。

2. 村落历史与风貌格局

班竹村形成于宋代，宋代原籍福建的章姓人家从大市聚的"岭头等"迁徙而来，也有说从"燕窠"迁来，后来逐渐壮大。南宋绍兴二十四年（1154 年），章木进士及第，曾任岳州推察，为了躲避仇家，漫游到了天姥山，见仙桂乡花墙里宜耕宜居，就在此扎根安家，为班竹章氏始迁。据新版《新昌县地名志》载，班竹村因村"多斑竹"而得名。

班竹村堪称"天姥门户"，诗仙李白《梦游天姥吟留别》使之声名远扬，是旧时天姥、天台和临海古驿道上的重要驿站，现为浙东"唐诗之路"㊀的重要节点，地理位置十分重要，在肩挑背驮、骡马代力的年代，班竹正是投宿歇脚之地。明清时期，班竹村建有公馆和驿铺，村景繁荣兴旺。班竹村钟灵毓秀、人杰地灵，现留存着山（天姥山）、水（惆怅溪）、路（浙东"唐诗之路"古驿道）、桥（落马桥）、文（唐诗、典故）等众多历史文化遗存，具有很高的历史价值、文化价值和很好的文化旅游发展前景。

班竹村坐落于群山环抱之中，峡长涧深，林森木秀，自然风光秀美。惆怅溪南北向依村而过，沿溪粉墙黛瓦，山径通幽，一派田园风光。班竹村以小桥头为界，上段为上街，下段为下街。村街又分前街和后街，前街为古驿道，绵延一公里卵石铺路，古朴整洁。临街两面开店设铺，包括驿铺、客

㊀ "唐诗之路"指的是一条对唐诗发展有着重大影响的山水人文线路，是继"丝绸之路""茶马古道"之后的又一条文化古道，具有一定国际影响力。中国是诗的国度，唐诗是其中最绚丽的花朵。携一卷唐诗进行浪漫的山水人文之游，可以从中领略中国文化的博大精深。一座天姥山，半部全唐诗。据统计，《全唐诗》2000 多位诗人中，到过浙东新昌的有 451 人。唐代著名的四大诗人李白、杜甫、白居易、元稹都曾经游历新昌并留下大量的诗文传世。据考证，整个唐代共有 130 多位诗人的 380 多首诗歌里，或直接描绘了新昌的秀美山水风光，或赞誉剡中藤、桂、茶、术等土贡方物，或敬慕入剡隐居游弋的前贤名士。

栈、饮食店、货栈、日用杂货店等，房舍鳞次栉比。村街和街两侧的民居，至今基本保持完好。后街供村人劳作行走。村里多数人家依山缘溪而居，土垒的老房子古色古香，房顶用薄薄的、斑驳的灰色瓦片覆盖。屋檐下悬挂着一串串金黄色玉米棒，院内静躺着舂米的石臼、耕田的犁耙、手摇的风车，一派农户人家祥和的生活气息。

3. 传统建筑与历史环境要素

班竹村历经宋、元、明、清多代经营，村落发展得较为成熟，村内古迹古貌丰富，村落形态完整，至今古驿道保存完好，村内水系、街巷格局完好。村中如今留有古街、古道、古桥、古庙、古宅等众多历史文化遗存，记载着班竹村落发展的轨迹，是村落重要的历史文化遗产。

章家祠堂是为纪念班竹章氏第二十三世孙、清末状元章鋆（1820—1875）所建，堂号承德堂（图7-8-3），正厅面阔三间，两侧各三间看楼连接戏台前廊。正厅明间抬梁式，次间穿斗式，七柱落地。大堂的檐柱、戏台藻井等部位的雕刻工艺十分精湛，颇具特色。祠堂外的广场上耸立着状元旗杆，"状元及第""章"字两面大旗迎风招展，见证了章氏宗族的兴旺之势。

落马桥，因桥边有一处岩石，中间的通道只容一匹马一座轿通行，行人若不落马下轿就无法前行，而命名"落马桥"。落马桥又叫司马悔桥，《嘉泰会稽志》云："旧传唐司马子微隐天台山，被征，至此而悔，因以为名。"明成化《新昌县志》记载："司马悔桥，一云落马桥，旧传司马承祯隐天台山，被征，至此大悔，因以为名，窃谓此当为处士轻出者戒。"落马桥始建于东晋，道光二十四年（1844年）火毁重建，为半圆单孔石拱桥，东西向如长虹卧于惆怅溪上。桥长18米，宽5.75米，矢高8米，净跨10.9米，桥面由天然块石垒砌而成，两侧桥额镌刻隶体"落马桥"三字。整座桥体藤蔓缠绕，青苔遍布，古朴庄重，是天姥古道上颇为重要的一座桥梁。1998年9月，落马桥被评为县级文物保护单位（图7-8-4）。过落马桥有座司马悔庙，又名梦游山庄，村民为纪念司马承祯看破红尘、淡泊名利，在桥头建此庙。司马悔庙所建之地为道家的"双福地"。庙后为班竹峰，是天姥山最高峰（图7-8-5）。

天姥驿道全长35千米，班竹村内驿道长约1千米，宽约2米，由鹅卵石铺成，饱经沧桑，是唐

a)

b)

图 7-8-3 章家祠堂

图 7-8-4　落马桥

图 7-8-5　司马悔庙

诗之路最精华的地段之一。天姥山自东晋谢灵运伐木开径，始通台越，史称"谢公古道"。至唐代，大批诗人接踵而至，由此登临天姥山。今天姥古驿道遗迹犹存。2017 年 1 月，天姥古道被浙江省人民政府评为第七批省级文物保护单位。

4. 历史文化资源

（1）"刘阮遇仙"传说　班竹惆怅溪边，流传着一个故事。相传，东汉永平五年（公元 62 年），剡县（今嵊州与新昌）村中恶病流行，郎中说需寻得天台山乌药才能治乡民的病。村有刘晨、阮肇二人不辞辛劳，结伴入天台山采药，也不知走了多少路，在刘门山迷了路，又饥又渴，于是摘桃充饥。吃完后沿溪而行，遇上了两位姿容绝伦的女子。女子笑着说：刘、阮二郎为何来晚了？好像旧识一般，刘、阮迟疑间，就被二位女子相邀还家，殷勤款待，结为夫妻，从此形影不离。刘晨、阮肇住了半年，见春鸟悲啼，思念起他们的故里和亲人，不管女子怎样挽留，回归之意坚决。仙女同意他们回去，并给二人带了治病的仙药。当刘、阮二人回到故里，发现早已没有了故居。从一个人口中得知，祖辈有二人上山采药一直未归，二人才知人间已隔了七世。没有了亲朋与故居，刘、阮二人思念起两位天仙般的女子，返回山中沿着水溪寻找妻子，却再也找不到原来的路。原来，仙女私赠仙药，被王母娘娘惩罚，化作桃源洞边的两座山峰。刘晨、阮肇二人在溪边徘徊良久，惆怅不已，这条溪因此得名"惆怅溪"。"刘阮遇仙"虽为神话传说，却为天姥山增添了几分神秘色彩，使天姥山成为人们无限向往的神奇仙景。

（2）历史名人　班竹始迁祖章木，南宋进士，曾任岳州推察。章木父亲讳冲，系唐太傅仔钧公，仕台州知府。章木生有三个儿子，四个孙子，后裔在新昌分泽岭、梅湖、礼泉三大房派。章木的三世孙中，有一名岳者，登进士第，仕至侍御史。清咸丰二年（1852 年），班竹章氏第二十三世章鋆考中恩科进士，钦点一甲一名状元及第，为班竹章氏家族一大盛事。章鋆仕途一帆风顺，官至提督福建广东全省学政，上书房行走，国子监察酒，诰封资政大夫。章氏家族出了这样一位光宗耀祖者，承德堂前因此可竖立旗杆，以示旌表。一千多年来，章氏发展成为一个颇有影响的族姓，历代名人辈出，从宋代的章得象、章衡、章惇、章谊，元末明初的章溢，明代的章纶，清代的章学诚，近现代的章太炎，都可谓历史名人。

（3）非遗文化 班竹村有新昌调腔等多项非物质文化遗产。2006年5月，新昌调腔被列为第一批国家级非物质文化遗产代表性项目，2008年1月，章华琴被确定为代表性传承人。

班竹地处浙东唐诗之路。谢灵运"尝自始宁南山伐木开径，直至临海"，风光绮丽的天姥山，正处于此通道险要地段，由此名声大震。特别是唐宋时期，文人墨客集聚于此，留下了为数不少的华章。唐代李白、杜甫等人追慕前贤高情，留下了《梦游天姥吟留别》《壮游》等千古绝唱。另据《徐霞客游记》载，明崇祯五年（1632年）四月十八日，大旅行家徐霞客午后从天台万年寺出发，经牛牯岭，下会墅岭，夜宿班竹驿铺。浙东唐诗之路上包含着丰富的物质和非物质文化遗产。

图 7-8-6 规划总平面图

二、规划设计

1. 规划布局与结构

班竹村在省历史文化村落保护利用重点村规划中，围绕"走唐诗之路，登天姥极顶，游班竹古村，觅古道遗风"的规划理念和定位，打造浙东自然生态与乡土风情体验相结合的乡村旅游示范点。

根据村落地理地形特征，结合旅游发展功能要求，规划形成"一轴一带五区"的布局结构（图7-8-6、图7-8-7）。

一轴：以古驿道为中心轴线，贯穿整个村落，其他功能区块分布于两侧。

一带：水上休闲娱乐带。对惆怅溪沿岸进行绿

2. 规划保护范围

班竹村省历史文化村落保护利用重点村规划，确定规划范围为班竹居民点及两侧山体，规划面积20.6公顷。在规划范围内划分核心保护区、建设控制区、环境协调区三个层次。其中，核心保护区为古驿道两侧的古建筑及村居民点，总面积6.05公顷。建设控制区的范围主要为惆怅溪两侧、108国道东侧的用地，总面积8.41公顷。规划范围内，以上两者之外的区域为环境协调区，总面积6.14公顷（图7-8-8）。

三、建设实绩

班竹村自2014年被列为浙江省第二批历史文化村落保护利用重点村以来，围绕浙东唐诗之路文化建设，着力发掘天姥文化，累计投入6000多万元，在基础设施建设、古村落保护利用、美丽庭院建设、旅游特色项目上取得了一定成效。

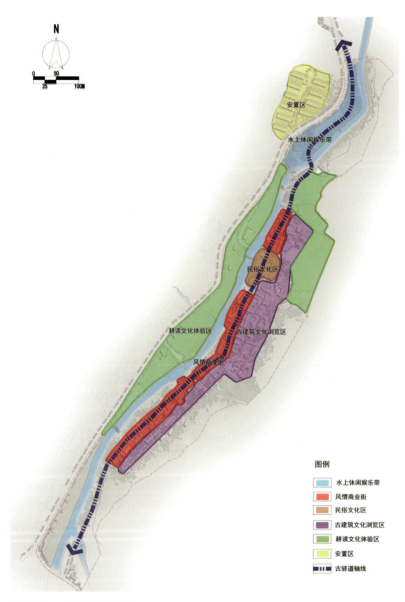

图7-8-7 空间结构规划图

化整治和溪水净化，营建沿溪绿植和景观小品，形成一条滨溪游憩带。

五区：复原古驿道的风情商业街、以章大祠堂和古戏台等宗族文化为代表的民俗文化区、以班竹古建筑群为主体的古建筑文化游览区、以耕作文化为基础的耕读文化体验区、搬迁安置农户的安置区。

古建筑修复：主要对章大祠堂、古驿道周边的古建筑进行修复，完成了34幢古建筑的顶瓦修复，面积4950平方米；18幢建筑的墙体加固，面积2300平方米；20幢建筑的立面改造，面积4600平方米；72幢建筑的构件修复，共330个（图7-8-9）。

与历史风貌有冲突的建（构）筑物整修改造：完成33幢建筑的立面改造，面积4600平方米；整体拆除3800平方米；异地搬迁15户（图7-8-10）。

搬迁安置区基本公建设施建设：完成搬迁安置区土地指标1公顷，安置户数40户，投资80万元用于基本公建设施建设。

村内古道修复：修复了古驿道，延长了古驿道线路，全程2.5公里，面积3200平方米（图7-8-11）。

基础设施建设：经过五水共治、三改一拆等环境整治，基本完善了基础设施建设，完成了班竹村农村生活污水治理工程，铺设雨污管约3000米。对村庄入口、道路周边等地进行绿化美化，面积达2500平方米。改造了惆怅溪，在落马桥下游300米处，新建了一座拦水坝。增设了5个消防设施，畅通给水排水工程，完成了部分电信、网络、供电等设施的入地工程。

文化设施建设：新建了太白楼、观音阁、天姥山农民公园等文化设施；新建及修建了生态公厕8个、停车场（1200平方米）、村文化活动中心、两座仿古标志性牌坊、一道文化墙、三座唐诗桥，打

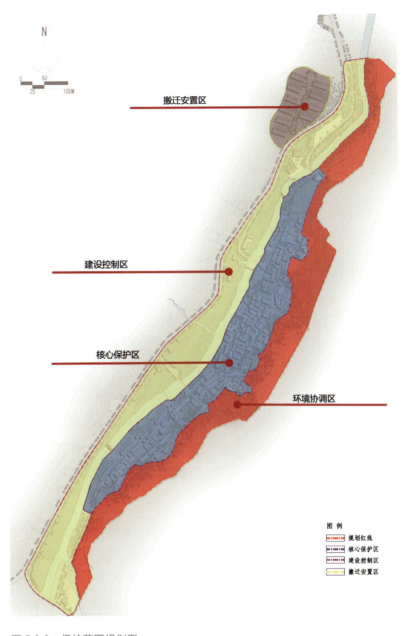

图7-8-8 保护范围规划图

造了集唐诗文化与章氏文化为一体的主题公园。

四、建设效益

1. 旅游项目发展

班竹村是历史文化村落保护利用中，生态环境优美型的代表。近年来，依托丰富的生态资源优

a）修缮前（一）   b）修缮后（一）

c）修缮前（二）   d）修缮后（二）

图 7-8-9 古建筑修缮前后对比图

a）改造前   b）改造后

图 7-8-10 建筑立面改造前后对比图

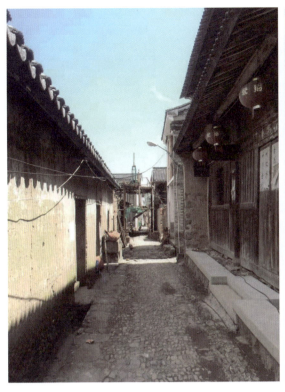 

a）改造前　　　　　　　　　　　　　　b）改造后

图 7-8-11　街巷改造前后对比图

势和浓厚的历史文化氛围，班竹村深入挖掘天姥文化、唐诗文化底蕴，启动了特色旅游项目开发工作（图 7-8-12）。一方面通过招商引资，引进义乌市军酷旅拓展基地，投资 600 万元注册绍兴梦天越文化旅游开发有限公司，重点开发丛林探险、水上穿越、民宿、亲子游、土特产购物、工艺品展示等项目。另一方面结合天姥山和章大祠堂深厚的历史文化积淀，在章大祠堂发展戏曲演绎、农耕展示、手工绘画等项目。班竹村现已成为一个集餐饮、住宿、休闲、娱乐、观光于一体的休闲旅游胜地，是一处四季鸟语花香、山清水秀、景色宜人、风光无限的人间仙境、世外桃源。

2. 创新建设模式

班竹村在历史文化村落保护利用项目实施过程中，成立了以街道党工委书记为组长、分管领导为副组长、相关科室工作人员及村两委干部为成员的建设领导小组，根据项目建设时序，循序渐进地开展工作。项目实施在充分调研、综合分析的基础上，结合村内实际情况，创造性地提出了乡村旅游发展"人人参股、户户分红、乡贤治村"的公司化运行模式。

"人人参股"破解资金难题。村两委经过召开村民代表大会决定，由村股份经济合作社作为代表持基础设施配套股份，全村村民参股参与乡村旅游发展。投资 1.23 亿元开发班竹云梯、梯田花海、玻璃展台、玻璃滑道、高端文化民宿、精品特色农家乐、千亩果园等休闲体验项目。具体采用三种方式入股：一是现金入股，按照 2000 元/股的标准，

a） b）

图 7-8-12　旅游项目

在乡贤企业家的带领下，全村村民都以现金入股。同时，班竹村景区公司出台政策，明确投资在 1 万元及以下的股东，随时可以全额退股，确保低收入人群的生活保障。二是闲置山林入股，全村每个村民都有闲置的山林资源，一直以来都没有产生经济效益。经过第三方评估机构评估，260 多公顷的山林全部流转给公司，成为山林资源股。三是基础设施入股，政府为班竹村相继建设了停车场、公共厕所等设施作为基础设施配套股份，由村股份经济合作社为代表持有。

"户户分红"实现增收致富。一是增加了村集体经济收入，除去人工、管理、经营等成本之后，基础设施股按照总股份 10% 进行利润分红，切实增加了村集体经济收入。同时，由村两委作为公司监事会，确保村集体经济收益和老百姓的经济收益不受损失。二是增加了村民个人分红收入，即股份经营性收入，由景区公司运营产生的收入利润，按照山林资源股和现金股两块股份，年终根据村民各自的股份进行分红，切实增加农户的经济收益。三是增加了其他收入，景区公司雇佣全村 70 周岁以上的老人作为"旅游讲解员"，鼓励农户在家门口销售农副产品以及开设民宿、农家乐等，实现第三产业经济收入的增加。项目建成以来，仅 2019 年农历春节七天就接待游客 5.2 万人，农产品销售收入 6.5 万元，门票收入 38 万元，其他收入 8.8 万元。

"乡贤治村"实现规范管理。由村两委出面邀请村里在外经商的企业家、退休干部、教师等乡贤能人回乡治村。这样的优势有三，一是机制更加顺畅，由乡贤牵头成立班竹旅游公司，选举产生 7 位董事，实行董事负责制，将旅游开发项目与村庄规划设计统一"打包"经营管理。同时，设立公司监事会，由村两委干部担任。随着村级组织换届，人员不断更新。二是管理更加民主，制定公司章程，严格执行管理制度。对于重大决策，由董事会联合村两委召开董事扩大会议，采用民主集中制，统一股东思想。之后，由村股份经济合作社召开社员大会，通报公司决策信息，并上墙公示。三是力量更加强大，由乡贤和村两委牵头，出台环境整治、土地流转、项目推进机制等管理办法，村民们都很信服、执行力很强。除此之外，还要组建专门人才队伍，重点做好历史文化特色宣传、旅游形象品牌代言等工作，建立唐诗文化研究社，打响唐诗文化特色村的知名度。

第九节　古韵醇风，追梦梅渚——绍兴新昌县梅渚村

一、村落概况

1. 区域位置与社会经济

梅渚村位于绍兴市新昌县西南部，新昌大佛寺到穿岩十九峰风景区的途中，毗邻七星畈，西临澄潭江，是梅渚镇政府所在地，距离新昌县城约10公里，地处上三高速与甬金高速的交叉口，新镜线从村前通过，交通较为便利。全村村域面积3.2平方公里，其中耕地0.79平方公里，果桑地0.40平方公里。现辖梅渚大村、社头桥、红岗岭脚3个自然村，下设26个村民小组，共有876户，2130人，以黄姓为主，另有俞、蔡等53个姓氏，是梅渚镇最大的行政村。村民经济收入主要依靠蚕茧、加工羊毛衫和织布。2018年，村集体收入142万元，人均收入达38199元。2013年，梅渚村被列为浙江省第一批历史文化村落保护利用重点村；2017年，被评为浙江省第一批3A级景区村庄；2019年，被列为第五批中国传统村落。

2. 村落历史与风貌格局

梅渚村始建于元代，南宋名臣黄度后裔第十三世孙黄良瑾（1297—1362年）率族从县城北门迁居于此，成为梅渚黄氏始祖。据明成化《新昌县志·村墟》载："梅渚村，去县二十五里。宋黄宣献公之子孙居之，凡百余家，仕宦不绝"。据民国《新昌县志》记载："其地古时多梅，聚落连片，故名梅渚。极富江南特色，绿柳依依，桑竹成荫，依山傍水，土地肥沃，物产丰富。"梅渚村从宋至清均属丰乐乡，清宣统二年（1910年）属澄潭乡，民国二十一年置梅渚镇，民国二十四年，下衣乡、坂平乡合并为梅渚乡，民国二十八年并入梅渚乡，1950年置梅渚乡，1956年白鹤乡并梅渚乡，1958年置澄潭人民公社梅渚生产大队。1961年成立梅渚公社，1983年改乡，1992年5月扩乡并镇，成为梅渚镇，镇政府设梅渚。

梅渚村形状如船，村内屋宇林立，现保留了"一塘一街一更楼、两庙六祠多台门"的格局。明代的一方池塘，老台门的岁月留痕，清代古街的鹅卵石，都是梅渚古村的特色。碑水由西至东沿街而流，上塘、下塘、宅前塘、方塘头、菜园塘、荷花塘、泮石塘7口水塘分布各段，皆通碑水，似七星宿排列，俗称"七星塘"。村中宅前塘呈长方形，面积1300多平方米，2~3米深，四周砌石，靠街边置等距荷花柱和石栏板，此塘水质澄清，游鱼丰肥，名扬遐迩（图7-9-1、图7-9-2）。

3. 传统建筑与历史环境要素

梅渚村古村原貌未变，文化底蕴深厚，留下了丰富而珍贵的历史文化遗产。村内保留有明代、清代、民国时期的古建筑30多处。其中有辟闾台门、茧卤台门、龙虎台门、奉三台门、黄氏

图 7-9-1　梅渚村航拍图

图 7-9-2　梅渚村全景图

四房后台门、新台门、八字台门、杨家新台门、赵家台门、魏家台门、蔡家台门、登科台门等 20 个台门，以及古祠堂 6 座，古庵庙宇 2 座、古更楼 1 座。村内古建青瓦白墙，楼阁轩敞，飞檐雕梁，窗格花纹，雕饰华丽，独具风格，堪称一座民间建筑雕刻艺术博物馆。

梅渚老街建于清代，位于黄氏二房祠堂至陈侯庙之间，东西走向，长 300 米，宽 3 米，分上直街、中直街、下直街，是旧时新昌通往东阳的官道。老街两侧有店铺 40 余间，有南货店、杂货店、豆腐店、药店、小吃店等业态（图 7-9-3）。

黄氏大宗祠建于清代，据记载为祭祀黄氏始祖黄良瑾所建，占地面积 193 平方米，坐北朝南，青瓦屋面，硬山式。正厅面阔五间，椽上铺望砖，地面条石墁铺，厅内四金柱通体石质至顶，设阴刻行书楹联。抗日战争时期，日寇侵扰新昌，新昌中学曾迁至宗祠上课，后为梅渚小学校舍。民国时期之后，建筑曾多次修缮，2018 年重建厢房和门厅。黄氏大宗祠现为县级文物保护点（图 7-9-4）。

辟阖台门建于清代，又称塘登台门，占地面积 166 平方米，坐西朝东，青瓦屋面，硬山顶，由座楼及左右侧厢组成，均为二层楼，朝内天井重檐。左右侧厢东山墙之间砌围墙，居中设石库门，上书"辟阖乾坤"四字，"辟阖"两字出自《周易》"一阖一辟谓之变"。地面图案有展翅欲飞的蝙蝠、抬脚嬉戏的小鹿等，栩栩如生，惟妙惟肖。

龙虎台门建于清代，占地面积 183 平方米，坐北朝南，板瓦屋面，硬山顶，由座楼及左右厢房组成。西厢房朝西立面设石库门框，上书阳刻行楷"西山环翠"四字。座楼廊步西侧为石库门框，上刻"由义"二字，上施砖制门饰，内墨绘

a)

b)

图 7-9-3　梅渚老街

封神演义人物故事。左右厢房均设六扇花格门，上夹堂板为镂雕"福临门"，中夹堂板凸雕"岳传人物故事"，牛腿镂雕"金鸡菊花""牡丹凤凰"等图案。

新台门建于清代，占地面积200平方米，坐北朝南，板瓦屋面，硬山顶，两层楼房内有天井，天井两侧各设厢房一列。门楼面阔三间带二弄间，座楼面阔七间，廊步直线贯通，牛腿雕饰"和合二仙""狮子戏球"等图案。正门框上刻"静虚得居"，静虚是中医名词，持脉有道，静虚为保。后门所刻"交五柳"，体现主人希望静居少言，跟五柳先生陶渊明一样的人交往，不为贫贱而忧愁，不为富贵而折腰的品性（图7-9-5）。

更楼建于清代，临街而筑，南北走向，青瓦屋面，硬山式。更楼面阔一间，为二层楼高檐，底楼靠山墙设有石凳。二楼铺有楼板，东南侧设有方形楼梯口，南北两侧建有直棂护栏。牛腿、琴枋、攀枋均设浮雕，内容有古代人物故事、蝙蝠等。古时更楼用于守望、值更、防火防盗之用。更楼在民国时期曾有维修，2014年得到整体修缮（图7-9-6）。

a） b）

图 7-9-4 黄氏大宗祠

图 7-9-5 新台门　　　　　图 7-9-6 更楼

陈侯庙始建于宋代,据记载为纪念陈贤治水有功而建,故名陈侯庙,俗称下庙。建筑占地面积1350平方米,坐北朝南,前后两进,两进之间内天井两侧各设厢房一列。前厅为二层楼房,面阔三间二弄带两耳房,青瓦屋面,四坡顶。大殿面阔三间,前施卷棚廊轩,明间构架抬梁式。左右厢房各面阔七间,构架抬梁式,进深五檩二柱落地。大殿雕刻装饰精致,殿内柱网通体石质,脊檩用蝴蝶木稳固,上下金檩间施猫梁穿枋,廊柱、檐柱、四金柱及山面中柱均设楹联,内设戏台。陈侯庙在明清时期曾被多次修缮和重建,2018年修建两侧厢房、戏台和门厅。

莲华庵建于清光绪元年(1875年),占地面积285平方米,坐北朝南,青瓦屋面硬山顶,由大殿及左右厢房组成,围墙居中辟双扇实拼门,内外贯通。大殿佛像前有一红条石,上有回字形图案,牛腿有"和合二仙""夔龙花卉"等纹饰浮雕。日寇侵扰新昌期间,新昌中学曾迁至此地上课。人民公社时期,这里曾为梅渚公社。2015年修缮后,县民宗局派正涵法师常驻莲华庵。2017年更名为"莲华禅院",现为县级文物保护点(图7-9-7)。

4. 特色文化资源

梅渚村经历了千年沧桑,具有丰富多彩的民俗文化,包括戏曲文化、剪纸艺术、雕刻艺术、酿酒文化、蚕桑文化等,曾被评为"绍兴市剪纸文化特色村"和"绍兴市乡村非遗体验基地"。

(1)戏曲文化 梅渚为新昌著名的戏乡之一。清咸丰年间,民间艺人用落地唱书调传唱故事趣闻。值得一提的是,梅渚村在越剧发展过程中有着独特的地位。村民黄小达、黄乜达(武生)兄弟俩领头组织起的笃戏班,是当时新昌县内最早的戏班之一。黄小达是新嵊两县早期著名越剧丑角,擅长《卖青炭》《绣荷包》,一路短衫丑戏。他扮演《相骂本》中三叔婆一类的羊角髻老太婆,在当时越剧界堪称绝活。他的幽默滑稽以及生活化的表演广受观众好评。1918年,黄小达兄弟又与嵊县钱景松等合班,借乱弹、徽戏的经验,采用打击乐和丝弦伴奏,进入上海观音阁码头锦花园戏院演出,成为越剧赴沪演出的先驱。

古曲《十番》源于古代宫廷音乐,流传于民间。《十番》乐队由二十余人组成,乐器分为打击类和管弦类。打击乐器由斗鼓、彭鼓、鱼板、双星、扑钹、叫锣六大件组成;管弦乐器由两支横笛、一对洞箫、龙管、凤笙、二胡、中胡、碗胡、四弦胡、扬琴、十星、琵琶、古筝等组成,俗称后六档。表演方式可分排街演奏和就座演奏两种,通常在家里做喜事、庙会时演奏,曲调既优雅又奔放,极具韵味。据考证,《圣莞十番》在新昌已有近200年的历史,曾因种种原因濒临失传。后在梅渚得到创新和完善,古老的十番艺术又绽放出绚烂的光芒。2010年6月,新昌十番被评为浙江省第五批非物质文化遗产代表性项目,石菊林被浙江省文化厅确定为代表性传承人。

(2)剪纸艺术 剪纸作为最具群众基础的民间传统艺术,在梅渚曾广为流传。梅渚剪纸艺术始

图7-9-7 莲华庵

于明代，至清代和民国时期已十分普及，距今已有450余年历史，有着深厚的民间基础和文化底蕴。梅渚剪纸最早流行剪"佛花"，民间烧香拜佛祭祖时粘于经文后，后演变成"窗花"，用于家居装饰。从封建时代的"佛花"到后来点缀窗台的"窗花"，梅渚剪纸均被赋予了时代内涵，见证着梅渚剪纸艺术的传承与革新。梅渚注重对剪纸艺术的保护和传承，通过开展剪纸作品展览、举办"剪纸周"、剪纸艺术进小学课堂等活动，弘扬这一民间艺术，由此被多家媒体报道。梅渚剪纸现已被评为绍兴市级非物质文化遗产，王菊香被确定为代表性传承人。

（3）酿酒文化　中国是酒的故乡，中华民族五千年历史长河中，酒文化一直占据着重要地位。酒是一种特殊饮品，既有酒自身的物质特征，又有品酒所形成的精神内涵。酒文化包括酒的制法、品法、作用、历史等，是制酒饮酒活动过程中形成的特定文化形态和文化现象。相传明末清初，梅渚一带民间常自酿黄酒，把黄酒的酒糟拌在稻谷砻糠里"烧"出一种优质白酒，俗称"糟烧"。而这项传统的酿酒工艺又以梅渚为最盛，故名"梅渚糟烧"。梅渚糟烧酿造技艺已传承20多代，有10个分支，一直流传至今。梅渚糟烧酿造技艺有制曲、浸米、蒸饭、投料落缸、开耙、前发酵、灌坛后发酵、压榨酒糟、入窖发酵、蒸馏取酒、老熟陈酿等环节，全手工制作，烧制出来的白酒具有色纯、香醇、入口柔和、喝后不口干、不上头的特点，被誉为"新昌茅台"。走进梅渚，小巷坊内飘出阵阵糟酒香气，真可谓酒香不怕巷子深。梅渚糟烧已成为当地的一张名片，其中的文化内涵不言而喻。2012年，梅渚糟烧酿造技艺被评为绍兴市第五批非物质文化遗产代表性项目，王桂明被确定为代表性传承人。

（4）竹编　梅渚村盛产毛竹，毛竹材质坚韧，富有弹性，可大量用于建筑、农用，制作家具和生活用品等。竹的根、鞭、蔸、枝、箨等具有极高的工艺加工价值。竹笋也是梅渚村民的主要经济收入来源。梅渚竹编工艺已被评为新昌县第三批非物质文化遗产代表性项目。

（5）蚕桑文化　梅渚村是新昌县集中产茧制种地之一，曾是蚕茧的重要产地，有过年养一千九百余张蚕种的规模，村中精雕细琢的茧肉台门就是明证。民国时期，村内各户在山地、溪滩、田塍、圳边和部分水田中种上蚕桑，养蚕制种颇盛，销往杭嘉湖三府。至20世纪30年代，梅渚蚕种逐渐被省制种场生产的改良种所替代。抗战期间，蚕茧产量急剧下降。直至新中国成立后重新发展，在村前建造蚕室数十间，进行集体饲养。20世纪80年代，国家推行生产承包责任制，由各户分养，蚕茧生产逐渐增长，产量位居全县前列。

二、规划设计

1. 规划布局与结构

梅渚村在省历史文化村落保护利用重点村规划中，围绕历史遗存和古街保护，重视对多种民俗文化的挖掘与传承，促进历史文化村落保护与利用双赢。规划了传统建筑风貌生活区、商业街市活动区、民俗文化展示体验区、民俗文化活动区和服务配套活动区5个分区（图7-9-8、图7-9-9）。

2. 规划保护范围

梅渚村省历史文化村落保护利用重点村规划，确定规划保护区域主要为古村保护区，以古街和台门为重中之重，总面积为9.3公顷。其中，重点保护区面积约为3.2公顷，建设控制地带的面积约为6.1公顷（图7-9-10）。

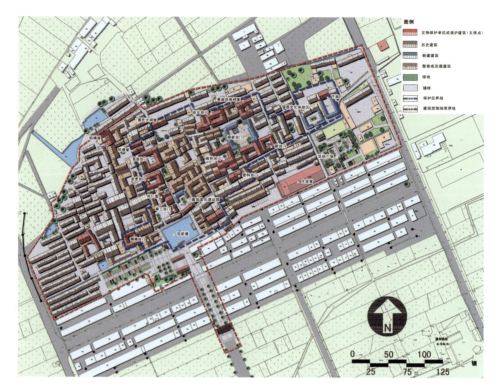

图 7-9-8　规划总平面图

图 7-9-9　空间布局规划图

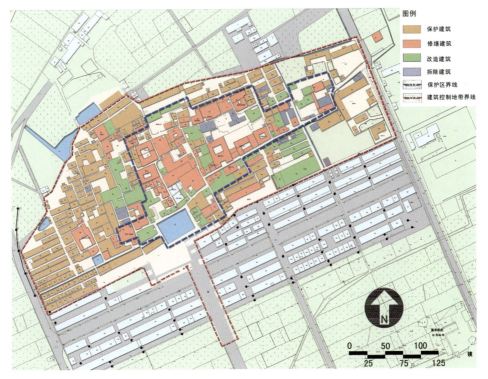

图 7-9-10 保护范围规划图

三、建设实绩

梅渚村自 2013 年被列为浙江省第一批历史文化村落保护利用重点村以来，加强组织领导，注重规划引领，坚持统筹规划，突出古物保护，改善古镇风貌，总投入 1986 万元，完成了以下几大项目。

古建筑修复：先后对新台门、茧囱台门等古台门及古建筑进行修复，完成 30 幢古建筑的顶瓦修补，面积 8500 平方米；23 幢建筑的墙体加固，面积 5000 平方米；35 幢建筑的立面改造，面积 13600 平方米；8 幢建筑的构件修复，共 110 个（图 7-9-11）。

与历史风貌有冲突的建（构）筑物整修改造：先后对宅前塘、中心路周边建筑及上下蚕室进行了整修改造，共改造 42 间，更新屋面工程 1500 平方米、油漆工程 2000 平方米、外墙油漆工程 4000 平方米。拆除与风貌有冲突的建筑 30 间，共 3500 多平方米。对宅前塘商铺进行重新规划，打造集科普、文化、商业于一体的特色商业街区（图 7-9-12）。

村内古道修复与改造：古村街道重新铺装，青石板铺装 1415 平方米、卵石铺装 353 平方米、小青瓦地面铺装 278 平方米、青砖铺装 280 平方米、五连红荔枝面花岗岩铺装 2600 平方米（图 7-9-13）。

搬迁安置区基本公建设施建设：完成搬迁安置区土地指标 2.13 公顷，安置农户 56 户，投资 120 万元用于基本公建设施建设。

公共服务设施建设：建设梅渚游园，青石板铺装 1200 平方米、卵石铺装 30 平方米；建设凉亭 1 座、连廊 20 米、绿化 1300 平方米、景观墙 55 米。

市政工程及防灾项目建设：相继完成了二线入地、自来水户表制改造及农村生活污水治理等项目，安装给排水、电信、供电等的管线共计 2000

a）修缮前　　　　　　　　　　　　　　　b）修缮后

图 7-9-11　新台门修缮前后对比图

a）整治前　　　　　　　　　　　　　　　b）整治后

图 7-9-12　宅前塘整治前后对比图

a）修复前　　　　　　　　　　　　　　　b）修复后

图 7-9-13　古街整治修复前后对比图

米,自来水、污水改造 866 户,对古村中的水系进行了清淤美化。

绿化与景观建设:相继完成了古村入口道路扩建工程、古村入口牌坊建设工程、入口景观道路铺装及绿化工程,建石牌坊、人行栈道。利用空地等空间打造景观空间,建设多个主题空间(图 7-9-14~图 7-9-16)。

a)整治前

b)整治后

图 7-9-14　糕坊整治前后对比图

a)整治前

b)整治后

图 7-9-15　磨坊整治前后对比图

a)整治前

b)整治后

图 7-9-16　酒坊整治前后对比图

四、建设效益

1. 文化产业发展

梅渚村是历史文化村落保护利用中，民俗风情特色型的代表。在省历史文化村落保护利用重点村建设中，梅渚村充分挖掘特色文化资源，积极发展民俗风情游、生态观光游、农事体验游等乡村文旅项目，焕发古村生命力。通过挖掘民间人才，组建民间社团，兴办文旅企业，推动文化产品产业化。加大政策扶持力度，鼓励梅渚乡贤返乡创业，创办新昌县良诚酒业有限公司，打造梅渚糟烧"酿坊"，规范化生产非遗产品。与浙江在线合作，连续9年在梅渚村文化礼堂大舞台举办"农民春晚"。举办了4届古村年味节，乡村舞台和古村年味节相结合，彰显梅渚历史文化村落魅力，使其成为全省农村文化建设的一个品牌。

2. 古建活化利用

梅渚村坚持保护与利用并重，注重古街、古巷、古建的风貌保护与整治，将蚕茧站改造成梅渚记忆馆，设立村史馆、剪纸馆、蚕事馆、戏曲馆、糟烧馆等展厅，集中展示"老物件"。利用图片、样本、实物、设备、器具、用具等，展示与宣传蚕桑丝绸、剪纸传承、糟烧酿制、戏曲发展等历史轨迹、文化知识、产品功能，着力把梅渚打造成一座开放的民间艺术博物馆，进一步提升村落品牌影响力（图7-9-17）。

a)

b)

c)   d)

图 7-9-17 梅渚记忆馆

第八章　三省通衢推动古村待兴的浙西十二村落

第一节　耕读传艺，博物典范——杭州建德市新叶村

一、村落概况

1. 区域位置与社会经济

新叶村位于杭州、金华、衢州三市交汇处，地处建德市西南大慈岩镇玉华山脚，东与兰溪市毗邻，南接上吴方村，北依道峰山，西依玉华山。新叶村对外交通便利，有兰新公路和檀儒公路与周边村镇联系，还可连接330国道、320国道及杭新景高速公路，距大慈岩镇约7公里，距建德市约30公里，距杭州市约170公里，距国家4A级景区大慈岩景区仅10公里。全村村域面积为15.43平方公里，其中耕地1.49平方公里，山林10.5平方公里，水面5.33万平方米。现有1071户，3634人，以叶姓为主。村内经济收入来源以农业为主，主要种植油菜、荷花等。2000年，新叶村被评为浙江省第二批历史文化名村；2010年，新叶村被评为第五批中国历史文化名村；2012年，被列为第一批中国传统村落；2013年，被国家文物局列为古村落保护利用综合试点村；2017年，被评为浙江省第一批3A级景区村庄。

2. 村落演变与风貌格局

新叶村始建于南宋嘉定元年（1208年），始祖叶坤从寿昌湖岑畈（今浙江建德寿昌镇）入赘玉华夏氏，子孙繁衍，遂成村落，名白下里叶。新中国成立后改定名为新叶村（寓万象更新之意）。自建村始，历经800余年，新叶村已繁衍成一个巨大的宗族村落，是浙江省内保存最完整的血缘聚居村落之一（图8-1-1）。

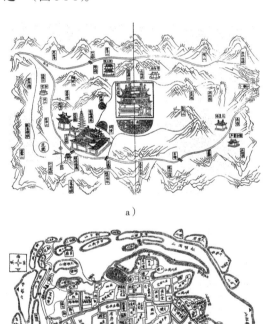

图8-1-1　玉华叶氏村图

新叶村选址布局依山傍水，三面环山，被大小丘陵环抱，地势西北高、东南低，村落地属浙西山区与浙中盆地过渡地段，自玉华山而来的两条内溪从村中穿过，自道峰山而来的一条外溪自村东绕流而过。农田分布在北、东、南三面，其中村落东南侧和北侧的农田景观保存较好，是新叶村农耕文化的直观展现。村落格局经过几百年的发展演化，逐渐形成西至玉华山山脚，南北至内溪边缘，东至外溪的三角形团块状布局。村落以五行九宫布局，具有相对完整的传统聚落特征，整体风貌格局保存较好，组团大体清晰，建筑组团与房派对应，南塘南部建有大量祠堂，是全村的中心。在村落其他组团中，住宅建筑均围绕房厅（房派祠堂）建造，呈向心布局。房厅前方又多有水塘，水塘和房厅前的小广场是各房派最重要的公共活动空间（图 8-1-2、图 8-1-3）。

3. 传统建筑与历史环境要素

新叶历史发展脉络清晰，格局风貌完整，古建筑数量众多，类型丰富，至今仍保留有明清建筑 200 多幢，包括塔、阁、祠、庙、堂、厅、桥、民居等类型，尤以文昌阁、抟云塔、进士第、有序堂、西山祠堂等特色鲜明。村内大部分文物保护单位、历史建筑已经得到保护性修缮，目前整体建筑风貌较好。村南古塔巍然，村北古寺兀立，整个古建筑群体布局之奇，工艺之巧，装饰之美，被誉为"江南乡村民居中的奇葩""中国明清建筑露天博物馆""中国乡土建筑的典范"。2000 年 2 月，新叶村明清古建筑群被评为"浙江省历史文化保护区"。2011 年 1 月，新叶村乡土建筑被浙江省人民政府评为第六批省级文物保护单位。2013 年 5 月，新叶村乡土建筑被国务院评为第七批全国重点文物保护单位。

文昌阁始建于明初，位于村东南水口处，是抟云塔的配套设施，新叶村最华丽的建筑，也是村落的重要景观标志。文昌阁二层阁楼供奉文昌帝君、魁星、天聋、地哑四尊神像。文昌帝君居中（古时认为文昌帝君是执掌文运功名的主神），右侧天聋（掌文运簿），地哑在左（掌印玺），此二神是文昌帝君的侍从。魁星像略小，在文昌帝君像上方，其造型活泼逗趣。由于古代只允许读书人祭拜文昌帝君真身，故阁楼与底层楼梯相连处设一覆门，平时上锁，旁人只能在楼梯下望阁瞻仰，焚香祭拜。

抟云塔又名文峰塔，建于明隆庆元年（1567

图 8-1-2　新叶村航拍图

图 8-1-3　新叶村全景图

年），因新叶村东南水口地势太低，文运不旺，故而在此建风水塔，以补"聚位之不足"，与村周围的卓笔峰、砚山、墨池形成一体，共振文运。塔名取自庄子《逍遥游》中"抟扶摇而上者九万里"，寓"青云直上"之意。塔身砖砌，七层六角，高40余米，塔顶有石鼓、木褚、塔刹等饰物。塔内各层铺设木楼板，接以木梯上下。抟云塔整体造型端庄秀丽，峻峭挺拔，具有极高的文物价值和景观价值。

土地祠建于民国元年（1919年），供村民祈丰年、求平安之用，也为加强镇锁水口，增加水口封锁层次，改善村落风水之用。土地祠为三开间对合式，不设门窗，向天井敞开，右次间开大门。据《寿昌县志》卷九《文昌祠碑记》载："尝谓主文之柄者神也，兴文之运者人也，继文之脉者地也。三者相需，缺一不可。"故新叶土地祠既保平安、保丰收，又担当培植新叶文风的重任。

文昌阁、抟云塔（祈求文运）和土地祠（祈求丰年）三者结合，是中华古建筑的一绝，完整地反映了农业时代叶氏家族耕可致富、读可荣身的理想与追求（图8-1-4）。

西山祠堂又名万萃堂，始建于元代，由三世祖东谷公叶克诚主持兴建，为新叶玉华叶氏祖庙。明嘉靖年间，迁至西山之现址。清康熙八年（1669年），更名为西山祠堂。建筑坐东面西，总建筑面积1517平方米，三进两院，二进大厅有拜亭，最后一进为七开间的重楼，东侧有套院，廊庑环绕，中亭独立，形制奇特（图8-1-5）。

双美堂建于民国初年，堂主属崇仁堂派，是当时村中七大乡贤之一。建筑占地面积约400平方米，坐南面北，前庭后院，由一个对合式建筑、一个三间两搭厢和一个"一"字形建筑组成。前庭天井四柱寓意百子同春，后院位于整个宅子西面，有一个小池子，上置美人靠，后门设有吊桥，是新叶村较典型的民居之一。

新叶村内原有的历史环境要素相对较多，其中一部分已被认定为文物保护单位，另一部分已损毁。目前已被认定为文物保护单位的有万枝桥、玉华叶氏祖墓等，已损毁的包括石塘边的古树，外溪上的石桥等。村内现存的历史环境要素主要有周边三条沟渠、村内六处水塘、四座古桥、三口古井、两处古墓以及村内众多的街巷铺地。目前村内的溪沟、水塘、古桥、古井保存尚好。

4. 特色文化资源

新叶村房派脉络清晰，宗族结构保留完整。一部二十二卷的玉华叶氏宗谱，翔实准确地记录着村

图 8-1-4　抟云塔、文昌阁和土地祠

图 8-1-5　西山祠堂

图 8-1-6　民俗活动

图 8-1-7　新叶三月三祭祖

图 8-1-8　新叶三月三迎神

图 8-1-9　新叶昆曲

落 800 年的风雨荣辱。各厅祠堂悬挂的众多匾额向人们展示了宗族鼓励子弟读书取仕所取得的成果和历代学子的荣耀。新叶村现仍受"耕可致富，读可兼身"的传统文化的熏陶，民风淳朴。

新叶村非物质文化遗产多样，保护传承得较为出色。典型的有三月三祭祖、土地娘娘生日、六月六晒红绿、五圣庙打道场"忏琉璃"、年三十或初一"出案"等民间节庆活动，其中"三月三"祭祀最有特色，祭祀由各房派轮办，祭祀庆典、游神路线完全沿袭传统（图 8-1-6）。2012 年 6 月，"新叶三月三"传统庙会被评为浙江省第四批非物质文化遗产代表性项目（图 8-1-7、图 8-1-8）。

民间技艺方面，传统表演艺术——新叶昆曲于 2009 年 6 月被评为浙江省第三批非物质文化遗产代表性项目，叶昭标老人被浙江省文化厅确定为新叶昆曲代表性传承人（图 8-1-9）。

新叶土曲酒至今已有约 800 年的历史，用当地的一种野生植物蓼草做药引，用当地农家特有的纯香糯米和玉华山泉水酿制而成。酒色如琥珀，其味醇厚芳香，余味悠长，口感极佳。适量饮用有活血解乏、强身健体的功效。新叶土曲酒酿制技艺已被评为建德市级非物质文化遗产代表性项目。

另外，新叶村还有多名老木匠、篾匠、箍桶匠和泥塑匠人，新叶古村营造技艺、木雕技艺、麻糍米糕制作技艺等民间技艺保存至今，均被评为建德市级非物质文化遗产代表性项目。

二、规划设计

1. 规划布局与内容

新叶村在省历史文化村落保护利用规划中，系统研究与评估村落的历史价值、科学价值、艺术价值和社会价值，对村落选址、发展演变、整体格局、文化内涵进行梳理，以古建筑、古池塘、古沟渠、古街巷、古井等重要历史环境要素为保护点，以村内交叉的古街巷为保护线，以古村周边山、水、田、林等环境为保护面，形成点、线、面相结合，物质文化遗产和非物质文化遗产并重的保护体系，重点突出对新叶村整体风貌的保护。确定保护框架，理清保护要素，突出文化内涵，协调保护与发展的关系，构建分区分级保护层级，实现村落整体保护与发展的有机协调（图8-1-10）。提出保护道峰山、玉华山、外围山冈以及三条溪流，以此保护山水格局及生态环境；保护古村周边的林地、田地、水塘等环境风貌；保护和控制古村内四条大路及众多小弄街巷的路面形式、铺装以及两侧建（构）筑物立面风貌；严格落实对新叶村乡土建筑和各级文物保护单位的保护，通过修缮建筑整体结构和部件，清理、维护内外环境，保持文物的原真性；保护与修缮经过认定的49处历史建筑，保持建筑的完整性；保持古村内传统建筑风貌，结合实际生活需要对建筑内部进行一定的改造；保护村内古水塘、古井、古溪沟、古桥、古墓等历史环境要素，采用以点带面的方式保护历史环境要素并控制周边的相关环境；保护传承"三月三""新叶昆曲"等各级非物质文化遗产，通过展示利用的方式提高村落民俗活动的魅力，通过传承与记录增强技艺的生命力。

2. 规划保护范围

新叶村注重对村落整体格局形态的保护，合理划定核心保护区、建设控制区以及环境协调区三级保护范围。核心保护区北至村庄北侧内溪的北侧驳岸，西至檀儒公路的东侧边缘，南至南侧内溪的南侧驳岸，东至兰新公路西侧边缘，面积为10.98公顷。建设控制区东至外溪的东侧驳岸，南至新叶小学，西至玉华山山脚，北至后山冈北侧道路的北侧边缘线，建设控制区以内，核心保护区以外的用地面积为22.43公顷。北至道峰山山脚，东至各山冈山脊，南至村域界线，西至玉华山山脚区域为环境协调区（图8-1-11）。

三、建设实绩

自新叶村被列为浙江省历史文化村落保护利用重点村以来，建德市先后制定出台了《建德市新叶古村落保护办法》《建德市大慈岩风景名胜区新叶区域保护管理办法》等办法，建德市政府成立了新叶村全国古村落保护利用综合试点工作领导小组、新叶古民居管理委员会等一系列组织机构。2014年，在原有组织机构的基础上调整成立了新叶古村保护利用管理委员会，开始实体化运作古村落保护利用工作，明确了保护利用工作的方向、原则和各有关单位的职责。保护控制文保单位、历史建筑，提升改善村落生活设施、整治街巷与建筑，适度利用历史资源、保护传承非物质文化遗产，有序推进新叶古村的保护利用工作。

文物保护与古建筑修复：2014年以来，投资2000多万元开展保护利用试点和文物保护、古建修复工作，对40多处文保单位、历史建筑进行保护性修缮。完成国保单位由义堂和南塘区块种德堂、翰墨轩、种毓堂、翠芳轩、徐文祥居民等历史建筑的维修工程，完成叶荣贵民居、李素仙民居、叶林昌民居、叶志和民居等民居的修缮工程。

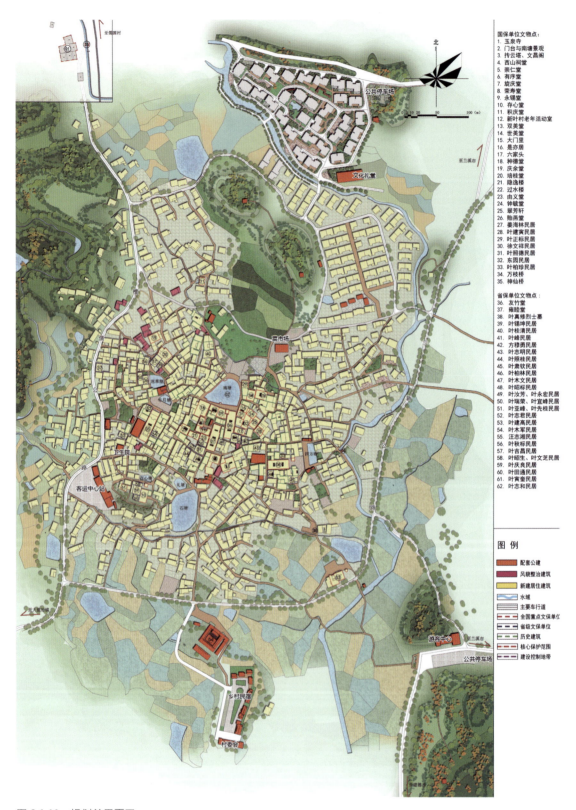

图 8-1-10 规划总平面图

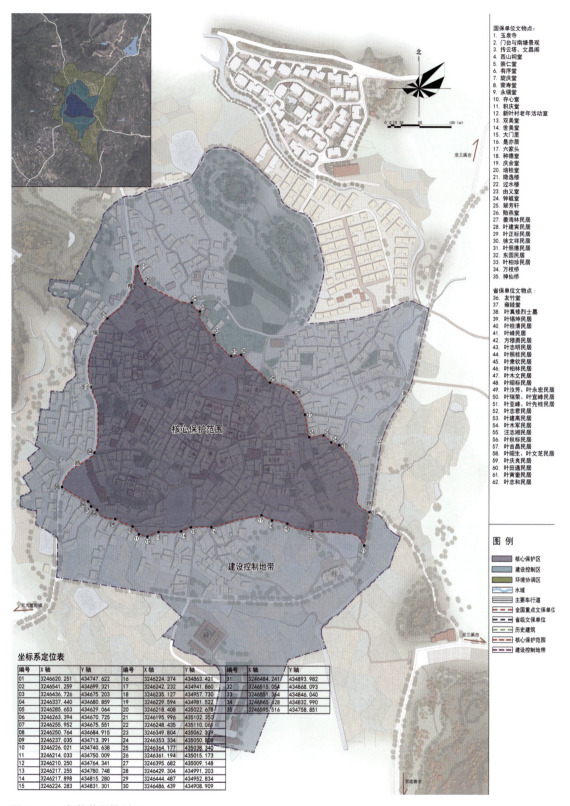

图 8-1-11 保护范围规划图

基础设施建设与人居环境整治：投入2000多万元建设杭派民居项目的基础设施和环境，投入1500多万元完成了新叶村消防工程，投入600多万元完成了新叶村安防工程，投入1000多万元完成了农村电网改造工程。紧紧围绕"三改一拆""五水共治"等重点工作，以"保护古建筑、做美村环境"为目标，着力整治与提升村落人居环境质量。近年来，累计拆除违章建筑10000多平方米，完成畜禽整治17户，整治河道1500米，清运建筑垃圾和河道垃圾超过1000吨，有效遏制了违建乱搭现象。着力推进池塘清淤及水系改造工程，投入700余万元实施了清淤净水工程、水系改造活水工程、生态驳岸修整工程、植物置景没水工程和长效管理护水工程，具体对库穆塘、上贤塘、里塘、石塘、西山塘、席草塘、半月塘、南塘、三角塘、四方塘等水塘进行清淤净水。新建了库穆塘、里塘、四方塘的进水渠，修复了上贤塘、席草塘的进水渠，在库穆塘、南塘铺设进水管，新建了里塘、四方塘的出水渠，分别为西山塘、席草塘新建引水堰坝1座。同时开展生活污水处理项目和自来水项目，明显改善了新叶村村落的水体、水系环境。另外，结合"中国首届传统村落保护利用国际高层研讨会"的筹备工作，完成青年旅社之西山祠堂道路、南塘、存心堂区块道路的建设及附属工程，完成南塘北侧路面铺装工作、晒谷场和过境公路工程，集中力量优化提升村落历史风貌格局。

四、建设效益

1. 古建活化利用

新叶村是历史文化村落保护利用中，建设发展综合型的代表。新叶村按照规划要求，依据"拆新保古""修损复古""降改如古""新建仿古"的原则，积极开展建筑修缮后，功能置换与文化资源展示工作，对部分修缮后的历史建筑进行专门的设计，植入了新的功能业态。将贻燕堂打造成土曲酒展示馆，在西山祠堂厢房中布置了叶氏家族历史、玉华叶氏宗谱的相关展览，打造村史馆。新叶土曲酒展示馆收集了传统酿酒工具，常年展示传统土曲酒的酿造工艺流程；民间古艺木雕展示馆中展出了传统工匠们的木雕作品和雕刻过程；文昌阁中布置陈列了大量农具和日常生活器具，打造耕读文化展示馆；双美堂被改造成民俗生活展示馆；有序堂被改造成戏曲展示馆及昆曲传承基地；泽塘边碾房被改造成碾房茶吧；翰墨轩中展示了村民书法作品（图8-1-12~图8-1-14）。另外，将产权置换后的3

图 8-1-12　土曲酒展示馆

图 8-1-13　戏曲展示馆

处历史建筑改建成特色民宿，进一步活化了历史建筑，丰富了村落业态。

2. 旅游产业发展

新叶村依托深厚的建筑资源和丰富的文化资源，积极开发乡村旅游业。2018年，新叶古村景区接待购票游客12万人次，整村旅游总收入近1200万元。村内民宿（农家乐）已发展到26家，涌现出本源、明香园、山风岚等精品特色民宿。旅游行业从业人员超过200余人。古村观光旅游业、莲子产业已初见成效（图8-1-15）。近年来，新叶村得到了各级领导、专家与社会各界的重视与认可。2014年浙江省古村落保护利用暨农民增收工作现场会、全省传统戏曲之乡授牌晚会等系列重要活动在新叶举办，新叶村被评为浙江省传统戏剧特色村。2015年新叶村位居"十大江南传统村落"榜首。2016年新叶村荣获中国最美古村落称号。2017年入选全国第一批绿色村庄名单，获得中国最美古村落、"长三角休闲农业和乡村旅游推荐景点""浙江省3A级景区村庄""美丽宜居浙江样板双百村"等称号。2018年更是连续5届蝉联"华东十大油菜花观赏地"之一，被评为浙江省休闲旅游示范村。央视《中国影像方志》《远方的家：江河万里行》《记住乡愁》《家风》，湖南卫视《爸爸去哪儿》，浙江卫视《发现浙江》等栏目都曾来新叶取景拍摄。

图8-1-14　民俗生活展示馆

a)

b)

图8-1-15　新叶风韵

第二节　乐善方正，流芳人家——杭州建德市上吴方村

一、村落概况

1. 区域位置与社会经济

上吴方村位于杭州建德市大慈岩镇东北部，东、北与新叶村相接，西南临汪山村，南临李村村。距离镇政府所在地约5公里，距离国家级大慈岩风景名胜区约6公里，交通便捷。全村村域面积为1.94平方公里，共有371户，1236人，均为方姓。

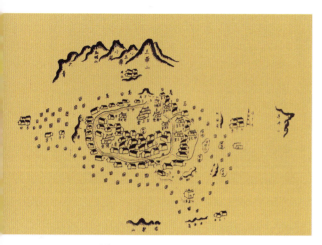

图 8-2-1　村落历史格局图

上吴方村的产业以种植业为主,主要种植水稻、油菜、茶叶等作物,近年来开始种植柑橘、枇杷、板栗、桃、李等水果。村民收入主要依靠种植业和外出务工。2014 年,上吴方村被列为第三批中国传统村落、浙江省第二批历史文化村落保护利用重点村;2016 年,被评为浙江省第五批历史文化名村;2018 年,被评为第七批中国历史文化名村;2019 年,被评为浙江省第三批 3A 级景区村庄。

2. 村落演变与风貌格局

上吴方村历史上为吴氏聚居地,在方氏到来之前已有 800 余年历史。明洪武二年(1369 年),方氏后裔兰溪下方村后宅第十世孙方昊,以玉华吴氏馆甥之礼与吴氏通婚之后,秉持家风家训经营家道,历经明、清两代发展繁衍至今,逐渐成为方氏一族单姓血缘村落,距今已有 640 多年的历史。据《玉华方氏家谱》记载:"洪武二年,兰溪下方村第十世孙方昊,字元明,与玉华山吴氏联姻,之后吴氏邱墟,方氏蕃衍,名曰上方。后加吴字是为世代怀念先祖,以示不忘初之意。"上吴方村初名上方村,后世为感念吴氏先妣,在"上方"之间插入一个"吴"字,始有其名。

上吴方村历经数百年沧桑,村落格局至今保留完整,村落肌理较为清晰,核心区基本保存着原有的历史风貌,是浙江省省内保存最完整的血缘聚居村落之一。为光大方氏家族,方昊请元末明初著名理学家金履祥大师占卜规划村居之地,将村落轮廓设定为凤凰形,意即方氏在此地扎根繁衍,将来必定会展翅高飞,兴旺发达。上吴方村地势西北高,东南低,符合传统堪舆思想中的"天地之势"(图 8-2-1)。村落坐西朝东,背靠玉华山,对面为笔架山,左临道峰山,右揽红裙岩,处于四面环山的盆地之中,地形相对封闭,有明确的自然边界。从玉华山上流下的两条溪水穿村而过,前塘、后塘、吴塘和新塘等十几口池塘宛如绿宝石镶嵌其中,山高水长,碧玉生辉,体现了中国传统乡土聚落融合自然的风水选址思想,正所谓"夹溪两岸共一方,流水人家同一村"。整个村落以总祠方正堂为核心,各个房派祠堂分布于方正堂南北两侧。方姓迁入上吴方村后,第四世,家族分为孟、仲、季三大房。其后仲房与季房人丁兴旺,成为村中两大房派。两房以村中大厅方正堂为界,仲房居南,季房居北,分界明确。村落选址与布局既体现了古人崇尚自然,追求"天人合一"的传统理念,又反映了古人讲究风水,对家族兴旺、子孙发达的殷切期盼(图 8-2-2、图 8-2-3)。

3. 历史建筑

上吴方村古建筑均为徽派风格,砖木结构,青砖灰瓦,素雅端庄,具有很高的历史价值与文物价值。村落地势封闭,建筑密度很大,现保存有明、清、民国等不同时期的历史建筑 65 幢,大部分已得到保护性修缮,建筑整体风貌较好。有方正堂、衍庆堂、三乐堂、尚志堂、世美堂、聚德堂 6 座祠堂建筑和以长弄堂为代表的民居建筑群,以及

图 8-2-2 上吴方村航拍图

图 8-2-3 上吴方村全景图

私塾、庙宇、碾坊等其他公共服务类的建筑。2010年，上吴方村被建德市人民政府列为"乡土建筑保护村"。2011年1月，上吴方村乡土建筑被浙江省人民政府列为第六批省级文物保护单位。2011年6月，上吴方村明清古建筑群被评为"浙江省历史文化保护区"。

上吴方长弄堂建于明万历年间，按照八卦原理设计，布局有七堂三轩，即尚德堂、彝叙堂、尚志堂、中立堂、承志堂、仁寿堂、乐志堂和三畏轩、覆信轩、乐群轩，有二层楼房三百余间，十二个天井，是一个巨大的建筑群落。弄堂有八个出入口，对应坎、离、震、兑、巽、坤、艮、乾之位，设九宫天井，八八六十四道门，符合八卦结构。堂厅之间有连廊连接，雨天走路不湿脚，晚上行走不摸黑。内部格局家家相连，户户相通，可以随意串通，宛若迷宫，这种建筑格局在省内比较罕见（图8-2-4）。

方正堂始建于明宣德十年（1435年），由三世祖方昌所建，是上吴方氏的总祠堂，以"方正"命名，以"正大光明"族规训诫子弟。初名雍睦堂，明崇祯年间被烧毁，后重建，改名方正堂。清乾隆三年（1738年）又毁，清中期又重建。原为三进，于民国初年加建二进，后于民国三十二年进行翻修，最近一次翻修为1992年。建筑占地面积707

a）

b）

图 8-2-4 长弄堂

平方米,坐西北朝东南,六间五进格局,砖木结构,硬山双坡屋面,东南方向有一个风水池。建筑无正门,在第一进两侧厢房各开一扇偏门,为石库门。第一进进深四柱三间七檩,五架抬梁带前后单步;第二进进深四柱三间九檩,五架抬梁带前后双步;第三进进深两柱一间五檩;第四进进深四柱三间七檩,穿斗式梁架;第五进进深五柱四间七檩。建筑具有明显的地方特色,对研究宗族文化、建筑风水等具有一定的文物价值(图 8-2-5)。

三乐堂俗称新厅,为季房宏十公派下之众厅,始建于明隆庆四年(1570年),后于清早期重修,第一进于民国时期重修,后又翻修数次,现改为老年活动室。建筑占地面积 256 平方米,坐西北朝东南,砖木结构,硬山双坡屋面,马头墙,由二进院及两个厢房组成,第二进后有一个香火堂。正门开于建筑西南侧。建筑面阔三间,第一进进深四柱三间五檩,三架梁带前后单步,第二进进深四柱三间十檩。装修保存较好,牛腿雕刻有戏剧场景及亭台楼阁(图 8-2-6)。

尚志堂建于清乾隆二十三年(1758年),为方氏家族季房钦白二十四公之众厅,现辟为家风家训馆。建筑占地面积 189 平方米,坐西北朝东南,二层砖木结构,硬山双坡屋面,石库门,由二进院两个厢房及北侧侧屋院落组成。正门开于侧屋主楼东北侧。建筑面阔三间,第一进进深一间,第二进进深四柱三间五檩。侧屋院落为三合院式,主楼面阔四间一弄,进深三柱两间五檩。装修精细,牛腿雕刻龙、狮子等图案,骑门梁雕刻"五福捧寿"图、太极,两侧雕刻龙,为镂空雕,雀替雕刻凤凰、向日葵。尚志堂布局规整,雕刻精细,有较高的艺术价值(图 8-2-7)。

衍庆堂建于清中期,为方氏分厅,占地面积

a)

b)

图 8-2-5 方正堂

图 8-2-6 三乐堂

图 8-2-7 尚志堂

94平方米，坐西南朝东北，二层砖木结构，硬山双坡屋面，面阔三间一弄，进深四柱三间七檩。装修简单，雀替雕刻"四艺"图、花瓶等图案。建筑结构保存尚好，用料考究，为了解当地方氏一族的家族史提供了实物资料。

彝叙堂建于清中期，占地面积150平方米，坐西北朝东南，二层砖木结构，硬山双坡屋面，二进院落，东侧厢房已毁，现存门楼、主楼及西南厢房。面阔三间，门楼进深三柱两间，主楼进深五柱四间七檩。装修精细，牛腿雕刻草龙、双龙戏珠等图案，雀替雕刻荷花、向日葵、牡丹等图案。相传屋主朋友清翰林院编修刘焜来此做客，酒席间挥笔题名"彝叙堂"，由此得名。

世美堂建于清早期，为方氏分厅，后改为民居，占地面积202平方米。坐西北朝东南，二层砖木结构，硬山双坡屋面，为二进院落，由前厅、第二进主楼及西南侧厢房组成，东北侧厢房已毁。面阔三间，前厅进深四柱三间五檩，主楼进深五柱四间七檩。雀替雕刻鹿、牛等图案，柁墩上的雕刻生动形象。世美堂布局规整，装修精细，有一定的艺术价值。

4. 特色文化资源

家族中出类拔萃、深孚众望的人物，为家族其他成员所崇仰追慕，其嘉言懿行便成为家风之源，再经过家族子孙代代接力发扬光大，便形成了具有深远影响的宗族文化。

上吴方村方氏太祖方储，字圣明，又字圣功。生于东汉时期，曾任天下第一拜议郎、洛阳令。后又追赠尚书令黟县侯。其后裔遍布全国各地，储公本淳安人，故其后裔也是在淳安的居多，素有方半县之称。

上吴方村乡俗传统留存较好，上吴方正月廿灯会是上吴方村重要的民俗文化活动，历来有每年农历正月二十为了纪念先祖方储而开展祭祖敬春、耍板凳龙灯、舞狮子和演大戏活动的传统。在方氏族人的心中，正月二十远比"春节""中秋"等传统节日来得重要，以盛大的祭祀仪式表示对先祖的敬重和传统文化传承，是典型的"节大于年"的当地民俗代表。上吴方正月廿灯会、民间剪纸、土曲酒酿制技艺、珠算技艺都为建德市级非物质文化遗产代表性项目。

另外，上吴方村还拥有碧华公方廷禄"守训屠牛"、三乐堂"大朝梁"等民间传说，留有开生礼、总角礼、入学礼、成人礼、成婚礼、上梁礼、丧葬礼等民俗礼仪。

二、规划设计

1. 规划定位与总体布局

上吴方村在省历史文化村落保护利用重点村规划中，通过系统研究与评估村落的历史价值、艺术价值和科学价值，围绕"神迷堂弄，醉美上吴"的规划形象定位，重点保护上吴方村文物建筑和历史建筑，保护村落的历史格局、建筑环境及民俗文化，保护上吴方村历史的真实性，力求在经过规划整治之后，全面修缮保护区内现存文物、历史建筑。在此基础上，做好上吴方村产业发展、文化传承及空间布局，对上吴方村基础设施进行改造，对公共服务设施及旅游配套设施进行完善，做到保护与利用相结合，达到"一年成形、二年成品、三年成景"的建设要求。

规划强调对保护范围的划定以及对村口、旅游配套设施的打造，确定"一轴、两心、四区"的空间结构（图8-2-8、图8-2-9）。

一轴：以仙坛岗——方正堂——新塘这条历史

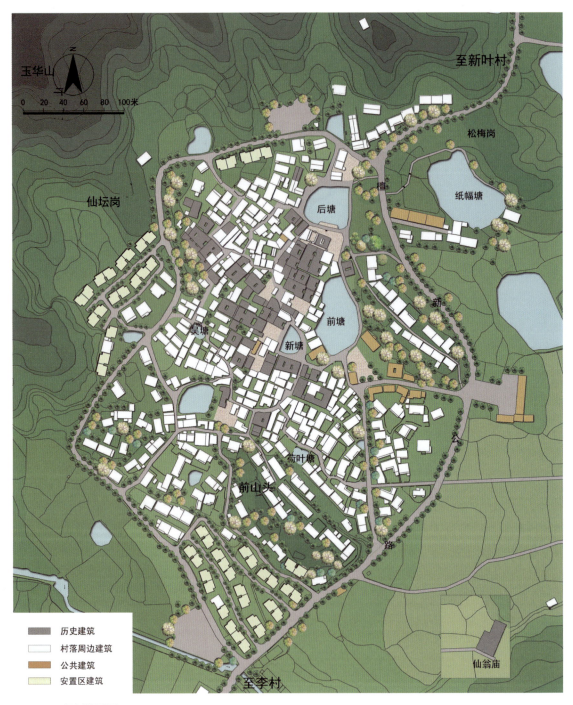

图 8-2-8 规划总平面图

村落中轴线向西延伸,形成村落发展轴线。

两心:村口景观中心,位于村南檀新公路与玉华溪交接处;旅游集散中心,由原村东面小学改造而成。

四区:分别为历史文化核心保护区、旅游接待服务区以及两个现代村落住宅区。

2. 规划保护范围

上吴方村在省历史文化村落保护利用重点村规划中，确定重点规划范围为檀新公路以西、前山头以北、松梅岗以南区域，面积为 42.73 公顷。按照要求划分核心保护区、建设控制区、风貌协调区三个层次。其中，核心保护区东沿现檀新公路西侧边缘，南至仪凤堂南侧道路及村南自建路，西至贻燕堂遗址西侧道路、吴塘西缘、仙坛岗以及水阁尖水口，北至余庆堂基址东北两侧道路、村面粉厂北沿及敦福堂、尚友堂遗址北沿，面积为 3.80 公顷。建设控制区包含村落已建成区域范围及规划新区范围，东至柿树园东缘，南至村南环村公路，西至仙坛岗，北侧沿村北环村公路外扩 30 米，面积 11.88 公顷。风貌协调区东侧边界与新叶村环境协调区相接，西南侧为沿着水渠外扩 20 米，西侧沿规划新区外扩 50 米，西北侧沿村北环村路外扩 80 米，北侧、东北侧以松梅岗及其延伸山冈山脊连线为界，面积 27.05 公顷（图 8-2-10）。

三、建设实绩

上吴方村自 2014 年被列为浙江省第二批历史文化村落保护利用重点村以来，累计投资 1510 万元，共完成以下项目。

图 8-2-9 空间结构规划图

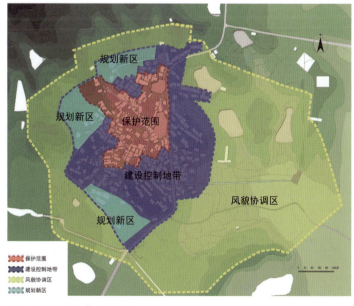

图 8-2-10 保护范围规划图

古建筑修复：完成 38 幢建筑的顶瓦修补，面积 2980 平方米；16 幢建筑的墙体加固，面积 3200 平方米；28 幢建筑的立面改造，面积 6890 平方米；31 幢建筑的构件修复，共计 305 个。

与历史风貌有冲突的建（构）筑物整修改造：完成 46 幢建筑的外立面改造，面积 11060 平方米；整体拆除 2 幢建筑（集体闲置房、农居房各 1 幢），面积 1350 平方米。

村内古道修复：完成古道修复 1.8 公里，面积 7800 平方米。

景观环境建设：完成檀新线公路两侧围墙改造 1758.8 平方米，绿化面积 7068.84 平方米，卵石美化 231.5 平方米，照壁装饰 118.4 平方米。完成池塘美化 2540 平方米，旅游指示牌 13 块。完成全村自来水和生活污水治理工程，核心区新建公共厕所 1 处。

搬迁安置区：完成搬迁安置区 1 公顷土地指标，第一期安置农户 22 户，第二期安置农户 16 户。

四、建设效益

1. 古建活化利用

上吴方村是历史文化村落保护利用中，民俗风情特色型的代表。"正大见天地之情，方圆如规矩而至"。上吴方村坚持"利用是最大的保护"理念，依托古建筑群资源，投入 500 万元打造建德家风馆，建有乐志堂（名人礼仪馆）、尚志堂（家风家训馆）、三乐堂（民俗文化馆）、方正堂（祠堂）、长弄堂、永成茶馆、永丰酒馆等主题场馆（景点）。整体注重体验交互，秉持当地人"家"的概念，敬重自然、敬重规则，突显"共建"思想，整理还原族人在人生各个阶段家风训导礼仪，引导百姓生活习惯，成为新时代家风体验的教育基地（图 8-2-11~

图 8-2-11　名人礼仪馆

图 8-2-12　家风家训馆

图 8-2-13　民俗文化馆

图 8-2-14　永成茶馆

图 8-2-14）。建德家风馆被写入杭州市家风地图，成为建德市首家以家风为主题的场馆，教育辐射区域拓展到全省范围。2018 年，建德家风馆被评为杭州市社会资源国际旅游访问点、建德市红色旅游联盟成员单位。

2. 民俗文化传承

为了进一步提升上吴方村民俗旅游的文化氛围，强化建德家风馆动态管理平台载体建设，上吴方村依托项目建设基础，开展了礼心塘水幕灯光秀、上梁仪式抛糖果抢馒头、龙狮巡游等游客互动体验活动（图 8-2-15）。恢复了民俗旅游文化节，通过开展特色小吃品尝、农副产品销售等环节延伸产业链，带动村民增收。作为一项优秀的传统习俗，上吴方村正月廿灯会的恢复是村民族人"家"的文化记忆的延续，对推进乡风文明建设、加深文化认同、增强民族凝聚力、树立核心价值观具有非常重要的作用。上吴方村的正月二十与新叶三月三、李村二月二，共同成为建德大慈岩镇文化旅游

a）

b）

图 8-2-15　水幕灯光秀

产业和民俗文化繁荣的重要节日支撑，是建德市推进全域旅游的关键成分和文化力量。

第三节　产村融合，毓秀浈峰——衢州衢江区浈峰村

一、村落概况

1. 区域位置与社会经济

浈峰村位于衢州市衢江区莲花镇北部，是国家 4A 级景区盛世莲花农业观光园的中心村。村落东与杨下岭相邻，北与峡川镇交界，西靠月山村，南临五坦村，距莲花镇政府驻地约 3.5 公里，距离衢州市区约 20 公里，351 国道从村北面通过、村西边与 351 国道联通，交通便利。2010 年 5 月，行政村调整，浈峰村由原浈峰村、董家村和大墩村合并而成，村域面积 4.1 平方公里，其中耕地面积 1.98 平方公里，山地面积 0.96 平方公里，旱地 0.17 平方公里。全村共有 971 户，2698 人，以徐、王二姓为主。浈峰村是莲花镇柑橘、葡萄、草莓和蔬菜的生产基地之一，村落支柱产业为种植柑橘、葡萄、草莓、西瓜、香瓜、蔬菜的种植业。2015 年，浈峰村被列为浙江省第三批历史文化村落保护利用重点村；2018 年，被评为浙江省第二批 3A 级景区村庄。

2. 村落历史与风貌格局

浈峰村始建于宋代，是衢江区保存最完善的古

村落之一。西周嬴姓,因受封食邑东海郡,遂以徐为姓。传至堰王,智勇双全,好仁施义,乡民都敬服归附。涧峰徐氏始祖端岐公,名讳岐,字萌坚,太学生,家藏二酉,学富五车。北宋末年,干戈四起,生灵逃窜,公举家迁官山,徙丰屏,桃源之避,卧不安席。占象观气,杖履涧头,左顾右盼,见其溪襟带于左殿,山环境于右笔峰,罗障龟屿潆回,四序和平,良足以为安诸之地,公遂卜居于此。后又不断迁入王、余、董、吴、金、童、高、陈等姓氏家族。清同治初年,因太平天国战乱,余氏先祖余必献由河南广丰南阳迁来涧峰定居,经几代人勤奋发展,也已成为涧峰一族。

涧峰村风景秀丽,溪水清澈,地域宽阔平和,是一块风水宝地。早期村落格局三面山水环绕,三条河流穿村而过。村落总体沿河流方向生长,呈带状居住区。村内溪水潺潺,小径蜿蜒,古树葱郁,农房古朴。村落遵循古代风水学原则,素有"上有清潭绿水,下有贞节绕墩;东有水清杨墩,西有凤凰晒月"之美称。雷鼓山、神通寺、赖公山、上摊堰、凤赖墩、涧峰大田畈、护水双峰、水中央墩,涧峰古八景依稀可见,文化景观特色明显(图 8-3-1、图 8-3-2)。

3. 传统建筑与文化资源

涧峰村历史风貌多样,文化底蕴深厚,至今完整保留有徐氏大宗祠和余氏祠堂 2 个古祠堂,古民居 20 余幢,另有进士第、神通寺、古堰坝(清潭堰)等历史遗迹。

徐氏大宗祠始建于清康熙四十八年(1679 年),清嘉庆三年(1798 年)建前堂,嘉庆二十二年(1817 年)建后堂,修中堂,取名大祠堂。清嘉庆七年(1802 年),涧峰村民徐树槐 95 岁时亲见七代五世同堂,由县府上表嘉庆帝应予表彰,嘉庆帝旨下,钦赐"银缎匾额,七叶衍祥"字样,现挂于徐氏大宗祠门头(图 8-3-3)。

余氏宗祠建于民国十六年(1927 年),由余氏世孙余仁茂同弟余仁寿捐资建成,宗祠坐南朝北,分为前堂、后堂二厅,靠东有翼房三间。石库门筑有砖砌飞檐走角,内雕画栋,栋梁仿明代建筑

图 8-3-1 涧峰村航拍图

图 8-3-2 涧峰村全景图

风格。余氏宗祠曾是涧峰小学校舍，一直使用到2010年（图8-3-4）。2017年1月，徐氏大宗祠及余氏宗祠被浙江省人民政府列为第七批省级文物保护单位。

涧峰村民俗文化活动丰富多彩，龙灯、婺剧坐唱班传承已久，逢年过节仍会上演，热闹非凡。"青砖瓦，马头墙，古祠堂里锣鼓响。板凳长，看戏忙，农闲时节话家常。青石板，雕花窗，古民居里婺乐唱。樟树下，烤饼香，清潭绿水风送爽。"涧峰村村歌《紫气东来日月长》唱出了涧峰历史文化村落的古韵村貌。另外，涧峰村书香气息浓郁，名人学士众多，代表人物有清代著名武进士王恩锡、革命烈士王多祥、王恒等。

二、规划设计

1. 规划布局与结构

涧峰村在省历史文化村落保护利用重点村规划中，在保护村落自然和人文资源的基础上，依托盛世莲花现代农业园区，维护历史文化村落风貌，充分挖掘宗族文化和特色，提炼"农耕文化"和"孝义文化"，打造乡村农旅融合发展的涧峰品牌。根据村落发展条件及村内资源分布情况，规划"一心、两轴、四区"的布局结构（图8-3-5、图8-3-6）。

一心：民俗文化中心。

两轴：一条古街商业发展轴，一条民俗文化发展轴。

四区：公共服务区、休闲娱乐区、古韵民居区和搬迁安置区。

2. 规划保护范围

涧峰村省历史文化村落保护利用重点村规划，确定规划保护的区域为涧峰自然村，总面积为29公顷。其中，核心保护区面积约为2.6公顷，建设

a)

b)

c)

图 8-3-3 徐氏大宗祠

图 8-3-4 余氏宗祠

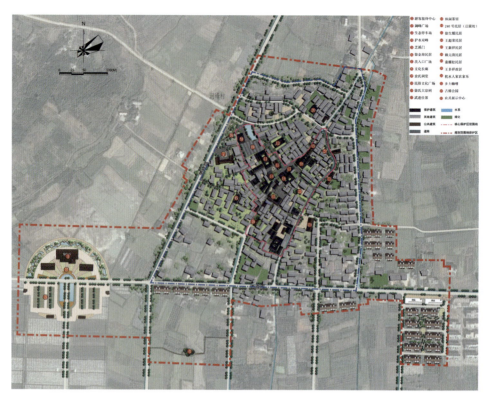

图 8-3-5 规划总平面图

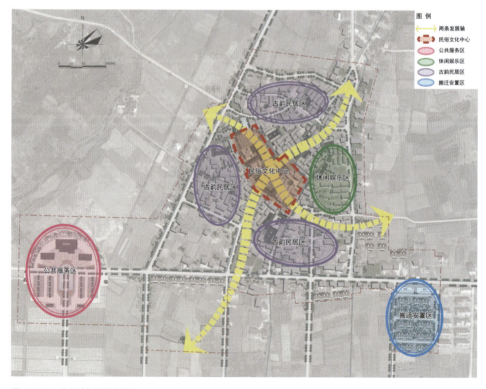

图 8-3-6 空间结构规划图

控制区面积约为 10.8 公顷，风貌协调区面积为 15.6 公顷（图 8-3-7）。

三、建设实绩

涧峰村自 2015 年被列为浙江省第三批历史文化村落保护利用重点村以来，投入 1300 万元，主要从修复、整治、改造、拆除、提升五个方面开展历史文化村落保护利用项目。

古建筑修复：完成村内徽派民居建筑、古祠堂、古堰坝、古戏台和古城门的修缮工程。其中，完成 100 幢古建筑的顶瓦修补，面积 12490 平方米；26 幢建筑的墙体加固，面积 716 平方米；58 幢建筑的立面改造，面积 4987 平方米；7 幢建筑的构件修复，共 112 个（图 8-3-8）。

图 8-3-7　保护范围规划图

a）修缮前（一）

b）修缮后（一）

c）修缮前（二）

d）修缮后（二）

图 8-3-8　古建筑修缮前后对比图

与历史风貌有冲突的建（构）筑物整修改造：完成32幢建筑的立面改造，面积12178平方米；整体拆除2461平方米；异地搬迁农户16户（图8-3-9~图8-3-11）。

村内道路改造：铺设村内水道沟渠及古道2000多米，完成了2公里沿溪道路的石板铺装，面积达5625平方米（图8-3-12）。

搬迁安置区基本公建设施建设：完成搬迁安置

a）整治前

b）整治后

图8-3-9　服务中心整治前后对比图

a）整治前

b）整治后

图8-3-10　农展中心整治前后对比图

a）整治前

b）整治后

图8-3-11　乡愁记忆廊整治前后对比图

a）修复前　　　　　　　　　　　　　　b）修复后

图 8-3-12　古道修复前后对比图

区土地指标 1 公顷，安置户数 40 户，投资 300 万元用于基本公建设施建设。

四、建设效益

涧峰村是历史文化村落保护利用中，产业融合有效型的代表。近年来，涧峰村不断挖掘自身历史文化底蕴和特点，凭借得天独厚的区位优势，充分发挥省级现代农业园区和"盛世莲花"国家 4A 级景区的辐射带动功能，做好"产业+""文化+""旅游+"文章，积极发展休闲农庄、乡村民宿、乡土文创、农村电商等乡村旅游业态，打造产村融合、文旅融合、农旅融合的典型。

1. 产村融合

涧峰村原是养猪专业村，村内 60% 以上的农户从事生猪养殖。2014 年以来，涧峰村全面开展"五水共治"工作，经过 3 次生猪养殖环境整规，村内污水横流、臭气熏天的现象得以根本改观。同时，积极引导生猪养猪户转型转产，大力发展以草莓、西瓜、葡萄、蔬菜等作物为主导的现代农业产业，鼓励村民以土地入股或是流转的形式，转岗到企业、家庭农场务工，成为手拿"三金"（股金、租金、薪金）的新型职业农民。目前，涧峰村内共有家庭农场 13 家，共流转土地 46.7 公顷，农家乐 10 家，带动当地农民人均增收 5000 元以上。

2. 农旅融合

涧峰村积极发展旅游业态，按照浙江省 3A 级旅游村庄的建设要求，投资 500 万元建设历史文化村落导示系统，装修游客接待中心和农耕文化展示中心，建设入村口景观节点，在老街区植入手工豆腐作坊、手工麻糍作坊、手工压榨菜油作坊等，打造特色小吃一条街（图 8-3-13）。开展"疯跑衢州""万人游莲花""中国农民丰收节""十二道峰味烹饪大赛"等精彩纷呈的活动，为涧峰村民带来直接的经济效益，提升了历史文化村落休闲旅游发展水平，美丽乡村催生美丽经济的效益日益突显。2017 年，涧峰村接待游客 30 万人次，村民人均收入达到 1.6 万多元。每到瓜果飘香的时节，总会有大批采摘游客前来，体验自采自收的田园乐趣。

3. 文旅融合

涧峰村围绕古村文化，重点打造名人故居、传统手工体验坊、农耕文化展示馆、爱国主义教育基地等文化空间。充分利用古建筑资源，将余氏祠堂和徐氏大宗祠打造成衢江区独具特色的文化礼堂，结合莲花镇全国农业特色小镇，将原有大礼堂改造成农耕文化展示馆（图 8-3-14）。既解决了古建筑保护风貌层次难统一的问题，又盘活了土地资源，解决了农民建房指标少的难题和历史文化村落保护与发展的矛盾。随着项目的推进，全村面貌焕然一新，吸引了大量的游客。2018 年，涧峰村被列入"全国 100 个特色村庄"名单之中。2019 年，涧峰村获得第二届中国美丽乡村百佳范例村称号。

a)

b)

图 8-3-13　涧峰风情

a)

b)

c)

图 8-3-14　农耕文化展示馆

第四节　响遏行云，书香大陈——衢州江山市大陈村

一、村落概况

1. 区域位置与社会经济

大陈村位于衢州江山市西北郊，是大陈乡政府所在地，北靠常山，南邻江山市区，东面是上余镇，南面则是 205 国道，48 省道自南向北穿村而过，距江山市区约 10 公里。全村村域面积 5.2 平方公里，其中耕地面积 0.74 平方公里，山林面积 3.33

平方公里，水塘面积1.33万平方米。下设有8个村民小组，共有455户，1293人，汪姓人口占总人口98%以上。村内第一产业以种植枇杷、杨梅为主，第二产业有面条加工、生产运输石灰等。近年来，乡村旅游业发展迅速。2018年，村集体经济收入27万多元，居民人均可支配收入25646元。2012年，大陈村被评为浙江省第四批历史文化名村、第一批中国传统村落；2014年，被评为第六批中国历史文化名村；2016年，大陈村被列为浙江省第四批历史文化村落保护利用一般村；2017年，被评为浙江省第一批3A级景区村庄。

2. 村落历史与风貌格局

大陈村是徽州汪氏后裔聚居地，距今已有600多年的历史。民国十八年《环山汪氏宗谱》载："大陈环山隶江山县八都，图在治西北二十五里"。《环山记》又载："命名所由则曰大陈，为八都总名"。北宋熙宁四年（1071年），江山建四十四都，大陈为八都。考汪氏源流，汪氏乃承黄帝之后，元器之苗裔、周武王弟周公旦之子、鲁公伯禽之后，至成公黑肱次子汪封汪侯，以采邑为氏，遂为得姓之源。大陈汪氏一脉，据《汪氏宗谱》记载，明永乐元年（1403年），徽州汪氏普贤公从常邑金桥川（今常山球川石桥头）迁居而来。普贤公，汪氏第七十四代孙，字希颜，笃志经学，尤工辞赋，襟怀旷达，更精究方书，时以救人为心，曾著有《医理直格》二卷行世。普贤公早年爱山喜水，游须江，每往还必历大陈，频与其地之绅士、父老按呵。普贤公始迁大陈以来，有十世大都耕读为业，经十几代汪氏先辈的努力，发展为"三衢阖郡之巨族""烟居数百家，云连鳞次，皆其一姓富饶之家"。相传，大陈因地处四面环山的小盆地而得名"大沉"，后音讹为今名。关于大陈

村村名的由来，在民间还有另外一种解释：大陈是汪氏始祖汪普贤的乳名，后人以"大陈"命名村庄，以示缅怀始祖。

大陈村地处仙霞山脉西北面，建筑布局沿山呈长条形块状散列。四面环山，东侧、南边为笔架山，西靠老鼠山，北依白虎山，众峰拱列。登高俯瞰，村落坐西朝东，仿佛一人端坐在太师椅上，气定神闲。村落依山傍水，古树参天，绿荫环绕，自然景观优美。大陈村有20多条街巷，纵横交错，蜿蜒曲折，总长3600米，古老的青石路组成独特的空间构架。村落环境与山野、田园相互交融，充分体现了古代天人合一的理念，具有典型农耕时代的村落特征（图8-4-1、图8-4-2）。

3. 传统建筑与历史环境要素

大陈村历史悠久、人杰地灵、文化底蕴深厚，有着"江南第一古村落"的美誉。村中拥有明清和民国时期的古祠堂、古楼阁、古民宅、古街道巷、古牌坊、古书院等79处，其中，汪氏宗祠、文昌阁和14处古民居乡土建筑群于2011年1月被浙江省人民政府评为第六批省级文物保护单位。

大陈汪氏宗祠始建于清康熙五十三年（1714

图8-4-1 大陈村航拍图

图 8-4-2 大陈村全景图

年），后经多次修葺，逐渐形成规模，清咸丰十一年（1861年）秋，太平天国军队攻占大陈，祠堂被烧毁。清同治元年（1862年），汪氏后裔汪膏（字春霨，号植庵）倡议造祠，同治二年（1863年）重建祠堂，传承至今（图8-4-3）。汪氏宗祠依山而建，坐西朝东，南北面阔22.6米，东西进深49.7米，占地面积1500余平方米，三进两天井五开间，由门楼、厢楼、正厅、厢房、后堂组成，自大门往里各堂渐次升高，后堂地面与大门前地面高差达2.36米。门楼面阔五间，前檐柱采用石质方柱，海棠抹角，柱础下为方形覆盆式柱顶石，其余采用圆形木柱，随稍间外，鼓墩形柱础下均有圆形覆盆式柱顶石。明间前檐为三重飞檐牌楼，檐下以层层斗拱支撑。后檐单重飞檐，下设戏台。戏台设八角藻井，内绘人物故事图，形象逼真、个性鲜明。左右设回廊，上下有两根仿石四方柱，柱础为四方形，束腰。天井中铺有碎石。左边厢房原称贞节祠，右边厢房称忠孝祠，两祠屋顶为两层重檐挑角。一进与二进之间有三级台阶。第二进正厅为五开间两坡顶硬山屋面，明间为抬梁式，前后九檩用四柱，次稍间为穿斗式，前后九檩用五柱。明间为中堂，又称敬爱堂，作宗族祭祀朝拜之用，次间原本挂有文魁、武魁匾。明间柱粗，柱的直径达55厘米，柱础石直径达60厘米。后天井原铺有碎石，被占用后挖成现在的大水池。后院厢房三间，进深五檩三柱，厢房两侧观音兜山墙与后堂稍间相接，左厢房为报功祠，右厢房为崇德堂。第三进后堂五开间双坡屋面，两侧有五花马头山墙封护。后堂又称寝室，是存放祖宗牌位之处，廊顶部有彩绘三幅，左右两幅花鸟，中间一幅绘人物故事，色彩鲜艳，栩栩如生。整座宗祠用材讲究，雕饰精美，石础、石磉硕大无朋，石柱、石阶整洁光滑，石雕、木雕工

a）

b）

图 8-4-3 汪氏宗祠

艺精湛，牛腿、雀替镏金错彩，更显檐牙高啄，脊瓦如鳞，犹如琼楼玉宇降落山村野处，令人叹为观止。汪氏宗祠是江山市祠堂类古建筑中的典范。2013年央视《记住乡愁》开机仪式在此举行。

汪氏宗祠的西侧是宗祠附属建筑文昌阁，为汪氏家族办学之所。文昌阁始建于清嘉庆十四年（1809年），占地面积约350平方米，与宗祠相连，进深25米，面阔14米，为两进一天井三开间。文昌阁由魁星楼、厢庑、后宫组成。魁星楼重檐歇山顶，面阔三间，因风水原因，前檐墙转向，与檐柱成夹角，建筑平面呈梯形。底层前檐及左右两侧有砖墙封护，后檐牛腿挑檐，明间金柱鼓墩形柱础下有圆形覆盆式柱顶石。南次间设楼梯，明间楼板中心位置有对径1.6米的八角形洞口，洞四周有栏杆围护。明间金柱间扁作梁，上立短柱，出丁头拱承天花，二楼四周遍布格扇窗。小青瓦屋面下铺望板，子孙瓦屋脊。两厢庑单柱出牛腿承托单坡屋面，单开间。魁星楼、两厢庑、后宫相互围合，形成内天井，地面用石块仿砖席纹漫铺。后宫为三开间两坡顶屋面，马头山墙封护，为明间抬梁穿斗混合式，前后八檩用四柱，次间穿斗式，前后八檩用五柱，屋面铺望板。为明间前廊二重飞檐，牛腿出挑，廊上平綦天花，金柱间架五架梁，月梁圆作，上立短柱承上金檩及三架梁，后檐封墙。次间立中柱，前檐柱出牛腿承托挑檐檩（图8-4-4）。

图8-4-4　文昌阁

汪燧古宅建于清后期，是大陈村建筑体量最大、保存较好的古民居（图8-4-5），二进二天井格局，中轴线自东向西分别为天井、中堂、天井和后堂，面阔23米，中堂与后堂的宽度仅4.5米，天井长达13米，整幢建筑有近40间房间。内部装饰质朴大气，檐下各柱上牛腿的雕刻内容大多为草龙，

图8-4-5　汪燧古宅

龙头较大，线条粗犷，细部不加修饰，留空较多。天井两侧走廊上部，檐柱与金柱以月梁相连，月梁上以瓜柱支撑卷棚中檩，瓜柱两侧各有一虾背梁，将瓜柱与檐柱、金柱相连，曲线柔美又不失大气。

此外，大陈村还有汪乃恕古宅、汪新士古宅、汪志达古宅、汪在嵩古宅、汪达泉古宅、汪上则古宅等具有代表性的古民居，这些古民居虽然没有祠堂那般宏伟，但依然可以看出其中的文化精髓和时代特征（图8-4-6）。

4. 特色文化资源

（1）兴学重教　大陈村汪氏先祖倡导"以商养教，以教育人"，自古以来就有"书香大陈"的名誉。大陈汪氏后裔秉承徽商传统美德，懂经营、善谋划，生财有道，挣钱有方。但他们赚到钱后，并非一味买田置房，囤积私财，而是兴办教育事业，尊师重教，兴校办学，使更多的汪氏子弟能享受到教育，希望将后辈培养成腹有诗书、囊有钱财的儒商。清同治十一年（1872年），大陈汪氏族长汪膏倡议借汪氏宗祠作基地，创建萃文会，兴办萃文义塾，以"集族中子弟教育之"。汪膏除自己带头捐资外，还动员族中汪以杰、汪朝昇"为培士久远计"，捐资大洋一千五百元。在他们三人的带动下，族中各房踊跃捐资，又募得大洋一千五百元。他用两笔捐款置得田产370亩（24.7公顷）、仓庄1座，计每年所入作为萃文会经费（类似今教育基金）。萃文会有了长年稳定的经费支持，得以正常运转。汪膏还不时"亲至祠与诸后辈论文讲学，殷殷勉以圣贤之事业"。汪膏之子行可，"少年练事，宛有父风"，在其父汪膏百年后，继任萃文会事。汪行可慷慨捐常邑田产50亩（3.33公顷），增置江山田产50亩（3.33公顷），以该田产所入，在衢州城内购房设环山试馆，作为族人赴试时的停骖下榻

a）

b）

c）

d）

图8-4-6　大陈古民居

之所。汪氏族人除集资购置田产、房产作科举贴考并合族课士之用外，还订立了一应规章制度，以保障祖先兴文助学的初衷得以延续和落实。其规章中有按就学学校级别而给本族学子的津贴，还规定享受津贴者不分性别，不论婚否，不计公立、私立学校，均一视同仁，甚至是汪氏之妻、媳，只要符合条件，均可获得助学津贴。同时，也对学生中不按时完成学业、弄虚作假、考试作弊等情况，规定了严厉的罚则。对享受过助学津贴、学成的有收入者，要求其按其收入的高低，每月捐助一定数目的资金给萃文会，以示回报。此外，萃文会还规定，发给每位参加县试的文童大钱 600 文，参加府试、院试的各发给 1200 文，生员应岁科考者，亦给大钱 1200 文。参加乡试的生员，每人发大钱 6000 文，会试发给每名举人公车费大钱 100 千文。凡中进士、举人、"恩、拔、副、岁、优"正途出身或考选得缺、出为司牧印官者，各给发路费银 12~60 两不等。

大陈汪氏萃文义塾自清同治十一年创兴以来，历经 37 年从未间断。清宣统元年（1909 年），因废科举，族中新学界汪儒林、汪作霖等提倡办新学，将原萃文义塾改办为大陈乡汪氏私立萃文初级小学校，校舍仍设于祠内。民国三年（1914 年），从族人汪德馨处租得私宅，学校从祠中迁出。民国十二年（1923 年）八月，大陈私立萃文初级小学校改制为两级小学，成立大陈乡汪氏私立萃文小学校（完全小学）。同年，报请江山县公署备案。

民国三十一年（1942 年），族人汪汉滔从财政部简派福建省税务局局长的任上辞职归里，集族产创办大陈萃文中学，亲任董事长兼校长，聘请江山教育界知名人士为各科教员，致使师资力量倍增。萃文中学以汪氏宗祠租谷 12.75 万市斤（1 市斤 =0.5 公斤）作固定收入，除实行萃文会助学优惠制度外，还实行成绩优秀学生享受公费制度，对发展江山教育事业做出一定贡献。当年秋，录取新生 150 人，学生除本县者外，还有衢州、常山、龙游、开化县人。民国三十五年（1946 年）九月，学校开始招收高中班，有新生 54 名。萃文中学最兴盛时，有 12 个班级，其教学质量堪与江山县立中学相媲美。中华人民共和国成立后，大陈萃文中学停办。1950 年春，萃文中学部分师生并入江山县立中学。1951 年 8 月，江山初级师范学校创办，校址在萃文中学原校舍，在衢州专区范围内招生。1957 年，江山初级师范学校停办，在江山县城创办民办鹿溪初级中学，后迁至大陈，又落址在萃文中学原校舍。1958 年，鹿溪初级中学改称大陈公社中学。大陈萃文中学现已辟为文创中心（图 8-4-7）。

大陈汪氏族人薪火相传、坚持不懈、办学不辍，致使大陈人才辈出，代有簪缨，彪炳乡里。大陈《环山汪氏宗谱》有载："惟我环山得山川之秀，亦形胜之区，自普贤公迁居以来，英贤代起，文章星炳，而设课延师，给资培士，前此杳未有闻也。"大陈汪氏族人重教崇学的传统，可谓源远流长。

（2）民俗节庆　大陈村至今仍保持着"求雨""吃新稻米饭""伐古木""饮行酒令""挂对联""讨

图 8-4-7　萃文中学旧址

图 8-4-8　麻糍文化节

图 8-4-9　大陈村歌

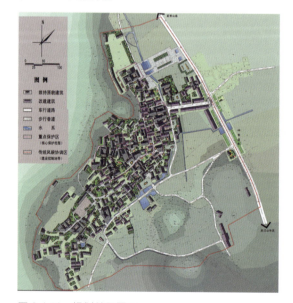

图 8-4-10　规划总平面图

子头""送生""哭嫁""做九""入殓"等传统习俗，仍保留着弹棉花、油车榨油、做薯花、做米糕、麻糍制作、麦秆扇制作等传统技艺。村内会定期举办冬至宗祠祭祖、春节舞龙舞狮、曲艺表演、"十月十"老佛节、麻糍文化节等民俗文化活动（图 8-4-8）。2009 年 6 月，"十月十"老佛节被评为浙江省第三批非物质文化遗产代表性项目。近年来，大陈村积极挖掘文化内涵，大力弘扬村歌文化，《妈妈的那碗大陈面》《大陈，一个充满书香的地方》唱响全国，大陈村也因此荣获"中国村歌发祥地"称号（图 8-4-9）。

二、规划设计

1. 规划布局与结构

大陈村在省历史文化村落保护利用规划中，突出保护村落的风貌格局、历史遗存、非物质文化遗产，保护江山独特的宗族聚居模式、建筑形体、空间格局以及浓郁的地方文化特色。规划确定"汪氏宗族文化延续之所、书塾教育文化展示之地、江山民俗文化沿袭之镇、山水格局安居祥和之村"的主题，深挖大陈村的古村内涵，体现大陈村的古村特色。

根据村落发展条件及村内资源分布情况，规划"一街、一心、两区"的布局结构（图 8-4-10、图 8-4-11）。

一街：即南北向纵贯古村内部的大陈老街，由北侧汪氏宗祠至南侧的敬老院，包括老街两侧的零星商业店铺、水渠、戏台、过街楼和石板铺地等要素。

一心：即文昌阁和汪氏宗祠、停车场、民俗文化活动广场及周边的配套建筑组成的旅游服务中心。

两区：即重点保护区和传统风貌协调区。重点保护区内包含了众多古建院落构成的建筑群区块，

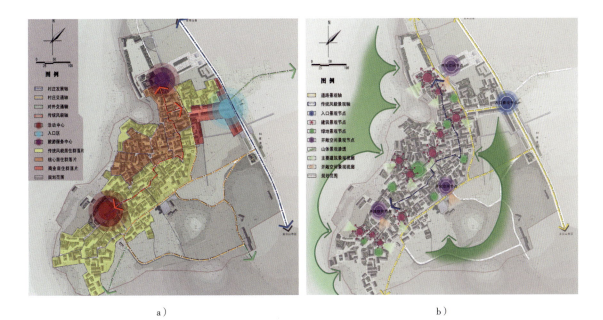

a) b)

图 8-4-11 空间结构规划图

有完整的街巷空间风貌；传统风貌协调区的古建筑群分布较零散，有相对完好的古村风貌和环境。

2. 规划保护范围

大陈村省历史文化村落保护利用规划，将大陈村的保护范围划分为两个层次：重点保护区和传统风貌协调区。其中，重点保护区东至丁字老街与新街的交界处，西至汪克文旧宅，南至汪子文旧宅，北至文昌阁北侧区域，总面积为 2.57 公顷。传统风貌协调区西靠山脚，南围农田至水库北侧，东以 48 省道为界，北至小学北侧区域，面积为 27.03 公顷，区域内主要控制和协调的是建筑的风格、颜色、体量（图 8-4-12）。

三、建设实绩

大陈村自 2016 年被列为浙江省第四批历史文化村落保护利用一般村以来，依托独特的自然条件、生态优势和文化资源，注重村庄环境整治、文化挖掘和业态融入，整合规划局、财政局等部门项

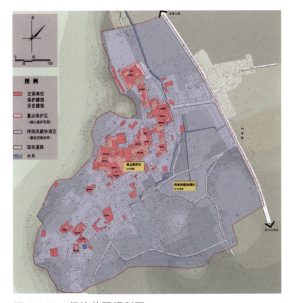

图 8-4-12 保护范围规划图

目资金共计 5000 多万元，用于修缮古建筑、修缮古道、建设安置小区和旅游接待中心等项目，对村落整体环境进行了修缮提升。

古建筑修复：完成 70 幢古建筑的顶瓦修补，面积 8000 平方米；5 幢建筑的墙体加固，面积 450

平方米；80 幢建筑的立面改造，面积 10000 平方米；5 幢建筑的构件修复，共 15 个（图 8-4-13）。

与历史风貌有冲突的建（构）筑物整修改造：完成 5 幢建筑的立面改造，面积 1000 平方米；整体拆除 4500 平方米；异地搬迁 3 户（图 8-4-14）。

村内古道修复：完成了从汪氏宗祠到萃文中学，到小吃街，再到汪氏宗祠共 5 公里的古街古道修复，面积达 10000 平方米（图 8-4-15）。

搬迁安置区基本公建设施建设：完成搬迁安置区土地指标 1.33 公顷，安置户数 15 户，投资 50 万元用于基本公建设施建设。

四、建设效益

大陈村是历史文化村落保护利用中，建设发展综合型的代表。在省历史文化村落保护利用建设中，以"乡村振兴标杆村"建设为目标，以"书香大陈"为主题，着力推进生态建设产业化、产业发展生态化，大力发展"生态经济"。

1. 一面党旗引领，营造党群好风貌

大陈村在历史文化村落保护利用建设过程中，

a）修缮前

b）修缮后

图 8-4-13　汪氏宗祠修缮前后对比图

a）整治前

b）整治后

a）修复前

b）修复后

图 8-4-14　大陈文化广场整治前后对比图　　图 8-4-15　古巷修复前后对比图

为了建立党员、群众"一家亲"的关系，首创了"1+7"党建品牌。一是党员连心"1+7"，即由1名党员联系7户农户，支部党员与全村农户分别结对，党员进村入户，听民声、察民情、解民忧。二是支部服务"1+7"，即通过"党建＋好班子、好门路、好服务、好山水、好乡风"，实现"好乡村、好幸福"的幸福乡村建设新格局。三是薪火传承"1+7"，即1名新书记和7位老书记薪火相传、接力传承。

图 8-4-16 大陈红色纪念馆

2. 一张蓝图到底，振兴发展好业态

大陈村的历史文化村落保护与利用，以发展乡村休闲游为抓手，以"大陈夜市"和村歌"一台戏"为起点，通过讲好大陈故事、演好民俗风情、布局特色小吃、办好文化活动、推进文创产业，助推强村富民。按照"浙派民居"风格，新建了星级旅游厕所、村歌主题广场、中国幸福乡村馆、红军纪念馆、党建馆等场馆（图8-4-16、图8-4-17）。重点建设"一个洁净风情集镇、一条民俗小吃街、一条村歌健身长廊、一段岸洁水清河流、一批特色古韵民居、一片美丽创意田园、一批美丽农家庭院、一场实景灯光村歌演艺、一个中式传统婚庆基地"的"九个一"项目；举办"麻糍丰收文化节""村歌大赛"等节会活动，开发大陈面、大陈麻糍等特色旅游产品。

3. 一把笤帚起步，扫出村庄好环境

大陈村两委精心谋划，从一把笤帚抓起，两委干部带头扫，发动党员接力扫，鼓励村民跟着扫，形成"脸面、灶面、桌面、地面"的"四面洁净"文化。随着美丽乡村建设的深入推进，由此还延伸出了新的"四面美"文化，即"美在路面、美在市面、美在门面、美在情面"。在新老"四面"文化的指引下，统筹推进"一户多宅"整治、小城镇环境综合整治、垃圾分类、美丽庭院等工作，打造出

图 8-4-17 戏台

了一个"面子美、里子更美"的美丽家园。强化历史文化村落保护利用的宣传工作，及时传达村落保护利用的举措与意义，做到家喻户晓，动员与引领全体村民自觉参与。

4. 一首村歌嘹亮，唱响幸福好声音

大陈村依托丰厚的文化底蕴，以一首村歌焕发全村精神新面貌，村民合唱村歌已成为大陈村的一张"金名片"。浙江省第一首村歌《妈妈的那碗大陈面》，无形中把村民凝聚在一起，歌声架起了村民梦想与现实之间的桥梁。全民参演的形式，既充实了村民的精神生活，又提升了乡风文明建设质量。第一届全国村歌大赛让大陈村歌一路高歌，唱进了省人民大会堂和北京人民大会堂，还被制作成国礼赠送给参加杭州G20峰会的外国元首。2017

年，大陈村歌"一台戏"在全省美丽乡村和农村精神文明建设现场会上大放异彩。近年来，大陈村先后被授予中国美丽乡村百佳范例村、中国十大古村落、中国十大最美村庄、全国文明村、全国宣传思想文化工作示范点、全国生态文化村落、省美丽乡村特色精品村等荣誉称号。

第五节　千古毛氏，人文清漾——衢州江山市清漾村

一、村落概况

1. 区域位置与社会经济

清漾村位于衢州江山市石门镇南部，北与石门镇相连，南与灵岗村接壤，东与下安村为邻，西与达蓬村毗连，西南紧依国家5A级景区、世界自然遗产江郎山。清漾村距离江山市区约25公里，西面紧邻黄衢南高速公路，高速公路互通立交位于清漾村以北，距清漾村8公里，地理位置优越。全村村域面积3.78平方公里，共有347户，1206人，90%以上农户皆为毛姓。村落主要产业为种植水稻、火龙果。近年乡村旅游发展起步较好，清漾村已经被纳入江、浙、闽、赣等省旅游目的地体系之中。2018年，村集体经济收入59万元，居民人均可支配收入24028元。2006年，清漾村被评为浙江省第三批历史文化名村；2013年，被列为第二批中国传统村落；2017年，被评为浙江省第一批3A级景区村庄；2018年，被公布为第七批中国历史文化名村；2023年，被列为浙江省第十一批历史文化村落保护利用重点村。

2. 村落历史与风貌格局

清漾村是江南毛氏发祥地、毛泽东祖居地，始建于南北朝时期，距今约有1500年的历史。自东晋州陵毛宝孙毛璩，因军功被封为归乡公，食邑信安（今衢州），毛璩五世孙毛元琼（清漾公）于南朝梁武帝大同年间（535~545年）迁居清漾，从此繁衍生息，至明代清漾后裔已发展至十三祠近5万人。东汉初平三年（192年）清漾属新安县管辖。梁武帝大同年间清漾属信安县管辖。唐武德四年（621年）江山设县（须江县），清漾属须江县管辖。五代吴越宝正六年（931年），因江山清漾周边有江郎山，改须江县为江山县，清漾属江山县江山乡管辖。北宋时乡设里，清漾隶属江山县文溪里管辖。南宋时乡改都，清漾隶属二十四都管辖。清代石门设乡，清漾隶属石门乡管辖。1934年，推行保甲制，将县、乡、村行政组织改为县、乡、保、甲四级行政组织，清漾为石门乡七保。1949年，石门设区，分乡石门、长台、百石三乡，清漾村与灵岗村合并称清漾村，属石门乡管辖。1950年石门撤区设乡，清漾村仍属石门乡管辖。1954年清漾村与灵岗村分开，清漾村仍属石门乡管辖。1961年7月成立石门设公社，清漾村改生产大队属石门公社管辖。1983年7月政社分设，石门恢复乡制，清漾改为村。1986年6月石门改建镇制，清漾村属石门镇管辖。

清漾村地处江郎山北麓，山清水秀，村落周边有青龙山、娘娘山、凤凰山、花坟岗山以及祖宅后面的高地，呈群山环抱之式。可谓"左青龙，右白虎"的山体形势。汶川溪形如"文"字，在东部的山脚之下二龙出水，汇于村基四周，由东南流往村西北。西北为村落"水口"之处，有一棵千年古株

树。在村东南的祖山之上有一座清漾塔，与祖宅连成村落景观轴线。清漾塔象征文运昌盛，又因位于村落之东南，又有文峰塔之意。村落整体形态既体现出传统风水学中村落选址的环境观念，又保持着严谨的宗族聚居的聚落形态（图8-5-1）。

3. 传统建筑与历史环境要素

清漾村历史悠久，人文荟萃，文物古迹丰富，山川秀丽，景观奇特，是浙西具有代表性的历史文化村落。村内保存着明清至民国时期的传统民居40余幢，集中分布在清漾祖宅周围。整个清漾的民居建筑，朴素无华但实用性强，符合清漾"贵而不富""勤俭持家"的文化传统，反映了其耕读传家、绵延昌达、贵而守廉的家族特质。另外，还有按原样复建的清漾毛氏祖祠、状元牌坊、青龙寺以及修复的社公殿等建筑。

清漾祖宅是江南毛氏迁居于此所建的第一所住宅，后经历代扩建，于2003年重修，已成为毛氏宗族议事的场所。建筑占地面积330平方米，为三进两天井结构。祖宅大门的牌匾上"清漾祖宅"四个大字是由我国近代著名学者胡适先生亲笔题写。清漾毛氏第五十六代嫡孙毛子水先生是一位国学大师，与胡适有着师生、同事、知音（胡适的墓志铭也由其撰写）三层密不可分的关系，胡适了解到清漾毛氏家族史的辉煌后感叹不已，提笔写下了这四个字。大门柱上有楹联，上联"天辟画图星斗文章并灿"，下联"地呈灵秀山川人物同奇"。这是北宋大文豪苏东坡为清漾毛氏第二十七代嫡孙、著名词人毛滂所题，楹联主要表达清漾"人杰地灵"的意思。这"一匾一联"，相距800余年，见证了清漾历代文人与同辈文豪的深厚友谊。清漾祖宅最大的特色就是楹联、匾额特别多，彰显了其独特的家族文化（图8-5-2）。

图8-5-1　清漾村航拍图

清漾毛氏祖祠是毛氏族众祭祖的场所，始建于宋代，清代重建，20世纪90年代再次毁于大火，只留下一些遗存建筑。2010年10月，在当地政府和各地毛氏宗亲的大力支持下，毛氏祖祠在原址上原样重建。建成后的清漾毛氏祖祠三进两院呈对称布置，内设合敬堂、追远堂、戏台、毛氏名人陈列馆等，占地面积2452平方米。祠堂前有矩形水池，周边以墙与宗祠相连，形成一处宽广平阔的大院。首进门屏上是一张清漾毛氏迁徙分布图，展现了江南毛氏以清漾为中心向全国辐射的概貌。其中一支从江山清漾到江西吉水，到云南永胜，再到湖南韶山，证明了清漾是毛泽东的祖居地。其他分支向江南各省份繁衍辐射，证明了清漾是江南毛氏发祥地。入口通道上建有戏台，前院面积较大，两边长廊展示的是江山的非物质文化遗产，以及竹编、木雕、麻秆扇制作等传统技艺。第二进合敬堂是祭祖的主要场所，厅堂宽敞高大；后院较为狭窄，后堂是供奉祖先牌位的神堂；天井左右两侧建有报功、崇德两厅。整座建筑是典型的徽派建筑，黛瓦、青砖、马头墙，木雕、砖雕、石雕等传统工艺精致，充分融合了浙、闽、赣的建筑特色（图8-5-3）。

a) b)

图 8-5-2 清漾祖宅

a)

b) c)

图 8-5-3 毛氏祖祠

清漾社公殿是为供奉民间传说中掌管土地的神而建的，占地面积250平方米，布局比较特殊，东西两侧完全对称，分别形成有两个狭小天井的院落，各有大门出入。两主殿明间甚宽，其中分别供奉社公夫妻神位。每年农历二月初二（或八月初八）可于此举办较为正式的农耕祭祀活动。

清漾青龙寺位于旧时村口，毗邻社公殿，占地面积492平方米。寺前有一株繁茂高大的古樟，还横有村中主要河道，是谓寺名由来。青龙寺建有前后两进院落，前院宽阔，可进行一般的佛事活动；后院狭小，为生活辅助空间。主殿、配殿及倒座均设有门窗围护，形成内外封闭的建筑空间。

此外，村内存有明代的清漾塔，位于村东侧200米外。塔为七级六面楼阁式，底层设有一拱券门，方向朝东，高1.6米，宽0.6米。塔体除西面外，其他五面每层均有壁龛。塔刹已毁，塔顶有一铁盖，形似铁锅。塔基由三层条石砌成，高约0.6米，塔体每层之间有三层菱角牙叠涩出檐，塔体高约20米。1982年5月，清漾塔被列为第一批县级文物保护单位（图8-5-4）。

清漾村内还保存着仙霞古道[⊖]的部分遗迹。这部分遗迹属于仙霞古道的一个"支路"，但其宽度和一些构造铺设具有一定的特色，对于研究仙霞古道的历史和铺设特点具有重要的科学研究价值，为江山打造古道文化提供了必要的现状依据。

图 8-5-4　清漾塔

4. 特色文化资源

（1）毛氏宗族文化　"莫把欺心承祖考，要留好样与子孙"。清漾村素有"耕读传家、重文修身"的优良传统，自古人才辈出，绵延千年。历史上出过8位尚书、83位进士和200多位名人。如有工部尚书毛让、礼部尚书毛可游、毛延邺，刑部尚书毛文碘、毛恺，户部尚书毛晁，礼部尚书毛友、毛天叙，共8位尚书。还出过"四代十登科，六子七进士"的毛恺一家。有被苏轼称为"文词雅健，有超世之韵；气节端厉，无徇人之意"的宋代词人毛

⊖ 仙霞古道，又称江浦驿道，浙闽官路，史称"浙闽咽喉""东南锁钥"。北起江山县城，南至福建省浦城县城，是京（城）福（州）驿道极其关键的一段，为连接福建、广东沿海的主要陆上交通线。仙霞古道由块石砌筑，实际宽度在2米左右，一些路段宽达3米，又称七尺官道。仙霞古道自城区南行，经七里桥、清湖、小清湖、花园岗、昭明桥、石门、界牌、江郎、旧街、峡口、枫石、三卿口、保安，过仙霞关，经龙溪，至小竿岭背（廿八都境）；经上凉亭、下凉亭、上街、珠玻岭，过廿八都街，经水安桥、新凉亭（磨水岗凉亭）、竹瓦亭，至溪口，出枫岭关，进入福建；经深坑、庙湾、梨岭（又称五显岭）、九牧、杉坊、渔梁、仙阳、朴树桥、五里塘，到浦城县城。全程120公里，其中江山区域内75公里，江山因此也称得上是"古道名城"了。

图 8-5-5　清漾毛氏族谱

图 8-5-6　清漾石门抬阁

图 8-5-7　舞龙

滂，南宋状元毛自如等一大批历史名人。近现代清漾毛氏后裔也人才济济，有杰出领袖毛泽东，有国学大师毛子水，还有毛以亨、毛彦文、毛振翔、毛汉光、毛河光、毛江森、毛宗源、毛常、毛松友等

知名学者。清漾毛氏家族具有"人才辈出、耕读传家、贵而不富"的历史传承，崇尚廉洁、注重人文的文化特质。

毛氏家族人才济济，著作众多。北宋元丰六年（1083年），北宋龙图待制、清漾第二十七世孙毛渐始纂《清漾毛氏族谱》（图8-5-5）。被收入《宋史·艺文志》的著作有《毛渐诗集》十卷、《毛渐地理五龙秘法》一部、毛渐的《毛氏世谱》一部、《毛渐表奏》十卷、毛滂的《东堂集十五卷》、毛宪的《信安志》十六卷、毛友的《左传类赋》六卷、《毛友文集》四十卷、毛千千的《樵隐集》十五卷。毛滂的《东堂词》、毛千千的《樵隐词》、毛晃与其子毛居正的《增修互注礼部韵略》、毛晃的《禹贡指南》、毛居正的《六经正误》等被收入明代的《永乐大典》。清代纪昀等编纂《四库全书》时又收入以上的六部，是为经典之作。近代有清漾第五十六世裔孙毛子水出版了《毛子水文存》《师友记》《论语今注今译》《毛子水全集》。

（2）非遗文化　清漾村保存有完好的清同治八年续修的《清漾毛氏族谱》，被列入首批《中国档案文献遗产名录》中。清漾毛氏谱系文化、清漾毛恺故事均已流传近千年，清漾毛恺故事被列为衢州市第二批非物质文化遗产代表性项目。另外，清漾村石门迎台阁、王安石仙居寺两处的对句是江山市市级非物质文化遗产代表性项目（图8-5-6、图8-5-7）。

二、规划设计

1. 规划布局与结构

清漾村在省历史文化村落保护利用规划中，充分挖掘宗族文化、风水文化、耕读文化特色，确定清漾村"江南毛氏宗族之发源地""传统风水格局之典范""华夏农耕聚落之活化石"主题定位。规划以"一祠两寺五山秀，江郎千载文溪流，东西毛裔传百世，清漾族谱续春秋"为准则，设计布局结构（图8-5-8、图8-5-9）。

一祠两寺五山秀：保护并复建毛氏祖祠，修复社公殿，复建青龙寺。同时保护村落周边的五座风水"山体"。

江郎千载文溪流：梳理毛氏祖宅、毛氏祖坟、清漾塔、仙霞古道的脉络关系并加以保护，保护整治汶川溪水系。

东西毛裔传百世：保护并宣传毛氏族谱中的耕读文化、儒学家风、乡规民约等一些非物质文化遗产。

清漾族谱续春秋：保护梳理村落及其街巷的格局，重点整治历史建筑和空间关系。

2. 规划保护范围

清漾村省历史文化村落保护利用规划，确定保护范围为西至黄衢南高速公路，北至石门镇的建成区，东至联家垄水库东侧山脉，南与江郎山风景区范围接壤的区域。根据村落实情，划分核心保护区、建设控制区和环境协调区三个层次。其中，核心保护区是指集中体现清漾村落历史风貌的传统民居区域，它是村落格局与院落格局保存相对完整的部分，面积为1.66公顷。建设控制区为核心保护区外以汶川溪所限定的范围，包括村北社公殿和青龙寺所占的地块，面积为11.60公顷。为最大限度保护清漾村的整体历史景观环境，适应历史文化村落进行美丽乡村建设的需要，在建设控制区外围选取可建设与改造的地块作为环境协调区（图8-5-10）。

图8-5-8　规划总平面图

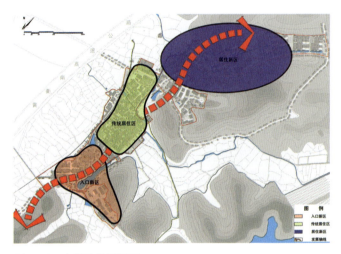

图8-5-9　空间结构规划图

图8-5-10　保护范围规划图

三、建设实绩

清漾村自 2016 年被列为浙江省第四批历史文化村落保护利用一般村以来,充分调动村民对历史文化村落建设的积极性,加强建筑修复、环境整治、文化传承等工作,主要完成以下项目。

古建筑修复:先后完成 7 幢古建筑的顶瓦修补,面积 1200 平方米;3 幢建筑的墙体加固,面积 700 平方米;20 幢建筑的立面改造,面积 7000 平方米;4 幢建筑的构建修复,共 16 个。

与历史风貌有冲突的建(构)筑物整修改造:完成 120 幢建筑的立面改造,面积 36000 平方米;4 幢建筑的结构降层,面积 490 平方米;整体拆除 280 平方米;异地搬迁 19 户。

搬迁安置区基本公建设施建设:完成搬迁安置区土地指标 0.4 公顷,安置户数 19 户,投资 110 万元用于基本公建设施建设。

村内古道修复:完成村内古道修复 1 公里,面积 1800 平方米。

四、建设效益

清漾村是历史文化村落保护利用中,民俗风情特色型的代表。清漾村在省历史文化村落保护利用建设工作中,主要通过深入挖掘历史文脉、保护修缮历史建筑、改善提升生态环境、完善保护利用机制,加强历史文化村落保护利用力度,效果明显。主要可概括为以下四个"美"。

1. 建设美丽环境

清漾村以建设景区村庄为目标,通过五水共治、三改一拆、垃圾分类、污水治理、庭院美化等一系列环境整治举措,极大提升了村庄生态和人居环境,打造了一个村道整洁、河流清澈、庭院优美、处处成景的生态宜居村庄。目前,清漾村既是 5A 级旅游景区所在村,又是浙江省 3A 级景区村(图 8-5-11)。

2. 发展美丽经济

清漾村充分利用国家 5A 级旅游景区优势,通过施行"旅游富民"战略,做大做好"旅游+"文

图 8-5-11　清漾人居环境

章。引导村民将民房改造成农家乐、民宿，村内农家乐、民宿增至11家，年收入可达200多万元。红心火龙果、葡萄、枇杷等休闲采摘田园综合体初具规模，毛氏文化节、火龙果节等旅游节庆活动效果明显，越来越多的农村青年、大学生选择回乡就业创业（图8-5-12、图8-5-13）。

3. 传承美丽文化

清漾村深入挖掘清漾村的文化内涵，加大对传统艺术、传统民俗、人文典故等特色文化资源的发掘和传承，以文化礼堂、文化展馆、文体活动中心、村民休闲空间为文化载体，丰富了村落文化活动，提升了村落文化氛围，实现村民的安居乐业（图8-5-14～图8-5-16）。

4. 营造美好乡风

清漾村大力发扬清漾"惩恶济善、重文崇仕、勤俭廉洁"的家风族训，每家每户悬挂家风家训牌，将族规族训有机融入村规民约中。此外，通过评选文明家庭、最美人物、清洁家庭，举办敬老孝老活动等方式，引导村民继承发扬毛氏文化的精神风貌。

千年清漾名人辈出，书香逸居耕读传家。清漾毛氏世代相传、生生不息。如今，清漾村掀开了村落建设全新篇章，以发展文化旅游、进行生态整治、推进产业富民为抓手，开展美丽乡村建设。先后荣获浙江省文化建设示范点、浙江省廉政文化教育基地、浙江省绿化示范村、浙江省首批文化旅游示范基地等荣誉称号。

图 8-5-12 乡野农家乐

图 8-5-13 斗牛社

图 8-5-14 毛泽东陈列馆

图 8-5-15 毛子水故居

a） b）

图 8-5-16　将军馆

第六节　钱江源头，九溪龙门——衢州开化县龙门村

一、村落概况

1. 区域位置与社会经济

龙门村位于衢州市开化县齐溪镇北部，地处浙江母亲河钱塘江源头开化的最北端，东连千岛湖，南依齐溪镇，西临皖休宁龙田乡，北接皖休宁黄尖乡。距离开化县城约50公里，距离齐溪镇政府所在地西坑口村约4.2公里，西坑口村至龙门村的乡村公路循龙门溪溯源而进。全村村域面积15.15平方公里，其中毛竹林1.23平方公里，茶园0.66平方公里，耕地0.13平方公里。现辖有汪家、余家、外山、大麦坞4个自然村，共有321户，1056人，有汪、余、赖、黄等姓。村内基础产业是种植业，产出高山蔬菜、油茶等，还有养殖业，有清水鱼、茶园养鸡场等。近年来，乡村民宿、农家乐发展迅猛。截至2018年，龙门村已发展出"龙门客栈"民宿农家乐57家，共700张床位，全年共接待游客20.7万余人次，村民人均收入达到2.18万元，村集体年收入达到103万元。2014年，龙门村被列为浙江省第二批历史文化村落保护利用重点村；2016年，龙门村被列为浙江省第五批历史文化名村；2016年，被列为第四批中国传统村落；2017年，被评为浙江省第一批3A级景区村庄。

2. 村落历史与风貌格局

龙门村是多姓共居村落，明代中期各姓迁居于此，距今已有500多年历史。其中，汪姓由徽州篁墩迁徙而来，余姓由淳安县迁徙而来，赖、黄二姓则由闽北迁居而来。数百年来，不同语系的诸姓在龙门村原始耕作、和睦相处。因村内峡谷狭长似龙，有山石如门，故称龙门。群山绵延，层峦叠嶂，山环如郭，林木苍翠。若立足于龙门溪两侧的山顶，俯瞰汪家村和余家村，可见龙门溪呈"S"形流经两村，汪、余两姓村民隔溪而居，白墙黑瓦互为辉映，两个村落合抱成太极图案。其主要族群呈"品"字形分列，沿村间道路铺展，狭长幽深；或高低错落，户户相通。处于海拔近700米的外山自然村，土楼成群缘山而建，绿树掩映，冬暖夏凉，坚固结实，置身其间，可尽情领略山寨风情（图8-6-1~图8-6-4）。

龙门村地形高差较大，海拔为300~950米，一条清澈见底的龙门溪穿村而过，称得上"九山半水半分田"。北来的龙门溪流与南来的钱江源莲花溪流，于西坑口村注入齐溪水库莲花湖。龙门溪两侧有9条小溪水，俗称"一龙生九子"，"九溪龙门"之称因此而来。"一龙生九子，九子各不同"，九溪形态各异，但水质均可称极佳。龙门村内植物种类丰富，有樟木、榉木、红枫、红豆杉等名木古树近百株。县林业主管部门挂牌保护的县内最大的甜槠群就在龙门村。

3. 历史建筑与文化资源

明代以来，徽商繁盛，徽派文化迅速涌入龙门。龙门村的4个自然村都有历史遗存，其中汪家村、余家村和大麦坞村内现存鸣凤堂、越国宗祠2处宗祠和多处古民居，均为徽式建筑，古朴典雅。外山村的24幢古楼建筑群就地取材，缘山而筑，坚固结实，冬暖夏凉。

余氏宗祠建于清咸丰十一年（1861年），相传百鸟之王凤凰飞至龙门大声啼叫"凤鸣高岗"，故堂号为鸣凤堂。祠堂位于余家村西南部，占地面积450平方米，坐西朝东，依次为戏台、大厅、后

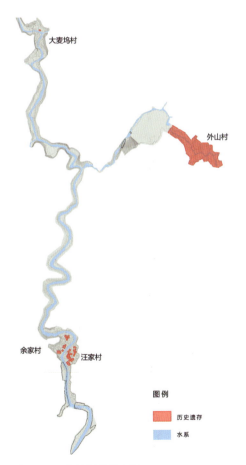

图 8-6-1　自然村落分布图

图 8-6-2　龙门村航拍图

图 8-6-3　汪家、余家自然村全景图

图 8-6-4　外山自然村全景图

堂。第一进戏台上方藻井内有壁画，挂有"乐韵舞""歌应南风"匾，整体结构完整。第二进面阔五间，通面阔 10.75 米，稍间上墙绘有人物故事壁画，对了解当时生活环境具有一定的历史价值。抗战期间，方志敏等曾率红军北上抗日先遣队（红十军团）驻扎在余家祠堂。祠堂内现还原了抗日先遣队当时宿营的场景，展示红色文化，还布置了民俗展示厅，开展丰富多彩的民俗表演。2017 年 1 月，余氏宗祠被浙江省人民政府列为第七批省级文物保护单位（图 8-6-5）。

汪氏宗祠建于清光绪二十九年（1903 年），堂号溥源堂，占地面积 475 平方米，坐东南朝西北，共三进，进间有天井。建筑无门墙，用木栅栏隔断，木格扇门。大门上方挂"越国宗祠"匾，2003 年修缮。现辟为龙门农村文化礼堂，被列为县级文物保护单位（图 8-6-6）。

龙门村数百年来仍传承有大年祭祖的民俗活动。每年大年初一，各家各户都会早早预备祭祀贡

a)

b)

图 8-6-5　余氏宗祠

a)　　　　　　　　　　　　　　　　b)

图 8-6-6　汪氏宗祠

品，由户主引领前往各属宗祠。男女老少穿戴一新，以示庄重，贡品中有香烛鱼肉，户主双手托盘，躬身入祠，族中长老亲迎祠中，摆好贡位后，男女老少依次在宗祖位前跪拜行礼，以表达对先祖的追思敬仰及祈盼福佑。宗祠外，鞭炮齐鸣，经久不息，祭祀之庄重，场面之热烈，令人震撼。龙门人善舞，在生产劳动中创作出反映山民劳动艰辛和丰收喜悦的狩猎舞。农闲时节，村妇相邀到祠堂，手举毛竹筒、竹筛欢快起舞。

二、规划设计

1. 规划布局与结构

龙门村在省历史文化村落保护利用重点村规划中，重点对外山村土楼群和瀑布群进行区域保护，对汪家村、余家村的宗祠和古民居进行保护利用，依据村落现情和未来旅游发展需要，规划"一心、一带、多组团"的总体空间结构（图8-6-7~图8-6-9）。

一心：公共服务中心，作为与山下物资联系的枢纽，是区域内各组团的管理中心，为人们提供生活必需的基本服务和咨询服务。

一带：沿溪景观带。

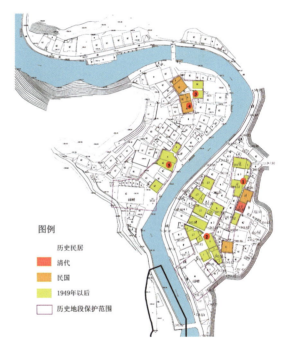

图 8-6-7　汪家、余家自然村规划总平面图

多组团：根据建筑分布和功能设置划定组团。集中式组团适合人数较多的旅游团体；分散式组团中建筑私密性较强，适合人数较少的个人或家庭旅游；每个组团均设有一个公共中心。

2. 规划保护范围

龙门村省历史文化村落保护利用重点村规划，按照历史遗存分布情况，确定规划重点为汪家村、

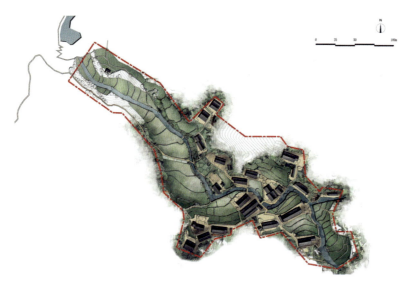

图 8-6-8　外山自然村规划总平面图

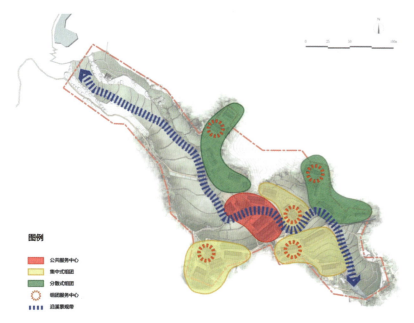

图 8-6-9　空间结构规划图

余家村的宗祠、具有代表性的古民居和外山村土楼群。外山村保护范围为土楼建筑群及其周边部分山体环境，总面积约为 3.8 公顷。

三、建设实绩

龙门村自 2014 年被列为浙江省第二批历史文化村落保护利用重点村以来，加强组织领导，整合项目资金，有序推进项目。

主要修缮了余氏宗祠、汪氏宗祠和古民居，对两处宗祠植入了功能业态。

开展村庄环境综合整治工作，完成了建筑立面改造、村道硬化、污水治理、垃圾分类、卫生改厕、村庄绿化、河道整治、拆违治乱、庭院美化等项目建设，有效改善了村庄人居环境。整治传统街巷，建设外山古村落游步道（图 8-6-10）。

恢复"溪环玉带""桃坞回春"等龙门古八景，围绕"九溪龙门九瀑布，九个龙潭九故事，九眼山泉九杯茶，九处仙境九幅画"主题，打造外山隐龙谷景区、金竹坑景区、桃花回春景区等多个景区，开展特色文化旅游（图 8-6-11）。建设龙门特色产业一条街，开发民宿，建设茶叶体验园、番薯体验园、豆制品体验园、竹笋体验园，加工、销售农副产品及旅游配套产品。

四、建设效益

龙门村是历史文化村落保护利用中，产业融合有效型的代表。近年来，龙门村以"党建引领，乡

a）改造前　　　　　　　　　　　　　　b）改造后

图 8-6-10　建筑立面改造前后对比图

a）建设前　　　　　　　　　　　　　　b）建设后

图 8-6-11　龙涎潭建设前后对比图

村振兴"为宗旨，积极融入国家公园建设大局，以美丽乡村建设为抓手，以项目建设为支撑，以乡村休闲旅游为主导产业，走出一条符合新时代发展要求的乡村振兴之路，群众增收致富步伐加快，取得了显著成效。

1. 创新机制模式

龙门村在项目建设中，实行"班长值班制""党员责任制"管理制度，将7名村两委干部分成7个班，每班1个班长和4个组员，以一周为一周期，处理大小村内事务。龙门村党支部实行"党员邻里阵地"，为全村的37名党员和8名入党积极分子划分责任区，每位责任人不但要主动做好自家的卫生保洁，还要负责联系邻里周边农户的"大局意识、邻里和谐、环境卫生"等工作。实行"村规民约+公司章程"协同管理模式。2014年，村集体成立了九溪龙门旅游开发有限公司，改变农家乐单打独斗营销模式，实行"四统一"模式，即统一管理模式、统一宣传营销、统一服务标准、统一分配客源，村集体和农户分工抱团合作，实现互补联动发展。同时制定景区经营管理规章制度，严格按照章程进行管理，增强了村民的凝聚力和向心力。实行"户结户，共致富"模式。自2013年起，龙门村采取一个农家乐或民宿结对X家种养农户模式，即"1+X"结对共同致富模式。全村57家民宿、农家乐已与

a)

b)

c)

图 8-6-12　龙门景区

村内 202 家农户结对，由农户为农家乐、民宿经营户提供新鲜蔬菜、土鸡、清水鱼、笋干、菜干、豆腐等农副产品，旺季时为他们提供帮工，让更多的村民获得红利。"1+X"结对致富模式还采取了包销制，即农户送多少，农家乐业主包销多少，新鲜原料如销售不完可制成菜干，再由旅游公司通过电商平台进行网络销售，从而保障农户和业主双方的共同利益，也使该模式能够合理、有机地运转。另外，村旅游公司正积极谋划股权改革，鼓励农户积极自由参股，同时将较大一部分股份作为村庄年底给每位村民分红的依据，让每位村民都能成为旅游公司盈利分红的受益人。

2. 建设效益突显

2013 年以前，龙门村民是"吃粮靠救济，穿衣靠养猪，用钱靠砍树"，2012 年村民人均收入仅有 4115 元，位列全县 255 个村中倒数第 5 名，村集体"0"收入，是个名副其实的"空壳村"。近年来，龙门村依托历史文化村落保护利用项目，大力发展乡村休闲旅游，从"砍树"到"护树"，从"养猪"到"养人"。2018 年底，龙门村发展民宿农家乐 57 家，共 700 张床位，全年共接待游客 20.7 万余人次，村民人均收入达到 2.18 万元，村集体年收入达到 103 万元。2017 年"滑龙道"和 2018 年"钱江源头第一桥——金山桥"、上海环宥招商引资的效益项目，全部采取股份制"村＋公司＋农户"的模式，全民参与，农户股份占 34%，集体经济占 10%，村资源占 5% 股份，外地客商投 51% 的股份，全体村民都能享受资源分红和股份分红。外出务工人数从 400 多人降到 200 多人，村民不出家门便能增收致富。截至 2023 年，龙门村已创成国家 3A 级景区和浙江省老年养生旅游示范基地，荣获"中国特色村""中国美丽休闲乡村""中国特色民俗村""国家乡村旅游扶贫试点村""牵手 2014 中国最美村镇二十强""浙江省休闲农业与乡村示范点""浙江省休闲旅游示范村""省级餐饮服务食品安全示范街""浙江省森林村庄""浙江省省级农家乐特色村""浙江省充分就业村"等多项荣誉，得到各级宣传平台的宣传报道，央视 7 套曾专题报道龙门景区（图 8-6-12）。

第七节 世美传书,古韵金源——衢州常山县金源村

一、村落概况

1. 区域位置与社会经济

金源村位于衢州市常山县城东北部东案乡,东与柯城区沟溪乡接壤,西和芳村镇相邻,南与呈东村交界,北与高峰村交界。距离常山县城约21.8公里,506县道(即胡柚大道)从村内南北向穿过,为村落与外面联系的主要通道,是国家4A级景区梅树底旅游线路上的重要节点。金源村是乡镇撤并前,金源乡的驻地,2006年金源乡撤乡改村,隶属于东案乡。村落辖高角、底角、外宅、后宅4个自然村,村域面积约10平方公里,其中山林面积8.33平方公里,耕地0.8平方公里。全村共有818户,2395人,村民多为王姓。村内经济作物以柑橘、胡柚、茶子为主。2014年,金源村被列为浙江省第二批历史文化村落保护利用重点村;2019年,被评为第五批中国传统村落、浙江省第三批3A级景区村庄;2020年,金源村被列为浙江省第六批历史文化名村。

2. 村落历史与风貌格局

金源村旧称上源,因村临上源溪上游东岸,还有水源穿村而过,故而得名。其历史可上推至北宋宣和年间,是一个具有800多年历史的古村落。据清光绪《常山县志》和《王氏家谱》记载,北宋末年方腊起义,天下大乱,王汉之直系元孙王翰从章舍迁此安居。王翰生有三子:王仲恭、王仲仁、王仲礼,南宋庆元五年(1199年)进士王一非就是王仲礼的长子。

金源村落呈块状聚落,属于半山区,周边自然环境优越,群山环绕,树木浓密葱郁。西侧山脚下金源溪自北向南畔村而过,汇入常山江,与场地形成两山夹水的地形,具有"村中见溪、出门见山"的格局。村内有"一"字形古街和纵横两条水系,后山溪东西向穿村而过,大路坑溪沿古街南北穿村而过(图8-7-1)。村内祠堂、牌坊、民居建筑交错,浓绿与黑白交相辉映,整座古村散发出浓郁的文化气息和园林情趣(图8-7-2)。

3. 传统建筑与历史环境要素

金源村历史悠久,村内现存各类古建筑332幢,保存完好的明清建筑有50余幢,其中底角王氏宗祠(含世美坊、石拱桥)于2011年1月被浙江省人民政府评为第六批省级文物保护单位。金源村古建筑多分布于村落中部,其中以原后宅村所属古建筑最多。古建筑分布较密集,建筑基地覆盖面积占整个建设范围的50%以上。

王氏宗祠又称贤良宗祠,堂号世德堂,始建于北宋宣和七年(1125年),清同治五年(1866年)和民国二十五年(1936年)两次重修。建筑坐东

图 8-7-1 金源村航拍图

a)

b)

c)

d)

图 8-7-2　金源民居

朝西，共三进，占地面积 1120 平方米，为亭台翘檐式建筑，整座建筑雕刻精细，保存尚好。门前是普通台基，台基左右两侧立有两对不同造型的旗杆石，一对狮子戏球，高约 1.25 米，原门面是砖雕装饰，花、鸟、狮兽雕刻精细（现已毁）。门前西向 6 米处建有一屏照墙，长 11.15 米，宽 0.45 米。前进为亭台支角檐八角楼建筑，中廊设戏台，左右两侧设厢房，前进、中进间有一天井，长 15.6 米，宽 4.4 米。中进为五架抬梁穿斗式、讹角斗，天井檐柱牛腿雕有狮子戏球，有 6 根方木柱，余为圆木柱，系鼓形单复盘柱础和菱角形柱础。中堂建有穿插坊一块，中进是大厅，可通后进走廊，顶部建有八角空心楼，走廊两侧各有一小天井，内栽厚朴树。后进是五架梁穿斗式，圆木柱，青石鼓形柱础。堂屋建筑为木柱布包扎披灰油漆，硬山顶，王花墙，空斗砌砖，石灰粉刷，勾头滴水，阴阳合瓦（图 8-7-3）。

世美坊始建于宋代，明嘉靖十七年（1538 年）重建，位于王氏宗祠西南侧。牌坊为两柱三楼门式石坊，高 6.5 米，柱间跨距 4 米，方柱抹角，每柱有两块高 2.5 米的花形靠脚，条形柱础，小额枋月梁状，两端下部用雀替，明楼用斗拱两攒，柱头亦用斗拱，正脊用鸱吻，是衢州现存年代最久的牌坊。石坊正中额枋上刻有阴文楷书"世美"二字，另一面用阴文行书刻有"光禄大夫王言,秘阁校理王介,兵部侍郎王汉之,直讲学士王沇之,吏部侍郎王涣之,隆兴举人王天锡,微猷阁学士王一非"等历代王家名臣及重建年月的160余字纪文。王氏在北宋时期有"一门九进士,历朝笏满床"之誉,四代显赫,蜚声江南,此牌坊系宋代王氏家族九进士的榜文牌坊(图8-7-4)。

4. 宗族文化——王氏"一门十进士"

科举制度是中国古代选拔官吏的制度,由于采用分科取士的办法,所以叫作科举。科举制度最早起源于隋代,隋统一全国后,为了适应封建经济和政治关系的发展变化,扩大封建统治阶级参与政权的要求,加强中央集权,于是把选拔官吏的权力收归中央,用科举制代替九品中正制。唐代承袭了隋代的人才选拔制度,还做了进一步完善。在唐代,考试的科目分常科和制科两类。每年分期举行的称常科,由皇帝下诏临时举行的考试称制科。宋代的科举,大体同唐代一样,有常科、制科和武举。宋代"重文轻武",所以很重视科举考试,但后期选官过冗过滥。相比之下,宋代常科的科目比唐代大为减少,其中进士科仍然最受重视,进士一等多数可官至宰相,所以宋人以进士科为宰相科。宋代进士分三等:一等称进士及第;二等称进士出身;三等赐同进士出身。由于扩大了录取范围,名额也成倍增加。

王氏宗族自古多贤良,是常山望族,北宋时期常山王氏家族以"一门九进士"闻名衢州。自北宋咸平二年(999年)至南宋庆元五年(1199年)的二百年间,王氏家族共计出了10个进士,分别为王伟、王言、王介、王悫、王沇之、王汉之、王涣之、王泂之、王栎以及王介第七代孙王一非(图8-7-5)。

a)

b)

c)

图8-7-3 王氏贤良宗祠

图8-7-4 世美坊

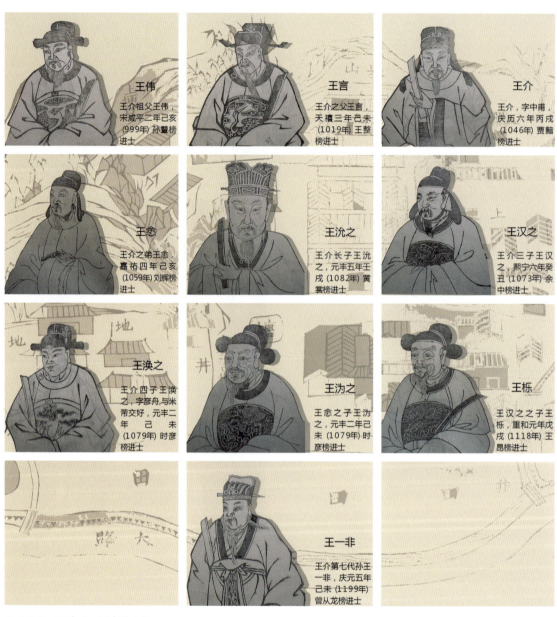

图 8-7-5 王氏"一门十进士"

王伟，字世英，原籍山西太原，北宋咸平二年（999年）中进士。北宋大中祥符年间（1008~1016年）巡视常山时去世，葬于常山，是常山芙蓉王氏的始迁祖。娶妻葛氏，同葬芙蓉上庵。生五子，长子王言；次子王雍，不仕；三子王立，任通判；四子王褒，不仕；五子王衮，任通判。

王言，字定国，北宋常山（今常山县芙蓉乡前旺村章舍）人，北宋天禧三年（1019年）中进士。仕河东转运使，升太常少卿，赠金紫光禄大夫。卒葬芙蓉下庵，娶妻陈氏，生四子，长子王俞，次子王愈，三子王介，四子王念。

王介（1015—1087），字中甫、中父，娶妻程氏，生有王沇之、王汭之、王汉之、王涣之四子，其中涣之出继王忞为嗣。学识渊博，善文辞，性负气，喜直言，专交贤豪名士，与欧阳修、苏轼、苏辙、曾巩等人交往甚密，早年与王安石交好。初以太学生任福昌主簿。北宋庆历六年（1046年）登进士第。北宋嘉祐六年（1061年），宋仁宗诏应科举贤良，与苏轼、苏辙同进，王介名列贤良第二。历任秘书丞、静海知县、秘阁校理等职，迁开封试官主判（与刘攽同为开封试官主判），知湖州。北宋熙宁三年（1070年）王安石拜相，实行新法，深受神宗称赞。王介因不满新法，上疏谏神宗"愿陛下师心勿师人"。王安石获悉后对其加以戒备，因此一度被罢官，闲居判鼓院，后出知湖州。上任时王安石特地为其送行，并吟诗道："东吴太守美如何，柳恽诗才未足多。遥想郡人迎下担，白蘋洲渚正沧波。"王介当即和诗10首，盛气朗诵，其中一首是："吴兴太守美如何，太守从来恶祝蛇。生若不为上柱国，死时犹合替阎罗。"王安石听后笑道："阎罗见阙，请速赴任。"王介晚年无心仕途，嗜书成癖，不问政事。著有《王中甫诗集》，后人将其早年结庐读书之绣溪山，改名贤良峰。北宋元祐二年（1087年）病故，终年72岁，墓葬于芙蓉下庵。

王忞，字中豫，王言之四子，王介之弟。北宋嘉祐四年（1059年）中进士，官至秘阁直学士。娶妻钱氏，生一子王沇之，又以王介幼子涣之入继。

王汉之（1057—1132），字彦昭，号朝宗、默齐，别号石湖居士，王介之三子，娶妻钱氏，生二子：王栎、王栱。北宋熙宁六年（1073年）登进士甲科，初任秀州司户参军，后历任金华、渑池知县及鸿胪丞、知真州等职。当时朝廷下令"经画财用"，汉之建议"所在无都籍，是以不能周知而校其登耗以待用。愿令郡县先置籍，总之诸道，则天下如指诸掌矣"，被采纳。升任开封府推官，继而历任工、吏、礼三部员外郎，太常少卿。后为蔡京门客。北宋崇宁元年（1102年），蔡京置讲议司，王汉之被荐为参详官。升礼部侍郎，转户部，以显谟阁待制历知濂、苏、潭、洪等州。后召拜兵部侍郎、工部侍郎等职。奉命出使辽国，归后言"辽主不恤民政，酷吏荒淫，其亡可待。"徽宗欣喜，命其出知定州，后改知江宁。北宋宣和三年（1121年），方腊起义军攻入常山县境，一度占领章舍等地。同年冬，汉之从汴京归理家事。因"录奏报御捕功"，加龙图阁直学士，又进廷康殿学士。朝廷因其调张叔夜收降宋江有功，赠尚书，封信安侯。南宋绍兴二年（1132年）十一月卒，享年75岁，葬抱石庵。

王涣之（1060—1124），字彦舟，王介之幼子，因王忞之子王沇之无后，过继给王忞为嗣。娶妻俞氏，生一子：王机。北宋元丰二年（1079年）登进士甲科。不久调杭州教授，后改知上颍县。元祐年间，为太学博士。南宋绍兴年间，出任卫州通判，后召入编修《两朝鲁卫信录》。徽宗继位，涣之受大臣们举荐，应召入朝议论国事。有"求言非难，听之难；听之非难，察而用之难……言无逆逊，唯是之从；事无今昔，唯当为贵；人无同异，唯正是用"等语。被徽宗采纳，授予谏官御史。涣之坚决推辞说："臣由大臣荐，不可居是官。"于是改任吏部员外郎。历任左司员外郎、起居舍人、中书舍人等职。北宋崇宁初，升任给事中、吏部侍郎，以宝文阁待制知广州。因党争被解职，改知舒州。被蔡京列入"元祐党"，继而出守洪、滁、潭、杭、扬诸州。大观四年（1110年）张商英任宰相时，涣之复任给事中、吏部侍郎。商英离职，涣之又出任地方官。重和元年（1118年），改任中山府路安抚使兼知定武军，加宝文阁直学士。后因病调至安徽亳州，任明道宫提举。宣和六年（1124年）病故，葬抱石庵。王涣之与书画家米芾同朝为官，志趣相投，彼此保持着交流与往来，从《太师行寄王太史彦舟》与《送王涣之彦舟》两首诗可见两人的友情。

王沇之，字彦睦，王介长子，娶妻俞氏、钱氏，生二子：王修、王彬，皆在方腊之变中遇害。

北宋元丰五年（1082年）中进士，担任郑州原武主簿时，受命负责制作浑天仪，编撰《九章勾股验测浑天书》，受到皇上嘉奖，仕至涣章阁学士。

王汸之，字彦仁，王愈之子，北宋元丰二年（1079年）中进士。历任翰林司谏，娶妻程氏，生二子：王亨、王真，皆在方腊之变中遇害。

王栎，又名巩，字包山宗，王汉之长子，娶妻张氏，生二子：汝霖、汝听。其弟王枟，名质，任淮南节度使。北宋重和元年（1118年）中进士。任大理寺评事，赠大中大夫，葬抱石祖墓后底凹。

王一非，字从是，王栎后裔，居东案乡上源下宅，南宋庆元五年（1199年）进士。初任工部主事，累官徽猷阁大学士。御赐琴书下带之宠，谥号文正。娶妻陈氏、杨氏，生二子：王祥、王祈。

二、规划设计

1. 规划布局与结构

金源村在省历史文化村落保护利用重点村规划中，以历史文化村落保护利用为契机，以优越的自然生态条件为背景，以悠久的耕读文化为依托，以多元文化汇集下的原生态村庄居住文化为核心吸引力，打造集生态居住、特色观光、文化体验、休闲旅游为一体的历史文化村落，规划"三区、三心、五轴、多节点"布局结构（图8-7-6、图8-7-7）。

❶ 停车场
❷ 安置区
❸ 农家餐馆
❹ 农夫果园
❺ 游客中心
❻ 农家乐
❼ 王氏宗祠
❽ 酒吧茶室
❾ 耕读文化展示馆
❿ 耕作示范区
⓫ 漂流
⓬ 水街中心广场
⓭ 教堂
⓮ 水街古巷
⓯ 竹海绿波
⓰ 水巷人家
⓱ 村委会
⓲ 金源小学
⓳ 柚香果园
⓴ 艺术创作基地
㉑ 文武殿
㉒ 新殿
㉓ 进士亭
㉔ 农贸市场
㉕ 旅游综合体

图8-7-6 规划总平面图

三区：即核心文化展示区、北部居住组团、南部居住组团。核心文化展示区位于村庄中部，进士溪北侧，基督教堂南侧，是民居古建筑、水巷古街、柚香果园等集中的区域，主要展示王氏宗祠、世美坊和石拱桥等历史古迹，金源耕读文化等内容。北部居住组团是以村民居住为主要功能，区内有公共服务中心，部分新建建筑需风貌整治。南部居住组团以村民居住为主要功能，距村庄入口最近，是旅游设施较多的区域，农家乐、餐饮、民宿等在组团东侧山体，规划有村庄入口。

三心：即公共服务中心、文化核心、综合中心。公共服务中心位于北部居住组团，集行政、教育、邮政、商业于一体，主要为村民服务，以现状整治为主要工作。文化核心位于南部居住组团，集中展示王氏宗祠文化、耕读文化，物质载体为王氏宗祠、世美坊等文物保护单位，是古村落旅游的核心，也是文化展示活动中心。综合中心位于原村中心小学，现集游客服务、农产品交易、特产展示交易等功能于一体，是一个综合性的服务中心。

五轴：一条村庄主要发展轴、四条次要旅游发展轴。村庄主要发展轴沿村内南北向主要溪流串联起公共服务中心和文化核心，也是主要的景观骨架，主要展示村庄水巷风情。四条次要旅游发展轴与主要旅游游线一致，贯穿连接各个旅游节点。南北向轴线联系文化广场节点、农家生活节点、耕读体验节点、农夫果园节点、游客中心节点。东西向

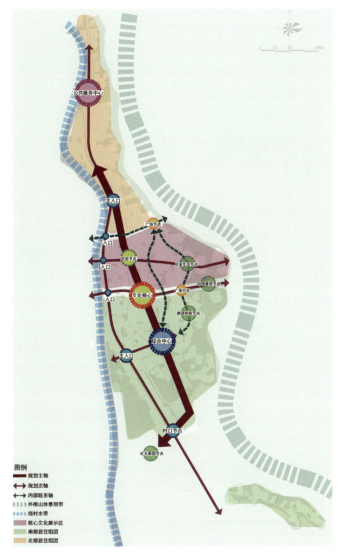

图 8-7-7　空间结构规划图

轴线联系文化核心、田园景观等节点。

多节点：主要有民俗节点、农家生活节点、耕读体验节点、农夫果园节点、游客中心节点、田园景观节点和广场节点等。

2. 规划保护范围

金源村省历史文化村落保护利用重点村规划，确定规划范围为金源行政村建设用地范围，总用地面积34.8公顷。将村落保护范围划分为核心保护区、建设控制区、环境风貌保持区三个层次。其

驳岸，保护范围内的农田、林地等，面积12.5公顷（图8-7-8）。

三、建设实绩

金源村自2014年被列为浙江省第二批历史文化村落保护利用重点村以来，东案乡党委政府明确以打造"自然山水、风景东案"为全域旅游发展目标，以金源村省级历史文化保护利用重点村项目为契机，按照"保护建筑、保持肌理、保存风貌、保全文化、保有生活"的工作要求，加强组织领导，推进多规合一指导项目实施，多方联动整合项目资金，细化工作方案与措施，投资2600万元，全力完成各项建设任务。

古建筑修复：完成对王氏宗祠、溪上弄5~6号、下街4~6号、高仓屋弄10号、上街10号等古建筑的修复。其中包含18幢古建筑的顶瓦修补（面积3578平方米）、墙体加固（面积4883平方米）、立面改造（面积9800平方米）、构建修复（1579个）（图8-7-9）。

与历史风貌有冲突建（构）筑物整修改造：完成村内43幢风格不协调的房屋的外立面修补改造，面积20246.83平方米；拆除各类违章建筑19幢，面积1600平方米（图8-7-10）。

村内古道修复：完成古驿道修复0.988公里，面积约4063.8平方米。

搬迁安置区基本公建设施建设：完成搬迁安置区征地指标1公顷，安置31户建房，投资230万元用于基本公建设施建设。

图8-7-8　保护范围规划图

中，核心保护区是指能完整反映金源村传统风貌和地方特色的区域，该区域的整体风貌具有较高的文化价值，核心保护区面积5.2公顷。建设控制区东至山体，西至506县道（含安置区），南至村庄建设边界，北至村小学，面积17.1公顷。环境风貌保持区主要以协调保护周边的山水田园环境为目的，保护周边山体轮廓和植被，保护金源溪水体及

a)修缮前(一)　　　　　　　　　b)修缮后(一)

c)修缮前(二)　　　　　　　　　d)修缮后(二)

图 8-7-9　贤良宗祠修缮前后对比图

a)修复前(一)　　　　　　　　　b)修复后(一)

c)修复前(二)　　　　　　　　　d)修复后(二)

图 8-7-10　古街整治修复前后对比图

景观环境建设：完成对村口公园、风水塘、一字古街、敬老院广场等重要节点的建设。

基础设施建设：完成道路硬化、生活污水治理、三线下地、消防安全设施等项目，完成村落空间整治、景观节点绿化、美丽庭院建设，村庄硬化、绿化、亮化、美化、洁化得到进一步提升。

四、建设效益

1. 打造文化"三民"工程

金源村是历史文化村落保护利用中，民俗风情特色型的代表。金源村通过挖掘王氏家族的进士文化内涵，打造"宋韵小镇"，厚植文化生态，全力推进"文化惠民、文化育民、文化乐民"工程建设，不断加强农村文化阵地建设，使积极的、健康的、向上的文明之风，占领群众意识形态新高地。

一是文化惠民，激发村民回归认同感。金源村借助历史文化村落保护利用将古建修缮，将原村民敬祖尊贤的王氏宗祠辟为传播文明的文化主阵地。

图 8-7-11　农民书法

王氏宗祠已有千年历史，承载着"孝忠仁爱"的核心价值，寄托着村民的乡愁记忆，是村民追根寻祖的根。修缮后的王氏宗祠设有乡贤馆、村史陈列室、农家书屋、文化长廊、书法练习室、老年活动室等，让人耳目一新。先后开展送戏下乡16场，送书下乡500册，送数字电影55场，举办了"孝廉文化进礼堂""新春送福送春联""农民书法作品展"等活动，吸引村民参与其中，满足了村民求知求乐、求新求美、求富求福的需要，巩固和扩大了基层宣传思想的文化阵地。据村干部介绍，现在村民经常聚集祠堂，听歌唱戏写字，享受文化"大餐"。

二是文化育民，根植社会主义核心价值观。近年来，金源村不断加强对本村书画文化、孝道文化、传统习俗、乡贤文化的挖掘培育力度（图8-7-11）。以村规民约的形式，规定王氏宗祠只能用于祭祠先人、开展文化活动；成立金源村书法协会，成功创建金源"浙江省书法村"，定期开设书法练习班，邀请专业书法老师现场授课；成立村老年协会，定期开展送腊八粥、送戏、包饺子、包粽子等敬老孝老活动。

三是文化乐民，培育文明和谐新乡风。金源村在全乡创建"武术之乡""排舞之乡"的良好氛围带动下，组织成立了武术、排舞、大合唱等10余支群众队伍。举办农民自编自导自演的村民晚会，让村民共享文化建设成果并且参与其中、乐在其中。组织村老年人自编自唱婺剧，给外来游客、国际友人奉上"土生土长"的戏剧大餐，受到中外友人的称赞。组织"敬老爱老""关心留守儿童"志愿者小分队走进敬老院、困难群众家庭开展志愿服务200多次，群众在文体活动和志愿服务中不仅发扬了传统美德，也找到了归属感、增强了文化向心力（图8-7-12、图8-7-13）。

图 8-7-12　民俗活动

图 8-7-13　婺剧演出

金源村的文化"三民"工程，正不断以传统文化之魂，造古村灵动之韵，涤荡乡风文明，让群众身有所憩，心有所寄，同谱乡村精神文明新乐章，造就了"意识形态"领域打好翻身仗的"金源"样板。

2. 拓宽产业融合发展渠道

金源村创新历史文化村落保护利用模式，形成政府引导、市场运作、村民参与的协同机制。积极引进衢州市腾云文化旅游发展有限公司等社会企业，加快文旅融合发展，打造"腾云·旅游根据地"项目，盘活村中闲置古建筑。以"政府＋公司＋协会＋村民"四方协作模式，统一进行规划、设计、建设、管理、营销等工作，打造集民宿、餐饮、研学、团建等多功能于一体的旅游项目。目前，已将16栋普通民居打造成标准化客房，将4幢古民居打造为高端民宿，总床位数量超过200个，接待游客达5万人次，实现旅游总收入600万元。历史文化村落保护利用项目的成功激发了村民参与的积极性，吸引了不少村民回乡创业及外来创业，目前已有5户农户回乡开办民宿、农家乐。村民和村集体经济收入持续增长，村民人均年收入已从保护利用建设前的1.26万元增长到2.48万元，村集体经济年收入从2.5万元增长到10.5万元。近年来，金源村先后获得浙江省美丽乡村精品村、浙江省美丽宜居示范村、浙江省书法村等荣誉称号。

第八节　生态度假，诗画欢庭——丽水莲都区下南山村

一、村落概况

1. 区域位置与社会经济

下南山村位于丽水市莲都区碧湖镇区东侧，背靠青山果园，面对瓯江碧水，与碧湖镇区隔江相望，53省道贯穿其间，距市区约15公里，距离丽水火车站约20公里，交通便捷。全村下设6个村民小组，现有216户，551人，以郑姓为主。全村已建农民新村44幢，占地4万平方米，村办公楼1幢，村民均已迁入新村，人均住房70平方米。近年来，下南山村大力发展以杨梅为主导的特色产业，一年一度的"南山杨梅节"吸引了宁波、上海等周边城市的客商前来签约收购，促进了当地农民的就业增收，取得了多赢局面。2013年，下南山

图 8-8-1　下南山村航拍图

图 8-8-2　下南山村全景图

村被列为浙江省第一批历史文化村落保护利用重点村；2017年，被评为浙江省第一批3A级景区村庄。

2. 村落风貌格局与传统建筑

下南山村始建于明万历年间，距今已有400余年的历史，为郑氏聚居地。村落依山而建，坐东朝西，面向瓯江。村落南面是天然的溪台地形，有少量季节性山泉。民居建筑沿山地形制构筑，呈阶梯状分布，排布比较密集。泥墙、石阶、古道、廊道、古樟、流水等在青山环抱之中，显得静谧自然（图8-8-1、图8-8-2）。下南山村内现存清末至民国时期的民居建筑42幢，大多为三开间和四开间，大片夯土块墙结合卵石墙基，山墙面以"壶瓶嘴"形式搭配砖砌小窗起装饰作用。泥墙青瓦，建筑外貌风格统一、古朴自然，与周围环境融为一体，是浙江西南山地建筑的典型实例。2001年7月，下南山村古民居群被列为丽水市市级文物保护单位。

3. 特色文化资源

（1）仙梅献武后传说　相传，八仙之一的何仙姑是浙江丽水人，曾梦见神人教食云母粉，可以轻身而且长生不死，白日飞升。何仙姑醒来后信奉神仙不会骗人，于是经常服食云母粉，方知果然可以身轻如燕。何仙姑得道成仙，成为八仙中唯一的红粉。何仙姑在溪上遇到铁拐李和蓝采和，两位仙长教了她高深的仙诀，何仙姑日夜修炼，在碧湖山谷中往来，宛如清风，常常是朝去暮来，带来了很多珍奇的山果给母亲吃。其中有一种水果生满了囊状体，色彩或白色，或粉红色，或暗红色，或紫黑色，放在嘴里一咬，满嘴的果汁，酸甜可口。何仙姑的母亲当时身体多病，食寝俱废，对于这种果子却是极为喜爱，百吃不厌，吃多了之后，不仅恢复了食欲，身体也渐渐好转。问是什么果子，从何处得来。何仙姑答是杨梅，在山中摘得。何仙姑知道母亲喜欢杨梅，于是天天到山上采了杨梅回来送给母亲。武后听到了何仙姑的种种特异神奇之事，便派使者请何仙姑入朝，名为辅助治理国家，实为向她请教长生不老之术。何仙姑心下岂有不知，便随使者一同赴京。但此时的何仙姑又岂是功名之心羁绊得了的，朝廷的使者刚带何仙姑走了一天的路程，便在客栈里失去了何仙姑的踪迹，最后在何仙姑住的房间里，发现了几颗碧湖杨梅。武后得知后也是无可奈何，但最后一想，这杨梅既是仙人留下，说不定有什么神奇的效果，于是令人每年进贡碧湖杨梅，从此碧湖杨梅成了进贡朝廷的"贡梅"。

这杨梅果然有祛病、排毒养颜的功效。武后赞不绝口，赐命碧湖杨梅为"仙梅"。这便是碧湖杨梅被称为仙梅的由来。

（2）杨梅仙子传说　杨梅仙子源于一个美丽的传说。说是当地一户杨姓人家，生有一子，取名叫杨郎，一家人勉强可以糊口度日。眼看杨郎已到娶妻成家年龄，苦于家境不好，一直没有人上门做媒。一日杨郎到山上去狩猎，看到一只白鹿向他走来，杨郎正搭箭要射，白鹿突然开口说话了，它说：杨郎，你不要射杀我，明天你来湖边一趟，有位美丽的百果仙子会来此洗澡，你把那件轻罗衣裳藏起来，百果仙子就会成为你的妻子。杨郎见白鹿口吐人言，又奇怪又高兴，欣喜而归。第二天，杨郎悄悄躲在湖旁的芦苇里，等候百果仙子的来临。果然不一会儿，有位美丽的百果仙子在巡游天下时，被下南山的一汪湖水所吸引，百果仙子翩翩飘至，脱下轻罗衣裳，纵身跃入清流。杨郎便从芦苇里跑出来，拿走了百果仙子的仙衣。百果仙子见自己的仙衣被一个小伙子抢走，又羞又急，却又无可奈何。这时，杨郎走上前来，要她答应做自己的妻子，才能还给她衣裳。百果仙子定睛一看，见杨郎忠厚老实动了凡心，便含羞答应了他。这样，百果仙子与杨郎结为姻缘，在湖边建房安家，十分恩爱。从此，杨郎和百果仙子相依为命，他们在荒地上披荆斩棘，耕田种地，过着男耕女织、安逸幸福的生活。后来，百果仙子的美貌被恶霸的公子所垂涎，那人欲行不轨，由于百果仙子已是凡人身，失去了法术，只得从高山上纵身跳下来。仙子临死前，将嘴里含着的果子吐在地上，然后地上便长出树来。百果仙子叮咛杨郎把她埋在大树旁，杨郎含泪埋葬仙子后，除了恶霸的公子，为仙子报了仇。第二年，那棵大树上结出了一颗颗紫红色的果子，人们摘来一尝，又甜又清口，略带点酸味。人们说，这果子是百果仙子所化，她把甜蜜留给乡亲，也让乡亲记住她与杨郎分离的辛酸，后人就把这种果子称作杨梅。乡亲为了怀念她又称她为杨梅仙子，每年采摘的季节都要祭拜这位杨梅仙子。

二、规划设计

1. 规划定位

下南山村于2013年被列为浙江省第一批历史文化村落保护利用重点村，经过三年规划建设，已为村落环境建设打下了良好的基础。2016年，下南山村引进浙江联众休闲产业集团建设"欢庭·下南山"原生态度假村，在原有保护利用规划的基础上，编制了《欢庭·下南山原生态度假村总体规划》，规划定位将下南山村打造为乡村休闲业态的民宿生态圈。通过保留下南山古村原生态村貌，维护村落的传统风貌与格局，保护传承特色历史文化，在保护的基础上合理利用，将原汁原味的古村落与现代高端度假村进行有机融合，发展乡村休闲旅游（图8-8-3）。

图 8-8-3　规划总平面图

图 8-8-4 空间布局规划图

2. 规划布局结构

规划范围为下南山村古村区域,北至后门山山脊,南至举头山山脊与新村相邻,西侧至53省道,东至龙丽高速公路。以山脊为界线,溪水东西贯穿,依山傍水。规划总面积约8.96公顷。规划项目按照动、静关系分为A/B两大区域。A区定位为精品民宿配套服务区,其中A1为城市界面与度假区界面过渡的入口服务区;A2为营造传统街区氛围的风貌协调区;A3为精品民宿区含办公、餐饮、休闲吧等配套区。三区的人流密集度呈递减状态。A4则是自然景观带,展现下南山自然风貌、人文景观的同时,也是精品民宿区与外围各区的缓冲分隔带。B区是规划的核心区块:精品民宿区(图8-8-4)。

三、建设实绩

下南山村自2013年被列为浙江省第一批历史文化村落保护利用重点村以来,主要完成以下建设项目。

古建筑修复:先后完成38幢古民居建筑的顶瓦修补(面积7680平方米)、墙体加固(面积8500平方米)、立面改造(面积15300平方米);还有16幢建筑的构件修复,共63个(图8-8-5)。

与历史风貌有冲突的建(构)筑物整修改造:完成与历史风貌有冲突的建(构)筑物的立面改造11200平方米,整体拆除面积800平方米,19幢建筑的仿古门窗改造,统一墙体色彩为土黄色或泥色。

村内古道修复:道路修复覆盖整个村域,将道路分为两级,一级主干道道路宽4米,二级道路宽1~2米。一级道路块石铺地,二级道路改为游步道,河卵石、块石铺砌。根据原村内道路修复,满足村民和游人出入所需。完成古道修复面积3800平方米,长1700米(图8-8-6)。

基础设施建设:完成电力、电信改造4000米,配备垃圾筒180只。在杨梅广场一侧规划停车场和配套建设服务设施,作为旅游接待中心,为游客提供旅游的基本服务。

公共服务设施建设:建设活动广场4118平方米,完成健身场所200平方米,建设展示廊30米、舞台30平方米,新建杨梅园仿岩石、仿古树、浮雕。提升便民服务中心、老年活动中心、村办公室等的服务设施,建设文化大礼堂1000平方米。

四、建设效益

1. 创新模式

下南山村是历史文化村落保护利用中,产业融合有效型的代表,属于空心村有效活化利用的典型案例。2004年整村搬迁后,古村落逐渐荒废。2013年,下南山村被列为首批省级历史文化村落保护利用重点村,各级政府部门先后投入2000多万元,

a）修缮前（一）

b）修缮后（一）

c）修缮前（二）

d）修缮后（二）

图 8-8-5　古建筑修缮前后对比图

a）修复前

b）修复后

图 8-8-6　古道整治修复前后对比图

坚持"保护第一、修旧如旧"的原则，对古民居进行了抢救性修复，保持了古村风貌与格局。同时，配套建设水、电、路等设施，为后续活化利用打下基础。2016 年，通过招商引资引进浙江联众休闲产业集团投资 6000 万元，通过统一规划、设计、工程建设和市场运营，对下南山古村落进行整体保

a) b)

图 8-8-7 村落公共空间

护利用，古建筑外部修复采用就地选材、就地取材、修旧如旧的方式，内部配以奢华舒适的设施，在保留村落原生态风貌的基础上，真正实现了古建筑"外观五百年，内部五星级"的活化利用效果（图 8-8-7）。

为保证下南山村历史文化村落保护利用的可持续发展，支持联众集团建设"欢庭·下南山"原生态度假村，下南山村集体统一收置管理村民的古民居，再以租赁（租期 20 年）的形式委托联众集团进行开发利用。房屋所有权不变，租赁所产生的利润由村集体与村民按三七比例分成，这一创新举措实现了企业、村集体、村民的多方共赢。"欢庭·下南山"原生态度假村项目现已投入运营，42 幢古民居植入客房、餐厅、咖啡吧、书吧、创意工作室、会议室等不同功能，可以满足住客的不同需求。这些项目盘活了古建筑资源，留住了乡愁记忆，恢复了古村活力，将下南山建成了新旧融合的高端民宿生态圈，创建了极具特色的历史文化村落保护利用"下南山模式"，是国内同类型历史文化村落保护利用的典范。众多游客在感受到下南山村浓厚的乡愁文化后，对下南山历史文化村落的创新模式赞不绝口。

2. 传承发展

下南山村生态环境优美，村貌建筑古朴，民风淳朴，是浙江西南瓯越历史变迁的一个缩影。20 世纪 80 年代初，电影《女大当婚》《蓝天鸽哨》曾在此取景拍摄。同时，下南山村杨梅产业发达，有近千亩的杨梅山，古村四周及村庄内部也都环绕着杨梅果树，有很好的杨梅文化。目前，有关部门正借助原生态度假村的品牌影响力，依托下南山村杨梅特色产业，致力于以下南山村为核心辐射周边区域，打造集观光、休闲、度假三位一体的乡村旅游集群。通过举办下南山村杨梅节、古堰画乡小镇艺术节等系列农事节庆活动，促进下南山村杨梅产业和民宿产业融合发展，以下南山村为支点，撬动下南山村到古堰画乡片区农家乐民宿、农产品采摘、休闲农业观光等农旅项目的融合发展，带动周边农民增收致富。"望得见山，看得见水，记得住乡愁。"如今的下南山村已破茧成蝶，村民们尽情享受着历史文化村落保护利用带来的红利。下南山村作为全省"深化千万工程、建设美丽乡村"现场会参观点之一，先后获得省级全面小康建设示范村、市级文物保护单位等荣誉称号。

第九节 廊桥瑰宝，更美月山——丽水庆元县月山村

一、村落概况

1. 区域位置与社会经济

月山村位于丽水市庆元县东南部，地处浙江省与福建省交界的山区地带，是举水乡政府所在地，与闽北政和县岭腰乡毗邻，村落海拔820米。距庆元县城约57公里，405县道是月山对外联系的主要交通道路。仙居至庆元公路开通后，月山的交通区位将得到极大的改善，月山距县城仅21公里。全村村域面积15.1平方公里，耕地面积1.6平方公里，毛竹林面积1.20平方公里、锥栗面积0.87平方公里。全村现有682户，1702人，有吴、范、鲍等姓。村落产业以种植粮食、高山蔬菜、锥栗、茶叶为主，乡村旅游业初步形成。2018年，村民人均纯收入14200元，村集体经济收入51万元。2013年，月山村被列为浙江省第一批历史文化村落保护利用重点村；2017年，被评为浙江省第一批3A级景区村庄。

2. 村落历史与风貌格局

一轮圆月如珠，三让延陵望族，千年廊桥遗韵，万古奇观冰臼。月山村因村后山形如半月，村前溪水曲似银钩，村庄坐落其间，如同山环水抱的一轮圆月，故而得名。据《月山吴氏宗谱》记载，北宋景德元年（1004年）吴氏家族定居月山，距今已有一千多个春秋。月山村最早称为东庄，东庄之前叫金乡，有金姓人居住。传说吴氏始祖吴诩的母亲李氏带着8岁的幼儿吴诩，来到东庄搭寮居住，艰苦度日。当时金姓常有凌弱之举。一日李氏浣纱上游，遇仙人指点，此后吴盛金衰。月山村自古系闽浙通衢，有古道与福建省寿宁、福安、政和及浙江省泰顺、平阳等县相通，明清时期一度兴盛，经济发达，商店林立，一片繁荣，建立了"一都上管"。清末至民国初期，月山村被称为"逢源镇"和举水市。如今月山村为举水乡政府驻地。

自月山村建村伊始，村民们便十分重视村落的风水格局，不仅体现在村落选址、朝向等方面，还体现在一些重要建筑、植物的布置方面，最终形成了月山村坐东朝西、依山傍水的总体布局。"半月烟居半月山，松篁荫翳抱东环"，这是对月山村景观的真实描写。据传，举溪东岸月形的月山与西岸圆形的徐山，正好构成了"日月同辉"的格局。另外，在村落创建过程中，先民在地里田间堆起七个土包，象征七星，与月山形成"七星拱月"之势，但其具体位置已无法考证。农耕社会中，水是村民的财富，处理水的来处和去处尤为受到村民的重视。举溪由北向南穿流而过，举溪中部另有一白云涧，因其两岸遍布岩石又名岩溪，自西向东注入举溪。村民选择在村南头谷地瓶口处设置两道水口（如龙桥与文昌阁、步蟾桥），符合风水上关水聚财之说。另据村民口述，白云涧上的白云桥也是月山风水布局中的一道水口。在进村必经之路上设置关口（圣旨门），形成卫护之势，有保护村落平安的作用（图8-9-1、图8-9-2）。

月山村钟灵毓秀，人文鼎盛，经过长期的发展，形成了独特的自然景观和人文景观，以"举溪八景"（月山晚翠、云泉晓钟、龙凤两桥、文奎高阁、宝塔东耸、银屏西峙、龙湫灵液、虎胜奇岩）和"二里十桥"闻名于世，是一个自然和人文浑然一体的世外桃源。月山村是名副其实的"廊桥之乡"，据记载，村首尾约二华里的举溪上，曾分布

图 8-9-1　月山村航拍图

图 8-9-2　月山村全景图

着十座古廊桥,每座桥的间隔只有二三十米,故有"二里十桥"的美誉,现存古廊桥 5 座。月山村地处南北向山谷地带,东西两侧山岭众多,如月山、银屏山等,是典型的山地地貌。月山村村庄海拔 840 米,夏无酷暑,气候宜人,是休闲避暑、养生养老的胜地。

3. 传统建筑与历史环境要素

月山村历史悠久,物质文化遗产丰富多样,重要建(构)筑物遗存众多。保存有较完好的古塔、古庙宇、古祠堂、古牌坊、古廊桥等历史文化遗存,国保、省保、县保一应俱全。其中,如龙桥、来凤桥、步蟾桥作为处州廊桥的组成部分被国务院评为全国重点文物保护单位,吴文简祠(圣旨门)、白云桥被浙江省人民政府评为省级文物保护单位,云泉寺被评为县级文物保护单位。此外,村内还有古井、古树(古樟树、古杉树、罗汉松和紫薇)、进士石碑等历史遗存。

如龙桥是我国现存构筑技艺最复杂、建造年代最久远、建筑规模最宏伟的木拱古廊桥,也是浙、闽两省仅存的一座明代木拱桥。始建年代已难以考证,史料记述其于明代天启五年(1625 年)重建。因桥横跨举溪,呈南北走向,其态势与后山脊的古松林依稀相连,桥似龙首下倾,故取名如龙。桥长 28.2 米,净跨 19.5 米,桥宽 5.09 米,矢高 6.8 米,桥内由数根粗大圆木纵横组合铆接而成,形成架设廊屋的拱骨平面,上盖廊屋 9 间。当心间设神龛,桥中置"如龙桥"匾额一块。桥北端建钟楼一座,南端设桥亭,整体集楼、桥、亭、阁于一体。廊屋中央藻井上的如意斗拱层层叠加,像一朵朵盛开的莲花,造型巧夺天工,全国独一无二。这如意斗拱除了美观之外,该结构能将廊屋顶部重力科学分解,平衡重力,使廊庑更为坚固。桥身外壁鳞叠 3 层风雨板,桥栏处风雨板上开启圆形、桃形、扇形小窗用作采光和眺望。如龙桥结构复杂,工艺精湛,功能完备,建筑上颇具宋代遗风,是我国现存木拱廊桥中不可多得的典型范例,具有很高的历史、艺术、科学价值。2001 年 6 月,如龙桥被国务院评为第五批全国重点文物保护单位(图 8-9-3)。

来凤桥始建于明天启五年(1625 年),相传与如龙桥同等构造,后遭焚毁,清道光十八年(1838 年)重建,是一座石拱廊桥,呈东南至西北走向,桥长 30 米,桥宽 5.5 米,有廊屋 11 间,中设佛龛。关于桥名的由来,据吴懋修著的《举溪记》中记述:

"由下溯上又见一桥,若飞若舞,与如龙等者,即新造来凤桥,以其从州县来,故名来凤。"2013年3月,来凤桥被国务院公布为第七批全国重点文物保护单位(图8-9-4)。

步蟾桥始建于明永乐年间,民国六年(1917年)重建,系大跨度半圆形单孔石拱廊屋桥。桥长50.2米,跨度16.4米,面阔5.2米,矢高8米,有廊屋18间,廊屋当心间和东西桥头各有一间为重檐歇山顶,当心间设神龛,上额书"步蟾桥"古匾。距上游50米处河床当中,有一块形状如蟾的巨石,桥因此得名。步蟾,意为"步入蟾宫",既暗合"进入月山村,必经此桥",又寓意"蟾宫

折桂"。2013年3月,步蟾桥被国务院评为第七批全国重点文物保护单位(图8-9-5)。

白云桥建于清光绪二十八年(1902年),木拱廊桥,桥长8.34米,桥宽3.72米,矢高3.5米,有廊屋3间,重檐歇顶檐正翅,小巧玲珑,上悬"白云桥"匾额。桥身为木拱架,桥面铺设青砖呈人字案,两侧用鹅卵石拼砌成铜钱形状,是古时最考究的过道做法。中设佛龛,供奉观音菩萨,常年香火不断,寄托村民最朴实的愿望。白云桥连接的两端为云泉寺和月山村,而云泉寺是佛祖居家之地,为白云深处九重天,月山村被古人誉为月宫,而月宫岛佛祖居处要通过白云而至,桥如天上的云,故名

a) b) c)

图8-9-3 如龙桥

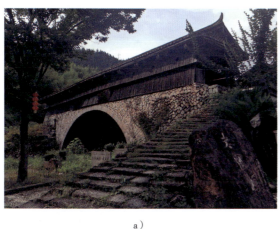 

a) b)

图8-9-4 来凤桥

第八章 三省通衢推动古村待兴的浙西十二村落 401

吴文简祠始建于明万历三十四年（1606年），因吴姓之祖吴翥曾受唐宣宗谥封为文简先生，后人为追缅先贤，建祠纪念。后遭兵焚，由乡贤吴懋修发动举溪的大一公（吴希点）下的富二、富四、富五三房联名重建，清康熙五年（1666年）竣工，历时13年之久。祠堂依山势而建，重檐歇山顶，高于全村，如同祖宗在上，子孙绕膝。祠堂前临溪，后依山，布局呈长方形，前后共三进，包括门楼、正堂、后堂，各进之间设天井、走道。正堂五开间，进深六间，用于庆典、集会、祭祀等活动。后堂供放祖先灵牌。祠堂前和内部原有大量的牌匾、石碑、桅杆、灵牌、壁画，在特殊时期遭严重破坏，幸好当时祠堂作粮仓之用得以保留，后在20世纪80年代末至90年代初，由文简公后裔和宗亲捐资献料，把建筑修复完整。祠堂内构造设计复杂，特别是"万"字斗拱和刻花柱础，别具一格。据资料表明，在闽北和浙江西南地区尚有少量具有较高的科学、艺术和考古价值的古祠。祠堂与来凤桥相对，依山傍水，祠前有一古樟树。2019年10月，吴文简祠被国务院评为第八批全国重点文物保护单位（图8-9-7）。

圣旨门建于明代，为木质牌坊，双重檐结构，施如意斗拱，木刻雕花，造型精美。相传为古时传递圣旨、捷报之所，达官显贵凡经过此地，文官要下轿，武官要下马，步行入村，这里也是月山村最早的村口（图8-9-8）。

4. 民俗文化资源

（1）名人　月山村钟灵毓秀，地灵人杰，人才辈出，历代以"耕读传家"为训，崇文尚礼，重教尊儒，经世代沿袭，蔚然成风。1000多年前吴诩迁入，诩公之孙吴翊于北宋熙宁六年（1073年）登科进士，累官池州通判，翊公之孙吴淇又于南宋嘉定

a)

b)

图8-9-5　步蟾桥

图8-9-6　白云桥

白云桥。2011年1月，白云桥被浙江省人民政府评为第六批省级文物保护单位（图8-9-6）。

六年（1213年）登科进士，官至户部侍郎。明清数百年以来，吴氏登进士或授显职、名列仕籍者多达200余人，可谓文人鹊起，仕宦蝉联，一度被誉为"庆邑之冠冕"。深厚的文化底蕴使月山村既充满了书香之气，又不失江南乡村之淳朴，是历史文化村落的典型代表。根据《月山吴氏宗谱》及文献资料，将部分历史人物列举如下：

吴铁（1289—1361），吴氏第八十七世孙，吴平之子，元代延平府尹（南平县尹），后造延平、建阳、邵武三府道台。

吴仲信，太伯第九十世孙，明永乐举人，任广西渌州、福建泉州府通判。

吴长寿，太伯第九十世孙，明永乐举人，任江苏功州通判。

吴园，福建泉州府通判。

吴懋修（1603—1674），字尔进，号如山、玉山，任明崇祯兵部司务。明崇祯十七年（1644年），懋修前往福建投奔鲁王，任兵部司务，与刘忠藻联手攻打庆元县城，兵败后隐居故里，著书立说，倡建"举溪八景"和吴氏宗祠等。吴懋修深得群众爱戴，被尊称"八老爷"。

吴之球，字东野，号章山，太伯第九十八世孙，吴懋修之子，天资聪颖，七岁能书，挥毫落墨，云烟飞动。"如龙桥"匾额、徐夫人庙联均系吴之球手笔。

吴公辙，明嘉靖处州府御指挥。

吴作舟，清康熙贵州御中厅，温州御左厅守备。

（2）民俗　月山村深厚的文化底蕴孕育了独特的乡村文化，月山春晚就是其中的典型。月山被誉为中国乡村春晚发源地，月山春晚从1981年开始举办，一直延续至今，从未间断，比央视春晚还要

a)

b)

c)

图 8-9-7　吴文简祠

图 8-9-8　圣旨门

早2年,被誉为"中国式过年之文化样板",是中国传统民间文化的典范。月山春晚于每年正月初一举办,月山村村民自发参与,男女老少齐上阵,从节目策划到晚会主持,全部由村民担当。每年办春晚已经成为月山村的文化传统,是村民过年必不可少的一项活动。在过年前的一周,还有专门演给外来游客看的来宾场月山春晚。近年来吸引了数量众多的游客前来观赏春晚,同时体验月山乡土味浓厚的春节。2010年,月山春晚获国家文化部"群星奖"(图8-9-9)。

从正月初九到元宵节,月山村会举办系列闹元宵活动,包括元宵晚会、斗春牛、舞龙舞狮、放天灯、放烟花和唱花灯等。农历四月二十九茶神节,为纪念茶神陆羽,村民在人顶山展开祭拜茶神活动,致力重塑"人顶茶"品牌,弘扬茶文化。每年过年前的一个月是月山村民大办年货的时间,众多美食纷纷登场,黄粿作为庆元民间极富特色的传统美食当然必不可少。腊月二十八的"黄粿节"更是为月山村再添了一份浓浓的年味。

(3)文化故事 如龙与来凤的故事。据庆元民间故事记载,相传800多年前,举溪两岸同住吴、陈两大家族,共饮一溪水,相处和睦。不料有一年大旱,吴陈两家为争举溪之水入田灌溉而大动干戈,从此结下宿怨。有一年,又逢旱年,两家人为了溪水越争越凶,都拿着刀棍对峙在两岸,眼看械斗就要发生。这时有人想出比武夺水的办法,于是吴家派出吴如龙,陈家派出陈来凤,结果两人各胜一场,平分溪水,暂时解决纷争。后来两族青年男女决定从银屏山上开渠引水,同心协力,终于引来山泉,保住了收成,化解了往日恩怨。第二年八月十五,吴如龙、陈来凤在乡亲们的祝福中,结为伉俪。后来,村里人为纪念这段爱情传奇,在村头、村尾各建了一座廊桥,分别以他们的名字命名,让后世子孙以此为鉴,和和睦睦,团结友爱。800多年来,世事沧桑,物是人非,唯有"如龙"和"来凤"在举溪之上"相看两不厌",信守着彼此的誓言。

另外,村内还流传着"八老爷"吴懋修带头保护月山苍松翠竹的故事,吴氏祖先三让王位的故事以及忖忖鸟的故事等。历史上流传下来描述月山美景的诗词歌赋也是不胜枚举,多与月亮有关。

二、规划设计

1. 规划定位与总体布局

月山村省历史文化村落保护利用重点村规划,依托优美的自然生态资源和丰富的历史人文资源,深入挖掘这些不可复制的宝贵资产,对其进行合理利用,建设独具特色的历史文化村落,规划"一溪两岸,三街四区"的布局结构(图8-9-10、图8-9-11)。

a)

b)

图8-9-9 月山春晚

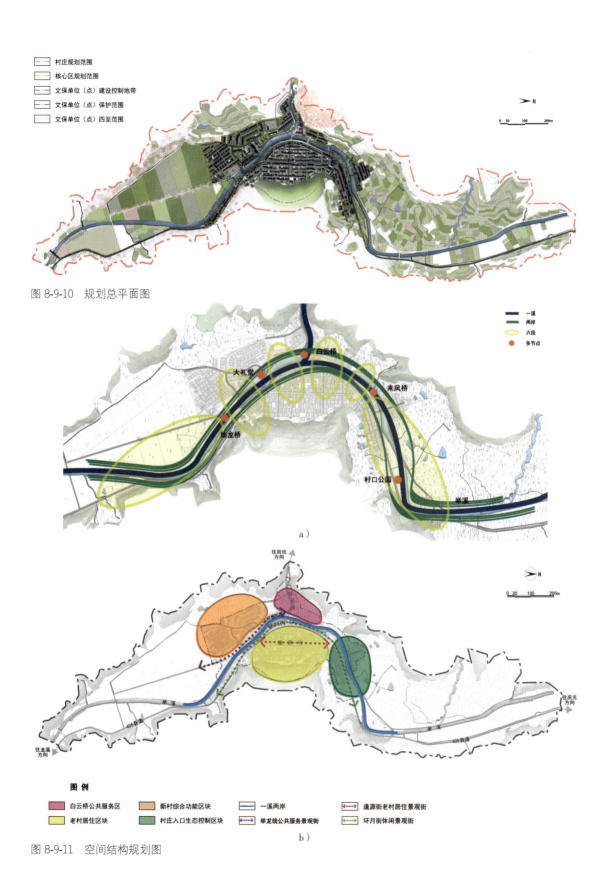

图 8-9-10 规划总平面图

图 8-9-11 空间结构规划图

一溪两岸：即举溪及两侧河岸空间，控制举溪两岸建设空间，打造举溪沿岸景观带。

三街：即逢源街老村居住景观街、环月街休闲景观街、举龙线公共服务景观街。

四区：即老村居住区块、新村综合功能区块、白云桥公共服务区、村庄入口生态控制区块。

2. 规划保护范围

规划范围为月山村405县道两侧的地块，总规划用地面积83.60公顷，核心保护区面积17.14公顷（图8-9-12）。

三、建设实绩

月山村自2013年被列为浙江省第一批历史文化村落保护利用重点村以来，按照"做精一条精品街、打造一条沿溪景观带、还原一个月山晚翠、建设一个秀丽山村"的建设思路，以传承历史文化，突显山水特色为目标，完成了逢源街和环月街的改造、沿溪景观带建设、文化礼堂改建等项目，主要完成以下建设项目。

古建筑修复：完成85幢古建筑的顶瓦修复，面积5400平方米；3幢建筑的墙体加固，面积700平方米；6幢建筑的立面改造，面积2500平方米；6幢建筑的构件修复，共62个。

与历史风貌有冲突的建（构）筑物整修改造：完成168幢建筑的立面改造，面积13000平方米；用18天完成了举溪沿岸73户78幢10029平方米违章建筑的整体拆除，以和谐"零上访"的方式，创造了三改一拆的"月山速度"，不仅为月山历史文化村落保护利用项目清除了阻碍，还成了月山美丽乡村建设中政策处理工作的典型示范（图8-9-13~图8-9-16）。

村内古道修复：完成古道修复2公里，面积3500平方米。

搬迁安置区基本公建设施建设：完成搬迁安置区1公顷土地指标的落实，安置户数40户，投资100万元用于基本公建设施建设。

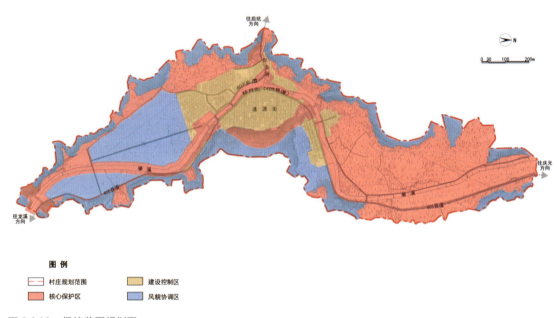

图8-9-12　保护范围规划图

a）改造前　　　　　　　　　　　　　　b）改造后

图 8-9-13　文化礼堂改造前后对比图

a）改造前　　　　　　　　　　　　　　b）改造后

图 8-9-14　逢源街改造前后对比图

a）改造前　　　　　　　　　　　　　　b）改造后

图 8-9-15　沿溪立面改造前后对比图

a）改造前　　　　　　　　　　　　　　b）改造后

图 8-9-16　景观堤坝改造前后对比图

图 8-9-17　吴文简祠前广场

图 8-9-18　主题景观节点

配套设施建设：整合了美丽宜居示范村、农家乐综合体等项目，完成了来凤桥休闲公园、村头停车场、游客接待中心等项目的建设。

四、建设效益

1. 人居环境提升

月山村是历史文化村落保护利用中，建设发展综合型的代表。在省历史文化村落保护利用建设工作中，突出"文化是灵魂、特色是命脉"的规划理念要求，在原有历史文化景区的基础上，融入月山元素，增添"举溪记石刻""水中望月""鹊桥相会"等景观节点与小品，进一步突显其深厚的人文底蕴，使节点成为特色"网红"打卡点。结合小城镇环境综合整治、农家乐综合体建设等项目，修缮维护月山景区内老旧破损的栏杆和凉亭，更新景区标识标牌，提升了景观环境特色，保障了旅游安全。同时，开展"六无创洁净农家，三美评最美庭院"评比活动，每月由督查组进行明察暗访。经过长期督查和群众意识提升，洁净农家从 50 余户增加到现在的 200 多户，呈稳步上升趋势。2018 年，村落组织"最美花卉"等评选比赛共计 4 场，激发农户"种好花、养好花"的热情，提升农户用美丽花卉装扮自家美丽庭院的意识，形成"大景区内有大景，家家门前有小景"的旅游特色（图 8-9-17、图 8-9-18）。

2. 业态培育发展

月山村依托独特的景观资源和深厚的人文底蕴，系统规划和打造"现代观光农业""历史文化村落""乡村春晚文化"三条精品旅游线路，按照"一村一品、一景一韵"的要求，推进生态、产业、生活相互支撑，农业、旅游、文化交互发展。在建设还原逢源古街基础设施的同时，新增豆腐坊、茶馆、蜂蜜店等农产品销售业态，将逢源街打造成"古色古香"的风情古街。积极鼓励群众利用自家闲置房屋开办民宿农家乐，"银屏餐馆""龙湫清舍""人顶山庄""月山客栈""月山人家"等民宿、农家乐应运而生，目前村内共有28家具有一定规模的民宿、农家乐，旅游接待能力和条件逐步加强，被评为省级农家乐集聚区。月山民宿、农家乐正在从"点上萌芽"向"遍地开花"发展，从"单一吃住"向"多元经营"转变（图8-9-19、图8-9-20）。

图8-9-19　月山民宿

图8-9-20　月山农家乐

以月山景区为试点，建设智慧景区，实现全景区无线网络覆盖，在庆元县旅委支持下开通景区自主电子导览系统，游客仅需拿出手机扫一扫就能获得景点信息和游览推荐，自助游遍景区。开通微信公众号"微月山"，进行旅游推介，取得良好的宣传效果。2018年第38届月山春晚期间，利用公众号进行春晚相关信息推送，单文点击量达1万多，吸引游客1000余人前来体验。2018年，完成月山村游客接待中心项目并对外开放，设置有接待大厅、展示厅和可以容纳100多人的大型会议室，进一步提升景区接待能力。

3. 文化挖掘传承

一是深耕文旅融合，做足精品文章。以悠久的历史文化底蕴为基础，挖掘义化资源，通过整理古代吴懋修返乡建月山、现代吴云葱"替子还债"等24个故事，展示爱国、和谐、守信等核心价值观念，打造文化高地。2018年10月，月山村建成全市首个社会主义核心价值观宣传教育基地。推动招商项目落地，创建以20世纪六七十年代古建筑为依托的写生基地——谷坪公社旅游景区，丰富了"大月山"全域化景区的文化内涵。二是借助节庆活动，创新营销手段。利用春节、暑假等时段，举办月山春晚、游园赏花节、廊桥避暑节等节庆活动，宣传乡土风情，协助县域举办各类文化活动。2018年6月举办的"2018庆元廊桥国际多日赛"中，来自30多个国家和地区的500余名运动员参加月山站比赛，进一步提升了村落知名度。

4. 创新工作机制

一是强化联盟效应，实现抱团发展。月山村与红色文化浓厚的寿宁县下党乡结为联盟,打造乡村振兴学习考察环线,营造互学互比氛围。仅 2018 年下半年,举水乡共接待来自省内外的学习考察团 30 余批次、500 多人;七一前后,县内多个党支部到举水、下党开展党员活动;10 月,月山村还被市委组织部、市农办授予全市首批乡村振兴实训基地称号。二是动员全民参与,壮大人才队伍。针对旅游从业人员专业知识不足等问题,利用乡村振兴讲习所,邀请省市县各级专家对旅游从业人员进行专业培训,先后组织开展"乡村导游""食品安全""礼仪知识"等 5 期旅游培训课程,培养出一批"巾帼导游团""金牌土厨师"等乡村旅游专业人才,不仅丰富了村民的技能知识,还为景区的发展提供了人才保障。

5. 特色示范引领

月山村在保护利用的基础上,打造特色旅游风情小镇,初步实现了"三大示范、两个更强、一大突破",即现代观光农业示范、休闲养生旅游示范、乡村春晚文化示范;农业特色产业更强、旅游休闲富民经济更强;游客接待量实现新突破。因山而得名,以水而灵动,因桥而著称,以人而厚重,以文而传世。月山村山水形胜,人文荟萃,已成为浙西南山区的文化明珠。近年来,月山村被中央电视台和新华网、地理中国、中国新闻网、浙江日报、浙江在线等省内外 20 多家单位及媒体报道,知名度进一步提升。月山村先后还获得"全国环境优美乡村""全国特色景观旅游名村"等荣誉称号。2016 年 12 月,月山村被列为浙江省 3A 景区村庄,标志着月山景区建设和旅游质量有了极大提高。

第十节 敬儒重礼,山林古驿——丽水松阳县界首村

一、村落概况

1. 区域位置与社会经济

界首村地处松阳县西大门,是瓯江上游松阳县与遂昌县交界的首个村落,故而得名"界首"。村东接赤寿乡赤溪源村,东南接赤寿乡狮子口、赤岸等村,南毗新兴乡大石村,西北与遂昌县上濂村、资口村隔松阴溪相望。距离乡政府所在地赤岸约 5 公里,距离松阳县城约 20 公里,S222 省道、S33 龙丽温高速在村西经过,环村路与龙丽公路界首段共同组成完整的环村路,交通条件十分便利。界首村辖界首、上坞源 2 个自然村,上坞源村是一个畲族村,主要为雷姓、钟姓。界首村村域面积为 5 平方公里,其中耕地面积 0.46 平方公里,林地面积 2.67 平方公里。现有 320 户,855 人,以刘姓居多,张姓次之,其余有陈、叶、吴、徐、颜等姓。村内部分人员外出打工或经商,大部分村民以茶叶种植和加工为主导产业。近年来,界首村陆续发展旅游服务产业。2006 年,界首村被评为浙江省第三批历史文化名村;2013 年,被列为第二批中国传统村落;2014 年,被列为浙江省第二批历史文化村落保护利用重点村;2018 年,被评为浙江省第二批 3A 级景区村庄。

2. 村落历史与风貌格局

界首村历史悠久,最早可追溯至商周时期,村西鲤鱼山曾出土商周陶器,证明此地当时已有人

类活动痕迹。据《刘氏宗谱》《张氏宗谱》记载，南宋绍兴四年（1134年），界首属松阳县十一都布和上乡怀德里，当时洪、叶两姓聚居于此。宋、元时期称洪坦。元末明初，刘、张等家族相继迁入，逐渐成为望族，洪、叶两姓举族外迁。明清时期，凭借古官道及盐业转运码头的优势，这里逐渐形成繁荣的商业聚落，老街两侧客栈、店铺林立。清乾隆年间，先民修建了禹王宫、刘氏宗祠等公共建筑和大量合族大宅，奠定了村落的基本格局和形态。1935年后，由于龙丽公路通车，界首老街商业衰落，村落开始沿龙丽公路两侧发展。界首村是松阳县重要的古驿道和水陆转运码头，龙丽公路开通之前，想要从温州、处州去往衢州、杭城、京师等地，均需在界首过渡，再经遂昌资口、渡船头到各地。界首大桥东侧留有"官亭桥头"地名，即古时的"官亭""驿亭"旧址。界首村还是浙西重要的食盐转运码头，是研究古代浙江盐业史的重要样本。明清时期，温州的运盐船停靠在"十三踏步""丝线店弄口"处的码头，食盐卸到"桥头盐栈"和"同和盐栈"等盐栈，再由浙西各地的挑夫沿陆路将盐挑到外地去。

图 8-10-1　界首村航拍图

图 8-10-2　界首村全景图

界首村位于松古盆地①北端，其地形地貌呈现盆地边缘地貌特色，其小地形可概括为两山夹峙的河谷地，耕地呈向南侧松古盆地扩大的葫芦形。村落四周山体环绕，背倚屋后山和万寿山，面临松阴溪，村前左右分别环绕着朝岩山和狮子头山，村子整体坐东朝西，留出村南和村西的大片平整耕地，是中国古代农耕社会最典型的选址环境。村落整体呈带状聚落，形态呈中间宽、两端窄的梭子形，在风水形势上称为"船形"，以西北方向张氏宗祠为船头，以东南方向的张公祠为船尾，船头、船尾分别有一棵古樟树、一棵糙叶树锚固，界首古街为贯穿船体的龙骨，横向街巷为船的骨架，界首村如同一艘航船稳稳停靠在山水之间（图 8-10-1、图 8-10-2）。村内老街在历史上是松阳出境的古驿道，从东南至西北贯穿全村，长约800米，街面宽约3.5米，横巷多曲折，宽度为1.4~2米。老街原

---

① 松古盆地是松阴溪沿岸长25公里、宽5~7公里的地域，是松阳县的核心经济区。这里仅占松阳县土地总面积的12.5%，却有全县55%的耕地面积，60%的人口，80%以上的经济总量。通常，盆地区域以种植水稻等粮食作物为主，两侧山区则以种植竹木等经济作物为主，盆地和山区形成经济上的互补关系。

图 8-10-3　界首老街

图 8-10-4　节孝坊

为两侧带排水渠的卵石路面，2008 年街道改造时将水渠填平，将路面改为中间石板、两侧卵石的形式，后来又恢复成卵石路面。店铺多分布在官亭桥头向南的老街沿线，老街中段集中分布着 5 座清中后期大型合族住宅，街道宽度增大，禹王宫以南聚落间距逐渐收窄（图 8-10-3）。

3. 传统建筑资源

界首村历史悠久，文化积淀丰厚，文物古迹保存较多，有多处商周至唐宋的古文化遗存和古窑址，村中一条千年古驿道，两旁完整保存着刘、张二姓宗祠、禹王宫、牌坊、古店铺、客栈、古名居、震东学校、石拱门以及三十六口古井、众多名木古树等，较完整地保留了传统历史风貌和格局。界首村乡土建筑风格受徽州和浙南建筑风格的影响，木结构夯土墙，马头形封火山墙，外墙刷白灰，局部有绘画装饰。村内建筑大致可分为三种平面类型，一是三间两厢带前后天井的"H"形建筑，如一亩居；二是三间带楼梯间或七间带楼梯间的商业建筑，如界首村 29 号刘福堂古宅；三是多进合院建筑，如居易堂。

节孝坊建于清嘉庆二十五年（1820 年），为旌表贡生刘邦诏侧室陶氏而立，位于老街中段刘氏宗祠北侧，仿木结构，全部为青石砌筑，三间四柱三楼，硬山顶。通面阔 5.6 米，高 7.55 米，明间额枋刻"节孝"二大字，下刻"为旌表贡生刘邦诏侧室陶氏而立"，左竖刻小字"嘉庆二十五年岁次寅辰冬月吉旦建"，正楼竖匾刻"钦褒"二字。牌坊西面临街，砖雕镂窗围墙为万字格、几何图案，砌筑精致。节孝坊现被列为县级文物保护单位（图 8-10-4）。

刘氏宗祠始建于明代，清咸丰年间因战火烧毁，清光绪十六年（1890 年）重建，位于老街中段，紧邻节孝坊，坐东朝西，二进五开间，面阔19.7米，进深25.9米。门前踏跺一级，砖砌门墙，中轴线上辟正门砖雕门额"刘氏宗祠"四字，两侧雕奔鹿花卉图案，墙脊花砖叠涩出跳，门前置石旗杆一对。一进门厅，明间为抬梁式，次间和稍间为穿斗式，方砖墁地。二进后厅，前设亭阁，亭阁为歇山顶，与后进前檐船篷顶连接，亭阁木雕讲究，翼角起翘，造型美观。凹字形天井把亭阁两侧的南北厢房结合起来，天井卵石铺地，阶沿条石铺砌。木构装饰雕戏曲人物、卷草、曲带、花卉等图案。后厅中皆置神龛供敬祖宗（图8-10-5）。

张氏宗祠建于清乾隆年间，位于老街北段，坐东朝西，二进五间开泥木结构，面阔15.8米，进深23.1米。一进门厅泥土墁地，后厅方砖墁地，硬山顶，马头墙。明间为抬梁式，次间、稍间为穿斗式，梁枋、牛腿、雀替雕卷草、人物、S纹、花卉等图案，雕刻精致，天井卵石铺地。宗祠设内、外二重大门，外大门朝东南，为木质门楼，门楼虽小，但精致，檐柱牛腿雕麒麟、鲤鱼图案。内设院道，中轴线上辟青石质内大门，水磨砖砌门墙，墙脊花砖叠涩出挑，门顶砖雕门额"张氏宗祠"（图8-10-6）。

禹王宫始建于明代，清乾隆三十九年（1774年）重建，位于老街中段刘氏宗祠南侧，坐东朝西，正门外设戏台。禹王宫原为三进，1996年遭火灾，二进、三进已毁，现仅存一进门厅。门厅面阔11米，进深9.36米，为三开间泥木结构，硬山顶。明间为抬梁式，次间为穿斗式，该门厅前廊高大气派，雕刻精细，台门两边置一对石雕抱鼓石，门顶悬"禹王宫"匾，四檐柱为方形石柱，上刻四对石刻楹联："寿麓他年传玉简；赤溪今日见黄龙""八年于外备尝辛苦勤王事；三过其门历尽风霜忘室

a）

b）

图8-10-5 刘氏宗祠

图8-10-6 张氏宗祠

家""四海清流皆圣泽；一溪赤水亦恩波""庙倚寿山山永奠；门环赤水水咸安"。楹联高度评价了大禹治水的丰功伟绩，具有一定书法价值。门厅的明间和次间实拼门板上有彩绘门神，梁枋、牛腿、雀替雕狮、和合二仙、花卉和S纹图案，华丽辉煌（图8-10-7）。

震东女子两等小学堂，由松阳县十大名人之

图 8-10-7　禹王宫

图 8-10-8　震东女子两等小学堂

图 8-10-9　一亩居

图 8-10-10　居易堂

一的刘德怀于清光绪三十二年（1906 年）创办，开处州女子教育之先河，是浙江省近代女子教育的缩影。刘德怀，字钟玉，早年留学日本，同盟会会员，学成回国后，提倡实业，兴办教育。1911 年处州光复后，先后任处州军政分府民政局长、视学、学务委员等职务，为倡导松阳新学不遗余力。学堂初设于刘德怀自宅"一亩居"，民国初年迁至禹王宫南侧。设有高等班和初等班，刘德怀任校长，亲自参与授课。学堂所招学生，除本村的适龄女子，还有外村的，学生入学一律免费。所授课程除传统"国学"外，更注重数理化等现代知识，也有美术、音乐、刺绣、缝纫等课程。震东女子两等小学堂后改称为震东小学，旧址现用作幼儿园和村委会（图 8-10-8）。

一亩居建于清乾隆年间，为刘德怀故居，位于界首村 118 号，坐东朝西，一进三开间二轩泥木结构，硬山顶，面阔 13 米，进深 12.8 米。北轩西墙辟青石质大门，门前两边设垂带石，水磨砖砌门墙，墙脊花砖叠涩出挑。因原建筑占地面积 666 平方米，故称"一亩居"，现正门顶的门额还留有"一亩居"三字。梁架为抬梁、穿斗混合结构，几何纹方格轩窗，檐柱、牛腿、雀替上雕曲带、花卉图案，雕刻精致，天井卵石铺地（图 8-10-9）。

刘为卓宅建于清乾隆年间，堂号"居易堂"，位于界首村 216 号，坐东朝西，三进三开间六轩泥木结构楼房，方砖铺地，重檐硬山顶，马头墙，面阔 15 米，通进深 33.8 米，占地面积 607 平方米（图 8-10-10）。中轴线上辟青石质大门，水磨砖砌门墙，花砖叠涩出挑，门前踏跺一级，砖雕门额"福以德基"，两侧有精致的几何纹、花卉图案。抬梁、穿斗混合结构，门窗雕几何纹、龙、蝙蝠，檐柱、牛腿雕狮子、蝙蝠、曲带、花卉等图案，内有 2 对鼓形青石凳，南、北、东首有附屋，厨房内有古井。

刘为公宅，建于清乾隆年间，位于界首村53号，坐东朝西，面阔15.8米，进深28米，方砖铺地，硬山顶。建筑设内、外二重大门，水磨砖砌门墙，青石质门框。外大门朝南，镶砖雕门级，砖雕门额"奎壁联辉"。内大门朝西，中轴线正门前一进为五开间二轩，二进为三开间四轩，前后有天井，均为石板铺地。大门内墙上有墨书名诗《陋室铭》："山不在高，有仙则名，水不在深，有龙则灵……"落款为张泉书，极具书法价值。梁架为抬梁、穿斗混合结构，一进前廊饰船篷顶，梁雕卷草、花卉图案，门窗雕几何、花卉图案，檐柱、牛腿、雀替雕龙凤、S纹、花卉图案，雕刻精致。

4. 特色文化资源

界首村上坞源自然村的畲族对歌历代相传，最初是畲族歌手将章回小说和评话唱本改编为山歌口头唱本和手抄唱本，后逐渐在流传的英雄人物事迹的基础上，结合本民族生活、心理、语言特点创作了一些作品。畲歌可分叙事歌、小说歌、传统山歌和现代山歌四种类型，演绎着畲族的历史。其中，畲族叙事歌中有反映本民族的斗争历史、歌颂民族祖先的英雄业绩等内容，一般由有名望的歌手在祭祀时歌唱，或由老族长边唱边讲述，如《高皇歌》《麟豹王歌》。也有反映历代王朝兴衰成败及其封建统治者带给劳动人民无穷灾难的《末朝歌》《封金山》《元朝十八帝》《灾荒歌》等。2007年6月，畲族叙事歌被评为浙江省第二批非物质文化遗产代表性项目。

另外，界首村自古十分重视教育。明清两代，仅刘氏就有秀才以上功名的廪生、贡生72人，刘氏宗祠前立有两根功名旗杆便是例证。

二、规划设计

1. 规划定位

界首村省历史文化村落保护利用重点村规划，围绕"修复优雅传统建筑、弘扬悠久历史文化、打造优美人居环境、营造悠闲生活方式"的目标，着力将界首村打造为"古驿道码头历史文化特色突出，山、林、茶（田）、溪、村一体，浙西南松古盆地边缘商住类型典范"的历史文化村落。以文化遗产保护为核心，兼顾旅游发展，在保护村落格局和建筑、传承非物质文化遗产、完善生活及旅游服务设施的同时，协调解决村落保护与村民生活的矛盾，形成合理建设、可持续发展的模式（图8-10-11、图8-10-12）。

图 8-10-11 规划总平面图

2. 规划保护范围

界首村省历史文化村落保护利用重点村规划，确定规划研究范围为界首村的村域范围，共计约 500 公顷，其中，界首村重点规划区为老村建成区域，面积约 14.7 公顷。保护区划定核心保护区、建设控制区、风貌协调区三个层次。其中，核心保护区以界首老街为核心，涵盖所有有保护价值的传统建筑群、历史环境要素及相关空间，其范围为：在《松阳县界首省级历史文化名村保护规划》划定的保护范围基础上，增加界首老街南段至张公祠区域及原洪坦古村的范围。核心保护区范围西至环村公路，东至龙丽公路，南至张公祠，北至唐宋瓷窑遗址，面积约 7.1 公顷。建设控制区为除核心保护区以外的所有建设用地，其范围西至松阴溪东岸，东至龙丽公路，南至张公祠，北至唐宋瓷窑遗址，面积约 15.5 公顷。为满足历史文化村落保护和村民生活的需求，在建设控制区内设置搬迁安置区，搬迁安置区面积为 1 公顷。根据历史文化村落的发展需求，充分考虑村集体和村民的意愿，规划搬迁安置区位于村落东南侧。风貌协调区东至屋后山山脊线，西至松阴溪西岸防洪堤，北至界首水电站，南至南侧环村路南 100 米，总面积约 44.9 公顷（图 8-10-13）。

三、建设实绩

界首村自 2014 年被列为浙江省第二批历史文化村落保护利用重点村以来，主要完成以下建设项目。

古建筑修复：对卓庐及附房、居易堂及附房、福满堂、一亩居、刘氏宗祠、张氏宗祠等

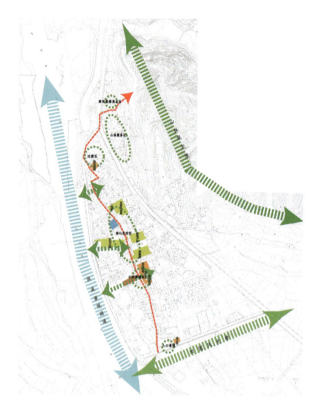

图 8-10-12　空间布局规划图

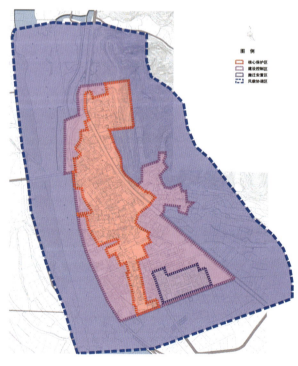

图 8-10-13　保护范围规划图

14 幢古民居进行修缮和保护，累计完成 14 幢古建筑的顶瓦修复，面积 5389 平方米；13 幢建筑的墙体加固，面积 4803 平方米；7 幢建筑的立面改造，面积 3809 平方米；14 幢建筑的构件修复，共计 198 个。同时，积极开展"拯救老屋"行动，使明高少府、古客栈等 8 幢、面积共计 3000 多平方米的第一批省级历史建筑得到修缮保护，明清古建筑基本得以恢复原貌（图 8-10-14~图 8-10-16）。

与历史风貌有冲突的建（构）筑物整修改造：累计完成 71 幢建筑的立面改造，面积 23445 平方米；完成整体拆除 1162.12 平方米；异地搬迁 3 户。

村内古道修复：完成古道修复 1.429 公里，面积 3574 平方米。

搬迁安置区基本公建设施建设：完成搬迁安置区土地指标 1 公顷，安置农户 36 户，投资 85.5 万元用于基本公建设施建设。

基础设施和公共服务设施建设：结合"美丽宜居"示范村建设、六边三化三美、传统村落建设等工程，整合各部门资金，用于景观改造、文化礼堂建设、农村生活污水处理系统建设、文化活动场

a）修缮前

b）修缮后

图 8-10-14　居易堂修缮前后对比图

a）修缮前

b）修缮后

图 8-10-15　一亩居修缮前后对比图

a）修缮前　　　　　　　　　　　　　b）修缮后

图 8-10-16　卓庐修缮前后对比图

所建设、外立面改造、消防系统建设、监控系统建设、花海建设、大会堂改造等工程，极大地改善了村庄的基础设施，提升了人居环境风貌。

四、建设效益

界首村是历史文化村落保护利用中，历史古建悠久型的代表。近年来，界首村以省历史文化保护利用重点村项目为契机，依托山水、古建及农耕文化资源，强化思路谋划，细化工作措施，全力攻坚，成效明显。

1. 推进产业培育

界首村充分发挥政府主导作用，出台奖扶政策，引导本地村民和回乡创业人员投资发展旅游产业，对投资创业者给予 5000~50000 元的奖励，培育旅游服务产业。吸引社会资金投入，利用古民居资源，打造精品民宿，为界首村乡村旅游打开更广阔的市场。目前，投资 500 多万元的卓庐若家精品民宿已开业，年营业额达到 60 多万元（图 8-10-17）。同时，村内已开发有一亩居茶馆、福满堂农家乐、元庆佳苑民宿、福满堂客栈、老街吃客小吃铺、紫薇花海农家乐共 6 家农家乐民宿，2018 年农家乐民宿营业额达 270 万元。乡村旅游业的兴起，带动了本地茶叶、蔬菜、土鸡鸭等各种农副产品的销售，捞汤菜、梅干菜、番薯干、笋干等独具本村特色的农产品成为旅游商品，仅该项就促进村民增收约 70 万元。近年来，界首村先后获得"牵手·2014 中国

a）　　　　　　　　　　　　　　　b）

图 8-10-17　卓庐若家精品民宿

最美村镇"人文环境奖、全国民主法治示范村、浙江省全面小康示范村、浙江省卫生村、丽水市十大养生长寿村等荣誉，2016 年被评为国家 3A 级旅游景区。

2. 乡村文化传承

（1）打响乡村文化品牌　界首村充分利用村级文化活动场所，组织村民开展形式多样、健康向上的群众性文化娱乐活动，如元宵舞龙、端午祭祀等活动，形成本村独具特色的文化品牌（图 8-10-18）。组建有舞龙舞狮队、民间器乐演奏队、嫂子腰鼓队、畲歌山歌对唱组、太极拳等多个传统文艺队伍，深入发掘传统风俗内涵，有序开展节庆、祭祀、纪念等民俗文化活动。

（2）传承乡村农耕文化　界首村成立由老党员、老干部等组成的文化研究协会，挖掘民间文化，继承和发扬传统农耕文化，丰富古村落的文化内涵。定期组织举办界首村春节联欢会、农民休闲养生文化节、田园松阳乡村书画展等活动，还邀请全球高校环游手机摄影师在村大会堂举行"环游高校手机摄影展"，积极挖掘和发扬本土特色文化，丰富村民精神文化生活，展示界首村的文化建设成果，进一步提升界首村的知名度和美誉度，得到村民和游客诸多好评。

（3）引进高端团队策划　松阳县开展"传统民

图 8-10-18　公共活动中心

居改造利用""拯救老屋行动"，吸引了一批国内知名艺术家入驻各村，激活乡村存量资源，让传统文化与当代艺术有机融合，大大提高了松阳知名度和美誉度。界首村引进香港大学建筑系王维仁教授建筑设计团队、丽水深秋室内设计团队等高端人才，探索界首村历史文化传承和历史建筑活化利用模式，为界首村传统文化培育、文创事业发展建言献策，引领村民的美好生活。

第十一节　千年古村，稀罕河阳——丽水缙云县河阳村

一、村落概况

1. 区域位置与社会经济

河阳村位于丽水市缙云县西北部的新建镇，西北与岩山下村毗邻，东南与韩畈村以黄碧山相隔，北与潘村搭界，东与玉溪村相连。地处丽水市缙云县仙都国家级风景名胜区内，距仙都核心景区约 16 公里，距缙云县城约 15 公里，距 330 国道外堰

路口约 6 公里，距金丽温高速公路缙云出口约 6 公里。全村村域面积 5.9 平方公里，其中耕地 1.12 平方公里，林地 3.59 平方公里，鱼塘 0.07 平方公里。全村现有 1200 户，3655 人，以朱姓为主。村内主要农作物有水稻、马铃薯等，农副产品有麻鸭、香菇、茶叶、柑橘等。2000 年，河阳村被评为第二批省级历史文化名村；2012 年，被列为第一批中国传统村落；2013 年，被列为浙江省第一批历史文化村落保护利用重点村；2014 年，被评为第六批中国历史文化名村。

2. 村落历史与风貌格局

河阳村是一个以宗族血缘为纽带聚族而居的古村落，至今已有 1100 年左右的历史。五代后唐长兴三年（932 年），吴越国武肃王掌书记朱清源携弟朱清渊为避五季之乱，慕缙云山水之胜，在县西二十五里的中峰山下定居，繁衍生息，支派繁茂，由此这里成为义阳朱氏聚居发源之地。因其祖籍河南信阳，为使朱氏后裔不忘祖宗根脉，故取地名为河阳。宋元时期河阳朱氏入仕途者较多，是村落发展兴盛时期，建造了福昌古寺、岩山古庙等。村落规模在明代初期达到鼎盛，村落格局初步成型，修编完成了《义阳朱氏家谱》。明正统十四年（1449 年），丽水贼匪陈鉴胡率众三至河阳烧杀抢掠，烧毁房屋，文物古迹破坏殆尽，村落遭受重创。由于对战祸心有余悸，部分村民从河阳迁移至外地，村落人口减少过半。整个明代是河阳村从发展到兴盛再到衰落的时期。清代初期，国内政局稳定，在资本主义经济影响下，国内资本主义开始萌芽，河阳村以朱翰臣、朱簋为代表的地方财主走上经商办厂的道路，他们大量购买田地，兼并竹山，建造纸厂，迅速积累了大量财富。清中期，随着经济实力的增强，在封建等级和礼教思想的支配下，河阳人开始大规模建造"十八间"民居，这些建筑采用北方四合院加江南楼堂的结构模式，建筑精致豪华，时传"有女嫁河阳，赛过做娘娘"之民谣。清代河阳村落形成新的格局，这一时期除了新建大量民居之外，还建造了公济桥和众多祠堂。清后期以后，由于经历了太平天国运动、抗日战争等，村庄遭到不同程度的损坏，村庄发展缓慢。

河阳村地处丘陵地区，东北背倚东溪山（金鸡山）、玉兔山，西南面朝中峰山，自古有"金鸡玉兔对翠云"的风水说法。村内至今保留宋、元时期"一溪两坑、一街五巷"的布局，现存街道格局较为完整，具有代表性的是河阳古街，现有长度 150 多米，宽 3 米左右，两侧多为店铺和民居，是河阳村于元代重建时定的中轴线。其左右两侧各有五条横巷与之错位相交，由而形成几块完整的居住街坊，各街坊中的古建筑集明、清、民国各个历史时期的风格为一体。新建溪自村西北流入，从村东流过，古时绿树繁茂，河水清冽。村内池塘、沟渠、巷道分布层次分明，祠堂、庙宇、民居结构清晰，形成儒家耕读文化和农业生产相结合的浙中南古村落景观。斑驳的屋墙、窄窄的长巷，记录着河阳古村千百年的风雨历程。漫步在青苔的石子路上，置身于静谧古朴、错落有致的明清古建筑群中，一股厚重的历史感扑面而来（图 8-11-1、图 8-11-2）。

3. 传统建筑与历史环境要素

据考证，河阳村是江南现存规模大、历史延续时间久、宗族文化深厚的活态古村落之一，至今保存着朱大宗祠、圭二公祠、荷公特祠、文翰公祠、虚竹公祠、玉天公祠、丹崖公祠、七如七祠、恒三公祠、忠祥公祠、有周公祠、圭六公祠、名山公祠、莲渚公祠、七仁公祠共 15 座古祠堂，其中保存较完好的有朱大宗祠、圭二公祠、荷公特祠

（孝子祠）、文翰公祠、虚竹公祠。另有上百栋古民居，房间合计1500余间，古庙宇6座，古石桥1座，古民居建筑群规模之大，数量之多，堪称"江南一绝"。2013年5月，河阳村乡土建筑被国务院评为第七批全国重点文物保护单位。

朱大宗祠始建于明正统十四年（1449年），为始祖朱清源而建，原本在村左石佛岭脚前，后毁于战火。清乾隆十九年（1754年），迁建至黄碧山之西麓。建筑占地1200平方米，正寝三间，左右夹室各三间，大门厅三间，戏台一座。清嘉庆年以后，宗祠遭白蚁蛀蚀，经多次修葺，后在道光年间再次改建。照丁捐钱，计粮集帑，拓开故址，柱易以石，新建正寝五间，前厅一间，四隅楼屋，共四间，左右夹室各三间，拜厅戏台合一座。清同治元年（1862年），宗祠被太平军拆毁，清同治二年（1863年）重建，保存至今。前福建道监察御史陈鸿宝公留下"亢濮大宗"赠额，遂沿称为"大宗祠"。朱大宗祠是河阳诸多朱姓宗祠中的总祠堂，规模较大，建筑采用石方柱，部分采用圆柱，牛腿有八仙及"S"形卷饰（图8-11-3）。

荷公特祠建于清光绪三十二年（1906年），又称孝子祠，位于关塘之西，坐北朝南，略偏东，占地面积405平方米。正寝三间，左右厢六间，下厅三间，合成一祠，祠右护以侧厢五楹，并厨室一座。据《义阳朱氏家谱》载，浙江巡抚为表彰朱氏子孙朱得三孝德，特准其建立孝子祠和孝子坊，缙云全县得孝子坊的有三人，而建孝子祠的却只有一人。孝子祠楼上开窗可遥望母墓，孝子用心可表。外围墙入口处带有西式风格，有拱券、券心石、壁柱及线脚等。正面左右两个侧门上分别书写"出第""入孝"。内庭院环境清幽，植有桂树一株。祠内雕刻精致，牛腿上有动物、人物、"S"形等装饰

图8-11-1 河阳村航拍图

图8-11-2 河阳村全景图

图8-11-3 朱大宗祠

图案。荷公特祠现辟为河阳廉政文化馆（图 8-11-4）。

圭二公祠始建于明嘉靖年间，位于三朝巷内，为朱氏第二十一世祖圭二公朱榆（1387—1442）之

祠。清同治元年（1862 年）被太平军烧毁，现存建筑为清光绪八年（1882 年）重建的。建筑体形较大，正厅檐柱为木圆柱，其他柱为石圆柱，柱径比其他祠堂略大。祠内雕梁画栋，楹联保存较为完整。古时此处为河阳的政治中心，村中磋商大事、接待官员、惩罚违规族人等事务均在此祠内进行，楼上谷仓为河阳公常积谷所用。祠堂保留完整，现辟为河阳村女红馆。

文翰公祠建于清嘉庆十八年（1813 年）冬，又称墩四十六公祠，俗称三百田。公祠坐落村北，面阔 25 米，进深（两进，包括前庭内院）32 米，占地面积 800 平方米。第一进内过厅为石方柱，第二进正厅为木圆柱。正厅和厢房的屋面采用不同的垫瓦方法。祠堂内木雕精美，整个大木构架被雕刻得十分精致，装饰图案有植物、纹饰、花鸟。过厅、正厅梁架上绘有几何图案和人物故事的彩画。牛腿的装饰图案有人像、动植物、文字以及"S"形等，都含有吉祥美好的寓意。祠堂内挂满了不同年代的牌匾。前庭院地面用卵石铺就气象钱，庭院内竖有四根旗杆柱。文翰公祠为父子合祠，父为朱文周（1707—1780），子为朱翰臣（1728—1794），分别为第三十世、第三十一世祖。文翰公祠后因多次被蚁蛀而被修理，现辟为河阳民俗文化陈列馆，展示历代河阳人使用的各种生产生活用具、家具等，展示门类丰富（图 8-11-5）。

虚竹公祠建于清咸丰八年（1858 年），俗称八角亭祠堂，规模方圆平正，占地面积 984 平方米，有正厅三间，下厅三间，两边横厢各两间，四隅插厢各两间，大门内有八角亭一座。朱虚竹（1792—1847），河阳第三十三世祖，以经营土纸、靛青染料发家，成为缙云巨富，曾在苏州城买下整条街，为胡雪岩好友，号称全国第二富。祠堂采用苏州祠

图 8-11-4 荷公特祠

a）

b）

图 8-11-5 文翰公祠

堂图样，雕砖样式72种，费时四年建成，耗资巨大，其建筑精美为河阳诸多朱氏宗祠之精品。整个祠堂精美豪华，木雕、石雕、砖雕技术高超，人物、鸟兽、花卉栩栩如生。天井用卵石铺就各种图案，有梅花鹿、狮子扑球、"寿"字、花朵等。下厅大门有一对青色抱鼓石，光滑异常，所谓"户对"；门上有玲珑木雕一对，称为"门当"，上下合为"门当户对"。天井内有水塘一口，蓄水防火之用。太平军进驻河阳期间，拆毁不少祠堂、民房，却对虚竹公祠赞赏有加，让朱坤崇以20万银钱赎取，虚竹公祠才得以保留至今（图8-11-6）。

七如公祠建于民国十七年（1928年），又称哲六十七祠，为七如公朱元夏之祠。占地面积约500平方米，上厅五间，下厅五间，两厢各三间，四隅各一间，拜亭一座，共计二十一间。另有祠右侧祭净室三间。祠堂皆为石柱，内部雕梁画栋，粉墙画壁。七如公祠现辟为河阳乡村教育馆（图8-11-7）。

"廉让之间"宅始建于清道光五年（1825年），系文瀚公后裔朱斯康、朱斯贞的老宅，占地面积662平方米，前厅加后堂共十八间，前有房套，后有伙舍，共计建筑四十一间。梁柱雕刻精细，门墙有诗画，拥有独立的水井，是河阳所有"十八间"中最精致、设施最为完备的建筑（图8-11-8）。前厅是主人的住房，后堂为长工佣人住房，等级分明。屋顶有一石猫，起到辟邪的作用，大门上有四个不同形状的小洞，代表月亮上下旬变化。外墙上

a)

b)

图 8-11-6　虚竹公祠

图 8-11-7　七如公祠

图 8-11-8　"廉让之间"宅

古画、古诗保存十分完整，房内木梁、木柱上方全是精致的木雕动物，栩栩如生。木雕窗户上的方格细如筛洞，手指不入，雕刻技艺精湛高超。

"循规映月"宅建于清乾隆年间，占地面积1407平方米，套房长36米，宽4米，园洞门直径3米，大门上书"循规""映月"四个大字，据传是房屋主人朱翰臣二子朱锡田书写。入口大门上有四个自创的会意文字，上"牛"下"田"为耕；上"口"下"心"为读；宝盖头下有"人"，"人"下加了一点，会意为"家"；在"云"上画着流动的线条即为"风"，联起来为"耕读家风"，巧妙地将书法与绘画相结合，反映了河阳耕读传家的传统（图8-11-9、图8-11-10）。

"耕凿遗风"宅建于清道光年间，位于答樵路。房屋主人朱坤泗七十岁时，已有九个儿子、十三个孙子，门口对联"七旬九子十三孙；八字一门千万选"，反映了当时人丁兴旺的场面。此宅防盗功能极强，四周有围墙，大墙内的房间下半截又筑有一道墙或装木栅栏。大院正房有三扇门，靠中堂的门是搬运大件家具用的，正门为主人出入，偏门为未嫁女及仆人出入，当时的封建宗法思想体现无遗。太平天国时期，太平军曾驻扎此处，因此柱子上留有试刀疤痕，门上留有刺刀穿戳的刀洞。此宅现辟为创客中心、剪纸展示馆（图8-11-11）。

八士门始建于元末，是为昭彰和纪念河阳在宋

a)

b)

c)

图8-11-9 "循规映月"宅

图8-11-10 "耕读家风"

图8-11-11 "耕凿遗风"宅

元两代先后出了八位进士而建，当时八士门是一座门楼式建筑，明正统十四年（1449年）被烧毁，现存的八士门建于明末（图8-11-12）。八士门位处中峰山下五龙抢珠山脉处，为河阳古村的正大门。历史上河阳人又把"八士门"叫作"八字门"，认为它风水好，经常过往就会"八字好"。故河阳人娶媳嫁女以及老人出殡都要经过八士门，这一习俗延续至今。八士门门口有一对似狮非狮的石雕，据称是明太祖朱元璋得知河阳八士门的来历后，连称稀罕，封赠"石稀罕"一对以褒奖河阳朱氏。旧时官员路过此处，文官必须下轿，武官必须下马。八士门前面的坑道叫八士门坑，与右边下轮坑相对，组成八字形，犹如两条龙须把老村包围，有保护村庄安全、保住河阳风水财气之意。

4. 特色文化资源

（1）历史名人　河阳朱氏历代耕读传家，重农经商，人才辈出，富甲一方，是缙云望族。宋元两朝曾出了八位进士、二十四位诗人，形成了名噪全国、盛极一时的"义阳诗派"㊀。

图8-11-12　八士门

河阳宋元八进士为：朱绂，北宋绍圣元年（1094年）中进士，官嘉议大夫。朱缓，北宋绍圣元年（1094年）中进士，官中书舍人。朱晞，北宋政和二年（1112年）中进士，官亚中大夫。朱垓，南宋绍兴二十一年（1151年）中进士，官无考。朱藻，南宋绍兴三十年（1160年）中进士，官焕章阁待制，曾任绍兴府司理参军、浦程县令、仙居县令、陨乡县令、江陵通判。由于为官清正，政绩斐然，被提升为朝散大夫。晚年耳目不衰，研究汉史，著有《西斋集》十卷，享年71岁，九旗坟即朱藻之墓。朱孝忞，南宋景定三年（1262年）中进士，官无考。朱有泰，南宋咸淳七年（1271年）中进士，官监察御史。朱填，元至正三年（1343年）中进士，未授官而卒。

其中，朱晞、朱藻、朱孝忞、朱有泰四人同出一家，一家六代中有四代中了进士。八进士中，朱藻最为出名，政绩斐然。自落脚建村到各房派分迁几地，河阳共出进士32名。其中分住缙云各地的朱氏裔孙，出进士7名，缙云的河阳人共出过15名进士。

朱竹友（1265—1334），河阳第十七世祖，朱填父，重修"联桂坊"，建"八士门"，重新规划

㊀ 宋元时期，河阳朱氏家族诗风鼎盛，诗作思想深邃、题材广泛，体裁上则五言、七言皆备，形成名噪全国的义阳诗派。其中闻名于时的诗派代表性诗人有10多位。一个家族、一个村落形成了一个影响全国的诗派，这极为罕见，令人敬仰。

了河阳的道路、水系格局，设中街，设计八字形坑水，把新塘坑改为直冲八士门右侧，再硬拐向左侧。

朱维嘉，河阳第十九世祖，明初名儒，时人皆称朱先生，由卢龙县令晋升为明洪武时期的国子监丞，学识渊博，著有《素履文集》十卷。公为人正直，品行贤德，利用太学讲课之余，历经十年，独立编修了已经失传的《义阳朱氏家谱》，为河阳村留下了极为珍贵的历史文字资料。由于他为河阳做出了巨大的贡献，加上德高望重，于是被大家推选为乡贤公，入邑乡贤祠。其家族皇封"铁板秀才"一名，世代相袭，卒于任上，享年60岁。

朱糈，河阳第二十一世祖，以族长身份"立家法、订宗谱、修理历代祖墓，创积宗删祀产，以理法严辑族众，数十年词讼不兴"。

朱元夏（七如公），河阳第二十八世祖，字廷芝。由例考授登仕郎，孤苦承先，能崛兴。公孝慈庄敏，勤俭温文，尊而愈谦；逢人道善化争，乡邻从无宿怨，宗帑藉其培成。生有七子，行二十余年而不倦，延师教子，力劝比邻附学，还供给伙食费用。因此乡间读书之风又一次兴起。其七子中有六子中了功名，发祥宏衍朱氏一派。目前，河阳村有四分之三的人口是朱元夏派下。

朱得三（1855—1934），钦褒孝子，自幼丧父，赖母亲抚养成人，侍奉母亲，极其柔顺。其调理母病"衣不解带者累月，殁后，庐墓，朝归暮返，躬自荷被负石，率以为常，雨雪无间，历三年如一日。泥匠取石，坳筑坟茔，均敷所用。更于墓前栽植松柏，排列成行。事死如生，孝之至也。"他对于公益事务更是挺身向前，独喜济人困厄，冬则济炭，夏则施茶。

朱显邦（1879—1955），原名光显，字文渊，号文园，河阳人。清光绪二十四年（1898年）中秀才。清光绪二十九年入杭州蚕学馆，毕业后留校工作。清光绪三十二年留学日本，先入成城中学附科，清光绪三十四年考入东京高等蚕业讲习所制丝科，参加同盟会。清宣统二年（1910年）学成返国，赴京考试，获农科举人。次年4月应殿试，叙七品京官，分发礼部候用，不屑仕途，返浙。民国元年（1912年）三月任浙江中等蚕桑学堂校长。学校创办伊始，百事待举，备尝劳苦。民国二年（1913年）冬学校改名省立甲种蚕桑学堂，任校长职长达16年。民国十六年，军阀孙传芳盘踞浙江，杭州混乱，辞职。民国十七年三月，海盐县长赵鼎华邀其任建设科长，半年卸职，回杭州办理蚕种优化实业。民国二十二年任烟台蚕校教务主任。民国二十三年任芜湖蚕校蚕科主任，甫一年又辞去，返杭州继续搞优化蚕种。民国二十六年，日军侵华，杭州沦陷，返回故乡河阳。民国二十九年秋，任仙都中学教师，民国三十二年初，任县立简易师范校长，民国三十四年夏辞职，挈眷回杭，应聘担任省收茧管理处总督导兼浙江蚕业协会冷藏库主任。20世纪50年代初，与学生合作建立"普利蚕种场"，可以说是一生尽萃蚕桑事业。

（2）非遗文化　河阳剪纸历史悠久，已有400多年历史。河阳剪纸十分注重艺术表现力，刻画人物，脱形取神，衣褶阴刻，背景阳刻，恰成对比。背景线上直线纹、曲线纹交替穿插，与画面中的亭台楼阁互相衬托，内容多为琴棋书画、石榴莲子、麒麟送子、蝙蝠蝴蝶等民间吉祥图案，表达美好愿望。还有不少图案取材于戏曲故事，表现人间的悲欢离合，表达朴素的正义和道德。其中最具代表性的剪纸作品是已故老人李宝凤留下的《麒麟送子》《太白回书》《感恩亭》等。李老的剪纸风格细腻、秀丽、抒情，从功用上已超脱出饰用、祭品、喜化等实际功能的范畴，具有较高的审美效果，堪称"中国一绝"。1994年，其作品入选由文化部组织的"中国民间艺术一绝大展"并获证书。2007年6月，河阳剪纸被评为浙江省第二批非物质文化遗产代表性项目。2008年1月，河阳麻义花、朱松喜被浙江省文化厅评定为首批浙江省非物质文化遗产"剪纸"代表性传承人。河阳剪纸已编入当地小学校本课程。

河阳刺绣、织带与剪纸同为古时河阳女子必学的三大手工技艺，河阳刺绣、织带图案精美、种类丰富，以文字纹最有特色。清代的一条长2米、宽4厘米、织42字的织带极为经典，内含诗句"夜半归来月正中，满身香带桂花风；林花著雨胭脂湿，水荇牵风翠带长；喜见红梅多结子，笑看绿竹又生孙"。有一条为庆祝抗日战争胜利而编织的织带，其长宽基本等同于清代编织的这条，其文字为"五世其昌、天子门生、早生贵子、福禄寿喜、百年好合、丁才两旺、富贵双全、长命富贵、金玉满堂、自由平等、保卫世界和平胜利果实、共立。"后来又编织了一条长宽基本等同于以上两条的，其文字为"自力更生、为人民服务、读毛主席的书、四季如春、劳动光荣、勤俭持家、厉行节约、讲究卫生、团结友爱、共同努力"。

河阳村集宗祠、民居、寺庙、桥梁为一体，其古建筑营建技艺于2007年6月被评为浙江省第二批非物质文化遗产代表性项目。

河阳自清初鼎盛，河阳人大兴土木建造宗祠，重整历代古墓，设祭祀公田，创公募财产，强化尊宗敬祖的宗族文化。清代中叶至民国时期，祭祖活动长盛不衰。新中国成立后曾一度中止。2000年，河阳村评为省级历史文化保护区后，恢复了传统民俗习俗，每年举行的盛大祭祖活动，已成为缙云除仙都公祭轩辕大帝外，规模最大、影响力最强的民间祭祖活动。2012年，河阳民间清明祭祖被列入第五批丽水市非物质文化遗产名录，朱益清被确定为非物质文化遗产"轩辕氏祭典"代表性传承人。

另外，河阳还保留有过年看大戏、大年初一吃鸡蛋面、正月十五闹元宵、七月七叠罗汉等独具特色的民间习俗（图8-11-13~图8-11-17），竹编篮、提篮、竹酒壶、麦秆盒、笋箬盒、木烛台、木蜡烛、木雕灯盏架、金莲鞋等民间工艺品也极具特色。

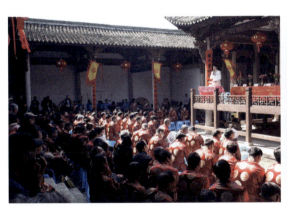

图8-11-13　祭祖大典

图8-11-14　百岁宴

图 8-11-15 河阳传统婚礼

图 8-11-16 魁星点状元

图 8-11-17 舞龙

二、规划设计

1. 规划定位与总体布局

河阳村省历史文化村落保护利用重点村规划，以"耕读河阳，田园古村"为主题，强化地域文化的保护和传承，在文化保护的基础上大力发展旅游业，同时注重村民居住环境的提升和基础服务设施的完善。规划"一街、一核、四区"的空间格局（图 8-11-18、图 8-11-19）。

一街：指河阳老街。

一核：以古建村落为主体的文化核。

四区：分别为古村核心游览区、民俗文化体验区、田园观光休闲区和新村建设区。

2. 规划保护范围

河阳村省历史文化村落保护利用重点村规划，确定规划研究范围南至黄碧山，东至玉兔山，西至狮子山，北至新合村，以河阳老村为规划重点，总规划面积约 56 公顷。将保护范围划为核心保护

图 8-11-18　规划总平面图

图 8-11-19　空间结构规划图

区、一般保护区、风貌协调区、建设控制区四个层次。其中，核心保护区是历史文化村落内，空间结构比较完整、传统风貌保存比较完好的、能够反映河阳传统特色的地段，范围东至问渔路，南至朱大宗祠，西至河阳中学学生宿舍，北至虚竹公祠，另外，河阳古村西南的福昌寺也划为核心保护区。一般保护区位于核心保护区外围。风貌协调区是指为了保护文物及保持沿街风貌带环境完好而必须进行控制的地段，保证从主要景观向周围眺望时，周围景观的完整性，保护古村的整体风貌（图 8-11-20）。

三、建设实绩

河阳村自 2013 年被列为浙江省第一批历史文化村落保护利用重点村以来，遵循科学规划、整体保护、传承发展、注重民生、稳步推进、重在管理的方针，加强历史文化村落保护利用，改善人居环境，实现历史文化村落的可持续发展，主要完成以下建设项目。

古建筑修复：累计完成了虚竹公祠、河阳影剧院、圆洞门书院、河西 19-20 号民居、河北 47 号道

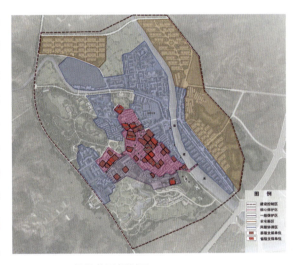

图 8-11-20　保护范围规划图

坛等 81 幢古建筑的顶瓦修复，面积 34918 平方米；累计完成了河南 72 号朱伟龙道坛、河西 23 号孙战娥道坛、河南 37 号道坛、河中 44 号道坛等 67 幢建筑的墙体加固，面积 28581 平方米；累计完成了河西 28 号朱虎清道坛、河南 38 号朱正高道坛等 20 幢建筑的立面改造，面积 14070 平方米；累计完成 79 幢建筑的构件修复，共计 728 个。

与历史风貌有冲突的建（构）筑物整修改造：累计完成朱福虎房屋、小学围墙等 35 幢建筑的改

造，面积约 8598 平方米。主要内容为新旧墙面抹灰、刷涂料，拆除部分墙面面层，砌筑马头墙，新做古式木窗及屋面盖小青瓦等。完成 5 幢建筑的结构降层，面积 1136 平方米；完成整体拆除 1575.64 平方米。

村内古道修复与改造：完成古道修复 3 公里，面积 9905 平方米。严格遵循先地下、后地上的原则，在古道修复前确保地下污水处理设施和"三线落地"已完成，以避免重复建设。

搬迁安置区基本公建设施建设：河阳保护性迁移安置项目一期工程已经启动，县委县政府高度重视，在原申报计划 2 公顷的基础上增加 2 公顷，共计已完成了 4 公顷的土地征收工作，与 80 户农户签订农户安置协议书，投资 147 万元用于基本公建设施建设。

基础设施和公共环境建设：完成污水管道的铺设，修建检查井、格栅池、生态池，路面的破除和修复，生活污水治理等工程。完成河阳答樵路马头墙节点改造工程。推进"花样农家"建设，结合"美丽庭院"创建等，共同推进河阳古民居古道两侧风景线改造。结合"三改一拆""双清"等行动，拆除古村周边 30 余处各类棚、舍及遗留粪坑。清理了古村河道，建立了河阳园林绿化管护中心与环境卫生管理中心，招聘专职社会志愿者 60 余名，对河阳区域实行全天候、全覆盖、专业化保洁。新建、加固生态堤防，完成古堤堰整治、河阳防洪堤建设工程。完成村庄消防给水设施改造、国保单位建筑内部电气整改、自动化无线消防控制系统安装等河阳村乡土建筑消防安全工程。

四、建设效益

河阳村是历史文化村落保护利用中，历史古建悠久型的代表。在河阳村省历史文化村落保护利用建设中，缙云县委、县政府成立缙云河阳古民居保护开发管理委员会，负责河阳古民居景区的保护、利用、建设等管理工作。由县国资公司出资 500 万注册成立缙云县河阳文化旅游开发有限公司，公司隶属缙云县河阳古民居保护开发管理委员会，主要负责河阳古民居保护利用的基础设施项目的建设。

1. 借力引智

河阳村省历史文化村落保护利用充分借力社会组织和民间智库的力量。2014 年 2 月 19 日，中国乡村文明研究中心与缙云县人民政府共建的"河阳乡村实验区研究基地"成立，促使双方在乡村生态、经济、社会、政治、文化等多个方面达成全方位合作，为河阳古民居保护利用提供长期技术支持与咨询服务。2015 年 7 月 7 日，借力社会力量和民间智库，成立河阳乡村研究院，助力缙云县乡村文化研究和发展。河阳乡村研究院是集学术研究、文化建设和人才培训于一体的民办社会组织，是一个促进政府、研究者、乡村建设实践者相互协作的平台，经常开展多层面的参与式研究和乡村文化建设实践，以河阳和周边地区为研究对象和调研基地，就美丽乡村建设中的文化建设问题进行及时、有针对性、富有指导意义的理论探索和政策探索，力争把河阳建成一个汇聚"三农"研究前沿思想的科研教学高地，从而推进河阳古村落的保护、更新和发展。

2. 文化挖掘

河阳村深入挖掘历史文化资源，充分挖掘耕读、儒商、宗族、民俗等特色文化，积极推进文化场馆建设，李震坚故居、手工编织馆、手工陶艺馆、红荷驿站党建馆、宗族文化馆登相继建成（图 8-11-21）。建设乡村文化礼堂，将村礼堂、讲堂、文化活动室、广播室、春泥书屋、文化展示等功能空间作为缙云县廉政文化教育基地，制定套餐式主题党日活动，使其成为党员干部廉政学习教育示范基地（图8-11-22）。成立宣传文体队伍，经常组织开展活动，满足村民多样化的文化需求，使文化礼堂真正成为村民的"精神家园"。另外，河阳成立朱氏文化联谊研究会，每年三月举办河阳民间非遗文化节（图8-11-23）。来自全国的会员齐聚河阳，千人"状元宴"、千人大踩街、莲花落唱诵、婺剧表演、钢叉舞摆阵等各式民俗狂欢，再现千年古风，弘扬河阳朱氏传统文化。河阳村先后被评为浙江网友最喜爱的十大古村落之一、浙江省非物质文化遗产旅游景区（民俗文化旅游村）。

3. 旅游发展

河阳村乡村旅游发展成效突出，通过举办"渊源河阳、荷花清韵"河阳荷莲乡村旅游节，推出荷莲采摘游、荷莲主题"农家乐"等活动，提升了"河阳荷莲"的文化知名度，做亮了"河阳荷莲"金名片，创造出了更为可观的经济效益。状元宴品牌的进一步打响，乡愁旅游季活动的顺利举办，成功带动村民增收，许多摊位营业额超过1万元。目前开发经营有汉服艺术创作、麻糍制作坊、茶馆等多种业态，吸引了20多家创客安家落户，丰富了河阳景区旅游业态，为下一步旅游业态发展开启新篇章（图8-11-24）。同时，河阳村充分整合资源，加强营销力度，吸引更多游客感受古村落独特魅力，积极与各旅行社、游客集散中心合作，先后与20多家旅行社签订旅游合作协议，全力组织老年团、学生团等旅游团队进区游览。加强与周边旅游景点的合作，推出了黄龙河阳研学游等特色旅游线。引导村民发展土特产销售、农家乐餐饮、民宿等旅游业

图8-11-21　手工编织馆

图8-11-22　廉政文化教育基地

图8-11-23　民间非遗文化节

态。积极参加各类旅游推介会，有效拓展长线游客市场。截至目前，河阳古民居景区已实现旅游收入118.8万元，同比增长41.2%。

a)

b)

图 8-11-24　河阳风情

第十二节　溪畔竹建，活态龙窑——丽水龙泉市溪头村

一、村落概况

1. 区域位置与社会经济

溪头村位于丽水龙泉市西南方的披云山麓，是宝溪乡政府所在地，距离披云山风景区约 16 公里，地处长深高速龙浦段和龙遂复线的辐射区内，距离最近的高速出入口约 20 公里。村落平均海拔 500 米，瓯江、闽江和钱塘江从这里发源，号称丽水的"三江源头"，有着"天然水宝库"的美誉。全村村域面积 13.58 平方公里，其中耕地面积 0.9 平方公里，山林面积 8.51 平方公里。下辖溪头、梧岭 2 个自然村，下设 7 个村民小组，现有 388 户，1127 人，有陈、李、张、叶等姓。村内以稻米、香菇、木耳、茭白笋为主要经济作物，另植有竹、蔬、果（杨梅）等，加工业包括瓷土加工、竹木加工和青瓷制作等。2014 年，溪头村被列为浙江省第二批历史文化村落保护利用重点村；2016 年，被评为浙江省第五批历史文化名村；2017 年，被评为浙江省第一批 3A 级景区村庄。

2. 村落风貌与传统建筑

溪头村四面环山，宝溪溪、后埡溪两条水圳穿村而过，山脚分布着梯田、菜地（图 8-12-1、图 8-12-2）。《张氏宗谱》记载："溪头局势如扁舟，月白风清可优游，四面还山堪入画，双方带水亦清幽。"溪头村建筑风貌呈现出传统与现代相结合的特点，古建筑以浙南传统风格和徽派风格为主，体

图 8-12-1　溪头村航拍图

现出古朴雅致的风貌，村内现保存有陈佐汉故居、李怀德故居等古民宅6处，均为清末民初建筑。其中，陈佐汉故居（溪头中共工农红军北上抗日先遣队随军银行旧址）于2011年1月被浙江省人民政府评为省级文物保护单位。另外，村内还有古桥、古道、古堰坝、古渠、古井泉、古街巷和古寺庙各1处。

溪头村是一个因制瓷而建的村落，有着悠久的烧瓷制瓷历史。据《龙泉瓷厂志》记载，清道光五年（1825年），溪头村民李君义在当地建窑，称"李生和号"。随后村民陆续建起龙窑，主要生产白瓷土碗等。溪头村内原有古龙窑13座，现保存较好的有7座，分别为陈家窑、李家窑、轱辘窑、金品窑、寺后东窑、寺后西窑、黄溪岙窑，其中陈家窑、轱辘窑、金品窑仍定期开窑烧瓷。溪头村龙窑群⊖是当前全国乃至世界范围内保存规模最大的活态龙窑群之一。2011年1月，龙泉窑制瓷作坊（陈家窑、李家窑、轱辘窑等7座溪头村龙窑）被浙江省人民政府评为第六批省级文物保护单位

图 8-12-2　溪头村全景图

（图8-12-3）。

陈家窑建于民国时期，位于溪头村村口桥头南侧，占地面积1200平方米。龙窑长22米，窑头朝西，窑床外宽3.6米，高2.2米，窑室宽1.8米，高1.9米，共21间，歇业多年后已复烧。陈家窑真实直观地反映了宋代六大窑系之一的龙泉窑的发展演变历程，是研究龙泉青瓷历史和考究"哥窑"的重要实证之一。

李家窑建于民国时期，位于溪头村老桥头7号

a）　　　　　　　　　　　　　　　　b）

图 8-12-3　古龙窑群

⊖ 龙窑是一种窑炉形式，始于商代盛于宋元，因其依山而建，形如卧龙而得名。窑室分窑头、窑床、窑尾三部分，整体为长隧道形窑炉，与地平线成10°~12°角，窑长20~80米，两侧设投柴口，一侧设窑门，烧制时窑内可达1800℃的高温，还可控制还原焰。明代以前，南方各产瓷区，如江苏、浙江、广东、福建、江西和湖南等地广泛使用龙窑烧瓷；清末民国时期，全国大部分产瓷区相继没落，仅存龙窑遗址，传统龙窑烧制因此渐泯于世。

宅西侧，占地面积1200平方米，龙窑长18米，窑头朝北，窑外宽3.5米，高2.2米，共14间。李家窑作为溪头龙窑中年代最悠久的龙窑，真实地反映了宝溪龙窑的发展演变历程，见证了中国制瓷技术的革新、发展以及传统龙泉窑系青瓷烧制技艺的高超水平，其内部保存有器形丰富、釉色与质地精美、极具审美价值和艺术价值的青瓷残片和器具。

辘轳窑建于民国时期，位于溪头村红军纪念亭北侧，占地面积2000平方米，龙窑长30米，窑头朝东，窑室宽1.8~2米，共26间，歇业多年后已复烧。辘轳窑作为溪头村珍贵的文化遗产之一，在促进宝溪社会经济发展和增强中华优秀传统文化认同等方面，具有重要的社会价值。

金品窑建于1984年，位于溪头村上畈9号宅南侧，占地面积1500平方米，龙窑长22米，窑头朝东，窑室宽1.8~2米，共19间，歇业多年后已复烧。金品窑与辘轳窑相邻，二者建造时间相差50余年，真实直观地反映了龙泉窑的发展演变历程，是研究龙泉青瓷历史和考究"哥窑"的重要实证之一，展现了龙泉青瓷窑场在窑场选址、龙窑修建、窑室空间利用、场地布局等方面独具特色的规划设计水平和高超的建造技艺。

寺后西窑建于20世纪90年代，位于溪头村上畈寺后桥头，占地面积800平方米，龙窑长24米，窑头朝南，窑室宽1.6~1.8米，共19间。该窑相对于其他溪头龙窑来说规模较小，但也能全面反映陶瓷生产制作工艺与烧制技术。

寺后东窑，位于溪头村上畈寺后桥头，建于20世纪90年代，占地面积1300平方米。龙窑长23米，窑头朝西南，窑室宽1.6~1.8米，共19间。寺后东窑卧在梯田之间，拥有优美的田园自然风光，形成与自然环境相嵌合的独特遗址景观，与相邻的寺后西窑堪称龙窑中的兄弟，具有独特的艺术审美情趣。

黄溪岙窑建于1992年，位于溪头村村北1公里的黄溪岙，占地面积1800平方米，龙窑长23米，窑头朝东南，窑室宽1.6~1.8米，共19间。黄溪岙窑临水而建，利用山溪推动水碓加工原料，在窑场选址、场地布局等方面体现出溪头人对水力资源利用的巧妙构思。

龙窑制瓷的作坊模式、生产关系以及建窑、烧窑习俗等世代沿袭，龙窑与制瓷作坊成组成对出现。通常是龙窑1座、水碓1座、淘洗池5~7格、作坊窑间数间、空坪数百平方米。龙窑一般用砖坯、砖、废匣钵依倾斜的山坡建成，形如龙身。龙窑内部结构由窑头、窑室、窑门、火膛、投柴孔、窑尾排烟孔等组成，外部结构由窑头的工作间、挡风墙、护窑墙等组成。水碓，又称机碓、水捣器、翻车碓等，是青瓷原料、釉料生产的重要工具之一，利用水力、杠杆和凸轮对瓷矿、瓷土进行加工，是龙窑文化的重要组成部分（图8-12-4）。

3. 非遗文化资源

溪头村是近现代龙泉青瓷的发源地和重要生产基地。民国初期，陈佐汉、张高礼等制瓷高手打破

图8-12-4　龙窑制瓷作坊

传统门第观念，寻访古窑，收集古瓷碎片，潜心研制，重燃窑火，最终成功仿制龙泉青瓷。龙泉青瓷传统烧制技艺是以浙江龙泉一带的瓷土、紫金土、石灰石和石英等为原料，配以手工拉坯成型技术、家传配料方法，用窑炉高温烧制青瓷的一种传统手工技艺。2009年9月30日，龙泉青瓷烧制技艺被列入《人类非物质文化遗产代表作名录》。2010年，溪头村被浙江省文化厅列为浙江省非物质文化遗产生产性保护基地（图8-12-5）。

二、规划设计

1. 规划布局与结构

溪头村在省历史文化村落保护利用重点村规划中，依托优美的自然环境和独特的青瓷龙窑文化资源，通过维护修缮古龙窑、老作坊、古窑路，完成生产性保护传承，打造活态的古龙窑博物馆。配合保护规划，设置了四个发展区块，即村口文体休闲活动区、后埠溪水岸青瓷市集活动区、古宅老街历史生活体验区和古道梯田国际陶瓷艺术作坊区（图8-12-6、图8-12-7）。

2. 规划保护范围

溪头村省历史文化村落保护利用规划，确定规划范围东至山脚，南至规划体育公园，西至后埠村，北至黄溪岙龙窑，总规划面积为76公顷。划分为核心保护区、建设控制区和环境协调区三个层次。其中，核心保护区为以老宅、龙窑、水碓、炮台遗址等为中心的区域，共计8处，总面积为6公顷。建设控制区为规划范围内除核心保护区以外的建筑和农田区域，以重要建筑为中心，按河道、道路地形的等高线为边界的划分依据，共计3处，总面积为19公顷。环境协调区为古村周边视线范围内的地形地貌区域，共51公顷（图8-12-8）。

a）

b）

图 8-12-5 "不灭窑火龙窑烧制活动"

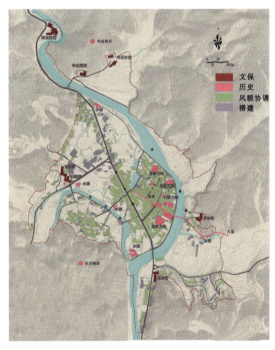

图 8-12-6 历史遗存分布图

图 8-12-7 功能分区规划图

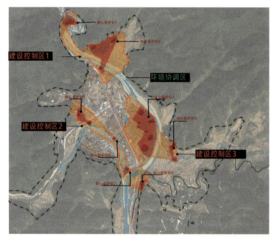

图 8-12-8 保护范围规划图

三、建设实绩

溪头村自2014年被列为浙江省第二批历史文化村落保护利用重点村以来，完成省级财政补助项目8个，地方财政配套项目10个，总投资5370万元，主要完成以下建设项目。

古建筑修复：完成16幢古建筑的顶瓦修补，面积8780平方米；5幢建筑的墙体加固，面积688平方米；14幢建筑的立面改造，面积1920平方米；4幢建筑的构件修复，共97个。

与历史风貌有冲突的建（构）筑物整修改造：完成82幢建筑的立面改造，9460平方米；整体拆除2440平方米；异地搬迁7户。

村内道路改造：完成古道修复2.2公里，面积3210平方米。

搬迁安置区基本公建设施建设：完成搬迁安置区土地指标1.33公顷，搬迁安置10户，投入296万元进行搬迁安置区基本公建设施建设。

基础设施建设：完成水圳修复与串联、农村污水收集处理、活水进村工程和后垟防洪堤改造等项目。

公共服务设施和景观环境提升：完成文化礼堂修复，新建公厕2座，建设居家养老服务活动中心；完成国际竹建筑文化创意村中心建设；安装相关导览系统。

四、建设效益

溪头村是历史文化村落保护利用中，民俗风情特色型的代表。在项目建设过程中，溪头村充分利用其特有的历史文化资源，紧紧围绕"青瓷文化""竹文化"，以"最溪头"的方式，走出了一条历史文化村落保护利用新路径，将溪头建设成为集生态、文化、旅游于一体的龙窑文化特色村落。

1. 村民参与建设工作

溪头村在历史文化村落保护利用项目实施过程中，始终坚持"三自"精神，即村民自己说话、自主办事、自我管理，充分调动村民的积极性。从规划设计到项目施工，积极发动群众参与，充分尊重村民的意见，使很多村民的设想在最终的项目建设成果中得以体现，提高了村民的积极性和参与度，形成工作的良性循环，有利于历史文化村落保护利用项目的顺利推进。创新开展了"阳光工程"项目，如在村口八棵树公园的建设过程中，基于村集体经济薄弱，公园建设缺少资金的现状，村干部带头捐款，全村老少积极投工投劳。动员村民参与清理场地，捡拾河道旁鹅卵石，反复试验施工方法，安排工序等施工过程，实现村民共建，高效完成建设目标。

2. 多元文化挖掘传承

青瓷文化、竹文化和红色文化，是溪头的灵魂，也是溪头的特色。溪头村是制瓷名村，青瓷发展源远流长。溪头龙窑群已被列为浙江省非物质文化遗产经典旅游景区、浙江省非物质文化遗产生产性保护基地、浙江省非物质文化遗产宣传展示基地。近年来，通过展示龙窑青瓷文化，龙泉青瓷传统烧制技艺得到了传承和保护，龙窑青瓷文化的唯一性、独特性、活化性、体验性也成为溪头村最核心、最有竞争力的旅游资源。挖掘与开发青瓷文化，设立青瓷作坊体验、水碓作坊体验、青瓷世家古宅体验、青瓷生产体验、大师之家探访等项目。此外，在建筑改造时融入瓷元素，如建筑的柱子和外立面为瓷器烧制废弃的匣钵堆叠而成，一层院子中的铺装中镶嵌青瓷碎片等。

溪头是竹文化示范村。在历史文化村落保护利用建设中，溪头村不把目光局限于传统文化的保护与挖掘方面，更重视将传统文化与文创产业相结合，邀请了来自8个国家的11位知名建筑师设计建造了16幢别具风格的竹建筑，建成集接待中心、青瓷博物馆、龙泉竹中心、精品酒店、竹坞餐厅等功能于一体的竹文化主题园。通过举办国际竹建筑双年展项目，迎来了建筑界和艺术界等许多领域的国内外游客，提高了村庄的知名度，以国际化的视野，将小村庄推向大世界，使其成为美丽乡村建设和历史文化村落活态传承的一个新的范本（图8-12-9）。

溪头村是革命老区。1935年3月25日，由粟裕将军率领的中国工农红军挺进师在溪头村与国民党保安中队展开了激烈的战斗，取得了胜利。这一仗是挺进师入浙后的第一枪、第一仗、第一个胜

a）

b）

c）

图8-12-9　竹建筑园

战,拉开了挺进师入浙开展游击战的帷幕。村内现有炮台、红军随军银行、中国工农红军挺进师入浙第一枪纪念碑和纪念亭等革命遗址。溪头村以活化古村为轴线,充分挖掘红色资源,打造集旅游、休闲、娱乐为一体的乡村"大花园"。

3. 旅游产业提速发展

随着省历史文化村落保护利用项目的推进,溪头村已从一个资源贫乏的山村建设成国家4A级景区,乡村旅游蓬勃兴起。村内从只有1家客栈发展到今天的26家民宿、农家乐,从年游客不足千人发展为年游客人数超过25万人。回乡创业人数逐年增多,例如,阔别家乡20年的金朝军回村创建了"古窑里"民宿。2017年,"古窑里"民宿共接待游客近3万人次,收入达200多万元。村内先后培育出"隐居龙泉"酒店、"陈家窑"山庄等精品民宿。溪头村在建设中充分利用其自然资源优势,打造萤火虫基地、高山荷花综合效益开发生产基地等多个具有特色的景点,充分利用村内的资源吸引了大批游客,给村庄带来了经济效益,将绿水青山真正变成了金山银山(图8-12-10~图8-12-12)。

4. 文旅融合双核驱动

溪头村深入挖掘传统龙窑文化、老区红色文化、竹建筑文化和山水生态文化,以"不灭窑火"——龙泉青瓷传统龙窑烧制技艺系列活动、浙闽边区毗邻六乡镇老区文化节、"宝溪拾景"摄影创作大赛、环浙骑游、全国乡村春晚大集等文体活动为载体,不断丰富旅游业态,推动全域旅游业再上台阶。2015年,由宝溪乡党委政府牵头组织开展龙窑复燃活动,邀请宝溪籍青瓷艺人返乡烧制龙窑青瓷,恢复龙泉窑盛景。2017年,溪头村举办了19场"不灭窑火"——龙泉青瓷传统龙窑烧制技艺系列活动,策划了"不灭窑火"点火、龙窑开窑、"赌瓷"、现场售卖等系列特色活动。央视新闻频道对陈家窑开窑活动进行了现场直播。据统计,2017年,"不灭窑火"系列活动累计吸引参观人数达到11万人次,各项旅游收入1500多万元。由中宣部理论局、浙江省委宣传部、浙江广播电视集团联合制作的"厉害了,我们的新时代"第二季《乡村振兴战略大家谈》、第三季《生态宜居》,均在溪头村录制,生态宜居的溪头村给全国观众留下了深刻的印象。如今,这个偏远的小山村变得越来越美,名气越来越大,游客越来越多,已成为龙泉市全域旅游中的重要节点,先后取得了中国人居环境范例、国家级美丽宜居示范村、浙江省最美村庄、浙江省美丽乡村特色精品村、丽水市十大美丽乡村等荣誉称号。

图 8-12-10 古窑里民宿

图 8-12-11 文化礼堂

图 8-12-12 溪头风光

第九章 临海之地展现风情美景的浙东五村落

第一节 浙东五最,郑家深宅——宁波镇海区十七房村

一、村落概况

1. 区域位置与社会经济

十七房村位于宁波市镇海区澥浦镇的中南部,村东与岚山村接界,南与庙戴村相接,西以慈海路为界,北至澥浦大河,对外交通以慈海路、广源路、汇源路为主。十七房村由郑家、路沿郑、庙后3个自然村组成,村域面积2.7平方公里,现有1122户,2479人,外来人口4834人,全村以郑姓为主姓。村内第一产业为水稻种植,辅以蔬菜种植。第二产业发展较快,村内有企业百余家,其中年产值500万元以上的有21家。近年来,第三产业快速发展,乡村旅游产业开发以明清古建筑群和商帮文化为支撑,结合美丽乡村建设,以商帮文化生活和中国传统节庆文化的体验产品为主打,集观光、餐饮、购物、休闲、住宿等于一体。2018年,村集体经济收入达到662.48万元。2014年,十七房村被列为浙江省第二批历史文化村落保护利用重点村;2020年,被评为浙江省第六批历史文化名村。

2. 村落历史与风貌格局

十七房村始建于南宋,发展于明、清,以"郑氏十七房"明清古建筑群而闻名。《澥浦郑氏宗谱》载:郑氏始祖靖侯,是郑桓公嫡传后裔。光绪《郑传笈·朱卷》载:郑氏始祖靖侯,宋南渡迁居澥浦灵绪乡,择山之阳塘路沿。《澥浦郑氏宗谱·源流考》载:郑氏十七房始祖靖侯,卜居灵绪乡择山之阳塘路沿,厥后分东西中央三房,世系失传,延至道一、道二、道三。南宋咸淳三年(1267年),为逃避战乱,春秋郑国王室后人郑靖侯携全家至现澥浦之南的一座小山安家卜居,定名为"塘路沿",即为郑姓第一村。郑靖侯次子道二公向外迁移,创建"庙基头",为郑姓第二村;道三公世系东房第六世孙东沧公郑鏵在塘路沿西北一里外的地方,创建"大祖堂(辅德堂)"为郑姓第三村,由此形成了三村鼎立的态势。东沧公以旧宅不敷居处,乃于旧宅(路沿郑)之西北隅,别营新宅。因东沧公排行十七,遂名其宅居为"十七房"。郑氏家族历经宋、元、明、清几代营建,逐步形成一个完整的望族聚集地(图9-1-1)。

十七房村地处浙东沿海冲积平原,地势平坦,北靠樨山,东临大海,北通澥浦大河,西通觉渡河,有航船来往宁波、余姚,水陆两路都与外界相连,交通方便。十七房村整体空间呈三个自然村组团式布局,街巷纵横交错,郑家村和路沿郑村具有棋盘式的街巷构架和"一河两街"的滨水空间。郑

家路和兴安路为东西向街巷,是村落的主要发展脉络,也是村落的主要街巷骨架,郑家路以沿街商业为主要业态,兴安路则以居住和滨水休闲为主要功能。南北向为村道,连接村庄和开源路,与庙后村村道相接。古村内水系发达,以瀚浦大河和觉渡大河为主要河道,延伸出各个支河网,通过各式小桥联系,串联整个村庄,具有江南水乡特征。十七房景区建成后,郑家村形成了南部景区、北部居住区的格局。核心景区则由河道围合,"20宅院21堂沿"民居大多分布在景区内,入口及配套停车场位于景区东南角,在瀚浦大河南岸形成古韵新村社区。路沿郑村主要沿汇源路西侧布局,中央房、东房民居、靖候宗道公墓等历史遗存位于此聚落,聚落内部以河道为中轴线,呈鱼骨状支路延伸至村庄内部。村内的商业、厂房、老年活动中心等设施主要沿汇源路两侧布局。庙后村位于开源路南侧,西邻广源路,县级文保单位黄公祠位于该聚落内。一横两纵的村道街巷是村庄内外交通的主要框架,村内的各类设施主要沿主路两侧布置(图9-1-2、图9-1-3)。

3. 传统建筑与历史环境要素

经历近千年的历史沧桑,郑氏十七房现存古建筑面积达4万多平方米,大多建于明、清时期,保存完好的有恒德房、恒祥房、鼎丰房、三房堂房、后堂楼房、郑氏宗祠、立房、兴房等宅院建筑,建筑形式多为"三合院""四合院",规模宏大,为浙东地区典型的民居样式。众宅院自成体系,各自以堂屋为中心,对称布局,明堂居室,弄径相连。各院落布局合理,规模宏大,气势非凡。雕梁画栋、门窗艺术、马头墙、抱鼓石、旗杆石、宅院门楼和匾额楹联无不显示出人文光辉,透露着昔日主人的高贵与荣耀。宅内还保留着清乾隆年间成亲王亲笔

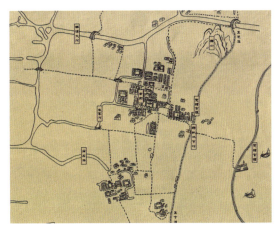

图9-1-1 十七房村历史格局图

图9-1-2 十七房村航拍图

图9-1-3 十七房村全景图

a）男祠遗址

b）女祠（一）

c）女祠（二）

图 9-1-4　郑氏宗祠

题词"淇水烟波半含春色"的木刻手迹、清代牌楼石刻"圣旨"匾额。十七房宅院建筑在国内明清建筑群中拥有规模最大、气势最恢宏、建筑最精细、马头墙最多、旗杆最高的"五最"之誉，具有独特的历史、文化、旅游价值，是研究明清古民居和宁波商帮文化的重要载体。1995 年 4 月，郑氏十七房被评为镇海区文物保护点。

郑氏宗祠分男祠和女祠，男祠始建于清乾隆二十六年（1761 年），堂号"通德堂"，由十世祖国桢、亦吴二公创建。古时认为"君子营宫室，宗庙为先。"遂以已田助祀，左右"东廊""西廊"初具规模。1942 年，男祠毁于台风。为尊重历史原貌，男祠后未重建，只保留遗址，立石碑两方，诉说曾经的辉煌。清光绪七年（1881 年），十五世传澜公受凯臣公妻恭人之托，续建后殿"恰礼堂"及厢房若干楹，后称其"女祠"后寝。往后但凡郑氏门下妇女有大事，都在此议事，亡后牌位也在此安放。郑氏宗祠男女双祠并立，一前一后，既体现出男女有序，又不乏女性独立，这种双祠建制国内罕见（图 9-1-4）。郑氏宗祠规模宏大，前后共三幢，大明堂前有影壁照辉，朝东有二道扁大门，正南石鼓大门头，立有一对旗杆。

黄公祠始建于南宋淳祐九年（1249 年），为纪念抗洪治水英雄黄恕所建。黄恕，湖北襄阳人，时任浙江转运司判官，奉旨治理庄北村新土塘与尚塘之间的"施家龙口"大水患。传说黄公为了治水患，舍身堵决口，终于确保了一方百姓的平安。皇帝下旨，在庙基头建筑黄公祠，钦赐直督牌匾一块，书写"黄公祠"三字。黄公祠建筑雄伟，占地面积 1086 平方米，坐北朝南，前后两进，五开间，歇山顶，祠内雕梁画栋，门前双狮石雕气势宏伟、灵气盎然。祠前有河，河上建有两座桥，东桥名"永丰桥"，西桥名"长安桥"。

恒祥房建于清嘉庆年间，位于三房堂房河对岸，是郑氏十七房中现存规模最大、最具代表性的宅院之一。有一大排朝南二层楼房，中间一间为堂前，定名"进思堂"，堂前有阁楼，东西两排二层楼厢房，大门头边建有豪华玻璃房，堂后面建有楼房、大平房配套。东河塘边有六间大平房，院内弄堂、走廊均为阔屋檐，不淋雨，有多处小天井，进思堂大门头两边筑有高大马头墙护边，尽显豪华大户之风（图9-1-5）。

鼎丰房建于清道光年间，位于塘路沿通往十七房街上中心要道北首，有十五间平房，中间堂前名"承慎堂"，朝南开门两道。后扩建一幢宅房，正中堂前名"敏慎堂"，有正间、厢房、楼房、大平房、双道大门，西、北围墙有四道安全门，宅房建成后定名为"鼎丰"。而承慎堂取名源茂房，故此处统称"源茂鼎丰房"（图9-1-6）。

兴房始建于清道光年间，位于后新屋的东面，占地面积约3050平方米，是整个郑氏十七房中规格最高的一个院落，主人是被称为"甬江砥柱"的钱庄业巨头郑勋。兴房东有大河，西靠后新屋航船埠头，有水必有风，兴房地基是一块风水宝地。兴房坐西朝东，三进式院落，中间挂着耗银上万两的大门头（迎客门）。堂前门上有十二扇着地花窗格子，阔屋檐，前后大卷棚式，支梁、牛腿、卷棚上全是精细的三国名人像木雕。北门走进小明堂东首，有三间大平房，中间一间是"轿房"，供亲友来访时停轿之用，左右两间为栈房，东河塘还建有盛大河埠头。兴房正东河道西南角，建有玻璃亭阁，可观望兴房大院内一切行动（图9-1-7）。

立房建于清嘉庆初年，坐落于街上河南端东首，与后堂弄一弄之邻，南至邵家大院，坐北朝南，占地面积1967平方米。立房主人为郑德标，大院正中族房堂前名"敬承堂"，左右两层楼房止间，东西两排楼房各五间，东西厢房后面各建大平房五间，二弄三走廊（图9-1-8）。在筑北围墙，为

图9-1-5　恒祥房

图9-1-6　源茂鼎丰房

图9-1-7　兴房

图9-1-8　立房

显不落风水，高大马头墙与后堂楼马头墙对称。立房有两个独特之处：一是大门头开设借围墙之东，而不是堂前直出；二是立房大门头做工奇巧精细，十分豪华，高级磨光砖砌大墙，两扇乌黑大门串铁条，大门头墙角开设供家犬进出的洞口。

另外，村内还有古井、古桥、戏台、围墙、石阶、铺地和古树名木等多种历史环境要素。

4. 特色文化资源

（1）家族文化　郑氏家族脉络清晰可循，据《澥浦郑氏宗谱》所载，郑氏"宗长为阖族之尊""一族瞻仰"，族人一般推举族内最有才能、德高望重者担任宗长，宗长必须"品行端方，心地光明，并精神足任拜献起伏之劳者""倘若其人疲癃老迈不堪任事，以副长代充""其有刑伤讦讼及未婚娶者，概不得充"，且"新立宗长准给衣帽费钱六千文"。宗长下为房长，为"一房之表率"。族中设"总理"一人，管理大宗祠一切日常事务，如祭祀活动。

郑氏历代多贤士，东周时宰相郑子产铸"刑鼎"是为国法之始。第三十五世孙郑泰公（字公业）为征东大将军。盛唐时期，郑氏一族更是中原赫赫有名的名门望族，出了郑音、郑廷昌等九位宰相，有"六状元、八驸马、二十进士、三十二朝官"，世称"郑半朝"。五代时期，社会动荡，战争频频，民不聊生，河南郑氏三次举族南迁。宋代郑氏家族为官众多。郑滋德（字永成）官至兵部尚书，其曾孙郑良直官至兵部帅干，徙居余姚龙泉乡。良直孙郑獬（1022—1072），字毅夫，北宋皇祐五年（1053年）中状元，官至翰林学士，后裔郑靖之于南宋嘉熙二年（1238年）封为"卫国公"，南宋淳祐七年（1247年）任太傅右丞相兼枢密使。

郑氏一向推崇仁爱孝慈，家族传人孝敬父母、兄弟相亲、雅量孝友、慷慨仗义、刚正廉洁，留下了"朝夕侍父疾""替兄还债""代弟抚孤""清官郑谦"等流传已久的故事。郑氏文明之风代代相传，留下千载佳话。清乾隆三十九年（1774年），国桢公创立宗约、祠规。后来族人又筹立"敦族嗣后"会，形成一整套完备的管理制度。据《郑氏十七房宗谱辑要》等记载，郑氏族规包括宗约弁言、郑氏宗约、宗约祭飨例、宗约捐给例、宗祠规条、附刻待行规条，包含众多优秀民族传统。如祭祀先祖的传统、职责分明的族内管理制度（宗长-房长管理体系、"总管-总理-柱首-司册"祠堂人事职责分工）、祠堂管理制度、收支与户口登记、对弱势的优抚政策、兴学奖励读书、纠纷解决办法、惩黜恶迹等。在宗约礼仪制度等影响下，十七房睦亲谐邻，扶危济困，出田助祀，捐资兴学，修桥铺路，众多善举形成十七房惠及乡里的良好口碑。

（2）商帮文化　郑氏十七房是宁波商帮最早发源地之一，郑氏商贾之风兴于明末清初，坚持诚信为本、和气生财、敢于冒险、克勤克俭等经营理念，在商海取得巨大成功，形成了以血缘为纽带的家族商帮族群，成为宁波商帮中最早的大型家族式商帮。从明至清，十七房郑氏"弃科举，业经商"，从清康熙到光绪中期，十七房郑氏家族共有6支经商集团，约计40余人，形成庞大的郑氏一族商业队伍。这里走出了晚清最大的全盛民信局创办人郑景丰、"老凤祥"创始人郑熙、老北京"四恒银号"兴办人郑世昌、上海"英雄墨水厂"创始人郑玉川、上海"茂昌蛋公司"郑芳等一批商业巨子。据《宁波帮研究》载，镇海十七房郑世昌（1664—1728）承父命外出经商，清康熙年间在北京东四大街开设"四恒"银号（即恒兴、恒利、恒和、恒源），经久不衰，地位举足轻重。这是宁波商帮萌芽时期的最早的商人。鸦片战争以后"五口通商"，上海成为宁波商人最活跃的地方，见识过人的郑勋凭借其积蓄多年的雄厚资本，在上海开了宁波商帮最早的钱庄，其业"筹算屡中，屡获信息，家日隆"。其后又到宁波自开钱庄，不久就成了宁波钱庄业的巨头。郑氏商人经营发迹以后，资助慈善社会事业，捐资达数亿计，为国家、家乡做出了巨大的贡献。由于封建社会思想传承，这些商帮巨子多数都捐了官，致使郑氏一族有权有势，为其发展商业之路打下了坚实的基础。商帮发迹后，郑氏家族大兴土木，扩建了后堂楼房、立房、新屋、恒德房等大量民宅巨院。

（3）民间习俗　十七房村至今仍传承着众多民间习俗，如农历二三月有清明节，十七房郑氏每户都要到祖先坟头祭拜，做清明羹饭，小孩子有"坟头抢饼"的传说。过后为立夏节，俗称农民节，有称重习俗，大忙季节来临，称人以知人轻重多少。五月初端午节，又称望娘节，有贴"端午老虎"上门窗习俗，吃粽子、蜂糕，喝雄黄酒，女儿回娘家看望父母。七月半为祭鬼节，做七月半羹饭，举行传统"盂兰盆会"，祛邪送瘟。七月初七是牛郎织女相会节。七月三十要供奉地藏王菩萨，插地藏香。八月十五中秋节，吃月饼，赏月。九月初九重阳节，女儿买好酒和补品回娘家。春节做年糕，穿新衣，小辈收压岁钱，十六岁以上男性族人需进祠堂祭拜祖先。另外，正月十五大闹花灯、盛大庙会（俗称行会）、俚语小调村民唱、求雨、寒冬打更保平安、三眼灶台等民间习俗仍保留至今。

（4）非遗文化　十七房村现存有澥浦船鼓、澥浦民间绘画等非物质文化遗产代表性项目。澥浦船鼓民间俗称"船鼓"，是原浙东渔业重镇澥浦一带独具特色的民间舞蹈，起始于清嘉庆中后期，以船形道具结合大鼓，将民间小调和反映渔区生产、生活习俗的舞蹈融于一体。发展至今，澥浦船鼓造型优美，装饰靓丽，渔区气息浓郁，海洋风味十足，高亢朴实的曲调与粗犷奔放的舞蹈相得益彰，演出时声势浩大，震撼人心，体现出原汁原味的浙东渔家风情。2009年6月，澥浦船鼓被评为浙江省第三批非物质文化遗产代表性项目。

澥浦人文底蕴深厚，是传统民间绘画的宝地，在农民画、水墨画、版刻等民间绘画方面都有不俗的表现。过去，澥浦民间绘画主要表现为"五头三教"画，即民间的墙头画、床头画、灶头画、船头画、坟头画和庙宇、寺院、道观等宗教场所的绘画。改革开放后，传统民间绘画开始逐渐复苏，涌现出一批诸如金仙、谢秉君、高妮娥等农民画家，作品曾多次获省市大奖。澥浦民间绘画已被评为宁波市第五批非物质文化遗产代表性项目，高妮娥被评定为代表性传承人。

二、规划设计

1. 规划定位与总体布局

十七房村省历史文化村落保护利用重点村规划，打算将十七房村打造为反映明清民居特色、体现宗族与民俗文化的"浙东古村，郑家深宅"。在镇区与田园的基底上，规划"一核、两轴、四区、多节点"的空间结构体系（图9-1-9、图9-1-10）。

一核：文化活力核心。依托郑家村和路沿郑村的传统风貌和明清民居建筑群，集中展现古村落商帮文化、宗族文化、民俗文化等文化特色。

两轴：特色空间轴线、历史风貌轴线。通过梳理村落河网，打造以古村水系为载体、串联古村文脉的特色空间轴线。历史风貌轴线依托郑家路古街，恢复古街特色风貌，展现十七房村传统空间特色，加强对外联系。

图 9-1-9 规划总平面图

图 9-1-10 空间结构规划图

四区：古村风貌展示区、商帮文化展示区、花海创意文化区、传统村落展示区。古村风貌展示区保护与传承古村原有空间肌理、文化内涵和传统生活风貌，提升整体环境品质，合理引导服务业发展。商帮文化展示区展示以商帮文化为核心的宗族文化特色空间，如码头、栈房等，辅以民宿、特色商业等旅游服务功能，提升片区的文化活力与服务品质。花海创意文化区作为十七房村产业升级与村庄生活的配套服务区，以庙后花海等田园风光展示村落风貌，以青少年活动中心、创意工坊等触媒带动村庄文化活力的复苏。传统村落展示区依托古村山、水、聚落的空间格局与特色民居，作为村落风貌和民俗民艺的宣传展示区。

多节点：规划节点主要展现十七房村的典型传统文化、田园风貌与遗产利用，包括恒德房节点、恒祥房节点、古街广场节点、三房堂房节点、大祖堂节点、庙后花海节点、青少年活动中心节点、黄公祠节点、庙后水景节点等。

2. 规划保护范围

十七房村省历史文化村落保护利用重点村规划，确定规划研究范围为十七房村村域范围，东与岚山村相接，南与庙戴村相接，西以慈海路为界，与沿山村、觉渡村相邻，北部至澥浦大河，总用地面积271公顷。由于十七房村部分用地已划入澥浦镇城市建设用地范围，为制定可操作的保护规划，本规划综合考虑保护规划的法定要求与村庄发展的实际需求，确定了规划范围北至澥浦大河，西至广源路，南至镇浦路，东至万弓塘河及望海路，面积约为191公顷。将保护范围划为核心保护区、建设控制区和风貌协调区三个层次。其中，核心保护区为文保单位（点）、历史建筑和"三普"登录点等，不可移动文物相对集中、整体历史格局和风貌保存较为完好的区域，范围由郑氏十七房核心保护范围和庙后核心保护范围组成，郑氏十七房核心保护范围东至规划汇源路，北至兴安路，西至恒德房西，南至开源路北；庙后核心保护范围东侧和北侧边界为村内河流，西至规划路，南至黄公祠，面积总和约为16.8公顷。建设控制区的范围北至兴安路，东至汇源路，西至广源路，南至黄公祠，面积约为45.6公顷。风貌协调区为建设控制区之外，与古村风貌和环境有直接联系的区域，范围东至汇源路及规划路，西至广源路，南至镇浦路，北至澥浦大河，面积约为66公顷（图9-1-11）。

三、建设实绩

十七房村自2014年被列为浙江省第二批历史文化村落保护利用重点村以来，主要完成以下建设项目。

古建筑修复：完成28幢古建筑的顶瓦修复，面积1680平方米；5幢建筑的墙体加固，面积488平方米；28幢建筑的立面改造，面积3360平方米；18幢建筑的构件修复，共21个（图9-1-12）。

与历史风貌有冲突的建（构）筑物整修改造：完成206幢建筑的立面改造，面积51000平方米（图9-1-13、图9-1-14）。

村内古道修复：完成古道修复1公里，面积3400平方米。

搬迁安置区：落实土地指标7.73公顷，安置村民229户。

四、建设效益

十七房村是历史文化村落保护利用中，建设发展综合型的代表。2007年，镇海区对十七房村古建筑群启动保护性开发。2009年9月，郑氏十七房景区旅游开发一期项目圆满完成，正式对外开放。2011 年，十七房村成功创建国家 4A 级景区。自此，这个尘封的古村落迎来了八方宾客，十七房村郑氏宗族的史脉、建筑、商帮、宗祠、民俗等文化内涵得以展现。2013 年 5 月，引入开元集团投资 1.5 亿元进行十七房景区整体开发与改造升级。2014 年

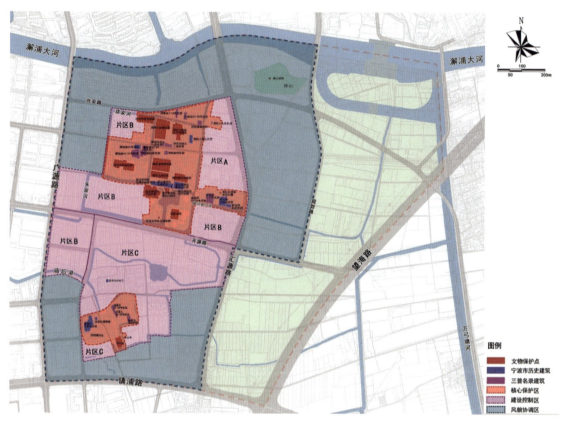

图 9-1-11　保护范围规划图

a）修缮前

b）修缮后

图 9-1-12　郑家三房堂房修缮前后对比图

a）改造前

b）改造后

图 9-1-13　河跟沿改造前后对比图

a）改造前

b）改造后

图 9-1-14　村民别墅改造前后对比图

7月，"十七房·开元"度假村再次向社会开放，以商帮文化生活和中国传统节庆文化的体验为主打旅游产品，获得游客追捧，十七房村已成为镇海区重要的旅游景点和历史文化节点（图 9-1-15）。

多态结合，突破功能约束。十七房村依托景区开发，结合民俗文化创建特色小镇，通过串联湾塘农庄、草莓基地、瑞雪花卉园、金果园等优质果蔬田园基地，进一步开发农业旅游项目。引进云图主题客栈、老凤祥民宿、江湖风味餐馆、十七房土菜馆等项目，促进休闲旅游业的发展，与开元酒店形成板块互补，实现以景区为中心的多维旅游业态。

景文融合，发挥文化效益。十七房村以明清文化底蕴为载体，以"澥浦农民画""冬至文化节"等非遗资源及节事活动为载体，积极将地方民俗文化元素融入景区业态布局。成立澥浦农民画工作室，邀请农民画家在景区进行专业创作，开展郑家私塾国学体验、老宅露天电影放映等文化活动，进一步弘扬民间文化，打造民俗文化特色品牌。

十七房村充分依托郑氏十七房古建筑群优势资源，从产业规划入手，深挖传统文化内涵，引入农业特色产业，多态结合打造历史文化村落景区转型样板。近年来，十七房村先后获得全国文明村、全国特色景观旅游名村、全国农村优秀学习型村、第七批全国民主法治示范村、国家级美丽宜居示范村等荣誉称号。

a)

b)

c)

d)

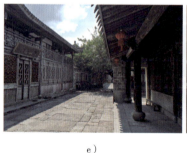
e)

f)

g)

图 9-1-15 十七房开元景区

第二节 慈溪乌镇，国药鸣鹤——宁波慈溪市双湖村

一、村落概况

1. 区域位置与社会经济

双湖村位于宁波慈溪市观海卫镇，村东靠杜湖，南邻白洋湖，地处国家历史文化名镇鸣鹤古镇范围内，距离慈溪市区约 15 公里，交通便捷。村落由原鸣鹤镇翁家岙、瓦窑头、盐仓 3 个自然村合并而成，村域面积 4 平方公里，其中耕地面积 0.8

平方公里，山林面积 1.47 平方公里。全村现有 896 户，2207 人。村内第一产业以水稻、毛竹、杨梅种植为主，第二产业以年糕加工和运输业为主。2018 年，农民人均收入 2.3 万元。2014 年，双湖村被列为浙江省第二批历史文化村落保护利用重点村；2018 年，被评为浙江省第二批 3A 级景区村庄。

2. 村落历史与风貌格局

双湖村始建于唐开元年间，迄今已有 1200 多年历史，由杜湖和白洋湖而得名双湖村。杜湖湖域面积 4.63 平方公里，据文献记载，杜湖始建于汉光武帝年间，已有近 2000 年历史，是个秀丽、古迹众多的湖泊；白洋湖古称伯阳湖，湖域面积 0.66 平方公里，像一面天然的明镜，与杜湖一起被称为"姐妹湖"。双湖村坐落在"姐妹湖"中间。

双湖村隶属中国东南沿海版图，在至今六七千年以前经历过 3 次海进海退现象，海岸线有极大的变化。直至距今 5000 年前后，浙东一带的海岸线才趋于稳定。其中今三北一带海岸线基本稳定在今翠屏山北麓一带，随着筑塘围涂，海岸线不断向北延伸。根据《慈溪水利志》和《慈溪地名志》等记载，在东汉初期，南部沿山北麓逐渐淤积，形成高滩，三北平原南部一带成为平原，人们开始在此垦殖，垦殖需要大量灌溉用水，因此人们在山麓之间筑塘使之与海水分离，洼地形成湖泊。由此形成烧窑人的瓦窑头村、峦里人翁家峦村和晒盐卖盐人的盐仓村，后三村撤并为双湖村。

双湖村背靠三山，坐拥两湖，地理环境优美，山水风光秀丽。村落江南特色浓厚，古桥、古居、古廊相月，素有"慈溪小乌镇"之称（图 9-2-1、图 9-2-2）。

3. 历史建筑与环境要素资源

双湖村历史悠久，文化积淀深厚，现完整保留着崇敬堂、敦本堂、叶氏大房、叶氏三房、叶氏六房、小五房、小六房及岑家门头等一大批四合院古宅。上街当铺、银号、南货日杂等店铺林立，依水成街，因河成镇，许多人家枕河而居。村内保存有壕沟寨墙、古桥码头、井泉沟渠、石阶铺地、碑刻凉亭等各类历史环境要素。2011 年 1 月，运河桥、沙滩桥、普安桥、三槐桥、世德桥组成的鸣鹤街河桥群被列为慈溪市文物保护单位（图 9-2-3）。

崇敬堂建于清代，为三间二厢楼房格局，总建筑面积 1806 平方米，建筑现分修缮和复建两部分。

图 9-2-1 双湖村航拍图

图 9-2-2 双湖村全景图

大门上方雕书有"居仁""出文"四字。目前为"上海国医院"鸣鹤分院,引入上海的知名中医专家和上海雷允上国药号,建立门诊养生、药草茶等服务,定期举办中医义诊活动。2003年12月,崇敬堂被列为县级文物保护单位(图9-2-4)。

金仙寺始建于南朝梁大同年间(535~545年),原名精进庵,迄今已有1400多年的历史,北宋治平元年(1064年)宋英宗赐额金仙寺。金仙寺位于村落西侧,背靠峙山,面临白洋湖,建筑恢宏,香火旺盛。原有静观楼、望湖楼、鸥飞阁等名胜和北宋书法家米芾字碑及元代高僧县噩的书碑记。金仙寺历经沧桑兴衰,明清时已闻名于南方禅林,近代

a)

a)

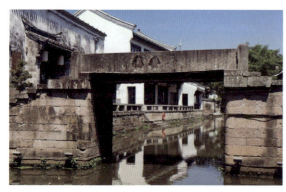

b)

b)

c)

图9-2-3 鸣鹤街河桥群

图9-2-4 崇敬堂

曾有太虚、谛闲、芝峰、弘一任主持。金仙寺因年久失修，殿宇朽蚀，1958年主建筑被拆除。1989年，港胞姚云龙先生带头捐款并提议修复。至今已建成山门、天王殿、大雄宝殿、观音殿、玉佛殿、地藏殿、葛仙翁殿及东西厢房等，雕塑了全堂佛像，再现望湖楼、望湖亭、七塔名胜。又兴建万佛殿、佛学院，寺貌焕然一新。金仙寺不但是浙东名刹，还曾经是革命活动场所。1942年8月，浙东区党委为了统一整编浙东武装力量，在此成立"第三战区三北游击司令部"。2003年12月，金仙寺被列为县级文物保护单位（图9-2-5）。

敦本堂建于清光绪四年（1878年），位于姚家弄，坐北朝南，共三进，占地面积755平方米，四面设围墙相连。大门开在前院东院墙上，为硬山顶三开间单坡倒座门厅。第一进主楼为硬山顶重檐二层楼房，饰马头墙，面阔三间两弄，明间梁架为八柱十一檩，前廊设月梁牛腿等精美木雕，天井中有一老井。第二进为硬山顶三间两弄平房，第三进为硬山顶三间一弄平房，后部围墙上开有若干雕琢精致的砖窗。整座建筑风格古朴，是双湖村保存较为完好的古建筑之一。现辟为"杜洲书院"，内设"白湖讲堂"，被列为县级文物保护点。

叶氏大房建于清嘉庆十四年（1809年），也称"廿四间走马楼"，为叶锡凤长子叶调元家族所居。建筑坐北朝南，三进院楼，由中轴线上的门厅、主楼、后楼以及前后两部厢房组成。门厅为三间倒座式，明间前开八字形台门，正门有两重，外层六扇，内层两侧门上有"乐山乐水""可耕可读"的楹联，门楣上原有"大夫第"匾。主楼为重檐硬山顶，五间二弄二层楼房，廊下牛腿，柱头科斗拱，转角连接处的花篮、格扇门窗等细节处都有精心装饰的花纹图案。后楼体量、风格以及结构与主楼基本相同。前后院厢房皆为重檐硬山四开和二开抬梁式二层楼房。整座建筑院落规模较大，保存较好，雕刻精美，用料讲究，具有较高的历史和艺术价值，现被列为县级文物保护点（图9-2-6）。

叶氏三房建于清代，位于银号大屋与五房之间，前后三进，每进七间两弄，两边五厢房，马头墙高耸，建筑规模庞大，气势宏伟。原有大门、仪门、中门三进大门，大门朝西，现仅第一进与第二进之间的中大门尚存。三幢主体建筑均保存完好。据说三房第三进建筑被二房子孙叶启宇买入，为叶启宇故居。三房主人叶燕（1755—1816），字载之，号耐可，又号白湖，清嘉庆年科举人，栋选知县，生元台、元培、元城、元垣、元墨五子，著有《读易千虑》《白湖诗文稿》等。

图9-2-5　金仙寺

图9-2-6　叶氏大房

叶氏六房建于清代，位于上街西路 106 号，坐西朝东，为七间二进楼屋加厢房格局，前后三进，大屋第二进和第三进中间有较气派的石雕门头，屋内建筑工艺、木石雕刻极为精美，是双湖现存大屋中较宏大的。建筑中有用精致深海鱼鳞做的窗贴，全国罕见。六房主人叶炜（1763—1821），字允光，号意亭，清嘉庆丙辰征举孝廉方正，刑部安徽司主事，生元墀、元阶、元埒三子，著有《鹤麓山房诗稿》六卷。

岑家门头建于清代，是台州著名国药号"岑震元"创始人岑球所建，建筑是坐北朝南的四合院，由三开间门厅、七间二弄主楼、三开东西厢房组成，四面以曲折围墙相连。岑家门头主楼和厢房前廊有披麻挂灰的廊柱，柱头、斗拱、牛腿上有精美木雕装饰，厢房前隔墙上有砖雕花窗，大门门头有砖石精雕，反映出岑家门头精美的建筑工艺是双湖现存古建筑中的佼佼者，具有较高的历史和艺术价值。

4. 民俗文化资源

双湖村地灵人杰，自东晋始，以虞、叶望族为首的名人志士辈出。虞世南的先祖虞耸曾在村中建造过第一座天文观测站"测天楼"，其侄虞喜利用高楼观测日月星辰的变化，发现了"岁差"。清康熙年间，叶氏一族崛起，举人、进士、诗人、巨贾层出不穷，尤其是叶天霖兴办国药业，开创慈溪国药贸易之先河，鸣鹤因而被誉为"国药首镇"。双湖村古为盐场，作为产盐之地，在唐时已具有相当规模，北宋咸平年间已设买纳场，产盐量位居全省之首，被称为"东南邦赋之最"。

双湖村还流传有七座桥的传说。"舢板红船独橹摇，春风游女尚垂髫。东西一一逢桥数，记取陡塘第七桥。"出自清代叶声闻《白湖竹枝词》，描绘了一幅江南水乡街河上的风情图。鸣鹤古镇悠长的街河上，有七座石桥，依次为陡塘桥、三槐桥、世德桥、东大桥、运河桥、当店桥、沙滩桥。传说鸣鹤本来没有街河，当然也就没有桥。后来随着市场的繁荣，除了"贩客挑来跌足奔"和"趋市姚人续续来"外，还有"小艇迎来贩客多"。从水上、陆上来赶集的人多了，于是就开掘了这条河。这样就"水接双河"了。河上的这七座桥，不仅方便了街河两岸往来，鸣鹤场街河两岸的集市也更加兴旺了，由此这里成了三北的重镇。

二、规划设计

双湖村坚持科学规划引领，根据市域总体规划、土地利用总体规划等上位规划，结合《慈溪市鸣鹤古镇保护开发工程可行性研究报告》定位，积极挖掘文化内涵，合理利用古建筑资源，加强对非物质文化遗产的传承和发扬。经多方研讨验证，规划"两镇一街、两山两湖"的空间格局。

两镇一街：鸣鹤山水古镇、欧洲风情小镇、养生美食一条街。

两山两湖：栲栳山、五磊山、白洋湖、杜湖。

三、建设实绩

双湖村自 2014 年被列为浙江省第二批历史文化村落保护利用重点村以来，主要完成以下建设项目。

古建筑修复和民生工程建设：修缮古民居 3 幢，祠堂 4 座，搬迁鸣鹤风景区入口、广场等地的周边农户 118 户。结合村庄发展需求，在前期农民公寓一期工程的基础上，又启动了观海卫镇双湖村农民公寓二期工程，解决村民实际需求，改善村庄居住环境。项目共计建设套房 254 套，工程总投资

a）修缮前

b）修缮后

图 9-2-7　古建筑修缮前后对比图

1.1 亿元（图 9-2-7）。

生态治理：一是开展河道整治工作，结合"五水共治"工作要求，建立村级河长制，完成小微水体综合治理，重点提升村内四条重点河道水质。二是积极开展垃圾分类工作，建造垃圾分类体验馆，各项工作已初见成效。三是抓好村级公厕管理，对已有公厕加强日常维护，实行动态保洁，对新建公厕做到科学选址、科学建设、科学管理，努力打造无害化卫生公共厕所。四是做好长效保洁工作，巩固垃圾收集贮运新模式，推进"以桶换桶"保洁新模式，共设垃圾投放点 90 个，聘请 3 位环卫工人分三次对主要道路进行清扫保洁，确保垃圾不落地。

基础设施建设：近年来，双湖村积极开展慈溪市美丽乡村精品村、慈溪市典范村等建设工作，投资 2000 多万元，完成村庄道路硬化、路灯安装、房屋外墙面粉刷、河道整治、公厕改建等工程，改善了村庄面貌。同时，结合美丽乡村建设，双湖村积极开展农房外立面改造项目，陆续完成村庄整治提升工程、四合院改造工程、老年活动中心装饰工程、廿十宗祠及翁家宗祠修缮工程，总投入资金 580 多万元，使古村在保存原有风貌的基础上焕然一新（图 9-2-8、图 9-2-9）。

a）整治前

b）整治后

图 9-2-8　环境整治前后对比图

a）整治前　　　　　　　　　　　　　　　b）整治后

图 9-2-9　街巷整治前后对比图

四、建设效益

双湖村是历史文化村落保护利用中，建设发展综合型的代表。创新机制模式，开发出社会企业参与历史文化村落有效保护和适度利用的成功模式，既突显了传统建筑活化利用的红利，又保护了农民权益。历史文化村落保护利用建设工作，依托鸣鹤古镇总体规划与保护开发，充分突出村落资源共享利用。鸣鹤古镇依白洋湖而建，紧临五磊山风景区，域内古建筑众多，旅游资源丰富，是名副其实的山水古镇，被列为第七批中国历史文化名镇、浙江省旅游风情小镇、浙江省第二批文化古镇、省级历史文化保护区，保护范围包括双湖、鸣兴、湖滨 3 个行政村。为整体保护利用鸣鹤古镇，慈溪市成立了鸣鹤风景区开发建设办公室，引进慈溪市五磊山风景区投资开发有限公司，投入资金收置并修缮了廿四间走马楼、崇敬堂、小五房、银号 5 幢历史建筑（共 1 万余平方米，收购价格为 1.2 万元 / 平方米），打造鸣鹤古镇核心景区。在鸣鹤古镇一期保护开发工程的基础上，进一步打造古镇长街（上街、中街、下街），恢复古街原本的面貌，展现村庄传统文化的魅力。进一步做大做强现有国药业态，如在崇敬堂开办鸣鹤国医馆（上海国医馆鸣鹤分馆），修缮小五房辟为国学养生馆，规模逐步形成。依托现有的医疗资源，继续引进健康管理中心、特色专科医院、专业康复医院等，吸引在大城市医院治疗后的病人来鸣鹤古镇休养康复，建成一个先进的康复、护理基地。同时，打造国内独具特色的养生度假基地，以国药养生为主题，挖掘青瓷文化、明清古建、古寺禅修等，吸引游客以养生为目的在鸣鹤古镇度假休闲（图 9-2-10~ 图 9-2-12）。

a)

a)

b)

图 9-2-10 银号客栈

b)

图 9-2-11 鸣鹤国医馆

a)

b)

c)

图 9-2-12 小五房国学养生馆

第三节 忠孝八训，吉地景村——宁波余姚市柿林村

一、村落概况

1. 区域位置与社会经济

柿林村位于宁波余姚市大岚镇东南部，地处国家 4A 级景区丹山赤水风景区。村北与大路下村相连，南与鄞州相接，东与下安村为邻，西与南岚村毗连。柿林村距镇政府驻地约 5 公里，离余姚城区约 50 公里，距宁波市区约 60 公里，村西侧紧邻的浒溪线，是四明山区域的主要交通路线。柿林村由柿林、黄泥岭、小岩岭 3 个自然村组成，村域面积 6.05 平方公里，其中粮田面积 0.38 平方公里，旱地面积 0.23 平方公里，柿子林面积不到 0.2 平方公里，山林面积 4.13 平方公里。全村共有 289 户，650 人，以沈姓为主。柿林村发展山林经济，柿子、茶叶、竹笋、花卉是村民主要的经济来源。2018 年，柿林村人均收入达 25000 元，村集体经济收入 100 余万元。2012 年，柿林村被列为第一批中国传统村落；2015 年，被列为浙江省第三批历史文化村落保护利用重点村；2016 年，柿林村被评为浙江省第五批历史文化名村；2017 年，被评为浙江省第一批 3A 级景区村庄；2018 年，被评为第七批中国历史文化名村。

2. 村落历史与风貌格局

柿林村是沈氏血缘聚居的村落。元末明初，沈氏第四十五世祖太隆公由下坝迁居柿林，为柿林沈氏始迁祖，距今已有 650 余年。柿林村曾因人才辈出而被称士林，又因两岭对峙而称峙岭，现因盛产柿子而得名柿林，这一改名过程清晰地展现了村落历史的发展脉络，是研究浙东山区村落演变发展的重要典型。

柿林村地处四明山腹地，属高山台地地貌，地势较高，平均海拔 500 米左右，地形起伏较大，其周边围绕着幢起岩、丹山岩、赤水溪等丰富的自然景观，自然风光优美、空气纯净清新，具有良好的生态环境。柿林村地理环境得天独厚，可谓山水环绕，村落犹如坐在一把天然巨椅上的山人，构成独特的风水形态。南侧的山体构成了座椅的"椅背"，两侧山体构成了座椅的"扶手"，古村所在的 400 多米高的台地成了座椅的"坐垫"，赤水河自北侧流过，对侧的丹水赤水成为最美丽的风屏。村落选址突显出古代择吉地而居的文化内涵，是"阳宅须教择地形，背山面水称人心，山有来龙昂秀发，水须围抱做环形"的真实写照，符合"枕山、环水、面屏"的理想模式，反映了古村营建中的人文、生态内涵，是人类适应自然、人与自然和谐的典范模式（图 9-3-1、图 9-3-2）。

村落总体依山而建、西高东低、错落有致、布局紧凑合理。街巷由当地石头铺成，宽度为 1~1.5 米，结合两侧石头垒成的民居，形成了良好的步行空间，因此柿林村还被喻为"石头垒成的小山村"。村中有多个山塘水库，有两条大溪流，一条为北

图 9-3-1 柿林村航拍图

溪，源头在四明山镇梨州，至柿林白鲞洞附近出境，流入鄞州区皎口水库；另一条为赤水溪，贯穿整个丹山赤水风景区。

柿林村落空间与其发展历史关系密切，起初由沈氏始祖开凿古井，修建了第一座宅院，随着成员的增加，沈氏进行了分房，在南侧依据台地地形建成了三座宅院，其后逐渐向周边发展，村落逐步成型。近现代以来，小学等公共服务设施不断增加，村口公共服务中心开始形成。从"古井"到"分房开花"到"逐步成型"最终至"核心形成"，既是沈氏宗族繁衍的客观见证，也是宗族文化变迁的外在表现。

3. 传统建筑与历史环境要素

柿林村的祠堂、古居、院落、街巷、古井、古木等历史环境保留完整，具有较高的历史研究价值。古建筑依山而建，鳞次栉比，层层叠叠，错落有致。房屋均为木结构建筑，为穿斗式构架，外墙用当地开采的丹石干砌，腰檐以上仍用青砖，后饰粉墙，顶部采用人字马头墙。在外檐的斗拱、月梁、梁头、牛腿、雀替以及门窗格心、绦环板、窗门、栓斗等部位，有人物、瑞兽、四君子、暗八仙等图案的木雕装饰。

沈氏宗祠始建于清道光四年（1824年），当时只有后进正屋五间，道光十五年（1835年）又建前进五间。咸丰二年（1852年），前后进正屋修葺一新，配建左右厢房及阶砌、照墙、台门等，至此，沈氏宗祠工程才算告竣。之后宗祠又经多次修葺，现存祠堂为1990年重修。整个建筑坐南朝北，由前后二进五开间的正厅和左右厢房组成一个四合院，中间是个院落，大门外有一堵八字形照墙。前门正中是两扇厚重的黑色大门，大门上方悬挂着"沈氏宗祠"匾额，左右设便门两扇，右首便门上

图 9-3-2 柿林村全景图

方有"贡元"匾一块。一进大门便是一座古戏台，戏台坐北朝南，面向后进，逢年过节请来的戏班子就在这戏台上演出绍兴大班和笃班剧目。当时在祠堂看戏是有严格规定的，中堂里是男人看戏的地方，两侧厢房是姑娘媳妇的专座，成年男子是不得进厢房观戏的，台前的空地便是孩子们嬉闹追逐的天下了。后进檐下，正中挂着"文肃世家"匾额。据志书记载，沈氏第二十四世孙沈括，官至龙图阁大学士。第二十九世孙沈绅，官至翰林院直学士兼给事中，授少师衔。两祖死后，均被北宋皇帝谥为"文肃公"，这就是文肃世家的来历。南宋高宗皇帝曾御笔新敕沈氏后代为"簪缨继世，科第传家"。檐下左首悬"玉洁冰清"匾，是朝廷为表彰绍能公姚氏孺人"青年守志，操同松柏"事迹而赐的。檐下右首"钦旌节孝"匾，是赐给景公徐氏孺人的。中堂两侧有两块"节孝"匾，一块是清光绪元年浙江巡抚奉旨为作臣胡太孺人的，一块是光绪二十三年五品同知绍曾奏请表彰万丰公黄氏孺人的。后进正厅正中挂有"忠清堂"匾额，原匾黑底金字，古朴道劲，出自毛玉佩之手。忠清堂内侧原有柱联一副，因早年散失，内容不详。现有一副由第二十二世孙沈远波撰文、第二十一世孙沈建农书写的柱联

悬于原处，聊以充数。其联曰："历姬周嬴秦刘汉李唐赵宋诸朝授武职谥文肃屡建安邦利民千秋业；经西岐汴梁钱塘会稽余姚各地觅佳境择仁里终成赤水丹山万世居"。楹联将沈氏起源、历代祖先文治武功及迁徙定居行状，全概括其中了。宗祠后进靠南墙，原供有历代祖宗牌位，正中最高处供奉着柿林始祖太隆公神主，然后按元亨利贞四派排列，昭穆有序，可惜后来牌位被焚。沈氏宗祠包括沈氏八条祖训都是浙东氏族文化的典型代表和重要佐证。

2014年9月，沈氏宗祠被列为县级文物保护单位（图9-3-3）。

莲峰庵建于清代，位于村东北侧，紧邻沈氏故居（现已改造成中共余姚四明山第一支部纪念室），木结构建筑四合院，硬山顶，坐北朝南，庙门在庙侧厢房处，上书"九陌红尘飞不到；十洲清气晓来多"。进入庙门便见有三开间的大殿，正中间有菩萨神像，两边为楼式厢房，中间有一狭长的天井。莲峰庵是村民们求神祭拜的主要场所（图9-3-4）。

a)

b)

图 9-3-3　沈氏宗祠

图 9-3-4　莲峰庵

同心井，柿林始祖沈太隆来此定居时开凿，距今已有600多年历史，被誉为宁波十大名泉第一泉。同心井为山涧渗水，水源较为充足，水质较好，达到饮用水要求，由本地石头垒成半围合式，有台阶方便村民挑水。全村数百人几百年以来都饮用此泉水，故有"一口古井饮千丁"的说法。同心井养育了一代又一代的柿林人，同时也激励着柿林人去创造更加美好的未来，是全村朴实、团结与友善的象征（图9-3-5）。

柿林村因柿子而闻名，每到秋天，吊红熟了，全村屋前屋后挂满了吊红，似万盏灯笼一般欢迎着远方的来宾（图9-3-6）。村口有株最大的柿子王树，已有六百年的树龄，是村子的标志和心灵寄托。柿子王树枝繁叶茂，果实大且香甜，树上挂满了祈愿符袋，成为柿林一道亮丽的风景线。

另外，柿林村有大量的古树，是柿林村历史发展的重要见证。古树群位于青柿线入口，村落背后的山坡上，年份最大的为山樱花树，已有800多年的历史，年份较小的也有150年的历史。古树多为柿树、榧树、山樱花、金钱松，其中榧树数量最多。古树高大耸立，枝繁叶茂，似巨人般守护着柿林古村。

a)

b)

图 9-3-5　同心古井

图 9-3-6　柿果累累

4. 特色文化资源

（1）红色文化　柿林是一个具有革命传统的村庄。1939年5月，柿林村建立了余姚南山区第一个党支部（图9-3-7）。1938年5月，余姚县工委书记陈小平派郭静唐与柿林村进步青年沈功钿联系，之后由战时政治工作队第四区队负责人楼明山以教书为掩护到柿林村开展活动，不久即介绍沈功钿加入中国共产党，为柿林村入党最早者。楼明山调离后，朱之光接任，与谢汝昌等经常到柿林指导工作，组织进步青年分批接受教育培训，先后吸收沈德顺、沈宪立、沈生法（宗怀）、沈企鸿等入党。1938年秋，余姚县工委改组为县委，设立山区党的特派员。1939年初，山区特派员朱之光（大岚区委书记）、谢汝昌（区委宣传委员）和沈功钿（区委组织委员）在小岩溪脚鹰窠斗岩档下的坟拜坛（土地堂背后左上方）开会，成立中共柿林村党支部，由沈德顺任支部书记。在此期间，余姚南山区建立党组织的还有杜徐岙村、孔岙村（当时属慈溪）。1939年底，共发展了沈功钿、沈德顺、沈宪立、沈生法（宗怀）、沈企鸿、沈功益、沈述银、沈绍青、沈绍苗、沈贵芳、沈宗鉴、沈宗觉、沈功其13名中共党员。之后又陆续发展了沈述友、沈幼富、沈功甲、沈功能、严大康、严戴仁、严彩花（女）、沈正水、沈金姑、沈鲁法、沈宗章、沈功治、沈杏仁、沈国林等青年入党。到1945年部队北撤时，柿林全村已有党员32人。柿林村党支部成立后，积极领导群众参与1939年夏的茶农请愿运动，组织村民参加柿林村自卫队，多次参加战斗。发动村民为部队送信、送粮食、送茶水，做部队的坚强后盾。

（2）沈氏溯源　据记载，西周初期分封的姬姓诸侯国中，有沈（一作聃），为子爵，称沈子国，在今河南汝南县，始封之君为周文王第十子聃季载，子孙以国为氏，就是沈氏。《元和姓纂》记载："周文王第十子聃，食采于沈，因氏焉。今汝南平阳沈亭即沈子国也。"是为沈氏始祖。纵观沈氏一族，活跃于政坛者，集中在唐宋两朝。第十四世祖沈祥、沈祐兄弟皆为唐太宗状元，第十六世祖沈学诗为唐代御史。宋代有中书侍郎（第二十世祖）、户部侍郎（第二十一世祖）、礼部尚书（第二十二世祖）。特别是第二十四世祖沈括（1031—1095）为宋仁宗进士，官至龙图阁学士，权三司使，曾出使辽国，驳斥辽争地要求。神宗时参与王安石变法，神宗崩，被贬，居梦溪园（今镇江东），撰《梦溪笔谈》传世，死后谥文肃公。第二十五世祖沈琰

a)

b)

图9-3-7　四明山第一党支部旧址

为御史中丞，因秦桧入相屡谏不用，遂辞官归隐山阴鉴湖畔。第二十七世祖沈存和（行亨二）为前军都督大元帅，迁居姚江江口下坝。第三十一世祖沈仕美为宋徽宗东床婿。关于沈氏前辈显赫名望，第三十七世祖、饶州府尹沈孟昌曾以家谱开说所生世裔并行状，上书宋高宗。南宋绍兴五年（1135年）二月十五日，高宗皇帝御笔敕赐："簪缨继世""科第传家"。另外，明正德三年（1508年）三月，吏部尚书王华（阳明先生之父）为姚江下坝沈氏宗谱作序中再次确认，当为不妄矣。自第四十五世祖太隆公始，柿林沈氏至今已繁衍至25代[一]。如从周文王第十子算起，应为69代。

（3）乡俗民风　柿林人以自己的智慧和汗水创造了独具特色的乡风民俗。这些散发着乡土气息的文化，积淀深厚，犹如一面镜子，折射出柿林人的精神文化面貌。它们曾经璀璨，今又流芳，像一本生动厚重的历史书籍，以其独特的形式记载着柿林前进的轨迹和发展趋势。

柿林村自古以来"重教敬学"风尚盛行，形成了独特的"耕读传家"传统。相传，柿林村开村始祖沈太隆一生以他的前辈沈括为楷模，教育后代在注重"耕作"以立性命的同时，还要知诗书，达礼义，以立高德。既学做人，又学谋生。所以，历代柿林人，皆以"勤于耕种"和"善于学习"为传统美德。现今，柿林村下四份（耕读传家宅）墙头上"耕读传家"字样依稀可见。而柿林村民历来质朴、善良、勤劳、聪慧、待人诚恳热情的传统美德也从未变。

十番，又称十番锣鼓，旧时农村迎神赛会时少不了它，大户人家堂祭时也会请十番班子来敲打，凑凑热闹。十番班子有二十来人组成，有笃鼓手一人，专司鼓和擦板，这是班子中的关键人物，要通晓全部剧目和曲子，起引导作用。正吹一人，负责笛子、琵琶、唢呐和二胡。副吹一人，负责唢呐和板胡。小锣一人，大锣一人，大钹一人，小镲一人，冬鼓一人。此外还有教师、班主和杂务等。一般在祠堂、庵庙或堂前唱十番，不需要舞台，也无戏装和道具，无须化妆。十番不是单纯乐队，除了吹打弹奏，还要演唱和说白，生旦净末丑角色齐全，有专司唱戏的，也有乐队兼唱的。演唱以绍剧为主，内容以忠奸斗争和公案类为主，演唱前都要拜唐明皇，整个演唱过程中都供着唐明皇。十番班子纪律严明，遇有迟到或唱错都会遭班主严厉批评，甚至动手打人。十番班子一般每年农历十二月二十九开始演出，时间一个月（图9-3-8）。

图9-3-8　民俗活动

[一] 柿林沈氏历代排行次序：林敬梁传高（第一至第五世）、兴盛茂达（第六至第九世）、荣华富贵（第十至第十三世）、金玉满堂（第十四至第十七世）、仁民先孝悌（绍述宗功远）（第十八至第二十二世）、报国在英贤（承传祖德长）（第二十三至第二十七世）、礼乐家声振（行端惟信义）（第二十八至第三十二世）、诗书世泽绵（望重是忠良）（第三十三至第三十七世）。根据族规，历代排行由族长、各房头及村里德高望重者共同讨论商定，等排行快完时，再行商定往下延续。第十八世开始，括号里的排行是后改的，柿林现行排行是照改后的取名的，村里现健在的最高辈分是"绍"字辈（第十八世），最低辈分是"祖"字辈。

（4）沈氏八训　柿林村作为一个具有650多年历史的古村落，始终把"忠孝悌信、礼义廉耻"当作家训代代相传。"沈氏宗祠"内的"忠清堂"牌匾，意在教育子孙后代做人要忠诚老实，做事要忠义仁勇，做官要清正廉明。以前，柿林村还沿袭着这样一种传统。每逢过年，村民会把祖宗挂像挂在已打扫布置好的"堂前"，全村子孙行跪拜大礼，意在教育后代要孝敬长辈，不能忘本。沈氏家训一直沿用至今。

孝训：父母生我恩、昊天真罔极、大舜事亲时、夔夔尚齐栗、下气并柔声、和颜更悦色、生养既殚精、丧祭尤竭力、孝感动天心、历历闻古昔。

悌训：父事与兄事、恭逊实居先、徐行须后长、议论莫争前、敬长人还重、轻狂祸亦延、易明谦受益、诗诫暴亡年、卑牧居心者、绵绵福自然。

忠训：自事宜尽己、人谋更用心、不留半点伪、时献一番诚、责己还须重、绳人便欲轻、语言知隐讳、财帛要分明、俯仰能无愧、羲皇以上人。

信训：言不由衷出、终为虚诞辞、夸张真个易、践约几何时、一语经人破、千言不足奇、自矜能舌辩、人笑太无知、闭口深藏舌、时吟白圭诗。

礼训：三千三百数、古圣范围人、世俗皆趋下、全无礼貌存、颠狂称洒脱、丽鲁号天真、婚祭随身服、岁时懒冠巾、科头箕踞样、相见实酸心。

义训：凡属一本亲、皆有关切意、钱物相往来、见利休忘义、疾病急扶持、老幼须提携、最怜四无告、尤宜善调剂、莫嫌积德小、竹桥也渡蚁。

廉训：生财纵有道、撙节在乎人、过俭虽非理、奢华宜受贫、冠婚称家道、丧祭只虔诚、量入将为出、谩藏恐被侵、从来浪费者、不久自凋零。

耻训：立身须惜耻、无耻被人欺、识面称知己、逢人识是非、胁肩真诡诈、谄笑假痴迷、宗祖受驰赠、妻儿被讪讥、须眉应有志、颜厚最卑微。

（5）特色物产　柿林村地处四明山腹地，属高山台地，土质肥沃，气候湿润，阳光充足，具有独特的地形地貌，盛产丹山吊红柿子、高山云雾茶、竹笋、番薯枣子等特色农产品。柿林吊红是传统名果，以果色艳丽、肉质柔软、甜度高而闻名，至今已有400多年的历史（图9-3-9）。李时珍在《本草纲目》中说世传柿有七绝："一多寿，二多阴，三无鸟巢，四无虫蠹，五霜叶可玩，六嘉宾，七落叶肥滑，可以临书也"。柿子不但具有通耳鼻气、治肠癖不足、解酒毒、压胃间热、止口干、续经脉气的作用，柿叶也有养生益寿之功效，是馈赠亲友的上乘佳品。另外，柿林村盛产"瀑布仙茗""四明龙尖"等国家、国际级金奖名茶。还盛产毛竹、竹笋，其中又以"燕笋""羊尾笋干"为主产。烹调时无论是煎、炒、还是熬汤，都鲜嫩清香。番薯枣子是柿林村另一种消闲食品，其制作相当考究。成品略扁，呈褐红色，外干，内软，味道类似蜜枣，有股清香味。

图9-3-9　丹山吊红

二、规划设计

1. 规划布局与结构

柿林村省历史文化村落保护利用重点村规划，

依托优美的生态自然环境和人文资源，围绕古村特有的空间形态，规划"一心、二区、三轴"的空间结构（图9-3-10）。

一心：围绕原村南入口广场布置行政、旅游服务等公共设施，小广场改造成游客集散广场，设置综合服务中心。

二区：村南入口广场北侧集中连片的柿林村古村落生活保护区；柿林村西侧以古树林为特色的古村环境保护区。

三轴：以村南广场为中心，沿古井路、沈祠路、御碑路向北延伸的三条旅游线路。古井路紧挨古树林，串联同心井，是柿林村古村赏景的山乡休闲游览轴；沈祠路结合原有商业并增添特色餐饮、客栈、手工艺品等业态，形成具有古村老街氛围的传统店铺商业轴；御碑路凭借与丹山石壁景点相对的优势，结合其机理稀疏的现状，形成山林风光景观轴。

2. 规划保护范围

柿林村省历史文化村落保护

图9-3-10 规划总平面图

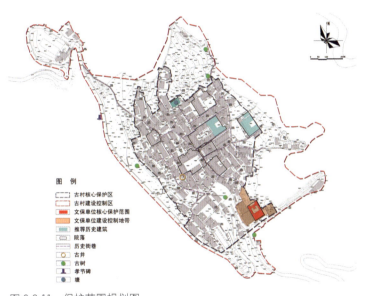

图9-3-11 保护范围规划图

利用规划，确定保护范围主要包括柿林村（自然村）本身的建设用地范围以及村落周边的部分自然山体，面积为8.6公顷。发展规划用地范围为柿林村（行政村）村域，总面积为6.05平方公里，分为核心保护区、建设控制区、环境协调区三个层次。其中，核心保护区范围为柿林古村建筑群范围，具体为西至青柿线，南至沈氏宗祠，东至中共四明山第一支部纪念堂，北部到村庄最北民居，面积4.43公顷。建设控制区范围为以道路和山体所限定的村落台地范围，具体范围以"保护范围规划图"上的建设控制区划定的范围为准，面积为4.28公顷（图9-3-11）。环境协调区范围靠临近古村的山体第一条山脊线而划定，包含古村周边耕地农田、水系等非建设用地，面积34.94公顷。

三、建设实绩

柿林村自 2015 年被列为浙江省第三批历史文化村落保护利用重点村以来，主要完成以下建设项目。

人居环境整治：结合美丽乡村建设，完成 4 户危旧房改造，拆除无保护价值的破旧房屋。投入 200 万元重新规划拆除旧屋地块，新建三层车库一座，建筑面积约 1800 平方米。完成村主入口道路沿线景观提升工程，对沿线主要节点进行修缮、绿化，设置景观小品。2016 年至 2019 年投入约 210 万元，对蜻白线道路进行安全整治和形象提升，对多弯、急弯路段、高落差、高护坡路段进行安全设施改造，确保村民及游客的出行安全。完善绿化养护管理制度，成立绿化养护人员领导小组，明确绿化养护人员职责，对村庄绿化和村内古树进行常态化维护。

建筑修缮与业态植入：完成四合院改造工程、老年活动中心装饰工程、吊红经济合作社装饰工程、沈氏宗祠修缮及陈展工程、第一党支部展示厅提升工程等项目。

污水和垃圾处理：柿林村是省级农家乐特色村，为配合农村生活污水治理工作，将村内农家乐污水纳管进行分散式处理；生活垃圾采取村级收集、太阳能垃圾处理器堆积、镇集中装运填埋，做到减量化处理。2019 年，柿林村为改善水质和用水情况，开展了翻水泵站新建工程和公共卫生与水环境整治工程。

四、建设效益

1. 发挥区域优势发展旅游

柿林村是历史文化村落保护利用中，生态环境优美型的代表。丹山赤水风景名胜区拥有丹山赤水、柿林古村、四明道观、鹰岩洞天等景点，2005 年成为国家 4A 级景区，是一处以自然山水为依托，以道教文化、浙东山乡古村风情、民风民俗为文化内涵，以绝壁、奇岩、古桥、溪流、飞瀑、柿林、山色、老街为特色的风景名胜区。柿林村既是丹山赤水景区中的一个景点，又承担了整个景区的旅游接待服务的功能。项目建设完成后，村落整体风貌保持较好。另外，村落和景区形成了股份合作的关系，回乡创业者日益增多，目前具有餐饮和民宿功能的农家乐已有 24 家（其中三星级 2 家），农家旅店 9 家，精品民宿 4 家，拥有餐位数 1430 个，床位数 230 张。吸引优质品牌企业前来投资 1200 万元运营大乐之野·谷舍项目（图 9-3-12、图 9-3-13）。

a）

b）

图 9-3-12　大乐之野·谷舍

2. 创新政策处理模式

柿林村为了有效保护历史文化村落风貌格局，制定了一系列古村保护政策，形成村规民约，引领村民自觉自主参与保护。村民建房、修房按古村风貌进行改建，村里会给适当补助，村民建房打石墙，每立方补助450元；做古色花格门窗，每平方米补助400元；安装电、煤气热水器（不安装太阳能热水器），每年每台补助200元；村民翻屋补助每平方米15~20元。

3. 深入挖掘文化资源

柿林村充分挖掘红色文化和风土人情资源，成功举办"丹山赤水柿子节""四明山红色旅游开游仪式""余姚市电影节"等大型文艺活动，在丰富村民精神文明生活的同时，提高了丹山赤水景区的知名度。近年来，柿林村先后获得中国最美休闲乡村、浙江省全面小康示范村、浙江省兴林富民示范村、浙江省农家乐特色村、浙江省卫生村、浙江省特色旅游村、浙江省美丽乡村精品示范村、浙江省生态文化基地、宁波市历史文化名村、宁波市文明村、宁波市生态村等荣誉称号。

a)

b)

图9-3-13　四明山老柿林山居

第四节　土墩遗址，千年马岙——舟山定海区马岙村

一、村落概况

1. 区域位置与社会经济

马岙村位于舟山市定海区马岙街道南部，距定海城区约9.5公里。2002年5月，定海实行村级合并，马岙村由勤丰、茂盛、五四3个自然村合并而成。2005年7月，马岙村建立社区，实行一村一经济合作社的运行模式。马岙村区域面积4.5平方公里，其中耕地1平方公里，山林2.67平方公里。辖区现设17个村民小组，共有607户，1600余人，以林姓为主。村落产业以种植业为主，第二产业发展良好，近年来乡村旅游业初步成型。2015年，马岙村被列为浙江省第三批历史文化村落保护利用重点村；2018年，被评为浙江省第二批3A级景区村庄；2020年，被评为浙江省第六批历史文化名村（图9-4-1、图9-4-2）。

图 9-4-1 马岙村航拍图

图 9-4-2 马岙村全景图

2. 村落历史与风貌格局

马岙村拥有近六千年的海洋古文化,享有"海上河姆渡""海岛第一村"等美誉,舟山群岛上有迄今发现的规模最大、保存最完整、内涵最丰富的原始村落遗址,村域内现存新石器时代遗址、东周遗址,其文化内涵最早与河姆渡一期文化、良渚文化村文化类同。马岙村三面环山,北面临海,西南侧有团结水库和大九岭水库,村内水系丰富,分布着溪流、水渠、水塘、水井等多种水体。据《定海县志》记载,南宋宝庆年间(1225~1227年)林氏先人从福建莆田迁入马岙定居,在马岙属第一大姓,俗称"林半岙",至今已传39代。

唐开元二十六年(738年)置翁山县,隶属明州(今宁波),现马岙境域属翁山县,乡村设置无考。元大历六年(771年)废县治。明洪武二十年(1387年)废昌国县,马岙弃之。清顺治十三年(1656年),实行海禁,居民尽迁内陆。清康熙二十七年(1688年),建定海县,设富都、金塘、安期、蓬莱4乡。乡下设图,图下设岙,马岙属富都乡第9图,辖马岙、西岙、杜家、小坩、荷家、三招、柳湾、欢喜8岙。清道光二十一年(1841年),撤图设庄,乡直接管庄,马岙庄属富都乡。民国二十九年,日军扫荡,2000多间房屋被烧毁(中峰庙同时被烧)。1950年5月,定海县被划分为7区7镇41乡。1987年,舟山撤地建市,定海撤县改区,马岙乡属定海区。1996年10月,马岙撤乡建镇,镇政府驻楼门街西。2002年5月,实行村级合并,时全镇共6个行政村。2005年7月建立社区,全镇6个行政社区。

3. 传统建筑与文化资源

(1)建筑遗存资源 据记载,舟山在明、清时期曾经各有一次大规模的内迁,马岙曾被荒弃两次,马岙的历史文化传承也一度被迫中断。此外,马岙特殊的地理位置使其长期遭受战争的侵袭,以致其物质文化难以保存,尤其是抗日战争时期,火烧马岙让其物质文化资源也尽殆毁之。村内现有唐家墩遗址、洋坦墩遗址、凉帽蓬墩遗址、长墩遗址、中峰庙遗址、明珠庵遗址、经庵遗址、古驿道、驿亭等多处历史文化遗迹,其中凉帽蓬墩遗址于1997年8月被浙江省人民政府评为第四批省级文物保护单位。

林氏宗祠始建于明末清初,堂名"双桂堂",位于楼门街中段,坐南朝北,占地面积约533平方米，分正堂（3间）和穿堂（3间）两进，中间隔天井，有东西两台门，是林氏族人举行祭祀、丧事的重要场所。林氏宗祠在20世纪90年代曾两次修建并增设戏台。2020年7月，林氏宗祠被评为舟山市市级文物保护单位（图9-4-3）。另外，村内还有新屋里四合院、庆大院、庆和院、水墨荣家、唐家古民居等保存完好的传统建筑（图9-4-4~图9-4-7）。

（2）民俗文化资源　马岙庙会：马岙庙会每

a)　　　　　　　　　　　b)

图 9-4-3　林氏宗祠

图 9-4-4　新屋里四合院

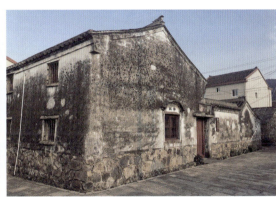

图 9-4-5　庆大院

图 9-4-6　庆和院

图 9-4-7　水墨荣家

年农历三月初十开始,三月十三至十五为正会。赛会时,人们会抬着木雕神像游行,彩亭、台阁、龙灯、马灯、高跷,争奇斗艳。出会时锣鼓鞭炮喧天,人们或沿途礼拜,或饰皇帝、大官,或饰"青衣""红衣"囚犯跟随游行,每逢会期,观众云集。

民间艺术:木偶戏俗称"小戏文",流行在马岙一带的有两种,木偶较大的谓之"下弄上",木偶较小的谓之"布袋木偶"。20世纪60年代,木偶戏曲"唱门头"发展到书场、社堂等固定场所演出。木偶戏一般由2人以上表演,多至10人,由演唱、伴奏配音和木偶操纵三方面组成。渝州走书,在清嘉庆年间由马岙安阿小首创,之后由舟山向宁波一带传播。走书原本只由一人自弹自唱,后发展为一人主唱,兼之锣鼓竹板,加以琵琶、扬琴等乐器伴奏,表演曲目与吴越一带的越剧大致相同,演唱时有浓郁的舟山、宁波一带口音,语言诙谐幽默,曲调轻快优美,深受大众喜爱。马岙锣鼓,主要由排鼓、套锣两大主奏乐器组成,伴以吹拉弹行当,乐队15~18人,乐风炽热、粗犷、气势磅礴。跳蚤舞,清乾隆年间发源于定海,原流行于海岛迎神赛会,是喜庆丰收时表演的一种民间舞蹈,后发展成每年农历腊月二十三民间祭灶神的仪式舞蹈,以示送旧迎新、祈福消灾。

传说故事:相传女娲补天后非常疲惫,落在马岙的土墩上休息。马岙的动物纷纷聚集到女娲身旁欢迎女娲的到来,土墩太小,女娲觉得挤不下,于是用树枝蘸泥浆一甩,造出了九十九个土墩。女娲看马岙山明水秀,觉得这里是一块福地,于是用泥土捏了一百个人,让他们每人守一个土墩生活下去。还有一个马岙失筑县城的传说,相传唐开元时期,唐玄宗为巩固海防,加强对海岛人民的统治,传旨在舟山岛建一县城。当地官员纷争激烈,最后拟定在马岙和洋岙中择一而建。皇上派钦差前来调查,做最后定夺。经地方官员的激烈争议,最终决定以两地泥土轻重作依据。结果洋岙有人使计在泥土中掺拌大量铁砂,泥土自然比马岙的重,县城就建在了洋岙。

二、规划设计

1. 规划布局与结构

马岙村在省历史文化村落保护利用重点村规划中,坚持因地制宜,充分挖掘村落历史文化底蕴,依托马岙得天独厚的地理位置和生态自然环境,秉承马岙历史文化保护与利用兼顾、传承与创新并举的思路,统筹和协调区域的发展资源,规划"两心两轴、四区多带"的总体布局(图9-4-8、图9-4-9)。

两心:分别是马岙文化发展主中心、次中心。马岙文化发展主中心涵盖旅游综合服务、文化展示体验、旅游休闲度假等多种功能。马岙文化发展次中心包括马岙博物馆、休闲商业街区和马岙市民广场等。

两轴:分别沿楼门街、五四街形成以马岙现代生活展示与历史文化展示为主题的发展轴。其中,楼门街商业发展轴是承担马岙生活服务配套功能的主要轴线。五四街马岙历史展示轴以展示马岙发展演变历史为特色,融入文化参与、休闲体验等功能,形成文化发展轴。

四区:分别为马岙文化核心展示区和三个生态人居区。文化核心展示区以马岙文化展示为核心,通过有机更新、业态植入等手段,拓展马岙文化的旅游职能,形成特色文化体验区。生态人居区则以村落的有机更新和人居环境品质提升为重点,适时拓展旅游职能,形成以品质人居为发展重点的生态居住区。

图 9-4-8　规划总平面图

a)　　　　　　　　　　　　　　　　　　b)

图 9-4-9　空间结构规划图

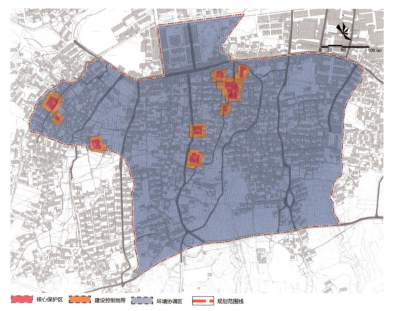

图 9-4-10　保护范围规划图

多带：传承马岙特有的水脉格局，以整理和疏通现状的水系为重点，围绕水系形成特色的人居休闲空间，彰显马岙地方文化。

2. 规划保护范围

马岙村省历史文化村落保护利用重点村规划，确定规划范围主要包括马岙社区以及团结社区部分区域。规划范围北部以楼门街、景陋路、马沙线为界线，南至平马线，西至唐家衖，总面积约为40.12公顷，其中涉及马岙社区34.37公顷，涉及团结社区5.75公顷。同时，根据马岙社区历史文化遗存分布及其所在空间环境特征，对规划区域进行保护范围划定，划为核心保护区、建设控制区和环境协调区三个层次。其中，核心保护区是村内文保建筑、保护建筑划定的保护范围，总计约0.48公顷；建设控制区是马岙社区文保建筑、保护建筑所划定建设控制地带的集合地带，约1.8公顷；环境协调区是规划范围内除核心保护区和建设控制区外的区域，面积为约34.7公顷（图9-4-10）。

三、建设实绩

马岙村自2015年被列为浙江省第三批历史文化村落保护利用重点村以来，深度挖掘村落历史文化内涵，全面加强配套设施建设，投入资金3000万元，主要完成以下建设项目。

古建筑修复：林氏宗祠、新屋里四合院等4幢古建筑的顶瓦修补（面积1400平方米）、墙体加固（面积3700平方米）、立面改造（面积3700平方米）、构件修复（共25个）（图9-4-11）。

与历史风貌有冲突的建（构）筑物整修改造：完成楼门街两侧450间、总面积约12000平方米的农房民国风格改造；整体拆除面积700平方米；异地搬迁5户；完成马岙博物馆外立面"古韵风"改造面积约1000平方米（图9-4-12）。

搬迁安置区基本公建设施建设：完成搬迁安置区土地指标1公顷，安置户数27户，投资1200万元用于基本公建设施建设。

基础设施建设：推广生活垃圾分类，投入资金120万元，新建垃圾处理站1座，添置处理设备2台，每户发放家庭型分类垃圾桶，共600余个，放置户外大型收集型分类垃圾桶100余个，增配垃圾分类片区组长7名，指导农户进行垃圾分类。开展池塘整治工程，整修社区内10个池塘，清淤疏浚5条河道。关停小散畜禽养殖场5家。完成茂盛溪坑路、五四路及楼门街污水管道铺设，受益农户达500余户。新建停车场8个，总面积约4300平方

a）修缮前

b）修缮后

图 9-4-11　新屋里四合院修缮前后对比图

a）整治前

b）整治后

图 9-4-12　街巷立面整治前后对比图

米。新建砖混一层公厕 2 座、小公园 1 个，星级农贸市场改造完成，修建木结构凉亭 3 处。

景观环境提升：完成楼门街、白马街及各支路路面改造，总面积达 3.43 万平方米，对楼门街 700 米道路、林氏祠堂至楼门街 150 米道路路面做了青砖色处理。完成三线落地及相关管网铺设 2.25 公里。沿路增设导视牌，安装木质白篱笆、花盆、花箱，增加道路两侧及公共空间的绿化面积。

文化旅游景观建设：投资 750 余万元完成 50 公里国家级登山健身步道及配套设施的建设。重塑 400 米长、面积 1800 余平方米的马岙历史文化壁画长廊，通过远古篇、传说篇、开拓篇、民俗篇、生活篇五个篇章，展现马岙 6000 年的悠久历史文化。挖掘古文化特色，投资 80 多万元，采用古代榫卯工艺搭建一个面积约 140 平方米的陶艺馆，增设"水井文化"及"石窗文化"展区，修缮杨家池古井。

四、建设效益

1. 文化传承

马岙村是历史文化村落保护利用中，民俗风情特色型的代表。马岙打造党群服务中心、文化礼堂，内设非遗展厅，传承展现马岙历史文化。坚持将村级文化活动作为非遗传承的重要载体，利用文化礼堂平台陆续开展了"七岁学童开蒙礼"、木偶戏、越剧、祈福迎新晚会、瀹洲走书等大小文体活动30余场,受众达3000余人。同时,村民自发组建的腰鼓队、舞蹈队等文艺团体也活跃在大小文艺演出中,为繁荣村级文化事业做出积极贡献。在白马街和沙塘潭路新打造文明墙和宣传廊,将社会主义核心价值观、道德法治警句、文明宣传等道德元素巧妙融入其中,串成一条靓丽的道德风景线。以社区文化礼堂、道德红黑榜为宣传阵地,积极开展最美马岙人、网格道德之星、平安家庭等评比活动,树立道德模范典型,积极营造朴实敦厚的风土人情。另外,新建中国第一家乡镇级博物馆——马岙博物馆,展出多件新石器时代珍贵文物。

2. 宣传推广

马岙村积极开展历史文化村落保护利用宣传活动,通过举办各类展览、讲座、专题报告及组织青少年参观马岙博物馆教育阵地等形式,充分展现马岙村的历史风情和乡风民俗。编印《寻找千年的美丽—马岙》宣传画册、《千年马岙》读本,邀请定海新闻中心拍摄《马岙未解之谜》《唐家古民居》纪录片,进一步增强社区居民继承和保护优秀传统文化的意识。2017年10月21日,"青青世界"首届七彩油纸伞、热气球文化旅游节在马岙社区举办,吸引了大量游客前来观光,打响了马岙社区的旅游知名度。马岙社区先后荣获"全国文明村""浙江省文明村""浙江省首批全面小康建设示范村""浙江省首届魅力新农村""浙江省旅游文化特色示范村""浙江省农家乐特色村""浙江省绿化示范村""浙江省民主法治示范村"等称号。

3. 产业发展

马岙村积极引进社会资本,引入社会企业投资开发"未见海马岙"精品民宿群(图9-4-13)、青青世界、好物集市、游笔溪等旅游项目。马岙社区已初步成为一个集商业服务、休闲观光、生活居住为一体的,空间紧凑、特色鲜明、景色宜人、充满人文关怀、具有精神归属感的新时代美丽乡村。2017年,马岙社区旅游业发展明显加快,全年游客数超过15万人,增长近50%,大大推动了社区经济发展(图9-4-14~图9-4-16)。

a)   b)

图 9-4-13 精品民宿

图 9-4-14　青青世界

图 9-4-15　好物集市

图 9-4-16　水墨双榭

第五节　百年灯塔，海上花鸟——舟山嵊泗县花鸟村

一、村落概况

1. 区域位置与社会经济

花鸟村位于舟山市嵊泗列岛的最北端，四面环海，东邻公海，南与壁下相望，西南与绿华一港之隔，同嵊山渔港遥遥相望，地处国际航道，马鞍列岛北部，距离嵊泗本岛约 26.5 公里。花鸟以岛建乡，由花鸟山及其周围 11 个大小岛屿组成，花鸟山是全乡最大也是唯一有人居住的岛屿，岛陆域面积 3.28 平方公里，环岛海岸线 17.16 公里，海岸弯曲多湾，南湾、北湾、西湾均为天然锚地和垂钓佳处，也是天然的避风良港。花鸟村为花鸟乡政府驻地，全村现有 829 户，2020 人，有夏、张等姓。花鸟村是典型的以海洋捕鱼为主要产业的海岛渔村，海洋资源丰富，盛产带鱼、鲳鱼、目鱼、虎头鱼、真鲷鱼、虾、梭子蟹、鳗鱼、石斑鱼等，由于岸潮浅，所以野生贻贝、牡蛎、紫菜、螺贝、藻类资源极其富饶。海上交通发达，每天有专门通往嵊泗本岛和嵊山、枸杞、壁下、绿华的轮船。岛上设有石油、客运等专用码头 3 座，文化、卫生、体育、广播等基础设施一应俱全。2015 年，花鸟村被列为浙江省第三批历史文化村落保护利用重点村；2017 年，被评为浙江省第一批 3A 级景区村庄。

2. 村落风貌与传统建筑

花鸟岛形似飞鸟，山上花草丛生，鸟语花香，故名花鸟。环岛四周浪击悬崖，清波银滔，树木葱郁，山奇洞幽。花鸟岛有着典型的海岛地形地貌，几乎没有平地，中部的前坑顶（俗称梁山佰）海拔为 236.8 米，为全岛最高峰。花鸟村有着传统渔村的格局特点，结合坡地山坳地形，总体空间布局呈放射状向坡上山坳内发展。建筑多为顺应地形而建，有的沿主街支路平行，有的与之垂直布置（图 9-5-1、图 9-5-2）。花鸟村大部分民居的建造年代并不久远，但海岛地域特殊，因地制宜、顺势而为的整体风貌极佳，石砌的建筑形式完全符合就地

图 9-5-1　花鸟村航拍图

图 9-5-2　花鸟村全景图

图 9-5-3　花鸟灯塔

图 9-5-4　马力斯避暑房

取材的朴素理念和地方营建工艺。岛内最负盛名的建筑是具有国际影响的"远东第一灯塔"——花鸟灯塔和同一时期建造的马力斯避暑房。

花鸟灯塔建于清同治九年（1870年），是当时中国海关海务科筹设灯塔计划中首批建造的灯塔之一，占地面积约2.2万平方米。塔身呈圆柱形，高16.5米，下部为白色，混凝土砖石结构，上部为黑色，材料主要是铁板。灯塔内部分四层。塔顶为铜铸圆顶，装风向板。顶层用巨大的玻璃作为墙体，安装有光源。其下一层有外置廊台，可凭栏远眺。灯塔周围还有无线电铁塔、发电房、机房、仓库、宿舍、码头等附属设施，建筑和装饰均属欧式风格。这座百年灯塔是中国1.8万多千米海岸线上的28座灯塔中，最耀眼的一个，也是享誉全球的远东第一灯塔。这既是地理文明的选择，也是历史文明的选择。射程20多海里（1海里=1.85公里）的花鸟灯塔强光，与中国沿海灯塔之光遥相辉映，一起穿破海路上的茫茫夜雾，将一艘艘满载货物的巨轮引向中外各个通商口岸。灯塔，既是点亮夜航的光明使者，同时也是中国近代化发展的一个见证。2001年6月，花鸟灯塔被国务院评为第五批全国重点文物保护单位（图9-5-3）。

马力斯避暑房始建于清光绪二十八年（1902年），位于花鸟村的连心路上，是当时的灯塔管理员英国人马力斯在花鸟岛建的夏日避暑房之一。原建筑不同于岛上的石屋或茅草屋，为精致的西洋建筑，如今建筑整体虽保存完好，但原风貌已失。这里曾被作为花鸟乡文化站和军人服务社，现已改为老兵之家民宿（图9-5-4）。

2012年，花鸟大岙海口发现了贝丘遗址，同时还有大量宋元时期的陶瓷碎片。贝丘遗址是古代人类居住遗址的一种，大多属于新石器时代，由此可见，花鸟山在新石器时代开始就有人类活动，到宋元时期这里已是海上贸易频繁的聚点之一了。

花鸟村还有始建于清末的天后宫，也称娘娘

庙，是供奉妈祖娘娘的地方，也是村民们每年捕鱼之前举办开捕节和祭祀仪式的地点。同时，观音娘娘也是主供，而庙外院内还供奉有土地神，充分体现了海岛地区民间信仰"多神崇拜"的特色。至今天后宫仍然香火不断，反映出花鸟居民的淳朴性格（图9-5-5）。

3. 特色文化资源

结合对花鸟村的实地调研，将花鸟村的非物质文化资源分成六类（表9-5-1）。

图 9-5-5　天后宫

表 9-5-1　花鸟村非物质文化资源分类

类别	内容	代表性旅游资源
传说典故	花鸟来历传说、花鸟山传说	文化展示
信仰文化	多神信仰（妈祖、观音、土地）	天后宫
民风民俗	开捕节、军民情谊	老兵之家
民间技艺	渔民画、鱼绳结	非物质文化遗产互动区
历史遗存	英伦文化、贝丘遗址	花鸟灯塔
饮食文化	石艾茶、虎头鱼、红须头鱼等	农家乐

花鸟岛的历史可追溯到南宋乾道时期（1165~1173年），《四明图经》里记载第一批到达岛上的人给岛起名"石弄山"。从官方文件和地方志书的记载来看，岛名经历一次次变化：石弄山、石衢山、花脑山、花鸟岛，每一次的变化都是一次美的提升。这一方面反映了人们对于该岛的认识不断变化，另一方面也喻示着它自身内涵的不断丰富。地名的确定无非根据其地形特征和人文内涵两个方面。石弄山和石衢山的名称，主要依据的是岛上一种石头的形态。而花脑和花鸟的名称，已经聚焦于它那美丽的形象和寓意内涵的结合了。花鸟山与明代吴承恩笔下的"花果山"仅一字之差，且两山都在东海之上，因此有人认为花果山的原型即为花鸟山。花鸟岛上有"大圣望海"的巨石，最高峰"前坑顶"旁有洞名为"猢狲洞"，传说曾是猴子成群出没的地方。

舟山渔民画来自民间，是20世纪80年代初发展起来的中国现代民间绘画，渔民画家以贴近生活、反映时代为方向，以夸张的造型、强烈的色彩，描绘具有海岛气息、渔民风格的渔民画。花鸟社区也不乏渔民画的身影，在渔家小院内、屋边墙角下，常常可以见到半个空酒瓮，内植花草，瓶身用特色的渔民画装点，别有一番风味。

二、规划设计

1. 规划定位与总体布局

花鸟村在省历史文化村落保护利用重点村规划中，依托花鸟岛得天独厚的海岛风光资源以及灯塔、马力斯避暑房等独具英伦风味的历史遗存，在对花鸟村的区位特点、历史沿革、文化挖掘、自然

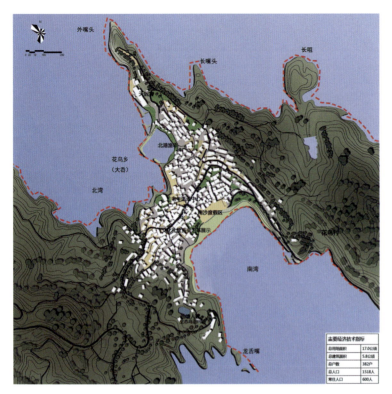

图 9-5-6 规划总平面图

环境、产业发展等综合分析的基础上,将花鸟村的规划定位为"百年灯塔·海上花鸟",规划"一轴、二心、六区"的结构布局(图9-5-6、图9-5-7)。

一轴:沿东西向主要道路形成的规划发展轴。

二心:村民活动中心、游客集散中心。

六区:灯塔观光区、历史风貌体验区、高端民宿度假区、北港渔事区、花鸟邻居区、南沙度假区。

2. 规划保护范围

花鸟村省历史文化村落保护利用重点村规划,根据建筑

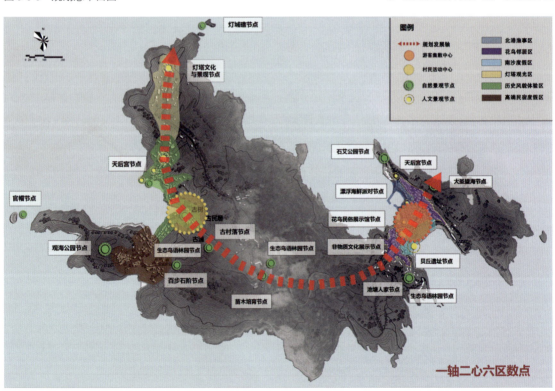

图 9-5-7 空间结构规划图

现状和对整体环境及用地类型的分析，确定花鸟村历史文化村落整体风貌划分为风貌保护区、建设控制区、环境协调区三个层次。其中，风貌保护区内保留的建筑最为完整且风格多样，最能展示花鸟社区历史文化村落的物质文化和非物质文化。规划提出以保护为主，严格控制建筑的结构及外立面，协调建筑与环境的关系。建设控制区内建筑体量与高度与景观视线不协调的，应予以拆除或改造。区域内新建建筑体量应与风貌保护区相协调，高度应控制在3层以下，应与风貌保护区及建设控制区的景观视线相协调。环境协调区为建设控制区与规划红线之间的范围，即整个花鸟岛除去风貌保护区和建设控制区之外的部分，总体要求其建筑及其景观环境与风貌保护区相协调（图9-5-8）。

三、建设实绩

花鸟村自2015年被列为浙江省第三批历史文化村落保护利用重点村以来，始终坚持美丽乡村建设和历史文化村落保护利用相结合，立足海岛发展需求，结合旅游示范岛建设，主要完成以下建设项目。

古建筑修复：修复马力斯避暑房、天后宫，恢复其方石接叠的历史风貌。完成2幢古建筑的顶瓦修补（面积200平方米）、墙体加固（面积200平方米）、立面改造（面积300平方米）、构件修复（共8个）。

与历史风貌有冲突的建（构）筑物整修改造：对南北岙529户民房进行了外立面改造，采用蓝白

图9-5-8 保护范围规划图

穿插的色彩处理方式，形成明快、整洁、具有海岛特色的整体风貌。累计完成290幢建筑的立面改造，面积59000平方米；整体拆除面积500平方米（图9-5-9、图9-5-10）。

村内道路改造：完成村内道路改造1.5公里，面积6000平方米。

景观环境提升：建设美丽花鸟展示区1座，彰显历史底蕴；完成花鸟中心商业街区改造工程，提升海岛商业氛围；改建完成低碳互联中心项目，宣传整岛低碳环保理念；提升旅游公厕、码头边坡等地的环境质量。

四、建设效益

花鸟村是历史文化村落保护利用中，产业融合有效型的代表。花鸟社区着力于"以渔稳乡"的发展策略，写好旅游发展和岸线保护两篇文章，积极依托花鸟国际灯塔的名片，发展海岛原生态旅游和休闲度假旅游。同时，发挥花鸟岛所处的国际航道的特定地理位置优势，加上丰富的岸线资源优势，打造绿色花鸟、和谐花鸟、幸福花鸟（图9-5-11~

a）改造前　　　　　　　　　　　　　　b）改造后

图9-5-9　南岙风貌改造前后对比图

a）整治前　　　　　　　　　　　　　　b）整治后

图9-5-10　慢生活街区整治前后对比图

图9-5-13）。花鸟社区围绕打造"中国海岛旅游典范"的总体目标，深挖渔农村特色，积极招商引资，开发海岛民宿产业，现已打造花屿爱丽丝、吴小姐的家、沁语楼等44家民宿，民宿产业发展较为成熟。目前，花鸟岛已成为舟山市首批5个旅游示范岛之一，先后承办了舟山市"比学赶超"现场会、舟山市居家养老服务工作现场会、全省美丽乡村和农村精神文明建设现场会等多场重要活动，获得与会来宾的高度评价，提高了花鸟村的声誉。

图 9-5-11　主题民宿

图 9-5-12　花鸟学堂

图 9-5-13　景观节点

附录

附录 A　浙江省历史文化村落保护利用建设绩效评价表

表 A-1　绩效评价表 1

分类		检查内容	评分标准	评价方法	分值	计分	备注
建设实绩 60 分	古建筑修复 28 分	顶瓦修补	以体量完成率为评分标准。完成 100% 得 5 分、90% 得 3 分、80% 得 1 分、80% 以下不得分	现场测量、台账资料查阅	5		
			以整体协调性与施工工艺为评分标准。好得 2 分、较好得 1 分、一般得 0.5 分、差不得分	现场评估	2		
		墙体加固	以体量完成率为评分标准。完成 100% 得 5 分、90% 得 3 分、80% 得 1 分、80% 以下不得分	现场测量、台账资料查阅	5		
			以整体协调性与施工工艺为评分标准。好得 2 分、较好 1 分、一般 0.5 分、差不得分	现场评估	2		
		立面改造	以体量完成率为评分标准。完成 100% 得 5 分、90% 得 3 分、80% 得 1 分、80% 以下不得分	现场测量、台账资料查阅	5		
			以整体协调性与施工工艺为评分标准。好得 2 分、较好得 1 分、一般得 0.5 分、差不得分	现场评估	2		
		构件修复	以体量完成率为评分标准。完成 100% 得 5 分、90% 得 3 分、80% 得 1 分、80% 以下不得分	现场清点、台账资料查阅	5		
			以整体协调性与施工工艺为评分标准。好得 2 分、较好得 1 分、一般得 0.5 分、差不得分	现场评估	2		
	与历史风貌有冲突的建（构）筑物整修改造 11 分	立面改造	以体量完成率为评分标准。完成 100% 得 4 分、90% 得 3 分、80% 得 1 分、80% 以下不得分	现场测量、台账资料查阅	4		
			以整体协调性与施工工艺为评分标准。好的 1 分、较好得 0.5 分、差不得分	现场评估	1		
		结构降层	以体量完成率为评分标准。完成 100% 得 2 分、90% 得 1.5 分、80% 得 1 分、80% 以下不得分	现场评估、台账资料查阅	2		
		整体拆除	以体量完成率为评分标准。完成 100% 得 2 分、90% 得 1.5 分、80% 得 1 分、80% 以下不得分	现场评估、台账资料查阅	2		
		异地搬迁	以体量完成率为评分标准。完成 100% 得 2 分、90% 得 1.5 分、80% 得 1 分、80% 以下不得分	现场评估、台账资料查阅	2		
	古道修复改造 10 分	里程	以体量完成率为评分标准。完成 100% 得 6 分、90% 得 4 分、80% 得 2 分、80% 以下不得分	现场测量、台账资料查阅	6		
		效果	以整体协调性与施工工艺为评分标准。好 4 分、较好 2 分、一般 1 分、差不得分	现场评估	4		

（续）

分类	检查内容		评分标准	评价方法	分值	计分	备注
建设实绩 60 分	搬迁安置区基本公建设施建设 11 分	完成指标	以用地面积和安置农户数完成率为评分标准。100% 得 7 分、90% 得 5 分、80% 得 3 分、80% 以下不得分	现场评估、台账资料查阅	7		
		建设效果	以整体协调性为标准。好得 2 分、较好得 1 分、一般得 0.5 分、差不得分	现场评估、台账资料查阅	2		
		基础设施	以配套是否完善为标准。好得 2 分、较好得 1 分、一般得 0.5 分、差不得分	现场评估、台账资料查阅	2		
项目和资金管理 10 分	项目建设管理制度 2 分		实行项目法人责任制、招标投标制、建设监理制、合同管理制的得 2 分，少一项扣 0.5 分	台账资料查阅	2		
	资金管理 8 分	资金管理制度	资金管理制度健全的得 2 分，不健全不得分	台账资料查阅	2		
		资金到位情况	各级财政补助资金及其他项目资金已落实到位的得 3 分，不到位的酌情扣分	台账资料查阅	3		
		资金拨付情况	资金按照进度及时拨付使用的得 3 分，未及时拨付或不按规定使用的酌情扣分	台账资料查阅	3		
规划落实 30 分	村落环境指标 19 分	功能分区及整体风貌	功能分区以与规划的契合度为评分标准。分区合理、边界吻合得 3 分，否则不得分	现场评估	3		
			整体风貌以与规划的契合度为评分标准。核心保护区的古建和古道按原貌修复适度利用得 1 分；建设控制区的高度、体量、色彩等管控合理得 1 分；风貌协调区的存有环境协调得 1 分；搬迁安置区建设风貌、设施符合规划得 1 分	现场评估	4		
		公共服务设施	以与规划的契合度为评分标准。公共服务设施（文化礼堂、村民避灾点、养老设施等）布点合理得 1 分、功能齐全得 1 分、配置明确得 1 分，否则不得分	现场评估	3		
		基础设施	市政建设以与规划的契合度为评分标准。给水排水得 1 分、强电弱电得 1 分、标识设施得 1 分，否则不得分	现场评估	3		
			环境整治以与规划的契合度为评分标准。垃圾、污水等整治到位得 1 分，防灾避灾得 1 分，否则不得分	现场评估	2		
		景观环境	绿化、小品、铺装等景观设施以与规划的契合度为评分标准。布点合理得 2 分、符合乡村景观特色得 2 分，否则不得分	现场评估	4		
	村落发展指标 11 分	主题品牌	以与规划的契合度为评分标准。主题谋划实施到位得 1 分、品牌推介与利用有效得 1 分，否则不得分	现场座谈、现场评估	2		
		文化挖掘与传承	以与规划的契合度为评分标准。历史文化和民俗文化挖掘的内容有依据得 1 分、传承的载体恰当得 1 分、弘扬的形式多样得 1 分，否则不得分	现场评估	3		
		产业发展	以与规划的契合度为评分标准。产业布局合理得 1 分、有效运作得 2 分，否则不得分	现场评估	3		
		社会评价	以原住民、游客等的认可度与满意度为评分标准。按照回收问卷统计的相应比例予以赋分	问卷调查、现场访谈	3		

（续）

分类	检查内容	评分标准	评价方法	分值	计分	备注
创新亮点 10分	资金投入机制 8分	部门资金整合度。好得2分、较好得1分、一般得0.5分、差不得分	查阅台账资料	2		
		工商资本引入。好得2分、较好得1分、一般得0.5分、差不得分	查阅台账资料	2		
		金融资本引入。好得2分、较好得1分、一般得0.5分、差不得分	查阅台账资料	2		
		村民自保自筹。好得2分、较好得1分、一般得0.5分、差不得分	查阅台账资料	2		
	建设模式 2分	引入BT、PPP等模式。好得2分、较好得1分、一般得0.5分、差不得分	查阅台账资料	2		
总 分				110		

表 A-2　绩效评价表 2

序号	内容		档案材料	备注
1	古建筑修复		顶瓦修补、墙体加固、立面改造、构件修复涉及的每个项目都需提供。用料单、竣工验收单、合同等至少提供一项	
2	与历史风貌有冲突的建（构）筑物整修改造		立面改造、结构降层、整体拆除、异地搬迁涉及的每个项目需提供。用料单、施工合同、竣工验收单等至少提供一项	
3	古道修复改造		里程（或面积）数涉及的每个项目都需提供。用料单、施工合同、竣工验收单等至少提供一项	
4	搬迁安置区基本公建设施建设	用地面积	上级政府批复文件的原件	
5		安置农户数	与各户签订的合同、协议、每户土地证等相关佐证材料至少提供一项	
6		基础设施	施工合同、竣工验收单等至少提供一项	
7	项目管理制度及执行情况		采购管理制度文件	
8			设计管理、施工管理、监理监督等制度文件	
9			验收管理制度文件	
10			运维管理、档案管理制度文件	
11	建设投入		项目竣工决算报告、审计报告	
12			各级财政补助资金使用情况付款凭证和支出明细	
13			其他项目资金使用情况的佐证材料	
14			资金管理制度文件	
15			资金整合相关材料	
16	档案资料管理		规划文本及相关批复文件	
17			保护利用相关的单体项目的设计文件	
18			施工文件	
19			监理文件	
20			招标文件	
21	创新亮点		佐证材料	
22	对现行历史文化村落保护利用政策的意见和建议			

附录 B 典型样本村落基础数据表

地区	村名	建村年代	地理类型	村域面积/km²	风貌与格局	姓氏	人口	民族	物质文化遗产	非物质文化遗产	基础产业	入选名录（批次）
温州	永嘉县苍坡村	五代后周显德二年	平原	6	"文房四宝"	李	1100户，3200余人	汉	县保单位2处：苍门、仁济庙；县保点6处：官厅、李氏大宗祠、水月堂、望兄亭、丁香桥、东头水井	县级3个：陈大保传说、望兄亭送弟传说、李附马传说	种植业：西瓜、猕猴桃；旅游业	中国传统村落（2）、省级历史文化名村（1）、省级历史文化村落保护利用重点村（1）、浙江省3A级景区村庄（1）
温州	苍南县碗窑村	明洪武年间	山地	8.62	依山层叠而筑	朱、陈、王、巫、洪等	306户，1291人	汉	省保单位1处：碗窑乡土建筑群（含三官庙、八角楼、古龙窑、古戏台等）		旅游业	中国历史文化名村（6）、中国传统村落（1）、省级历史文化村落保护利用重点村（1）、省级历史文化名村（3）、浙江省3A级景区村庄（2）
台州	三门县东屏村	元至正年间	山地	0.86	厚墙、窄窗的海防村落	陈	884户，2762人	汉	省保单位1处：东屏陈氏亚魁第（上新屋道地）；县保单位3处：陈氏宗祠、石滩道地、山花坟	市级1个：东屏麦虾制作技艺；县级2个：卤豆腐制作技艺、东屏芦苇小扫帚制作技艺	种植业：水稻	中国传统村落（2）、省级历史文化村落保护利用重点村（1）、省级历史文化名村（6）、浙江省3A级景区村庄（5）

(续)

地区	村名	建村年代	地理类型	村域面积/km²	风貌与格局	姓氏	人口	民族	物质文化遗产	非物质文化遗产	基础产业	入选名录(批次)
台州	玉环市东沙村	清康熙初年	沿海丘陵	0.22	山海建筑	骆、庄、史、黄、陈等	252户,910人	汉	县保单位1处:普安灯塔	国家级1个:龙舞(坎门花龙);省级3个:延绳钓捕捞技艺、玉环渔民号子、坎门造船灯彩;市级8个:玉环鱼面小吃制作技艺、船模、马粽制作工艺、渔民画、道士调、妈祖信仰习俗、坎门鳌龙鱼龙灯、贝雕	渔业、旅游业、餐饮业	省级历史文化村落保护利用重点村(1)、浙江省3A级景区村庄(2)
	临安区河桥村	唐垂拱二年	盆地	16.95	街巷型	周	1105户,3209人	汉		市级1个:中鑫马灯;县级5个:蒲村马灯、河桥鱼灯、学川马灯、罗山青狮灯、七都龙凤船	蚕桑业	省级历史文化村落保护利用重点村(1)、浙江省3A级景区村庄(2)
杭州	桐庐县深澳村	南宋绍兴二十三年	丘陵	5.19	地下水系丰富	申屠为主,徐、朱、周等	1176户,4262人	汉	省保单位1处:深澳建筑群(攸叙堂、怀素堂、恭思堂、盛德堂、云德堂、敬思堂、资善堂、孝思堂、前房厅、州牧第门楼、青云桥、八亩塘)	省级3个:桐庐传统建筑营造技艺、九狮图(深澳高空狮子)、江南时节;市级1个:深澳灯彩制作技艺;县级1个:深澳木杆秤制作技艺	加工制造业;生产医疗器械、玩具箱包;旅游业	中国历史文化名村(3)、中国传统村落(1)、省级历史文化村落保护利用重点村(1)、浙江省3A级景区村庄(1)

（续）

地区	村名	建村年代	地理类型	村域面积/km²	风貌与格局	姓氏	人口	民族	物质文化遗产	非物质文化遗产	基础产业	入选名录（批次）
杭州	桐庐县荻浦村	宋末元初	山地	29.1	沿溪而筑，船型格局	胡为主，方、邵等	436户，1272人	汉	县保单位4处：荻浦村胡氏宗祠，万福桥，文安楼、东山书院	县级1个：荻坪板龙	农业：种植、水稻、油茶；旅游业	中国历史文化名村（7）、中国传统村落（3）、省级历史文化村落保护利用重点村（3）、省级历史文化名村（5）、浙江省3A级景区村庄（4）
	富阳区东梓关村	北宋年间	平原	2.77	沿江呈带状分布	许、王、朱、申屠	640户，1818人	汉	市保单位3处：许家大院、越石庙、安雅堂	国家级1个：张氏骨伤疗法	种植业：水稻	中国传统村落（4）、省级历史文化村落保护利用重点村（3）、浙江省3A级景区村庄（1）
	建德市新叶村	南宋嘉定元年	丘陵	15.43	明清建筑露天博物馆	叶	1071户，3634人	汉	国保单位1处：新叶乡土建筑群（含永锡堂、有序堂、由义堂、存心堂等34幢建筑）	省级2个：新叶昆曲、新叶三月三；县级4个：新叶古村营造技艺、木雕技艺、土曲酒酿制技艺、麻糍米糕制作技艺	种植业：荷花、油茶；旅游业	中国历史文化名村（5）、中国传统村落（1）、省级历史文化名村（2）、浙江省3A级景区村庄（1）
	建德市上吴方村	明洪武二年	丘陵	1.94	九宫八卦	方	371户，1236人	汉	省保单位1处：上吴方村土建筑群（含三衍庆堂、方正堂、乐堂、世美堂等25幢建筑）	县级3个：民间剪纸、上吴方正月廿灯会、建德土酒系列酿制技艺、珠算技艺	种植业：柑橘；旅游业	中国历史文化名村（7）、中国传统村落（3）、省级历史文化村落保护利用重点村（2）、省级历史文化名村（5）、浙江省3A级景区村庄（3）

（续）

地区	村名	建村年代	地理类型	村域面积/km²	风貌与格局	姓氏	人口	民族	物质文化遗产	非物质文化遗产	基础产业	入选名录（批次）
湖州	安吉县鄣吴村	南宋初年	山地	11.9	八府九弄十二巷	吴为主、王、刘等	1045户，3608人	汉	省保单位1处：吴昌硕故居（修谱大屋、吴门楼）；县保单位2处：胡氏门楼、吴麟夫妇墓；县保点7处：大队会堂、吴氏墓群、狮子台门楼、吴氏大屋、金家大屋、鲤鱼河、月亮塘、鄣吴石刻	省级1个：鄣吴金龙；市级2个：鄣吴竹扇制作技艺、鄣吴竹编制作技艺	土特产加工业、制扇业	中国历史文化名村（6）、中国传统村落（3）、省级历史文化村落保护利用重点村（2）、省级历史文化名村（4）
	德清县燎原村	南北朝	山地	9	民国风情	钱、盛、汪等	550户，1863人	汉	省保单位1处：文治藏书楼；县保单位1处：莫干山小学旧址礼堂	市级1个：莫干黄芽炒制技艺	种植业：杨梅、茶叶、桃、梨	省级历史文化村落保护利用重点村（2）、浙江省3A级景区村庄（2）
	南浔区荻港村	北宋年间	平原	6.3	两河两廊、桑基鱼塘	章、朱、吴等	1146户，4126人	汉	省保单位3处：南苕胜境遗迹、章鸿钊故居、礼耕堂；市保点4处：秀水桥、三官桥、隆庆桥、余庆桥	省级1个：荻港民间丝竹；市级2个：荻港船拳、陈家菜烹饪技艺；县级1个：渔家乐打古乐	桑蚕业、渔业、乡村旅游业	中国历史文化名村（6）、中国传统村落（1）、省级历史文化名村（2）、省级历史文化村落保护利用重点村（4）、浙江省3A级景区村庄（2）
	德清县蠡山村	春秋时期	平原	5.57	蠡山八景	沈	743户，2832人	汉	国保单位1处：普济桥；县保单位3处：蠡山戏台、安济桥、蠡山遗址；县保点5处：安富桥、西施画桥、镇山桥、绍隆桥、卯山桥		种植业、水产养殖业	省级历史文化村落保护利用重点村（3）、浙江省3A级景区村庄（1）

（续）

地区	村名	建村年代	地理类型	村域面积/km²	风貌与格局	姓氏	人口	民族	物质文化遗产	非物质文化遗产	基础产业	入选名录（批次）
湖州	吴兴区义皋村	五代时期	平原	2.25	夹河为市，沿河聚集	朱、吴、张等	499户，1781人	汉	市保单位3处：范家大厅、义皋茧站、太湖溇港古桥群（尚义桥）		种植业：蔬菜	中国传统村落（3）、省级历史文化村落保护利用重点村（2）、浙江省3A级景区村庄（2）
湖州	长兴县上泗安村	隋大业三年	平原	1.74	街巷型	杨、刘、王等	506户，1750人	汉	县保单位2处：上泗安古桥群（广安桥、太平桥、寿星桥、古码头遗址）、凤凰山抗日碑群、无名阵亡战士墓碑；县保点5处：方升泰古宅、头天门古寺庙、荆竹潭遗址、商贸古道、止步桥	省级1个：旱船；市级1个：上泗安青龙	种植业：苗木、花卉	中国传统村落（4）、省级历史文化村落保护利用重点村（3）、省级历史文化名村（6）、浙江省3A级景区村庄（1）
金华	兰溪市诸葛村	元中期	丘陵	2	九宫八卦	诸葛	960户，3000人	汉	国保单位1处：诸葛、长乐村民居（含丞相祠堂、大公堂、雍睦堂、大经堂等）	国家级2个：诸葛村古村落营造技艺、诸葛亮后裔祭祖；省级1个：孔明锁制作技艺；市级1个：诸葛中医药文化；县级4个：杆秤制作技艺、传统打铁技艺、兰溪篾编、葱棍糖制作技艺	农业、旅游业	中国传统村落（2）、省级历史文化名村（5）
金华	兰溪市芝堰村	南宋淳熙年间	丘陵	12.44	九堂一街	陈	460户，1450人	汉	国保单位1处：芝堰村建筑群（含孝思堂、衍德堂、济美堂、承显堂等）	市级1个：兰溪罗驾	种植业：油菜、珧珧、李子；旅游业：农家乐、水米糕	中国传统村落（3）、省级历史文化村落保护利用重点村（2）、省级历史文化名村（5）、浙江省3A级景区村庄（1）

（续）

地区	村名	建村年代	地理类型	村域面积/km²	风貌与格局	姓氏	人口	民族	物质文化遗产	非物质文化遗产	基础产业	入选名录（批次）
金华	浦江县新光村	清乾隆三年	山地	2.7	灵岩古庄园	朱	350户，1045人	汉	省保单位1处：新光古建筑群（含治穀堂、灵岩公故居、润德堂、光裕堂、敦厚堂、启明居、敦睦堂、镇东桥等13幢建筑）	国家级2个：板凳龙、浦江乱弹	种植业、旅游业	中国传统村落（1）、省级历史文化村落保护利用重点村（2）、浙江省3A级景区村庄（1）
金华	东阳市李宅村	明宣德二年	平原	6	民居集聚型	李	1887户，4909人	汉	省保单位1处：李宅古建筑群（含花厅、集庆堂、更楼、尚书坊、等7幢建筑）；县保单位2处：高踏步南三合院、蓬山巷十一间头；县保点3处：近思弄、廿一间头、西合门、高会堂	市级2个：花灯制作技艺、墩庙会；县级1个：李宅拍饼	种植业、旅游业	中国传统村落（4）、省级历史文化名村（2）、省级历史文化村落保护利用重点村（2）、浙江省3A级景区村庄（2）
金华	金东区琐园村	明万历年间	丘陵	1.4	七星拱月	严	480户，1280人	汉	省保单位1处：琐园村乡土建筑群（润泽堂、严氏尊三堂、显承堂、严氏宗祠等）	市级1个：铜钱八卦制作技艺；县级1个：少年同乐堂	种植业、苗木、手工业、养殖业	中国传统村落（5）、省级历史文化村落保护利用重点村（3）
绍兴	柯桥区冢科村	明建文三年	丘陵	3.82	民居集聚型	余姓为主，李、张	256户，746人	汉	县保单位2处：余氏宗祠、永兴公祠；县保点3处：八老爷合门、余氏老合门、高新屋合门	县级1个：永兴庙会	种植业、茶、竹、水稻	中国历史文化名村（5）、中国传统村落（1）、省级历史文化名村（2）、省级历史文化村落保护利用重点村（4）、浙江省3A级景区村庄（1）

(续)

地区	村名	建村年代	地理类型	村域面积/km²	风貌与格局	姓氏	人口	民族	物质文化遗产	非物质文化遗产	基础产业	入选名录（批次）
绍兴	诸暨市斯宅村	五代后汉乾祐二年	山地	10.46	沿溪带状分布	斯	1002户，2750人	汉	国保单位1处：斯氏古民居建筑群（千柱屋、华国公别墅、发祥居）；省保单位1处：上新居、笔家居；市保点1处：蚕斯干免岭亭；县保6处：小洋房、斯宅小学、斯宅大夫第、精制茶厂、下门前畔合门、百马图、摩崖石刻	省级1个：十里红妆；市级2个：斯民古民居建筑营造技艺、越红工夫茶制作技艺	种植业：香榧、茶叶	中国传统村落（1）、省级历史文化村落保护利用重点村（1）、省级历史文化名村（2）、浙江省3A级景区村庄（1）
	新昌县斑竹村	南宋绍兴二十四年	丘陵	2.88	沿溪街巷型	章、盛、张	229户，606人	汉	省保单位1处：天姥古道（斑竹章家祠堂、落马桥、司马悔庙）	国家级1个：新昌调腔；县级2个：落马桥的传说、浙东唐诗之路	种植业、林业、旅游业	中国传统村落（5）、省级历史文化村落保护利用重点村（2）、浙江省3A级景区村庄（1）
	新昌县梅渚村	宋代	丘陵	3.2	船型格局	黄为主；俞、蔡等	876户，2130人	汉	县保点2处：黄氏大宗祠、梅渚村莲华庵	省级1个：十番；市级2个：梅渚剪纸、梅渚槽烧酿造技艺；县级1个：梅渚竹编工艺	蚕桑业	中国传统村落（5）、省级历史文化村落保护利用重点村（1）、浙江省3A级景区村庄（1）
衢州	衢江区涧峰村	北宋年间	丘陵	4.1	三面环山、三水穿村	徐、王、余等	971户，2698人	汉	省保单位1处：涧峰徐氏大宗祠及余氏宗祠；县保单位1处：王思锡墓		种植业：柑橘、葡萄、草莓、蔬菜；旅游业	省级历史文化村落保护利用重点村（3）、浙江省3A级景区村庄（2）

（续）

地区	村名	建村年代	地理类型	村域面积/km²	风貌与格局	姓氏	人口	民族	物质文化遗产	非物质文化遗产	基础产业	入选名录（批次）
衢州	江山市大陈村	明永乐年间	山地	5.2	沿山呈长条块状分布局	汪	455户，1293人	汉	省保单位1处：大陈村乡土建筑群（含汪氏宗祠、文昌阁等16幢建筑）	省级1个：江山老佛节	种植业：杨梅、枇杷；矿业：石灰石、景观石；旅游业：农家乐、民宿	中国历史文化名村（6）、中国传统村落（1）、省级历史文化名村（4）、浙江省3A级景区村庄（1）
	江山市清漾村	南朝梁大同年间	丘陵	3.78	群山环抱势	毛	347户，1206人	汉	县保单位1处：清漾塔	市级3个：毛氏谱系文化、清漾毛恺的故事、石门抬阁；县级2个：石门迎仙居寺台阁、王安石对句	种植业：水稻、葡萄、火龙果；旅游业	中国传统村落（7）、中国历史文化名村（2）、省级历史文化村落保护利用重点村（11）、浙江省3A级景区村庄（1）
	开化县龙门村	明中期	山地	15.15	九溪龙门	汪、余、赖、黄	321户，1056人	汉	省保单位1处：余氏宗祠；县保单位1处：越国宗祠		种植业：高山蔬菜；养殖业：清水鱼、清水鸡；旅游业	中国传统村落（4）、省级历史文化村落保护利用重点村（2）、省级历史文化名村（5）、浙江省3A级景区村庄（1）
	常山县金源村	北宋宣和年间	丘陵	10	两山夹水，出门见山	王	818户，2395人	汉	省保单位1处：底角王氏宗祠（含世美坊）		种植业：胡柚、油茶	中国传统村落（5）、省级历史文化名村（2）、省级历史文化名村（6）、浙江省3A级景区村庄（3）

（续）

地区	村名	建村年代	地理类型	村域面积/km²	风貌与格局	姓氏	人口	民族	物质文化遗产	非物质文化遗产	基础产业	入选名录（批次）
丽水	莲都区下南山村	明万历年间	丘陵		建筑呈阶梯状分布	郑	216户，551人	汉	市保单位1处：下南山村古民居群		种植业：杨梅	省级历史文化村落保护利用重点村（1）、浙江省3A级景区村庄（1）
	庆元县月山村	北宋景德元年	山地	15.1	举溪八景、二里十桥	吴、范、鲍等	682户，1702人	汉	国保单位2处：处州廊桥（如龙桥、来凤桥、步蟾桥）、吴文简祠（至善门）；省保单位1处：白云桥；县保单位1处：云泉寺		种植业：粮食、蔬菜、高山锥栗、茶叶；旅游业	省级历史文化村落保护利用重点村（1）、浙江省3A级景区村庄（1）
	松阳县界首村	宋代	丘陵	5	船型古村落	刘为主，张、雷、陈、叶等	320户，855人	汉、畲	县保单位1处：节孝坊	省级1个：畲族叙事歌	种植业：茶叶；旅游业	中国传统村落（2）、省级历史文化村落保护利用重点村（2）、省级历史文化名村（3）、浙江省3A级景区村庄（2）
	缙云县河阳村	后唐长兴三年	丘陵	5.9	一溪两坑、一街五巷	朱	1200户，3655人	汉	国保单位1处：河阳村乡土建筑群（包含朱大宗祠、文翰公祠等27幢建筑）	省级2个：缙云剪纸、河阳古民居建筑艺术；市级1个：缙云清明祭祖	养殖业、来料加工业	中国传统村落（6）、中国历史文化名村（1）、省级历史文化名村（1）、省级历史文化村落保护利用重点村（2）
	龙泉市溪头村	清末	山地	13.58	古龙窑活态博物馆	陈、李、张、叶等	388户，1127人	汉、畲	省保单位2处：龙泉瓷窑制瓷作坊、李家窑、钻塔窑等7座、上溪头中共工农红军北上抗日先遣队随军银行旧址（陈佐汉故居）	省级1个：龙泉青瓷烧制技艺	种植业：水稻；加工业：瓷土加工、青瓷制作；旅游业	省级历史文化名村（2）、省级历史文化村落保护利用重点村（5）、浙江省3A级景区村庄（1）

（续）

地区	村名	建村年代	地理类型	村域面积/km²	风貌与格局	姓氏	人口	民族	物质文化遗产	非物质文化遗产	基础产业	入选名录（批次）
宁波	镇海区十七房村	南宋咸淳三年	平原	2.7	组团式布局	郑	1122户，2479人	汉	县保单位1处：黄公祠；县保点：郑氏十七房	省级1个：澥浦船鼓；市级1个：澥浦民间绘画；县级1个：车子灯	种植业：水稻；旅游业	省级历史文化村落保护利用重点村（2）、省级历史文化名村（6）
宁波	慈溪市双湖村	唐开元年间	丘陵	4	双湖夹村	王、叶	896户，2207人	汉	县保单位4处：鸣鹤街河桥（普安桥、三槐桥、沙滩桥、世德桥、运河桥）、叶氏大房（廿四间头）、金仙寺；县保点2处：敦本堂、沈氏大屋		种植业：杨梅、水稻；加工业：年糕	省级历史文化村落保护利用重点村（2）、省级历史文化名村（6）
宁波	余姚市柿林村	元末明初	山地	6.05	三山环布、一水前绕	沈	289户，650人	汉	县保单位2处：沈氏宗祠、赤水桥		种植业：茶叶、柿子、毛竹	中国历史名村（7）、中国传统村落（1）、省级历史文化村落保护利用重点村（3）、省级历史文化名村（5）、浙江省3A级景区村庄（2）
舟山	定海区马岙村	南宋宝庆年间	平原	4.5	块状布局	林	607户，1600人	汉	省保单位1处：蓬莱遗址群；市保单位1处：林氏宗祠		种植业：水稻、番薯、橘子；养殖业：鱼类、长毛兔	省级历史文化村落保护利用重点村（3）、省级历史文化名村（6）、浙江省3A级景区村庄（2）
舟山	嵊泗县花鸟村	清代	海岛	3.28	四面环海，放射状布局	夏、张等	829户，2020人	汉	国保单位1处：花鸟灯塔		渔业、旅游业	省级历史文化村落保护利用重点村（3）、浙江省3A级景区村庄（1）

（续）

地区	村名	建村年代	地理类型	村域面积 /km²	风貌与格局	姓氏	人口	民族	物质文化遗产	非物质文化遗产	基础产业	入选名录（批次）
总计		唐及以前：6个 唐宋之间：4个 宋：15个 元：3个 明：8个 清：4个							国保单位：9处 省保单位：19处 市保单位(点)：11(5)处 县保单位(点)：40(34)处	国家级：7个 省级：20个 市级：31个 县级：34个		中国历史文化名村：12个 中国传统村落：28个 省级历史文化村落：36个 省级历史文化名村：26个 浙江省3A级景区村庄：34个

附录 C 典型样本村落重要建（构）筑物一览表

县（市、区）村名	序号	建（构）筑物名称	类别	年代	结构材料	层数	使用情况	占地面积/m²
永嘉县苍坡村	1	仁济庙	县保单位	南宋淳熙七年	木	1	楠溪江民俗馆、永嘉昆剧馆	320
	2	苍坡溪门	县保单位	南宋淳熙五年	木	1	牌楼	12
	3	水月堂	县保点	始建于北宋崇宁三年，清咸丰三年重建	砖木	1	咖啡馆	300
	4	李氏大宗祠	县保点	明宣德年间	木	1	宗祠、文化礼堂	860
	5	望兄亭	县保点	南宋建炎二年	木	1	凉亭	64
	6	官厅	县保点	明万历十年	木	1	农村改革展示馆	260
	7	东头水井	县保点	南宋	石		水井	4
	8	曹门老屋	"三普"登录点	清咸丰三年	砖木	2	林曦明书画馆	600
	9	三份祠（蕙风轩）	"三普"登录点	清康熙年间	砖木	1	夏惠瑛书画馆	400
	10	山水移情宅	"三普"登录点	清代	砖木	2	自住	500
	11	古墓	"三普"登录点	宋代	石			
	12	义学祠	传统建筑	清嘉庆十三年	砖木	1	永嘉学派馆	500
	13	官祠堂	传统建筑	明嘉靖年间	木	1	祠堂	300
	14	外宅祠堂	传统建筑	明宣德年间	砖木	1	祠堂	600
	15	太阴宫	传统建筑	始建于清乾隆五十年，民国二十八年重修	石木	1	赵瑞椿书画馆	300
	16	三退大屋	传统建筑	清乾隆年间	木	2	自住	2000
	17	李天云屋	传统建筑	清道光年间	砖木	2	自住	1058
	18	坡中堂	传统建筑	清道光年间	砖木	2	自住	800
	19	尚德堂	传统建筑	清乾隆年间	砖木	2	自住	1800
	20	进德堂	传统建筑	清代	砖木	2	自住	450
	21	山溪揽胜民居	传统建筑	民国	砖木	2	自住、小卖部	140
	22	5号民居	传统建筑	清代	砖木	2	自住	500

（续）

县（市、区）村名	序号	建（构）筑物名称	类别	年代	结构材料	层数	使用情况	占地面积/m²
永嘉县苍坡村	23	8号民居	传统建筑	清代	砖木	2	自住	380
	24	大街巷10号民居	传统建筑	清代	砖木	2	自住	110
	25	16—18号民居	传统建筑	清代	木	2	自住	400
	26	后街巷28、29号民居	传统建筑	清代	砖木	2	自住	180
	27	民居1	传统建筑	清代	砖木	2	自住	430
	28	民居2	传统建筑	清代	砖木	2	自住	160
	29	民居3	传统建筑	清代	砖木	2	自住	320
	30	民居4	传统建筑	清代	砖木	2	自住	240
苍南县碗窑村	1	八角楼	省保单位	清代	木	3	自住	70
	2	古戏台	省保单位	清同治年间	木	1	戏台	25
	3	三官庙	省保单位	清咸丰元年	木	1	庙宇	
	4	古龙窑	省保单位	清康熙年间	土木	1	制瓷	500
	5	朱氏祖宅	传统建筑	清代	木	2	碗窑博物馆	1500
	6	陶瓷手工作坊	传统建筑	清代	木	1	制瓷	5000
	7	余振扬宅	传统建筑	清代	木	2	自住	250
	8	夏氏祖居	传统建筑	清顺治十七年	木	1	自住	160
	9	陈氏祖宅	传统建筑	清代	木	2	陶瓷展馆	180
	10	马氏民居	传统建筑	清代	木	2	茶馆	200
	11	陈上怀宅	传统建筑	清代	木	1	自住	100
	12	王氏民居	传统建筑	清代	木	2	自住	170
	13	朱氏民居	传统建筑	清代	木	2	自住	150
	14	典型五层楼	传统建筑	清代	砖木	1	闲置	100
	15	余大营宅	传统建筑	清代	木	2	自住	240
	16	余振地宅	传统建筑	清代	木	1	自住	180
	17	祖神庙	传统建筑	清代	木	1	庙宇	50
	18	陈氏吊脚楼	传统建筑	清代	砖木	2	闲置	210
	19	和唐后（东厢移置房）	传统建筑	清代	木	2	闲置	70
	20	49、50号民居	传统建筑	清代	木	2	自住	280
	21	202、203号民居	传统建筑	清代	木	1	闲置	90
	22	107—113号民居	传统建筑	清代	木	2	自住/糕饼店	180
	23	117—119号民居	传统建筑	清代	木	2	闲置	110
	24	120—126号民居	传统建筑	清代	木	2	自住	160
	25	138—145号民居	传统建筑	清代	木	1	自住、小卖部	240

（续）

县（市、区）村名	序号	建（构）筑物名称	类别	年代	结构材料	层数	使用情况	占地面积/m²
苍南县 碗窑村	26	151—157号民居	传统建筑	清代	木	2	自住	130
	27	189—193号民居	传统建筑	清代	木	1	自住	160
	28	204—207号民居	传统建筑	清代	木	2	闲置	90
	29	213—221号民居	传统建筑	清代	木	2	小卖部	280
	30	222—226号民居	传统建筑	清代	木	1	自住	160
	31	227—231号民居	传统建筑	清代	木	2	消防站	160
	32	240—242号民居	传统建筑	清代	木	2	自住	120
	33	243、244号民居	传统建筑	清代	木	2	豆腐坊	50
	34	252—255号民居	传统建筑	清代	木	2	自住	130
	35	256—260号民居	传统建筑	清代	木	2	自住	190
	36	263、264号民居	传统建筑	清代	木	1	闲置	320
	37	民居1	传统建筑	清代	木	2	闲置	130
	38	瓯江红碗窑村党群服务中心	传统建筑	清代	木	1	畲泥计划活动室、文化礼堂	160
	39	原碗窑小学	传统建筑	清代	砖木	2		220
	40	古材书屋	新建建筑	现代	砖木	1	书屋	70
	41	高压瓷器厂	新建建筑	现代	砖木	1	展厅	260
	42	巫氏宗祠	新建建筑	现代	砖木	1	宗祠	120
	43	水塔	历史环境要素					30
	44	古水碓	历史环境要素					
三门县 东屏村	1	上新屋道地	省保单位	清乾隆四十五年	木	2	民俗馆、自住	1475
	2	东屏陈氏宗祠	县保单位	始建于明中期，清乾隆十六年重修	土木	2	祠堂、老年活动中心、村民大会	642
	3	石滩道地	县保单位	清早期	土木	2	东屏乡贤馆、自住	475
	4	上道地	历史建筑	清早期	土木	2	自住	521
	5	下新屋道地	传统建筑	清早期	砖木	2	自住、民俗馆	410
	6	小道地	传统建筑	清代	砖木	2	村史馆	200
	7	镶炉屋	传统建筑	清代	砖木	2	消防教育馆	80
	8	老屋道地	传统建筑（部分重建）	清代	土木	3	红妆博物馆	420
	9	享堂园	传统建筑	民国	砖木	2	自住	350
	10	中朴堂将军故居	传统建筑	清代	砖木	2	自住	130
	11	门前田道地	传统建筑	民国	木	2	空置	360
	12	镇东堂	传统建筑	清代	木	1	庙宇	783

（续）

县（市、区）村名	序号	建（构）筑物名称	类别	年代	结构材料	层数	使用情况	占地面积/m²
三门县东屏村	13	民居1	传统建筑	清代	木	2	自住	500
	14	民居2	传统建筑	清代	砖石	2	自住	130
	15	民居3	传统建筑	清代	砖木	2	自住	180
	16	民居4	传统建筑	清代	砖木	1	自住	60
	17	民居5	传统建筑	清代	砖石	2	自住	40
	18	民居6	传统建筑	清代	砖石	2	自住	110
	19	民居7	传统建筑	清代	砖木	2	自住	700
	20	民居8	传统建筑	清代	砖木	2	自住	130
	21	民居9	传统建筑	清代	砖木	2	自住	300
	22	民居10	传统建筑	清代	砖木	2	自住	540
	23	民居11	传统建筑	清代	砖木	2	自住	600
	24	民居12	传统建筑	清代	砖木	2	自住	450
	25	民居13	传统建筑	清代	砖木	2	遗址	450
	26	民居14	传统建筑	清代	砖木	2	自住	600
	27	民居15	传统建筑	清代	砖木	2	自住	460
	28	民居16	传统建筑	清代	砖石	2	自住	580
	29	民居17	传统建筑	民国	砖石	2	自住	960
	30	民居18	传统建筑	清代	砖石	2	麦虾馆、自住	100
	31	圆道馆	传统建筑	清代	砖石		遗址	500
	32	山脚道地	传统建筑	清代	砖石		遗址	400
	33	仙女井	历史环境要素	明代	石		古井	
	34	风月桥	历史环境要素	明代	石		桥梁	
	35	折桂桥	历史环境要素	清代	石		桥梁	
	36	福履桥	历史环境要素	清代	石		桥梁	
玉环市东沙村	1	普安灯塔	县保单位	民国十四年	砖石	1	航标	14
	2	解放军营房旧址（两幢）	历史建筑	1953年	砖石	1	非物质文化遗产馆、海防历史展示馆	311
	3	清古屋	历史建筑	清代	石木	2	自住	52.5
	4	走马楼	传统建筑	清末	石木	2	自住	46.5
	5	古炮台	传统建筑	清同治年间	石木		遗址	
	6	建筑1	传统建筑	1953年	砖石	1	渔海民俗馆	140
	7	三官堂	传统建筑	始建于清乾隆六年，1992年扩建	砖木	2	宗教场所	440
	8	骆良庆宅	传统建筑	民国	砖石	2	自住	90

（续）

县（市、区）村名	序号	建（构）筑物名称	类别	年代	结构材料	层数	使用情况	占地面积/m²
玉环市东沙村	9	东沙南路50号民居	传统建筑	清代	砖木	2	自住	90
	10	东沙南路64—68号民居	传统建筑	民国	石	2	自住	100
	11	东沙南路85号民居	传统建筑	民国	石	2	自住	80
	12	东沙南路88号民居	传统建筑	民国	石	2	自住	90
	13	东沙南路110号民居	传统建筑	民国	石	2	自住	100
	14	民居1	传统建筑	民国	砖石	2	自住	60
	15	民居2	传统建筑	民国	石	2	自住	90
	16	民居3	传统建筑	民国	石	2	自住	60
	17	民居4	传统建筑	民国	石	2	自住	80
	18	民居5	传统建筑	民国	石	2	自住	70
	19	民居6	传统建筑	民国	石	2	自住	110
	20	民居7	传统建筑	民国	石	2	自住	140
	21	民居8	传统建筑	民国	砖石	2	朱记海鲜店	80
	22	弹药库	传统建筑	民国	石	1		
	23	花粉宫	一般建筑	20世纪70年代	砖木	2	宗教场所	49
	24	祈福亭	历史环境要素	20世纪70年代	木	1	凉亭	15
	25	水鸽古井	历史环境要素	清代	石		古井	
临安区河桥村	1	唐昌首镇台门	历史建筑	清代	砖木	1	台门	18
	2	耶稣教堂（上街50号）	历史建筑	民国	砖木	1	教堂	100
	3	惠元堂（曙光151、152号）	传统建筑	清光绪十八年	木	2	政府公房	500
	4	积善堂（上街59号）	传统建筑	清顺治	砖木	2	自住	80
	5	许益隆（曙光168、169号）	传统建筑	清光绪十八年	木	2	自住	225
	6	胡升号（上街19—21号）	传统建筑	清咸丰年间	木	2	自住	534
	7	柴志振（上街129—131、138、150号）	传统建筑	清光绪六年	木	2	自住	676
	8	震丰（上街206、207、211号）	传统建筑	清嘉庆五年	木	2	自住	576

（续）

县（市、区）村名	序号	建（构）筑物名称	类别	年代	结构材料	层数	使用情况	占地面积/m²
临安区河桥村	9	汪益茂	传统建筑	明末清初	砖木	2	小镇客厅	560
	10	河桥排蓬	传统建筑	清代	砖木	2	自住	150
	11	怡和（曙光157—163号）	传统建筑	清代	砖木	2	自住	800
	12	逸庐（上街301）	传统建筑	民国初年	砖木	3	自住	180
	13	曙光111号	传统建筑	清光绪十六年	木	2	政府公房	440
	14	曙光175、176号	传统建筑	清光绪十八年	木	2	政府公房	192
	15	曙光193、195号	传统建筑	清嘉庆七年	木	2	政府公房	448
	16	曙光228号	传统建筑	清光绪二十六年	木	2	政府公房	116
	17	曙光76号	传统建筑	1960年	砖木	1	文化礼堂/人民公社	800
	18	曙光88、89号	传统建筑	清光绪二十二年	木	2	政府公房	410
	19	曙光98、99号	传统建筑	民国九年	木	2	自住	450
	20	曙光107、109号	传统建筑	清嘉庆七年	木	2	自住	220
	21	曙光55、56号	传统建筑	清同治元年	木	2	自住	240
	22	曙光113、115号	传统建筑	清末	木	2	政府公房	366
	23	曙光116号	传统建筑	民国十一年	木	2	自住	100
	24	曙光121号	传统建筑	民国十一年	木	2	自住	100
	25	曙光123号	传统建筑	清代	砖木	2	自住	60
	26	曙光130号	传统建筑	清光绪十八年	木	2	自住	180
	27	曙光131、132、133号	传统建筑	现代	砖木	2	政府公房	
	28	曙光139、150号	传统建筑	民国十年	木	2	自住	156
	29	曙光170号	传统建筑	清光绪十八年	木	2	自住	112
	30	曙光173号	传统建筑	清光绪十八年	木	2	自住	154
	31	曙光178号	传统建筑	清光绪十八年	木	2	自住	290
	32	曙光179、180号	传统建筑	清光绪十八年	木	2	自住/小卖部	268
	33	曙光181、182、186号	传统建筑	清光绪十八年	木	2	自住	588
	34	曙光189号	传统建筑	清代	木	2	自住	414
	35	曙光190、191、192号	传统建筑	清嘉庆七年	木	2	自住	278
	36	曙光197—198号	传统建筑	清代	砖木	2	自住	130
	37	曙光220、222号	传统建筑	清嘉庆七年	木	2	自住	861
	38	曙光225、227号	传统建筑	清光绪二十六年	木	2	政府公房	264

(续)

县(市、区)村名	序号	建(构)筑物名称	类别	年代	结构材料	层数	使用情况	占地面积/m²
临安区河桥村	39	曙光 230 号	传统建筑	清光绪二十六年	木	2	自住	422
	40	曙光 256 号	传统建筑	清光绪二十八年	木	2	自住	124
	41	曙光 257、258 号	传统建筑	清光绪二十八年	木	2	自住	354
	42	曙光 265 号	传统建筑	清光绪二十一年	木	2	自住	216
	43	曙光 266 号	传统建筑	清光绪十六年	木	2	自住	144
	44	曙光 267、268 号	传统建筑	清光绪十二年	木	2	政府公房	182
	45	曙光 279 号	传统建筑	清末	木	2	自住	190
	46	上街 12、15、16 号	传统建筑	清光绪十六年	木	2	自住	200
	47	上街 17、18 号	传统建筑	清光绪十六年	木	2	自住/老街照相馆	280
	48	上街 33 号	传统建筑	民国十五年	木	2	自住	146
	49	上街 37 号	传统建筑	清同治三年	木	2	自住	200
	50	上街 57、58、62 号	传统建筑	清代	砖木	2	自住	150
	51	上街 60、61 号	传统建筑	民国九年	木	2	自住	340
	52	上街 66、68 号	传统建筑	清嘉庆五年	木	2	自住	320
	53	上街 67 号	传统建筑	清代	木	2	自住	440
	54	上街 73 号	传统建筑	清嘉庆五年	木	2	自住	740
	55	上街 77 号	传统建筑	清光绪二十六年	木	2	自住	200
	56	上街 88、89 号	传统建筑	清光绪二十六年	木	2	自住	260
	57	上街 100 号	传统建筑	清咸丰五年	木	2	自住	130
	58	上街 109 号	传统建筑	清宣统三年	木	2	自住	64
	59	上街 110 号	传统建筑	清光绪二十六年	木	2	自住	68
	60	上街 111 号	传统建筑	清光绪十六年	木	2	自住	132
	61	上街 112、113 号	传统建筑	清光绪十五年	木	2	自住	364
	62	上街 152、153、161 号	传统建筑	清光绪十六年	木	2	自住	230
	63	上街 156 号	传统建筑	清宣统二年	木	2	自住	82
	64	上街 158 号	传统建筑	清宣统二年	木	2	自住	166
	65	上街 167 号	传统建筑	清光绪二十一年	木	2	自住	136
	66	上街 212 号	传统建筑	清道光二十六年	木	2	自住	202
	67	上街 230 号	传统建筑	清代	石木	2	自住	50
	68	建筑 1	传统建筑	清代	砖木	1	浙西三中展览馆	130

（续）

县（市、区）村名	序号	建（构）筑物名称	类别	年代	结构材料	层数	使用情况	占地面积/m²
临安区河桥村	69	建筑2	传统建筑	清代	砖木	2	邻里中心、乡村会客厅	140
	70	建筑3	新建建筑	现代	砖木	2	影剧院	2000
	71	建筑4	新建建筑	现代	砖木	2	老年协会、退役军人服务站	160
	72	文澜阁	新建建筑	现代	砖木	3	乡村图书馆、展览馆、综合文化站	200
桐庐县深澳村	1	申屠氏宗祠（攸叙堂）	省保单位	始建于南宋咸淳九年，清康熙年间重建	砖木	2	文化展示	920
	2	恭思堂	省保单位	民国五年	砖木	2	闲置	1147
	3	怀素堂	省保单位	清嘉庆十年	砖木	2	写生基地	790
	4	资善堂	省保单位	清嘉庆元年	砖木	2	闲置	237
	5	前房厅	省保单位	清乾隆年间	砖木	1	闲置	450
	6	盛德堂	省保单位	清康熙二年	砖木	2	闲置	260
	7	敬思堂	省保单位	清咸丰五年	砖木	2	居住	252
	8	云德堂	省保单位	清代	砖木	2	闲置	130
	9	孝思堂	省保单位	清宣统二年	砖木	2	居住	368
	10	州牧第砖雕门楼	省保单位	明代	砖		门台	3
	11	清云桥	省保单位	清光绪年间			桥梁	83
	12	八亩塘坎井	省保单位	明代			坎井	30
	13	恒德堂	历史建筑	清嘉庆年间	砖木	2	居住	288
	14	积善堂	历史建筑	清道光二十年	石木	2	居住	333
	15	峻德堂	历史建筑	清光绪三十一年	砖木	2	居住	480
	16	戴公馆	历史建筑	民国三十三年	砖木	2	闲置	183
	17	后房厅（衍庆堂）	历史建筑	明末清初	砖木	1	闲置	356
	18	茂德堂	历史建筑	清乾隆五十年	砖木	2	八福民宿	500
	19	继述堂	历史建筑	清乾隆四十一年	砖木	2	闲置	350
	20	顺秀堂	历史建筑	清嘉庆二年	砖木	2	闲置	180
	21	蕴轩堂	历史建筑	清道光三十年	砖木	2	闲置	175
	22	荆善堂	历史建筑	清嘉庆十四年	砖木	2	三生一宅精品民宿	1012
	23	景松堂	历史建筑	清同治年间	砖木	2	云夕深澳里民宿	322
	24	贤德堂	历史建筑	清光绪三十三年	砖木	2	居住	572
	25	五公房	历史建筑	民国	砖木	3	文创商店	140

（续）

县（市、区）村名	序号	建（构）筑物名称	类别	年代	结构材料	层数	使用情况	占地面积/m²
桐庐县深澳村	26	景瓶草堂	历史建筑	清同治九年	砖木	2	闲置	185
	27	八房厅	历史建筑	民国十四年	砖木	1	闲置	450
	28	凤林堂	历史建筑	清同治七年	石木	2	居住	470
	29	听彝堂	历史建筑	清道光八年	砖木	2	闲置	257
	30	九德堂	历史建筑	清光绪八年	砖木	2	闲置	430
	31	行素堂	历史建筑	清光绪年间	石木	2	闲置	400
	32	宝善堂	历史建筑	清代	砖木	2	闲置	140
	33	春德堂	历史建筑	清代	砖木	2	民宿	250
	34	老街191号	历史建筑	清代	砖木	2	螺钿漆器展示	50
	35	深澳大礼堂	历史建筑	1950年	砖木	1	文化礼堂	800
	36	怀荆堂	传统建筑	清光绪年间	砖木	2	民国记忆咖啡吧	440
	37	古民居1	传统建筑	民国	砖木	2	居住	210
	38	古民居2	传统建筑	民国	砖木	2	文创商铺	60
	39	古民居3	传统建筑	民国	砖木	1	花间瓷	50
	40	古民居4	传统建筑	民国	砖木	1	文创商铺	150
	41	后朱弄	历史环境要素	宋代			街巷	
桐庐县荻坪村	1	胡氏宗祠	县保单位	清乾隆三十七年	砖木	1	祠堂、杭州富春江民生文化博物馆	1800
	2	东山书院	县保单位	北宋天圣年间	砖木	2	闲置	240
	3	文安楼	县保单位	民国十一年	砖木	2	小店、民居	520
	4	万福桥	县保单位	宋代	石		桥梁	150
	5	五朝门	历史建筑	清初	砖木	1	凉亭	33
	6	文昌阁	历史建筑	清乾隆三十七年	砖木	1	乡村生活书吧、美术创作基地、作家创作基地	112
	7	朱祖柏民居	历史建筑	20世纪60年代	砖木	2	木石樱缘（根雕艺术馆、写生基地、民宿）	200
	8	胡关良民居	历史建筑	清代	砖木	2	居住	168
	9	胡家达民居	历史建筑	清代	砖木	2	闲置	160
	10	胡春仙民居	历史建筑	清代	砖木	2	闲置	240
	11	胡家平民居	历史建筑	清代	砖木	2	居住	165
	12	荻坪粮仓	历史建筑	20世纪60年代	砖混	1	闲置	60
	13	民居1	历史建筑	清代	砖木	3	古韵居农家乐	100

（续）

县（市、区）村名	序号	建（构）筑物名称	类别	年代	结构材料	层数	使用情况	占地面积/m²
桐庐县茆坪村	14	灵古寺	传统建筑	清代	砖木	1	寺庙	240
	15	胡仙全民居	传统建筑	清代	砖木	2	居住	1200
	16	胡增万民居	传统建筑	清代	砖木	2	居住	180
	17	民居2	一般建筑	20世纪80年代	砖混	2	旦亭居	90
	18	胡泉生民居	一般建筑	20世纪60年代	砖木	2	老街面馆	60
	19	朱先明民居	一般建筑	20世纪60年代	砖木	2	荷塘面馆	60
	20	知青楼	一般建筑	20世纪60年代	土木	2	民宿	230
	21	马岭古道	历史环境要素	元至正元年	卵石		古道	
	22	古樟树	历史环境要素	元代			古树	
	23	黄连木	历史环境要素	清代			古树	
建德市上吴方村	1	衍庆堂	省保单位	清中期	砖木	2	民俗文化馆	94
	2	方正堂	省保单位	明宣德十年	砖木	1	文化礼堂	707
	3	三乐堂	省保单位	明隆庆四年	砖木	1	老年活动室	256
	4	南首私塾	省保单位	始建于清末，重建于明末	砖木	2	幼儿园教学点	91
	5	世美堂	省保单位	清早期	砖木	2	居住	202
	6	尚志堂	省保单位	清乾隆二十三年	砖木	2	家风家训馆	189
	7	尚德堂	省保单位	清代	砖木	1	公共建筑	130
	8	亦正堂	省保单位	清代	砖木	1	老年食堂	125
	9	承志堂	省保单位	清末	砖木	2	闲置	134
	10	彝叙堂	省保单位	清中期	砖木	2	居住	150
	11	刘阿答、方立信民居	省保单位	清末	砖木	2	居住	85
	12	方连松民居	省保单位	清中期	砖木	2	居住	227
	13	方骏洪民居	省保单位	清晚期	砖木	2	居住	76
	14	方寅光民居	省保单位	清中期	砖木	2	居住	110
	15	方吉生民居	省保单位	清末	砖木	2	居住	160
	16	方锡清民居	省保单位	清中期	砖木	2	居住	83
	17	方永松民居	省保单位	清末	砖木	2	居住	120
	18	方智启民居	省保单位	清代	砖木	2	居住	70
	19	方克俭、方秀忠民居	省保单位	清代	砖木	2	居住	180
	20	方顺忠、方挺生民居	省保单位	清末	砖木	2	居住	190
	21	方庭光、方银松民居	省保单位	清代	砖木	2	居住	242

(续)

县（市、区）村名	序号	建（构）筑物名称	类别	年代	结构材料	层数	使用情况	占地面积/m²
建德市上吴方村	22	方庆元民居	省保单位	清代	砖木	2	居住	76
	23	方永璋民居	省保单位	民国	砖木	2	居住	90
	24	方志平民居	省保单位	清中期	砖木	2	居住	75
	25	方志荣民居	省保单位	清中期	砖木	1	居住	120
	26	乐志堂	传统建筑	清代	砖木	1	名人礼仪堂、建德家风馆、建德市廉政文化教育基地	235
	27	方福田、方土芳民居	传统建筑	清末	砖木	2	闲置	110
	28	聚德堂	传统建筑	清末	砖木	1	空置	126
	29	下叶余庆堂	传统建筑	民国	砖木	1	空置	150
	30	方正松民居	传统建筑	清中期	砖木	2	村集体	132.7
	31	方泽军民居	传统建筑	清中期	砖木	2	居住	90
	32	方志峰民居	传统建筑	清晚期	砖木	2	居住	70
	33	方伟明民居	传统建筑	清末	砖木	2	居住	75
	34	方锦川民居	传统建筑	清末	砖木	2	居住	168.9
	35	方海祥、方海通民居	传统建筑	清末	砖木	2	居住	126
	36	方寿喜民居	传统建筑	清末	砖木	2	居住	100
	37	方辉裕民居	传统建筑	清代	砖木	2	居住	120
	38	方更强民居	传统建筑	清中晚期	砖木	2	居住	80
	39	方佳斌民居	传统建筑	清末	砖木	2	居住	120
	40	方克仁、方鸿吉民居	传统建筑	清末	砖木	2	自住	220
	41	方保根民居	传统建筑	清末	砖木	2	自住	216
	42	方洪生民居	传统建筑	民国	砖木	2	自住	100
	43	方建生民居	传统建筑	清末	砖木	2	自住	90
	44	方寅忠民居	传统建筑	清末	砖木	2	自住	76
	45	方正平民居	传统建筑	清末	砖木	2	自住	110
	46	方永烈民居	传统建筑	清末	砖木	2	自住	150
	47	方锦林民居	传统建筑	清代	砖木	2	自住	120
富阳区东梓关村	1	越石庙	市保单位	清嘉庆十八年	砖木	2	坛庙	339
	2	许家大院	市保单位	清道光二十年	砖木	2	自住	678
	3	安雅堂	市保单位	清光绪元年	砖木	1	张绍富医德馆	597

（续）

县（市、区）村名	序号	建（构）筑物名称	类别	年代	结构材料	层数	使用情况	占地面积/m²
富阳区东梓关村	4	长塘厅	历史建筑	清光绪二十九年	砖木	2	富春江江鲜展示馆、协商议事厅	225
	5	许氏六房、八房	历史建筑	清同治三年	砖木	2	东梓关艺术采风基地	300
	6	老邮电所	历史建筑	民国元年	砖木	2	统战之家	115
	7	西洋楼	历史建筑	民国五年	砖木	2	中安堂国医馆	128.7
	8	许大房	历史建筑	清道光二十三年	砖木	2	自住	243
	9	积善堂	历史建筑	民国六年	砖木	2	空置	171
	10	文三房	历史建筑	始建于明万历年间，重建于清道光二十五年	砖木	2	空置	500
	11	许春和药房	历史建筑	清末民初	砖木	2	空置	150
	12	东图供销社	历史建筑	1957年	砖木	2	小吃店	220
	13	许氏二房	传统建筑	清末民初	砖木	2	自住	108
	14	许氏五房	传统建筑	清末民初	砖木	2	自住	179
	15	许氏四房	传统建筑	清末民初	砖木	2	闲置	630
	16	许氏七房	传统建筑	清末民初	砖木	2	奶茶店、咖啡吧	130
	17	学家屋里	传统建筑	清末民初	砖木	2	闲置	268
	18	朱家堂楼	传统建筑	清代	砖木	2	闲置	301
	19	古建筑1	传统建筑	民国	砖石	2	豆腐作坊	87
	20	古建筑2	传统建筑	民国	砖木	2	居住	80
	21	古建筑3	传统建筑	民国	砖木	2	居住	89
	22	古建筑5	传统建筑	清代	砖木	2	闲置	180
	23	古建筑7	传统建筑	民国	砖混	2	居住	66
	24	古建筑8	传统建筑	清代	砖木	2	居住	185
	25	古建筑9	传统建筑	民国	砖混	2	党群服务中心、红芯驿站	50
	26	村史馆	一般建筑	2015年	砖木	2	展示馆	98
	27	民居1	一般建筑	2000年	砖混	3	饭店	80
	28	民居2	一般建筑	2010年	砖混	3	荷塘人家民宿	200
	29	民居3	一般建筑	2010年	砖混	4	梓缘人家民宿	1800
	30	民居4	一般建筑	1950年	砖混	2	江鲜大会会址	100
	31	民居5	一般建筑	1950年	砖混	2	农产品	150
	32	古樟树	历史环境要素	元代				
	33	古樟树	历史环境要素	元代				

（续）

县（市、区）村名	序号	建（构）筑物名称	类别	年代	结构材料	层数	使用情况	占地面积/m²
建德市新叶村	1	永锡堂	国保单位	清中期	砖木	2	葬丧文化场所	183
	2	种德堂	国保单位	清代	砖木	2	老年协会	412
	3	有序堂	国保单位	清嘉庆年间	砖木	1	戏曲展示馆、昆曲传承基地	544
	4	西山祠堂	国保单位	始建于元代，清康熙八年迁址	砖木	1	总祠堂、村史馆	1516
	5	贻燕堂	国保单位	清代	砖木	2	土曲酒展示馆	242
	6	文昌阁	国保单位	明初	砖木	2	耕读文化展示馆	350
	7	老年活动室	国保单位	清末	砖木	2	昆曲展示馆	136
	8	新叶玉泉寺	国保单位	清末	砖木	1	祭祀	740
	9	抟云塔	国保单位	明隆庆元年	砖土	7	文化展示	16
	10	双美堂	国保单位	民国初年	砖木	2	民俗生活展示馆	400
	11	旋庆堂	国保单位	民国十八年	砖木	1	白喜事场所	521
	12	崇仁堂	国保单位	明宣德年间	砖木	1	白喜事场所	632
	13	由义堂	国保单位	清中期	砖木	2	白喜事场所	112
	14	存心堂	国保单位	近现代	砖木	1	白喜事场所	250
	15	积庆堂	国保单位	清代	砖木	1	白喜事场所	103
	16	叶熙德民居	国保单位	民国	砖木	2	民宿	133
	17	叶建寅民居	国保单位	民国	砖木	2	民宿	118
	18	门台与南塘景观	国保单位	清代	石木	1	公共建筑	29
	19	荣寿堂	国保单位	清代	砖木	1	公共建筑	480
	20	姜海林民居	国保单位	清代	砖木	2	自住	250
	21	叶正文民居	国保单位	清代	砖木	2	自住	211
	22	叶柏珍民居	国保单位	清代	砖木	2	自住	144
	23	翠芳轩	国保单位	清中期	砖木	2	自住	180
	24	培桂堂	国保单位	清代	砖木	2	自住	387
	25	庆余堂	国保单位	清末	砖木	2	自住	186
	26	是亦居	国保单位	民国	砖木	2	自住	125
	27	过水楼	国保单位	民国	砖木	2	自住	204
	28	隐逸楼	国保单位	清代	砖木	2	自住	155
	29	钟毓堂	国保单位	清代	砖木	2	自住	200
	30	世美堂	国保单位	清中晚期	砖木	2	自住	196
	31	新叶村六间头	国保单位	清早期	砖木	1	自住	162
	32	大门里	国保单位	清中晚期	砖木	2	自住	460

（续）

县（市、区）村名	序号	建（构）筑物名称	类别	年代	结构材料	层数	使用情况	占地面积/m²
建德市新叶村	33	叶锡寿、叶永钦民居	国保单位	民国初期	砖木	2	自住	119
	34	徐文祥民居	国保单位	清代	砖木	2	空置	147
	35	竹堂	历史建筑	清末	砖木	1	香火房	111
	36	雍睦堂	历史建筑	清中期	砖木	1	白喜事场所	153
	37	叶肃钦民居	历史建筑	清代	砖木	2	自住	342
	38	叶柏林民居	历史建筑	清代	砖木	2	自住	98
	39	叶锡坤民居	历史建筑	清代	砖木	2	自住	90
	40	叶峰民居	历史建筑	清代	砖木	2	自住	124
	41	叶木荣民居	历史建筑	清代	砖木	2	自住	123
	42	叶志明民居	历史建筑	清末	砖木	2	自住	194
	43	叶秋标民居	历史建筑	清代	砖木	2	自住	87
	44	叶庆良民居	历史建筑	清代	砖木	2	自住	110
	45	叶田通民居	历史建筑	清代	砖木	2	自住	83
	46	叶寅奎民居	历史建筑	清代	砖木	2	自住	90
	47	叶木文民居	历史建筑	明代	砖木	2	自住	70
	48	叶耀廷民居	历史建筑	清代	砖木	2	自住	70
	49	叶汝芳、叶永宏民居	历史建筑	清代	砖木	2	自住	133
	50	叶瑞荣、叶毅峰民居	历史建筑	清代	砖木	2	自住	135
	51	叶亚峰、叶先桂民居	历史建筑	清中晚期	砖木	2	自住	178
	52	叶建高民居	历史建筑	清代	砖木	1	自住	70
	53	叶志华民居	历史建筑	清中期	砖木	2	自住	74
	54	汪志湘民居	历史建筑	清代	砖木	2	自住	81
	55	叶贵成民居	历史建筑	清代	砖木	2	自住	210
	56	叶全芳民居	历史建筑	清代	砖木	2	空置	30
	57	叶昭生、叶文芝民居	历史建筑	清代	砖木	2	空置	154
	58	叶木军民居	历史建筑	清代	砖木	2	空置	77
	59	叶照桂民居	历史建筑	民国	砖木	2	空置	142
	60	叶志好民居	历史建筑	清代	砖木	2	空置	80
	61	叶真修烈士墓	历史建筑	近现代	土石	1	墓碑	15
	62	进士第	传统建筑	清同治八年	砖木	1	文化礼堂	480
	63	叶震文民居	传统建筑	民国	砖木	2	农耕文化展示馆	140

（续）

县（市、区）村名	序号	建（构）筑物名称	类别	年代	结构材料	层数	使用情况	占地面积/m²
建德市新叶村	64	永庆堂	传统建筑	清代	砖木	1	香火房	80
	65	新叶土地祠	传统建筑	民国	砖木	1	祭祀	80
	66	诸坞敦睦堂	传统建筑	民国	砖木	1	白喜事场所	280
	67	福绥堂	传统建筑	近现代	砖木	1	白喜事场所	280
	68	永和堂	传统建筑	清代	砖木	1	白喜事场所	320
	69	仁德堂	传统建筑	清代	砖木	1	白喜事场所	60
	70	三槐堂	传统建筑	清代	砖木	1	白喜事场所	70
	71	崇智堂	传统建筑	清代	砖木	1	白喜事场所	560
	72	叶顺良民居	传统建筑	明末清初	砖木	2	自住	100
	73	叶志军民居	传统建筑	清末	砖木	2	自住	90
	74	居敬轩	传统建筑	清中期	木砖	1	自住	
	75	叶志昌民居	传统建筑	清代	砖木	2	自住	110
	76	叶朝春民居	传统建筑	民国	砖木	2	自住	90
	77	叶景芳民居	传统建筑	清代	砖木	2	自住	60
	78	叶土生民居	传统建筑	民国	砖木	2	自住	60
	79	叶志生民居	传统建筑	清代	砖木	2	自住	125
	80	叶早标民居	传统建筑	清代	砖木	2	自住	60
	81	叶凤新民居	传统建筑	民国	砖木	2	自住	200
	82	叶素芳民居	传统建筑	清代	砖木	2	自住	60
	83	叶跃富民居	传统建筑	清代	砖木	2	自住	45
	84	诸葛炳林、诸葛炳洪民居	传统建筑	清代	砖木	2	自住	300
	85	叶庆林民居	传统建筑	民国	砖木	2	自住	140
	86	叶康忠民居	传统建筑	民国	砖木	2	自住	200
	87	叶林昌民居	传统建筑	清代	砖木	2	自住	80
	88	叶汝松民居	传统建筑	民国	砖木	2	自住	140
	89	叶正云民居	传统建筑	清末	砖木	2	自住	140
	90	叶照荣民居	传统建筑	清代	砖木	2	自住	200
	91	叶连勇民居	传统建筑	民国	砖木	2	自住	100
	92	叶志清民居	传统建筑	清代	砖木	2	自住	110
	93	叶志忠民居	传统建筑	清代	砖木	2	自住	90
	94	叶田洪民居	传统建筑	清代	砖木	2	自住	200
	95	叶标昌民居	传统建筑	清代	砖木	2	自住	80
	96	叶盛昌民居	传统建筑	清代	砖木	2	自住	50
	97	叶兴元、叶兴忠民居	传统建筑	清末	砖木	2	自住	120

（续）

县（市、区）村名	序号	建（构）筑物名称	类别	年代	结构材料	层数	使用情况	占地面积/m²
建德市新叶村	98	叶建青民居	传统建筑	清末	砖木	2	自住	30
	99	叶建松民居	传统建筑	清末	砖木	2	自住	30
	100	叶培禄民居	传统建筑	清末	砖木	2	自住	30
	101	叶建军民居	传统建筑	清中期	砖木	2	自住	80
	102	叶伟春民居	传统建筑	清中期	砖木	2	自住	56
	103	叶洪奎民居	传统建筑	清末	砖木	2	自住	70
	104	叶六标民居	传统建筑	清末	砖木	2	自住	70
	105	叶顺标、叶正元民居	传统建筑	清代	砖木	2	自住	80
	106	叶顺丰民居	传统建筑	清代	砖木	2	自住	100
	107	叶玉坤民居	传统建筑	清代	砖木	2	自住	240
	108	诸葛水良、诸葛土祥民居	传统建筑	清代	砖木	2	自住	180
	109	诸葛柏勋、诸葛海水民居	传统建筑	清代	砖木	2	自住	200
	110	诸葛志春居	传统建筑	清代	砖木	2	自住	80
	111	叶庚发民居	传统建筑	清代	砖木	2	空置	80
	112	叶秋尧民居	传统建筑	清代	砖木	2	空置	80
	113	三石田圆形谷仓	传统建筑	清中期	木砖	1	空置	
	114	鼓楼桥	历史环境要素	清中期	石头		桥梁	
	115	童新桥	历史环境要素	清乾隆年间	石头		桥梁	
	116	三石田平桥	历史环境要素	清代	土石		桥梁	
	117	万枝桥	历史环境要素	清康熙年间	石板		桥梁	
安吉县鄣吴村	1	吴昌硕故居	省保单位	始建于明嘉靖年间	砖木	2	文化展示	1837
	2	吴氏修谱大屋	省保单位	清光绪年间	砖木	2	国学书画馆	664
	3	余氏门楼	省保单位	明代	砖木	1	牌楼展示	4
	4	胡氏门楼	县保单位	明代	砖石	1		4
	5	吴麟夫妇墓	县保单位	明代	石	1	参观展览	8
	6	大队大会堂	县保点	20世纪60年代	砖石	1	扇子博物馆（清风馆）	1800
	7	吴氏墓群	县保点	明代	石	1	古墓	60
	8	狮子台门楼	县保点	明中期	砖木	1		6
	9	金家大屋	县保点	清末	砖木	2	空置	500
	10	鄣吴石刻	县保点	明代	石		展览	
	11	胡氏民居	历史建筑	清末	砖木	2	住宅	230

（续）

县（市、区）村名	序号	建（构）筑物名称	类别	年代	结构材料	层数	使用情况	占地面积/m²
安吉县鄣吴村	12	溪南静室遗址	历史建筑	明代	砖石	1	遗址	500
	13	双进士古宅遗址	历史建筑	明代	砖	1	遗址	430
	14	胡一清家明楼	历史建筑	明代	砖	1		4
	15	修谱大屋门楼	历史建筑	明代	砖石	1		2
	16	金家门楼	历史建筑	明代	砖石	1	遗址	7
	17	明代木门楼	历史建筑	明代	砖	1	遗址	4
	18	吴昌硕衣冠冢	历史建筑	清末民初	砖石	1	墓	1000
	19	民房1	一般建筑	现代	砖混	2	电影海报馆	150
	20	民房2	一般建筑	现代	砖混	2	林梓醉秋书画馆	150
	21	村委办公楼	一般建筑	现代	砖混	2	溪境主题民宿、制扇工作室	
	22	状元桥	历史环境要素	明代	石		桥梁	
	23	泮池及泮池桥	历史环境要素		石		池塘、桥梁	
	24	一品泉碑刻水井	历史环境要素	明代	石		古井	2
	25	半月池	历史环境要素	明代	石		池塘	12
德清县燎原村	1	文治藏书楼	省保单位	民国二十二年	砖木	2	陆放版画馆、黄郛故居展示	600
	2	私立莫干小学旧址礼堂	县保单位	民国二十一年	砖木	1	民国图书馆、城市书房	170
	3	蚕种场建筑群（10幢）	传统建筑	民国	砖木		清境文创园（内有云鹤山房、破风骑行、民宿学院、自行车主题餐厅等）	4000
	4	老粮站（4幢）	传统建筑	新中国成立后	砖木	1	乡村振兴VR馆、海峡两岸交流展示馆、莫干山漫运动小镇客厅	500
	5	莫干山老车站	传统建筑	民国十八年	砖木	1	莫干山交通馆	180
	6	莫干山农村改进会旧址	传统建筑	民国二十一年	砖木	1	忘乡茶礼特产店	200
	7	古民居1	传统建筑	新中国成立后	砖木	2	布鞋店、特产店	140
	8	供销社	传统建筑	民国	砖混	2	法国山居餐厅	100
	9	许家洋房	传统建筑	民国	砖木	2	民宿	150
	10	钱万春旧宅	传统建筑	民国二十一年	砖木	2	自住	120

（续）

县（市、区）村名	序号	建（构）筑物名称	类别	年代	结构材料	层数	使用情况	占地面积/m²
德清县燎原村	11	私立莫干小学教师宿舍	传统建筑	民国二十一年	砖木	2	自住	700
	12	莫干山公所旧址	传统建筑	民国	砖木	2	居住	140
	13	邓晖民洋房	传统建筑	民国	砖混	2	空置	200
	14	莫皋坞盛氏旧宅	传统建筑	民国	土木	2	空置	150
	15	莫皋坞钱氏旧宅	传统建筑	清代	土木	2	空置	150
	16	燎原村盛氏旧宅	传统建筑	清代	砖木	2	空置	210
	17	奥村小筑	一般建筑	现代	砖混	3	民宿	800
	18	来野莫干山	一般建筑	现代	砖混	3	民宿	160
	19	柿子树驿站	一般建筑	现代	砖混	1	商铺	80
	20	永连山居	一般建筑	现代	砖混	3	民宿	140
	21	怡心轩民宿	一般建筑	现代	砖混	3	民宿	150
	22	晏如山居	一般建筑	现代	砖混	3	民宿	1000
	23	竹久居	一般建筑	现代	砖混	3	民宿	360
	24	荷叶山居	一般建筑	现代	砖混	3	民宿	340
	25	本零融合餐厅	一般建筑	现代	砖混	2	餐厅	700
	26	沐风山居	一般建筑	现代	砖混	3	民宿	220
	27	青莫餐厅	一般建筑	现代	砖混	3	餐厅	110
	28	勤楼山庄	一般建筑	现代	砖混	3	民宿	220
	29	黄郛墓	历史环境要素	民国			古墓	20
	30	白云池	历史环境要素	民国二十四年			灌溉山塘	2000
南浔区荻港村	1	章鸿钊故居（三瑞堂）	市保单位	清乾隆年间	砖木	1	章鸿钊故居展示	6000
	2	南苕胜境遗迹	市保单位	始建于元代，清乾隆三十四年重建	砖木	1	积川书塾、文昌阁、乡贤馆、文化礼堂、荻港积川画室、"六老六大员"工作室	3000
	3	礼耕堂	市保单位	清乾隆年间	砖木	2	吴氏家族展示馆	2000
	4	余庆桥	市保点	清乾隆十六年	石		桥梁	54.5
	5	秀水桥	市保点	清康熙年间	石		桥梁	35.4
	6	三官桥	市保点	明代	石		桥梁	53.4
	7	隆庆桥	市保点	清康熙年间	石		桥梁	43
	8	鸿远堂（朱五楼故居）	历史建筑	清光绪年间	砖	2	展示	449
	9	总管堂	历史建筑	清嘉庆年间	砖木	1	祭祀	2000

（续）

县（市、区）村名	序号	建（构）筑物名称	类别	年代	结构材料	层数	使用情况	占地面积/m²
南浔区荻港村	10	演教寺	历史建筑	始建于五代后周显德二年，北宋建隆元年重建	砖	1	坛庙祠堂	3000
	11	鸿仪堂	历史建筑	清乾隆年间	砖木	2	罗伯特章故居展示	300
	12	水龙会	历史建筑	清代	砖木	1	消防场所	80
	13	振麟堂	历史建筑	清乾隆年间	砖木	2	修复中	
	14	章宗祥故居	历史建筑	民国	砖木	2	展示	233
	15	里巷埭	历史街巷	明清	砖木	1	丝绸小镇企业入驻中心、一元茶馆（聚华园）、施家馄饨店等	
	16	外巷埭	历史街巷	明清	砖木	1	商业街、旧店、居住	
	17	三官庙	传统建筑	清代	砖木	1	坛庙	300
	18	大礼堂	一般建筑	1967年	砖木	2	展示、饭店	2200
	19	荻港名人馆	新建建筑	2010年	砖混	2	展示	450
	20	玉清赞化碑	历史环境要素	清嘉庆五年	石	1	休憩	
	21	四面厅基台遗址	历史环境要素	清乾隆年间			立孔子像	
	22	庙前桥	历史环境要素	南宋	石		桥梁	
	23	太平桥	历史环境要素	清代	石		桥梁	
	24	长春桥	历史环境要素	清乾隆年间	石		桥梁	
	25	乐善桥	历史环境要素	清代	石		桥梁	
	26	积善桥	历史环境要素	清乾隆元年	石		桥梁	
	27	万安桥	历史环境要素	清代	石		桥梁	
	28	东江桥	历史环境要素	清代	石		桥梁	
	29	总管堂宋代石狮	历史环境要素	宋代	石			
	30	陈果夫探亲码头	历史环境要素	民国	石		码头	
德清县蠡山村	1	普济桥	国保单位	宋元始建，清乾隆三十年重建	石		桥梁	38.4
	2	蠡山遗址	县保单位	新石器时代至马桥文化时期			遗址	40000
	3	蠡山戏台	县保单位	清代	砖木	2	节庆社戏	40
	4	安济桥	县保单位	民国重建	石		桥梁	36.2
	5	安富桥	县保点	民国重建	石		桥梁	30.3
	6	西施画桥	县保点	清光绪八年	石		桥梁	10.4
	7	绍隆桥	县保点	清中晚期	石		桥梁	41.8

（续）

县（市、区）村名	序号	建（构）筑物名称	类别	年代	结构材料	层数	使用情况	占地面积/m²
德清县蠡山村	8	镇山桥	县保点	清代	石		桥梁	
	9	峁山桥	县保点	民国重建	石		桥梁	11.3
	10	长生桥	历史要素	清同治七年	石		桥梁	
	11	范蠡祠	历史建筑	清代	土木	2	祠堂	1000
	12	村大会堂	一般建筑	新中国成立后	砖泥	1	"在蠡山"范蠡西施主题展示馆	200
	13	民居	一般建筑	新中国成立后	砖泥	2	蠡山民俗图书馆	130
	14	蠡山传统文化馆	一般建筑	新中国成立后	砖木	1	百藏良馆	1000
	15	蚕孵化站	一般建筑	新中国成立后	砖木	1	民宿	
吴兴区义皋村	1	义皋范家大厅	市保单位	清嘉庆年间	砖木	2	崇义馆、文化展示馆、家风民风教育基地	559
	2	义皋茧站	市保单位	20世纪50年代	砖木	2	太湖溇港文化展示馆、明镜博物馆、雕版印刷艺术馆	1200
	3	太湖溇港古桥群（尚义桥）	市保单位	清乾隆年间	石		桥梁	41.6
	4	李家老宅	传统建筑	清末民初	砖木	2	义皋书场、古书报陈列馆	320
	5	范家大厅东路建筑	传统建筑	清代	砖木	2	非遗展示馆	340
	6	周家老宅	传统建筑	清代	砖木	2	淳风居民宿	358
	7	丁家老宅	传统建筑	清代	砖木	2	自住	310
	8	朱家老宅	传统建筑	清代	砖木	1	自住	812
	9	朱姓家族民居	传统建筑	清代	砖木	1	自住	823
	10	朱家庙	传统建筑	清代	砖木	1	坛庙	100
长兴县上泗安村	1	上泗安古桥群(太平高桥)	县保单位	清末民初	石		桥梁	33
	2	上泗安古桥群(广安桥)	县保单位	始建于明洪武十九年，重建于清光绪二十一年	石		桥梁	37.4
	3	上泗安古桥群(寿星桥)	县保单位	始建于明代，重建于清光绪二十一年	石		桥梁	17.1
	4	上泗安古桥群(古码头遗址)	县保单位	唐代	砖石			4500

（续）

县（市、区）村名	序号	建（构）筑物名称	类别	年代	结构材料	层数	使用情况	占地面积/m²
长兴县上泗安村	5	凤凰山抗日碑无名阵亡战士墓碑	县保单位					
	6	方升泰古宅	县保点	清末	土木	2	小吃店	60
	7	头天门寺庙	县保点	清代	砖木	1	寺庙	142
	8	荆竹潭遗址	县保点				遗址	
	9	商贸古道	县保点		石		道路	
	10	止步桥	县保点	明代	石		桥梁	11.2
	11	华家老宅	传统建筑	清末民初	砖木	2	徽商会馆	66
	12	金宝光旧址	传统建筑	民国	砖木	2	上泗安乡宿	600
	13	51号民居	传统建筑	民国	砖木	1	安吉特产店	80
	14	232号吴银飞民居	传统建筑	民国	砖木	1	紫砂馆	70
	15	233-1号金正和民居	传统建筑	民国	砖木	2	药行	120
	16	余家古宅	传统建筑	民国	砖木	1	自住	117
	17	243—242号民居	传统建筑	民国	砖木	1	自住	110
	18	231号黄母民居	传统建筑	民国	砖木	1	自住	80
	19	209号王伯利民居	传统建筑	清末	砖木	1	自住	94
	20	205—208号民居	传统建筑	民国	砖木	1	自住	200
	21	94号黄志革民居	传统建筑	民国	砖木	1	自住	50
	22	95号孙鼓成民居	传统建筑	民国	砖木	1	自住	50
	23	104号金胜芝民居、108号陈晓树民居、109号朱景龙民居	传统建筑	民国	砖木	2	自住	340
	24	110号李元璋民居	传统建筑	民国	砖木	2	自住	73
	25	111号刘正继民居、13-2号罗云芳民居	传统建筑	民国	砖木	1	自住	70
	26	182号、184号民居	传统建筑	民国	砖木	1	自住	149
	27	42号盛应龙民居	传统建筑	民国	砖木	1	自住	83
	28	245号余文榜民居	传统建筑	民国	砖木	1	自住	60
	29	248号李启良民居	传统建筑	民国	砖木	1	自住	50
	30	53-1号戴春娥民居	传统建筑	民国	砖木	2	自住	56

（续）

县（市、区）村名	序号	建（构）筑物名称	类别	年代	结构材料	层数	使用情况	占地面积/m²
长兴县上泗安村	31	263-1号方善华民居	传统建筑	清末	砖木	2	自住	108
	32	69-2号胡少奇民居	传统建筑	民国	砖木	1	自住	29
	33	59-2号徐水村民居	传统建筑	民国	砖木	1	自住	35
	34	80-1号李道银民居	传统建筑	民国	砖木	1	自住	83
	35	187号陈正锋民居	传统建筑	民国	砖木	1	自住	38
	36	188-2号顾晓喜民居	传统建筑	民国	砖木	1	自住	36
	37	180-2号周建伟民居	传统建筑	民国	砖木	2	自住	10
	38	186号戴长海民居	传统建筑	民国	砖木	2	自住	86
	39	178号董正群民居	传统建筑	民国	砖木	1	自住	79
	40	274号民居	一般建筑	20世纪80年代	砖混	2	三治议事小屋	120
	41	3-1号民居	一般建筑	20世纪80年代	砖混	2	丽儿副食店	80
	42	272-1号民居	一般建筑	20世纪80年代	砖混	2	德大丰茶铺	180
	43	27号民居	一般建筑	20世纪80年代	砖混	2	老街坊饭店	200
	44	28号民居	一般建筑	20世纪80年代	砖混	2	途友商行	200
	45	29号民居	一般建筑	20世纪80年代	砖混	1	戏曲之家	60
	46	45号孙成权民居	一般建筑	20世纪80年代	砖混	1	老年活动中心	120
兰溪市诸葛村	1	丞相祠堂	国保单位	明万历年间	石木	1	宗祠	1400
	2	大公堂	国保单位	元代	砖木	1	家训家规馆	700
	3	崇行堂	国保单位	明清	砖木	1	乡会两魁	938
	4	雍睦堂	国保单位	明正德年间	砖木	1	祠堂、科举展示	227
	5	大经堂	国保单位	明清	砖木	2	中医药文化教育实践基地	282
	6	会魁（三荣堂）	国保单位	始建明代，2004年重建	砖木	1	诸葛亮生平史迹陈列馆、廉政教育基地	800
	7	春晖堂	国保单位	明清	砖木	2	祠堂	692
	8	天一堂	国保单位	清同治二年	砖木	1	展示	1000
	9	寿春堂	国保单位	明清	砖木	2	中医药文化展示	1500
	10	信堂路12号	国保单位	明清	砖木	2	闲置	220
	11	信堂路24、25、26-1、26-2号	国保单位	明清	砖木	2	住宅	616

（续）

县（市、区）村名	序号	建（构）筑物名称	类别	年代	结构材料	层数	使用情况	占地面积/m²
兰溪市诸葛村	12	信堂路33、34、35、36号	国保单位	明清	砖木	2	教堂	662
	13	信堂路40号	国保单位	清末民国	砖木	2	住宅	240
	14	信堂路83号	国保单位	明清	砖木	2	住宅	664
	15	信堂路91、92、93号	国保单位	清末民国	砖木	2	住宅	509
	16	友丁堂	国保单位	明清	砖木	2	住宅	104
	17	雍睦路37号	国保单位	明清	砖木	2	住宅	142
	18	上塘街26—30号	国保单位	明清	砖木	2	昱栈民宿	350
	19	新道路53号	国保单位	明清	砖木	2	闲置	426
	20	旧市路29号	国保单位	明清	砖木	2	住宅	246
	21	信堂路6号	国保单位	清代	砖木	2	住宅	530
	22	上塘街31号	国保单位	清代	砖木	2	永兴隆商铺	220
	23	义泰路34、35号	国保单位	清代	砖木	2	住宅	
	24	信堂路37、38号	传统建筑	明清	砖木	2	住宅	296
	25	信堂路60、61、62、63号	传统建筑	明清	砖木	2	住宅	356
	26	信堂路68、69号	传统建筑	明清	砖木	2	住宅	500
	27	信堂路4号	传统建筑	明清	砖木	2	木舍民宿	250
	28	原下当铺旧址（7号）	传统建筑	明清	砖木	2	梵客文创基地住宅	1143
	29	夏塘路9、10、11、12号	传统建筑	明清	砖木	2	住宅	512
	30	上塘街8-1、8-2、10、11号	传统建筑	明清	砖木	2	商铺	512
	31	上塘街35号	传统建筑	清末民国	砖木	2	商铺住宅	150
	32	长寿路1号	传统建筑	清末民国	砖木	2	住宅	114
	33	夏塘路30号	传统建筑	清末民国	砖木	2	住宅	156
	34	信堂路9号	传统建筑	清代	砖木	2	住宅	170
	35	上塘街41—43号	传统建筑	清代	砖木	2	商铺	160
	36	上塘街36—38号	传统建筑	清代	砖木	2	商铺	280
	37	私立宗高小学校舍	传统建筑	民国八年	砖木	1	乡土文化馆	2000
	38	信堂路94号	传统建筑	清代	砖木	2	住宅	220
	39	上塘街15号	传统建筑	清代	砖木	2	商铺	300
	40	夏塘路29号	传统建筑	清代	砖木	2	民宿	130

（续）

县（市、区）村名	序号	建（构）筑物名称	类别	年代	结构材料	层数	使用情况	占地面积/m²
兰溪市诸葛村	41	建筑1	传统建筑	民国	砖混	2	文化礼堂	1200
	42	警察局旧址	传统建筑	民国六年	砖混	2	自住	180
	43	上塘街12号	传统建筑	清代	砖木	2	闲置	
	44	夏塘街6号	传统建筑	清代	砖木	2	青创工坊	260
兰溪市芝堰村	1	陈氏宗祠（孝思堂）	国保单位	明洪武三年	砖木	1	祠堂	1330
	2	衍德堂	国保单位	元天历二年	砖木	1	农耕文化馆	455
	3	济美堂	国保单位	明万历年间	砖木	1	祭祀	317
	4	承显堂	国保单位	始建于明嘉靖年间，民国十九年重建	砖木	2	公共活动	450
	5	成志堂	国保单位	清代	砖木	2	居住	700
	6	世泽堂	国保单位	元代	砖木	2	居住	530
	7	世德堂	国保单位	明代	砖木	2	居住	390
	8	善述堂	国保单位	明代	砖木	2	居住	210
	9	光裕堂	国保单位	明初	砖木	1	手工艺展示厅	310
	10	活水明堂	国保单位	清代	砖木	2	居住	320
	11	章庆元宅	国保单位	清代	砖木	2	古玩店	370
	12	陈国尧宅	国保单位	清代	砖木	2	居住	200
	13	陈银荣宅	国保单位	清代	砖木	2	居住	300
	14	陈荣昌宅	国保单位	清代	砖木	2	居住	210
	15	陈会松宅	国保单位	清代	砖木	2	居住	156
	16	陈卸松宅	国保单位	清代	砖木	2	居住	328
	17	陈连银宅	国保单位	清代	砖木	2	居住	80
	18	陈富高宅	国保单位	明代	砖木	2	居住	240
	19	陈国松宅	国保单位	清代	砖木	2	居住	130
	20	陈根松宅	国保单位	明代	砖木	2	居住	210
	21	陈伟通宅	国保单位	清代	砖木	2	居住	240
	22	陈晓炜宅	国保单位	清代	砖木	2	居住	340
	23	陈福昌宅	国保单位	清代	砖木	2	居住	120
	24	陈土法宅	传统建筑	清代	砖木	2	居住	148
	25	陈景文宅	传统建筑	清代	砖木	2	居住	240
	26	陈明甫宅	传统建筑	明代	砖木	2	居住	230
	27	陈连生宅	传统建筑	明代	砖木	2	居住	430
	28	陈步俊宅	传统建筑	清代	砖木	2	居住	180
	29	陈玉春宅	传统建筑	清代	砖木	2	居住	290

（续）

县（市、区）村名	序号	建（构）筑物名称	类别	年代	结构材料	层数	使用情况	占地面积/m²
兰溪市芝堰村	30	陈炳福宅	传统建筑	清代	砖木	2	居住	150
	31	陈光辉宅	传统建筑	明代	砖木	2	居住	230
	32	陈炳松宅	传统建筑	明代	砖木	2	居住	350
	33	陈柏荣宅	传统建筑	清代	砖木	2	居住	260
	34	陈伟标宅	传统建筑	民国	砖木	2	居住	330
	35	陈炳禄宅	传统建筑	民国	砖木	2	居住	320
	36	陈济高宅	传统建筑	民国	砖木	2	居住	290
	37	陈致和宅	传统建筑	清代	砖木	2	居住	290
	38	陈福良宅	传统建筑	清代	砖木	2	居住	300
	39	陈早芳宅	传统建筑	民国	砖木	2	居住	200
	40	陈印田宅	传统建筑	清代	砖木	2	居住	290
	41	陈寿明宅	传统建筑	清代	砖木	2	居住	470
	42	陈景春宅	传统建筑	清代	砖木	2	居住	450
	43	陈林松宅	传统建筑	清代	砖木	2	居住	260
	44	张友宗宅	传统建筑	清代	砖木	2	居住	250
	45	陈庆龙宅	传统建筑	清代	砖木	2	居住	360
	46	陈正康宅	传统建筑	清代	砖木	2	居住	220
	47	方海清宅	传统建筑	清代	砖木	2	居住	370
	48	陈嫩仍宅	传统建筑	清代	砖木	2	居住	170
	49	古柏树	历史环境要素	明代				
	50	柏木	历史环境要素	明代				
浦江县新光村	1	诒穀堂	省保单位	清乾隆三年	砖木	2	村史陈列馆	853
	2	灵岩公故居	省保单位	清乾隆三年	砖木	2	青创基地	450
	3	润德堂（廿玖间里）	省保单位	清乾隆年间	砖木	2	青创基地	1213
	4	敦睦堂	省保单位	清乾隆年间	砖木	3	青创基地	300
	5	桂芳轩	省保单位	清乾隆年间	砖木	2	民宿	325
	6	昆山书房	省保单位	清乾隆年间	砖木	2	元宿窑	127
	7	启明居	省保单位	清乾隆年间	砖木	2	自住	282
	8	墨居	省保单位	清乾隆年间	砖木	2	餐厅	155
	9	读书房	省保单位	清乾隆年间	砖木	2	自住	360
	10	佣人房	省保单位	清乾隆年间	砖木	2	空置	128
	11	光裕堂	传统建筑	清乾隆年间	砖木	2	民宿	550
	12	敦厚堂	传统建筑	清乾隆年间	砖木	2	民宿	600
	13	碾房	传统建筑	清乾隆年间	砖木	1	旅游观光	40

（续）

县（市、区）村名	序号	建（构）筑物名称	类别	年代	结构材料	层数	使用情况	占地面积/m²
浦江县新光村	14	练功房	传统建筑	清乾隆年间	砖木	2	自住	280
	15	礼仪房	传统建筑	清乾隆年间	砖木	2	自住	380
	16	三会房	传统建筑	清乾隆年间	砖木	2	自住	400
	17	骏马房	传统建筑	清乾隆年间	砖木	2	民宿	130
	18	儒丰居	传统建筑	清乾隆年间	砖木	2	廉政文化展示馆	600
	19	古三层楼	传统建筑	清乾隆年间	砖木	2	空置	180
	20	钱库房	传统建筑	清乾隆年间	砖木	2	饭庄	200
	21	务书堂	传统建筑	清乾隆年间	砖木	2	饭店	360
	22	碟房	传统建筑	清乾隆年间	砖木	2	旅游观光	90
	23	朱氏宗祠	传统建筑	清乾隆年间	砖木	1	空置	975
	24	大会堂	一般建筑	1971年	砖木	2	文化礼堂、村委会	500
东阳市李宅村	1	集庆堂	省保单位	明嘉靖初年	砖木	2	展示陈列、婚礼红事举办	1740
	2	李氏宗祠	省保单位	清嘉庆三年	砖木	1	祭祀、老年协会、李宅老年学校	1532
	3	华萼堂	省保单位	清道光三年	砖木	1	李宅武馆	497
	4	文昌阁（庚楼）	省保单位	清嘉庆年间	砖木	2	展示	52
	5	世尚书坊	省保单位	始建于明嘉靖三十七年，清光绪二十一年重修	砖木	2	展示	31
	6	花台门	省保单位	始建于明宣德二年，清同治三年重建	砖木	1	展示	60
	7	高踏步南三合院	县保单位	清代	砖木	2	自住	613
	8	近思弄廿间头	县级文保点	清末明初	砖木	2	李谷香故居	600
	9	西台门里	县级文保点	清代	砖木	2	自住	620
	10	狮子台门	历史建筑	清末	木	2	空置	60
	11	兴大台门民居	历史建筑	清早期	砖木	2	自住	311
	12	蟾塘沿五间头	历史建筑	民国	砖木	2	自住	405
	13	蟾塘沿十三间头	历史建筑	清代	砖木	2	自住	600
	14	棉花厅	历史建筑	清代、民国	砖木	2	自住	353
	15	右山路十三间头	历史建筑	清代	砖木	2	自住	570
	16	大台门里7、8号	历史建筑	民国	砖木	2	酒坊	200

（续）

县（市、区）村名	序号	建（构）筑物名称	类别	年代	结构材料	层数	使用情况	占地面积/m²
东阳市李宅村	17	大台门里1号	传统建筑	清代	木	2	文化礼堂（雷锋连展示馆）、国学馆	300
	18	大台门里2号	传统建筑	清代	木	2	嘉元艺术馆	300
	19	大台门里3号	传统建筑	清代	木	2	陶艺坊	500
	20	惇叙堂	传统建筑	始建于明中期，清嘉庆年间重建	砖木	2	公共活动中心	300
	21	右山路四合院	传统建筑	民国	砖木	2	自住	599
	22	右山路六间头	传统建筑	清代	砖木	2	自住	227
	23	高踏步	历史环境要素	明代	石			
	24	月塘	历史环境要素				水塘	
金东区琐园村	1	严氏宗祠（敦伦堂）	省保单位	清乾隆二十五年	砖木	1	文化礼堂	1336
	2	润泽堂	省保单位	民国初年	砖木	2	鲁兵故居	416
	3	怀德堂	省保单位	清乾隆年间	砖木	2	木板年画展馆	884
	4	两面厅（忠恕堂、继述堂）	省保单位	清乾隆年间	砖木	2	非遗展示馆	1460
	5	尊三堂（十八间堂楼）	省保单位	清宣统元年	砖木	2	自住	445
	6	水阁楼	省保单位	清代	砖木	2	自住	91
	7	务本堂	省保单位	清代	砖木	2	海外学子展示馆、国际研学沙龙馆	986
	8	集义堂	省保单位	清嘉庆初年	砖木	2	居住	702
	9	正齐堂	省保单位	清代	砖木	2	居住	314
	10	显承堂	省保单位	清康熙二十五年	砖木	2	居住	1210
	11	九间堂楼（新九间）	省保单位	民国五年	砖木	2	居住	300
	12	琐园三间	省保单位	民国	砖木	2	居住	80
	13	永思堂	历史建筑	清嘉庆二十年	砖木	1	传统女子文化馆	841
	14	亨会堂	历史建筑	民国初年	砖木	2	豆腐体验馆、居住	225
	15	三斯堂	历史建筑	清代	砖木	2	居住	500
	16	怡德堂	历史建筑	民国	砖木	2	居住	155
	17	宜顺堂	历史建筑	清代	砖木	2	居住	105
	18	崇德堂	历史建筑	明代	砖木	2	闲置	442

（续）

县（市、区）村名	序号	建（构）筑物名称	类别	年代	结构材料	层数	使用情况	占地面积/m²
金东区琐园村	19	园中街43号	传统建筑	民国	砖木	1	红色文化主题馆、非洲文化沙龙馆	350
	20	关帝庙	一般建筑	始建于清乾隆年间，2009年重建	砖木	1	庙宇	335
	21	旌节牌坊	历史环境要素	清乾隆五十二年	石		牌坊	
	22	琐园古民居	一般建筑	20世纪80年代	砖木	1	鲁兵儿童文学馆	60
	23	游客接待中心	一般建筑	现代	砖木	1	酒文化体验馆	180
柯桥区冢斜村	1	余氏宗祠	县保单位	始建于清乾隆二十五年	砖木	2	文化礼堂、健康服务站、民族文化传承研究基地、新时代文明实践站	560
	2	永兴公祠	县保单位	始建于唐贞元九年，重建于清代	砖木	2	坛庙	1040
	3	八老爷台门	县保点	清乾隆年间	砖木	2	居住	2178
	4	余氏老台门	县保点	明崇祯年间	砖木	2	居住	886
	5	高新屋台门	县保点	清乾隆五十年	砖木	2	宗族文化展示、不分居住	985
	6	朝西台门	传统建筑	清康熙年间	砖木	2	居住	463
	7	上大院台门	传统建筑	清道光年间	砖木	2	居住	2167
	8	下大院台门	传统建筑	清嘉庆年间	砖木	2	居住	2000
	9	歪摆台门	传统建筑	民国	砖木	2	居住	400
	10	上道地轿屋	传统建筑	明末	砖木	2	居住	350
	11	朝南台门	传统建筑	清乾隆三十年	砖木	2	居住	1600
	12	知青楼	传统建筑	20世纪70年代	土木	2	居住	68
	13	64号民居	传统建筑	民国	砖木	1	闲置	80
	14	56号民居	传统建筑	民国	砖木	2	居住	120
	15	112号民居	传统建筑	民国	砖木	2	居住	80
	16	民居1	传统建筑	民国	砖木	2	居住	110
	17	民居2	传统建筑	民国	土木	2	闲置	140
	18	村史馆	一般建筑	现代	砖混	2	居家养老照料中心、书吧、唇泥计划室	360
	19	十八间大礼堂	一般建筑	20世纪70年代	砖混	2	村集体用房	160
	20	永济桥	历史环境要素	清代	石		通行	120

（续）

县（市、区）村名	序号	建（构）筑物名称	类别	年代	结构材料	层数	使用情况	占地面积/m²
诸暨市斯宅村	1	华国公别墅	国保单位	清道光二十年	砖木	2	私塾陈列馆、笔锋书画院	2806
	2	斯盛居	国保单位	清嘉庆三年	砖木	2	自住	6850
	3	发祥居	国保单位	清嘉庆七年	砖木	2	自住	3255
	4	上新居	省保单位	清乾隆十五年	砖木	2	自住	3360
	5	新谭家民居	省保单位	清嘉庆年间	砖木	2	自住	3396
	6	螽斯干兔岭亭	市文保点	民国	砖木	1	凉亭	43
	7	小洋房（斯豪士、斯魁士故居）	县保单位	民国九年	砖木	2	民国史迹陈列馆、张爱玲故居	680
	8	斯民小学	县保单位	民国	砖木	2	小学、斯霞纪念馆	3274
	9	下门前畈台门	县保单位	清代	砖木	2	自住	2404
	10	斯宅大生精制茶厂	县保单位	民国六年	砖木	1	闲置	576
	11	百马图	县保单位	清代			砖雕	
	12	摩崖石刻	县保单位				遗址	
	13	上门前畈台门	历史建筑	清代	砖木	2	自住	1477
	14	居敬堂	历史建筑	清代	砖木	1	斯民博物馆	905
	15	裕昌号民间艺术馆	历史建筑	清光绪年间	砖木	1	十里红妆展示馆、民宿、民间艺术馆	886
	16	笔锋书院	历史建筑	清代	砖木	2	展示	874
	17	螽斯屋	历史建筑	清代	砖木	2	老年协会	600
	18	牌轩门里	历史建筑	清代	砖木	2	居住	3734
	19	螽斯畈 865 号	传统建筑	清代	砖木	2	居住	180
	20	螽斯畈 835 号	传统建筑	清代	砖木	2	居住	700
	21	古民居 1	传统建筑	清代	砖木	2	闲置	120
	22	螽斯畈 805—807 号	传统建筑	清代	砖木	2	居住	500
	23	斯宅村 70 号	传统建筑	清代	砖木	2	居住	500
	24	古民居 2	传统建筑	清代	砖木	2	居住	500
	25	古民居 170、171 号	传统建筑	清代	砖木	2	居住	120
	26	古民居 173—175 号	传统建筑	清代	砖木	2	居住	100
	27	古民居 172 号	传统建筑	清代	砖木	2	居住	90
	28	古民居 95 号	传统建筑	清代	砖木	2	药店	80

（续）

县（市、区）村名	序号	建（构）筑物名称	类别	年代	结构材料	层数	使用情况	占地面积/m²
诸暨市斯宅村	29	古民居3	传统建筑	清代	砖木	2	居住	100
	30	古民居4	传统建筑	清代	砖木	2	居住	160
	31	古民居177、178号	传统建筑	清代	砖木	2	居住	110
	32	古民居179—183号	传统建筑	清代	砖木	2	居住	160
	33	古民居5	传统建筑	清代	砖木	2	居住	1500
	34	古民居6	传统建筑	清代	砖木	2	居住	1100
	35	古民居7	传统建筑	清代	砖木	2	居住	80
	36	古民居403号	传统建筑	清代	砖木	2	供销社	270
	37	古民居420号	传统建筑	清代	砖木	2	居住	100
	38	古民居428—435号	传统建筑	清代	砖木	2	居住	2500
	39	古民居483—485号	传统建筑	清代	砖木	2	居住	330
	40	古民居8	传统建筑	清代	砖木	2	居住	330
	41	中门前畈1	传统建筑	清代	砖木	2	居住	400
	42	中门前畈2	传统建筑	清代	砖木	2	居住	600
	43	古民居547号	传统建筑	清代	砖木	2	居住	80
	44	古民居557号	传统建筑	清代	砖木	2	居住	200
	45	圆柏	历史环境要素	清代				
	46	樟树	历史环境要素	清代				
新昌县班竹村	1	章家祠堂	省保单位	清代	土木	2	宗祠、公共活动	481
	2	落马桥	省保单位	始建于东晋，清道光二十四年	石桥	1	古桥	50
	3	司马悔庙	省保单位	不详	砖石	1	庙宇	338
	4	章福云民居	传统建筑	民国	土木	2	唐人酒家农家乐	350
	5	状元楼	传统建筑	清代	土木	2	办公室	100
	6	大公馆	传统建筑	1960年	土木	2	天姥驿站	320
	7	民居1	传统建筑	民国	砖木	2	自住	80
	8	民居2	传统建筑	现代	砖混	2	自住/小店	60
	9	民居3	传统建筑	民国	砖混	2	自住	110
	10	民居4	传统建筑	民国	砖混	2	自住	220
	11	民居5	传统建筑	民国	土木	2	副食店	110

（续）

县(市、区)村名	序号	建(构)筑物名称	类别	年代	结构材料	层数	使用情况	占地面积/m²
新昌县班竹村	12	民居6	传统建筑	民国	土木	2	自住	110
	13	民居7	传统建筑	民国	土木	2	自住	160
	14	民居8	传统建筑	民国	土木	2	闲置	80
	15	民居9	传统建筑	民国	土木	2	闲置	110
	16	民居10	传统建筑	民国	土木	2	闲置	80
	17	民居11	传统建筑	民国	土木	2	自住	110
	18	民居12	传统建筑	民国	土木	2	自住	130
	19	民居13	新建建筑	现代	砖木	2	农家小吃	200
	20	民居14	新建建筑	现代	砖木	2	闲置	120
	21	民居15	新建建筑	现代	砖混	2	自住	100
	22	民居16	新建建筑	现代	砖木	2	自住	100
	23	建筑1	新建建筑	现代	砖木	2	新昌县章木研究会、便民服务站	70
	24	建筑2	新建建筑	现代	砖木	2	民宿	60
	25	建筑3	新建建筑	现代	砖混	1	资源回收站	70
	26	建筑4	新建建筑	现代	砖混	2	党群服务中心	450
	27	建筑5	新建建筑	现代	土木	2	农夫烧烤店	220
	28	太白殿	新建建筑	现代	砖混	2	天姥山研究社	400
	29	霞客亭	历史环境要素	明崇祯五年	石木	1	休憩	30
新昌县梅渚村	1	黄氏大宗祠	县保点	清代	砖木	2	祭祀、家训馆	193
	2	梅渚村莲花庵(莲华禅院)	县保点	清光绪元年	砖木	2	庵堂	285
	3	更楼	传统建筑	清代	砖木	2	公共空间、休息	13
	4	怀德堂	传统建筑	清代	砖木	2	居住	245
	5	稻桶屋	传统建筑	1936年	砖木	2	居住	179
	6	旗杆台门	传统建筑	清乾隆年间	砖木	2	烧毁、部分居住	780
	7	志中台门(庆德堂)	传统建筑	清代	砖木	2	居住	331
	8	茧卤台门	传统建筑	清代晚期	砖木	2	居住	519
	9	龙虎台门	传统建筑	清代	砖木	2	居住	183
	10	奉三台门	传统建筑	民国六年	砖木	2	视履堂中医文化馆	66
	11	辟阖台门	传统建筑	清代	砖木	2	居住	166
	12	新台门	传统建筑	清代	砖木	2	居住	200

（续）

县（市、区）村名	序号	建（构）筑物名称	类别	年代	结构材料	层数	使用情况	占地面积/m²
新昌县梅渚村	13	八字台门	传统建筑	清代	砖木	2	居住	180
	14	蔡家台门	传统建筑	清代	砖木	2	居住	120
	15	宅里园	传统建筑	清代	砖木	2	居住	120
	16	杨家台门	传统建筑	清代	砖木	2	居住	2000
	17	陈侯庙（下庙）	传统建筑	始建于宋代，清代重建	砖木	2	新昌非遗戏曲馆、新昌腔调培训基地	1350
	18	黄氏四房台门	传统建筑	民国	砖木	1	陶艺馆	160
	19	老蚕茧站	传统建筑	新中国成立后	砖木	1	梅渚记忆（村史馆、剪纸馆、农耕馆等）、绍兴市乡村非遗体验基地	500
	20	怀仁堂	传统建筑	清代	砖木	2	幸川·汉服工作室	448
	21	杨家新台门	传统建筑	清代晚期	砖木	2	居住	277
	22	古民居1	传统建筑	民国	砖木	2	老木匠工坊	140
	23	古民居2	传统建筑	民国	砖木	2	青铜艺术研究中心	450
	24	古民居3	传统建筑	民国	砖木	2	十八锂铁铺	90
	25	古民居4	传统建筑	新中国成立后	砖木	2	修鞋、竹器行	80
	26	古民居5	传统建筑	清代晚期	砖木	1	幸福门	100
	27	古民居6	传统建筑	民国	砖木	2	闲置	600
	28	古民居7	传统建筑	民国	砖木	2	茗艺轩、佰草集	1200
	29	梅渚老街店铺1	传统建筑	民国	砖木	2	杂货铺	340
	30	古民居8	传统建筑	民国	砖木	2	居住、梅渚泥人家	90
	31	古民居9	传统建筑	民国	砖木	2	居住	90
	32	古民居10	传统建筑	民国	砖木	2	居住	340
	33	黄氏四房后台门	传统建筑	清代	砖木	2	居住	720
	34	梅渚老街店铺2	传统建筑	民国	砖木	2	蛋卷店	55
	35	梅渚老街店铺3	传统建筑	民国	砖木	2	刘一手豆腐、梅渚合作商店	180
	36	梅渚老街店铺4	传统建筑	民国	砖木	2	面店、理发店	120
	37	梅渚老街店铺5	传统建筑	民国	砖木	2	甄家汉服、饺子馆	140
	38	古民居11	传统建筑	民国	砖木	2	花开的院子	160

（续）

县（市、区）村名	序号	建（构）筑物名称	类别	年代	结构材料	层数	使用情况	占地面积/m²
新昌县梅渚村	39	兰园	一般建筑	始建于清末，重建于2008年	砖木	2	非遗工匠馆、工艺美术行业协会	510
	40	文化礼堂	一般建筑	现代	砖混	3	党群服务中心	1200
	41	新建建筑	一般建筑	现代	砖混	1	游客接待中心、农产品销售中心	680
	42	古民居12	一般建筑	现代	砖混	1	江南民俗文化体验地	600
衢江区涧峰村	1	涧峰徐氏大宗祠	省保单位	清康熙四十八年	砖木	1	公共活动空间	700
	2	余氏宗祠	省保单位	民国十六年	砖木	1	农家书屋、文化礼堂	260
	3	端岐公故居	传统建筑	民国	砖木	2	展示馆	60
	4	涧峰七间	传统建筑	新中国成立后	砖石	1	农耕文化展示中心	400
	5	纪云泉民居	传统建筑	民国	砖木	1	自住	100
	6	周志山民居	传统建筑	民国	砖木	2	自住	150
	7	童小荣民居	传统建筑	民国	砖木	2	自住	105
	8	王正山民居	传统建筑	民国	砖木	2	自住	280
	9	赖利龙民居	传统建筑	民国	砖木	1	自住	200
	10	郭云良民居	传统建筑	民国	砖木	2	自住	100
	11	周水标民居	传统建筑	民国	砖木	1	自住	180
	12	王志清民居	传统建筑	民国	砖木	1	仅剩门楼	100
	13	董林耀民居	传统建筑	民国	砖木	1	自住	240
	14	蒋政熊民居	传统建筑	民国	砖木	1	自住	140
	15	罗国祥民居	传统建筑	民国	砖木	2	自住	120
	16	徐金塘民居	传统建筑	民国	砖木	1	自住	130
	17	涧峰村327号	传统建筑	民国	砖木	1	闲置	200
	18	涧峰村305号	传统建筑	民国	砖木	1	自住	180
江山市大陈村	1	汪氏宗祠	省保单位	始建于清康熙五十三年，清同治二年重建	砖木	2	宗祠、文化礼堂	1500
	2	文昌阁	省保单位	清嘉庆十四年	砖木	2	文化展示	350
	3	汪乃恕旧宅	省保单位	明末	砖木	2	自住	294
	4	汪燧旧宅	省保单位	清代	砖木	2	自住	288
	5	汪衍昌老宅	省保单位	清代	砖木	1	自住	539
	6	汪上则旧宅	省保单位	清代	砖木	2	自住	460

（续）

县（市、区）村名	序号	建（构）筑物名称	类别	年代	结构材料	层数	使用情况	占地面积/m²
江山市大陈村	7	汪在嵩旧宅	省保单位	清代	砖木	2	自住	340
	8	大陈圆门	省保单位	清代	砖木		门洞	6
	9	大陈烧饼作坊	省保单位	清代	砖木	2	商铺	22
	10	大陈150号民居	省保单位	清代	砖木	2	自住	220
	11	翠文中学旧址	省保单位	清代	砖木	2	咖啡厅	315
	12	大陈新厅祠堂	历史建筑	清代	砖木	1	红军纪念馆	202
	13	大陈大厅老戏台	历史建筑	清代	砖木	2	婚庆表演用房	150
	14	大陈布庄	历史建筑	清代	砖木	2	商铺	317
	15	大陈25号民居	历史建筑	清代	砖木	1	闲置	270
	16	大陈58号民居	历史建筑	清代	砖木	2	自住	180
	17	大陈61号民居	历史建筑	清代	砖木	2	自住	280
	18	大陈64号民居	历史建筑	清代	砖木	2	自住、民宿	130
	19	大陈71号民居	历史建筑	清代	砖木	2	自住	110
	20	大陈113号民居	历史建筑	清代	砖木	2	自住	320
	21	大陈131号民居	历史建筑	清代	砖木	1	自住	120
	22	大陈151号民居	历史建筑	清代	砖木	1	自住	480
	23	大陈169号民居	历史建筑	清代	砖木	2	闲置	180
	24	大陈175号民居	历史建筑	清代	砖木	1	自住	220
	25	大陈188号民居	历史建筑	清代	砖木	2	自住	120
	26	汪达泉古宅（大陈190号民居）	历史建筑	清代	砖木	2	自住	420
	27	大陈打铁铺	历史建筑	清代	砖木	1	商铺	90
	28	大陈杂货店	历史建筑	清代	砖木	2	店铺	40
	29	何子华老屋	传统建筑	新中国成立后	砖木	1	大陈党建展馆	117
	30	汪新士古宅	传统建筑	清代	砖木	2	闲置	230
	31	老兵之家	传统建筑	民国	砖木	1	退役军人服务站	150
	32	大陈46号民居	传统建筑	清代	砖木	2	闲置	490
	33	大陈68号民居	传统建筑	清代	砖木	2	自住	130
	34	大陈127-1号民居	传统建筑	清代	砖木	2	自住	160
	35	大陈163号民居	传统建筑	清代	砖木	2	自住	310
	36	大陈224号民居	传统建筑	清代	砖木	2	自住	280
	37	翠文小学旧址	传统建筑	清康熙五十三年	砖木	1	餐馆	1500
	38	建筑1	传统建筑	清代	砖木	1	大陈汪氏名贤馆	80

（续）

县（市、区）村名	序号	建（构）筑物名称	类别	年代	结构材料	层数	使用情况	占地面积/m²
江山市大陈村	39	建筑2	新建建筑	新中国成立后	砖木	1	大陈村监察工作联络站	150
	40	建筑3	新建建筑	现代	砖石	1	土特产店	140
江山市清漾村	1	清漾塔	县保单位	明代	砖	7	古塔	20
	2	清漾祖宅	传统建筑	始建于南朝	砖木	1	文化展示	330
	3	84号毛万喜宅	传统建筑	清代	砖木	1	展览馆	171
	4	46号毛仲龙等宅	传统建筑	清代	砖木	1	将军馆	225
	5	53、54号毛子水旧宅	传统建筑	民国	砖木	1	参观展示	376
	6	毛亦海宅	传统建筑	清代	砖木	1	党建馆	300
	7	48号毛树法宅	传统建筑	民国	砖木	1	自住	107
	8	56号南侧"勤俭家风"宅	传统建筑	民国	砖木	1	自住	79
	9	58号毛永益宅	传统建筑	清代	砖木	1	自住	140
	10	65号毛法春等宅	传统建筑	民国	砖木	1	自住	272
	11	93号毛作武宅	传统建筑	民国	砖木	1	自住	212
	12	清漾毛氏祖祠	复建建筑	始建于宋代，2010年重建	木	1	文化展示功能馆	2452
	13	毛泽东陈列馆	新建建筑	现代	木	1	文化展示功能馆	2000
开化县龙门村	1	余氏宗祠（鸣凤堂）	省保单位	清咸丰十一年	砖木	2	红色文化展示体验馆	450
	2	越国宗祠（溥源堂）	县保单位	清光绪二十九年	砖木	2	廉孝课堂、文化礼堂	470
常山县金源村	1	底角王氏宗祠	省保单位	北宋宣和十年	砖木	1	书法文化展示、老年活动中心、宗祠	1120
	2	世美坊	省保单位	始建于宋代，重建于明嘉靖年间	石		牌坊	8
	3	溪上弄23、24号	传统建筑	清代	砖木	2	金源红色纪念馆	210
	4	妙望宅	传统建筑	清代	砖木	2	居住	160
	5	高堂弄16、30号	传统建筑	清代	砖木	2	居住	120
	6	高堂弄11号	传统建筑	清代	砖木	2	居住	300
	7	古建筑1	传统建筑	清代	砖木	2	居住	240
	8	高堂弄9号	传统建筑	民国	砖木	2	闲置	100
	9	高堂弄3号	传统建筑	民国	砖木	2	居住	100
	10	高堂弄2号	传统建筑	清末民初	砖木	2	居住	200

（续）

县（市、区）村名	序号	建（构）筑物名称	类别	年代	结构材料	层数	使用情况	占地面积/m²
常山县金源村	11	古建筑2	传统建筑	清末民初	砖木	2	居住	200
	12	下后宅弄18号	传统建筑	清末民初	砖木	2	居住	90
	13	下后宅弄16号	传统建筑	清代	砖木	2	居住	60
	14	古建筑3	传统建筑	清代	砖木	2	居住	200
	15	下街11号	传统建筑	清代	砖木	2	渔具店、猪肉铺	100
	16	下街4号	传统建筑	清代	砖木	2	店铺	120
	17	下街22号	传统建筑	清代	砖木	2	居住	100
	18	金源3号院	传统建筑	清代	砖木	2	腾云·现代旅游根据地（民宿、农家乐）	360
	19	金源2号院	传统建筑	清代	砖木	2	腾云·现代旅游根据地（民宿、农家乐）	100
	20	金源1号院	传统建筑	清代	砖木	2	腾云·现代旅游根据地（民宿、农家乐）	80
	21	上街7号	传统建筑	清代	砖木	2	居住	140
	22	古建筑4	传统建筑	清代	砖木	2	居住	320
	23	古建筑5	传统建筑	清代	砖木	2	闲置	100
	24	上后宅弄5号	传统建筑	清代	砖木	2	闲置	500
	25	上后宅弄9号	传统建筑	清代	砖木	2	闲置	120
	26	古建筑6	传统建筑	清代	砖木	2	闲置	240
	27	后宅厅弄21号	传统建筑	民国	砖木	2	闲置	240
	28	后宅厅弄23号	传统建筑	民国	砖木	2	闲置	160
	29	后宅厅弄12号	传统建筑	民国	砖木	2	闲置	360
	30	后宅厅弄8号	传统建筑	民国	砖木	2	闲置	230
	31	后宅厅弄5号	传统建筑	民国	砖木	2	居住	300
	32	后宅厅弄4号	传统建筑	民国	土木	1	居住	150
	33	后宅厅弄2号	传统建筑	民国	砖木	2	闲置	60
	34	上后宅弄18号	传统建筑	清代	砖木	2	居住	120
	35	上后宅弄16号	传统建筑	清代	砖木	2	居住	80
	36	古建筑7	传统建筑	民国	土木	1	闲置	60
	37	古建筑8	传统建筑	民国	土木	1	闲置	100
	38	下后宅弄24号	传统建筑	清代	砖木	2	居住	320
	39	古建筑9	传统建筑	清代	砖木	2	闲置	180
	40	下街17号	传统建筑	清代	砖木	2	居住	90

（续）

县（市、区）村名	序号	建（构）筑物名称	类别	年代	结构材料	层数	使用情况	占地面积/m²
常山县金源村	41	下街21号	传统建筑	清代	砖木	2	腾云·现代旅游根据地、金源9号院	300
	42	下街23号	传统建筑	清代	砖木	2	腾云·现代旅游根据地、金源8号院	250
	43	古建筑10	传统建筑	清代	砖木	2	闲置	350
	44	现代建筑	一般建筑	现代	砖混	1	乡村振兴助力站、土特产营销中心	200
莲都区下南山村	1	民居1	传统建筑	新中国成立后	土木	2	农民自住房	141
	2	民居2	传统建筑	清代	土木	2	客房	124
	3	民居3	传统建筑	清代	土木	2	农超、展厅	124
	4	民居4	传统建筑	明末	土木	2	活动中心、书吧	102
	5	民居5	传统建筑	明末	土木	2	茶室、咖啡吧、儿童娱乐场所	201
	6	民居6	传统建筑	民国	土木	2	客房	205
	7	民居7	传统建筑	民国	土木	2	客房	142
	8	民居8	传统建筑	民国	土木	2	接待中心	240
	9	民居9	传统建筑	民国	土木	2	客房	153
	10	民居10	传统建筑	民国	土木	2	客房	311
	11	民居11	传统建筑	民国	土木	2	客房	141
	12	民居12	传统建筑	民国	土木	2	客房	126
	13	民居13	传统建筑	民国	土木	2	客房	159
	14	民居14	传统建筑	民国	土木	2	客房	84
	15	民居15	传统建筑	民国	土木	2	客房	147
	16	民居16	传统建筑	民国	土木	2	客房	175
	17	民居17	传统建筑	民国	土木	2	客房	32
	18	民居18	传统建筑	新中国成立后	土木	2	一楼厨房、二楼会议室	69
	19	民居19	传统建筑	民国	土木	2	厨房、餐饮	125
	20	民居20	传统建筑	民国	土木	2	厨房、餐饮	121
	21	民居21	传统建筑	新中国成立后	土木	2	设计师俱乐部	163
	22	民居22	传统建筑	新中国成立后	土木	2	设计师俱乐部	86
	23	民居23	传统建筑	新中国成立后	土木	2	设计师俱乐部	78

（续）

县（市、区）村名	序号	建（构）筑物名称	类别	年代	结构材料	层数	使用情况	占地面积/m²
莲都区下南山村	24	民居24	传统建筑	新中国成立后	土木	2	设计师俱乐部	63
	25	民居25	传统建筑	民国	土木	2	设计师创意空间	215
	26	民居26	传统建筑	民国	土木	2	设计师创意空间	221
	27	民居27	传统建筑	民国	土木	2	设计师创意空间	143
	28	民居28	传统建筑	民国	土木	2	设计师创意空间	299
	29	民居29	传统建筑	民国	土木	2	设计师创意空间	126
	30	民居30	传统建筑	民国	土木	2	设计师创意空间	127
	31	民居31	传统建筑	民国	土木	2	设计师创意空间	121
	32	民居32	传统建筑	新中国成立后	土木	2	学生写生基地	106
	33	民居33	传统建筑	新中国成立后	土木	2	学生写生基地	161
	34	民居34	传统建筑	新中国成立后	土木	2	学生写生基地	71
	35	民居35	传统建筑	新中国成立后	土木	2	学生写生基地	96
庆元县月山村	1	处州廊桥（如龙桥）	国保单位	明天启五年重建	木		桥梁	116.6
	2	处州廊桥（来凤桥）	国保单位	始建于明天启五年，清道光十八年重建	石木		桥梁	165
	3	处州廊桥（步蟾桥）	国保单位	始建于明永乐年间，民国六年重建	石木		桥梁	286
	4	吴文简祠	国保单位	始建于明万历三十四年，清康熙五年重建	土木	1	祭祀、展示	580
	5	圣旨门	国保单位	明代	木		牌坊	30
	6	白云桥	省保单位	清光绪二十八年	石木		桥梁	31.3
	7	云泉寺	县保单位	清顺治十七年	土木	1	祭祀	1920
	8	马氏行宫	历史建筑	始建于明代，清同治十一年改建	土木	1	祭祀、展示	300
	9	复旦亭	历史建筑	清代	土木	1	公共休憩	50
	10	月山文化礼堂	一般建筑	20世纪70年代	砖木	2	文艺文化活动、展示	760
	11	建筑1	一般建筑	2010年	砖混	2	春晚文化展馆	400

（续）

县（市、区）村名	序号	建（构）筑物名称	类别	年代	结构材料	层数	使用情况	占地面积/m²
松阳县界首村	1	节孝坊	县保单位	清嘉庆二十五年	石		牌坊	10
	2	刘氏宗祠	历史建筑	始建于明代，清光绪十六年重建	土木	1	祠堂、名人展示	510
	3	张氏宗祠	历史建筑	清乾隆年间	土木	1	祠堂	365
	4	禹王宫	历史建筑	始建于明代，清乾隆三十九年重建	土木	1	坛庙	423
	5	震东女子两等小学堂	历史建筑	清光绪三十二年	土木	1	村委会、拯救老屋研究基地	2254
	6	刘为卓宅（居易堂—216号）	历史建筑	清乾隆年间	土木	2	自住、村史展示	607
	7	刘德怀故居（一亩居—118号）	历史建筑	清乾隆年间	土木	2	茶馆	666
	8	160号民居	历史建筑	民国	土木	2	卓庐精品民宿	581
	9	162号民居	历史建筑	民国	土木	2	卓庐精品民宿	299
	10	刘福堂宅（29号）	历史建筑	清康熙年间	土木	2	农家乐	378
	11	刘善照宅（134号）	历史建筑	清咸丰年间	土木	2	界首村居家养老服务中心	164
	12	刘为鼎宅（156号）	历史建筑	清乾隆年间	土木	1	民宿	450
	13	陈樟富宅（39号）	历史建筑	清代	土木	2	自住	229
	14	刘秉和宅（53号）	历史建筑	清代	土木	2	自住	473.8
	15	刘为公宅（53号）	历史建筑	清代	土木	2	自住	358
	16	陈公祚宅（63号）	历史建筑	清乾隆年间	土木	2	自住	341
	17	刘为喜宅（71号）	历史建筑	清嘉庆年间	土木	2	自住	292
	18	明高少府（168号）	历史建筑	清乾隆年间	土木	2	自住	487
	19	长庚献瑞宅	历史建筑	清代	砖木	1	闲置	500
	20	敦厚堂（176号）	历史建筑	清康熙年间	土木	2	闲置	922
	21	大会堂	历史建筑	新中国成立后	砖木	1	展览、红白喜事	800
	22	27-1号民居	传统建筑	清代	砖木	2	自住	170
	23	104号民居	传统建筑	清代	砖木	1	自住	460
	24	126号民居	传统建筑	清代	砖木	2	自住	140
	25	152号民居	传统建筑	民国	砖木	2	自住	90
	26	民居1	传统建筑	清代	砖木	2	城乡物流站	110
	27	民居2	传统建筑	清代	砖木	2	自住	150
	28	建筑1	新建建筑	现代	砖木	1	文化礼堂、游客中心	280
	29	建筑2	新建建筑	现代	砖石	1	村委会	200
	30	新建筑	新建建筑	2010年	砖木	1	家宴中心	1600
	31	申明亭	历史环境要素	明代	木	1	凉亭	10

（续）

县（市、区）村名	序号	建（构）筑物名称	类别	年代	结构材料	层数	使用情况	占地面积/m²
缙云县河阳村	1	朱大宗祠	国保单位	始建于明正统十四年，重建于清同治二年	砖木	1	朱家宗祀文化展示	1200
	2	文翰公祠	国保单位	清嘉庆十八年	砖木	2	农商馆	800
	3	荷公特祠	国保单位	清光绪三十二年	砖木	2	廉政文化馆、河阳家风馆、慈孝基地	405
	4	圭二公祠	国保单位	始建于明嘉靖年间，重建于清光绪八年	砖木	2	女红馆、竹编、纺织文化馆	600
	5	虚竹公祠	国保单位	清咸丰八年	砖木	2	宗祠	984
	6	"耕凿遗风"宅	国保单位	清道光年间	砖木	2	创客中心、剪纸制作展示馆	800
	7	"循规映月"宅	国保单位	清乾隆年间	砖木	2	自住	1407
	8	朱益清宅18间	国保单位	清代	砖木	2	闲置	500
	9	玉天公祠	国保单位	民国	砖木	2	创业园	500
	10	"廉让之间"宅18间	国保单位	清道光五年	砖木	2	自住	662
	11	丹崖公祠	国保单位	民国	砖木	2	自住	110
	12	儒林古第	国保单位	清代	砖木	2	自住	800
	13	"义阳旧家"宅18间	国保单位	民国	砖木	2	自住	260
	14	"忠厚传家"宅18间	国保单位	清代	砖木	2	自住	460
	15	"终焉允臧"宅	国保单位	清代	砖木	2	自住	130
	16	"中峰拱秀"宅13间	国保单位	清代	砖木	2	自住	280
	17	朱岳松宅28间	国保单位	清代	土木	2	自住	700
	18	朱德义宅11间	国保单位	清代	土木	2	自住	150
	19	朱明顺宅	国保单位	清代	砖木	2	自住	150
	20	朱则如宅18间	国保单位	清代	砖木	2	自住	
	21	公济桥	国保单位	清咸丰元年	石		桥梁码头	230
	22	八士门含石稀罕	国保单位	始建于元至正年间，清嘉庆十七年重修	砖石	1	门楼	20
	23	陪嫁井	国保单位	清代	石		水井	
	24	哲六十七公墓	国保单位	清代	石		古墓	
	25	七如公祠	国保单位	民国十七年	砖木	1	河阳乡村教育院	500

(续)

县（市、区）村名	序号	建（构）筑物名称	类别	年代	结构材料	层数	使用情况	占地面积/m²
缙云县河阳村	26	河西45号民居	传统建筑	清代	砖木	2	女子旗袍吧	560
	27	河北48号民居	传统建筑	清代	砖木	2	自住	510
	28	河北9号民居	传统建筑	清代	砖木	2	自住	500
	29	河南16号民居	传统建筑	清代	砖木	2	自住	320
	30	河南36号民居	传统建筑	清代	土木	2	自住	260
	31	河南37号民居	传统建筑	清代	砖木	2	自住	380
	32	河南40号民居	传统建筑	清代	砖木	2	自住	410
	33	河南47号民居	传统建筑	清代	砖木	2	自住	290
	34	河西26、27、28号民居	传统建筑	清代	砖木	2	自住	490
	35	河中29号民居	传统建筑	清代	砖木	2	自住	480
	36	河中34号民居	传统建筑	清代	砖木	2	自住	330
	37	河中56—59号店铺	传统建筑	清代	土木	2	八士饮食、缙云味道食品坊	160
	38	河中51—53号店铺	传统建筑	民国	砖木	2	红船光明驿道	180
	39	河中50号店铺	传统建筑	民国	土木	2	耕读文化馆、茶馆	180
	40	河南58号民居	传统建筑	清代	砖木	2	闲置	310
	41	河西19、20号民居	传统建筑	清代	砖木	2	自住	260
	42	河中40号民居	传统建筑	清代	砖木	2	自住	130
	43	河中64号民居	传统建筑	清同治年间	土木	2	自住	270
	44	河南41号民居	传统建筑	清代	土木	2	自住	120
	45	河南35号民居	传统建筑	清代	砖木	2	自住	140
	46	河南59号民居	传统建筑	民国	砖木	2	自住	290
	47	河南22号民居	传统建筑	民国	砖木	2	自住	200
	48	河南46号民居	传统建筑	民国	砖木	2	自住	90
	49	河中48号民居	传统建筑	20世纪50年代	土木	2	自住	380
	50	河北16号民居	传统建筑	清代	砖木	2	闲置	340
	51	河北40号民居	传统建筑	清代	砖木	2	居住	70
	52	河北15号民居	传统建筑	清代	砖木	2	自住	410
	53	河北54号民居	传统建筑	清代	砖木	2	自住	490
	54	新建镇55 1	传统建筑	清代	砖木	2	自住	380
	55	河西24号民居	传统建筑	民国	砖木	2	自住	280
	56	义田公所	传统建筑	民国十四年	土木	2	闲置	230

（续）

县（市、区）村名	序号	建（构）筑物名称	类别	年代	结构材料	层数	使用情况	占地面积/m²
缙云县河阳村	57	河中店铺1	传统建筑	清代	土木	2	留白印象摄影体验馆	360
	58	河中54、55号民居	传统建筑	清代	土木	2	闲置	320
	59	河中店铺2	传统建筑	清代	土木	2	朱氏农家生态特产店，箍桶工艺品铺	400
	60	河中66号民居	传统建筑	民国	土木	2	自住	130
	61	河南23号民居	传统建筑	民国	砖木	2	自住	260
	62	财神庙	传统建筑	明初	砖木	1	祭祀	70
	63	河南1号	传统建筑	民国	砖木	1	闲置	240
	64	河南24号	传统建筑	民国	砖木	1	闲置	320
	65	河南15号	传统建筑	民国	砖木	2	自住	300
	66	"耕读传家"宅	传统建筑	清代	砖木	2	自住	180
	67	古民居1	传统建筑	民国	砖木	2	自住	440
	68	河南62号民居	传统建筑	民国	砖木	2	自住	240
	69	河中28号民居	传统建筑	清代	砖木	2	自住	270
	70	河中41号民居	传统建筑	民国	砖木	2	自住	150
	71	古民居2	传统建筑	民国	土木	2	闲置	350
	72	河阳影剧院	新建建筑	20世纪70年代	砖石	1	文化礼堂、非遗演艺中心、红荷驿站	1200
	73	松风居	新建建筑	现代	砖混		民宿	180
	74	碧河五七高中校址	新建建筑	现代	砖木	2	闲置	230
龙泉市溪头村	1	古龙窑（陈家窑）	省保单位	民国	土木	1	龙窑	1200
	2	古龙窑（李家窑）	省保单位	民国	土木	1	暂停使用	1200
	3	古龙窑（轱辘窑）	省保单位	民国	土木	1	龙窑	2000
	4	古龙窑（金品窑）	省保单位	1984年	土木	1	龙窑	1500
	5	古龙窑（寺后东窑）	省保单位	20世纪90年代	土木	1	暂停使用	1300
	6	古龙窑（寺后西窑）	省保单位	20世纪90年代	土木	1	暂停使用	800
	7	古龙窑（黄溪岙窑）	省保单位	1992年	土木	1	暂停使用	1800

（续）

县（市、区）村名	序号	建（构）筑物名称	类别	年代	结构材料	层数	使用情况	占地面积/m²
龙泉市溪头村	8	溪头中共工农红军北上抗日先遣队随军银行旧址（陈佐汉故居）	省保单位	清光绪三十二年	土木	2	自住	1428
	9	李怀德故居	传统建筑	民国八年	土木	2	空置	1780
	10	叶家大院	传统建筑	民国二十四年	土木	2	自住	1054
	11	张家大院	传统建筑	民国九年	土木	2	自住	660
	12	7号民居	传统建筑	民国	砖木	2	自住	110
	13	9号民居	传统建筑	民国	砖木	2	自住	70
	14	12号民居	传统建筑	民国	土木	2	自住	180
	15	13号民居	传统建筑	民国	砖木	2	自住	60
	16	16号民居	传统建筑	民国	木	2	自住	90
	17	17号民居	传统建筑	民国	砖木	2	自住	80
	18	23号民居	传统建筑	民国	砖木	2	自住	90
	19	39号民居	传统建筑	民国	土木	2	自住	140
	20	52号民居	传统建筑	民国	土木	2	古道民宿	110
	21	建筑1	传统建筑	民国	土木	2	红军食堂、文化礼堂	2000
镇海区十七房村	1	郑氏宗祠（女祠）	传统建筑	清光绪七年	砖木	1	祠堂、展馆	1700
	2	郑氏宗祠（男祠）	传统建筑	清乾隆二十六年	砖木	1	遗址	1900
	3	恒祥房	传统建筑	清嘉庆年间	砖木	2	开元酒店	3200
	4	鼎丰房	传统建筑	清道光年间	砖木	2	开元酒店	1900
	5	兴房	传统建筑	清道光年间	砖木	2	开元酒店	3050
	6	金松房	传统建筑	清嘉庆年间	砖木	2	开元酒店	600
	7	丰溢房	传统建筑	清道光初年	砖木	2	开元酒店	523
	8	立房	传统建筑	清嘉庆初年	砖木	2	开元酒店	1967
	9	源茂房	传统建筑	清光绪七年	砖木	2	开元酒店	1100
	10	湛房	传统建筑	清代	砖木	1	开元酒店	2800
	11	老凤祥	传统建筑	清代	砖木	2	民宿	260
	12	财神殿	传统建筑	清代	砖木	2	郑家小厨	150
	13	建筑1	传统建筑	清代	砖木	2	餐馆	240
	14	建筑2	传统建筑	清代	砖木	2	光年民宿	110
	15	建筑3	传统建筑	清代	砖木	2	书宝斋	120
	16	建筑4	传统建筑	清代	砖木	2	民宿	100
	17	建筑5	传统建筑	清代	砖木	2	饭店	180
	18	烟雨亭	历史环境要素	清代	木	1	凉亭	

（续）

县（市、区）村名	序号	建（构）筑物名称	类别	年代	结构材料	层数	使用情况	占地面积/m²
慈溪市双湖村	1	鸣鹤街河桥（普安桥）	县保单位	清代	石		桥梁	70
	2	鸣鹤街河桥（沙滩桥）	县保单位	清代	石		桥梁	768
	3	崇敬堂	县保单位	清代	砖木	2	鸣鹤国医馆	1806
	4	叶氏大房（廿四间头）	县保单位	清嘉庆十四年	砖木	2	国药文化展示馆	1300
	5	金仙寺（三北游击司令部成立旧址）	县保单位	南朝梁大同年间	砖木	2	寺庙	4000
	6	敦本堂	县保点	清光绪四年	砖木	2	杜洲书院	755
	7	银号（沈氏大屋）	县保点	清代	砖木	2	银号客栈	1855
	8	彭公祠	传统建筑	明嘉靖三十二年	砖木	1	慈溪书法文化教育点	400
	9	鸣鹤小五房	传统建筑	清代	砖木	2	今得茶馆、国学课堂	1700
	10	叶氏五房	传统建筑	清代	砖木	2	自住	1700
	11	叶氏三房	传统建筑	清代	砖木	2	自住	1285
	12	叶氏六房	传统建筑	清代	砖木	2	空置	2000
	13	沉香客栈	传统建筑	清代	砖木	2	客栈	800
	14	枕湖客栈	传统建筑	清代	砖木	2	客栈	750
	15	韩裕和源药材行	一般建筑	2010年	砖木	2	鸣鹤药材馆	3000
余姚市柿林村	1	沈氏宗祠	县保单位	清道光四年	砖木	1	宗族文化展示、廉政教育馆	523
	2	赤水桥	县保单位	清代	石		桥梁	
	3	望溪路沈氏老宅	传统建筑	清代	木	2	中共余姚四明山第一支部纪念馆、四季春饭店	613
	4	沈氏19—21号	传统建筑	新中国成立前	砖木	2	饭店	180
	5	新丘里沈氏七间楼	传统建筑	清代	木	2	民宿	279
	6	大堂前	传统建筑	清代	木	2	农家乐	1460
	7	下新屋	传统建筑	清代	砖木	2	自住、民宿	1120
	8	小堂前	传统建筑	清代	砖木	2	自住、民宿	360
	9	老屋堂前	传统建筑	清代	砖木	2	自住	300
	10	新丘里沈氏老宅	传统建筑	清代	木	2	自住	530
	11	上堪沈氏墙门	传统建筑	清代	砖木		自住	347
	12	莲峯庵	传统建筑	清代	砖木	1	寺庙	243

（续）

县(市、区)村名	序号	建(构)筑物名称	类别	年代	结构材料	层数	使用情况	占地面积/m²
余姚市柿林村	13	节孝碑	历史环境要素	清代	石		石碑	5
	14	峙岭同心井	历史环境要素	清代	石		水井	12.3
	15	村小学	一般建筑	20世纪70年代	砖木	2	中共余姚四明山第一支部纪念新馆	800
	16	原茶厂、纺织厂	一般建筑	20世纪80年代	砖木	2	文化礼堂	240
定海区马岙村	1	林氏宗祠	市保单位	明末清初	石木	1	祭祀	533
	2	庆大院	传统建筑	清代	石木	2	民宿	350
	3	庆和院	传统建筑	清代	石木	1	民宿	250
	4	水墨荣家	传统建筑	清代	石木	1	民宿	225
	5	新屋里四合院	传统建筑	清末	石木	1	党群服务中心、休闲吧、乡村书屋、议事厅	500
嵊泗县花鸟村	1	花鸟灯塔	国保单位	清同治九年	砖石	3	划归宁波航标处使用	2000
	2	马力斯避暑房	传统建筑	清光绪二十八年	砖石	1	老兵之家双拥工作室	350
	3	天后宫	传统建筑	清代	砖木	1	寺庙	200
	4	灯塔学校	传统建筑	新中国成立后	砖石	2	灯塔卫生院	
	5	花鸟粮油站	传统建筑	新中国成立后	砖木	1		
	6	沁语楼	一般建筑	20世纪70年代	砖混	2	民宿	
	7	花屿·爱丽丝	一般建筑	20世纪70年代	砖混	3	民宿	
	8	连心	一般建筑	20世纪70年代	砖混	2	民宿	
	9	荧海湾	一般建筑	20世纪70年代	砖混	2	民宿	
	10	舍·北	一般建筑	20世纪70年代	砖混	3	民宿	
	11	早安	一般建筑	20世纪70年代	砖混	2	民宿	
	12	从前·慢	一般建筑	20世纪70年代	砖混	2	民宿	
	13	由佳	一般建筑	20世纪70年代	砖混	2	民宿	
	14	壹壹捌	一般建筑	20世纪70年代	砖混	3	民宿	
	15	吾栖	一般建筑	20世纪70年代	砖混	2	民宿	
	16	方·外	一般建筑	20世纪70年代	砖混	2	民宿	
	17	云汐	一般建筑	20世纪70年代	砖混	2	民宿	
	18	海大叔	一般建筑	20世纪70年代	砖混	2	民宿	
	19	歇浪町	一般建筑	20世纪70年代	砖混	2	民宿	
	20	别人家	一般建筑	20世纪70年代	砖混	2	民宿	
	21	后院沙滩	一般建筑	20世纪70年代	砖混	2	民宿	

（续）

县（市、区）村名	序号	建（构）筑物名称	类别	年代	结构材料	层数	使用情况	占地面积/m²
嵊泗县花鸟村	22	时光海岸	一般建筑	20世纪70年代	砖混	2	民宿	
	23	岸上任家	一般建筑	20世纪70年代	砖混	2	民宿	
	24	亦花亦鸟	一般建筑	20世纪70年代	砖混	2	民宿	
	25	巢·汐	一般建筑	20世纪70年代	砖混	3	民宿	
	26	爱家	一般建筑	20世纪70年代	砖混	2	民宿	
	27	岛遇·吾家	一般建筑	20世纪70年代	砖混	3	民宿	
	28	陆离	一般建筑	20世纪70年代	砖混	2	民宿	
	29	翁爷客栈	一般建筑	20世纪70年代	砖混	2	民宿	
	30	未来使者	一般建筑	20世纪70年代	砖混	3	民宿	
	31	梦之屿	一般建筑	20世纪70年代	砖混	2	民宿	
	32	返海	一般建筑	20世纪70年代	砖混	3	民宿	
	33	在岛上	一般建筑	20世纪70年代	砖混	2	民宿	
	34	待着	一般建筑	20世纪70年代	砖混	3	民宿	
	35	布泉摄影工作室	一般建筑	20世纪70年代	砖混	2	民宿	
	36	小民一宿	一般建筑	20世纪70年代	砖混	2	民宿	
	37	吴小姐的家	一般建筑	20世纪70年代	砖混	2	民宿	
	38	玛塔	一般建筑	20世纪70年代	砖混	2	民宿	
	39	欢喜	一般建筑	20世纪70年代	砖混	2	民宿	
	40	伍码	一般建筑	20世纪70年代	砖混	3	民宿	
	41	楼蓝	一般建筑	20世纪70年代	砖混	2	民宿	
	42	漫慢	一般建筑	20世纪70年代	砖混	2	民宿	
	43	半山半海	一般建筑	20世纪70年代	砖混	2	民宿	
	44	三楼	一般建筑	20世纪70年代	砖混	3	民宿	
	45	雾岛点情	一般建筑	20世纪70年代	砖混	2	民宿	
	46	星空海	一般建筑	20世纪70年代	砖混	2	民宿	
	47	银国	一般建筑	20世纪70年代	砖混	2	民宿	
	48	小石弄	一般建筑	20世纪70年代	砖混	2	民宿	
	49	屿程	一般建筑	20世纪70年代	砖混	2	民宿	
	50	海岸线	一般建筑	20世纪70年代	砖混	2	民宿	

附录 D　典型样本村落非物质文化遗产一览表

级别	序号	名称（批次）	类别	年代	传承人	传承情况	县（市、区）村名
国家级	1	坎门花龙（3）	传统舞蹈	明代	鲍木顺	展馆	玉环市东沙村
	2	张氏骨伤疗法（3）	传统医药	清道光年间	张绍富、张玉柱	展馆	富阳区东梓关村
	3	诸葛村古村落营造技艺（2）	传统技艺	元代	诸葛坤亨	展馆	兰溪市诸葛村
	4	诸葛后裔祭祖（4）	民俗	明代	诸葛仪	祭祀活动	
	5	浦江板凳龙（1）	传统舞蹈	唐代	朱耀交	农历正月、二月期间表演	浦江县新光村
	6	浦江乱弹（1）	传统戏剧	南宋末年		村内有2个浦江乱弹团队	
	7	新昌调腔（1）	传统戏剧	清代	章苗娥等		新昌县班竹村
省级	1	延绳钓捕捞技艺（4）	传统技艺	明嘉靖年间	李孙谦	展馆	玉环市东沙村
	2	玉环渔民号子（3）	传统音乐	新中国成立前	曾焕祥	展馆	
	3	坎门鳌龙鱼灯舞（3）	传统舞蹈	明代	许为玉	展馆	
	4	深澳高空狮子（3）	传统舞蹈	清代	申屠振兴、申屠永清		桐庐县深澳村
	5	江南时节（5）	民俗	宋末元初			
	6	桐庐传统建筑营造技艺（4）	传统技艺	明代			
	7	鄣吴金龙（4）	传统舞蹈	明代	于炳炎	活动表演	安吉县鄣吴村
	8	荻港民间丝竹（5）	传统音乐	清代	杨火江、杨培根	丝竹表演	南浔区荻港村
	9	泗安旱船（2）	传统舞蹈	清代	胡有和	活动表演	长兴县上泗安村
	10	孔明锁制作技艺（5）	传统技艺	清代	诸葛文仺		兰溪市诸葛村
	11	十里红妆（4）	民俗	南宋	骆东、骆健松	裕昌号民间艺术馆	诸暨市斯宅村
	12	新昌十番（5）	传统音乐	清代	石菊林	展馆	新昌县梅渚村

（续）

级别	序号	名称（批次）	类别	年代	传承人	传承情况	县（市、区）村名
省级	13	新叶昆曲（3）	传统戏剧	清光绪年间	叶昭标等		建德市新叶村
	14	新叶三月三（4）	民俗	元代			
	15	江山老佛节（3）	民俗	明代	汪衍君		江山市大陈村
	16	畲族叙事歌（2）	民间文学	唐宋	兰森发、蓝秀莲		松阳县界首村
	17	缙云剪纸（2）	传统美术	清代	麻义花、朱松喜等	朱松喜剪纸展示馆	缙云县河阳村
	18	河阳古民居建筑艺术（2）	传统技艺	后唐			
	19	龙泉青瓷烧制技艺（1）	传统技艺	五代	徐朝兴、夏侯文、毛正聪、张绍斌		龙泉市溪头村
	20	澥浦船鼓（3）	传统舞蹈	清代	郑梦娟	澥浦小学为传承基地	镇海区十七房村
市级	1	东屏麦虾制作技艺	传统技艺	明代	林爱芹	店铺	三门县东屏村
	2	玉环鱼面小吃制作技艺（2）	传统技艺		骆俊生		玉环市东沙村
	3	船模（1）	传统美术	清代	黄福兴	展馆	
	4	渔民画（5）	传统美术	1985年	庄一萍	成立玉环市渔民画协会	
	5	妈祖信仰习俗（5）	民俗	宋代	卢志华		
	6	道士调（4）	曲艺	清道光年间	林建云		
	7	坎门鱼龙灯（2）	传统舞蹈	明代	许为玉	展馆	
	8	贝雕（1）	传统美术		郑高金	展馆	
	9	马粽制作工艺	传统技艺	清末	陈胜治		
	10	中鑫马灯	传统舞蹈	新中国成立初期	林昌志		临安区河桥村
	11	深澳灯彩制作技艺（5）	传统技艺	清代	申屠堂妹		桐庐县深澳村
	12	鄣吴竹扇制作技艺（7）	传统技艺	清代	储成鹏	展馆	安吉县鄣吴村
	13	鄣吴竹编制作技艺（7）	传统技艺	清代	郭建平	展馆	
	14	莫干黄芽炒制技艺（4）	传统技艺	清代	柏富金	云鹤山坊展馆	德清县燎原村
	15	陈家菜烹饪技艺（5）	传统技艺	民国	施庆生	陈家菜	南浔区荻港村
	16	荻港船拳（7）	传统体育		吴桂清	日常表演	
	17	上泗安青龙（6）	传统舞蹈	清代	王益祥	活动表演	长兴县上泗安村
	18	诸葛中医药文化（6）	传统医药	明代		展馆	兰溪市诸葛村

(续)

级别	序号	名称（批次）	类别	年代	传承人	传承情况	县（市、区）村名
市级	19	銮驾（1）	民俗	明代	芝堰村民		兰溪市芝堰村
	20	铜钱八卦制作工艺（8）	民俗	明代	严素茶	展馆	金东区琐园村
	21	李宅荷花灯制作技艺（6）	传统技艺	明代	李作山	每年举办活动	东阳市李宅村
	22	古茅墩庙会	民俗	明代		每年举办活动	
	23	斯氏古民居建筑群营造技艺（3）	传统技艺	清嘉庆年间			诸暨市斯宅村
	24	越红工夫茶制作技艺（7）	传统技艺	20世纪50年代	斯根坤	传承基地	
	25	梅渚剪纸	传统美术	明代	王菊香	剪纸馆	新昌县梅渚村
	26	梅渚糟烧酿造技艺（5）	传统技艺	明清	王桂明	糟烧馆	
	27	清漾毛恺的故事（2）	民间文学	明代	毛旭明	每年均定期举办活动	江山市清漾村
	28	清漾毛氏谱系文化	民间文学	明代	村民	展馆	
	29	石门抬阁（2）	传统舞蹈	明代	吴洪林	文化节	
	30	清明祭祖（5）	民俗	清代	朱益清	"轩辕氏祭奠"	缙云县河阳村
	31	澥浦民间绘画（5）	传统美术	20世纪70年代	高娥妮、蒋勇等		镇海区十七房村
县级	1	陈太保传说（8）	民间文学	明代			永嘉县苍坡村
	2	望兄亭送弟阁传说（8）	民间文学	明代		有实物	
	3	李驸马传说	民间文学	明代			
	4	东屏盐卤豆腐制作技艺（7）	传统技艺	明代	王老前		三门县东屏村
	5	东屏芦苇小扫帚制作技艺（7）	传统技艺	清代	王香女		
	6	蒲村马灯	传统舞蹈	清末	王作明		
	7	河桥鱼灯	传统舞蹈	明代	汪永兴		临安区河桥村
	8	学川马灯	传统舞蹈	清末	许德明		
	9	罗山青狮灯	传统舞蹈	新中国成立初期	叶小红		
	10	七都龙凤船	传统舞蹈	民国初	张国平		
	11	深澳木杆秤制作技艺（2）	传统技艺		申屠永新	手工作坊	桐庐县深澳村
	12	荻坪板龙（7）	传统舞蹈	北宋			桐庐县荻坪村
	13	渔家乐打击乐	曲艺	新中国成立后	荻港村村民	《十方媳妇》	南浔区荻港村

（续）

级别	序号	名称（批次）	类别	年代	传承人	传承情况	县（市、区）村名
县级	14	杆秤制作技艺（7）	传统技艺	明代	郑锡栋		兰溪市诸葛村
	15	传统打铁技艺（7）	传统技艺	明代	诸葛润余、倪建华		
	16	兰溪篾编	传统技艺	明代			
	17	葱棍糖制作技艺	传统技艺	民国	李志钧		
	18	李宅拍拍饼	传统技艺	清代	李正云	专营店	东阳市李宅村
	19	少年同乐堂（7）	传统舞蹈	清乾隆年间		定期举办活动	金东区琐园村
	20	落马桥的传说	民间文学	唐代	章均钱		新昌县班竹村
	21	浙东唐诗之路	民间文学	1990年	张德财		
	22	梅渚竹编工艺	传统技艺		刘毅		新昌县梅渚村
	23	永兴庙会（7）	民俗			定期举办活动	柯桥区冢斜村
	24	新叶古村营造技艺	传统技艺	北宋			建德市新叶村
	25	木雕技艺	传统技艺		倪孝平		
	26	土曲酒酿制技艺	传统技艺	南宋			
	27	麻糍米糕制作技艺	传统技艺				
	28	建德民间剪纸	传统美术		方倪源、王介明		
	29	上吴方正月廿（7）	民俗	新中国成立前			建德市上吴方村
	30	建德土酒系列酿制技艺	传统技艺				
	31	珠算技艺（7）	传统技艺		方涛烈		
	32	王安石仙居寺对句	民间文学	明代			江山市清漾村
	33	石门迎抬阁	传统舞蹈	明代			
	34	车子灯	传统舞蹈	民国	郑生根	活动表演	镇海区十七房村

附录 E　典型样本村落建设实绩统计表

地区	县（市、区）名	乡（镇）名	村名	1. 古建筑修复项目									2. 与历史风貌有冲突的建（构）筑物整修改造项目							3. 搬迁安置区基本公建设施建设项目			4. 古道修复改造项目	
				顶瓦修补		墙体加固		立面改造		构件修复		立面改造		结构降层		整体拆除	异地搬迁	用地面积/亩	安置户数	基本公建设施投资/万元	面积/m²	里程/km
				建筑数	面积/m²	建筑数	面积/m²	建筑数	面积/m²	建筑数	个数	建筑数	面积/m²	建筑数	面积/m²	面积/m²	户数					
温州	永嘉县	岩头镇	苍坡村	12	10000	3	200	1	300	10	300	10	3000	1	200	800		36	50	1000	2000	2
温州	永嘉县	岩头镇	苍坡村	9	12500	9	320	1	350	9	600	14	7000	1	240	980					2250	1.5
温州	苍南县	桥墩镇	碗窑村	60	15800	14	2800	4	1400	32	320	4	440	1	144	440	17	25	323	1.6	32000	16
温州	苍南县	桥墩镇	碗窑村	72	18200	15	3000	6	2122	32	423	5	589	1	144	440	17	25	323	1.6	36000	18
台州	三门县	横渡镇	东屏村	2	800	3	1200	2	1400	4	40	4	1600	12	2400	8000	10	15	32	64	3600	1.2
台州	三门县	横渡镇	东屏村	22	2505	25	3559	19	2505	7	78	9	1650	19	623	8227	10	60	50	100	3860	1.23
台州	玉环市	坎门街道	东沙村	3	400	5	730	37	3690	1	10	58	6520			80	2	2	5	20	1300	0.6
台州	玉环市	坎门街道	东沙村	3	500	5	800	37	3700	1	15	58	6700			600	2	2	5	50	2000	1
金华	兰溪市	诸葛镇	诸葛村	80	15000	50	8000	30	12000	120	400	20	8000	3	800	15000	290	130	340	1.5	24000	8
金华	兰溪市	诸葛镇	诸葛村	140	23000	60	12000	40	15000	140	500	21	10000	3	800	20000	270	100	270	1.1	21000	7
金华	兰溪市	黄店镇	芝堰村	53	7120	50	7350	38	21000	60	180	30	12300			900	0	33	55	101	5800	1.5
金华	兰溪市	黄店镇	芝堰村	55	7400	51	7548	40	21147	61	232	30	13738			1030.5	0	15	12	100	6130	1.6
金华	浦江县	虞宅乡	新光村	22	8000	12	2400	17	1200	22	220	3	200	2	300	2160	18	15	31	80	4400	1.2
金华	浦江县	虞宅乡	新光村	14	7372	14	7193	17	6592	14	344	63	10550	2	300	2160	18	15	31	300	4520	1.9
金华	东阳市	李宅镇	李宅村	72	21330	7	2748	25	4748	64	200	49	18825	37	3978	4658	16	15	40	77	6432	1.39
金华	东阳市	李宅镇	李宅村	81	23320	9	2856	30	5120	80	296	55	20182	40	4120	4665	16	15	40	77	7200	1.54

（续）

地区	县(市、区)名	乡(镇)名	村名	1. 古建筑修复项目									2. 与历史风貌有冲突的建(构)筑物整修改造项目							3. 搬迁安置区基础设施建设项目			4. 古道修复改造项目	
				顶瓦修补		墙体加固		立面改造		构件修复		立面改造		结构降层		整体拆除	异地搬迁					
				建筑数	面积/m²	建筑数	面积/m²	建筑数	面积/m²	建筑数	个数	建筑数	面积/m²	建筑数	面积/m²	面积/m²	户数	用地面积/亩	安置户数	基本公建设施投资/万元	面积/m²	里程/km
金华	金东区	澧浦镇	琐园村	5	6000	6	2000	3	2000	5	100	30	3000			150	40	15	40	100	4000	2
				5	6000	6	2000	3	2000	5	100	30	300			150	40	15	40	100	4000	2
绍兴	柯桥区	稽东镇	冢斜村	5	2000	5	2000	5	3450	6	60	10	8000					15	45	80	4700	2.4
				6	2000	6	2000	10	3450	6	60	10	8000					15	45	80	4700	2.4
	诸暨市	东白湖镇	斯宅村	38	7500	38	6000	38	15000	13	52	18	10000					60	170	350	3800	1.7
				38	7680	38	2300	38	15300	16	63	19	11200			800		60	170	350	3800	2
	新昌县	南明街道	班竹村	33	3900	14	1800	18	1500			29	2300			800		15	40	80	3000	2.5
				34	4950	18	850	20	4600	72	330	33	4600			1800	10	15	40	80	3200	2.5
		梅渚镇	梅渚村	28	8000	20	4500	35	13000	8	100	40	7000			3800		30	56	100	4500	1.7
				30	8500	23	5000	35	13600	8	110	42	7500			3000	15	32	56	120	4600	1.8
杭州	临安区	河桥镇	河桥村	10	3115	10	2155	92	54550	10	85	10	3050	1	215	3500		2430	22	127	18600	1.7
				10	3115	10	2155	92	54550	10	85	10	3050	1	215	650	4	2430	22	127	18600	1.7
	建德市	大慈岩镇	新叶村	30	3000	30	6000			30	300					650	4			3000	1000	0.5
				41	3400	31	6800			31	340	1	13000			1000			150	3000	1000	0.5
	富阳区	场口镇	上吴方村	36	7200	12	3200	27	10200	28	280	33	13000			1200		15	50	120	6000	1.8
				38	2980	16	3200	28	6890	31	305	46	11060			1350		15	38	100	7800	1.8
		江南镇	东梓关村	17	8600	10	2289	17	15000	17	652	70	26400			10590	19	30	52	2000	11600	2.9
				20	8750	11	3300	18	15250	18	725	73	25289			12000	19	30	52	2150	11650	2.95
		富春江镇	深澳村	21	5250	2	780	5	1826	9	63	10	2000			1021	35	20	35	1000	3000	1
				28	6580	4	1450	7	2260	9	65	10	4500			1680	35	20	35	1020	3800	1.2
	桐庐县		荻坪村	10	4900	5	1500	2	600	4	15	1	2100	7	3600			2100	7	12100	24	600
				10	4900	5	1500	2	600	4	15	1	2100	7	3600			2100	7	12100	24	600

(续)

地区	县(市、区)名	乡(镇)名	村名	1. 古建筑修复项目									2. 与历史风貌有冲突的建(构)筑物整修改造项目							3. 搬迁安置设施建设项目			4. 古道修复改造项目	
				顶瓦修补		墙体加固		立面改造		构件修复	立面改造		结构降层		整体拆除	异地搬迁	用地面积/亩	安置户数	基本公建设施投资/万元	面积/m^2	里程/km
				建筑数	面积/m^2	建筑数	面积/m^2	建筑数	面积/m^2	个数	建筑数	面积/m^2	建筑数	面积/m^2	面积/m^2	户数					
湖州	安吉县	鄣吴镇	鄣吴村	6	2000	6	2500	6	2500	30	7	15000			9500	26	32	87	350	3000	1
	德清县	莫干山镇	燎原村	6	2995	6	2500	6	2550	96	7	17000			9500	26	46	66	2905	6170	1.23
				10	4000	10	4000	10	7000	100	40	20000	8	8000	9885		41	85	200	6930	2.32
	南浔区	和孚镇	荻港村	10	4438	10	4652	10	7236	176	40	27886	2	284	10877	18	59	319	228	10180	2.445
				29	9543	32	12800	15	4500	30	28	9080			1770	14	121	45	225	10297	4.8
	德清县	钟管镇	蠡山村	79	9097	79	23387	4	1065	350	26	8580			1770	5	121	41	225	21035	9.3
	吴兴区	织里镇	义皋村	3	1800	3	1100	3	650	8	38	11400			13680	5	15	20	250	3225	2.15
				5	2310	5	2595	5	1142	8	49	23856	21	2100	13680		14	28	400	3524	2.2
	长兴县	泗安镇	上泗安村	36	7200	12	3200	27	10200	280	33	13000			1200		15	50	120	6000	1.8
				38	2980	28	6890	16	3200	305	46	11060			1350		15	38	100	7800	1.8
宁波	镇海区	十七房村		30	1153	6	1054	8	1575	40	30	4500			300		15	27	25	2040	0.68
				30	1500	6	1100	8	1600	50	34	6138			300		15	27	25	2780	0.7
		浦浦镇		25	1500	4	450	25	3000	18	196	47300					106	217		3200	0.8
	慈溪市	观海卫镇	双湖村	28	1680	5	488	28	3360	21	206	51000					116	229		3400	1
				5	21830	5	12480	12	1935	1312	3	1240	7	7323	9	3270	2317	13	9357	6900	4.2
	余姚市	大岚镇	柿林村	5	17500	5	9730	12	1605	1120	3	1070	7	5860	9	2760	1930	13	8079	6000	4
				92	7180	4	850	102	6550	7	1	90								1500	0.93
				92	7180	4	850	102	6550	7	1	90								1500	0.93
舟山	定海区	马岙街道	马岙村	4	1200	4	3300	4	3300	30	2	8000				2	20	16	1354	4900	0.7
				4	1400	4	3700	4	3700	25	450	12000			700	5	15	27	1200	5000	1.1
	嵊泗县	花鸟乡	花鸟村	12	10000	3	200	1	300	300	10	3000	1	200	800		36	50	1000	2000	2
				9	12500	9	320	1	350	600	14	7000	1	240	980					2250	1.5

（续）

地区	县(市、区)名	乡(镇)名	村名	1. 古建筑修复项目									2. 与历史风貌有冲突的建(构)筑物整修改造项目					异地搬迁	3. 搬迁安置基本公建设施建设项目			4. 古道修复改造项目	
				项瓦修补		墙体加固		立面改造			构件修复	立面改造			结构降层		整体拆除	户数	用地面积/亩	安置户数	基本公建设施投资/万元	面积/m²	里程/km
				建筑数	面积/m²	建筑数	面积/m²	建筑数	面积/m²	建筑数	个数	建筑数	面积/m²	建筑数	面积/m²	面积/m²						
衢州	衢江区	莲花镇	洞峰村	25	2440	25	706	19	1504	7	88	31	5913			2339	14	15	40	300	4206	1.22
	江山市	大陈乡	大陈村	100	12490	26	716	58	4987	7	112	32	12178			2461	16	15	40	300	5625	2.02
	江山市	石门镇	清漾村	70	7000	5	450	50	8000	5	15	5	1000			4500	3	20	15	50	10000	5
	开化县	齐溪镇	龙门村	70	8000	5	450	80	10000	5	15	5	1000			4500	3	20	15	50	10000	5
				7	1100	3	660	20	6400	4	16	120	35000	4	470	280	19	6	19	110	1800	1
				7	1200	3	700	20	7000	4	16	120	36000	4	490	280	19	6	19	110	1800	1
	开化县	东案乡	金源村	45	16000	45	15000	45	17800	40	480	154	61600			1000	40	15	40	80	4000	2
	常山县			45	15785	45	15300	45	18420	40	462	154	59020				40	15	40	72	4150	2.2
	常山县	碧湖镇	下南山村	15	2200	15	4000		9800	10	100	40	15000			1000		10	30	60	2800	1.6
丽水	莲都区			18	3578	18	4883	18		18	1579	43	20247			1600		15	31	230	4064	0.988
	庆元县	举水乡	月山村	38	7500	38	6000	38	15000	13	52	18	10000			800	2	60	170	350	3800	1.7
	松阳县	赤寿乡	界首村	38	7680	38	8500	38	15300	16	63	19	11200			800	3	60	170	350	3800	1.7
				1	1000	1	200	1	400	0	0	142	10400			10029	80	15	40	90	6400	2
	缙云县	新建镇	河阳村	85	5400	3	700	6	2500	6	62	168	13000			1000		15	40	100	3500	2
				12	4800	10	4000	4	2800	10	100	15	6000			1162.12	2	15	35	70	3000	1
	龙泉市	宝溪乡	溪头村	14	5389	13	4803	7	3809	14	198	71	23445			1000	3	15	36	85.5	3574	1.429
				81	34000	67	28140	20	14000	79	711	35	8000	5	1000	1575.67		30	80	160	9600	3
				81	34918	67	28581	20	14070	79	728	35	8598	5	1136	440	2	60	80	147	9905	3
				11	8600	4	500	4	1800	4	40	22	1100			2440	7	2	10	250	1500	2
				16	9130	5	688	11	2325	4	97	82	6748					2	10	296	2210	2.2

注：1亩=666.6m²。

参考文献

[1] 伽红凯. 中国传统村落记忆：浙江卷 [M]. 北京：中国农业科学技术出版社，2018：5.

[2] 联合国教科文组织世界遗产中心，国际古迹遗址理事会，国际文物保护与修复研究中心，等. 国际文化遗产保护文件选编 [M]. 北京：文物出版社，2007.

[3] 周膺，吴晶. 钱塘江物语 [M]. 杭州：浙江工商大学出版社，2019：9.

[4] 胡彬彬. 中国村落史 [M]. 北京：中信出版社，2021.

[5] 汪欣. 中国非物质文化遗产保护十年：2003～2013年 [M]. 北京：知识产权出版社，2015.

[6] 黄源成. 历史赋能下的空间进化：多元文化交汇与村落形态演变 [M]. 厦门：厦门大学出版社，2020.

[7] 罗昌智. 浙江文化教程 [M]. 杭州：浙江工商大学出版社，2009.

[8] 郑度. 地理区划与规划词典 [M]. 北京：中国水利水电出版社，2012：205-206.

[9] 蔡凌. 建筑－村落－建筑文化区：中国传统民居研究的层次与架构探讨 [J]. 新建筑，2005（4）：6-8.

[10] 丁俊清，杨新平. 浙江民居 [M]. 北京：中国建筑工业出版社，2009.

[11] 梁伟. 浙江传统村落保护与发展研究 [C]// 中国城市规划学会. 共享与品质——2018中国城市规划年会论文集. 北京：中国建筑工业出版社，2018：704-712.

[12] 陈修颖，孙燕，许卫卫. 钱塘江流域人口迁移与城镇发展史 [M]. 北京：中国社会科学出版社，2009：26.

[13] 雷家宏. 中国古代的乡里生活 [M]. 北京：商务印书馆，2017：2.

[14] 费孝通. 江村经济 [M]. 北京：北京大学出版社，2012：10.

[15] 李强. 保护历史文化"活化石",打造美丽乡村"金名片"[J]. 今日浙江,2012(10):8-9.

[16]《乡愁与记忆——江苏村落遗产的特色与价值》编写组. 江苏省历史文化村落特色与价值研究[J]. 中国名城,2018(2):42-51.

[17] 李琳琳,吴一鸣,王欣. 浙江历史文化村落变迁与发展[M]. 北京:中国社会科学出版社,2020:3.

[18] 杨新平. 浙江古建筑[M]. 北京:中国建筑工业出版社,2015.

[19] 杨小军,丁继军. 传统村落保护利用的差异化路径:以浙江五个村落为例[J]. 创意与设计,2020(3):18-24.

[20] 张明晓. 乡村振兴战略下钱塘江流域传统村落空间保护与更新研究[D]. 杭州:浙江工业大学,2019.

[21] 刘馨秋. 中国传统村落记忆:江苏卷[M]. 北京:中国农业科学技术出版社,2018:13-14.

[22] 王景新,朱强,余国静,等. 浙江历史文化村落保护利用与持续发展[J]. 西北农林科技大学学报(社会科学版),2016,16(5):77-86.

[23] 冯骥才. 传统村落的困境与出路:兼谈传统村落是另一类文化遗产[J]. 民间文化论坛,2013(1):7-12.

[24] 胡彬彬,李向军,王晓波. 中国传统村落保护调查报告[M]. 北京:社会科学文献出版社,2017.

[25] 张宝秀,成志芬. 中国传统村落概论[M]. 深圳:海天出版社,2020.

[26] 张沛,张中华. 失落与再生:秦巴山区传统村落地方性知识图谱构建[M]. 北京:社会科学文献出版社,2021.

[27] 李明. 中国传统村落记忆:安徽卷[M]. 北京:中国农业科学技术出版社,2018.

[28] 吴昊,霍晓丽. 中国传统村落记忆:湖南卷[M]. 北京:中国农业科学技术出版社,2018.

[29] 浙江省农业和农村工作办公室,浙江省"千村示范、万村整治"工作协调小组办公室. 之江遗珠:浙江特色文化村落[M]. 杭州:浙江教育出版社,2012.

[30] 吴志刚,王维龙. 台州古村落[M]. 北京:中国文史出版社,2013.

[31] 薛林平,潘曦,王鑫. 美丽乡愁:中国传统村落[M]. 北京:中国建筑工业出版社,2016.

[32] 陈桂秋,丁俊清,余建忠,等. 宗族文化与浙江传统村落[M]. 北京:中国建筑工业出版社,2019.

[33] 卞显红,王苏洁,齐文权. 传统村落保护与利用研究:以浙江省金华市为例[M]. 北京:中国财富出版社,2019.

后记

受浙江省农办、省农业农村厅委托，浙江理工大学中国美丽乡村研究院连续九年对浙江省历史文化村落保护利用重点村建设绩效开展实地调研与评价工作，积累了数据翔实的一手资料和研究样本。本书的基础材料来自于这些年的田野调查和学术思考。书稿撰写历时4年，历经数次修改，最终呈现于众，是团队艰苦的田野调查和不懈的案头写作的最佳回馈。同时，本书受浙江理工大学哲学社会科学繁荣计划学术著作出版资助项目（2021年度）的资助。在前期调研与书稿撰写过程中，浙江省农办、省农业农村厅、浙江省"千村示范、万村整治"工作协调小组给了团队大力支持和指导，尤其要感谢省农业农村厅农村社会事业促进处邵晨曲处长、汪佑福副处长的信任与帮助，感谢促进处干部严英军、余峥等同志的帮助和协作。前期资料收集和实地调研过程中，得到了杭州市富阳区、建德市、临安区、桐庐县，宁波市镇海区、奉化区、慈溪市、余姚市，温州市永嘉县、苍南县，湖州市安吉县、南浔区、德清县、长兴县、吴兴区，绍兴市柯桥区、诸暨市、嵊州市、新昌县，金华市金东区、东阳市、兰溪市、浦江县，衢州市衢江区、江山市、龙游县、开化县、常山县，舟山市定海区、嵊泗县，台州市黄岩区、玉环市、天台县、三门县，丽水市莲都区、龙泉市、庆元县、松阳县、缙云县农业农村局及40个乡（镇）、村的各部门干部与专家的积极配合与大力支持，在此一并表示由衷的感谢。另外，各个村的规划设计部分图例均采自省级历史文化村落保护利用重点村规划文本，在此对各个规划编制单位一并表示感谢。此外，浙江理工大学中国美丽乡村研究院、传统村落与地域文化研究所的研究生郑彦、胡静、张爽、马晓婷、匡书劲、张小燕、顾宏圆、赵明珠、李佩钊、徐思琦、李小奇、汤曹辉等人积极参与、大力协助研究工作，在此也一并致谢。最后，感谢机械工业出版社的领导和编辑，是他们对于学术研究的支持，使本书最终能够付梓。

书稿涉及内容较多，因研究团队水平有限，文中难免有所疏漏，恳请专家和读者批评指正。

杨小军　浙江理工大学
中国美丽乡村研究院／艺术与设计学院教授
二〇二二年十二月